考 古 论 史

——张金龙学术论文集

张金龙 著

人 民 出 版 社

目　录

离散部落：游牧向农耕的转变

贺兰部帅附力眷率部反叛在前，贺赖卢叛逃在后，[①] 必定会对北魏道武帝拓跋珪产生巨大的刺激。道武帝在平定中原后，下决心要从根本上解决归附的各部落——特别是像贺兰部这样的大部落的反叛问题，离散部落的法令便是最重要的举措。由于史书记载过于简略，对于离散部落的具体情形很难作出明晰的认识。尽管如此，作为拓跋鲜卑发展史上具有里程碑意义的重大事件，离散部落问题仍然受到学界长期的关注。

一、离散部落的时间、内涵与意义

关于离散部落的相关资料，史书中仅有三条记载，可谓凤毛麟角。《魏书·贺讷传》："讷从太祖平中原，拜安远将军。其后离散诸部，分土定居，不听迁徙，其君长大人皆同编户。讷以元舅，甚见尊重，然无统领。以寿终于家。"[②]《高车传》："太祖时，分散诸部，唯高车以类粗

---

① 参见拙著《北魏政治史》二，读者出版集团·甘肃教育出版社 2008 年版，第 173—176 页。

② 《魏书》卷八三上《外戚上·贺讷传》，中华书局 1974 年版，第五册，第 1812 页。

犷，不任使役，故得别为部落。"① 《官氏志》："凡此四方诸部，岁时朝贡。登国初，太祖散诸部落，始同为编民。"② 所谓"离散诸部"即"分散诸部"，也就是将被拓跋鲜卑征服和主动归附的各个部落分散定居，使其摆脱居无定所随水草畜牧的生活状态，而成为拓跋政权控制下的编户齐民，以定居农业为主要生产生活方式。③ 对拓跋政权而言，从事定居农业的编户齐民自然要比随水草而居的游牧部落更便于管理和役使，在这种情况下，某一个部落要想进行反叛或逃亡就变得非常困难，某几个部落要想联合起来进行反叛也不大容易。④ 苏联著名中亚史家威廉·巴托尔德在论述突厥人走向定居问题时指出，"从游牧生活转向定居生活，是在经济需要的压力下进行的"⑤。道武帝实行的离散部落虽然是一次积极主动的政治行动，但也有着经济方面的动因，拓跋鲜卑在征服大漠南北各部特别是占领后燕河北地区之后，人口急剧增加，仅仅依靠游牧生活和战争掠夺已难以完全提供全社会的物质需要，转变生产方式以提高经济效能便成为必要。

关于北魏离散部落的时间，上引记载有歧异，《官氏志》为"登国初"，《贺讷传》为平定中原之后，《高车传》则笼统记作"太祖时"。由于史缺有间，以及对离散部落的具体内涵理解有异，学术界对于道武帝离散部落的时间问题也是有不同认识的。唐长孺说：

① 《魏书》卷一〇三《高车传》，第六册，第2309页。
② 《魏书》卷一一三《官氏志》，第八册，第3014页。
③ 韩国磐认为，离散部落后拓跋部成员，"大部分随着分土定居而下降为负担赋税兵役的农民"（《魏晋南北朝史纲》，人民出版社1983年版，第422页）。高敏认为，"散诸部落"与"分土定居""是游牧经济转变为农耕经济的前提，也是它的结果"（《北魏屯田之制考略》，《魏晋南北朝社会经济史探讨》，人民出版社1987年版，第223页）。
④ 劳榦云："胡人初入中国，尚从'行国'旧习，故叛变之机会较多。反之汉人乃定居者，故叛变之事较少。"（《论魏孝文之迁都与华化》，载《中央研究院历史语言研究所集刊》第8本4分，1939年）推而广之，胡人在定居之后叛变之机会无疑也会大大减少。
⑤ [苏] 威廉·巴托尔德：《中亚突厥史十二讲》，罗致平译，中国社会科学出版社1984年版，第36页。

我以为离散诸部可能不是一时之事，但大规模的执行必在破燕之后，此时由于军事上空前的胜利，拓跋珪在国内的威望大大提高，这样才能使部落大人、酋庶长驯顺地服从其命令。同时由于从中国被迫迁入代京一带的人民非常多，促使各部落中杂居情况更为显著，部落组织完全不适合于新的局面，必须要加以改变，于是在需要与可能结合之下，这个命令顺利地被执行了。①

为了调和《魏书》相关记载的矛盾，同时也是基于对分散部落原因的认识，马长寿认为："拓跋珪的分散部落始于登国初年即公元三八六年……一直继续到平定燕国之后……分散部落前后达十多年之久。"② 王仲荦认为"鲜卑（按指拓跋鲜卑）的分土定居，是在北魏登国九年（公元三九四年）开始的"，③ 按所指"分土定居"实与"离散部落"为同一事。王俊杰认为《魏书·官氏志》关于离散部落时间的记载"大成问题"，而《贺讷传》所记"北魏实行离散诸部、分土定居的时间是比较可信的"；离散部落的实行因对象、地域的不同而经历了一个过程，"离散部落分土定居是首先推行于拓跋本部及与拓跋关系较密切而距京畿较近的一些部落，然后，逐渐由近及远，向其他各部扩展的"。④ 高敏认为："拓跋珪解散拓跋族本部及其所征服的'四方诸部'的部落组织，实行'分土定居'的制度，时在登国初年，即其'息众课农'之时。"⑤

---

① 唐长孺：《拓跋国家的建立及其封建化》，《魏晋南北朝史论丛》，生活·读书·新知三联书店 1955 年版，第 204—205 页。
② 马长寿：《乌桓与鲜卑》，广西师范大学出版社 2006 年版，第 250—251 页。杨耀坤亦有类似观点，参见《论北魏道武帝拓跋珪》，《魏晋南北朝史论稿》，成都出版社 1993 年版，第 152 页。
③ 王仲荦：《魏晋南北朝史》（下册），上海人民出版社 1980 年版，第 512 页。
④ 王俊杰：《魏晋南北朝的鲜卑是不是一个民族》，《西北师范大学学报》1985 年第 3 期。
⑤ 高敏：《北魏屯田之制考略》，《魏晋南北朝社会经济史探讨》，人民出版社 1987 年版，第 223 页。

田余庆则认为，离散部落未必"是一种具体的、统一的、规整的法令行为"，他说：

> 我不排除道武帝曾在某个时候发布过离散部落号令的可能，也
> 不排除某些具有定居条件的部落俯首接受号令的可能，但不认为所
> 谓离散部落主要就是如此而无其他更直接、更急迫的原因和具体的
> 过程。道武帝建立帝业的重要对手，例如独孤部落和贺兰部落，其
> 部落离散最主要的还是由于道武帝创建和巩固帝国的需要，并通过
> 战争进行的。也许强大的独孤部落、贺兰部落经过反复而又激烈的
> 实力较量被分割离散了，才促使更多的部落接受离散的处置。①

也就是说，独孤部落、贺兰部落是在拓跋鲜卑与之进行的征战中被离散
的，亦即战争方式是独孤、贺兰部落被离散的主要途径。按照此说，考
察上引史料所提及的离散部落的具体时间也就没有什么意义可言。日本
学者前田正名主张登国元年就已实行离散部落，他说："太祖早在登国元
年（386年）便解散各个部落，把原来的部族成员改为编民，强迫他们从
事耕作。"②古贺昭岑认为"部族解散的时间当为北魏开始整顿国家体制的
皇始之后"③。河地重造、宫崎市定、谷川道雄皆主张离散部落是在北魏平
定中原创建帝国的396—398年，即皇始元年至天兴元年实施的。④与唐

① 田余庆：《贺兰部落离散问题——北魏"离散部落"个案考察之一》，《拓跋史探》，生
  活·读书·新知三联书店2003年版，第62—63页。
② [日]前田正名：《平城历史地理学研究》，李凭、孙耀、孙蕾译，书目文献出版社1994
  年版，第249页。
③ [日]古贺昭岑：《论北魏的部族解散》，原载《東方学》第59辑（1980年），刘世哲译
  文载《民族译丛》1991年第5期。
④ [日]河地重造：《北魏王朝の成立とその性格について——徙民政策の展开から均田制
  へ——》，《東洋史研究》第12卷5号（1953年）；[日]宫崎市定：《九品官人法の研
  究——科舉前史》，東洋史研究会1956年版，第379页；[日]谷川道雄：《隋唐帝国形
  成史论》，李济沧译，上海古籍出版社2004年版，第95页。

长孺的看法一致，日本学者堀敏一、田村實造均认为离散部落的实施是在北魏征服后燕之后。①

之所以会对北魏离散部落实施的时间产生分歧，乃是因为文献中相关的三条记载互相矛盾。以《魏书·官氏志》关于离散部落的记载问题最大，若登国初离散部落肯定不会是"始同为编民"，这种情况只能发生在平定中原、迁都平城之后。天兴二年（399）春季，道武帝北巡"大袭高车"并获得巨大胜利：二月初一，"诸军同会，破高车杂种三十余部，获七万余口，马三十余万匹，牛、羊百四十余万"；紧接着"骠骑大将军、卫王仪督三万骑别从西北绝漠千余里，破其遗迸七部，获二万余口，马五万余匹，牛、羊二十余万头，高车二十余万乘，并服玩诸物"；随即"以所获高车众起鹿苑"。②从上引《高车传》记载来看，道武帝离散部落只能是在天兴二年三月北伐高车返回平城之后，而不可能早于此一时限。

何兹全对于离散部落的认识比较独特，他说：

> 在拓跋珪时期，拓跋氏氏族部落组织开始解体散为编户。……但一些较为原始的部落，并没有和拓跋部落同时离散部落组织……就是拓跋部落，也不是通过一道诏书就离散了的。氏族部落的解体，有一个较长时期的自然发展变化过程。登国年间散诸部落同为编户，只是拓跋氏族部落解体的开始，在拓跋珪、拓跋嗣、拓跋焘祖孙三代及随后的一个时期，拓跋氏的部落组织仍然存在着。北魏的兵，仍然是以拓跋氏部落联盟为主的部

---

① ［日］堀敏一：《均田制的研究》，韩国磐等译，福建人民出版社 1984 年版，第 102 页注
　　①；［日］田村實造：《中國史上的民族移動期——五胡·北魏時代的政治と社會——》，
　　創文社 1985 年版，第 216—217 页。按田村氏在《代国時代のタクバツ政権》（《東方学》
　　第 10 辑，1955 年）一文中就已提出了这种看法。

② 《魏书》卷二《太祖纪》，第一册，第 34—35 页。

落兵。①

按照此说，北魏的离散部落似乎仅仅局限于拓跋部落，而且拓跋部落的离散也不是在道武帝时期完成的，而是持续到太武帝以后的一个时期，大约到孝文帝迁都之前。部落的离散持续了将近百年之久，实际上也就否定了《魏书》有关道武帝时期离散部落的记载，即道武帝并未实施过果断的离散部落的举措。

日本学界对于部落离散问题也有相似的看法。堀敏一说：

> 拓跋珪即位以后解散部族制一事，是很出名的，其结果似乎是重新把旧部族成员分为八部或八国，定居在平城周围。……表明了北魏国家通过解散部族制，使牧民定居，转变为农耕的意图。但是这个过程大概并没有那么迅速地取得进展。以平城为中心的地域，如前所述在司州管下设置有四郡，而八部或者八国地域和这相重，仅仅管理北魏的旧部族成员。也就是说，在这个区域，并存着原来管理耕民的州、郡、县，和管理解散部族制之后不久的牧民的八部或八国，看来存在着二元化统治体制。这种二元体制，正是拓跋部的部族制刚解体，尚未转向农耕时的过渡性措置。②

川本芳昭认为，"道武帝的部落解散并不具有部族制度全面解体的企图，而这种意义的解体要到孝文帝时代才能实现"③。对于史书所载部落解散的具体内涵，川本氏并无异议，他对部落解散有如下简明扼要的概括：

---

① 何兹全：《府兵制前的北朝兵制》，《读史集》，上海人民出版社 1982 年版，第 317—318 页。
② [日] 堀敏一：《均田制的研究》，韩国磐等译，第 102—103 页。
③ [日] 川本芳昭：《魏晋南北朝时代的民族问题》，汲古书院 1998 年版，第 125 页。川本氏在本书中对北魏部族解散做了颇为详尽的考察，见第 124—186 页。

（道武帝拓跋珪）建国后，制定出了不见于前此五胡政权的政策措施，即部族解散。这就是将拓跋部旗下的诸部族集中居住于其都城平城为中心的畿内、外的地域，同时将此前诸部族长对其支配下的部民的统率权收归国家。据史书记载，"这一改革的结果是，诸部族被解散，部民被定居于一定的区划内，传统的游牧迁徙生活受到极大制约，诸部族的君长与族长皆成为一般的国家之民（编民），贺讷因是皇帝的姻亲而受到尊重，但像以前那样统辖贺兰部的统帅权却丧失了"。另一方面，那些属于诸部族长的胡族诸部民成了直属北魏皇帝的战士。[1]

可见他同意史书关于北魏部落离散内涵的理解，也与学界基本观点一致，但他所强调的是北魏部落组织的彻底解体是到了孝文帝统治时期才出现的。不论如何，认为拓跋鲜卑的部落解散以及游牧经济向农耕经济的转变并非一蹴而就，而是经过了一个长期的过程才彻底完成，这种看法是值得重视的。

对某一部落军事上的征服并不能认为该部落就被离散了。田余庆对离散部落的内涵有这样的概括：

离散部落，具体说来是使被征服的部落分土定居，不许迁徙，同时剥夺其君长大人的部落特权，使之一同编户。就是说，不许旧时君长继续领部活动，与拓跋对抗。这要有被离散部落发育水平这样一个条件，有些部落能行，有些部落还不能行。这还要有能够强制实行的政治力量，从部落联盟领袖迅速向帝国君主转化的道武帝具备这样的力量。在道武帝完成帝业的登国年间，昔日部落联盟的不少成员被离散，而作为道武帝外家的独孤部，同贺

---

[1] ［日］川本芳昭：《中国の歴史》05《中華の崩壊と拡大》，講談社 2005 年版，第 96 页。

兰部一样,成为离散部落这一具有时代意义的措施的重点对象。①

对离散部落内涵的这一阐释无疑是深刻的,但道武帝拓跋珪在登国年间对各部的征服显然并未达到使被征服部落实现离散的地步。仅就贺兰部而言,贺讷在"从太祖平中原"时必定是率领其部民进行征战的,否则其后之"无统领"便无从谈起。受拓跋珪信任的贺悦无疑也领有其部落,贺兰部帅附力眷在阴馆联合纥奚部和纥突陵部发动叛乱时自然也是领有部落的,而贺(贺赖)卢在平定中原后出任广川太守时也应该是率领部民就任的,否则其后他叛逃南燕就不大可能实现。凡此,均说明在登国年间被征服的贺兰部并未实现分土定居,其部民未变成编户,而其君长大人统领部落的特权也未被剥夺。在这种情况下,怎么能认为贺兰部已经经过战争手段被离散了呢?

离散部落不仅仅意味着某一部落被征服或被消灭,关键是令其离开原居住地(规定新的居住地域)并开始新的生活方式,其内涵是"分土定居,不听迁徙,其君长大人皆同编户",没有这些要素便不能算作真正意义上的离散部落。以这种标准来看田余庆所言贺兰部与独孤部的离散,就只有在平定中原之后的离散才能算作真正的离散部落。诚如唐长孺所说:

> 部落的解散使贵族、人民都成为单独的编户,不用说正在消灭的氏族彻底的消灭了。其次离散的部落都分土定居,不听移徙;纵然我们不能说所有从事畜牧的人民在此时忽然一律都变成定居的农民,因而在较小范围内的移动应该准许;但这只能是在指定的范围内移动,这样就把人民束缚在一定的土地上面,同时也是地

---

① 田余庆:《独孤部落离散问题——北魏"离散部落"个案考察之二》,《拓跋史探》,第89页。杨耀坤亦持类似主张,他认为"拓跋珪之解散部落,固然是为了加强王权,实行中央集权制"(《论北魏道武帝拓跋珪》,《魏晋南北朝史论稿》,第151页)。

域划分代替部落、氏族的表现。①

> 在"分土定居"之后，所有氏族内部的个别集团，也即是各个家长制大家庭与单个家庭包括贵族在内一律变成了"编户"，显然这是地域性的编制，但家长制家庭并没有都分解；各个家庭间的血缘纽带由于迁移、杂居而削弱了，但家长制家庭内部的血缘关系仍然起着一定作用。②

马长寿也认为："因为游牧部落转徙无常，拓跋魏统治阶级把他们徙到一定地域以后，只允许他们在各个分地上进行农耕或者定居畜牧，所以特别强调'不听迁徙'。"③ 被离散的部落不一定全都从事农耕生产，有的也可能从事畜牧业，这种判断或许符合实际。唐长孺也有类似看法，他将北魏"从事畜牧业的劳动者"分为三类，其"一是解散部落以后的自由牧民"。④ 然而问题是，这一类情形几乎没有史料可资佐证。因此，在北魏是否真的就存在着解散部落后的"自由牧民"是大有疑问的。

---

① 唐长孺：《拓跋国家的建立及其封建化》，《魏晋南北朝史论丛》，第 205 页。

② 唐长孺：《拓跋族的汉化过程》，《魏晋南北朝史论丛续编》，生活·读书·新知三联书店 1959 年版，第 137 页。按离散部落是拓跋鲜卑及其附属部落氏族组织瓦解和地域社会形成的标志，此为学界比较普遍的认识。韩国磐认为：离散部落"就是解散原来的氏族组织，使氏族成员分土定居下来，成为国家的编户齐民，也就是使血缘关系的氏族，转变为地缘关系的编户"（《魏晋南北朝史纲》，人民出版社 1983 年版，第 422 页）；"血缘氏族公社已转为地缘农村公社"（《南北朝经济史略》，厦门大学出版社 1988 年版，第 241 页）。又可参见王仲荦《魏晋南北朝史》下册，上海人民出版社 1980 年版，第 512—514 页。日本学者松下宪一认为："离散后的诸部族分散居住'代'地区，被扩充为代人集团"；"这个政策目的是离散游牧部族的血缘集团，重新形成'代'地区居住的地缘集团"（《北魏代人集团考略》，中国魏晋南北朝史学会等编《魏晋南北朝史论文集》，四川出版集团·巴蜀书社 2006 年版，第 315 页）。

③ 马长寿：《乌桓与鲜卑》，第 254 页。杨耀坤亦有类似观点，他认为"部落成员分土定居后，也可在划定的范围内从事畜牧业，但多数还是从事于农业"（《论北魏道武帝拓跋珪》，《魏晋南北朝史论稿》，第 153 页）。

④ 唐长孺：《拓跋国家的建立及其封建化》，《魏晋南北朝史论丛》，第 208 页。

《晋书·苻坚载记上》："散其部落于汉鄣边故地，立尉、监行事，官僚领押，课之治业营生，三五取丁，优复三年无税租。其渠帅岁终令朝献，出入行来为之制限。"①《南齐书·魏虏传》："分其部党居云中等四郡，诸部主帅岁终入朝，并得见犍，差税诸部以给之。"②据此，有学者认为拓跋珪离散部落是受到前秦灭代后实施的这一措施的很大启发。③陈寅恪则主张离散部落（解散部落）是五胡政权汉化的重要表现，早在前燕就已开始实行。他说：

> 胡族的汉化不仅表现在文化上，而且表现在社会组织和经济生活上。《十六国春秋》"部（部落）"、"户（编户）"二字是否用原来的字，不敢妄言。不过先称部，后称户；塞外称部，中原称户；羯称部，鲜卑称户；同为鲜卑，慕容称户，阿柴虏一支称部；同一部落，地近大都邑者称户，远者称部；则大抵可信。由部落变成编户，是胡族社会组织上的一个进化。之所以有这个进化，是与汉人接近，接受汉化的结果。但汉化有深浅，胡族由部落进为编户不是划一的。汉化深的进为编户，汉化浅的则仍保持部落制，如阿柴虏。但文化高的也仍可能保持部落组织，不为编户。……部落未解散，不等于没有文化，只是与汉人关系不可能密切，民族间的纷争也由此发生。……五胡中，鲜卑部落解散较早。……其实部落的解散不始于北魏，前燕已经做了。……鲜卑部落解散，能守城，筑城，都是汉化的反映。……氐、羌社会组织显然也由部落进

① （唐）房玄龄等撰：《晋书》卷一一三《苻坚载记上》，中华书局1974年版，第九册，第2899页。
② （梁）萧子显撰：《南齐书》卷五七《魏虏传》，中华书局1972年版，第二册，第983页。
③ 参见韩国磐《魏晋南北朝史纲》，人民出版社1983年版，第422页；蒋福亚《前秦史》，北京师范学院出版社1993年版，第158页；李凭《北魏平城时代》，社会科学文献出版社2000年版，第41页。

化成了编户。①

这是站在胡族汉化的高度从多元视角出发对离散部落所做的高屋建瓴式的判断，无疑具有极大的启发意义。就社会组织和经济生活方面的汉化而论，陈寅恪以考察部、户的不同记载以及能否守城、筑城等行为来判断五胡各族是否以部落组织存在，还是已经从事农业生产，自然是独具只眼的高论。但从政治军事角度来看，北魏之前慕容鲜卑等族的部落解散与北魏的部落离散还是有本质区别的。就以前秦灭代后对塞北各部实施的离散措施而论，虽然包括对部落酋帅采取限制的措施，令部落民众改变生产生活方式，但其主要的目的是通过铁弗、独孤部来控制拓跋部，铁弗、独孤部酋长对包括拓跋部在内的其部民（无论是部落还是编户）的控制权并未被剥夺。事实上，由于前秦忙于在中原地区的统治事务以及准备与东晋的战争，对塞北的控制基本上交由铁弗部酋长刘卫辰和独孤部酋长刘库仁全权处理，其部落组织及经济生活没有丝毫的改观（可能有小规模的农业生产）。

部落酋长是否还保持对其部民的控制权，这应该是判断部落是否被离散的根本要素。社会组织和经济生活方式的改变只是部分的部落离散，而对某一个部族（民族）的征服更不等于就是离散，五胡十六国时期的事例可谓比比皆是。如前秦虽然征服了慕容鲜卑和羌族姚氏等部族（即便其已经改变了经济生活方式），但苻坚却并未采取离散部落的措施，被征服部族完整地生存在前秦政权的统治之下，其首领还掌握着对其部族的控制权，行军作战也完全以部族编制整体行动，最终导致肥水之战后苻坚的惨死以及前秦政权的覆亡。拓跋珪的高明之处就在于他不仅征服了这些部族，而且还进一步采取了离散部落的政策，彻底改变了归附部落的生活方式，将部落的控制权从部酋手中收归王朝政府，部酋

---

① 万绳楠整理：《陈寅恪魏晋南北朝史讲演录》，黄山书社 1987 年版，第 105—107 页。

则完全转化成北魏帝国的贵族官僚，最大程度地消弭了反叛的因素。诚如日本学者谷川道雄所言："北魏帝国与五胡国家有一点截然不同，那就是在建国当初断然解散了游牧民诸部落。北魏由此超越了作为五胡国家的核心同时也是其限界的部族制度，而进入一个更为开放的阶段。"①这是对离散部落的意义所做的颇有深度的评价。

日本学者田村實造认为：离散部落是"对游牧民社会的大改革"，是道武帝"拓跋珪强化对诸部族统治力"以及"强化并确立君主权"的必要举措，也是"北魏朝的经济基础由游牧向农耕转化的必要"。"而且解散游牧部落制，是北魏朝的国家生产力从畜牧生产转变到农业生产上的必然过程。由于生产力的提高，北魏政权迅速确立起独裁的集权制。"②这无疑是极为精辟的见解。离散部落既可以打破归附拓跋鲜卑的各部族的部落组织，有利于从政治军事方面加强控制，提高拓跋部特别是拓跋珪的尊崇地位，促进君主专制权力的形成。离散后的部落酋长及其子弟通过拜官封爵而成为北魏王朝的官僚贵族，从而建立起以拓跋皇室成员为核心的统治集团，为巩固北魏王朝的统治效力。同时分土定居的实施，将会改变各部落传统的游牧生活方式，为农耕经济的发展奠定基础，这是维持政权运转的必要步骤，也是统治广大的中原农耕地区的需要。

日本学者松田寿男说："众所周知，游牧民族的生活是和家畜一起为寻找水草而到处迁徙，其衣、食、住均依赖于牛、马、羊等家畜。""游牧经济是一种单纯、片面的经济，因此，它与农耕经济比较起

---

① [日]谷川道雄：《隋唐帝国形成史论》，李济沧译，第95页。就部落离散的具体内容而言，谷川氏的理解是："大致为让诸部落住于一定的地区，不许迁徙；部落民接受国家的直接统治，原来的君长大人被剥夺了部落统帅权；仅有土耳其种（按此宜译作'突厥种'）高车族由于人民尚未开化，承担不了国家的使役，因此听任部落制度继续存在。"

② [日]田村實造：《中國史上の民族移動期——五胡・北魏時代の政治と社會——》，第216—217页。

来，在促进社会发展的力量方面明显地不如。"① 毫无疑问，离散部落是决定拓跋鲜卑民族由游牧向农耕转型的关键性举措，有助于推动北魏经济的发展和社会的进步。② 不仅如此，离散部落还意味着部落酋长原有的军事权力的削弱或剥夺，他们不可能再像过去那样依靠部族力量轻易地反叛，脱离拓跋部的控制，或者集聚势力而成为拓跋部的竞争者。这样，新兴的北魏王朝才能够迅速发展壮大，摆脱十六国短命王朝的命

---

① ［日］松田寿男：《古代天山历史地理学研究》，陈俊谋译，中央民族学院出版社 1987 年版，第 16 页。

② 关于北魏的社会性质，唐长孺认为："鲜卑拓跋部没有经历过成熟的奴隶社会就迅速地进入了封建社会。由于拓跋部所统治的广大区域，长期以来一直是封建社会，因而它不可能把一个已经成熟了的、经过了几乎上千年的发展历史的封建社会再重新拉回到奴隶社会的轨道上去；相反，拓跋部本身的社会发展却要受汉族的生产方式的影响，在其阶级社会刚形成的时候便迅速地进入封建社会。……当时，拓跋部社会阶级的结构有氏族贵族和氏族成员的关系（氏族残余是长期存在的），有奴隶主与奴隶的关系，但大量的、普遍的却是封建主与农民以及与受封建剥削的劳动者的关系。"（《魏晋南北朝隋唐史》，《大师讲史》中，中共中央党校出版社 2007 年版，第 140—141 页）他对这一问题的详细论述，参见《拓跋国家的建立及其封建化》，《魏晋南北朝史论丛》，第 193—249 页；《拓跋族的汉化过程》，《魏晋南北朝史论丛续编》，第 132—154 页。学界关于北魏社会性质的论述，又可参见马长寿《乌桓与鲜卑》，第 221—297 页；高敏《论北魏的社会性质》，《魏晋南北朝史发微》，中华书局 2005 年版，第 177—219 页。逯耀东从文化与政治形态转变的角度对北魏前期社会进行了宏观论述，参见氏著《从平城到洛阳——拓跋魏文化转变的历程》，中华书局 2006 年版，第 25—70 页。日本学者对北魏的社会性质特别是贵族制度、胡汉问题多所论及，参见谷川道雄著、李济沧译《北魏的统一过程及其结构》，《隋唐帝国形成史论》，第 95—109 页；内田吟風《北朝政局に於ける鮮卑・匈奴等諸北系貴族の地位》，《北アジア史研究・匈奴篇》，同朋舍 1975 年版，第 343—365 页；宫崎市定《鮮卑と漢人》，《九品官人法の研究 科舉前史》，東洋史研究會 1956 年版，第 377—389 页；宫川尚志《北朝における貴族制度》，《六朝史研究 政治・社会篇》，平楽寺書店 1977 年版，第 399—433 页；河地重造《北魏王朝の成立とその性格について——徙民政策の展開から均田制へ——》，《東洋史研究》第 12 卷 5 号（1953 年）；川本芳昭《部族解散の理解をめぐって》《北族社會の變質と孝文帝の改革》，《魏晋南北朝時代の民族問題》，第 124—186、276—302 页。西方学界的相关观点，澳大利亚学者霍姆格伦有精湛的评述，参见 Holmgren, Jennifer.Northern Wei as a conquest dynasty：current perceptions；past scholarship. *Papers on Far Eastern History* 40 (1989)。

运。毫无疑问，"部落解散应是一项划时代的措施"①，离散部落在北魏王朝的发展史上具有划时代意义。

对离散部落的重大意义，学界的相关研究也都从不同侧面进行了阐释。陈寅恪认为："部落解散，昔日的氏族主人，以本氏族的人为徒附，进行耕种，变成大贵族，与土地发生密切的关系。一个氏族也就是一个宗族，族长也就是宗主。北魏的宗主督护制由此而来。"②唐长孺认为："拓跋珪统治时，在军事巨大胜利的基础上雏形的王国急速的发展，猗卢、什翼犍没有完成的建国事业到这时才完成。最重要的一件事便是他破坏了与氏族相联系的部落。"③王俊杰认为："北魏初年实行离散部落，分土定居，就对鲜卑民族的形成有着积极推动的作用。""离散部落分土定居的结果，打破了血缘组织的共同体，使人们以地域关系互相结合，由此正式踏上了向民族发展的进程。"④杨耀坤认为："被解散的多数部落成员都变成了国家统治下的农民。这对发展北魏的农业经济以及巩固北魏王朝的封建经济基础，有着重大的意义。"⑤田余庆认为："离散部落，是北魏道武帝拓跋珪开拓帝业时期的一个重大历史事件。"⑥"道武帝离散部落之举，从全局看来，正是他能结束五胡十六国纷纭局面重要的一着。道武建国的十年征战，从部落体制上摧毁了最强大也是最亲近的贺兰、独孤世婚部落，才使他的帝国一时不再有别的部落力量敢于挑战，更使他的世继之业不再受强大的外家和母后干扰。离散部落客观上促进一些部族及时脱离部落统治的原始状态。道武帝以此提升了拓跋族在各族关系中的地位，增强了北魏政权的统治能力，开启了中国北方

---

① ［日］谷川道雄：《隋唐帝国形成史论》，李济沧译，第 97 页。

② 万绳楠整理：《陈寅恪魏晋南北朝史讲演录》，第 107 页。

③ 唐长孺：《拓跋国家的建立及其封建化》，《魏晋南北朝史论丛》，第 204 页。

④ 王俊杰：《魏晋南北朝的鲜卑是不是一个民族》，《西北师范大学学报》1985 年第 3 期。

⑤ 杨耀坤：《论北魏道武帝拓跋珪》，《魏晋南北朝史论稿》，第 153 页。

⑥ 田余庆：《贺兰部落离散问题——北魏"离散部落"个案考察之一》，《拓跋史探》，第 62 页。

社会从恢复元气到探求发展的道路。"① 李凭认为："离散部落等措施无疑是道武帝时期最有意义的改革。它促使北魏统治下的大部分游牧部落的组织分解，加速了部落内的阶级分化。它推动了拓跋社会生产的发展，加速了其产业由游牧向农耕转化的进程。它剥夺了部落贵族统领部落的权力，将他们与部民一起编为国家的'编民'，从而把拓跋社会纳入了封建统治的轨道。"② 康乐认为："解散后的部落民当然也有从事农牧业的，不过他们的主要任务还是在提供国家的武力基础。这支武力除了一部分出镇新领地外，其他大部分即屯驻京城，成为捍卫王畿的中央常备军——这是任何一个定居国家皆需要的。至于他们的'君长大人'则转任政府的文武官员。""'离散诸部，分土定居'的措施，导致代人集团的出现。"③ 毛汉光认为：离散部落"是将部落打散，依其贡献吸收成为政权一分子同时也成为社会阶层中的一分子"；"魏初按生态环境及生活方式行双轨制，能'分土定居'渐趋农业者，则尽量将其部落打散"，"无法农耕地区，或被赐予畜牧之地，则任其保有部落制度，而有'领民酋长'之号"。④

对于北魏道武帝的离散部落，日本学者做了许多论述，且有多篇专论，其观点主要有二，一种是理解为部族组织的解体，另一种则理解为部族的再编，认为实行这一政策后传统的部族组织仍然得以存续。⑤古贺昭岑即持后一种观点，他认为："所谓部族解散，我认为就是为了

---

① 田余庆：《独孤部落离散问题——北魏"离散部落"个案考察之二》，《拓跋史探》，第91页。

② 李凭：《北魏平城时代》，第60页。

③ 康乐：《从西郊到南郊——国家祭典与北魏政治》，稻乡出版社1995年版，第59、61页。

④ 毛汉光：《北魏东魏北齐之核心集团与核心区》，《中国中古政治史论》，上海世纪出版集团·上海书店出版社2002年版，第39—40页。

⑤ 〔日〕胜畑冬实：《拓跋珪的"部族解散"与初期北魏政权的性格》注〔1〕，《早稻田大学大学院文学研究科纪要别册》第20集《哲学·史学编》（1994年）。日本学界近年对这一问题研究史的综述，参见〔日〕松下宪一《北魏道武帝的"部族解散"》，《史朋》第34号（2002年）。

集中兵力、强化帝权而重编部族，对于旧部族成员，使其在限定的范围内从事游牧，并且作为生活基础给予一定数量的土地和佃户。""北魏之初京畿及其周边八国配置了几乎全部的部族。可是配置于京畿周边的各部族，如像代国时代从事大范围的游牧生活，一旦出现紧急情况就困难了。因而重新编成各部族，规定各部族'分土定居'的范围，禁止迁徙即离开所规定的游牧地，实际上就是以此作为京师的屏障。"① 按此说虽然能够解释"不听迁徙"，但与"分土定居"不完全吻合，更与"其君长大人皆同编户"不着边际。贺讷在离散诸部后"无统领"，表明离散部落就是要打破部落君长大人统领部落的特权。按照古贺之说，则所谓离散部落不仅没有削弱原部落酋帅的权力，反而其统领部落的权力得到了加强，各部族的游牧生活方式也没有得到任何改变，实行定居农耕更无从谈起。事实上，在京畿周边配置八国的举措和离散部落几乎是同时进行的，不存在前后因果关系。

二、离散与未离散部落的例证

史书中关于离散部落的实际事例尽管极为少见，但仅有的几条还是颇具说服力的。《魏书·和跋传》：

> 和跋，代人也，世领部落，为国附臣。跋以才辩知名，太祖擢为外朝大人，参军国大谋，雅有智算。……太祖宠遇跋，冠于诸将。时群臣皆敦尚恭俭，而跋好修虚誉，眩曜于时，性尤奢淫。太祖戒之，弗革。后车驾北狩豺山，收跋，刑之路侧。妻刘氏自杀以从。初，将刑跋，太祖命其诸弟毗等视诀，跋谓毗曰："灅北

---

① ［日］古贺昭岑：《论北魏的部族解散》，刘世哲译，《民族译丛》1991 年第 5 期。

地瘠，可居水南，就耕良田，广为产业，各相勉励，务自纂修。"
令之背己曰："汝曹何忍视吾之死也！"毗等解其微意，诈称使者，
亡奔长安，追之不及。太祖怒，遂诛其家。①

这是被研究者所常征引的一条资料，用以说明部落离散的实况。和（素
和）跋家族（部落）的原居地是在五原，从其临终遗言来看当时其家族
已居住在灅北并已从事农耕生产。毫无疑问，"世领部落"并"世居"
五原的素和氏在道武帝后期已经不再领有部落，而且也不在五原居住，
而是在京畿地区的灅北居住，在和跋被杀前他最关心的是由于"灅北地
瘠"而不利于其家族的生存和产业的发展，希望其家人选择灅南良田耕
种以维持家族的生存和延续。庾业延（岳）之"父及兄和辰，世典畜
牧"。在前秦灭拓跋部时，中部大人庾岳"收敛畜产，富拟国君"，拓跋
珪的建国即得到他经济上的支持。北魏建国后庾岳"为外朝大人，参预
军国"，后历任安远将军、征虏将军、邺行台、相州刺史、司空。"天赐
四年（407），诏赐岳舍地于南宫，岳将家僮治之。候官告岳衣服鲜丽，
行止风采，拟仪人君。太祖时既不豫，多所猜恶，遂诛之。时人咸冤惜
焉。岳葬在代西善无之界。"② 按代西善无之界可能就是庾岳家族在部落
离散后的居住地。南宫即灅南宫，和跋临死前希望其家人迁居之地亦在
灅南。当时为其进行生产的不再是原有的部民，而是"家僮"，应该是
因战功而被拓跋珪赐予的战俘等奴婢。

明元帝时期越勤部的事例也具有典型性，可以作为理解道武帝离
散部落问题的旁证。永兴五年（413）四月至八月明元帝进行了长达近
半年的西巡，七月到达薄山，"奚斤等破越勤倍泥部落于跋那山（在今
内蒙古乌拉特前旗东南）西，获马五万匹，牛二十万头，徙二万余家于

---

① 《魏书》卷二八《和跋传》，第二册，第681—682页。
② 《魏书》卷二八《庾业延（岳）传》，第二册，第684—685页。

大宁，计口受田"；八月到达豺山宫之前，"赐征还将士牛、马、奴婢各有差。置新民于大宁川，给农器，计口受田"。① 毫无疑问，"徙二万余家于大宁"与"置新民于大宁川"应该是同一件事。史载道武帝天兴五年（402）十二月，"越勤莫弗率其部万余家内属，居五原之北"②。具体来说，越勤部在内属之后是居于跋那山西从事游牧生产的，其地处于北魏与赫连夏的缘边地带，经过仅仅十余年时间，万余家越勤部落已经繁衍到二万余家，其发展速度是惊人的，这大概是明元帝征讨并改变其生活方式的主要原因。道武帝在平定中原后的离散部落，与明元帝徙越勤倍泥部落于大宁川"计口受田"从事农业生产，可以说是完全相同的举措，两者"在性质上是没有区别的"③。

被离散部落的酋长一般都转变为北魏王朝的官僚贵族，构成了北魏官僚体系的骨干成员。北魏初年大量的官僚贵族即是从部落酋长转变而来的，这在文献中有所记载。《显祖嫔侯骨氏墓志》："夫人本姓侯骨，其先朔州人，世酋部落。其远祖之在幽都，常从圣朝，立功累叶。祖侯万斤，第一品大酋长。考伊莫汗，世祖之世，为散骑常侍，封安平侯，又迁侍中、尚书，寻出镇临济，封日南郡公。孝文皇帝徙县伊京，夫人始赐为侯氏焉。"④《魏书·官氏志》载"胡古口引氏，后改为侯氏"⑤，侯骨夫人即此胡古口引氏。侯万斤为第一品大酋长应该是在道武帝时代，

---

① 《魏书》卷三《太宗纪》，第一册，第53页。
② 《魏书》卷二《太祖纪》，第一册，第40页。
③ 马长寿：《乌桓与鲜卑》，第254页。1975年在内蒙古呼和浩特北魏墓中出土了34件陶制器物，包括俑（武士及女舞乐俑）15件、牲畜、家禽10件（马、驼各1件，羊、猪、犬、鸡各2件），生活用具8件（罐2件，灯座、仓、井、磨、碓、牛车各1件）。"这座墓出土了仓、井、磨和碓等与农业生产相关的器物，反映了这个时期在呼和浩特地区农业生产已占主导地位；而出土众多的驼、马、羊等牲畜，又反映了畜牧业仍占一定的比重。"（郭素新：《内蒙古呼和浩特北魏墓》，《文物》1977年第5期）这应该是北魏实施离散部落、分土定居后当地农业生产发展的反映。
④ 赵万里：《汉魏南北朝墓志集释》图版二一，科学出版社1956年版。
⑤ 《魏书》卷一一三《官氏志》，第八册，第3008页。

不晚于明元帝时代，伊莫汗于太武帝时代正式成为北魏官僚体系中的重要一员，其入仕或早在道武帝、明元帝时代亦有可能，侯骨部落应该已被离散。

拓跋鲜卑征服某一部落尤其在平定中原之前，虽然也对被征服部落进行分割、迁徙，但都不能算是真正的离散部落，如高车也是划定其游牧地域的，但总的来看仍然过着游牧生活。尤其是太武帝降服高车后，将其"徙置漠南千里之地"，"乘高车，逐水草，畜牧蕃息，数年之后，渐知粒食，岁致献贡，由是国家马及、牛、羊遂至于贱，毡皮委积"。[1]"渐知粒食"的高车人肯定也从事一些农耕生产，但所占比重不大，总体上他们仍然保持着原有的部落结构和生活方式，从文成帝时期"五部高车合聚祭天，众至数万。大会，走马杀牲，游绕歌吟忻忻"的空前盛况可见一斑。[2] 若仅从"不听迁徙"的角度而论，被封在秀容川的尔朱部落也可以认为是被离散了，但他们在其封地内仍然过着游牧生活，其君长大人也没有变成编户齐民。因此，从严格意义上说，类似尔朱部落的情况不能算作被离散的部落。

唐长孺将尔朱部落归入北魏的"第三类畜牧劳动者"即"附属于拓跋帝国的诸部落中的游牧人民"，他认为"在拓跋帝国的北边有许多各领部落的酋长，他们受朝廷的册封并分有土地"。在引用《魏书·尔朱荣传》的相关记载后，指出："尔朱氏的先世是部落酋帅，他们的酋长及武士参加了拓跋对燕的战争，因此其酋长被选为国王的侍从（散骑常侍，家世奉国，给事左右），并且其部落所居之秀容川被封为酋长的领土。"[3] 在北魏平定中原时，尔朱氏部落酋长尔朱羽健率领1700名武士随从拓跋珪出征，则当时尔朱部落最多不超过1700家。一般来说，每家的武士应该多于1人，可能当时尔朱部落在1000家左右，经过这

① 《魏书》卷一〇三《高车传》，第六册，第2309页。
② 《魏书》卷一〇三《高车传》，第六册，第2309页。
③ 唐长孺：《拓跋国家的建立及其封建化》，《魏晋南北朝史论丛》，第216—217页。

次战争必定还有损耗，在战后受封秀容川时尒朱部落大概不足千家，不能算作一个大的部落，经过 100 余年的繁衍，到北魏末年尒朱部落达到 8000 余家、马数万匹的规模。① 其部落实力远小于被拓跋珪征服的其他部落，正因如此，即便尒朱荣在北魏末年政坛上呼风唤雨，《魏书》修撰者魏收与尒朱氏家族关系非同一般，但在《魏书》中除了《尒朱荣传》提及尒朱羽健从征中原的功绩外，竟然再也见不到其他的记载，表明尒朱部落的影响力在北魏初前期是极为有限的。

封地方 300 里的尒朱部落规模如此，可想而知位居腊汗山地方百里的库狄部落（见下）在被北魏征服后其规模就更小了。对于一个从事游牧业的部落而言，无论是方 300 里还是一百里都是颇为局促的，这对其部落的发展是很大的限制，可以说这与其他被离散部落的分土定居有异曲同工之效。位于平城之西的善无、秀容"一带正是宜于畜牧之地"②，《太平寰宇记》引《冀州图》云："自晋阳以北，地势渐寒，平城、马邑凌原二丈，云中、五原积冰四五十尺，唾出口成冰，牛冻角折，而畜牧滋繁。"③ 由于气候严寒，无霜期长，善无、秀容等地其实是不太适宜进行农耕生产的，史书的记载也证实了这种情况。尒朱部落所在的秀容川土地比较贫瘠，至于《尒朱荣传》谓"太祖以南秀容川原沃衍，欲令居之"而为尒朱羽健婉拒云云④，无疑是后来尒朱荣为了抬高身价的自诩之辞，不足为凭。库狄部落所居腊汗山为山区，自然也不大适宜农业。

与尒朱部落类似的情况，还有为学界所常提及的库狄部落。《北史·库狄干传》：

---

① （北魏）杨衒之撰，周祖谟校释：《洛阳伽蓝记校释》卷一《城内·永宁寺》，中华书局 1963 年版，第 29 页。

② 唐长孺：《拓跋国家的建立及其封建化》，《魏晋南北朝史论丛》，第 218 页。

③ （宋）乐史撰，王文楚等点校：《太平寰宇记》卷四九《河东道十·云州》，中华书局 2007 年版，第 1037 页。

④ （清）钱大昕云："南秀容盖肆州之秀容。"（方诗铭、周殿杰校点：《廿二史考异》卷二八"魏书一·尒朱荣传"条，上海古籍出版社 2004 年版，第 486 页）

厍狄干，善无人也。曾祖越豆眷，魏道武时，以功割善无之西腊汗山地方百里以处之。后率部落北迁，因家朔方。……魏正光初，除扫逆党，授将军，宿卫于内。以家在寒乡，不宜毒暑，冬得入京师，夏归乡里。[1]

《库狄业墓志》载"君夏启之胤，世居莫北，家传酋长之官，人富英贤之业"[2]。所谓"夏启之胤"自然不可当真，而"家传酋长之官"则指世袭领民酋长，实际上是北魏政府授予这些游牧部落首领的世袭官职，是纳入北魏官僚体系之中的，原则上应该世代承袭，但也可以被剥夺。库狄业先是"释褐领民军主都"，"领民军主都"仅见于此，当与领民酋长意近。当然，虽然领民酋长或领民军主都可以看作是官，但毕竟只是统领其部落，并不实际参与国家政权机构，正因如此才有库狄业后来"解褐使持节、都督泾州诸军事、泾州刺史、金紫光禄大夫"的任命[3]。

东魏武定三年（545）所开"赛思颠窟"之摩崖造窟碑记，载厍狄干之官爵为："使持节、都督定泾州诸军事、骠骑大将军、开府仪同三司、太保、太傅、恒定二州刺史、六州大都督、第一领民酋长、广平郡开国〔公〕。"追溯其先世事迹，云："然公先祖出于北□□／弱水，子孙绍位，郡若国主，十有余世大单于人也。后移河西夏州／是也，统酋百姓，共赫连并酋，经由六世公太祖越豆□，见赫连起□，／率领家宗

---

① （唐）李延寿撰：《北史》卷五四《库狄干传》，中华书局 1974 年版，第六册，第1956 页。

② 太原市文物考古研究所：《太原北齐库狄业墓》，《文物》2003 年第 3 期。《魏书》卷一一三《官氏志》："库狄氏，后改为狄氏。"按中华书局点校本本卷"校勘记"〔三八〕："《姓解》卷三'库'作'厍'，音'舍'。按'厍'字本有舍音，'库狄'读作'舍狄'。后人以去点作'厍'者读作舍，以示区别。本书他处'库狄'之'库'都统一作'厍'，这里不改，以存原字。"（第八册，第 3012、3022 页）墓志表明该姓氏原本写作库狄，其音义与厍狄无别，库、厍在当时亦无明确区分，故常见库狄、厍狄混用，有如宝盖头之有点、无点之类。

③ 《库狄业墓志》，见太原市文物考古研究所《太原北齐库狄业墓》。

诸族万有余家，□彼移渡河北，居□五原是也。/□附大魏，股肱万代。道武皇帝知太祖忠诚，赐部落主如故，封王/怀朔镇。子孙世袭第一领民酋长，统领六世。"① 按《北史·厍狄干传》载其"曾祖越豆眷"，与碑记所载"越豆□"当为同一人。由于碑记风化较为严重，录文可能有不准确之处，而碑文撰写者的历史知识和文化水平看来也比较有限。从录文来看，其所叙厍狄干先祖事迹与《北史·厍狄干传》所载大同小异，而此窟之开凿早于魏收《魏书》修成时间，因而可以说是关于厍狄先世事迹的最早记述。

碑记所述表明：厍狄氏原本出于北方，弱水究竟是其最初活动地域还是后来迁徙之地，难以作出准确判断，不过对照《魏书·序纪》拓跋先世始均"入仕尧世，逐女魃于弱水之北"的记载②，赛思颠窟碑记所记"弱水"应该是叙述其最初活动地域的文字。若此，则弱水是指今嫩江或黑龙江，而不是在陕北或内蒙古境内。墓志所载"酋长之官""领民军主都"与碑记所载"部落主""第一领民酋长"是相同或相通的。厍狄部落是在道武帝天兴二年（399）三月为北魏军队所征服，其部帅名叶亦干，时"厍狄勤支子沓亦干率其部落内附"③。厍狄干之名当是其部落酋长名字的继承。库（厍）狄部落归降时，道武帝大规模的离散部落大概已经完成。《魏书·太祖纪》载天兴五年（402）十二月"越勤莫弗率其部万余家内属，居五原之北"④，此与赛思颠窟碑记所载越豆□"率领家宗诸族万有余家，□彼移渡河北，居□五原是也"，可以说若合符节，因此厍狄氏出于越勤部的可能性极大，或者说在其后厍狄部归于越勤部统辖，也可能是厍狄氏为了显示其先世部落的强大而将越勤部事迹归于己身。明元帝永兴五年（413）七月，"奚斤等破越勤倍泥部

---

① 孙钢：《河北唐县"赛思颠窟"》，《文物春秋》1998 年第 1 期。
② 《魏书》卷一《序纪》，第一册，第 1 页。
③ 《魏书》卷二《太祖纪》，第一册，第 35 页。
④ 《魏书》卷二《太祖纪》，第一册，第 40 页。

落于跋那山（在今内蒙古乌拉特前旗东南）西，获马五万匹，牛二十万头，徙二万余家于大宁，计口受田"①。若厍狄部确与越勤部有关，则其先祖很可能就在其时率领部分部落成员逃亡至赫连夏统治区并改姓厍狄氏。

在离散部落后，除在漠南地区的高车外，也还有一些部落仍然过着畜牧为生的生活，如尔朱、厍狄部落。因此，离散部落并不意味着北魏统辖下的所有部落都被离散，有一些部落酋长对其部落的领导权并未被剥夺，而是以"领民酋长"的身份继续统领其部落，只不过不允许其随便迁徙了。② 需要提出的是，即便被离散的部落也不一定全都分散在不同的地域居住，有些部落在一定时期应该还是有固定区域的。就所知史料来看，未被离散的部落的居住地域主要是在阴山漠南地区，迁都以后允许未被离散的这些部落的酋长"冬得入京师，夏归乡里"，也表明他们的部落应该是在寒温带的漠南草原区域。

除尔朱、厍狄部外，在代北地区还居住着一些从事游牧业的部落，其中不少部落是在道武帝离散部落之后被征服或归附北魏的，集中发生于天兴二年三月至六年十一月的近五年时间里。被北魏军队打败及主动归降的部落名称见于记载者有：厍狄部、宥连部、侯莫陈部、高车别帅敕力犍、破多兰部、黜弗部、素古延部、越勤部、尉迟部。有些部落还有相当的规模，如侯莫陈部被打败时"获马、牛、羊十余万头"，黜弗、素古延等诸部被打败时"获马三千余匹，牛、羊七万余头"，破多兰部被打败时"获其辎重库藏，马四万余匹，骆驼、牦牛三千余头，

---

① 《魏书》卷三《太宗纪》，第一册，第53页。
② 按划定游牧区域，不允许其随便迁徙并非离散部落的要素。有人将尔朱部落作为北魏离散部落的典型例证，并认为北魏从登国元年开始即实行离散部落，包括高车在内的所有游牧部族都被离散，"使原来的君长大人变成了国家直接统治下的、有服役纳税法定义务的地方基层官员"（杨恩玉：《北魏离散部落与社会转型——就离散的时间、内涵及目的与唐长孺、周一良、田余庆诸名家商榷》，《文史哲》2006年第6期），这种认识显然是不正确的。

牛、羊九万余口"，内属的越勤部及尉迟部各有万余家，高车别帅两次内属，一次 900 余落，一次 3000 余落。① 史书记载高车内属用"落"，记载其他部落内属用"家"，或许显示了他们进入北魏后离散与否的不同待遇。②

不过，道武帝后期讨降或内属各部绝大多数其实像库狄部一样并未被马上离散，如：天兴五年十二月"越勤莫弗率其部万余家内属，居五原之北"③，其离散是到十余年后的明元帝时期。同样，天兴"六年春正月辛未，朔方尉迟部别帅率万余家内属，入居云中"④，当时也未被离散是确定无疑的。天兴五年二月破多兰部被征服后，"徙其民于京师"，其部落显然是被离散了，这是道武帝后期唯一的一例，之所以区别对待，是因为其酋帅木易干在北魏军队征讨时"率数千骑与卫辰、屈丐弃国遁走"⑤，而卫辰、屈丐正是拓跋鲜卑宿敌铁弗部的首领。越勤部在短短十余年时间里，其部落居然从万余家发展到二万余家，按这种速度发展，其必定很快将难以驯服。明元帝于是以军事进攻为手段，将越勤部从五原强制迁徙到大宁川从事农耕生产，很显然其被离散部落主要就是因为其部落发展速度太快，对北魏政权构成了一定程度的威胁。

永兴五年四月明元帝开始西巡，七月奚斤等讨破越勤倍泥部落于跋那山西之后，"丙戌，车驾自大室（在云中）西南巡诸部落，赐其渠帅缯帛各有差。遂南次定襄大落城，东逾十岭山，田于善无川"⑥。毫无疑问，这一地域是当时安置诸游牧部落的地区。道武帝后期被征服或归

---

① 《魏书》卷二《太祖纪》，第一册，第 35、39 页。
② 周一良论西晋末年至北魏初年之乌丸（乌桓）时，谓："此种乌丸已不复过部落生活，故不称落而与晋人混称若干家矣。"（《〈魏书〉札记·乌丸三百余家》，《魏晋南北朝史札记》，中华书局 1985 年版，第 306 页）
③ 《魏书》卷二《太祖纪》，第一册，第 40 页。
④ 《魏书》卷二《太祖纪》，第一册，第 40 页。
⑤ 《魏书》卷二《太祖纪》，第一册，第 39 页。
⑥ 《魏书》卷三《太宗纪》，第一册，第 53 页。

附的部落，其主要居住地是在平城西北一带，既是由于这一地带有适宜于畜牧业的地理环境，同时保留这些部落可能还有防备柔然及赫连夏进攻的目的，在受到进攻时可以起到缓冲作用。北魏末年的领民酋长较多地从这一地域出现当与此有关。除高车外，实力强大或有反叛因素的部落是不允许其继续以部落方式存在的，肯定是要被离散的。

《魏书·官氏志》在西方诸部后云："凡此诸部，其渠长皆自统众，而尉迟已下不及贺兰诸部氏。"① 按"其渠长皆自统众"似乎包括了"尉迟已下"及"贺兰诸部氏"。"尉迟已下"是指"西方十六姓"，即：尉迟（尉）氏，步鹿根（步）氏，破多罗（潘）氏，叱干（薛）氏，俟奴（俟）氏，辗迟（展）氏，费连（费）氏，其连（綦）氏，去斤（艾）氏，渴侯（缑）氏，叱卢（祝）氏，和稽（缓）氏，冤赖（就）氏，嗢盆（温）氏，达勃（褒）氏，独孤浑（杜）氏。"贺兰诸部氏"是指"北方十姓"：贺兰（贺）氏，郁都甄（甄）氏，纥奚（嵇）氏，越勤（越）氏，叱奴（狼）氏，渴烛浑（味/朱）氏，库褥官（库）氏，乌洛兰（兰）氏，一那蒌（蒌）氏，羽弗（羽）氏。② "其渠长皆自统众"指其归附拓跋鲜卑之初的情况，并非指其不在离散部落之列，在记载包括上述西方、北方诸姓之后，《官氏志》又谓"凡此四方诸部，岁时朝贡。登国初，太祖散诸部落，始同为编民"③，表明这些部落均属于曾被离散之部落。当然有些部落的归附要晚于道武帝平定河北迁都平城之时，因而其离散也就只能是在归附之后。日本学者宫川尚志认为："拓跋部以外的鲜卑人也在登国初道武帝散诸部落以来加入编民。即官氏志所载的东方宇文慕容氏、南方茂眷氏以下、西方尉迟氏以下、北方贺兰氏以下共四方三十五部。然而在极远之地居住的高车族，强盛的宇文慕容二氏，直至后世世袭领民酋长的尔朱氏，北魏的诏令或未及之，与其

---

① 《魏书》卷一一三《官氏志》，第八册，第 3013 页。

② 《魏书》卷一一三《官氏志》，第八册，第 3012—3014 页。

③ 《魏书》卷一一三《官氏志》，第八册，第 3014 页。

他的编民状态有异。"① 其所说并不完全确切，宇文、慕容、尉迟、贺兰诸部无疑都在被离散之列。

此外，拓跋珪还用加官晋爵等手段笼络归附的各部酋长，最重要的措施便是与大的部落酋长建立姻亲关系，将拓跋公主嫁于这些酋长及其子弟。《魏书·崔玄伯传》："太祖曾引玄伯讲《汉书》，至娄敬说汉祖欲以鲁元公主妻匈奴，善之，嗟叹者良久。是以诸公主皆厘降于宾附之国，朝臣子弟，虽名族美彦，不得尚焉。"② 对归附部落酋长等采取的软硬兼施的政策取得了极大的成功，消弭了反抗因素，使拓跋鲜卑的力量不断壮大。

三、关于领民酋长制

康乐认为："等到西元 398 年拓跋珪建立王朝、定都平城后，为了巩固此一核心地区（'代'）的安全、充裕物资的供应以及加强对新征服地区（河北、山西）的控制"，拓跋珪采取了三项措施，第一是离散部落，第二是"将新征服地区（特别是河北）的重要士族迁徙到平城"，第三即领民酋长制的实施。关于领民酋长制，他说："在建国时期曾立下汗马功劳，然而与拓跋族关系较疏的部落，则仍维持其部落组织，安置于固定的采邑（原先多半在王畿附近），并给予其部落长'领民酋长'的头衔。""领民酋长制的实施则使得帝国境内散布着许多大小不等的'封建领主'。"③ 事实果真如此吗？其所列"领民酋长表"共列出了 20 位左右的领民酋长④，分别出身于 11 或 12 个姓氏（部落），其籍贯及始

---

① ［日］宫川尚志：《六朝史研究　政治·社会篇》，第 416—417 页。
② 《魏书》卷二四《崔玄伯传》，第二册，第 621 页。
③ 康乐：《从西郊到南郊——国家祭典与北魏政治》，第 58—60 页。
④ 康乐：《从西郊到南郊——国家祭典与北魏政治》，第 361—367 页。

封时间如下表：

姓名	氏族	籍贯→住地	封号	始封时间	加封者	备注
独孤库者	独孤	云中→武川	领民酋长	北魏后期		独孤信父
独孤初万头	独孤	弘农胡城→何浑地	何浑地汗	道武时	道武帝	刘玉曾祖
独孤特真	独孤	→蔚州	领民酋长	北魏后期		刘亮父
王怀	拓王		第一领民酋长	531 年	北魏朝廷	
王紘	乌丸		小部酋帅			
叱伏列龟	叱李 / 叱伏列	代郡	领民酋长	524 年前	北魏朝廷	魏初入附，世为第一领民酋长
叱列延庆	叱李 / 叱伏列	代西部	第一领民酋长	528	尔朱荣	世为酋帅
叱列平	叱李 / 叱伏列	代西部	第一领民酋长	528	尔朱荣	延庆兄子
乞伏周		马邑鲜卑		北魏末？		乞伏慧祖父；太武时归附
乞伏纂	乞伏	马邑鲜卑		北魏末东魏？		乞伏慧父
步大汗萨	破六韩 / 步六汗	太安狄那（怀朔）	第三领民酋长	北魏末	高欢	明元时归附；父居，领民别将
破六韩常	破六韩 / 步六汗	附化（怀朔）	第一领民酋长	北魏末	尔朱荣	匈奴单于之裔，明元时归附；世领部落，其父孔雀，世袭酋长
破六韩拔陵	破六韩 / 步六汗	附化（怀朔）→沃野		北魏末		破六韩常宗人
侯莫陈崇	侯莫陈	武川		北魏末		魏之别部，世为渠帅；祖允以良家子镇武川

续表

姓名	氏族	籍贯→住地	封号	始封时间	加封者	备注
侯莫陈伏颓	侯莫陈	代	第一领民酋长	北魏中后期	魏廷?	侯莫陈相祖
厍狄干	厍狄	善无西→朔方	领民酋长?		道武帝	祖越豆眷，道武时封
万俟普	万俟	太平（怀朔）	第二领民酋长	北魏末	北魏朝廷	其先匈奴别种
斛律大那	斛律	怀朔	第一领民酋长	北魏后期?	魏廷?	敕勒（高车）人；斛律金父
斛律金	斛律	怀朔	第二领民酋长	北魏末	魏廷	
斛律羌举	斛律	太安（怀朔）	部落酋长	北魏末		世为部落酋长
乙速孤佛保	乙速孤	北秀容	领酋	北魏末		
尒朱荣	尒朱	北秀容	秀容第一领民酋长	北魏后期	北魏朝廷	尒朱荣之父；世为酋帅

　　周一良《领民酋长与六州都督》及严耕望《中国地方行政制度史》所列相关事例大体如此，周文、严书列举的事例中还有《北齐书》所载高欢（怀朔）、高市贵（善无）、薛孤延（代），《周书》所载念贤（六镇?）、梁御（武川），墓志所载刘懿（弘农华阴）、张景略祖父（燕州上谷）及造像记所载焦延昌祖父①，均不见于康乐"领民酋长表"。周一良指出：

①　分见（唐）李百药撰《北齐书》卷一《神武纪》，中华书局1972年版，第一册，第1页；卷一九《高市贵传》《薛孤延传》，第一册，第254、255页；（唐）令狐德棻等撰《周书》卷一四《念贤传》，中华书局1971年版，第一册，第226页；卷一七《梁御传》，第一册，第279页；赵万里《汉魏南北朝墓志集释》图版二九四《刘懿墓志》，图版三八二《张景略墓志》；（清）王昶撰《金石萃编》卷三二《西魏·焦延昌造像碑》，中国书店1985年版。

逮魏之末年，领民酋长见于史者渐多。然此辈固非自太祖以
来世系此职，十九系六镇乱后之北边雄豪。新立战功，朝廷欲以
此传统之美称羁縻之，冀得其用。昔者部落性质固定，酋长之入
朝从征及领方镇皆属暂时。今则酋长征讨出守而部落随之迁徙，
甚者徒有酋长虚号，而无部民，与昔之拥部落而定居，世有其地
者迥异。""综观以上所列，领民酋长皆鲜卑或服属于鲜卑之敕勒、
匈奴、契胡族，昭然可晓。唯王怀、念贤、梁御、刘亮、刘懿、
张景略、齐神武、焦延昌之祖父八人为例外。然详细考之，此八
人者或亦非汉族，或系胡化甚深之汉人也。①

作为学界研究领民酋长制度的开拓性论著，以上论断至今仍是不刊之
论。事实上，领民酋长之号来自于北魏朝廷的加封，相当于官僚贵族成
员所得到的爵位。史载尔朱荣之父新兴"太和中，继为酋长"，后孝文
帝任命其为右将军、光禄大夫，"转散骑常侍、平北将军、秀容第一领
民酋长"。"肃宗世，以年老启求传爵于荣，朝廷许之。"② 所谓"传爵于
荣"即是将"秀容第一领民酋长"之位传给其子尔朱荣。由此可以看出
领民酋长的几个特征：一是由朝廷委任；二是相当于爵位；三是可以世
袭，但需经朝廷同意。对于其所领部民而言，领民酋长是拥有统领部落
权力的实职；从北魏朝廷角度而论，领民酋长只是荣宠性的名号，游离
于官僚体系之外。

从相关事例可以看出，领民酋长的籍贯或居住地几乎都是在北魏
前期的京师平城之北，以六镇及代西为主，即北魏末年六州的地域范
围，唯有《刘玉墓志》载其为弘农胡城人③。即便可信，当地在道武帝

---

① 周一良：《领民酋长与六州都督》，《魏晋南北朝史论集》，北京大学出版社 1997 年版，
  第 196、199 页。
② 《魏书》卷七四《尔朱荣传》，第五册，第 1644 页。
③ 赵万里：《汉魏南北朝墓志集释》图版二六一。

时期尚未归于北魏，其被封之"何浑地"必定是在北边。至于受封时间，几乎都是在北魏后期，超出这一时间范围的事例，其可信度不大。在北魏其他广大的地区都见不到领民酋长的存在，因此康乐所谓"领民酋长制的实施则使得帝国境内散布着许多大小不等的'封建领主'"的论断绝对是子虚乌有。最典型的领民酋长尒朱氏家族，《魏书·尒朱荣传》载其"高祖羽健，登国初为领民酋长，率契胡武士千七百人从驾平晋阳，定中山"云云①，尒朱氏所拥有的领民酋长最初似乎并非北魏朝廷所封。其父新兴"太和中继为酋长"，迁都以后，"转散骑常侍、平北将军、秀容第一领民酋长"。这应该是领民酋长制度出现的最初时间。

北魏道武帝时期所封"领民酋长"，大概就像《刘玉墓志》所载其曾祖初万头被封为"何浑地汗"一样，以封地为名给予"汗"的称号并得以世系。周一良云：胡人刘"初万头率其部落从驾，遂因其地立何浑地汗之官号以命之。汗乃王侯贵人之尊称，当时此类当复不少"②。严耕望则进一步认为："观初万头事，正与尒朱荣之高祖尒朱羽健相同。率领部落，因地置汗，盖初因本俗称为汗，其后乃有领民酋长之汉名也。"③《周书·高琳传》："其先高句丽人也。六世祖钦，为质于慕容廆，遂仕于燕。五世祖宗，率众归魏，拜第一领民酋长，赐姓羽真氏。祖明、父迁仕魏，咸亦显达。""魏正光初，起家卫府都督。"④ 严氏据此认为，"此亦魏初有领民酋长之证，其地当在东北地区"⑤。按魏初东北地区尚在慕容燕统治之下，此说于理不通。若《高琳传》的记载可信，正确的理解应该是，北魏在平定河北或其后不久，在后燕任职的高琳五世祖宗率领部民归降北魏，但其部落很快便被解散或收编，其后代并不领有

---

① 《魏书》卷七四《尒朱荣传》，第五册，第 1643 页。

② 周一良：《领民酋长与六州都督》，《魏晋南北朝史论集》，第 192 页。

③ 严耕望：《中国地方行政制度史》上编卷中·下册，"中央研究院"历史语言研究所专刊之四十五，1963 年版，第 841 页。

④ 《周书》卷二九《高琳传》，第二册，第 495—496 页。

⑤ 严耕望：《中国地方行政制度史》上编卷中·下册，第 847 页。

部落，而是入仕北魏。然而这一记载的可信度不高，一是其祖父以上祖宗名字缺载，二是其仕宦"显达"的父、祖官位不知。最大的可能是，高琳根据他所了解的北魏末年制度，编造了祖宗为高句丽部落酋长入质仕燕并归魏受封第一领民酋长的家族历史。因此，用这一条并不可靠的孤证难以证明北魏初年曾经实施了第一、第二、第三领民酋长制度。

唐长孺认为：

> 诸部酋豪由朝廷任命为领民酋长。《魏书》卷一一三《官氏志》："其诸方杂人来附者，总谓之'乌丸'，各以多少称酋、庶长。"其事在拓跋珪以前，直到魏末一直沿袭这个制度，这些酋、庶长大致就是原来的世袭酋豪，看来朝廷任命只是形式上的加委。
>
> 似乎有两种类型的领民酋长。一种是老的世袭酋长，通过朝廷的任命和分封确立他们的家族在经济上和政治上统治部落的地位。另一种是新选拔出来的酋长，他们是在部落进一步瓦解，阶级急遽分化或发生变化的形势下产生的，也是通过北魏政权的委任而确立他们在所谓"部落"内的统治地位。[1]

按《魏书·官氏志》所载酋、庶长制度确立于拓跋什翼犍时期[2]，它是拓跋部统治归附部落的大人制度的基本内核，《官氏志》其后记载"分为南、北部，复置二部大人以统摄之"[3]。这种制度在道武帝初年加以继承，但在占领中原、定都平城后所实施的离散诸部政策针对的即是这一制度。漠南高车和尔朱等部的领民酋长制应该说就是对各部原有的部酋制度的承认并在形式上予以委任，同时对其各自的居住、活动地域则进

---

① 唐长孺：《北魏末期的山胡、敕勒起义》，《山居存稿》，中华书局1989年版，第67—70页。
② 参见《魏书》卷一一三《官氏志》，第八册，第2971页。
③ 《魏书》卷一一三《官氏志》，第八册，第2971—2972页。

行了规定和限制。

需要说明的是，即便是被封为领民酋长的部落，也会有成员进入北魏官僚集团担任文臣武将，从尒朱氏家族的情况即可见一斑。尒朱荣高祖羽健、曾祖郁德、祖代勤、父新兴，世袭领民酋长。羽健曾"拜散骑常侍"。代勤为"世祖敬哀皇后之舅。以外亲兼数征伐有功，给复百年，除立义将军"。"高宗末，假宁南将军，除肆州刺史。高祖赐爵梁郡公。以老致仕，岁赐帛百匹以为常。年九十一，卒。赐帛五百匹、布二百匹，赠镇南将军、并州刺史，谥曰庄。"新兴，高祖"除右将军、光禄大夫"，"转散骑常侍、平北将军、秀容第一领民酋长"。① 尒朱荣祖先尽管获得了朝廷所除拜的文武官职，但并非实职，而仍在北秀容统领尒朱部落。到尒朱荣时虽仍为部落酋长，但已开始担任实职，"荣袭爵后，除直寝、游击将军。正光中，四方兵起，遂散畜牧，招合义勇，给其衣马。蠕蠕主阿那瓌寇掠北鄙，诏假荣节、冠军将军、别将，隶都督李崇北征。荣率其新部四千人追击，度碛，不及而还。……迁直阁将军、冠军将军，仍别将"。② 尒朱真、买珍父子所任官职应该是北魏王朝的实际官职，与尒朱荣祖先所任完全不同。

《尒朱绍墓志》："祖东宫詹事，内都大官，使持节、黄龙镇大将，镇南将军、安并二州刺史，始昌侯，真之孙。父征虏将军、武卫将军，持节、平西将军、燕济华三州刺史，散骑常侍、大司农卿，赠使持节、侍中、骠骑大将军、司空公、雍州刺史，谥曰孝惠，买珍之第四子。"③《尒朱袭墓志》所载其祖、父之官爵完全相同，谓其为"买珍之第六子"④。《魏书·尒朱彦伯传》："荣从弟也。祖侯真，高祖时，并安二州刺史、始昌侯。父买珍，世宗时，武卫将军，出为华州刺史。彦伯性和

---

① 《魏书》卷七四《尒朱荣传》，第五册，第 1643—1644 页。
② 《魏书》卷七四《尒朱荣传》，第五册，第 1644—1645 页。
③ 赵万里：《汉魏南北朝墓志集释》图版二七三。
④ 赵万里：《汉魏南北朝墓志集释》图版二七四。

厚，释褐奉朝请，累迁奉车都尉。"①"彦伯弟仲远，颇知书计。肃宗末年，尒朱荣兵威稍盛，诸有启谒，率多见从。而仲远摹写荣书，又刻荣印，与尚书令史通为奸诈，造荣启表，请人为官，大得财货，以资酒色，落魄无行。"②"仲远弟世隆，字荣宗。肃宗末，为直斋。转直寝，后兼直阁，加前将军。尒朱荣表请入朝，灵太后恶之，令世隆诣晋阳慰喻荣，荣因欲留之。"③尒朱侯真为尒朱羽健之孙，郁德之子，与尒朱荣之祖代勤为兄弟。由于他们是"世祖敬哀皇后之舅"，敬哀皇后即恭宗景穆帝（太武帝太子、文成帝之父）之母贺（贺兰）氏④，故尒朱氏成员在文成帝时期被赐官授爵，真正进入了北魏官僚集团。尒朱侯真应为尒朱郁德之世子，因此入仕者也主要是侯真及其子孙，而尒朱代勤则留在北秀容继续统领部落。为官的尒朱氏子弟一般是从朝廷文武侍官特别是禁卫武官起家。⑤尒朱荣最初也担任了这样的官职，只是他是否真正入朝任职并不太清楚。⑥

如上所述，在漠南地区游牧的大量高车（敕勒）部民并未被离散，他们以部落组织生活在各自的领地内，各部落实行的应该也是领民酋长制，最典型的事例便是斛律部。即便如此，他们仍然有机会进入北魏官僚集团。《北齐书》卷一七《斛律金传》："朔州敕勒部人也。高祖倍侯利，以壮勇有名塞表，道武时率户内附，赐爵孟都公。祖幡地

---

① 《魏书》卷七五《尒朱彦伯传》，第五册，第1665页。
② 《魏书》卷七五《尒朱仲远传》，第五册，第1666页。
③ 《魏书》卷七五《尒朱世隆传》，第五册，第1668页。
④ 《魏书》卷一三《皇后·太武敬哀皇后贺氏传》，第二册，第327页。
⑤ 关于直斋、直寝、直阁将军等职，参见拙著《魏晋南北朝禁卫武官制度研究》，中华书局2004年版，下册，第788—800页。
⑥ 日本学者对领民酋长制的研究，著者所见当以吉田爱《北魏雁臣考》（《史滴》第27号，2005年）最为系统。如上所述，日本学界关于部落解散进行了大量的研究，其观点分歧主要在于部落解散令颁布后部落制度是否仍然存续的问题。相关研究状况的综述，参见［日］松下宪一《北魏道武帝の"部族解散"》，《史朋》第34号（2002年）。

斤，殿中尚书。父大那瓌，光禄大夫、第一领民酋长。"①斛律倍侯利之孟都公、大那瓌之光禄大夫，均为荣宠之号，与实际官职无关，但幡地斤之殿中尚书则无疑为实职，是朝廷禁卫长官。可以推断，斛律幡地斤是通过禁卫军系统而入仕北魏政权并最终升任殿中尚书之职的。其孙斛律平即是以这种途径进入仕途的，"金兄平，便弓马，有干用。魏景明中，释褐殿中将军，迁襄威将军"②。又如叱列氏，《魏书·叱列延庆传》："代西部人也。世为酋帅。曾祖鍮石，世祖末从驾至瓜步，赐爵临江伯。父亿弥，袭祖爵，高祖时越骑校尉。延庆少便弓马，有胆力。正光末，除直后，隶大都督李崇北伐。"③叱列氏与尒朱氏活动地域相近，并且还有姻亲关系，叱列延庆为尒朱世隆姊婿，后又被尒朱荣任命为"西部第一领民酋长"④。看来叱列氏是拥有部民、保留部落制度的，但叱列亿弥、延庆父子却先后进入北魏朝廷禁卫军系统担任禁卫武官。

从高车人中简选殿中武士是北魏禁卫军的重要来源，史载"高祖初，殿中尚书胡莫寒简西部敕勒豪富兼丁者为殿中武士"⑤。胡莫寒其人不见于史，但从姓氏推测应为宗族十姓之亥氏。⑥北魏禁卫军郎卫系统分别有羽林、虎贲系统。羽林系统包括：羽林中郎将、羽林中郎；羽林郎将、羽林郎；高车羽林郎将、高车羽林郎。虎贲系统与羽林系统类似，且更为发达，包括：戟楯虎贲将军、戟楯虎贲司马、戟楯虎贲将、戟楯虎贲；募员虎贲将军、募员虎贲司马、募员虎贲将、募员虎贲；高车虎贲将军、高车虎贲司马、高车虎贲将、高车虎贲。此外还有虎贲郎

① 《北齐书》卷一七《斛律金传》，第一册，第219页。
② 《北齐书》卷一七《斛律金传附兄平传》，第一册，第228页。
③ 《魏书》卷八〇《叱列延庆传》，第五册，第1771页。
④ 《魏书》卷八〇《叱列延庆传》，第五册，第1771页。
⑤ 《魏书》卷一九上《景穆十二王上·汝阴王天赐传》，第二册，第450页。
⑥ 《魏书》卷一一三《官氏志》，第八册，第3006页。

将、虎贲郎、虎贲军书令史及太子常从虎贲督等职。① 北魏的"羽林、虎贲主要当从拓跋部及其元从部落中选拔。此外，还在北魏征服漠南高车之后，从高车部族中选拔羽林、虎贲来不断充实北魏禁卫部队。随着征服地区的扩大，北魏拓跋统治者又从被征服地区补充兵员，其中招募虎贲进入禁卫军系统便成为一项制度，于是又有'募员虎贲'之职"②。除了被简选成为高车羽林、虎贲系统禁卫军成员而进入仕途外，充任北镇军府之镇兵并因军功而升迁为低级军官军主，也是漠南高车人进入仕途的重要途径。其他未被离散的游牧部落事实上应该和高车人存在着基本同等的机会，上述尔朱氏的情况即是明证。

选自《北魏政治史》二，读者出版集团·
甘肃教育出版社 2008 年版

---

① 参见《魏书》卷一一三《官氏志》所载太和前《职员令》，第八册，第 2983、2985、2988—2989、2992 页。
② 参见拙著《魏晋南北朝禁卫武官制度研究》，下册，第 681 页。唐长孺认为："(北魏)挑选卫士，包括羽林、虎贲、殿中武士，除拓跋本族人以外主要是敕勒人，其他各族人可能以应募的方式选充，即所谓'募员虎贲'。"(《北魏末期的山胡敕勒起义》，《山居存稿》，第 73 页)

文成帝时期的北魏政治

——以统治集团构成为中心

文成帝（440.6—465.5）在位时期（452.10—465.5）正当北魏中叶，北魏历史处于重要的转折关头，拓跋鲜卑统治者在结束了北方的统一战争之后致力于巩固统治，以期实现长治久安的政治局面。不仅如此，太武帝晚期以来政治上的一系列混乱局面也需要加以清理。由于有关北魏前期历史的传世文献资料的限制，学界以往对于文成帝时期的历史状况的认识颇为有限。近年来这种情况发生了改观，文成帝《南巡碑》碑文资料的全面刊布，使我们得以看到文成帝时期更多的历史面貌，中外学界也在《南巡碑》所反映的历史内涵的考释上做了一系列工作①，推动了文成帝时代乃至北魏前期历史研究的进展。尽管如此，总

---

① 参见山西省考古研究所、灵丘县文物局《山西灵丘北魏文成帝〈南巡碑〉》，《文物》1997 年第 12 期；张庆捷《北魏文成帝〈南巡碑〉碑文考证》，《考古》1998 年第 4 期；张庆捷、郭春梅《北魏文成帝〈南巡碑〉所见拓跋职官初探》，《中国史研究》1999 年第 2 期；[日] 川本芳昭《北魏文成帝南巡碑について》，《九州大学東洋史論集》第 28 号（2000 年）；[日] 松下憲一《北魏石刻史料に見える内朝官——〈北魏文成帝南巡碑〉の分析を中心に》，《北大史学》第 40 号（2001 年）；拙作《文成帝〈南巡碑〉所见北魏前期禁卫武官制度》，《民族研究》2003 年第 4 期；张庆捷等《北魏文成帝〈南巡碑〉所录部分汉族职官研究》，殷宪主编《北朝史研究——中国魏晋南北朝史国际学术研讨会论文集》，商务印书馆 2004 年版。

体来看对文成帝时期的北魏政治除了曹仕邦曾有所论及外①，学界的研究可谓寥寥无几，仅此还不足以全面认识文成帝时期的政治面貌和时代特征。本文拟结合史籍有关记载及《南巡碑》碑阴题名，对文成帝时期统治集团的构成进行全面考察，并对文成帝时期一系列重大政治问题作出诠释，从而深化对转折时期北魏历史的认识。

一、文成帝初年的人事变动与政治格局

公元 452 年十月初三（10.31），北魏文成帝拓跋濬在鲜卑贵族拓跋寿乐、长孙渴侯、陆丽、刘尼、源贺等拥戴下，于平城皇宫永安前殿登上皇位，改正平二年为兴安元年。随即"以骠骑大将军元寿乐为太宰、都督中外诸军事、录尚书事，尚书长孙渴侯为尚书令、加仪同三司"②。表面上看，当时的北魏朝政应由担任尚书省长官的拓跋寿乐、长孙（拔拔）渴侯二人控制，特别是宗室拓跋寿乐位居朝臣之首，应该拥有朝政的最终决策权。在兴安元年年底的一个多月时间里，北魏最高统治集团内部各种政治势力进行了激烈的斗争，其直接后果便是拓跋寿乐与长孙渴侯二人被赐死，前朝重臣太尉张黎与司徒古弼遭到贬黜。③《魏书·神元平文诸帝子孙传》："长乐王寿乐，章帝之后也。位选部尚书，南安王，改封长乐王。高宗即位，寿乐有援立功，拜太宰、大都督中外诸军、录尚书事。矜功，与尚书令长孙渴侯争权，并伏法。"④按章帝即拓

---

① 参见曹仕邦《太子晃与文成帝——英年早逝的天才父子政治家大力推广佛教于北魏的功勋及其政治目的》，《中华佛学学报》第 9 期（1996 年）。

② 《魏书》卷五《高宗纪》，第一册，中华书局 1974 年版，第 111 页。

③ 《魏书》卷五《高宗纪》：兴安元年（452）"十有一月丙子（初一，11.28），二人（元寿乐、长孙渴侯）争权，并赐死"（第一册，第 111 页）。卷一〇五之三《天象志三》本注："至十一月，录尚书元寿（寿乐）、尚书令长孙渴侯以争权赐死，太尉（张）黎、司徒（古）弼又忤旨左迁。"（第七册，第 2407 页）

④ 《魏书》卷一四《神元平文诸帝子孙·长乐王寿乐传》，第二册，第 346 页。

跋悉鹿，为北魏自拓跋力微以后第二代可汗，公元 278—286 年在位①，到文成帝即位之时已有一百七八十年时间，拓跋寿乐与文成帝的关系可谓疏之又疏。长孙渴侯《魏书》无传，大概是魏初名臣长孙嵩或长孙肥之子孙，担任禁卫长官殿中尚书的长孙渴侯在拥戴文成帝即位的政变中发挥了举足轻重的作用，他是文成帝初年最重要的功臣之一。② 此二人皆为文成帝的重要功臣，但却在文成帝即位后不到一个月便被赐死。③此举还表明，拓跋寿乐和长孙渴侯虽然身为尚书省长官，特别是拓跋寿乐还兼任太宰、大都督中外诸军事，然而事实上他们却未能够完全控制北魏王朝的最高政治权力。由于文献记载的缺失，我们对拓跋寿乐与长孙渴侯争权伏法的细节不得而知，但最大的可能是，长孙渴侯为争夺对朝政的控制权而向朝中首席大臣拓跋寿乐发起挑战，掌握军权的其他大臣如功臣陆丽、刘尼、源贺等与文成帝乳母常氏相互勾结趁机将二人诛杀，控制了北魏朝政。

在拓跋寿乐与长孙渴侯死亡之后的半年多时间里，北魏最高统治集团还进行了一系列斗争，"京兆王杜元宝、建康（宁）王崇、济南王丽、濮阳王闾文若（若文）、永昌王仁，相次谋反伏诛"④。经过激烈的斗争，统治集团结构进行了重要调整，政治格局发生了很大变化。《魏

---

① 参见《魏书》卷一《序纪》，第一册，第 5 页。

② 参见《魏书》卷四下《世祖纪下》，第一册，第 106 页；卷三〇《刘尼传》，第三册，第
721 页；卷四〇《陆丽传》，第三册，第 907 页；卷四一《源怀传》，第三册，第 925 页。
并参拙作《北魏前期禁卫武官制度考论——以史籍记载为中心》，《历史研究》2003 年
第 3 期。

③ 长孙渴侯被赐死后，北魏初期势力强大的长孙（拔拔）氏家族从此衰微，再也未能恢复
往日的景象。兴安二年十二月，"复北平公长孙敦王爵"（《魏书》卷五《高宗纪》，第
一册，第 113 页）。长孙敦为北魏初期名臣长孙嵩之孙，《魏书》卷二五《长孙嵩传》附
传："位北镇都将。坐黩货，降为公。高宗时，自颂先世勚重，复其王爵。"（第二册，
第 645 页）文成帝一代所见长孙氏人物仅此一人，尽管他贵为北平王，但似乎并未发挥
什么政治作用。

④ 《魏书》卷一〇五之三《天象志三》，第七册，第 2407 页。

书·高宗纪》对此有较为详细的记载：

> （兴安元年〔452〕十一月）癸未（初八，12.5），广阳王建薨，临淮王谭薨。甲申（初九，12.6），皇妣薨。太尉张黎、司徒古弼以议不合旨，黜为外都大官。平南将军、宋子侯周忸进爵乐陵王，南部尚书、章安子陆丽为平原王。……壬寅（廿七，12.24），追尊景穆太子为景穆皇帝，皇妣为恭皇后；尊保母常氏为保太后。……十有二月戊申（初四，12.30），祔葬恭皇后于金陵。……丁巳（十三，453.1.8），以乐陵王周忸为太尉，平原王陆丽为司徒，镇西将军杜元宝为司空。……戊寅［戊午（十四，1.9）］，建业公陆俟进爵东平王，广平公杜遗进爵为王。……甲子（二十，1.15），太尉、乐陵王周忸有罪，赐死。濮阳公闾若文进爵为王。二年春正月辛巳（初七，2.1），司空杜元宝进爵京兆王。广平王杜遗薨。尚书仆射、东安公刘尼进爵为王。封建宁王崇子丽为济南王。……丙戌，尚书、西平公源贺进爵为王。二月己未（十六，3.11），司空、京兆王杜元宝谋反，伏诛；建宁王崇、崇子济南王丽为元宝所引，各赐死。……三月壬午（初九，4.3），尊保太后为皇太后。安丰公闾虎皮进爵为河间王。……闰（五）月乙亥（初四，7.25），太皇太后赫连氏崩。秋七月辛亥（十一，8.30），行幸阴山。濮阳王闾若文、征西大将军永昌王仁谋反。乙丑（廿五，9.13），赐仁死于长安，若文伏诛。[①]

根据以上记载并结合其他有关的文献记载，文成帝初年的人事变动和政治格局可以从以下六个方面加以认识：

1. 公元 452 年二月初五（3.11）阉官宗爱谋杀太武帝并拥戴南安王

[①] 《魏书》卷五《高宗纪》，第一册，第 111—112 页。

余即位①，同年十月初一（10.29）拓跋余又被宗爱杀害，初三（10.31）长孙渴侯等禁卫军将领发动政变拥戴太武帝长孙拓跋濬即位。文成帝即位前夕宗爱及其党羽即被逮捕，接着被杀。②其后又对其支持者进行了惩治，曾协助宗爱进行统治的太尉张黎、司徒古弼遭到贬黜，后被杀。张黎、古弼为太武帝朝元老重臣。二人历仕道武、明元、太武帝诸朝，参与军国大政，颇受重用，太武帝以太子监国，二人居四辅之列③。张黎于太武帝后期为侍中，"恭宗薨于东宫，黎兼太尉，持节奉策谥焉"。"吴王余立，以黎为太尉。后以议不合旨，免。仍与古弼并诛。"④古弼于太武帝后期为尚书令，"吴王立，以弼为司徒"。"高宗即位，与张黎并坐议不合旨，俱免。有怨谤之言，其家人告巫蛊，俱伏法。时人冤之。"⑤此二人在太武帝死后加入到阉官宗爱的阵营，辅佐其所立的傀儡

---

① 《魏书》卷四下《世祖纪下》载正平二年（452）"三月甲寅，帝崩于永安宫"（第一册，第106页）。按本年三月无甲寅，应为二月甲寅（初五，3.11）。《资治通鉴》卷一二六《宋纪八》文帝元嘉二十九年（452）载宗爱"弑帝"在二月甲寅（《资治通鉴》卷一二六《宋纪八》，中华书局1956年版，第九册，第3973页）。《魏书》卷一〇五之三《天象志三》本注谓，"明年（正平二年）二月，（宗）爱杀帝于永安宫"云云（第七册，第2406页）。

② 《魏书》卷九四《阉官·宗爱传》："高宗立，诛爱、（贾）周等，皆具五刑，夷三族。"（第六册，第2013页）卷一〇五之三《天象志三》本注："十月，宗爱等伏诛，高宗践阼。"（第七册，第2407页）卷三〇《刘尼传》："（源）贺及（长孙）渴侯登执宗爱、贾周等，勒兵而入，奉高宗于宫门外，入登永安殿。"（第三册，第721页）《资治通鉴》卷一二六《宋纪八》文帝元嘉二十九年（452）十月条所载略同（第九册，第3980—3981页）。宗爱等人被诛还是应以《魏书·宗爱传》的记载为准，即文成帝先即位而后宗爱被诛。

③ 另外二辅是崔浩和穆寿（《魏书》卷二七《穆寿传》，第二册，第665页；卷二八《张黎传》《古弼传》，第二册，第691、693页）。穆寿死于太平真君八年（447），其子穆平国继辅太子。《魏书·穆寿传辅子平国传》："尚城阳长公主，拜驸马都尉、侍中、中书监，为太子四辅。正平元年，卒。"（第666页）同书卷一一三《官氏志》："真君五年正月，侍中·中书监宜都王穆寿、司徒东郡公崔浩、侍中广平公张黎辅政，置通事四人。"（第八册，第2975页）按此处漏记侍中建兴公古弼。

④ 《魏书》卷二八《张黎传》，第二册，第693页。

⑤ 《魏书》卷二八《古弼传》，第二册，第692—693页。

皇帝拓跋余,因而成为文成帝及其亲信集团的敌人。张黎、古弼被处死的时间史书阙载,估计应是在其被黜免后不久。文成帝初年被杀的前朝重臣还有窦瑾。《魏书·窦瑾传》:"从征盖吴……还京,复为殿中、都官(尚书),典左右执法。世祖叹曰:'古者右贤左戚,国之良翰,毗陵公之谓矣。'恭宗薨于东宫,瑾兼司徒,奉诏册谥。出为镇南将军、冀州刺史。清约冲素,忧勤王事,著称当时。还为内都大官。兴光(安)初,瑾女婿郁林公司马弥陀以选尚临泾公主,瑾教弥陀辞讬,有诽谤咒诅之言,与弥陀同诛。瑾有四子,秉、持、依并为中书学生,与父同时伏法。唯少子遵,逃匿得免。"[1]窦瑾之死显然也是文成帝初年历史清算的一个环节。窦瑾惨遭灭门之祸,表面上看是因其女婿司马弥陀"有诽谤咒诅之言",而其实却是有更深层的政治原因。太武帝后期窦瑾担任殿中、都官尚书,"典左右执法",文成帝之父太子拓跋晃(恭宗景穆帝)被杀案件的处理应该就是在太武帝授意之下由窦瑾判决的,拓跋晃死后窦瑾兼司徒与兼太尉张黎"奉诏册谥"一事也表明他是太武帝诛杀太子的决策集团成员。在宗爱杀害太武帝拥立南安王余期间窦瑾任内都大官,协助宗爱专政。毫无疑问,文成帝即位后对原敌对阵营的大臣采取了镇压措施,即使是张黎、古弼等历仕魏初三帝对北魏统治作出过重大贡献的元老重臣也不放过。另一方面,有拥戴行为的大臣或其宗亲则受到礼遇,如薛提在宗爱杀害太武帝后曾主张立皇孙拓跋濬为帝而被宗爱所杀,"提弟浮子,高宗即位,以提有谋立之诚,诏袭兄爵太原公,有司奏降为侯"[2]。文成帝初年阉官阶层并不是全部遭受打击的对象,而只是对宗爱及其亲信死党进行了惩处。如内都大官阉官仇洛齐于兴安二年卒,"养子俨,袭(父爵零陵公)"[3],可知仇洛齐在文成帝初年仍然受到礼遇。

---

① 《魏书》卷四六《窦瑾传》,第三册,第1035—1036页。

② 《魏书》卷三三《薛提传》,第三册,第795页。

③ 《魏书》卷九四《阉官·仇洛齐传》,第六册,第2014页。

2. 文成帝生母闾（郁久闾、茹茹）氏被赐死，这是对北魏道武帝制定的子贵母死制度的遵循，只不过与子为太子而其母被赐死的制度相比略有变通。文成帝本来未被立为太子，他是在政变中被拥戴为皇帝的，其母也就在他当皇帝之后被赐死。当时年幼的文成帝肯定没有掌握大权，否则不大可能作出赐死自己生母的决定。① 在闾氏被赐死 40 天后，闾若文由濮阳公进爵为王，其人事迹不明，很有可能是宗爱所立、所杀之拓跋余之外家。② 兴安二年三月"安丰公闾虎皮进爵为河间王"③，闾虎皮与闾若文虽然均为柔然人，大概并不同出一家。同年七月，濮阳王闾若文与征西大将军永昌王仁因"谋反"而"伏诛"④，闾氏势力遭到沉重打击。不过，闾虎皮当时并未受株连，而是在近 20 年之后死于贪残之罪。⑤ 如果关于闾若文身份的判断无误，则表明文成帝即位之初对在他之前称帝的拓跋余的势力还进行过一定程度的笼络。在此后北魏政治舞台上还有其他闾氏人物的活动，如太安二年九月"河东公闾毗、零陵公闾纥并进爵为王"⑥，闾毗、闾纥兄弟为文成帝之舅。《魏书·外戚上·闾毗传》："闾毗，代人。本蠕蠕人，世祖时自其国来降。毗即恭皇后之兄也。皇后生高宗。高宗太安二年，以毗为平北将军，赐爵河东

① 《魏书》卷一三《皇后·景穆恭皇后郁久闾氏传》："河东王毗妹也。少以选入东宫，有宠。真君元年，生高宗。世祖末年薨。高宗即位，追尊号谥，葬云中金陵，配飨太庙。"（第二册，第 327 页）按本传谓文成帝生母死于太武帝末年是不准确的。关于北魏子贵母死制度，参见田余庆《北魏后宫子贵母死之制的形成和演变》，《拓跋史探》，生活·读书·新知三联书店 2003 年版，第 9—61 页。
② 《魏书》卷一八《太武五王传》："闾左昭仪生南安王余。"（第二册，第 417 页）闾左昭仪即柔然敕连可汗吴提之妹，参见中华书局点校本《魏书》本卷"校勘记"〔三〕，第 435 页。
③ 《魏书》卷五《高宗纪》，第一册，第 112 页。
④ 《魏书》卷五《高宗纪》，第一册，第 112 页。
⑤ 《魏书》卷七上《高祖纪上》：延兴二年（472）九月"戊申（廿九，11.15），统万镇将、河间王闾虎皮坐贪残赐死"（第一册，第 137 页）。又见同书卷一〇五之二、三《天象志二、三》，第七册，第 2360、2412 页。
⑥ 《魏书》卷五《高宗纪》，第一册，第 115 页。

公；弟纥为宁北将军，赐爵零陵公。其年，并加侍中，进爵为王。毗，征东将军、评尚书事；纥，征西将军、中都大官。自余子弟赐爵为王者二人，公五人，侯六人，子三人，同时受拜。所以隆崇舅氏，当世荣之。和平二年，追谥后祖父延定襄康公，父辰定襄懿王。毗薨，赠太尉，追赠毗妻河东王妃。子惠袭。纥薨，赠司空。……纥弟染，位外都大官、冀州刺史、江夏公。"①按闾毗死于和平二年（461）四月，闾纥（拔）死于和平三年十二月。②道武帝时归附北魏的闾大肥之弟凤（袭王爵），"高宗时，为内都大官，出为镇南将军、肆州刺史"③。这样，包括闾若文在内，文成帝时期一共有 7 位闾氏成员封王，其影响不小。太安二年九月闾毗、闾纥兄弟"并进爵为王"表明，文成帝舅家柔然人闾氏的政治影响在逐渐加强。

3. 在文成帝生母被赐死及追谥文成帝父母为皇帝、皇后的同时，又"尊保母常氏为保太后"，这是一个值得关注的现象，显示文成帝保母（乳母）常氏的政治影响力开始出现。次年"三月壬午（462），尊保太后为皇太后"④。常太后的政治地位得到进一步加强，她在以后北魏政治中的作用值得关注。《魏书·高宗乳母常氏传》："高宗乳母常氏，本辽西人。太延（435—440）中，以事入宫，世祖选乳高宗。慈和履顺，有劬劳保护之功。高宗即位，尊为保太后，寻为皇太后，谒于郊庙。和

---

① 《魏书》卷八三上《外戚上·闾毗传》，第五册，第 1816—1817 页。

② 《魏书》卷五《高宗纪》：和平二年"夏四月乙未（初九，5.4），侍中、征东大将军、河东王闾毗薨"。三年十二月"戊午，零陵王闾拔薨"。（第一册，第 119、120 页）

③ 《魏书》卷三〇《闾大肥传》，第三册，第 729 页。按闾大肥死于太武帝时期，本传载其"子贺，早卒"。《赫连子悦妻闾炫墓志》："夫人讳炫，字光晖，代郡平城人，即茹茹国主步浑之玄孙也。……曾祖大肥，相时而动，来宾有魏。朝嘉乃烈，亲而贵之，尚陇西长公主，拜驸马都尉，锡爵荣阳公。寻除使持节、安南将军、冀州刺史。薨，赠老生王。祖菩萨，冀州刺史、晋阳公。父阿各头，平原镇将、安富侯。"（赵万里：《汉魏南北朝墓志集释》，图版三四五，科学出版社 1956 年版）按闾贺在文成帝时期任职的可能性较大，但他与闾菩萨似非同一人。

④ 《魏书》卷五《高宗纪》，第一册，第 112 页。

平元年（460）崩，诏天下大临三日，谥曰昭，葬于广宁磨笄山，俗谓之鸣鸡山，太后遗志也。依惠太后故事，别立寝庙，置守陵二百家，树碑颂德。"① 值得注意的是，尊保母常氏为保太后与追尊景穆太子为景穆皇帝、皇妣为恭皇后是同时进行的，表明保太后是作为当时朝中文成帝的亲人而受到礼遇的，其地位与文成帝生母无二。文成帝生母虽然直到他即位后才被赐死，但他与生母的关系比较疏远，而常氏在他一出生即作为乳母进行抚养，二人关系十分密切，在当时自然就成了他身边最亲近的人。关于常氏及其家族与北魏政治的关系，将在下文做详细考察。

4. 拥戴文成帝即位的功臣最主要的有四人：长孙渴侯（？—452），陆丽（？—465），源贺（407—479），刘尼（？—474）。如上所述，长孙渴侯因在权力斗争中失败而最早被杀。文成帝初年陆丽及陆（步六孤）氏势力的崛起是一个重要的政治现象。在月余时间里，有两位陆氏成员进爵为王，这一家族的动向不可忽视。最初南部尚书陆丽由章安子进为平原王，其爵位晋升幅度之大令人吃惊，不久又升迁为司徒。陆丽是拥戴文成帝即位的最重要的功臣之一，史谓"社稷获安，丽之谋矣"②。《魏书·陆丽传》："由是受心膂之任，在朝者无出其右。兴安初，封平原王，加抚军将军。""丽寻迁侍中、抚军大将军、司徒公，复其子孙，赐妻妃号。丽以优宠既频，固辞不受，高宗益重之。领太子太傅。丽好学爱士，常以讲习为业。其所待者，皆笃行之流，士多称之。"③ 不仅如此，陆丽还为其父陆俟（392—458）讨得了王爵，陆俟由建业公进爵东平王。④ 协助文成帝即位的另一位主要功臣刘尼，本为羽林中郎、

---

① 《魏书》卷一三《皇后·高宗乳母常氏传》，第二册，第327—328页。
② 《魏书》卷四〇《陆丽传》，第三册，第907页。
③ 《魏书》卷四〇《陆丽传》，第三册，第907、908页。
④ 《魏书》卷四〇《陆俟传》："高宗践阼，以子丽有策立之勋，拜俟征西大将军，进爵东平王。"（第三册，第904页）《陆丽传》："兴安初，封平原王，加抚军将军。丽辞曰：'陛下以正统之重，承基继业，至于奉迎守顺，臣职之常，岂敢昧冒以干大典。'频让再三，

昌国子、振威将军，在文成帝初年也是官爵屡迁。《魏书·刘尼传》："以尼为内行长，进爵建昌侯。迁散骑常侍、安南将军。又进爵东安公。寻迁尚书右仆射，加侍中，进封为王。出为征南将军、定州刺史。……征为殿中尚书，加侍中、特进。高宗末，迁司徒。"① 按刘尼为司徒是在献文帝即位之初，本传记载不确。刘尼任定州刺史的时间不清，在此之前任内行长及尚书右仆射、侍中，之后任殿中尚书、侍中，都是非常重要的职务。冀州与定州是华北平原的中心区域，在北魏政治、经济、文化诸方面都占有十分重要的地位。殿中尚书源贺在文成帝功臣中地位（官、爵）最高，但在文成帝初年的升迁并不突出，直到次年二月才由西平公进封为西平王，后改封陇西王。《魏书·源贺传》："高宗即位，社稷大安，贺有力焉。转征北将军，加给事中。以定策之勋，进爵西平王。"② 源贺本为南凉国君秃发傉檀之子，南凉被西秦乞伏炽磐消灭后臣于西秦，太武帝神䴥四年（431）乞伏鲜卑西秦灭亡后入魏，受到特别礼遇，被当作宗室成员看待。③ 尽管如此，源贺入魏毕竟时间不算太长，

诏不听。丽乃启曰：'臣父历奉先朝，忠勤著称，今年至西夕，未登王爵。臣幼荷宠荣，于分已过，愚款之情未申，犬马之效未展。愿裁过恩，听遂所请。'高宗曰：'朕为天下主，岂不能得二王封卿父子也。'乃以其父俟为东平王。"（第 907—908 页）东平王陆俟死于太安四年三月。

① 《魏书》卷三〇《刘尼传》，第三册，第 721—722 页。
② 《魏书》卷四一《源贺传》，第三册，第 920 页。
③ 《魏书》卷四一《源贺传》："（秃发）傉檀为乞伏炽磐所灭，贺自乐都来奔。贺伟容貌，善风仪。世祖素闻其名，及见，器其机辩，赐爵西平侯，加龙骧将军。谓贺曰：'卿与朕源同，因事分姓，今可为源氏。'从击叛胡白龙，又讨吐京胡，皆先登陷陈。"（第三册，第 919 页）按秃发傉檀为乞伏炽磐所灭在明元帝神瑞元年（414），山胡白龙反叛及被平定在太武帝延和三年（434）秋，吐京胡反叛在太平真君八年（447）春（《魏书》卷三《太宗纪》、卷四上《世祖纪上》，第一册，第 55、84 页）。源贺死于孝文帝太和三年（479），终年 73 岁，则其神瑞元年只有 8 岁，显然不可能在当时独自投奔北魏，何况当时秃发氏还受制于乞伏鲜卑。源贺入魏应在西秦灭亡之后。同书卷九九《鲜卑秃发傉檀传》："神瑞初，傉檀率骑击乙弗虏，大有擒获，而乞伏炽磐乘虚袭乐都克之，执傉檀子虎台以下。傉檀……遂降炽磐，炽磐待以上宾之礼，用为骠骑大将军，封左南公。岁余，鸩杀之。傉檀少子贺，后来奔，自有传。"（第 2201—2202 页）

也没有任何家族成员在北魏任职，可谓势单力薄。这应该就是源贺在文成帝初年升迁不如陆丽等人迅速的主要原因。史载源贺性格谦退，文成帝即位之初"班赐百僚"，谓贺曰："朕大赍善人，卿其任意取之，勿谦退也。""贺辞，固使取之，贺唯取戎马一匹而已。"① 谦退的性格既是本性使然，也是其势单力薄的反映。作为拥戴文成帝即位的主要功臣之一，源贺在文成帝统治前期是最高统治集团重要成员，而在文成帝统治的后期则出任地方行政长官长达七年之久，基本上不再参与朝政决策。

5. 周氏与杜氏两个家族在文成帝初年经历了剧升剧衰的地位变迁。周忸的剧升剧衰颇引人注目，先是他与陆丽一起晋爵，后又一起升官。周忸其人《魏书》无传，其名仅见于上引《高宗纪》的记载，但从其姓氏推测，他应该出自宗族十姓之普（周）氏家族。这一家族人物可考者，道武帝时期有周千，其子周几仕于道武、明元、太武帝三朝；周观亦仕于道武、明元、太武帝三朝，其子周豆在太武帝时期任职。② 杜元宝、杜遗皆为太武帝生母明元密皇后之亲族③，魏郡邺人，亦可归入外戚阶层。明元密皇后之兄杜超在太武帝时期颇受重用。《魏书·杜超传》："始光（424—428）中，世祖思念舅氏，以超为阳平公，尚南安长公主，拜驸马都尉，位大鸿胪卿。车驾数幸其第，赏赐巨万。神麚三年，以超行征南大将军、太宰，进爵为王，镇邺；追加超父豹镇东大将军、阳平景王，母曰钜鹿惠君。真君五年（444），超为帐下所害，世祖临其丧，哀恸者久之。"④ 同传附传又载："超既薨，复授超从弟遗侍中、安南将军、开府、相州刺史。入为内都大官，进爵广平王。""长子

① 《魏书》卷四一《源贺传》，第三册，第 920 页。
② 《魏书》卷三〇《周几传》《周观传》，第三册，第 726、727—728 页。
③ 《魏书》卷一三《皇后·明元密皇后杜氏传》："魏郡邺人，阳平王超之妹也。初以良家子选入太子宫，有宠，生世祖。及太宗即位，拜贵嫔。泰常五年（420）薨，谥曰密贵嫔，葬云中金陵。世祖即位，追尊号谥，配飨太庙。又立后庙于邺，刺史四时荐祀。以魏郡太后所生之邑，复其调役。"（第二册，第 326 页）
④ 《魏书》卷八三上《外戚上·杜超传》，第五册，第 1815 页。

元宝，位司空。元宝弟胤宝，司隶校尉。元宝又进爵京兆王。及归而父遗丧，明当入谢，元宝欲以表闻。高宗未知遗薨，怪其迟，召之。元宝将入，时人止之曰：'宜以家忧自辞。'元宝欲见其宠，不从，遂冒哀而入。未几，以谋反伏诛，亲从皆斩，唯元宝子世衡逃免。"① 杜元宝及其家族的覆灭，看来并非因其"谋反"所致，完全是当政者为了消除其政治影响而制造的冤案。杜遗及其子元宝、胤宝作为太武帝后期所宠信的外戚，在当时担任着重要官职，掌握着一定权力。在太武帝晚期复杂的政局中未见到他们受挫，必定与当政者站在一起，虽未见对文成帝的即位表示明确反对的记载，但也没有积极支持的表现。对于这一家族势力的存在，文成帝及其最高决策集团是不能容忍的，尽管在其即位之初出于政治需要曾经对该家族人物加官晋爵，进行过笼络。而杜元宝的表现颇令文成帝不满，促使他下决心要解决这一问题。

6. 如上所述，外戚势力在文成帝初年有着不同的政治处境，有的受到重用，有的则是统治者进行打击的主要对象，其受打击的原因皆由所谓"谋反"而致，而其"谋反"被诛事件皆与宗室诸王相牵连。与司空京兆王杜元宝一起在兴安二年二月被赐死的是建宁王崇及其子济南王丽，而拓跋丽是在死前四十天才被封为济南王的。《魏书·建宁王崇传》："泰常七年封，拜辅国将军。从讨北虏有功。高宗时，封崇子丽济南王。后与京兆王杜元宝谋逆，父子并赐死。"② 如上所述，京兆王杜元宝之死很可能是冤案，则建宁王崇与济南王丽父子之死亦可能是遭到故意陷害。同上卷《永昌王健传附子仁传》："仁亦骁勇，有父风，世祖奇之。后与濮阳王闾若文谋为不轨，发觉，赐死，国除。"③ 上引《魏书·高宗纪》的记载显示，在兴安二年七月文成帝"行幸阴山"之时濮阳王闾若文与永昌王拓跋仁图谋造反，但从"赐仁死于长安，若文伏

① 《魏书》卷八三上《外戚上·杜超传》附传，第五册，第 1815 页。
② 《魏书》卷一七《明元六王·建宁王崇传》，第二册，第 415 页。
③ 《魏书》卷一七《明元六王·永昌王健传附子仁传》，第二册，第 415 页。

诛"的记载来看，两人当时不在一地，不大可能同谋造反。拓跋仁为征西大将军且被赐死于长安，说明他当时担任长安镇都大将，而闾若文则应在朝中任职。看来这一谋反案件的真实性亦颇值得怀疑。除了即位之初赐死的长乐王寿乐是宗室疏属外，文成帝一朝打击的宗室主要是明元帝的后代。以上两次谋反事件都没有看到朝廷进行认真审理的记载，而发生在源贺身上的类似事件却是另外的处理结果。源贺为冀州刺史时，"武邑郡奸人石华告沙门道可与贺谋反，有司以闻"。"高宗谓群臣曰：'贺诚心事国，朕为卿等保之，无此明矣。'乃精加讯检，华果引诬。于是遣使者诏贺曰：'卿以忠诚款至，著自先朝，以丹青之洁而受苍蝇之污。朕登时研检，已加极法，故遣宣意。其善绥所莅，勿以嚣谤之言致损虑也。'贺上书谢。书奏，高宗顾谓左右曰：'以贺之忠诚，尚致其诬，不若是者，可无慎乎！'"① 之所以会出现如此差别，就是因为源贺是拥戴文成帝即位的功臣，而建宁、济南、永昌诸王与闾、杜两家外戚有可能危及皇位，因而是朝廷当政者打击的对象。

二、昭太后常氏及其家族

文成帝乳母昭太后常氏从小抚养文成帝，是与文成帝关系最亲近的人，她本人及其家族成员对文成帝时期的政治有过重大影响，是外戚阶层中最关紧要的一个家族。常太后是在"太延中以事入宫"的，很可能属于北魏太武帝太延二年（436）消灭北燕攻占辽西后被迁徙民众之列。② 常太后的出身不外乎几种可能：北燕皇帝后宫嫔妃或宫人；北燕官僚贵族之妻女；姿色出众的普通民女。文成帝生于太平真君元年（440）

---

① 《魏书》卷四一《源贺传》，第三册，第921页。
② 参见李凭《北魏平城时代》，第231页。

六月①，距太延二年有四年时间，因此可以推断常太后入宫时应该为已婚女子，但年龄不会太大。她被"选乳高宗"时，必定是正在产乳期。常英乃常太后之兄，太安元年（455）十月"庚午（十二，11.7），以辽西公常英为太宰，进爵为王"②，毫无疑问这是常太后对北魏朝政发生强有力影响的表现。不仅常英在文成帝时期获得了极其崇高的政治地位，常氏家族的其他成员也都得到了许多政治经济利益。

《魏书·阉毗传附常英传》：

> 先是，高宗以乳母常氏有保护功，既即位，尊为保太后，后尊为皇太后。兴安二年，太后兄英，字世华，自肥如令超为散骑常侍、镇军大将军，赐爵辽西公。弟喜，镇东大将军、祠曹尚书、带方公。三妹皆封县君。妹夫王睹为平州刺史、辽东公。追赠英祖、父，苻坚扶风太守亥为镇西将军、辽西简公，勃海太守澄为侍中、征东大将军、太宰、辽西献王，英母许氏博陵郡君。遣兼太常卢度世持节改葬献王于辽西，树碑立庙，置守冢百家。太安初，英为侍中、征东大将军、太宰，进爵为王。喜，左光禄大夫，改封燕郡。从兄泰，为安东将军、朝鲜侯。诉子伯夫，散骑常侍、选部尚书；次子员，金部尚书。喜子振，太子庶子。三年，英领太师、评尚书事、内都大官；伏、宝、泰等，州刺史。五年，诏以太后母宋氏为辽西王太妃。和平元年，喜为洛州刺史。初，英事宋不能谨，而睹奉宋甚至。就食于和龙，无车牛，宋疲不进，睹负宋于箧。至是，宋于英等薄，不如睹之笃。谓太后曰："何不王睹而黜英？"太后曰："英为长兄，门户主也，家内小小不顺，何足追计。睹虽尽力，故是他姓，奈何在英上？本州、郡公，亦足报

---

① 《魏书》卷五《高宗纪》，第一册，第111页。

② 《魏书》卷五《高宗纪》，第一册，第115页。

耳。"天安（466—467）中，英为平州刺史，訢为幽州刺史，伯夫进爵范阳公。英黩货，徙燉煌。诸常自兴安及至是，皆以亲疏受爵赐田宅，时为隆盛。①

按：以上记载疑有脱漏，如上文并无常訢其人，而下文却记"訢子伯夫"及"次子员"所任职务，又记常訢于天安中"为幽州刺史"。很显然，上文漏记常訢及其任职情况。这种脱漏的出现有两种可能，一是史书流传过程中因抄写而导致的遗漏，一是《北史》在删改《魏书》时因误删所致。中华书局点校本《魏书》卷八三上"校勘记"〔八〕："从兄泰为安东将军朝鲜侯 《通志》卷一六五叙常氏事'泰'作'訢'。按此句下紧接'訢子伯夫'，'次子员'官位，而上却不举訢名，不知为常氏何人。如《通志》'泰'作'訢'，便无问题。但泰又见下文，且'泰''訢'二字声形俱远，传本何以'訢'字讹'泰'？疑《通志》以意改，非有他据。此句下当脱訢名及官位。"②

　　常訢肯定不是常泰，《魏书》点校者的判断无疑是正确的，但还有作进一步推断和订正的必要。在以上引文中，常訢曾两次出现：一次是与常喜对举，是说各自儿子的任职；一次是与常英对举，是说献文帝初年（天安中）二人的任职。因此，常訢也绝非常英或常喜。常英与常喜为兄弟，最大的可能是：常訢与常英、常喜亦为兄弟关系，且常訢应为常英之弟、常喜之兄。訢、喜意近，故这一推断符合兄弟名字相近的惯例。以上引文中有太安"三年，英领太师、评尚书事、内都大官；伏、宝、泰等，州刺史"的记载，因北魏并无伏、宝州名，中华书局本《魏书》点校者认为，伏、宝、泰皆为人名，且宝应即《北史》卷九二《封

----

① 《魏书》卷八三上《外戚上·闾毗传附常英传》，第五册，第 1817—1818 页。按《魏书·外戚传》早佚，此据《北史》卷八〇《外戚传》补，有关文字几乎完全相同。若《魏书》此传尚存，或许我们对常氏家族状况的了解还要更加全面。
② 《魏书》卷八三上，第五册，第 1827 页。

津传》(《阉官传》) 之"常宝"(《魏书》卷九四《封津传》作"党宝")。其说当是。伏、宝二人很可能为常英之子。以上记载还显示：常英母许氏为常澄前妻，死于文成帝即位之前，常太后母宋氏为常澄后妻，文成帝时期仍然健在，常英与其后母的关系并不融洽，从宋氏的态度推测太后妹夫王睹之妻应为宋氏之女。不仅如此，常䜣、喜及太后三妹皆应为宋氏所生。从常太后对待其母宋氏的建议以及处理家族内部关系上的态度表明，她是一位识大体的人。

根据上引记载，常氏家族成员在文成帝时期的官爵及血缘关系可列表如下：

姓名	与常太后关系	爵位	任职
常亥	祖父	辽西简公（追赠）	（追赠镇西将军）
常澄	父	辽西献王（追赠）	（追赠侍中、征东大将军、太宰）
常英	兄	辽西公→辽西王	肥如令→散骑常侍、镇军大将军→侍中、征东大将军、太宰→领太师、评尚书事、内都大官［→平州刺史（天安中）徙敦煌］
常䜣			？［→幽州刺史］
常喜	弟	带方公→燕郡公	镇东大将军、祠曹尚书→左光禄大夫→洛州刺史
王睹	妹夫	辽东公	平州刺史
常氏？	妹	县君	
常氏？	妹	县君	
常氏？	妹	县君	
常泰	从兄	朝鲜侯	安东将军→州刺史
常伯夫	（子）	范阳公（天安中）	散骑常侍、选部尚书→洛州刺史
常员	（次子）		金部尚书
常振	（喜子）		太子庶子
常伏？	？		州刺史
常宝？	？		州刺史

姓名	与常太后关系	爵位	任职
宋氏	母	辽西王太妃	
许氏	（英母）	博陵郡君	

在文成帝即位之前，常氏家族只有常英一人担任肥如令，肥如
（今河北卢龙县北）为一边县，表明常氏是一个政治地位低微的家族。
而在兴安二年常氏由保太后尊为皇太后之际，其兄常英则超升为散骑常
侍、镇军大将军，赐爵辽西公，其弟常喜为镇东大将军、祠曹尚书、带
方公，其妹夫王睹为平州刺史、辽东公，可谓一步登天。此外，常近在
当时亦获得了类似的官爵。常氏家族在北魏政治舞台上的崛起是非常值
得关注的现象。为了提升家族社会地位，常太后又追赠其祖、父官位
和爵位。太安（455—459）初，常氏人物的政治地位有了进一步提高，
而且范围有所扩大，现实中的常氏人物第一次封王，常氏家族的下一代
得到了官位，太后兄弟子侄及妹夫以外的亲族也获得了官爵（如其从兄
常泰）。常英是常氏家族最重要的政治人物，其所担任诸职，侍中可以
参与朝政决策，太宰居于官僚阶层的最顶点，征东大将军则是与其辽西
王位相关联的军号。太安三年常英领太师、评尚书事、内都大官，表明
其可以对文成帝进行指导，通过处理公文来执掌朝政，对内廷事务特别
是与司法相关的事务有参决权。此时，常英已位居人臣之首，权势达到
了顶点，成为朝中最重要的大臣之一。与此同时，常伯夫与常员分任选
部、金部尚书，执掌人事和财政大权[1]，加上兴安二年常喜为祠曹尚书，

---

[1] 按选部尚书即吏部尚书，掌选举，太武帝重建台省后至孝文帝改制期间以选部尚书之名
为常见。金部尚书仅见于文成帝时期，毛法仁、韩均、常员三人曾任之。参见严耕望
《北魏尚书制度考》，《中央研究院历史语言研究所集刊》第18本（1948年）。金部尚
书职掌不明，但从其名称推断，应为尚书省负责财政事务的部门长官。《隋书》卷二七
《百官志中》载北齐制度，度支尚书所统六曹中有金部曹，"掌权衡量度、外内诸库藏文
帐等事"（第三册，第753页）。据此推测，北魏文成帝时期的金部尚书确为负责财政事
务的部门长官，但也可能仅"掌权衡量度、外内诸库藏文帐等事"。

则常氏人物担任了尚书省三个重要部门的长官。① 太后妹夫王睹在兴安
二年为平州刺史，太安三年时伏、宝、泰等人亦任州刺史，则此时常氏
及其姻亲家族成员至少担任着四个以上的州刺史。

　　太安三年至和平元年（457—460），是常氏家族政治上最辉煌的时
期。太安三年"冬十月，将东巡，诏太宰常英起行宫于辽西黄山"②，这
是显示常氏家族影响北魏朝政的标志性事件。辽西是常氏家族难以忘怀
的根基之地，常氏家族的居住地很可能就在黄山脚下。③ 太安"五年，
诏以太后母宋氏为辽西王太妃"④。北魏时期按制度只有宗室诸王之母为
王太妃，常太后之母宋氏所获得的这种礼遇，在北魏一代独一无二。不
仅如此，常太后近亲中还有四位女性在此前也获得了封君称号：太后三
妹皆封县君，常英母许氏封博陵郡君。常氏家族不仅政治上获得了空

----

① 按祠曹尚书即祠部尚书，"职主礼乐，尤重祠祀"（严耕望：《北魏尚书制度考》）。北魏
　祠曹尚书仅此一见，严文引常喜为祠部尚书，不确。
② 《魏书》卷五《高宗纪》，第一册，第116页。
③ 献文帝初年常英因"黩货"而"徙敦煌"，孝文帝"承明元年（476），征英复官"。《魏
　书》卷八三上《外戚上·闾毗传附常英传》："始，英之征也，梦日坠其所居黄山下水
　中，村人以车牛挽致不能出，英独抱载而归，闻者异之。"（第五册，第1818页）对于
　常氏家族在十六国北魏的居住地，李凭有较系统的推测，如据"追赠英祖、父，苻坚
　扶风太守亥为镇西将军、辽西简公，勃海太守澄为侍中、征东大将军、太宰、辽西献
　王"的记载，认为"常氏一家在前秦时曾居住在前秦国都长安附近的扶风郡，后来东迁
　到勃海郡"（《北魏平城时代》第229页）。就这条记载及李氏的推测而言，似乎常澄任
　勃海太守暨其家迁居勃海郡也在前秦时。然而这是不大可能的。按前秦丧失河北地区的
　统治权在公元384年，其时勃海郡已为后燕所统辖，常澄若为前秦勃海太守必定是在此
　之前。北魏太延二年（436）常太后作为拓跋濬乳母入宫时年龄肯定不大，她还有两弟、
　三妹，考虑到这些情况，其父常澄不可能在前秦时期担任郡太守之职，而只能在后燕时
　期（前提是史书所载常澄任职勃海太守一事可信）。但是，常澄任后燕勃海太守的可能
　性似乎也不大。北魏于皇始二年（397）冬平定后燕河北地区，以常澄此前任勃海太守
　计，至少不应小于30岁。其长子常英死于孝文帝承明元年（476），其时常澄的年岁应
　在110岁左右（无论生死），父子二人年龄相差似乎太大。而常澄任北魏勃海太守的可
　能性同样是不存在的。总之，史书所载常亥、常澄任职如果不全是常氏家族显贵后进行
　的伪造，至少常澄任勃海太守（前秦或后燕）是不可靠的。
④ 《魏书》卷八三上《外戚上·闾毗传附常英传》，第五册，第1817页。

前的权力，而且也得到了巨大的经济利益，如孝文帝时常氏成员获罪，"其家僮入者百人，金锦布帛数万计，赐尚书以下，宿卫以上"①。和平元年（460）"夏四月戊戌（七，5.12），皇太后常氏崩于寿安宫"②。就在这一年，常喜出任洛州刺史。洛州虽然位居中原，然而在当时它在北魏州镇中的地位却不高，也与常氏根基之地辽西无丝毫关系。尽管常氏家族人物的职务似乎并未在其时发生大变，但常氏对北魏政治的影响力恐怕和先前相比已不可同日而语。

三、"评（平）尚书事"与最高统治集团的构成

常英"评尚书事"是最能显示常氏家族影响北魏朝政的职权，不过常氏家族对北魏朝政的影响还不能认为是专断朝政，更达不到外戚专政的地步。③在北魏统治集团中，当时并非常英一人评尚书事，他是与闾毗、尉眷、陆丽、伊馛、和其奴等大臣共同评（平）尚书事的。

柔然人闾（郁久闾、茹茹）毗，其妹为文成帝生母，太安二年进爵河东王，为侍中，"征东将军、评尚书事"。④按此当作征东大将军

---

① 《魏书》卷八三上《外戚上·闾毗传附常英传》，第五册，第1818页。文成帝死后，常氏家族势力顿衰，几经变故，到孝文帝时期常氏便从北魏政坛上消失了。《魏书·常英传》："天安（466—467）中，英为平州刺史，诉为幽州刺史，伯夫进爵范阳公。英黩货，徙燉煌。……后伯夫为洛州刺史，以赃污欺妄征斩于京师。承明元年（476），征英复官。薨，谥辽西平王。……后员与伯夫子禽可共为飞书，诬谤朝政。事发，有司执宪，刑及五族。高祖以昭太后故，罪止一门。近年老，赦免归家，恕其孙一人扶养之，给奴婢田宅。……其女婿及亲从在朝，皆免官归本乡。十一年，高祖、文明太后以昭太后故，悉出其家前后没入妇女，以喜子振试守正平郡。"（第五册，第1817—1818页）
② 《魏书》卷五《高宗纪》，第一册，第118页。
③ 与另一外戚文成帝舅家柔然人闾（郁久闾）氏相比，常氏的政治社会地位并不十分突出。常氏家族封王者只有常英1人，封公者2人（常喜、王睹），封侯者1人；而郁久闾氏家族同时受拜者有王4人，公5人，侯6人，子3人。
④ 《魏书》卷八三上《外戚上·闾毗传》，第五册，第1816页。

为是。

自明元帝时期即已担任重要职务的老臣尉（尉迟）眷，文成帝时"拜侍中、太尉，进爵为王，与太宰常英等评尚书事"①。时在太安三年（457）正月②。尉眷死于和平四年（463）五月③。尉眷与北魏拓跋氏宗室之间亦有姻亲关系，其子尉多侯之"妻元氏"可证④。史书记载了尉眷评尚书事时参政的一个事例："高宗北巡狩，以寒雪方降，议还。眷谏曰：'今动大众，以威北敌，去都不远，而便旋驾，虏必疑我有内难。虽方寒雪，兵人劳苦，以经略大体，宜便前进。'高宗从之，遂渡漠而还。"⑤可知当时北魏朝政的最后决策者仍然是文成帝而非评尚书事的大臣，他们对朝政的处理还必须得到文成帝的批准。尉眷是当时颇受文成帝尊重的一位老臣，"以眷元老，赐杖履上殿"⑥。

陆（步六孤）丽是拥戴文成帝即位的最重要的功臣之一，史称"社稷获安，丽之谋矣。由是受心膂之任，在朝者无出其右"。文成帝初年，陆丽与其父陆俟皆被封王，"丽寻迁侍中、抚军大将军、司徒公，复其子孙，赐妻妃号"，又"领太子太傅"。⑦《魏书》本传虽未明确记载其为平尚书事，但他确为评（平）尚书事之一，而且"在朝者无出其右"的记载表明他是其中最有影响力的成员。

伊（伊娄）馛于太武帝末年"转殿中尚书，常典宿卫，世祖亲任之"。文成帝时期伊馛官位不断升迁，达到了位极人臣的地位，并参与

① 《魏书》卷二六《尉眷传》，第二册，第657页。
② 《魏书》卷五《高宗纪》：太安三年正月，"征渔阳公尉眷，拜太尉，进爵为王，录尚书事"（第一册，第116页）。据此，则平（评）尚书事即录尚书事。
③ 《魏书》卷五《高宗纪》，第一册，第121页。
④ 《魏书》卷二六《尉眷传附子多侯传》：献文帝时任敦煌镇将，孝文帝初年军号进至征西大将军，为北魏王朝稳定西部边境建立了功勋，"太和元年（477），为妻元氏所害"。（第二册，第658页）尉多侯娶元氏为妻当不晚于文成帝时期。
⑤ 《魏书》卷二六《尉眷传》，第二册，第657页。
⑥ 《魏书》卷二六《尉眷传》，第二册，第657页。
⑦ 《魏书》卷四〇《陆丽传》，第三册，第907—908页。

平尚书事："兴安二年（453），迁征北大将军、都曹尚书，加侍中，进爵河南公。兴光元年（454），拜司空。及为三公，清约自守，为政举大纲而已，不为苛碎。太安二年（456），领太子太保。三年，与司徒陆丽等并平尚书事。五年，薨。"① 伊馛作为禁卫长官之一虽未见其积极谋划文成帝即位的宫廷政变，但也未见任何反对行为，他必定也属于支持消灭阉官宗爱的政治势力。伊馛曾长期在太武帝身边侍卫，史称"馛性忠谨，世祖爱之，亲待日殊，赏赐优厚"②，他对宗爱弑帝的行为决不会表示赞同，必然会站到反对宗爱的阵营。

和（素和）其奴也是太武帝的亲近侍卫之臣，其情形与伊馛类似而地位较低。文成帝即位以后和其奴的地位迅速升迁："高宗初，迁尚书，加散骑常侍，进爵平昌公，拜安南将军，迁尚书左仆射。太安元年，诏群臣议立皇太子名。其奴与司徒丽等以为宜以德命名，帝从之。又与河东王闾毗、太宰常英等并平尚书事。""和平六年，迁司空，加侍中。"③ 和其奴也应属于当年支持文成帝即位的重要成员。④《魏书》本传记载了一件和其奴平尚书事的具体事例："在官慎法，不受私请。时以西征吐谷浑诸将淹停不进，久囚未决。其奴与尚书毛法仁等穷问其状连日，具伏。"⑤

文成帝时期平（评）尚书事诸大臣的情况可列表如下：

---

① 《魏书》卷四四《伊馛传》，第三册，第990页。按伊馛死于太安五年二月己酉（十一，3.30），见同书卷五《高宗纪》，第三册，第117页。

② 《魏书》卷四四《伊馛传》，第三册，第990页。

③ 《魏书》卷四四《和其奴传》，第三册，第993页。

④ 据《魏书》卷三三《薛提传》记载，尚书左仆射兰延、侍中和匹及薛提（侍中，治都曹事）在宗爱弑帝后因立何人为帝的问题上与宗爱意见相左而被害（第三册，第795页）。和匹即同书卷九四《阉官·宗爱传》所载"侍中、吴兴公和疋"（第六册，第2012页）。和其奴与和匹应该出于同一家族，很可能为父子关系。

⑤ 《魏书》卷四四《和其奴传》，第三册，第993页。

姓名	族姓	封号	受封时间	官位	平尚书事时间	死亡时间
常英	辽西汉人	辽西王	太安元年十月	侍中、征东大将军、太宰、领太师、评尚书事、内都大官	太安三年（457）	承明元年（476）后？
闾毗	柔然人	河东王	太安二年	侍中、征东〔大〕将军、评尚书事	太安三年	和平二年（461）四月
尉眷	西域于阗王室后裔	渔阳王	太安三年正月	侍中、太尉、录尚书事	太安三年正月	和平四年（463）五月
陆丽	勋臣八姓	平原王	兴安元年十一月	侍中、抚军大将军、司徒公、领太子太傅、平尚书事	兴安元年十二月（为司徒时间）／太安三年正月	和平六年（465）
伊馛	帝室疏属	河南公	兴安二年	侍中、司空、领太子太保、平尚书事	兴光元年（司空）、太安二年（领太子太保）、三年（平尚书事）	太安五年（459）二月
和其奴	白部（慕容？）鲜卑	平昌公	兴安元年末？	安南将军、尚书左仆射、平尚书事	太安三年	皇兴三年（469）正月

以上情况显示，从太安三年正月起，有六位王公大臣平（评、录）尚书事，其中两位外戚，两位鲜卑勋贵，两位自北魏初年就已归附拓跋鲜卑且已拓跋鲜卑化的胡族贵族。除两位外戚外，他们在太武帝时期都已担任着重要的职务，特别是统领禁卫军的禁卫武官，在太武帝被害至文成帝即位的特殊关头，政治立场明确，支持文成帝即位，其中陆丽是最主要的功臣之一。文成帝与诸大臣治理国政的情形，从他在和平三年十月丙辰颁布的诏书中的一句话可以得到认识："朕承洪绪，统御万国，垂拱南面，委政群司，欲缉熙治道，以致宁一。"① 六位平（评、录）尚书事中，伊馛死于太安五年，闾毗、尉眷相继于和平二年、四年死亡。

① 《魏书》卷五《高宗纪》，第一册，第120页。

其后，乙浑、刘尼填补了他们留下的空缺。

和平"三年（462）春正月壬午（初一，2.15），以车骑大将军、东郡公乙浑为太原王"①。乙浑当出于鲜卑吐谷浑部乙弗（乙）氏，很可能也是一位外戚②。《魏书·陆丽传》："乙浑寻擅朝政，忌而害之。初，浑悖傲，每为不法，丽数诤之，由是见忌。"③可知当时平原王陆丽与太原王乙浑两位大臣之间还曾发生过激烈冲突，就执掌权力的程度而言，文成帝末年乙浑大概掌握着更大的权力。拥戴文成帝即位的重要功臣东安王刘尼在文成帝后期由征南将军、定州刺史"征为殿中尚书，加侍中、特进。高宗末，迁司徒"④。按其任司徒应到了献文帝即位之初，当接替被乙浑杀害的平原王陆丽。因此刘尼在文成帝后期所任职务是侍中、特进、殿中尚书，不仅参与朝政决策，而且还掌握禁卫军权，其地位极为显耀。刘尼入朝任职估计在太安末和平初，和平二年三月文成帝南巡时随行官吏中就有东安王独孤侯尼须（刘尼）。

《魏书·源贺传》："出为征南将军、冀州刺史，改封陇西王。""在州七年，乃征拜太尉。"⑤同书《高宗纪》载太安二年（456）十一月"尚书、西平王源贺改封陇西王"⑥，《显祖纪》载天安元年（466）"三月庚子（十三，4.13），以陇西王源贺为太尉"⑦。若本传所记源贺"在州七年"不误，则其出任冀州刺史应在太安五年，是在改封陇西王之后。若源贺在改封陇西王之前即已出任冀州刺史，则其入朝为太尉应在和平四年，有可能是接任已去世的尉眷。《魏书·刑罚志》："和平

① 《魏书》卷五《高宗纪》，第一册，第120页。
② 《魏书》卷二〇《文成五王传》记载，"乙夫人生河间孝王若"（第二册，第525页）。可知在文成帝后妃中有一位来自乙弗氏的女子。
③ 《魏书》卷四〇《陆丽传》，第三册，第908页。
④ 《魏书》卷三〇《刘尼传》，第三册，第722页。
⑤ 《魏书》卷四一《源贺传》，第三册，第920—921页。
⑥ 《魏书》卷五《高宗纪》，第一册，第115页。
⑦ 《魏书》卷六《显祖纪》，第一册，第126页。

末，冀州刺史源贺上言："自非大逆手杀人者，请原其命，谪守边戍。"诏从之。"①可知"和平末"源贺仍在冀州任上。还有一种可能，就是源贺"在州七年"的记载有误，而是"在州十年"。三种情况中，我认为第一种更接近事实，即源贺在朝任职到太安五年，然后出任冀州刺史。源贺在文成帝统治前期是朝廷最高统治集团成员，在文成帝统治后期和献文帝初年他担任当时北魏最重要的州之一冀州的行政长官。源贺对文成帝的统治有突出的实质性的贡献，如他曾就断狱问题向文成帝提出建议而被采纳，改变了"断狱多滥"的局面。担任冀州刺史时，"鞫狱以情，徭役简省"，"时考殿最，贺治为第一，赐衣马器物，班宣天下"。②

综上所述可知，在文成帝中后期，最高统治集团成员包括：辽西王常英，侍中、征东大将军、太宰、领太师、评尚书事、内都大官；平原王陆丽，侍中、抚军大将军、司徒、领太子太傅、平尚书事；东安王刘尼，侍中、安南大将军、殿中尚书、特进；太原王乙浑，侍中、特进、车骑大将军、尚书、太子太保；和其奴，安南将军、尚书左仆射、平尚书事。③

文成帝初年还有一位官吏非常值得关注，他就是孝文帝姓氏改革时位居勋臣八姓之列的于（勿忸于）氏家族的第二代代表人物于洛拔。《魏书·于栗磾传附子洛拔传》："袭爵（新安公）……又为外都大官。会陇西屠各王景文等恃险窃命，私署王侯，高宗诏洛拔与南阳王惠寿督四州之众讨平之，徙其恶党三千余家于赵魏。转拜侍中、殿中尚书。迁尚书令，侍中如故。在朝祗肃，百僚惮之。太安四年（458）卒，时年四十四。"④按屠各王景文反叛及被平定在文成帝即位之初的兴安元年

① 《魏书》卷一一一《刑罚志》，第八册，第2875页。
② 《魏书》卷四一《源贺传》，第三册，第921页。
③ 刘尼、乙浑的官爵据《魏书》本传及文成帝《南巡碑》综合而定。
④ 《魏书》卷三一《于栗磾传附子洛拔传》，第三册，第737页。

(452) 十一月。① 于洛拔当是接替因争权而被处死的长孙渴侯而担任尚书令的。于洛拔所任外都大官及侍中、殿中尚书和尚书令均朝廷要职，他在文成帝初年政治中无疑发挥了极其重要的作用。"在朝祇肃，百僚惮之"的记载表明，于洛拔有力地行使着他所担任官职的职能。

文成帝时期最高统治集团成员可考者还有：太武帝末年吕罗汉任羽林中郎幢将，"及南安王余立，罗汉犹典宿卫，高宗之立，罗汉有力焉"。文成帝即位后，吕罗汉虽官爵屡升，但始终不离禁卫军系统："迁少卿，仍幢将，进爵野王侯，加龙骧将军。拜司卫监，迁散骑常侍、殿中尚书，进爵山阳公，加镇西将军。"② 毛法仁"高宗初，为金部尚书，袭爵（南郡公）。后转殿中尚书，加散骑常侍。法仁言声壮大，至于军旅田狩，唱呼处分，振于山谷"③。可知毛法仁从文成帝初年到末年在朝中一直担任尚书之职，先为金部尚书掌财政，后为殿中尚书掌禁卫军。毛法仁与平尚书事的尚书左仆射和其奴共同处理执行军法不力的西征吐谷浑诸将，便是他所任殿中尚书职能的具体体现，也反映了他在当时朝政中具有重要影响力。毛法仁议政还见于《魏书·食货志》："先是太安（455—459）中，高宗以常赋之外杂调十五，颇为烦重，将与除之。尚书毛法仁曰：'此是军国资用，今顿罢之，臣愚以为不可。'帝曰：'使地利无穷，民力不竭，百姓有余，吾孰与不足。'遂免之。"④ 此当是毛法仁任金部尚书时的事，与其职能亦相符。宗室疏属顺阳公拓跋郁在文成帝时长期担任殿中尚书，也是控制禁卫军权的重要人物。其兄南平公拓跋目辰，时任侍中、尚书左仆射。征西大将军常山王拓跋素，长期担任内都大官，直到和平三年（462）九月去世，是文成帝时期在朝的最

---

① 《魏书》卷五《高宗纪》，第一册，第 111—112 页。

② 《魏书》卷五一《吕罗汉传》，第三册，第 1138 页。文成帝《南巡碑》碑阴题名第 2 列有"野王侯吕罗汉"之名。

③ 《魏书》卷四三《毛脩之传附子法仁传》，第三册，第 961 页。

④ 《魏书》卷一一〇《食货志》，第八册，第 2852 页。

重要的宗室大臣之一。罗（叱罗）伊利"高宗时，袭爵（带方公），除
内行长。以沉密小心、恭勤不怠，领御食、羽猎诸曹事"①。罗伊利长期
在文成帝身边承担侍从保卫工作，且负责御食、羽猎诸曹事，极为机
要，无疑应是文成帝的心腹之臣。羽林中郎刘尼因协助文成帝即位而被
任命为内行长，不久迁职，罗伊利当是接替刘尼而担任内行长的。

　　阉官在文成帝时期统治集团中的地位亦不可忽视。太武帝末年由
于宠幸阉官宗爱而招致杀身之祸，文成帝即位后诛杀宗爱及其集团，除
了阉官仇洛齐之外，《魏书·阉官传》中便看不到文成帝时期阉官的活
动，而事实上阉官在北魏朝廷仍然存在并对政治发生着影响。文成帝和
平二年（461）南巡时随驾群臣中就有 5 位地位颇高的阉官，均位于第
1 列"内侍之官"，他们是：

　　　　中常侍宁东将军太子太保尚书［西］郡公尉迟其［地］
　　　　中常侍宁南将军太子少傅平凉公林金闾
　　　　中［常侍］宁南将军□□□太子家令平阳公贾爱仁
　　　　中常侍宁西将军［仪］曹尚书领中秘书太子少师彭城公张益宗
　　　　中常侍宁南将军太子率更令内阿干南阳公张天度

在这 5 人中，林金闾、张益宗见于史书记载。《魏书·皇后传》："孝文
贞皇后林氏，平原人也。叔父金闾，起自阉官，有宠于常太后，官至尚
书、平凉公。金闾兄胜为平凉太守。金闾，显祖初为定州刺史。未几，
为乙浑所诛，兄弟皆死。"② 按北魏平原郡有两处：一在今山东聊城东
北③；一在今甘肃平凉县东泾河南岸④。从林金闾爵至平凉公及其兄胜为

---

① 《魏书》卷四四《罗结传附曾孙伊利传》，第三册，第 988 页。

② 《魏书》卷一三《皇后·孝文贞皇后林氏传》，第二册，第 332 页。

③ 《魏书》卷一〇六中《地形志中》"济州"条：平原郡，"皇始中属冀州，太和十一年分
　　属"（第七册，第 2528 页）。

④ 参见《魏书》卷一〇六下《地形志下》"泾州"条，第七册，第 2618 页。

平凉太守推断，林氏应为泾州平原人①，其为阉人的背景当与北魏平定赫连夏残余的平凉政权有关。张益宗即张宗之，其事迹见于《魏书·阉官传》：

> 张宗之，字益宗，河南巩人，家世寒微。父孟舒，刘裕西征，假洛阳令。及宗之贵幸，高宗赠孟舒平南将军、洛州刺史、巩县侯，谥曰贞。初，缑氏宗文邕聚党于伊阙谋反，逼胁孟舒等。文邕败，孟舒走免，宗之被执入京，充腐刑。以忠厚谨慎，擢为侍御中散，赐爵巩县侯，遂历右将军、中常侍，仪曹、库部二曹尚书，领中秘书，进爵彭城公。出为散骑常侍、宁西将军、东雍州刺史。以在官有称，入为内都大官。出除散骑常侍、镇东将军、冀州刺史。又例降为侯。太和二十年卒，年六十九。②

和平二年张宗之（428—496）随文成帝南巡时，是在其出任东雍州刺史之前，时年34岁，正当年富力强之时。张宗之"贵幸"主要在文成帝时期，其后冯太后临朝听政时期大概仍然在宫中任职。他对北魏中叶的宫廷政治可能有过重大影响。尉迟其［地］自当出于鲜卑八姓勋贵尉迟氏家族，但其具体情况史无记载，无法得知。贾爱仁、张天度均难以确知其详情，从和平六年献文帝即位之初"车骑大将军乙浑矫诏杀尚书杨保年、平阳公贾爱仁、南阳公张天度于禁中"③的记载判断，贾爱仁、张天度两位阉官对文成帝时期的政治有着举足轻重的影响，其政治倾向与乙浑相对立，应该是倾向于文成帝皇后冯氏的。毫无疑问，这5

---

① 中华书局本《魏书》卷一三"校勘记"〔一二〕：《北史》卷一三、《御览》'原'作'凉'。按下云叔父金间封'平凉公'，金间兄胜为'平凉太守'。当时封公多取本郡，又习惯以充当本州、郡的刺史、太守为荣。疑作'平凉'是。"（第二册，第343页）如果考虑到北魏平原郡紧邻平凉郡的因素，则孝文贞皇后林氏为平原人的记载大概并无错误。

② 《魏书》卷九四《阉官·张宗之传》，第六册，第2018—2019页。

③ 《魏书》卷六《显祖纪》，第一册，第125页。

位阉官在文成帝时期都获得了崇高的政治地位，对文成帝时期的宫廷政治有着重要影响。尽管《魏书·阉官传》记载了张宗之的生平，但对他在文成帝时期的事迹却并无明确记载。结合《南巡碑》及史书极其零星的记载，我们对阉官在文成帝时期的政治作用有了一个全新的认识。

四、文成帝时期的最高决策权

有诸多的史料证明，文成帝在位的绝大多数时间里，北魏王朝的最高政治权力是由文成帝亲自掌握的，而并非由常太后或其家族成员控制。《魏书·李䜣传》：

> 遂除中书助教博士，稍见任用，入授高宗经。高宗即位，䜣以旧恩亲宠，迁仪曹尚书，领中秘书，赐爵扶风公，加安东将军，赠其母孙氏为容城君。高宗顾谓群臣曰："朕始学之岁，情未能专，既总万机，温习靡暇，是故儒道实有阙焉。岂惟予咎，抑亦师傅之不勤。所以爵赏仍隆者，盖不遗旧也。"䜣免冠拜谢。出为使持节、安南将军、相州刺史。①

可知文成帝曾当着其旧日师傅李䜣的面与群臣亲自谈论他，并明确提出自己"总万机"即掌握国家最高决策权的事实。时在李䜣出任相州刺史之前。②

在佛教政策以及刑法制度的制定方面，可以感受到文成帝所发挥

---

① 《魏书》卷四六《李䜣传》，第三册，第 1039—1040 页。
② 李䜣出任相州刺史的时间史无明载，吴廷燮《元魏方镇年表》系于太安四年（《二十五史补编》第四册，中华书局 1998 年版，第 4588 页）。

的决定性作用。文成帝即位不到 40 天便"初复佛法"①，这是他最早执行的新政之一。文成帝恢复佛法诏书下达以后，"天下承风，朝不及夕，往时所毁图寺，仍还修矣。佛像经论，皆复得显"。京师沙门师贤"于修复日，即反沙门，其同辈五人，帝乃亲为下发。师贤仍为道人统"。《魏书·释老志》：

> 和平初，师贤卒。昙曜代之，更名沙门统。初，昙曜以复佛法之明年，自中山被命赴京，值帝出，见于路，御马前衔曜衣，时以为马识善人。帝后奉以师礼。昙曜白帝，于京城西武州塞，凿山石壁，开窟五所，镌建佛像各一。高者七十尺，次六十尺，雕饰奇伟，冠于一世。昙曜奏：平齐户及诸民，有能岁输谷六十斛入僧曹者，即为"僧祇户"，粟为"僧祇粟"，至于俭岁，赈给饥民。又请民犯重罪及官奴以为佛图户，以供诸寺扫洒，岁兼营田输粟。高宗并许之。于是僧祇户、粟及寺户，遍于州镇矣。②

恢复佛法大兴佛教，是文成帝时期的一项具有象征意义的基本国策，以上记载显示，有关佛教的政策是由文成帝亲自制定并下达实施的。文成帝在恢复佛法大力提倡佛教的同时，并未废黜道教，兴光元年（454）"二月甲午，帝至道坛，登受图箓"③，这表明文成帝同时还是一位道教信徒。

史载太安"四年（458）春正月丙午朔，初设酒禁"④。这是文成帝

---

① 《魏书》卷五《高宗纪》，第一册，第 112 页。
② 《魏书》卷一一四《释老志》，第 3037 页。关于僧祇户的建立时间有不同说法。《释老志》："又尚书令高肇奏言：'谨案：故沙门统昙曜，昔于承明元年，奏凉州军户赵苟子等二百家为僧祇户，立课积粟，拟济饥年，不限道俗，皆以拯施。……'"（第八册，第 3042 页）依高肇之说，僧祇户始置于孝文帝承明元年（476），最初是由凉州军户赵苟子等为之。
③ 《魏书》卷五《高宗纪》，第一册，第 113 页。
④ 《魏书》卷五《高宗纪》，第一册，第 116 页。

时期颁布的一项重要法令，关于其具体规定及制定的背景，《魏书·刑罚志》有明确记载："太安四年，始设酒禁。是时年谷屡登，士民多因酒致酗讼，或议主政。帝恶其若此，故一切禁之，酿、沽、饮皆斩之，吉凶宾亲，则开禁，有日程。"① 很显然，"酒禁"法令的颁布是文成帝亲自决策的结果。

太安四年正月，文成帝"东巡平州"。"庚午（廿五，2.24），至于辽西黄山宫，游宴数日，亲对高年，劳问疾苦。二月丙子（初二，3.2），登碣石山，观沧海，大飨群臣于山下，班赏进爵各有差。改碣石山为乐游山，筑坛记行于海滨。"② 在辽西巡察途中的举措表明，文成帝无疑是执掌大政的最高统治者。

对地方长官的赏罚是由文成帝亲自决定的。陈建在文成帝初年出任幽州刺史，"高宗以建贪暴懦弱，遣使就州罚杖五十"③。史书记载了两件宿石令文成帝赏识的事情，从中可以体会到文成帝是当时北魏王朝实际上的最高统治者。《魏书·宿石传》："兴光（454—455）中，迁侍御史，拜中垒将军，进爵蔡阳子，典宜官曹。迁内行令。从幸苑内游猎，石于高宗前走马，道峻马倒，殒绝，久之乃苏。由是御马得制。高宗嘉之，赐绵一百斤，帛五十匹，骏马一匹，改爵义阳子。尝从猎，高宗亲欲射虎。石叩马而谏，引高宗至高原上。后虎腾跃杀人。诏曰：'石为忠臣，鞚马切谏，免虎之害。后有犯罪，宥而勿坐。'赐骏马一匹。尚上谷公主，拜驸马都尉。"④ 太安二年（456）二月，"丁零数千家亡匿井陉山，聚为寇盗。诏定州刺史许宗之、并州刺史乞佛成龙讨平之"⑤。

① 《魏书》卷一一一《刑罚志》，第八册，第2875页。
② 《魏书》卷五《高宗纪》，第一册，第116页。按黄山、碣石山皆在辽西郡肥如县。同书卷一〇六上《地形志上》：平州辽西郡肥如县，"有孤竹山祠、碣石、武王祠、令支城、黄山、濡河"（第七册，第2496页）。
③ 《魏书》卷三四《陈建传》，第三册，第803页。
④ 《魏书》卷三〇《宿石传》，第三册，第724页。
⑤ 《魏书》卷五《高宗纪》，第一册，第115页。

《魏书·许宗之传》:"高宗践阼,迁殿中尚书。出为镇东将军、定州刺史,颍川公。受敕讨丁零。丁零既平,宗之因循郡县,求取不节。深泽人马超毁谤宗之,宗之怒,遂殴杀超。惧超家人告状,上超谤讪朝政。高宗闻之,曰:'此必妄也。朕为天下主,何恶于超,而超有此言。必是宗之惧罪诬超。'按验果然。事下有司,司空伊馛等以宗之腹心近臣,出居方伯,不能宣扬本朝,尽心绥导,而侵损齐民,枉杀良善,妄列无辜,上尘朝廷,诬诈不道,理合极刑。太安二年冬,遂斩于都南。"[1] 这条记载还显示,鲜卑贵族司空伊馛等对当时的朝政有重大的决策权,而这正是其"平尚书事"的具体表现。汉族士人宣城公李孝伯,"兴安二年,出为使持节、散骑常侍、平西将军、秦州刺史。太安五年卒,高宗甚悼惜之,赠镇南大将军、定州刺史,谥曰文昭公"[2]。这些事例均表明,文成帝确为掌握北魏王朝最高政治权力的名副其实的皇帝,大臣的表彰与处罚乃至赠谥都是由他最终裁决的。

著名汉族士人高允(390—487)的经历,最能体现文成帝在其在位时期掌握最高政治权力的情况。《魏书·高允传》:

> 及高宗即位,允颇有谋焉。……给事中郭善明性多机巧,欲逞其能,劝高宗大起宫室。允谏曰……高宗纳之。允以高宗纂承平之业,而风俗仍旧,婚娶丧葬,不依古式,允乃谏曰:"……今陛下当百王之末,踵晋乱之弊,而不矫然厘改,以厉颓俗,臣恐天下苍生,永不闻见礼教矣。"允言如此非一,高宗从容听之。或有触迕,帝所不忍闻者,命左右扶出。事有不便,允辄求见,高宗知允意,逆屏左右以待之。礼敬甚重,晨入暮出,或积日居中,朝臣莫知所论。或有上事陈得失者,高宗省而谓群臣曰:"君父一也,父有

---

[1] 《魏书》卷四六《许宗之传》,第三册,第 1036—1037 页。

[2] 《魏书》卷五三《李孝伯传》,第四册,第 1172 页。

是非，子何为不作书于人中谏之，使人知恶，而于家内隐处也？
岂不以父亲，恐恶彰于外也。今国家善恶，不能面陈，而上表显
谏，此岂不彰君之短，明己之美。至如高允者，真忠臣矣。朕有
是非，常正言面论，至朕所不乐闻者，皆侃侃言说，无所避就。
朕闻其过，而天下不知其谏，岂不忠乎！汝等在左右，曾不闻一
正言，但伺朕喜时求官乞职。汝等把弓刀侍朕左右，徒立劳耳，
皆至公、王。此人把笔匡我国家，不过作郎。汝等不自愧乎？"于
是拜允中书令，著作如故。司徒陆丽曰："高允虽蒙宠待，而家贫
布衣，妻子不立。"高宗怒曰："何不先言！今见朕用之，方言其
贫。"是日幸允第，惟草屋数间，布被缊袍，厨中盐菜而已。高宗
叹息曰："古人之清贫岂有此乎！"即赐帛五百匹、粟千斛，拜长子
忱为绥远将军、长乐太守。允频表固让，高宗不许。……高宗重
允，常不名之，恒呼为"令公"。"令公"之号，播于四远矣。①

高允于太武帝神䴥四年（431）被征入朝任中书博士，迁中书侍郎，又
以本官领卫大将军乐安王范从事中郎、骠骑大将军乐平王丕参军事，以
本官领著作郎。曾参与国史修撰及律令制定，颇受太武帝器重。尽管如
此，20余年间，高允的官位始终未曾升迁，一直担任官阶较低的中书
侍郎，即本传所谓"允为郎二十七年不徙官"。文成帝中叶，高允官拜
中书令，这是一次重大的飞跃，此后高允便真正进入了北魏最高统治集
团，成为大臣，摆脱了"文吏"地位，可以更加名正言顺地参与北魏国
家的最高政治决策。后来高允又曾兼任太常卿、领秘书监。文成帝和太
武帝对高允的重用显然有很大差别，文成帝是把高允当作一位有影响的
大臣来对待的，高允迁任中书令时年届古稀，文成帝对他给予了足够
的重视。北魏一代被皇帝呼为"令公"（或某公）的汉人大臣，仅高允

---

① 《魏书》卷四八《高允传》，第三册，第 1073、1075—1077 页。

一人。

据上引《魏书·皇后传》可知，阉官林金闾"有宠于常太后，官至尚书、平凉公"，表明常太后在阉官的升迁方面有重要的决策权。《魏书·文成元皇后李氏传》：

> 世祖南征，永昌王仁出寿春，军至后宅，因得后。及仁镇长安，遇事诛，后与其家人送平城宫。高宗登白楼望见，美之，谓左右曰："此妇人佳乎？"左右咸曰："然。"乃下台，后得幸于斋库中，遂有娠。常太后后问后，后云："为帝所幸，仍有娠。"时守库者亦私书壁记之，别加验问，皆相符同。及生显祖，拜贵人。太安二年，太后令依故事，令后具条记在南兄弟及引所结宗兄洪之，悉以付托。临诀，每一称兄弟，辄拊胸恸泣，遂薨。①

这一记载显示，常太后主持了对文成帝与李氏野合以后怀孕生子一事的调查，李氏所生子在立为太子的同时"依故事"将其赐死的决定也是由常太后作出的。这些政治决策全都与后宫事务有关，除此之外史书中再也见不到常太后参与其他军政事务的任何记载。我们可以说常太后对文成帝时期的北魏朝政的确有过巨大影响，但其影响没有超越后宫的范围，不能得出常太后全盘决定国家大政的认识，文成帝时期绝对没有出现外戚专权的局面。②《魏书·高宗纪》"史臣曰"："世祖经略四方，内颇虚耗。既而国衅时艰，朝野楚楚。高宗与时消息，静以镇之，养威布德，怀缉中外。自非机悟深裕，矜济为心，亦何能若此？可谓

----

① 《魏书》卷一三《皇后·文成元皇后李氏传》，第二册，第331页。按同书卷八九《酷吏·李洪之传》亦载其事，谓："元后临崩，昭太后问其亲，因言洪之为兄，与相诀经日，具条列南方诸兄珍之等，手以付洪之"云云。（第1918页）

② 李凭认为："昭太后常氏一方面控制了年幼的皇帝，借以发号施令；另一方面在宫内外大力培植党羽，发展起自己的势力。她正是这样作威作福，干预了北魏政治九年之久。"（《北魏平城时代》，第193页）按其说显系夸大其词。

有君人之度矣。"①《资治通鉴》宋明帝泰始元年（465）五月癸卯条所载略同，谓魏高宗"与时消息，静以镇之，怀集中外，民心复安"②。很显然，古代史家均将文成帝时代成功的休养生息政策归之于文成帝的英明统治。③

五、从文成帝《南巡碑》考察北魏统治集团

文成帝《南巡碑》碑阴题名记录了和平二年（461）三月初文成帝南巡时在灵丘南之山下参与仰射山峰之随驾群官的官、爵、姓、名④，提供了认识北魏前期历史的极为宝贵的第一手资料。北魏王朝的官吏阶层是由朝官和地方官共同构成的，就朝官而言，文成帝南巡时带了一大批，而朝中还有留台大臣及各职能机构的官吏。文成帝在外出巡，所率从驾群臣除了一些王公大臣外，主要就是保卫车驾的禁卫军将领。⑤ 因此，就认识和平二年前后北魏王朝官僚集团构成的实态而论，《南巡碑》碑阴残存题名只是提供了一个侧面，它让我们了解到当时北魏朝廷各级各类官吏构成的部分侧面。在史料极为稀缺的北魏前期，我们有机会在一定程度上了解某一特定时间王朝官僚集团构成的实态，不能不说是一件幸事。下文将在考察《南巡碑》碑阴题名的基础上，从几个侧面来认

① 《魏书》卷五《高宗纪》，第一册，第123页。
② 《资治通鉴》卷一三〇《宋纪一二》，第九册，第4073页。
③ 曹仕邦从宗教（佛教）政策的制定和实践的角度考察了文成帝的功绩，认为文成帝是一位"精察善断""精明能干的皇帝"，称其为"英主"。他说："文成帝是北魏统一黄河流域之后的第二位皇帝，要是没有他的精察和领导能力，北魏这汉胡杂处的国度恐怕不能享有占住半个中国一百四十八年的国祚！"（《太子晃与文成帝——英年早逝的天才父子政治家大力推广佛教于北魏的功勋及其政治目的》）。其说虽然有所夸大，但大体得实。
④ 山西省考古研究所、灵丘县文物局：《山西灵丘北魏文成帝〈南巡碑〉》。
⑤ 参见拙作《文成帝〈南巡碑〉所见北魏前期禁卫武官制度》，《民族研究》2003年第4期。

识文成帝时期的北魏统治集团。

1. 宗室成员

《南巡碑》残存碑阴题名所见姓氏可考之一百八九十位官吏大约出于80余个家族,绝大多数为鲜卑族或归附北魏的其他非汉族家族成员。就单个家族而论,宗室("直懃")成员人数是最多的。《南巡碑》中可明确判断为"直懃"者有17人:内行令直懃□六孤(第1列),卫大将军[乐]安王直□何良,平东将军乐良王直□□大汗□,征西将军常山王[直]□□□连戊烈,散骑(残8字)[部]尚书兴平侯宜(直)懃渴侯,顺阳公直懃郁豆眷(第2列),奋威将军内三郎永宁子直懃苟黄,后军将军内三郎遂安子直懃乌地延,内三郎直懃乌地干,威寇将军内三郎直懃解愁(第3列),武烈将军内三郎直懃他莫行,宣威将军内三郎直懃斛卢,内三郎直懃阿各拔,内三郎直懃来豆眷,宣威将军折纥真直懃□(第4列),宣威将军雅乐真幢将直懃木□,□将军直懃乳树(第5列)。此外,□材将(残10字)懃天□、(残12字)懃倍斤(第2列)、轻车将军内三郎[野]陟男□□□懃(第4列)三人很可能也是"直懃"。按"直懃"意即宗室①,文成帝《南巡碑》所见直懃都未列出姓氏,应为宗室拓跋氏。《司马金龙妻墓志》载其为"侍中太尉陇西王直懃贺豆跋女"②。源贺为南凉国君秃发傉檀之子,南凉灭亡后亡奔北魏,因秃发氏与拓跋氏同源,太武帝赐其姓为源氏③,但仍以宗室对待,故亦得"直懃"之称。因此在《南巡碑》所见诸"直懃"中,还有可能包括源贺及其子弟。

《南巡碑》所见大约20位宗室成员中,只有5位于史可考。卫大将军乐安王直懃何良即乐安王良,为乐安王范(明元帝子)之长子,"高

---

① 关于"直懃"之义,参见罗新《北魏直懃考》,《历史研究》2004年第5期。
② 山西大同市博物馆、山西省文物工作委员会:《山西大同石家寨北魏司马金龙墓》,《文物》1972年第3期。
③ 《魏书》卷四一《源贺传》,第三册,第919页。

宗时，袭王，拜长安镇都大将、雍州刺史。为内都大官"①。乐安王范生前曾任卫大将军、长安镇都大将，"后刘洁之谋，范闻而不告，事发，因疾暴薨"②。拓跋范死于太武帝太平真君八年（447）八月③，拓跋良在袭其父乐安王爵的同时亦当继承了卫大将军之号。平东将军乐良王直□□大汗□即乐浪王万寿，"和平三年（462）封，拜征东大将军，镇和龙"④。文成帝南巡时拓跋万寿尚未出镇，估计在返京后不久即出镇和龙。⑤征西将军常山王［直］□□□连戊烈即常山王素，为昭成帝投奔什翼犍子寿鸠之孙、常山王遵之子，太武帝"平统万，以素有威怀之略，拜假节、征西大将军以镇之。后拜内都大官"⑥。拓跋素死于和平三年九月，他是宗室疏属中对文成帝的统治有较大贡献的大臣。从太武帝初年到文成帝后期去世，拓跋素一直都是征西大将军，《南巡碑》所记征西将军并不准确。顺阳公直懃郁豆眷即桓帝（拓跋猗㐌）之后拓跋郁，"高宗时，位殿中尚书。从高宗东巡临海，以劳赐爵顺阳公"⑦。拓跋郁是文成帝太安四年春东巡时保卫车驾的主要禁卫军将领⑧，此行之后即赐爵顺阳公。拓跋郁也参加了文成帝和平二年的南巡。□（直）懃倍斤当即常山王素之子拓跋陪斤，史载素长子可悉陵死于太武帝时期，可悉陵"弟陪斤，袭爵，坐事国除"⑨。按景穆十二王中当时已封王的6王，在《南巡碑》中仅有1人出现，有两种可能：《南巡碑》中本来还有景穆十二王成员，因碑文破损而湮灭；只有乐浪王万寿1人随驾出巡，其

① 《魏书》卷一七《明元六王·乐安王范传附长子良传》，第二册，第415页。
② 《魏书》卷一七《明元六王·乐安王范传》，第二册，第415页。
③ 《魏书》卷四下《世祖纪下》，第一册，第102页。
④ 《魏书》卷一九上《景穆十二王上·乐浪王万寿传》，第二册，第452页。
⑤ 《魏书》本传载其"性贪暴，征还，道忧薨"（第452页）。同书卷五《高宗纪》：和平三年正月"癸未（初二，2.16），乐浪王万寿薨"（第120页）。
⑥ 《魏书》卷一五《昭成子孙·常山王素传》，第二册，第375页。
⑦ 《魏书》卷一四《神元平文诸帝子孙·顺阳公郁传》，第二册，第347页。
⑧ 《魏书》卷五《高宗纪》，第一册，第116页。
⑨ 《魏书》卷一五《昭成子孙·常山王素传》附传，第二册，第375页。

他诸王或留守朝中，或镇防于外。《南巡碑》中可知姓名的随驾群臣不足 200 人，而宗室成员约为 20 人，占一成左右，这一比例大概与当时北魏统治集团中宗室所占比例相去不远。

出身于秃发鲜卑的源贺也被北魏皇帝当作宗室成员，预"直懃"之列，而源贺是扶持文成帝即位的主要功臣之一，对北魏政治有重要影响，其子弟进入和平二年文成帝南巡随驾群臣名单应是合乎情理的。《南巡碑》碑阴题名第 3 列之"后军将军内三郎遂安子直懃乌地延"，很可能就是源贺之子源延。《魏书·源贺传附延传》："长子延，性谨厚，好学。初以功臣子拜侍御中散，赐爵武城子，西冶都将。"[1]《源怀传》："延弟思礼，后赐名怀，谦恭宽雅，有大度。高宗末，为侍御中散。"[2]源怀或即第 3 列"内三郎直懃乌地干"。史书记载当时源延有爵位而源怀无爵位，且源延爵位为子爵，与《南巡碑》相合；但源延与直懃乌地延之爵位名称有异，当然也不排除其封号曾发生变化的可能。果如此，则源怀本名按孝文帝简化鲜卑人名的原则应为源干。如果以上推断不误，则史书所见侍御中散即《南巡碑》大量出现的内三郎一职。此外，考虑到《魏书》所见鲜卑人名几乎都是孝文帝改革以后简化的雅驯的汉字，则《南巡碑》所见"直懃"可能还有人见于《魏书》之记载，只是目前还难以作进一步的推测或证实。

《魏书·官氏志》："献帝（拓跋邻）以兄为纥骨氏，后改为胡氏；次兄为普氏，后改为周氏；次兄为拓拔（拔拔）氏，后改为长孙氏；弟为达奚氏，后改为奚氏；次弟为伊娄氏，后改为伊氏；次弟为丘敦氏，后改为丘氏；次弟为侯氏，后改为亥氏。七族之兴，自此始也。又命叔父之胤曰乙旃氏，后改为叔孙氏。又命疏属曰车焜氏，后改为车氏。凡与帝室为十姓，百世不通婚。太和以前，国之丧葬祠礼，非十族不得与

---

[1] 《魏书》卷四一《源贺传附延传》，第三册，第 923 页。
[2] 《魏书》卷四一《源怀传》，第三册，第 923 页。

也。高祖革之，各以职司从事。"① 拓跋（元）、秃发（源）氏之外的其他宗族九姓成员见于《南巡碑》者约有11至16人：斛骨（胡）氏2人，拔拔（长孙）氏2—6人，达奚（奚）氏2人，伊楼（伊娄、伊）氏2人，乙旃（叔孙）氏4人。普（周）氏、丘敦（丘）氏、侯（亥）氏、车焜（车）氏成员不见于《南巡碑》。明确出于拔拔氏者2人，即散骑常（残7字）安复侯拔拔侯侯头（第2列）、三郎幢将拔拔古斤□□（第5列）。此外，（残6字）拔忍昕（第1列）、（残11字）拔□地力懃真（第2列）、后军将军□都［令］□［拔扎］□有□、［右］军将军□□□拔天封河光（第6列）等人也有可能是拔拔氏。② 拔拔侯侯头当即长孙头，《魏书》卷二六《长孙肥传附传》：肥子陈，"高宗即位，进爵吴郡公，加安东将军。兴光二年（455）卒，赠散骑常侍、吴郡王，谥曰恭，陪葬金陵"。陈"子头，袭爵。高宗时，为中散。迁内行长，典龙牧曹。天安（466—467）初卒"。③ 长孙陈是当时长孙肥家族中最年长的一位成员，因而受到特殊礼遇，其子长孙头所袭爵位应为吴郡公，与《南巡碑》中拔拔侯侯头之安复侯爵不同，故不能确定这一判断的正确性。《南巡碑》可见达奚（奚）氏成员2人，即厉威将军内三郎达奚屈居陵、伏波将军内三郎比阳男达奚库勾（第3列），二人之名均于史无征。魏初名将奚斤之孙延、冀州、受真、买奴及曾孙绪（延子）、弟普回之孙兜，似有可能在文成帝时期任职④，不知屈居陵与库勾是否为他们中的一员。伊楼（伊娄）氏即伊馛家族，斛骨、乙旃氏当为高车族，将在下文予以考察。

① 《魏书》卷一一三《官氏志》，第八册，第3006页。
② 《魏书》卷一一三《官氏志》："柯拔氏，后改为柯氏。"（第八册，第3012页）故不排除此4人出自柯拔氏的可能。
③ 《魏书》卷二六《长孙肥传》附传，第三册，第654页。
④ 参见《魏书》卷二九《奚斤传》及附传，第701—702页。

2. "平尚书事" 诸大臣家族成员

《南巡碑》可见步六孤（陆）氏成员5人：

侍中 [抚] 军 [大] 将军太子太傅司徒公平原王 [步] 六孤
[伊] □

内行内小步六孤龙成

内行内小步六孤罗（第1列）

广威将军内三郎步六孤步斗官（第3列）

雅乐真幢将步六 [孤]（第5列）

按步六孤伊□即陆丽①，从史书所载其名丽推断，碑文中"伊□"应为
伊丽，其本名即步六孤伊丽。② 步六孤龙成为陆丽之弟。《魏书·陆丽
传》附传："丽弟颓，早卒。""颓弟陵成，中校尉、河间太守、秘书中
散、新城子。陵成弟龙成，有父兄之风，少以功臣子为中散，稍迁散骑
常侍，赐爵永安子。""龙成季弟骐驎，侍御中散，转侍御长。"③ 步六孤
罗、步六孤步斗官及步六孤某3人，其名均不见于史。从龙成名字见于
碑文推断，其诸兄、弟之名似亦不应有另外的称呼，故步六孤罗等3人
可能是陆丽长兄陆馥之子。史载陆馥有6子，五子琇及六子凯知名，其
传记于史可见，其他不见于史者很可能就是此3人或其中的一二位。陆
俟族弟宜，其"子雋，高宗世，历侍中给事"④。此人或即广威将军内三
郎步六孤步斗官或雅乐真幢将步六孤某。

① 参见前揭张庆捷、川本芳昭、松下宪一及著者关于《南巡碑》研究的论文。
② 伊丽（伊利）似是北族人常用人名之一，史书可见镇将元（拓跋）伊利（《魏书》卷
四二《郦范传》，第三册，第951页），罗结子伊利（卷四四《罗结传》，第三册，第
988页），河西费也头帅纥豆陵伊利（卷一一《出帝纪》，第一册，第289页；卷七五
《尔朱天光传》，第五册，第1676页）等。
③ 《魏书》卷四〇《陆丽传》附传，第三册，第916—917页。
④ 《魏书》卷四〇《陆俟传附雋传》，第三册，第917页。

《南巡碑》可见独孤（刘）氏成员 8 人：

> 侍中安南大将军殿中尚书□□东安王独孤侯尼须（第 2 列）
>
> 内三郎独孤□□
>
> 折冲将军内三郎沙渠男独孤去颓
>
> 威武将军内三郎独孤他突（第 3 列）
>
> 武烈将军内三郎独孤乙以爱
>
> 轻车将军内三郎夹道男独孤□□
>
> 建威将军□□折纥真建德子独孤平城（第 4 列）
>
> 三郎幢将独孤□真（第 5 列）

《魏书·刘尼传》载"刘尼，代人也，本姓独孤氏"①，独孤侯尼须见于《宋书·索虏传》（"侍中、司徒、安南大将军、新建王独孤侯尼须"②），其人即刘尼。刘尼是支持文成帝即位的主要功臣之一，在文成帝一代颇受重用，很长时间是最高决策集团的重要成员。文成帝时期刘尼的经历是："以尼为内行长，进爵建昌侯。迁散骑常侍、安南将军。又进爵东安公。寻迁尚书右仆射，加侍中，进封为王。出为征南将军、定州刺史。……征为殿中尚书，加侍中、特进。高宗末，迁司徒。"③ 碑中所缺二字即"特进"。《南巡碑》显示独孤氏在文成帝时期官僚集团中占有重要地位，而史书列传所见独孤氏人物却极为有限，两者反差很大。《南巡碑》所见担任内三郎、折纥真、三郎幢将的七位独孤氏成员在史书中难以确考，但其为刘尼子弟的可能性很大④。

---

① 《魏书》卷三〇《刘尼传》，第三册，第 721 页。

② （梁）沈约撰：《宋书》卷九五《索虏传》，中华书局 1974 年版，第 2356 页。

③ 《魏书》卷三〇《刘尼传》，第三册，第 721—722 页。

④ 关于刘尼的子孙，《魏书》卷三〇《刘尼传》仅记其子社生 1 人，宣武帝时任至宁朔将军、步兵校尉（第三册，第 722 页）。这可能与其晚年被献文帝因"兵陈不整"恕罪免官而家族成员不显有关。

《南巡碑》中至少有尉迟（尉）氏成员 4 人：

中常侍宁东将军太子太保尚书［西］郡公尉迟其［地］
宁东将军内阿干［建］安男尉迟沓亦干（第 1 列）
三郎幢将尉□□□
三郎幢将尉□□□（第 5 列）

此外，"武烈将军内三郎□□尉□"（第 4 列）也有可能出于尉迟氏。尉迟氏为勋臣八姓之一，孝文帝改为尉氏，北魏分裂后又复姓尉迟氏，是北朝及隋唐时期有重要影响的家族。尉迟氏本出自西方，当为西域贵族姓氏。文成帝《南巡碑》所见尉迟氏人物虽然有五位之多，但仍然无法判断其中任何一位与史传人物有关。北魏前期尉迟（尉）氏有数支见于《魏书》列传。文成帝时期最重要的尉迟氏人物是尉眷，他的家族在当时无疑是颇有影响的。尉眷的情况已见前述，其家族成员中，可以比较明确地判断在文成帝时期从政的有盛（古真孙）、多侯（诺孙、眷子）、长寿（诺孙、地干子）、仑（诺孙、观子）等人，尉眷诸弟地干、侯头、力斤、焉陈、观都有可能生活在文成帝时期①。见于《南巡碑》的尉迟氏成员出自尉眷家族的可能性较大②。《南巡碑》中还有一位尉迟氏成员，即阉官尉迟其［地］，其人地位颇高，但不见于史传记载，无法做更多的了解。从现有文献记载我们还无法得知尉迟氏成员遭受宫刑而成为阉官的背景。

---

① 《魏书》卷二六《尉古真传》附传，第三册，第 656—659 页。

② 北魏前期还可见到两支尉迟氏。尉拨自太武帝时期任职，文成帝时期任至杏城镇将，"在任九年，大收民和"，受到文成帝表彰（《魏书》卷三〇《尉拨传》，第三册，第 729 页）。尉元"世为豪宗"，自太武帝时期入仕，文成帝时期任至散骑常侍、北部尚书，位居大臣之列。文成帝在位期间，尉元 39—55 岁，正当年富力强之时，其子尉羽的起家及任驾部令亦应在文成帝时期（卷五〇《尉元传》及其子附传，第三册，第 1109、1116 页）；《南巡碑》中的尉迟氏成员亦有可能包括尉元之子。

《南巡碑》中至少有素和（和）氏成员 10 人：

内行内小素和莫各斗（第 1 列）

散骑常侍龙□（骧）将军□□公素和敕俟伏

侍中尚书左仆射安南将军□□□平昌公素和其奴

（残 11 字）素和匹于堤（第 2 列）

[右将军内] 三郎□□□□素□（和）[与娥驾]

中垒将军□□□□ [素] 和使若须

广威将军内三郎素和具文（第 3 列）

内三郎素和斛提

征虏将军令方兴侯素和（第 4 列）

前军将军雅乐真幢将□□素和□思拔（第 5 列）

除此 10 人明确出于素和氏外，"右将军内三郎□□男□ [和] 拔□□"
（第 4 列）亦当出于素和氏。这样，《南巡碑》所见素和氏人物多达 11
人，其人数仅次于"直懃"，可见这一家族在文成帝时期势力之大。其
中为公爵者至少有 3 人，除素和其奴与素和敕俟伏外，素和匹于堤亦应
为公爵。"素和匹于堤"前残 11 字，显示其兼任的官职至少有三项，这
是其地位较高的反映。结合《魏书·和其奴传》的记载①，可知《南巡
碑》中"平昌公素和其奴"前所缺三字应为"平（评、录）尚书"。据
姚薇元考证，素和氏本为白部鲜卑之裔。② 素和氏人物自北魏初年即见
于史载，道武帝时期的材官将军和突是一员名将③，另一素和氏人物和
跋地位更加显耀，是这一家族的代表人物。和跋家族"世领部落，为国

---

① 《魏书》卷四四《和其奴传》，第三册，第 993 页。

② 姚薇元：《北朝胡姓考》，科学出版社 1958 年版，第 77—80 页

③ 《魏书》卷二《太祖纪》天兴二年十二月辛亥、三年春正月戊午、四年十二月辛亥及五
年正月戊子、辛卯诸条，第一册，第 36、39 页。

附臣"，道武帝以之"为外朝大人，参军国大谋，雅有智算"，后历任龙骧将军、尚书、平原太守，先赐爵曰南公，后改封定陵公，"太祖宠遇跤，冠于诸将"。因"好修虚誉，眩曜于时，性尤奢淫"而被杀，"遂诛其家"。① 看来和跤家族在北魏初年具有强大的政治经济实力，和跤被杀、家族被灭的真正原因应该是道武帝出于伸张拓跋氏皇权之需而对和跤家族的有意打击。这一事件可能在北魏统治集团内部引起不小震动，而且和跤家族人物也未被消灭干净。太武帝为和跤平反，其少子归于太武帝末年任使持节、冠军将军、雍城镇都大将、高阳侯。归"子度，袭爵。尚书都官郎、昌平太守"。② 和度应在文成帝时期任职，和归也有可能在文成帝前期任职。《南巡碑》所见素和氏人物不排除包括和归及其诸子的可能，但更多地应是另一和氏人物和其奴之子弟。如上所述，和其奴是文成帝时期最高统治集团的重要成员，但却只有其子和天受有简略的事迹见于记载："天受，袭爵。初为内行令。太和六年（482），迁驾库曹下大夫。"③ 这也是皇兴三年和其奴死后的事迹。不过和天受在文成帝时期已经入仕，因此不排除《南巡碑》所见素和氏人物中包括和天受的可能。史书所见素和氏人物实在太少，与他们在北魏政治中发挥的巨大作用相比，颇不相称，《南巡碑》为我们提供了进一步认识素和氏政治社会地位的基础。④

《南巡碑》可见伊楼（伊）氏成员 2 人：

---

① 《魏书》卷二八《和跤传》，第二册，第 681—682 页。

② 《魏书》卷二八《和跤传》，第二册，第 682 页。

③ 《魏书》卷二八《和跤传》，第二册，第 993 页。

④ 据《和邃墓志》记载，其为"朔州广牧黑城人""其先轩黄之苗裔""世居玄朔"（《汉魏南北朝墓志集释》图版二六三）。此与《魏书》卷一《序纪》所载拓跋氏的渊源如出一辙，可证素和氏与拓跋氏先世有着密切的关系。志载和邃父头曾任"河北郡二千石"，是否可信无法判断。和邃入仕始于孝文帝迁都之后，孝昌二年（526）九月死于京师修民里，时年 56 岁。故和邃祖先不大可能与文成帝时期的名臣和其奴有关，而有可能是魏初和突、和跤之后。

内行内小伊楼诺

库部内阿〔干〕□□库兰（第 1 列）

库兰即平尚书事五大臣之一伊馥之子，中日学界对此有一致的判断。史载伊馥死于太安五年（459），其"子兰，袭〔爵〕，散骑常侍、库部尚书"[1]。库部内阿干即库部尚书，内阿干亦即尚书。伊楼诺亦应是伊馥之子孙，即伊兰之弟或子侄。

据史籍记载，柔然人在文成帝时期的影响不小，但《南巡碑》所见柔然人却较少，仅有"征东大将军驸马都尉□□郡王茹茹常友"（第 1 列）及"扬烈将军内三郎灵开男茹茹命以斤"（第 3 列）2 人。茹茹氏为柔然国姓，即郁久闾氏，孝文帝改为闾氏，亦为茹氏。陈连庆谓茹茹一名出现较晚，其称呼始于北朝末年。[2]证之《南巡碑》，其说不确。窃以为太武帝与柔然征战，蔑称其为蠕蠕，实则本即茹茹，文成帝时大量茹茹人入魏仕宦，又恢复茹茹之号。《魏书·高宗纪》载和平二年（461）"夏四月乙未（初九，5.4），侍中、征东大将军、河东王闾毗薨"[3]。时在文成帝南巡之后，因此《南巡碑》所载"征东大将军驸马都尉□□郡王茹茹常友"即河东王闾毗，碑文"郡王"前所缺即"河东"二字。太安二年（456）"九月辛巳（廿九，11.12），河东公闾毗、零陵公闾纥（兄弟）并进爵为王"[4]。《魏书·外戚上·闾毗传》："闾毗，代人。本蠕蠕人，世祖时自其国来降。毗即恭皇后之兄也。皇后生高宗。高宗太安二年，以毗为平北将军，赐爵河东公；弟纥为宁北将军，赐爵零陵公。其年，并加侍中，进爵为王。毗，征东将军、评尚书事；纥，征西将军、中都大官。自余子弟赐爵为王者二人，公五人，侯六人，子

---

[1] 《魏书》卷四四《伊馥传附子兰传》，第三册，第 990 页。

[2] 陈连庆：《中国古代少数民族姓氏研究》，吉林文史出版社 1993 年版，第 199—201 页。

[3] 《魏书》卷五《高宗纪》，第一册，第 119 页。

[4] 《魏书》卷五《高宗纪》，第一册，第 115 页。

三人，同时受拜。所以隆崇舅氏，当世荣之。"① 据《魏书·高宗纪》及《南巡碑》，可知《魏书·闾毗传》所记闾毗军号征东将军并不准确，同样其弟纥为征西将军的记载亦不准确，二人所任分别应为征东大将军和征西大将军。结合《魏书》及《南巡碑》，可知闾毗（茹茹常友）在临终前之官爵为侍中、征东大将军、驸马都尉、河东王（河东郡王），他不仅是文成帝的舅父，而且还娶拓跋公主（文成帝姑母？）为妻。在《南巡碑》中没有见到郁久闾（闾）氏成员，表明柔然人闾氏当时确实是以茹茹为姓氏的，郁久闾氏在当时尚未使用或者暂时停用。

《南巡碑》可见"侍中特[进]车骑大将军□太子太保尚书太原王一弗步□□"（残9字）及"江乘男一弗阿伏真"（第1列）两位一弗氏成员。《魏书·官氏志》："乙弗氏，后改为乙氏。"② 同书《高宗纪》："（和平）三年春正月壬午（初一，2.15），以车骑大将军、东郡公乙浑为太原王。"③《显祖纪》：和平六年五月"己酉（十七，6.26），以侍中、车骑大将军乙浑为太尉、录尚书事"④。史书所载乙浑的官爵与《南巡碑》"一弗步□□"一致，可证其人即乙浑无疑。《南巡碑》显示，乙浑所任官职除了侍中、车骑大将军外，还有特进、太子太保、尚书，表明其在文成帝和平二年时已经具备了崇高而又独特的政治地位，这是其所以能够在献文帝初年弄权的前提。⑤ 不过，《南巡碑》与史书记载又有矛盾扞格之处。《魏书》载乙浑于和平三年正月由东郡公晋爵太原王，而《南巡碑》所载和平二年三月随驾官员名单中一弗步□□已经是太原王。这就

---

① 《魏书》卷八三上《外戚上·闾毗传》，第五册，第1816页。

② 《魏书》卷一一三《官氏志》，第八册，第3011页。

③ 《魏书》卷五《高宗纪》，第一册，第120页。

④ 《魏书》卷六《显祖纪》，第一册，第125页。

⑤ 关于乙浑专权，参见拙作《冯太后与乙浑专权》，《北魏政治史研究》，甘肃教育出版社1996年版，第87—101页；[日]塩沢裕仁《北魏冯太后第一次临朝的性格について》，《法政史学》第48号（1996年）；[韩]金圣熙《北魏文明太后之时代：以政治势力间的对立状况为中心》，《魏晋隋唐史研究》第7辑（2001年）。

有了两种可能：一是史书所载乙浑晋爵的时间有误；一是《南巡碑》的刻凿不在和平二年三月南巡发生之初，而是在和平三年正月乙浑晋爵太原王之后，其中有些官员的官爵有后来追记的嫌疑。果如此，则乙浑政治地位的显赫还要更早。"一弗阿伏真"于史书无考，当为乙浑或乙瓌之子弟，但非乙瓌或其子乾归。①

《南巡碑》所见辽西常氏成员只有1人，即"平东将军选部尚书□□阳乐侯常伯夫"（第2列）。常伯夫为常陟之子，史书载其所任官职为散骑常侍、选部尚书，很可能他后来由散骑常侍迁任侍中，《南巡碑》所缺2字应为"侍中"。按理，常英当时也应随文成帝南巡，其在《南巡碑》碑阴题名第2列前排的可能性较大。也有可能常英在朝负责留台事务，未跟随文成帝出巡。文成帝前中期，常氏成员在政治上颇为显赫，和平元年四月常太后去世，常氏家族此后的政治地位似乎并未受到多大影响，但从《南巡碑》来看，当时常氏的影响已经比较有限。

3. 北魏官僚集团中的高车（敕勒）人

高车（敕勒）人在文成帝时期北魏统治集团中的影响值得关注。《南巡碑》中可见斛律氏成员7人：

> 斛律诺斗拔
> 斛律颓拔（第2列）
> 武［毅］将军内三郎斛律莫烈
> 前将军内三郎钟离侯斛律羽都居
> 宁朔将军内三郎晋安子斛律出六拔（第3列）
> 扬烈将军内三郎永宁男斛律西喏
> 武毅将军内三郎斛律伏和真（第4列）

---

① 参见《魏书》卷四四《乙瓌传》及附子《乾归传》，第三册，第991—992页。

斛律氏为高车大姓，孝文帝太和十六年（492）八月阳平王颐、陆叡所督征讨柔然的将领中即有领军将军斛律桓①，孝文帝《弔比干文》碑阴题名中有"直阁武卫中臣高车部人斛律虑"②，斛律金家族在北齐时期具有崇高的政治军事地位，影响巨大。高车斛律氏人物无一列于北魏史传，这就使得我们对于斛律氏在北魏统治集团中的情况知之甚少，而《南巡碑》的有关资料显得弥足珍贵。

《北齐书·斛律金传》："朔州勑勒部人也。高祖倍侯利，以壮勇有名塞表，道武时率户内附，赐爵孟都公。"③斛律桓及《南巡碑》所见之斛律氏成员，当即斛律倍侯利或其族人之后。《南巡碑》可见多达7位斛律氏成员（可能并非全部），表明这一家族在当时的北魏政治中有相当大的影响力。从可考任职情况看，斛律氏成员全都担任禁卫武官内三郎，可知他们对北魏禁卫军权的影响较大。在《魏书·官氏志》所载太和前《职员令》中，有专门的高车羽林、虎贲系统禁卫武官④，正是高车（勑勒）人在北魏禁卫军中占有重要地位的反映。⑤

斛律氏在文成帝时期统治集团中占有重要地位，主要原因当是斛律氏属于外戚阶层。《比丘尼统慈庆墓志》："尼俗姓王氏，字钟儿，太原祁人……年廿有四，适故豫州主簿、行南顿太守恒农杨兴宗。""于时宗父坦之出宰长社，率家从职，爰寓豫州。值玄瓠镇将汝南人常珍奇据城反叛，以应外寇。王师致讨，掠没奚官，遂为恭宗景穆皇帝昭仪斛律氏躬所养恤，共文昭皇太后有若同生。太和（477—499）中，固求出家，即居紫禁。"正光五年（524）四月病故，终年86岁，"追赠比丘尼统"。⑥据志

---

① 《魏书》卷七下《高祖纪下》，第一册，第170页；卷四〇《陆叡传》，第三册，第911页；卷一〇三《蠕蠕传》，第六册，第2296页。
② 王昶撰：《金石萃编》卷二七《北魏一·孝文弔比干墓文》，中国书店1985年版。
③ 《北齐书》卷一一七《斛律金传》，第一册，中华书局1972年版，第219页。
④ 《魏书》卷一一三《官氏志》，第八册，第2983、2985—2986、2988页。
⑤ 参见拙作《文成帝〈南巡碑〉所见北魏前期禁卫武官制度》。
⑥ 《汉魏南北朝墓志集释》图版二三九。按此志明载"征虏将军、中散大夫、领中书舍人常景文，李宁民书"，在北魏墓志中最为独特。

文所载其终年推算，王钟儿生于太武帝太延五年（439）。《魏书·显祖纪》：天安元年（466）"九月，刘彧司州刺史常珍奇以悬瓠内属"①。《常珍奇传》："为刘骏司州刺史，亦与薛安都等推立刘子勋。子勋败，遣使驰告长社镇请降。显祖遣殿中尚书元石为都将，率众赴之。""事定，以珍奇为持节、平南将军、豫州刺史、河内公。""珍奇虽有虚表，而诚款未纯。岁余，征其子超，超母胡氏不欲超赴京师，密怀南叛。时汝、徐未平，元石自出攻之。珍奇乘虚于悬瓠反叛，烧城东门，斩三百余人，虏掠上蔡、安城、平舆三县居民，屯于灌水。石驰往讨击，大破之。会日暗，放火烧其营，珍奇乃匹马逃免。其子超走到苦城，为人所杀。小子沙弥囚送京师，刑为阉人。"② 由此可见，常珍奇叛魏是在献文帝皇兴元年（467）底二年初。据此，则王钟儿被掠没为奚官奴在皇兴二年初，当时已有二十八九岁。王钟儿入宫为奴后，"遂为恭宗景穆皇帝昭仪斛律氏躬所养恤"，《比丘尼统慈庆墓志》的这一记载显示，在献文帝初年时太武帝太子——文成帝之父拓跋晃的妃子斛律氏仍然健在。当然，皇太妃斛律氏在整个文成帝时期也是在皇宫生活的，她的家族兄弟子侄有众多成员在北魏统治集团任职便不足为奇了。

我们不清楚拓跋晃是否还有其他妃子，如果有，她们在文成帝时期是否还健在？如果没有，则斛律氏实际上就成了文成帝时期后宫中一位十分重要的人物，按理说在文成帝生母郁久闾氏被赐死后，斛律氏就成了文成帝母辈中最亲近的人了，虽然文成帝乳母常氏因养育之功以及与文成帝有着深厚的"母子"之情而被尊为皇太后，但她与皇室并无实际上的亲缘关系。而斛律氏却与当朝皇帝之父——被尊为恭宗景穆皇帝的拓跋晃有夫妻关系，对景穆帝的尊崇是文成帝皇位合法性的基石，景穆帝之妻受尊重当然也就在情理之中了。据《魏书·皇后传序》记载，

---

① 《魏书》卷六《显祖纪》，第一册，第126—127页。
② 《魏书》卷六一《常珍奇传》，第四册，第1365—1366页。

太武帝以后北魏后宫制度基本完备,左右昭仪仅次于皇后,在皇帝嫔妃中地位最高。① 文成帝生母郁久闾氏在拓跋晃妃嫔中似无名位,而斛律氏很可能就是拓跋晃的嫡妻。《南巡碑》与《比丘尼统慈庆墓志》相结合,使我们对文成帝时期的北魏政治又加深了一重认识,发现了前所未知的高车人斛律氏家族成员作为外戚而在当时政治中的重大影响。事实上,当北齐名将斛律金高祖倍侯利于北魏道武帝时期"率户内附,赐爵孟都公",到孝文帝时期斛律桓担任禁卫长官领军将军(或中领军)以及斛律虑担任禁卫武官直阁武卫中臣,北魏禁卫武官系统有专门的高车虎贲羽林系统,充分显示高车人在北魏政治中的特殊地位。文成帝《南巡碑》的发现以及《比丘尼统慈庆墓志》相关记载的重新认识,使得高车人在北魏政治中的作用更进一步地清晰起来。

《南巡碑》可见乙旃(叔孙)氏成员4人:

> 左卫将军内都幢将福禄子乙旃惠也拔
>
> [左]卫将军内阿干太子左卫帅安吴子乙旃阿奴
>
> 内行内小乙旃伏洛汗
>
> 内行内小乙旃俟 [俟](第1列)

《魏书·叔孙建传》:"父骨,为昭成母王太后所养,与皇子同列。"② 按王太后本广宁王氏,为乌桓部族之女。③ 叔孙建是协助拓跋珪建国的主要功臣之一,也是魏初名将;其子叔孙俊则是明元帝最为倚重的亲信大臣,封安成王。文成帝时诸乙旃当即王太后养子骨之后,为叔孙建、俊之同族。从乙旃惠也拔在文成帝时担任禁卫长官内都幢将来看,此族仍属拓跋氏统治集团的重要成员。《南巡碑》中还见到掌握东宫禁卫军权

---

① 《魏书》卷一三《皇后传序》,第二册,第321页。

② 《魏书》卷二九《叔孙建传》,第二册,第702页。

③ 参见姚薇元《北朝胡姓考》,第254—256页。

的乙旃阿奴，在孝文帝《弔比干文》碑阴题名中有直阁武卫中臣乙旃阿各仁、乙旃应仁及武骑侍郎乙旃侯莫干[1]，可见孝文帝时乙旃氏仍然颇有势力。乙旃氏在从北魏建国到孝文帝时期的政治中，无疑是极为活跃的贵族家族，是禁卫军权的主要担当者之一。[2]《南巡碑》所见 4 位乙旃氏成员，其担任的官职皆属禁卫武官，高车国姓中亦有乙旃氏[3]，高车人是北魏禁卫军的重要组成部分，因此他们出于高车部族的可能性颇大。[4]

《南巡碑》中可见斛骨（胡）氏 2 人：

> 宁南将军殿中尚书曰［日］南公斛骨乙莫干（第 1 列）
> 骧威将军内三郎斛骨［呈］羯（第 3 列）

斛骨氏本为拓跋邻（献帝）之兄，后来成为高车部落酋长之一，因而也就成了高车种族。《显祖嫔侯骨氏墓志》：

> 显祖献文皇帝第一品嫔侯夫人墓志铭：夫人本姓侯骨，其先朔州人，世酋部落。其远祖之在幽都，常从圣朝，立功累叶。祖俟万斤，第一品大酋长。考伊莫汗，世祖之世，为散骑常侍，封安

---

[1] 《金石萃编》卷二七《北魏一·孝文弔比干墓文》。

[2] 唐长孺认为："拓跋族及附从部落人组成禁卫军、远征军以及边防军或内地驻防军，统率军队的主将照例是拓跋宗室贵族，下属各级政权也都是本族或附从部落人组成。"（《魏晋南北朝隋唐史三论》，武汉大学出版社 1993 年版，第 190 页）按其对北魏军队构成的判断无疑是正确的，但对军队主将成分的判断却不够准确。其实，北魏时期（前期）统率军队的主将也是拓跋族及附从部落人，此类事例甚多，不胜枚举。仅就禁卫军而论，其主将也并非完全是拓跋宗室贵族。

[3] 《魏书》卷一〇三《高车传》："高车之族，又有十二姓"，其"三曰乙旃氏"。（第六册，第 2310 页）

[4] 姚薇元云："可知乙旃氏本高车种类，西部鲜卑中早有此氏。魏初命姓，以叔父之胤为乙旃氏，可藉证托跋氏源出西部鲜卑，其种本杂有丁令（即高车）也。"（《北朝胡姓考》，第 23—24 页）又可参见陈连庆《中国古代少数民族姓氏研究》，第 181—182 页。

平侯。又迁侍中、尚书，寻出镇临济，封曰南郡公。孝文皇帝徙县伊京，夫人始赐为侯氏焉。①

《南巡碑》所见"斛骨乙莫干"即侯骨伊莫汗，其女后嫁献文帝为第一品嫔。显祖嫔侯骨氏死于宣武帝景明四年（503），"春秋五十三"，则文成帝和平二年南巡时，她的年龄是 11 岁，估计当时尚未嫁给太子拓跋弘。《魏书》所见斛骨（胡）氏人物只有孝文帝时期任司卫监的胡泥。②《显祖嫔侯骨氏墓志》及文成帝《南巡碑》使我们了解到斛骨氏在北魏前期现实政治中的存在。从斛骨乙莫干官殿中尚书、爵曰南公的情况判断，斛骨氏在当时北魏政治中还有着重要的影响。目前所知三位斛骨氏人物全都担任禁卫武官，而高车人是北魏禁卫军的重要来源之一，因此他们出于北魏建国之初道武帝降服的迁居漠南的高车部族的可能性应该更大。

在《南巡碑》中，还有出身于 3 个高车家族的 4 位人物，即：

内行内小吐伏卢大引（第 1 列）
散骑（残 8 字）尚书汝南公袁纥尉斛（第 2 列）
内三郎袁纥退贺拔
鹰扬将军北部折纥真宣道男泣利傶但（第 4 列）

按《魏书·官氏志》："吐伏卢氏，后改为卢氏。"③《高车传》："高车之族，又有十二姓：一曰泣伏利氏，二曰吐卢氏，三曰乙旃氏……"④ 文成

① 《汉魏南北朝墓志集释》图版二一。
② 《魏书》卷八九《酷吏·胡泥传》，第五册，第 1918 页。
③ 《魏书》卷一一三《官氏志》，第八册，第 3008 页。按姚薇元认为吐伏卢氏即豆卢氏，本姓慕容氏。（《北朝胡姓考》，第 95—100 页）
④ 《魏书》卷一〇三《高车传》，第六册，第 2310 页。

帝时期漠南高车具有强大的影响，北魏朝廷与之保持着良好关系。《魏书·高车传》："高宗时，五部高车合聚祭天，众至数万。大会，走马杀牲，游绕歌吟忻忻，其俗称自前世以来无盛于此。会车驾临幸，莫不忻悦。"① 明乎此，高车人在文成帝时期统治集团中占有重要地位也就不难理解了。

《魏书·卢鲁元传》："卢鲁元，昌黎徒河人也。曾祖副鸠，仕慕容垂为尚书令、临泽公。祖父并至大官。"卢鲁元是太武帝时期最高统治集团的重要成员，任至侍中、征北大将军、太保（太子太保？）、录尚书事，"世祖贵异之，常从征伐，出入卧内"，死于太平真君三年（442）。"子统，袭爵。少子内，给侍东宫，恭宗深昵之，常与卧起同衣。父子有宠两宫，势倾天下。内性宽厚，有父风，而恭顺不及。正平初，宫臣伏诛，世祖以鲁元故，唯杀内，而厚抚其兄弟。统以父任，侍东宫。世祖以元舅阳平王杜超女，南安长公主所生妻之。车驾亲自临送，太官设供具，赐赉以千计。高宗即位，典选部、主客二曹。兴安二年（453），卒。"② 可知吐伏卢氏与帝室亦有姻亲关系。《南巡碑》所见"内行内小吐伏卢大引"当即卢鲁元之后，为其孙辈的可能性颇大（内、弥娥或其兄弟之子）。作为高车十二姓之一的吐伏卢氏大概先归附慕容鲜卑，居于辽东，后燕时期得到重用，北魏征服后燕，吐伏卢氏归魏。

袁纥氏为高车大姓，是高车主要部族之一。《魏书·高车传》："其种有狄氏、袁纥氏、斛律氏、解批氏、护骨氏、异奇斤氏。"③ 袁纥部原游牧于漠北，北魏建国之初被征服，迁徙于漠南地区。《魏书》卷二《太祖纪》："（登国）五年（390）春三月甲申，帝西征，次鹿浑海（在今蒙古国后杭爱省沃勒吉特东南鄂尔浑河之东），袭高车袁纥部，大破

① 《魏书》卷一○三《高车传》，第六册，第2309页。
② 《魏书》卷三四《卢鲁元传》，第三册，第801—802页。
③ 《魏书》卷一○三《高车传》，第六册，第2307页。

之，虏获生口、马牛羊二十余万。"① 孝文帝时有高车酋帅袁纥树者反叛之事发生②，足见袁纥部在漠南高车中拥有独特的地位。《南巡碑》有"宣威将军□大□令□ [纥] 莫成"（第6列），[纥] 或即纥，故此人也可能出于袁纥氏。袁纥尉斛为散骑常侍、尚书、汝南公，官爵都颇高，表明袁纥氏成员在当时不仅担任内三郎一类禁卫武官，而且还在朝廷担任要职。

泣利僽但当出于高车泣伏利氏。

4.北魏统治集团中的汉族官吏

除了外戚常氏及阉官林金闾、贾爱仁、张益宗、张天度外，毛法仁是文成帝时期地位较高影响较大的汉族官吏。《南巡碑》碑阳有"安南将军南郑公毛□ [仁]"，碑阴题名有"散骑常侍安南将军 [尚] 书羽真南郡公毛法仁"（第2列）。毛法仁为荥阳阳武人，其父毛脩之在北魏太武帝平定统万时由赫连夏入魏，初任吴兵将军、领步兵校尉，迁散骑常侍、前将军、光禄大夫，因其"能为南人饮食，手自煎调，多所适意"而为太武帝所重用，"进太官尚书，赐爵南郡公，加冠军将军，常在太官，主进御膳"。"迁特进、抚军大将军、金紫光禄大夫"，"太延二年，为外都大官"。毛法仁"高宗初，为金部尚书，袭爵。后转殿中尚书，加散骑常侍"。③ 毛脩之是北魏太武帝时期最受重用的南方人士，以其掌握的烹饪技能及不二忠心而为太武帝所器重，他与崔浩、李顺、李孝伯等成为太武帝朝最受重用的汉人大臣。毛法仁在文成帝时期也受到高度重视，历任掌财政的金部尚书及掌禁卫军的殿中尚书，在其死后

---

① 《魏书》卷二《太祖纪》，第一册，第23页。

② 《魏书》卷一〇三《高车传》："后高祖召高车之众随车驾南讨，高车不愿南行，遂推袁纥树者为主，相率北叛，游践金陵。都督宇文福追讨，大败而还。又诏平北将军、江阳王继为都督讨之，继先遣人慰劳树者。树者入蠕蠕，寻悔，相率而降。"（第六册，第2310页。参见同书卷一六《道武七王·京兆王继传》，第二册，第401—402页；卷一九中《景穆十二王中·任城王澄传》，第二册，第469页）据同书卷七下《高祖纪下》，时在太和二十二年（498）八月（第一册，第184页）。

③ 《魏书》卷四三《毛脩之传》及附传，第三册，第960—961页。

追赠为王。《南巡碑》碑阴题名中毛法仁所任尚书应即殿中尚书，"羽真"则显示其在朝臣中的地位独特。本传载"法仁言声壮大，至于军旅田狩，唱呼处分，振于山谷"①，正反映了他政治地位之高，也是其所任殿中尚书掌禁卫军职能的体现。刊布者所公布的碑文中毛法仁的爵位是：碑阳为"南郑公"，碑阴为"南郡公"。对照史传，毛脩之爵南郡公而为其子法仁所袭，又毛法仁死赠南郡王，则毛法仁之爵位应为南郡公而非南郑公。

《南巡碑》可见"散骑常□□□□[太]子少保仪曹尚书扶风公李真奴"（第2列），李真奴即李䜣。《魏书·李䜣传》："李䜣，字元盛，小名真奴，范阳人也。""高宗即位，䜣以旧恩（太武帝时以中书助教博士"入授高宗经"）亲宠，迁仪曹尚书，领中秘书，赐爵扶风公，加安东将军，赠其母孙氏为容城君。""出为使持节、安南将军、相州刺史。"②结合《南巡碑》，可知从文成帝即位到和平二年，李䜣一直在朝担任仪曹尚书领中秘书的要职。根据传文，碑文残阙部分可以得到补充，应为：散骑常侍安东将军太子少保仪曹尚书扶风公李真奴。

《南巡碑》可见"散骑常侍征东将军光[禄]□□（勋卿）中山公杜丰"（第2列），杜丰当出于外戚杜氏家族。明元密皇后杜氏为太武帝生母，其兄杜超及其家族成员在太武帝后期受到重用，文成帝初年杜氏有两人封王，超从弟遗正常死亡，遗长子元宝则"以谋反伏诛，亲从皆斩，唯元宝子世衡逃免"。"时朝议欲追削超爵位，中书令高允上表理之。后兖州故吏汲宗等以道儁（杜超子）遗爱在人，前从坐受诛，委骸土壤，求得收葬。书奏，诏义而听之。赠散骑常侍、安南将军、南康公，谥曰昭。世衡袭遗公爵。"③看来杜元宝谋反事件是一起冤案，虽然他的家人只有一人逃免，但仍然留了一条后路。《南巡碑》所见杜丰很

---

① 《魏书》卷四三《毛脩之传》及附传，第三册，第961页。
② 《魏书》卷四六《李䜣传》，第三册，第1039—1040页。
③ 《魏书》卷八三上《外戚上·杜超传》附传，第五册，第1815—1816页。

可能就是杜世衡，杜氏为魏郡邺人，中山公的爵位亦合情理。如果这一推断不误，则到和平二年时杜氏冤案已经得到平反。

《南巡碑》碑阳有"前将军鲁阳侯韩道仁"，碑阴题名有"宁 [朔将军] □□ [范] 阳子韩天爱""内行内小韩□生"（第1列），"鲁阳侯韩道仁"（第2列）。韩道仁为韩延之与淮南王女之子。韩延之为南阳赭阳人，太常二年（417）由后秦投奔北魏，"以延之为虎牢镇将，爵鲁阳侯"，"又以淮南王女妻延之，生道仁"。道仁"袭父爵，位至殿中尚书，进爵西平公"。① 可知韩道仁后来担任了极为重要的殿中尚书之职并且晋爵西平公，不过在和平二年随文成帝南巡时他还未获得这样的政治地位。韩天爱、韩□生应为韩延之之孙，即韩措（延之前妻罗氏所生）或韩道仁之子。

《南巡碑》可见"左卫将军南部折纥真平棘子李敷"（第4列），李敷为李顺长子。李顺在太武帝前期是非常受重用的汉人大臣，后为太武帝所杀。② 顺从父弟孝伯在太武帝后期及文成帝前期颇受宠幸，地位较高，"孝伯体度恢雅，明达政事，朝野贵贱，咸推重之"③。《魏书·李敷传》："真君二年（441），选入中书教学。以忠谨给侍东宫。又为中散，与李䜣、卢遐、度世等并以聪敏内参机密，出入诏命。敷性谦恭，加有文学，高宗宠遇之。迁秘书下大夫，典掌要切。加前军将军，赐爵平棘子。后兼录南部。迁散骑常侍、南部尚书、中书监，领内外秘书。袭爵高平公。朝政大议，事无不关。"④ 和平二年文成帝南巡时正是李敷"兼录南部"之时。⑤

《南巡碑》可见"[中] 济阳男孔伯恭"（第2列），其人于史可考。

① 《魏书》卷三八《韩延之传》及附传，第三册，第880页。
② 参见《魏书》卷三六《李顺传》，第三册，第829—833页。
③ 《魏书》卷五三《李孝伯传》，第四册，第1172页。
④ 《魏书》卷三六《李敷传》，第三册，第833页。
⑤ 《魏书》卷五《高宗纪》：和平二年（461）"五月癸未（廿八，6.21），诏南部尚书黄卢头、李敷等考课诸州"（第一册，第119页）。可知李敷在南巡返京后即迁任南部尚书。

《魏书·孔伯恭传》:"魏郡邺人也。父昭,始光初,以密皇后亲,赐爵汝阴侯,加安东将军,徙爵魏县侯,迁安南将军。昭性柔旷,有才用。出为赵郡太守,治有能名。征拜光禄大夫,转中都大官。善察狱讼,明于政刑。迁侍中、镇东将军、幽州刺史,进爵鲁郡公。和平二年卒,谥曰康公。长子罗汉,东宫洗马。次伯恭,以父任拜给事中。后赐爵济阳男,加鹰扬将军。出为安南将军、济州刺史,进爵城阳公。入为散骑常侍。"① 据此可知,文成帝南巡时孔伯恭的官爵为鹰扬将军、给事中、济阳男。孔昭与太武帝生母密皇后的关系不得而知,孔伯恭虽可归入外戚阶层,但文成帝时期已比较疏远,其升迁有外戚因素,但影响可能不大,至少杜氏家族受打击时孔昭家并未受牵连。

《南巡碑》可见"内三郎张仆兰"(第 4 列)、"□□军三郎幢将张圹比"(第 5 列)两位张姓成员,史书中不见其名,他们应是魏初名臣张衮后代。上谷沮阳人张衮是北魏建国前后道武帝拓跋珪的主要汉人谋士之一,其孙白泽,"高宗初,除中散,迁殿中曹给事中,甚见宠任,参预机密";白泽弟库,"库长子兰,累迁龙骧将军,行光州事"。② 《南巡碑》中的内三郎张仆兰很可能就是张兰。三郎幢将张圹比有可能是张衮之孙张陵(衮次子度之子)或其兄弟。

见于《南巡碑》碑阴题名有可能为汉人但无法确考者还有:

宁朔将军内行令永平子胡墨田(第 1 列)
内行内小卫道温(第 1 列)
(残 10 字)尚书东□公黄卢头(第 2 列)
绥远将军中书给事李何思
厉威将军内三郎封平吴

---

① 《魏书》卷五一《孔伯恭传》,第四册,第 1140 页。
② 《魏书》卷二四《张衮传》及附传,第二册,第 615、619 页。

骁骑将军给事武安子任玄通

威远将军都长史给事中高平男杨丑颜

鹰扬将军给事［驰鱼］男杨思福

骁骑将军给事新安子赵腾

轻车将军内三郎泰昌男赵三月（第3列）

奋武将军内三郎赵道生（第4列）

这些人出于汉族的可能性较大，但不排除其出于氐、羌、高丽等族的可能。

总的来看，在《南巡碑》碑阴题名所见文成帝时期的朝廷官吏中，汉族出身者所占比例较小，且政治地位不是太高，地位较高者则多与皇室有直接或间接的姻亲关系，往往其父祖几代入仕北魏，已有较强的政治基础。这种情况与从史籍中得到的有关汉人在当时政治中所处地位的认识相差不大，表明汉人官吏在北魏文成帝时期的统治集团中处于劣势，是属于被支配的阶层，他们往往需要通过与皇室联姻等方式才有可能进入统治集团上层，从而对政治发挥有效的作用。

在文成帝《南巡碑》中人数最多的家族有：直懃（拓跋氏、秃发氏）20人，素和氏11人，独孤氏8人，斛律氏7人，步六孤氏5人，尉迟氏5人，乙旃氏4人。在出身于约80余个家族的一百八九十位随驾官吏中，近三分之一出身于十分之一的家族，如果考虑到这些家族成员所担任的职务的重要性，则其在文成帝时期统治集团中的地位和影响就更加突出了。直懃代表了宗室和源贺家族，素和氏是和其奴家族，独孤氏是刘尼家族，步六孤氏是陆丽家族，尉迟氏是尉眷家族。结合有关史籍记载，可知他们正是拥戴文成帝即位的功臣，是文成帝时期参与最高政治决策的主要成员，而《南巡碑》碑阴题名则向我们进一步展示了这些家族成员在当时的任职状况，表明他们在统治集团中家族实力雄厚，具有强大的力量。乙旃氏在文成帝时期的情况史书几乎没有记载，而《南巡碑》碑阴题名则显示，自明元帝以来有着重大影响的叔孙氏家族在当时仍然是最高统治集团的重要成员。斛律氏在文成帝时期的情况完全不见于史籍记载，而《南巡碑》碑阴题名提供了全新的信息，对认识文成帝时期的统治集团构成而言，这是一个重要的突破，结合已知墓志，可以确知这一家族地位的上升是因其为外戚之故。斛律氏在北齐政治舞台上是一个极具影响的家族，其地位的形成与北魏末年以来的政治变故有关，同时也与文成帝以来斛律氏在北魏朝政中的影响力颇有关联。

《南巡碑》中常氏家族只见到1人，茹茹氏有2人，表明在文成帝前期有巨大影响的这两家外戚在文成帝后期正在走向衰微。乙弗氏有2人，虽然有了影响，但还比较有限。《南巡碑》碑阴题名使我们对文成帝时期的外戚和阉官的地位有了更多的了解。就外戚而言，除了可补充斛律氏的资料外，韩氏及杜氏、孔氏的资料进一步印证了史书的记载。一般来说，由于阉官宗爱在太武帝末年至文成帝即位前夕两度弑帝，文成帝即位之初对宗爱及其党羽进行了严厉惩治，阉官势力遭受了沉重打击，文成帝时期阉官对政治的影响应该微乎其微或者说几乎不再存在。然而从《南巡碑》碑阴题名中得到了不同的认识，阉官仍然是文成帝时期一个重要的政治阶层，是统治集团的重要构成部分。显然，文成帝初年对宗爱及其党羽的惩治并不是对整个阉官阶层的毁灭性打击，而仅仅局限于一个小的范围，文成帝时期阉官阶层仍然得到重用，他们在政治上发挥着重要的作用。

六、结　语

综上所述，本文的结论可归纳如下：

1.北魏文成帝拓跋濬即位之初即诛杀阉官宗爱并对其支持者进行

了惩治，不久太宰、都督中外诸军事、录尚书事拓跋寿乐与尚书令长孙渴侯就因争权而被杀，前朝重臣太尉张黎与司徒古弼遭到贬黜并被杀。文成帝乳母常氏先后被尊为保太后、皇太后，常氏势力的崛起引人注目。又按道武帝制定的子贵母死制度赐死文成帝生母闾（郁久闾、茹茹）氏，不过文成帝一朝闾氏共有闾毗、闾纥（文成帝之舅）等7位成员封王，其政治影响不可忽视。拥戴文成帝即位的4位主要功臣除长孙渴侯被杀外，陆（步六孤）丽、源（秃发）贺及刘（独孤）尼在较短时间里先后进爵为王，特别是陆丽及陆氏家族的影响值得关注。外戚阶层在文成帝初年有着不同的政治处境，有的受到重用，有的遭受打击，其中太武帝舅家魏郡杜氏惨遭灭门之祸。外戚受打击的原因皆由所谓"谋反"而致，而其"谋反"被诛事件皆与宗室诸王相牵连，文成帝一朝打击的宗室主要是明元帝的后代。

2. 文成帝乳母常太后及其家族成员对文成帝时期的政治有重大影响，太后之兄常英于太安三年升任侍中、征东大将军、太宰、领太师、评尚书事、内都大官，晋爵辽西王，成为朝中最重要的大臣之一，其家族成员还担任了中央和地方的一些重要职务。常英"评尚书事"是最能显示其影响北魏朝政的职权，但他只是参与朝政决策的6位评（平、录）尚书事之一，常氏家族对北魏朝政的影响并非外戚专政。从太安三年起辽西王常英、平原王陆丽、河东王闾毗、渔阳王尉（尉迟）眷、河南公伊（伊楼）馛、平昌公和（素和）其奴等王公大臣共"平尚书事"，参决北魏朝政。除常英、闾毗两位外戚外，4位鲜卑贵族在太武帝时期都已担任重要职务，他们在太武帝及拓跋余相继被阉官宗爱杀害之后拥戴文成帝即位，其中陆丽"受心膂之任，在朝者无出其右"，在文成帝最高统治集团中是最有权势的人物。伊馛、闾毗于太安五年、和平二年死后，太原王乙浑与东安王刘尼填补了空缺。功臣陇西王源贺是文成帝前期朝廷最高统治集团成员，后期则出任冀州刺史，有时也参与朝政决策。北魏朝政的最后决策者是文成帝，平尚书事诸大臣对朝政的处理还须得到文成帝的批准。常山王拓跋素、南平公拓跋目辰、顺阳公拓跋郁、新安公于（勿忸于）洛拔、山阳公吕罗汉、南郡公毛法仁、带方公罗（叱罗）伊利以及和平二年随驾南巡的5位阉官都是文成帝时期统治集团重要成员。文成帝在位的绝大多数时间里，北魏王朝的最高政治权力是由文成帝亲自掌握的，常太后对北魏朝政的影响没有超越后宫范围，文成帝时期并未出现太后专权的局面。

3.《南巡碑》提供了认识文成帝时期北魏朝廷官吏构成实态的第一手资料，残存碑阴题名所见姓氏可考之一百八九十位官吏大约出于80余个家族，其中宗室约为十分之一，与当时北魏统治集团中宗室所占比例相去不远。参与朝政决策的平尚书事诸大臣或其家族成员在《南巡碑》中有较多反映，其中陆丽（步六孤伊丽）、闾毗（茹茹常友）、刘尼（独孤侯尼须）、乙浑（一弗步□□）明确见于碑阴题名。素和（和）氏多达11人，独孤（刘）氏8人，步六孤（陆）氏5人，尉迟（尉）氏至少有4人，伊楼（伊）氏及茹茹（郁久闾、闾）氏各2人，常氏1人，其总数远远超过了宗室人数，表明其在文成帝时期的统治集团中占有优势。《南巡碑》可见多达近20位高车（敕勒）族成员，斛律氏（外戚）7人，乙旃（叔孙）氏4人，斛骨（胡）氏、袁纥氏各2人、泣利（泣伏利）氏、吐伏卢（吐卢）氏各1人。高车人绝大多数担任禁卫武官内三郎，其中乙旃惠也拔、斛骨乙莫干、袁纥尉斛为禁卫长官。见于《南巡碑》的汉族官吏除了外戚常氏及阉官林金闾等人外，主要有毛法仁、李真奴（䜣）、杜丰、韩道仁、李敷、孔伯恭等人，汉人官吏在文成帝时期的统治集团中地位不高，影响有限，明显处于劣势。

原载《黎虎教授古稀纪念中国古代史论丛》（世界知识
出版社2006年版）；又收入拙著《北魏政治史》五，
读者出版集团·甘肃教育出版社2008年版

文成帝《南巡碑》所见
北魏前期禁卫武官制度

　　文成帝《南巡碑》是继《嘎仙洞祝文》之后北魏考古的又一重大发现。20 世纪 80 年代中期文成帝《南巡碑》（碑文正式名称应据碑额为《皇帝南巡之颂》）被发现，1987 年第 3 期《考古》首先作了报道。其后山西省历史考古学者又相继对之进行了考察和研究，前后一共辨认出残碑及碑阴文字共达 2600 余字，估计占全部碑文字数的一半左右。[①]对于北魏历史的研究来说，其价值主要体现于碑阴题名。该题名记录了和平二年（461）三月初文成帝南巡时，在灵丘南之山下参与仰射山峰之随驾群官的官、爵、姓、名，从而提供了认识北魏前期历史的极为宝贵的第一手资料。而其主要的史料价值在于认识北魏前期官制及统治集团构成的实态，特别有助于对北魏前期禁卫武官制度及民族特性的

---

① 参见灵丘县文管所《山西灵丘县发现北魏"南巡御射碑"》，《考古》1987 年第 3 期；靳生禾、谢鸿喜《北魏皇帝〈南巡之颂〉碑考察报告》和《北魏〈皇帝南巡之颂〉碑考察清理报告》，分载《山西大学学报》1994 年第 2 期，《文物季刊》1995 年第 3 期；山西省考古研究所、灵丘县文物局《山西灵丘北魏文成帝〈南巡碑〉》，《文物》1997 年第 12 期。最详细的录文载于最后一篇报告。有关研究主要有，张庆捷《北魏文成帝〈南巡碑〉碑文考证》，《考古》1998 年第 4 期；张庆捷、郭春梅《北魏文成帝〈南巡碑〉所见拓跋职官初探》，《中国史研究》1999 年第 2 期。根据碑额题名来看，文成帝《南巡碑》的正规名称无疑应为《皇帝南巡之颂》。为图明了方便，本文仍以《南巡碑》称之。

认识。在此主要根据《文物》1997 年第 12 期所刊载之录文，对文成帝《南巡碑》碑阴题名所见以幢将—郎卫制度为核心的禁卫武官制度加以考察。

一、与禁卫官制有关之碑文内容

《南巡碑》碑阴文字共残存 7 列，前 5 列文字较多，其中第 1、3、4 列残缺较少，第 2、5 列亦保存了不少官名。先将其内容加以简要介绍：

第 1 列可考者 40 余人，依次为：前 3 人为平原王陆丽、太原王乙浑及襄邑子吕河一西，分别出自勋臣八姓之步六孤氏、河西鲜卑之乙弗氏、氐人吕氏；接下来 4 人则为高级宦官，勋臣八姓之尉迟其[地]，见于《魏书》之张益宗（宗之）、林金闾、杨保年[1]；后有"宁南将军、殿中尚书日南公斛骨乙莫干，左卫将军、内都幢将福禄子乙旃惠也拔"；带"内阿干"官称者 9 人，"[左]卫将军、内阿干、太子左卫帅安吴子乙旃阿奴"值得注意，两位宦官中常侍张天度、贾爱仁亦带"内阿干"官称；其后数人官爵姓名残缺较多，重要者有中坚将军贺若盘大罗，库部内阿[干]某；后面依次为内行内三郎 2 人（高平国、段鱼阳），内行令 1 人，内行内小 22 人，内行令 2 人。最后记"右五十一人内侍之官"。

第 2 列所记有大量同姓和异姓王公大臣，残存文字可见与禁卫武官

---

[1] 张益宗，传见《魏书》卷九四《阉官传》，中华书局 1974 年版，第六册，第 2018—2019 页。林金闾，见同书卷一三《皇后·孝文贞皇后林氏传》，第二册，第 332 页；卷四四《和其奴传》，第三册，第 993 页。杨保年，见同书卷六《显祖纪》，第一册，第 125 页。按林金闾为孝文林后之叔父，杨保年当为归魏氐人杨保宗、保显之兄弟。（参见《魏书》卷一〇一《氐传》，第六册，第 2229—2231 页）

制度有关者主要是："侍中、安南大将军、殿中尚书、□□东安王独孤侯尼须"，"武卫将军、[特] □□城子比子乙得"。

第3列依次有：内三郎6人，似皆兼将军号，可知者为中坚、折冲、左、鹰扬等将军；"宁朔将军、都长史、给事中"盖娄内亦干，"威远将军、都长史、给事中"杨丑颓；"左将军、给事、夷都将越慭右以斤，鹰扬将军、太官给事慕容男吴都，右卫将军、驾部给事□ [惕] 乙式小"，宁远将军、驾部给事某；殿中给事3人，分别兼任右军、振武及某将军；"绥远将军、中书给事李何思"；骁骑（2例）、鹰扬、折冲等将军兼给事4人；"东钲仗库给事拔烈兰真树"；宣威、骁骑（2例）将军兼殿中给事3人；内三郎25人，未兼军号者2人，其余所兼军号有骧威、轻车、武毅、宣威、前、明威（2例）、奋威、后军、宁朔、折冲、厉威（3例）、威烈、伏波、威寇（3例）、威房、威武、广威（2例）等将军，其中比较特殊者为"宣威将军、典弩库、内三郎拔烈兰黄头"，"明威将军、斛洛真军将、内三郎万忸于忿提"。本列共有内三郎31人，给事2人，各类给事15人。

第4列亦以内三郎居多，前有内三郎34人，兼军号者在前共20人，不兼军号者在后共14人，其所兼军号有折冲、右、轻车（3例）、武烈（3例）、宁远、奋武、武毅（四例）、扬烈（3例）、宣威等将军；北部、南部、主客、□□、内都坐、中都坐、外都坐折纥真各1人，折纥真1人，除中、外都坐外均兼军号，有鹰扬、左卫、宣威（2例）、建威、游击等将军；又有"贺浑吐略渥库狄□，征虏将军、令（?）、方兴侯素和"；其后残缺较多，有"中坚将军、库部内小幢将""扬威将军、内小幢将""宣威将军、内小幢 [将]""中坚将军雅乐"及前军将军、鹰扬将军，奋武、威房、中垒等亦当为将军名号。

第5列主要有军号兼幢将，可分3类：三郎幢将，所兼军号有宣威（7例）、陵江、折冲（2例）、鹰扬等将军；雅乐真幢将，所兼军号有前军、宣威（2例）、后军等将军；三郎幢将，所兼军号均残缺。

第6列所存文字甚少，亦当为军号兼职，其中有［右］军、后军将军，"都长史□□杖库令怡长命"。按第三列有"东钾仗库给事"，则此处之怡长命很可能即为东钾杖（仗）库令。

第7列残存军号及"斛洛真"字样，可见8位斛洛真及5位宣威军号。此斛洛真似亦应带幢将或将军一类称号。

文成帝《南巡碑》碑阴题名的内容大致如此，可以看出多与禁卫武官有关。北魏前期政权的军事色彩十分浓厚，其文职官员无不兼任将军号，文武不分是当时官制的一大特色。不过《南巡碑》所显示的情形似乎仍有文武轻重之别，但要加以明确区分是比较困难的。文成帝《南巡碑》碑阴题名对于认识北魏前期将军制度提供了较全面资料，与禁卫武官无关者不在本文讨论之列。在此主要讨论其中所体现的禁卫武官制度。

二、幢　将

文成帝《南巡碑》所见幢将有内都幢将、三郎幢将、雅乐真幢将、内小幢将（又有库部内小幢将）。其中内都幢将仅一见，由左卫将军兼任，其担任者乙瓬惠也拔出自宗族十姓，孝文帝迁都后乙瓬氏改为叔孙氏。《南巡碑》中所见乙瓬氏成员还有乙瓬阿奴、乙瓬伏洛汗、乙瓬俟俟等人，阿奴时为左卫将军、内阿干、太子左卫帅、安吴子，伏洛汗、俟俟则为内行内小。《南巡碑》所见左卫将军共3人，其中两人为乙瓬氏成员，分别兼内都幢将、太子左卫帅（率），是掌握皇宫及东宫禁卫军权的高级武官。从内都幢将与左卫将军叠任推测，其与晋代左卫将军职能相当，应为负责殿中宿卫的禁卫长官。又从其名称之"都"字推测，似可认为内都幢将是诸幢将之长。顾名思义，三郎幢将应即统率三郎卫士的将领，雅乐真幢将则为雅乐真将领，内小幢将则为内小将领，库部内小幢将之职表明于库部当直之内小亦由幢将统领。

"斛洛真"为一鲜卑语音译名称。《南齐书·魏虏传》谓，北魏"国中呼……带仗人为'胡洛真'"①。可以肯定地说，文成帝《南巡碑》所见"斛洛真"与此"胡洛真"为同职②，也就是"带仗人"。按仗即兵杖。《说文解字》："杖，持也。"段注："凡可持及人持之皆曰杖，丧杖、齿杖、兵杖皆是也。兵杖字俗作仗，非。"③北魏孝文帝太和十九年（495）设御仗左右武官④，当与此职类似，在皇帝出行时持仗侍卫左右。太和前《职员令》中有从第五品上之宿卫军将，从第六品上之宿卫统，从第七品上之宿卫幢将。⑤《南巡碑》所见斛洛真军将兼明威将军，明威将军为第六品上。斛洛真即为宿卫将领之鲜卑语名称，斛洛真军将或即宿卫军将。⑥《南齐书·魏虏传》："建武二年（495）春，高宗遣镇

---

① 《南齐书》卷五七《魏虏传》，中华书局 1972 年版，第二册，第 985 页。

② 按胡、斛今音相同；上古音胡为匣母鱼部，斛为匣母屋部；中古音胡为户关切、匣声模韵合口一等，斛为胡谷切、匣声屋韵合口一等。二字音近，自可互换。参见郭锡良《汉字古音手册》，北京大学出版社 1986 年版，第 93—94 页。

③ （汉）许慎撰，（清）段玉裁注：《说文解字注》六篇上《木部》，上海古籍出版社 1981 年版，第 263 页。

④ 《魏书》卷一一三《官氏志》，第八册，第 2993 页。

⑤ 按本节所言品级均指《官氏志》所载太和前《职员令》官品表（第 2977—2993 页），时在和平二年之 30 余年后，其间可能会有变化，但估计相差不大，因无其他更可靠的资料佐证，故仍以此为据。

⑥ 张庆捷、郭春梅认为："'胡洛真'就是'斛洛真'"，"即为一种侍卫武官"，"很可能是与皇帝出巡和礼仪性场合有关的兼有护卫皇帝任务的仪仗队官员"。（《北魏文成帝〈南巡碑〉所见拓跋职官初探》）其说可从。但作者认为"胡""斛"二字之别"是传译过程中造成的错误"，则是难以令人接受的看法。按北魏鲜卑人名、官名、部族（氏族）名在翻译为汉语时常会出现音近、音同的不同用字，如"柔然"与"蠕蠕""芮芮"，"丘穆陵"与"丘目陵"，"伏鹿孤"与"步六孤"，"勿忸于"与"万纽于（乎）"，"冯熙"与"冯莎"，"大檀"与"大但"之类，不一而足，但决不能认为其中一个为标准，其他不同译法为传译错误。具体情况参见姚薇元《宋书索虏传南齐书魏虏传北人姓名考订》，《清华学报》第 8 卷 2 期（1933 年）；《北朝胡姓考》及所收《胡人姓名对照表》，科学出版社 1958 年版。又，清代乾嘉考据学权威钱大昕对于北朝鲜卑语译音问题曾数有论列，《廿二史考异》卷二二"晋书五·冯跋载记"条："'蠕蠕勇斛律。''蠕蠕'即'柔

南将军王广之出司州,右仆射沈文季出豫州,左卫将军崔慧景出徐州。宏(孝文帝拓跋宏)自率众至寿阳,军中有黑毡行殿,容二十人坐,輦边皆三郎曷剌真,槊多白真毦,铁骑为群,前后相接。步军皆乌楯槊,缀接以黑虾蟆幡。"①按"曷剌真"与胡(斛)洛真音近,应即同一职名,"三郎曷剌真"或即《宋书·索虏传》所记之"三郎大帅"②,亦即三郎幢将、斛洛真军将、宿卫军将之类禁卫武官。南朝人所记"三郎曷剌真"显示,曷剌真即三郎。

《魏书·来大千传》:"又为殿中给事。世祖践祚,与襄城公卢鲁元等七人俱为常侍,持仗侍卫,昼夜不离左右。"③依此类推,则随从文成帝南巡之带仗人斛洛真(胡洛真,曷剌真)必为禁卫武官。同书《高湖传附腊儿传》:"美容貌,膂力过人,尤善弓马。显祖时,羽林幢将。皇兴(467—470)中,主仗令。"④按斛洛真军将或即高腊儿所任主仗令。羽林、虎贲等禁卫郎官,也可归入带仗人之列。《神元平文诸帝子孙·元鸷传》:"容貌魁壮,腰带十围。为羽林队仗副。高祖末,以征讨有功,赐爵晋阳男。"⑤《于烈传》:"世宗即位,宠任如前。咸阳王禧为

然'也。《魏书》作'蠕蠕',《宋·齐·梁书》皆作'芮芮',《周书》作'茹茹',《北史》有《蠕蠕传》,而诸传间有作'茹茹'者,盖译音无定字。"(《廿二史考异》,《丛书集成初编》本,商务印书馆1937年版,第446页)卷二八"魏书一·古弼传"条:"'赐名曰笔,取其直而有用,后改名弼,言其辅佐材也。'北人读'弼'如'笔',译音无定字,非必别有取义。""薛辩传"条:"'长子初古拔,一曰车毂拔。''初'与'车'、'古'与'毂',声相近。"(第550、553页)《丘哲墓志》记"乞银曹比和真曹宿卫曹四曹尚书洛州诸军事洛州刺史乞直之子"。《丘哲妻鲜于仲儿墓志》记"故乞银曹比和真曹迳纥曹四曹尚书奏事给事洛州刺史河南河阴丘使君之长子"。(赵万里:《汉魏南北朝墓志集释》图版二六八、二六九,科学出版社1956年版)则北魏"宿卫曹"即"迳纥曹",在鲜卑语中与"宿卫"之义对应的语言为"迳纥"。

① 《南齐书》卷五七《魏虏传》,第二册,第993—994页。
② 《宋书》卷九五《索虏传》,第八册,第2351页。
③ 《魏书》卷三〇《来大千传》,第三册,第725页。
④ 《魏书》卷三二《高湖传附腊儿传》,第三册,第753页。
⑤ 《魏书》卷一四《神元平文诸帝子孙·元鸷传》,第二册,第350页。

宰辅，权重当时，曾遣家僮传言于烈曰：'须旧羽林虎贲执仗出入，领军可为差遣。'"①

"雅乐真"之义不明，但其与胡洛真当有相通之处。北魏前期常见之羽林、虎贲（郎）不见于文成帝《南巡碑》，殊不可解，雅乐真、胡洛真或即羽林、虎贲（郎）之鲜卑语音译。《南巡碑》碑阴第3列有斛洛真军将万忸于念提，此人很可能即为于烈。《魏书·于烈传》载，"少拜羽林中郎，迁羽林中郎将"②。于烈生年当公元437年，文成帝和平二年时为25岁，是任内三郎的合适年龄。果如此，则内三郎即羽林中郎，或者说羽林中郎属内三郎之列。宿卫军将位居从第五品上，万忸于念提所兼之明威将军为第六品上，两者品级接近，斛洛真军将很可能即为宿卫军将，则斛洛真可能就是宿卫武官之鲜卑语名称。三郎幢将当即《魏书·官氏志》所载登国元年设立之"主三郎卫士直宿禁中"之幢将③；而雅乐真幢将则为统雅乐真入直之幢将；内小幢将则为统领内小入直之幢将，其入直之地不一定全在禁中，也可能为宫城各衙署机构，如库部

---

① 《魏书》卷三一《于烈传》，第三册，第739页。无论如何，北魏带仗人或持仗者有着特定的含义，不管何人，其必定具有侍卫君主或守卫宫殿的职能。对此，还可见到其他旁证。《魏书》卷一五《昭成子孙·寔君传》："寔君者，昭成皇帝之庶长子也。""初，昭成以弟孤让国，乃以半部授孤。孤卒，子斤失职怀怨，欲伺隙为乱。是时，献明皇帝及秦明王翰皆先终，太祖年六岁，昭成不豫，慕容后子阏婆等虽长，而国统未定。斤因是说寔君曰：'帝将立慕容所生，而惧汝为变，欲先杀汝。是以顷日以来，诸子戎服，夜持兵仗，绕汝庐舍，伺便将发，吾愍而相告。'时苻洛等军犹在君子津，夜常警备，诸皇子挟仗彷徨庐舍之间。寔君视察，以斤言为信，乃率其属尽害诸皇子，昭成亦暴崩。"（第二册，第369页）卷九四《阉官·宗爱传》："是后，世祖追悼恭宗，爱惧诛，遂谋逆。二年春，世祖暴崩，爱所为也。尚书左仆射兰延、侍中吴兴公和疋、侍中太原公薛提等秘不发丧。延、疋二人议以高宗冲幼，欲立长子，征秦王翰置之秘室。提以高宗有世嫡之重，不可废所宜立而更求君。延等犹豫未决。爱知其谋。始爱负罪于东宫，而与吴王余素协，乃密迎余自中宫便门入，矫皇后令征延等。延等以爱素贱，弗之疑，皆随之入。爱先使阉竖三十人持仗于宫内，及延入，以次收缚，斩于殿堂。执秦王翰，杀之于永巷而立余。"（第六册，第2012页）
② 《魏书》卷三一《于烈传》，第三册，第737页。
③ 《魏书》卷一一三《官氏志》，第八册，第2972页。

等处。① 三郎、雅乐真及内小等武官或卫士都组成了幢的军事编制，即以一百人为一军事单位加以统帅。从呼"带仗人为胡洛真"还可推断，三郎、雅乐真、斛洛真、内小名称之不同，可能与禁卫兵种有关。

《魏书·礼志四》：

> 高宗和平三年（462）十二月，因岁除大傩之礼，遂燿兵示武。更为制，令步兵陈于南，骑士陈于北，各击钟鼓，以为节度。其步兵所衣，青、赤、黄、黑，别为部队。盾、矟、矛、戟，相次周回转易，以相赴就。有飞龙腾蛇之变，为函箱鱼鳞四门之陈，凡十余法。……自后踵以为常。②

> （太祖）天赐二年（405）初，改大驾鱼丽雁行，更为方陈卤簿。列步骑，内外为四重，列标建旌，通门四达，五色车骑各处其方。诸王导从在钾骑内，公在幢内，侯在步矟内，子在刀盾内，五品朝臣使列乘舆前两厢，官卑者先引。③

据前条，当时北魏军队分为步兵和骑士两大类，而步兵则有盾、矟、矛、戟之别，显然是以各自所持兵器而分类。据后条，步、骑四重自内至外依次为钾骑、幢、步矟、刀盾；钾骑无疑为骑兵，步矟、刀盾为步兵，幢可能既有步又有骑。此处之幢似为一兵种，应即前述诸幢之类，具体情形难以明了。《南巡碑》所见之东钾杖库给事当负责供应钾骑兵

---

① 按北魏"殿中尚书知殿内兵马仓库"（《南齐书》卷五七《魏虏传》，第二册，第985页），据此推断，库部亦应在殿内，则库部内小当直之处仍在禁中。不过应属广义的禁中，不特指在某一殿之内。

② 《魏书》卷一〇八之四《礼志四》，第八册，第2810页。又，同书卷五《高宗纪》："（和平三年）十有二月乙卯（初九，463.1.14），制战陈之法十有余条。因大傩耀兵，有飞龙、腾蛇、鱼丽之变，以示威武。"（第一册，第120页）

③ 《魏书》卷一〇八之四《礼志四》，第八册，第2813—2814页。

杖事宜。

诸幢将之地位，从其所兼任之军号可以推知一斑。乙㛮惠也拔为左卫将军、内都幢将，左卫将军从第二品上。三郎幢将所兼军号可考者有宣威、陵江、折冲、鹰扬等将军，宣威将军第六品上，后三号皆为第五品上，则三郎幢将大体应在第五品上至六品上之间。雅乐真幢将所兼军号可考者有前军、宣威、后军等将军，前军、后军将军品级皆为从第三品上，则雅乐真幢将应在从第三品上至六品上之间，以第三、四品为宜；在第 5 列之后未知所兼的军号有威远、宣威、扬武、后军等将军，其品级皆不出上述范围，很可能亦与雅乐真幢将互兼。内小幢将所兼军号可知者有中坚、扬威、宣威等将军，前二职皆为第四品上，则内小幢将应在第四品上至六品上之间。综合观之，可知三郎、雅乐真、内小幢将诸职之地位相当于从第三品上至六品上之间，应属中级禁卫武官之列。因资料有限，这一判断的准确性是有疑问的，但到目前为止似只能作出这种判断。《魏书·官氏志》所载太和前《职员令》中，诸羽林、虎贲系统禁卫武官的品级大体也在这一范围之内：羽林中郎将为第三品下，羽林中郎、羽林郎将、高车羽林郎将为从第四品上，戟楯、募员、高车虎贲将军为从第四品下，虎贲司马、郎将及宿卫军将为从第五品上，戟楯、募员、高车虎贲司马、将及高车羽林郎为从第五品下。碑文所见诸幢将似均应隶属于从第二品上之左卫将军、内都幢将；同理，在取消内都幢将的前《职员令》中，上自羽林中郎将下至高车羽林郎亦当隶属于左、右卫将军。史载太和四年"省二部内部幢将"[1]，笔者曾推测"内部"或即"内都"之误[2]，根据对《南巡碑》碑阴题名的理解，这种判断的理由更为充足，即在此前存在着由左、右卫将军分别兼任之内都幢将，二部即左、右部之谓。

---

[1] 《魏书》卷一一三《官氏志》，第八册，第 2976 页。
[2] 参见拙作《北魏前期禁卫武官制度考论——以史籍记载为中心》，《历史研究》2003 年第 3 期。

三、诸 郎

文成帝《南巡碑》碑阴题名所见诸郎有：内行内三郎 2 人；内三郎 66 人；三郎，与幢将连称，无单独称三郎者。其中内行内三郎明确为"内侍之官"，位居第 1 列中间，次于库部内阿干，而前于内行内小，所见仅有高平国与段鱼阳 2 人。高平国最有可能为北魏初年自后燕降魏的高湖之后。按高湖及其父、祖仕后燕，历显职。史谓其勃海蓨人，于后燕末"率户三千归国"，"太祖赐爵东阿侯，加右将军，总代东诸部"。①据《魏书·高湖传》附传载，高氏有"国"字辈，诸兄弟皆仕于北魏末东魏初②，与高平国时代不合。与本传对照，高谧或其兄弟即高平国的可能性很大。同传又载："（高湖）第三子谧，字安平，有文武才度。天（太）安（455—459）中，以功臣子召入禁中，除中散，专典秘阁，肃勤不倦，高宗深重之。拜秘书郎。""延兴二年（472）九月卒，时年四十五。"③则高谧在和平二年时为 34 岁。两相比较，其共同点是：时代相合，且所任均为内侍之职；字相近，一为安平，一为平国。高平国亦不可能为高谧之兄弟，因其弟兄 4 人均见于史，其他 3 人与高平国相差更远。段鱼阳亦于史无征，东部鲜卑有段部④，鱼阳之名似乎透露了其与辽西的某些联系⑤。若高平国即高谧，则内行内三郎即秘书郎，为内侍文官，而非内侍武官。但从其他史料推断，这种可能性并不大，前文

---

① 《魏书》卷三二《高湖传》，第三册，第 751 页。

② 《魏书》卷三二《高湖传》附传，第三册，第 755 页。

③ 《魏书》卷三二《高湖传附谧传》，第三册，第 752 页。

④ 参见姚薇元《北朝胡姓考》，第 242 页。

⑤ 按"鱼阳"或即渔阳，北魏渔阳郡地当今天津武清西北，十六国渔阳郡在今北京东北，两地均紧邻辽西鲜卑段部的传统势力范围。参见谭其骧主编《中国历史地图集》，地图出版社 1982 年版，第四册，图 7—8，9—10，11—12，13—14，15—16，50—51。

对内三郎的理解说明，内三郎为禁卫武官。加"内行"应是表明其内侍身份，可能取"殿内（内廷，帐内）行走"之意。

《南巡碑》碑阴题名所见内三郎多达68人（包括内行内三郎2人），《魏书》及墓志所见才仅5条，自然是极其重要的补充。在此通过对其兼职和担任者身份的考察，来认识这一官职的有关具体制度。史书所见内三郎几乎全为起家之官，且未记兼职。据上一章所引资料可知，北魏时期内三郎担任者有淮陵侯大头、豆（豆连）代田、陆（步六孤）真、费（费连）于及元保洛之祖（墓志），皆为鲜卑贵族子弟。《南巡碑》中内三郎集中于碑阴第3、4列，大多数都与军号叠任，其所兼军号有中坚、折冲（3例）、右（2例）、鹰扬、骧威、轻车（4例）、武毅（5例）、宣威（2例）、前、明威（2例）、奋威、后军、宁朔、厉威、威烈、伏波、威寇（3例）、威虏、广威（2例）、武烈（3例）、宁远、奋武、扬烈（4例）等将军，以太和前《职员令》相比附，其品级有第四品上（2人）、第五品上（4人，9任）、从第二品上（2人，3任）、第五品中（1人，4任）、第六品下（2人，4任）、从第五品下（1人，2任）、第六品上（2人，4任）、第四品中（1人）、从第三品上（1人）、第六品中（4人，6任）、第四品下（2人，3任）；骧威、伏波将军不见于前令。除了2号从第二品上、1号从第三品上外，其余则介于第四品上与第六品下之间，当以第五品上、下为宜。从第二品上者为左、前将军，从第三品上者为后军将军。[1] 很可能当时此诸职亦相当于第四、五品左右，只是在孝文帝制定前《职员令》时将四将军及四军将军的品级作了较大幅度提高[2]。所兼诸职品级之不同，可能还反映了内三郎地位具有一定的差别。其他各职所兼军号亦当与此类似。

内三郎一般都兼一个军号，特殊者有三条，即：（1）"宣威将军、

---

① 参见《魏书》卷一一三《官氏志》，第八册，第2979—2987页。

② 按在太和后《职员令》中，四将军为第三品，品级仍然较高，而四军将军居从第四品上阶之末。（《魏书》卷一一三《官氏志》，第八册，第2995、2997页）

典弩库内三郎拔烈兰黄头"，表明内三郎可能因其职责而有较具体名称，或者应为"典弩库、内三郎"，即以内三郎身份"典弩库"。按弩库与钾仗库相似，当为北魏武库之一。① 史载和（素和）天受于"太和六年（482），迁弩库曹下大夫"②，拔烈兰黄头所典弩库亦即弩库曹，此弩库曹可能隶于殿中尚书或库部尚书③；（2）"明威将军、斛洛真军将、内三郎万忸于忿提"，前已及之，此不具论。（3）在"威寇将军、内三郎、直懃解愁"与"威武将军、内三郎独孤他突"之间，为"威虏将军、贺浑吐略渥和稽乞鱼提"；"贺浑吐略渥"凡两见，其一又见于第4列"内小幢将"之前。"直懃解愁"前有大量内三郎，"独孤他突"之后数人亦全为内三郎，其间突然冒出一个无法理解的"贺浑吐略渥"，有可能是碑文撰写者的故意之笔，最大可能即为内三郎之鲜卑语称呼。④ 果如此，则《南巡碑》中便有70位内三郎。

在《南巡碑》碑阴第5列还有近20位三郎幢将，其情形前已论及。而在三郎幢将之间则夹着近10位雅乐真幢将，上文推断可能即羽林、虎贲幢将之类的鲜卑语名称。从其居于三郎幢将之间来看，雅乐真幢将也可能就是三郎幢将，雅乐真或即为三郎之鲜卑语称谓。与"贺浑吐略

---

① 《元融妃卢贵兰墓志》：长子景哲，"通直散骑常侍、朱衣直阁、钾仗都将"（《汉魏南北朝墓志集释》图版一五〇）。据此可知，钾仗都将当为守卫钾仗库的军事长官，从其与朱衣直阁兼任推断，钾仗都将亦属禁卫武官之列。

② 《魏书》卷四四《和其奴传》，第三册，第993页。

③ 关于殿中、库部尚书，参见严耕望《北魏尚书制度考》，《中央研究院历史语言研究所集刊》第18本（1948年）。

④ 《刘玉墓志》："君讳玉，字天宝，弘农胡城人也。……大魏开建，托定恒代，以曾祖初万头大族之胄，宜履名宦，从驾之众，理须督率，依地置官，为贺浑地汗。尔时此斑（班），例亚州牧。义成王南讨长安，以祖可洛侯名家之孙，召接为副，充子都将。"（赵超：《汉魏南北朝墓志汇编》，天津古籍出版社1992年版，第212页）按《南巡碑》"贺浑吐略渥"不知与此"何浑地汗"有无某种关联。《北齐书》卷一《神武纪上》："姓高名欢，字贺六浑"（《北齐书》，中华书局1972年版，第一册，第1页）。聂鸿音认为贺六浑在蒙古语中是"可爱的"之意，与"欢"意义相关联。（《鲜卑语言解读述论》，《民族研究》2001年第1期）亦不知"贺六浑"与"贺浑吐略渥"有无关联。

渥"一样，当属撰碑者之故意流露。也可能是：在内三郎中有某人被呼为"贺浑吐略渥"，而在三郎中，有些人则被呼为"雅乐真"，就像带仗宿卫者被呼为"胡（斛）洛真"一样。内小由幢将统领，亦可目为郎官。内行内小则应即内侍左右、左右近侍之类。内三郎与三郎幢将地位相近，内三郎略高于三郎幢将，其关系类似于羽林中郎与羽林郎将的关系。

四、将军号与"折纥真"

在《南巡碑》中出现了大量将军号，对认识北魏前期将军制度来说弥足珍贵，在此不打算全面讨论这一问题，而仅对其中与禁卫武官制度有关者略加考察。

晋代禁卫武官制度中，有领军、护军将军（中领、护军）及左右卫、武卫、前后左右四军、骁骑、游击诸将军及步兵等五校尉。在《南巡碑》中，无领军、护军将军，而有左、右卫将军及武卫、四军、骁游等将军。左卫将军凡三见，即："左卫将军、内都幢将、福禄子乙旃惠也拔"，"左卫将军、内阿干、太子左卫帅、安吴子乙旃阿奴"，"左卫将军、南部折纥真、平棘子李敷"。前两人之左卫将军因分别兼任内都幢将、太子左卫帅而为实职禁卫武官无疑，而李敷以左卫将军与南部折纥真叠任，恐怕只是表示其地位和某种荣宠身份，可能并不实际统领禁卫军。为了认识这一问题，就需要对折纥真一职加以考察。

《南齐书·魏虏传》云，"为主出受辞人为'折溃真'"[1]。按溃、纥音近可通[2]，显系翻译之别，原本当为一音。此职在汉语中的对应名称，

---

① 《南齐书》卷五七《魏虏传》，第二册，第985页。

② 上古音中，纥、溃二字音同，均为匣母物部；中古音中，纥、溃二字音近，纥为下没切、匣声没韵一等，溃为胡对切、匣声队韵一等。（郭锡良：《汉字古音手册》，第17、142页）

《魏书·李敷传》透露了有关信息：

> 真君二年（441），选入中书教学，以忠谨给事东宫。又为中散，与李䜣、卢遐、度世等并以聪敏内参机密，出入诏命。敷性谦恭，加有文学，高宗宠遇之。迁秘书下大夫，典掌要切。加前军将军，赐爵平棘子。后兼录南部。迁散骑常侍、南部尚书、中书监，领内外秘书。①

本传未载李敷曾为左卫将军的经历，估计应在其为前军将军之后，即"兼录南部"之时。② 时间及爵位相符，可以证明《南巡碑》中李敷所任之"南部折纥真"实即本传所记以"秘书下大夫"而又"兼录南部"③，或者说就是南部下大夫。④ 太和前令中，下大夫为第四品上。

---

① 《魏书》卷三六《李敷传》，第三册，第 833 页。
② 张庆捷、郭春梅认为："两书（按即《魏书》《北史》之《李敷传》）均未记'南部折纥真'一职，却将'左卫将军'误记为'前军将军'。"（《北魏文成帝〈南巡碑〉所见拓跋职官初探》）按这一说法过分拘泥于碑文，目前还无任何证据否认两书《李敷传》之记载。
③ 《魏书》卷三六《李敷传》，第三册，第 833 页。
④ 张庆捷、郭春梅认为："'折纥真'很可能相当于汉族'下大夫'或'大夫'之职"。其说可从。应该更肯定地说：鲜卑语之"折纥真"就是汉语之大夫或下大夫。此文又认为："'折溃真'有可能就是'折纥真'。但这仅仅是推测，两者究竟是否一职，尚需新材料和更多的证据。"我认为，无须新材料和更多证据便已能证明"折溃真"就是"折纥真"。他们又认为："一个部门只见一个折纥真，这与一部门并置数位尚书的情况相比，显然是非常特殊的。令人奇怪的是，从碑中考订殿中尚书有 4 位，殿中给事有 6 位，却不见一个殿中折纥真；同样，有一个驾部尚书，2 个驾部给事，却不见驾部折纥真，这又提出一个问题，是否各部曹都没有折纥真？由于不见这方面的资料，此问题不得不暂付阙疑。"（《北魏文成帝〈南巡碑〉所见拓跋职官初探》）这种疑问的提出，显然仍是作者过分拘泥于碑文并对其所作"'折纥真'很可能相当于汉族'下大夫'或'大夫'之职"的推测没有自信所致。"折纥真"既然相当于下大夫或大夫，尚书各部曹就必定会有其职。碑文不见并不等于北魏王朝无其职，因当时随从文成帝南巡者仅为一部分朝廷官员，何况今天我们所见到的是一块缺损极为严重的残碑，只能从中透露出北魏现实官制的一部分情况，而不可能就此作出全面认识，更不可能以之为据推断北魏官制的一般状况。

在《魏书》中，有单为下大夫者，更多的是为某曹下大夫。史载"高祖、文明太后引见公卿于皇信堂"，请议"听饥贫之人出关逐食"给过所事宜，宗室拓跋丕议谓"诸曹下大夫以上"云云。① 则诸曹按制度均有下大夫之职。② 下大夫与给事职能相当，如李同"太和中，拜下大夫、南部给事"。③ 下大夫亦与尚书诸曹之曹郎相近。《宋书·百官志上》："魏世有殿中、吏部……定科凡二十三郎"，青龙二年（234）增置都官、骑兵二曹郎，共25曹。晋西朝先"为三十四曹郎"，后增运曹而为35曹。④ 尚书郎具体负责各曹事务，其下有都令史、令史、书令史、书吏、干等。地位较高之北魏下大夫显然不会是尚书曹令史，只可能与曹郎相当。据此，则折纥真之意亦可理解为尚书郎、曹郎、侍郎。李敷"兼录南部"之后即迁为"散骑常侍，南部尚书"，《南巡碑》中其职衔亦不见散骑常侍，即表明当时他尚未任南部尚书。《魏书·高宗纪》：和平二年（461）"五月癸未（廿八，6.21），诏南部尚书黄卢头、李敷等考课诸州"⑤。时距文成帝南巡并刻立《南巡碑》只过了两个多月。南部折纥真是仅次于南部尚书的官职，即相当于汉制之尚书曹郎，于此可得一有力证据。这种制度显然带有明显的拓跋鲜卑的民族特色。

根据对折纥真一职本意的理解，似可断定李敷所任左卫将军并不具备殿内禁卫长官之实际职能。但因其为文成帝亲信，任以左卫将军便可随时出入殿内，侍从左右，其身份与禁卫长官相似，只是未必会统率诸郎官或卫士等侍卫。类似的左卫将军还见于史籍之中。《魏书·穆观传》："少以文艺知名，选充内侍，太祖器之。太宗即位，为左卫将军，

---

① 《魏书》卷一四《神元平文诸帝子孙·东阳王丕传》，第二册，第358页。
② 具体情况参见严耕望《北魏尚书制度考》及日本魏书研究会（代表西嶋定生）编《魏书语汇索引》有关条目，汲古書院1999年版。
③ 《魏书》卷三六《李顺传附同传》，第二册，第841页。
④ 《宋书》卷三九《百官志上》，第四册，中华书局1974年版，第1236页。
⑤ 《魏书》卷五《高宗纪》，第一册，第119页。

绾门下中书，出纳诏命。及访旧事，未尝有所遗漏，太宗奇之。"① 按此处之"文艺"与今义不同，穆观出于鲜卑勋臣八姓之首的丘穆陵氏，在北魏初年不大可能有多少文化。穆观所具有的"文艺"才能大概包括其对传统的掌握较多，即所知"旧事"多而表现得与众不同。或许正因如此，明元帝便让其"绾门下中书，出纳诏命"。其所任左卫将军并不承担禁卫之责，但其身份却具有禁卫长官之性质，即侍从左右，出入卧内，为皇帝心腹之臣。

作为实职禁卫长官的左、右卫将军在北魏前期亦于史有征。《魏书·豆代田传》："太宗时，以善骑射为内细射。……以功迁内三郎。"世祖时，"改爵井陉侯，加散骑常侍，右卫将军、领内都幢将。从讨和龙，战功居多，迁殿中尚书，赐奴婢六十口"。② 很显然，领内都幢将的右卫将军豆代田为实职禁卫长官。这表明北魏左、右卫将军皆可领内都幢将，从而更进一步证实了上面关于二部内都幢将的判断。左、右卫将军在北魏初年即已出现。陈建"祖浑，太祖末为右卫将军"③。太武帝末年，阉官孙小曾为左卫将军。④《南巡碑》所见右卫将军一例，即"右卫将军、驾部给事、□［惕］乙弍小"。虽然北魏初年就已出现了具有禁卫职能的左、右卫将军，但目前所见还极为零星，很难认为北魏前期就已确立了类似晋制的左、右卫将军制度。可能是在汉制特色表现较浓时才出现，或者即为其他禁卫长官之加官，如为内都幢将的加官，上文乙旃惠也拔与豆代田之例可证。亦可为殿中尚书之加官，如穆安国以殿中尚书"加右卫将军"⑤。从《南巡碑》来看，北魏前期亦存在着四军、骁游等将军号，从其兼任三郎幢将、内三郎等职推断，肯定为禁卫武

---

① 《魏书》卷二七《穆观传》，第二册，第664页。
② 《魏书》卷三〇《豆代田传》，第三册，第727页。
③ 《魏书》卷三四《陈建传》，第三册，第802页。
④ 参见《魏书》卷九四《阉官·孙小传》，第六册，第2018页。
⑤ 《魏书》卷二七《穆崇传》附传，第二册，第673页。

官，但其与同样兼任幢将、内三郎等职的诸多杂号将军似乎并无太大差别。因此，也就不能认为当时北魏已经出现了类似晋代禁卫武官制度的四军或六军等宿卫将军体制。《南巡碑》中未见到领军、护军将军（中领、护军），有两种可能，即：当时并无其职；或者有，未随驾南巡而留守京师。北魏前期存在领军、护军将军之职，但极零星，其情形与左、右卫将军并无差别。①

总之，通过对文成帝《南巡碑》的考察，更进一步证实了上一节有关幢将郎卫制度的推断，即北魏前期存在着发达的幢将郎卫制度，内都幢将为其长官；幢将郎卫制度是北魏前期禁卫武官制度的主体，幢将郎卫负责以殿中为核心的禁卫事务，保卫皇帝，是北魏皇权的重要支柱；北魏前期幢将郎卫制度大体上相当于汉制之郎中令——光禄勋或晋制之左、右卫将军禁卫系统。

五、幢将与诸郎身份的考察

对文成帝《南巡碑》所见幢将、诸郎担任者身份的考察，无疑可以加深对北魏前期以幢将郎卫制度为核心的禁卫武官制度的进一步认识。文成帝《南巡碑》的发现和残存文字的辨识，使人们第一次目睹了大量幢将、诸郎的存在，虽然碑文残缺而致所见资料极不完整，但在目前情况下仍然是最全面的记录。在此首先对《南巡碑》碑阴所见幢将、诸郎（以内三郎、三郎幢将为主，包括内小、雅乐真、斛洛真等）担任者的身份加以推测，然后结合上一节所引史籍中历朝零散资料做一综合考察。

① 参见拙作《领军将军与北魏政治》，《中国史研究》1995年第1期；《北朝中央护军制度考索》，《史学月刊》1999年第4期。

内都幢将乙旃惠也拔，其人史籍无考，按北魏宗族十姓中有乙旃氏，史载"（献帝邻）又命叔父之胤曰乙旃氏，后改为叔孙氏"①。叔孙建"父骨，为昭成母王太后所养，与皇子同列"②。叔孙氏之由来实即此。按王太后本广宁王氏，为乌桓部族之女。③据考，乙旃氏多出于高车部族。④文成帝时诸乙旃当即王太后养子骨之后，当为叔孙建、俊之同族。叔孙建是协助北魏道武帝拓跋珪建国的主要功臣之一，也是魏初名将；其子叔孙俊则是明元帝最为倚重的亲信大臣，封安成王。从乙旃惠也拔在文成帝时担任禁卫长官内都幢将来看，此族仍属拓跋氏统治集团的重要成员。《南巡碑》中还可见到掌握东宫禁卫军权的乙旃阿奴，在《孝文皇帝吊殷比干墓文》碑阴中有"直阁武卫中臣乙旃阿各仁"、"直阁武卫中臣乙旃应仁"及"武骑侍郎乙旃侯莫干"⑤，可见孝文帝时乙旃氏仍然颇有势力。乙旃氏在从北魏建国到孝文帝时期的百年间，无疑是极为活跃的拓跋鲜卑家族，是禁卫军权的主要担当者之一。⑥

《南巡碑》所见 10 位内阿干分别是：代伏云右子尼、乙旃阿奴、盖娄太拔、社利幡乃娄、是娄勑万斯、尉迟沓亦干、张天度、贾爱仁、若干若周、□□库兰；又，吐难子如凯、一弗阿伏真、韩天爱、贺若盘大罗诸人亦当为内阿干。史书可考知其姓名者只有若干若周、张天度、贾

---

① 《魏书》卷一一三《官氏志》，第八册，第 3006 页。按以下有关孝文帝改姓的记载出自此篇者不再注出。

② 《魏书》卷二九《叔孙建传》，第二册，第 702 页。

③ 参见《北朝胡姓考》，第 254—256 页。

④ 参见陈连庆《中国古代少数民族姓氏研究》，吉林文史出版社 1993 年版，第 181—182 页。

⑤ （清）王昶撰：《金石萃编》卷二七《北魏一·孝文吊比干墓文》，中国书店 1985 年版。

⑥ 唐长孺认为："拓跋族及附从部落人组成禁卫军、远征军以及边防军或内地驻防军，统率军队的主将照例是拓跋宗室贵族，下属各级政权也都是本族或附从部落人组成。"（《魏晋南北朝隋唐史三论》，武汉大学出版社 1993 年版，第 190 页）按其对北魏军队构成的判断无疑是正确的，但他对军队主将成分的判断却不够准确。其实，北魏时期（前期）统率军队的主将也是拓跋族及附从部落人，此类事例甚多，不胜枚举。仅就禁卫军而论，其主将也并非完全是拓跋宗室贵族。本节及上一节所举相关例证即可证明。

爱仁。

　　若干若周为苟（若干）颓之弟。《魏书·苟颓传》："颓弟若周，散骑常侍、尚书。太和中，安南将军、豫州刺史、颍川侯。"① 而碑文记其为"[散] □□□、[内] 阿干嘉宁男若干若周"，所缺3字即"骑常侍"，据此是否可以推断内阿干即是尚书之鲜卑语称呼？史书所见北魏前期未署曹名之尚书比比皆是，而从碑文有"库部内阿 [干] □□库兰"推断，内阿干也有分曹者。库部有尚书，如伊敳子兰，"散骑常侍、库部尚书"②。严耕望推断伊兰之为尚书，"最早当在文成帝之初，迟则孝文初也"③。按伊氏本伊娄氏，为宗族十姓之一。④ 碑文之"库部内阿干□□库兰"或即《魏书》之库部尚书伊兰，这一判断是基于时代相当、名近、官名亦近诸因素。果如此，则苟若周、伊兰二人之任职似可证明内阿干即尚书之鲜卑语称谓。⑤ 此类内阿干属内侍之官，应与汉代侍从禁中之尚书相近，而与魏晋以后之六部（曹）尚书有较大差别。张天度、贾爱仁之名虽见于史，但具体情况不详，为阉官的可能性较大。

　　代伏云右子尼当出于牒云氏，孝文帝改为云氏，北魏末有牒云具仁，北齐有牒云乐或牒舍乐。牒云氏可能出于河西鲜卑。⑥ 盖娄太拔，《魏书·官氏志》有"盖楼氏，后改为盖氏"的记载。姚薇元谓盖楼氏

---

① 《魏书》卷四四《苟颓传》，第三册，第995页。

② 《魏书》卷四四《伊敳传》，第三册，第990页。

③ 严耕望：《北魏尚书制度考》，《中央研究院历史语言研究所集刊》第18本（1948年），第297—298页。关于北魏库部尚书之详情，参见严文之"尚书分部·库部尚书"条。

④ 参见姚薇元《北朝胡姓考》，第18页；陈连庆《中国古代少数民族姓氏研究》，第97页。

⑤ 日本学者松下宪一对文成帝《南巡碑》中的内阿干、内行内小、羽真、内都幢将诸职做了考证，其结论是：内阿干是《魏书》中的尚书，内行内小是《魏书》中的中散，羽真是鲜卑的爵位（主要赐予内附者及宗室）、内都幢将是北魏前期的禁军长官。（《北魏内朝制度考略》，北朝史国际学术研讨会暨中国魏晋南北朝史学会第七届年会论文，山西大同，2001年）按其说大体得实，尽管论证及表述有欠周密。

⑥ 参见姚薇元《北朝胡姓考》，第100—102页；陈连庆《中国古代少数民族姓氏研究》，第111页。

为卢水胡（羯胡）姓氏。按和平二年距北魏平定卢水胡盖吴仅过了10余年，似不大可能有卢水胡人在北魏朝廷担任"太子庶子、内阿干"这样重要的内侍之官。此盖娄似非彼盖楼。陈连庆则谓盖楼氏为高句丽姓氏。碑文又见"宁朔将军、都长史、给事中、河中□□子盖娄内亦干"。而时隔两年余之后，和平四年十月，"诏员外散骑常侍游明根、骁骑将军昌邑子娄内近、宁朔将军襄平子李五鳞使于刘骏"①。昌邑子娄内近是否与□□子盖娄内亦干有可能为同一人？无论如何，盖娄氏为胡姓是可以确定的。社利氏不见于《官氏志》，而有叱利（叱列）氏改为利氏，北魏末有叱列延庆，社利氏或即叱利氏。是娄当即是楼氏，后改为高氏。尉迟氏为勋臣八姓之一，孝文帝改为尉氏，北魏分裂后又复姓尉迟氏，是北朝及隋唐时期有重要影响的家族。北魏前期尉迟（尉）氏有数支见于《魏书》列传。吐难氏即土难氏，后改为山氏。一弗氏即河西鲜卑乙弗氏，后改为乙氏，一弗阿伏真与见于同碑之一弗步□□当为同族，步□□即文成帝、献文帝之际专权的乙浑。贺若氏在改姓后仍旧为贺若氏。

内行内三郎高平国、段鱼阳已见前考。内行令胡墨田不可考。宿六斤阿□当即《魏书》所见之宿石。碑文记"鹰扬将军、内行令蔡阳男宿六斤阿□"。《魏书·宿石传》："兴光（454）中，迁侍御史，拜中垒将军，进爵蔡阳子，典宜官曹。迁内行令。"②宿石之爵位当据碑文为男爵。直懃□六孤，直懃为宗室之意，碑文所见18位直懃均为宗室拓跋氏可证。内行内小有贺若贷别、步六孤龙成、贺赖去本、素和莫各豆、□金□、乙旃伏洛汗、□□他仁、伊楼诺、[挟]库仁真、马橐、高□各拔、叱罗骐、吐伏卢大引、步六孤罗、卫道温、乙旃俟[俟]、同□各拔、吕□、韩□生、莫耐娄□。其中宗族十姓有伊楼（伊）氏，乙旃

---

① 《魏书》卷五《高宗纪》，第一册，第121页。

② 《魏书》卷三〇《宿石传》，第三册，第724页。

（叔孙）氏；勋臣八姓有步六孤（陆）氏，贺赖（贺）氏。素和氏后改为和氏，《南巡碑》中素和氏人物不少。此部本为白部鲜卑之裔。① 叱罗氏后改为罗氏，其归附拓跋部甚早，魏初有名臣罗结，姚薇元疑其本新罗种人之内入者。② 吐伏卢氏后改为卢氏，亦即豆卢氏，本姓慕容氏，太武帝时有卢鲁元有名于史传。③ 莫耐娄氏即莫那娄氏，后改为莫氏，属于东部鲜卑，北魏初年有莫含及其孙莫题名著于史。④ 卫道温当为前代国名臣卫操或其族人之后。⑤ 高句丽有马氏。⑥ 羌人有同氏⑦，本为同蹄氏，同□各拔或即此族。氐人有吕氏。⑧ 匈奴有韩氏、高氏，高句丽亦有高氏。⑨

内三郎可考知者有：斛骨 [呈] 羯、赵三月、斛律莫烈、高长城、其连受洛拔、独孤□□、拔烈兰黄头、斛律羽都居、万忸于忿提、直懃苟黄、直懃乌地延、[殷] 普陵、斛律出六拔、独孤去颓、达奚屈居陵、封平吴、三次 [?]、大□长命、达奚库勾、契胡库力延、盖毛万言真、直懃乌地干、直懃解愁、和稽乞鱼提（贺深吐略渥）、独孤他突、素和具文、步六孤斗官、□□匹和以斤、□ [比] 首□□、王□□、□□尉□、直懃他莫行、拔烈兰步爱、独孤乙以爱、赵道生、独孤□□、□壬去右、段去斤、大 [野] □石顶、茹茹命以斤、斛律西女若、直懃斛卢、勒烦阿六敦、叱罗吴提、斛律伏和真、袁纥退贺拔、侯莫陈乌孤、契胡乌己、折枋侠提、素和斛提、怡吴提、奚斗孤男口、直懃阿各拔、

① 参见姚薇元《北朝胡姓考》，第 77—80 页。

② 参见姚薇元《北朝胡姓考》，第 64—66 页。

③ 参见姚薇元《北朝胡姓考》，第 95—100 页。

④ 参见姚薇元《北朝胡姓考》，第 122—124 页。

⑤ 《卫操传》见《魏书》卷二三（第二册，第 500—602 页），为《魏书》之异姓首传。

⑥ 参见陈连庆《中国古代少数民族姓氏研究》，第 161 页。

⑦ 参见陈连庆《中国古代少数民族姓氏研究》，第 271—272 页。

⑧ 参见姚薇元《北朝胡姓考》，第 346—347 页。

⑨ 参见陈连庆《中国古代少数民族姓氏研究》，第 20—21、25—26、159—161 页；姚薇元《北朝胡姓考》，第 279—282、270—273 页。

直懃来豆眷、叱干幡引、孟菩萨、丘目陵吴提、王右右引、张仆兰、王洛生。其中宗室（直懃）拓跋氏 7 人。斛骨氏为宗族十姓之一，后改为胡氏，其在十姓中的地位仅次于拓跋（元）氏，据考本为高车部落，归附拓跋部最早①。《魏书》对斛骨（胡）氏之情况几乎毫无记载。达奚氏亦为十姓之一，后改为奚氏②。勋臣八姓有独孤氏（三人）、丘目陵氏、步六孤氏、万忸于氏等。

斛律氏为高车大姓，北魏孝文帝太和十六年（492）可见"领军将军斛律桓"③，而列传之高车人物见于北魏史传者连一个都没有。斛律桓及《南巡碑》所见之斛律氏成员当即斛律倍侯利之后或其族人。《北齐书·斛律金传》："朔州敕勒部人也。高祖倍侯利，以壮勇有名塞表，道武时率户内附，赐爵孟都公。"④《南巡碑》可见多达 7 位斛律氏人物，表明这一家族在当时的北魏政治中有着相当大的影响力，特别是对禁卫军权的影响特别巨大。在太和前令中有专门的高车羽林、虎贲系统禁卫武官，正是高车（敕勒）人在北魏禁卫军中占有重要地位的反映。⑤ 担任

① 参见姚薇元《北朝胡姓考》，第 9—10 页。

② 参见姚薇元《北朝胡姓考》，第 14—18 页。

③ 《魏书》卷四〇《陆叡传》，第三册，第 911 页。按"领军斛律桓"又见《北史》卷九八《蠕蠕传》，第一〇册，第 3257 页。

④ 《北齐书》卷一七《斛律金传》，第一册，第 219 页。

⑤ 康乐认为："可见敕勒人在北魏禁军中的角色相当重要。其实，以异族人充当禁军并非拓跋君主独特的'创举'。罗马自凯撒开始即有任用异族人为侍卫的传统……利用异族人充任部分禁军，除了他们善战外，主要因素之一是他们是外地人，较不可能与本族的权臣或贵族结合，而对君主产生直接威胁。这一点倒是与拓跋君主之喜欢任用'客'担任要职颇有异曲同工之妙。"（《代人集团的形成与发展——拓跋魏的国家基础》，《"中央研究院"历史语言研究所集刊》第 61 本 3 分（1991 年），第 603 页，注 28）按北魏用敕勒等族人担任禁卫军与汉代选用胡越骑等充任禁卫成员亦有相似之处。北魏之后，以异族人充任侍卫的传统得到继承，但各朝的目的似不能一概而论，也与罗马使用异族人充任侍卫的目的不尽相同。如唐代常以臣服或归顺的突厥、吐谷浑、高丽等部族首领或其子弟充任宿卫，主要目的有三：一是表示唐朝君主对归顺异族首领的亲近；二是具有质子的性质；三是利用其武勇。辽、金、元之禁卫军亦以本族及异族人共同充任。辽朝"皇后述律氏居守之际，摘蕃汉精锐为属珊军；太宗益选天下精甲，置诸爪牙，为

内三郎的高车人还有袁纥氏，袁纥氏亦为高车大姓，孝文帝时有高车酋帅袁纥树者反叛之事发生。①

西方其连氏孝文帝改为綦氏，当为河西鲜卑。拔烈兰氏当即乌洛兰氏，孝文帝改为兰氏，据考其应与匈奴（屠各）四姓之兰氏有密切关系。②契胡氏当即居于秀容川之羯族契胡部人。《魏书·尔朱荣传》："其先居于尔朱川，因为氏焉。常领部落，世为酋帅。高祖羽健，登国初，为领民酋长，率契胡武士千七百人从驾平晋阳，定中山，论功拜散骑常侍。"③和稽氏后改为缓氏。素和氏后改为和氏，已见前。大野氏为鲜卑复姓，史书所见主要集中于北朝后期，李渊祖父李虎西魏时赐姓大野氏。④《魏书·官氏志》不见此姓，当是此族在孝文帝时不入南迁诸姓之列。茹茹氏当即柔然国姓，或即郁久闾氏，孝文帝改为闾氏，亦为茹氏。陈连庆谓茹茹一名出现较晚，其称呼始于北朝末年。⑤证之《南巡碑》，其说不确。窃以为太武帝与柔然征战，蔑称其为蠕蠕，实则本即茹茹，文成帝时大量茹茹人入魏仕宦，又恢复茹茹之号。侯莫陈氏后改为陈氏，魏初有陈建列于史传，孝文帝《弔比干文》碑阴有羽林中郎将

皮室军"（（元）脱脱等撰：《辽史》卷三五《兵卫志中》，中华书局1974年版，第401页）。金朝禁军包括立仗、行仗、卫士、护卫、亲军、弩手、控鹤、伞子、长行等，其中侍卫亲军（"合扎猛安"）"以近亲所领"（（元）脱脱等撰：《金史》卷四一《仪卫志上》、卷四四《兵志》，中华书局1975年版，第1001页），其他禁卫军的来源则较多。又可参见王曾瑜《金朝军制》（河北大学出版社1996年版）相关论述。成吉思汗在被推为大汗后便立即组建起自己的禁卫部队，组成了多达一万名的承担轮番护卫的"大中军"（包括宿卫、侍卫、箭筒士），其征召的范围包括当时臣服的蒙古部落联盟的各部族子弟。参见余大钧译注《蒙古秘史》卷九，第224—226节，河北人民出版社2001年版，第371—375页。关于元代宿卫制度的系统论述，参见萧启庆《元代的宿卫制度》，《元代史新探》，（台）新文丰出版公司1983年版。

① 参见姚薇元《北朝胡姓考》，第304—306页；陈连庆《中国古代少数民族姓氏研究》，第175—176、174—175页。
② 参见姚薇元《北朝胡姓考》，第230—232页。
③ 《魏书》卷七四《尔朱荣传》，第1643页。又可参见《北朝胡姓考》，第360—362页。
④ 参见陈连庆《中国古代少数民族姓氏研究》，第137—138页。
⑤ 参见陈连庆《中国古代少数民族姓氏研究》，第199—201页。

侯莫陈益。① 奚斗孤氏或即奚斗卢氏之误，奚斗卢氏后改为索卢（卢）氏。匈奴、乌桓均有赵、王、张氏，卢水胡有封、孟氏，高句丽亦有孟氏。② 以上诸姓或出于各该族，亦有个别出于汉族之可能。③［殷］普邻更可能为段普邻。叱干氏后改为薛氏，薛野腊、虎子父子有名于魏史。《魏书·薛虎子传》："年十三，入侍高宗。太安中，迁内行长，典奏诸曹事。"④ 内三郎叱干幡引或即虎子之弟。三次、盖毛、勒烦、折枋、怡诸氏均不可考。

《南巡碑》中众多幢将姓名几乎全都残缺。内小幢将无一姓名可知，三郎幢将仅有拔拔古斤、独孤□真、尉□□、张圹比、采洛生可知；雅乐真幢将有堂宾俟其［惠］、素和□思拔、直懃木□、步六［孤］可知；又有斛洛真□贺赖内□□可见。拔拔氏后改为长孙氏，为宗族十姓之一。尉□当即尉迟。堂宾氏不可考。幢将仅见者主要出于宗族十姓、勋臣八姓及素和等姓，显然是极不完整的。

综上所述可知，北魏文成帝和平二年南巡随驾之内侍官（内都幢将、内阿干、内行内三郎、内行令、内行内小）及幢将、诸郎，在残存《皇帝南巡之颂》碑阴题名所保存的名单中，其出身为：

宗族十姓：直懃拓跋氏十人，乙旃（叔孙）氏四人，达奚（奚）氏二人，斛骨（胡）氏、拔拔（长孙）氏、伊楼（伊）氏各一人。

---

① 参见姚薇元《北朝胡姓考》，第180—182页；《中国古代少数民族姓氏研究》，第123页。
② 参见姚薇元《北朝胡姓考》、陈连庆《中国古代少数民族姓氏研究》相关考述。
③ 张庆捷、郭春梅认为，内三郎成员"绝大多数为鲜卑人"。这一判断并无问题，但具体而言，却认为"碑文所见67位内三郎，汉族的仅有11人，鲜卑等北方游牧民族的有52人，余4人不详"。（《北魏文成帝〈南巡碑〉所见拓跋职官初探》）他们并未具体指出何人出身鲜卑，何人出身汉族，但估计是将几位可能为汉化较明显的匈奴、卢水胡人（单姓者）当作汉人。无论如何，汉人在内三郎中所占比重远没有如此之高。
④ 《魏书》卷四四《薛虎子传》，第三册，第996页。

　　勋臣八姓：独孤（刘）氏七人，步六孤（陆）氏四人，贺赖（贺）氏、尉迟氏各二人，丘目陵（穆）氏、万忸于（于）氏各一人。

　　其他代姓：高车斛律氏五人，袁纥氏一人；代伏云（云）氏、盖娄（盖楼—娄，叵娄—叵？）氏、社利（叱利—利？）氏、是娄（高）氏、若干（苟）氏、吐难（山）氏、叱罗（罗）氏、契胡（尒朱）氏、拔烈兰（兰）氏、大野氏各二人；一弗（乙）氏、宿六斤（宿）氏、吐伏卢（卢）氏、奚斗孤氏、和稽（缓）氏、侯莫陈（陈）氏、盖毛氏、三次氏、勒烦氏、折枋氏、莫耐娄（莫）氏、其连（綦）氏、叱干（薛）氏、同□氏等复姓各一人；王氏、高氏、张氏各三人，赵氏、段氏各二人，还有单姓诸氏各一人。以上单姓似皆非汉人，尤其王氏当为乌桓，高氏当出辽东或高丽，亦应属于乌桓之列。

单纯就人数来看，宗族 10 姓共有 19 人，勋臣 8 姓共有 17 七人，高车姓氏 6 人，其他复姓共约 30 人，其中素和氏有 4 人，单姓约 20 人。则在近 100 人中，宗族 10 姓、勋臣 8 姓及素和（和）氏、高车斛律氏约占近一半。一方面来看，北魏文成帝时禁卫武官的出身是十分广泛的，可以考知者就达五六十个家族之多，实际上肯定还要多于此数，归附拓跋鲜卑的各部族几乎都有代表人物任职于北魏禁卫武官系统中。而从另一方面来看，分散中又体现着较大程度的集中，仅宗室一姓就占约十分之一，宗族 10 姓、勋臣 8 姓及素和氏、斛律氏等共十余个家族担任禁卫武官者占一半左右，最显著的是拓跋氏、乙旃氏、独孤氏、斛律氏、步六孤氏等 5 个家族。不仅是禁卫武官，而且北魏王朝的政治权力可以说主要也控制于这几个家族之手，这在《南巡碑》中也有具体反映，掌握军政大权的王公大臣几乎都出自这些家族。殿中尚书（可以认为是最高禁卫长官）分别由宗族十姓之斛骨乙莫干及勋臣八姓之独孤侯尼须

（刘尼）担任，而禁中及东宫禁卫军权则由左卫将军、内都幢将乙㺃惠也拔及左卫将军、太子左卫帅乙㺃阿奴控制。从《南巡碑》中还看到了《魏书》并未明确体现的一些家族特别是素和、斛律等家族对文成帝时期军政事务的影响力。这一个案虽然仅是文成帝南巡之时的情况，反映了文成帝晚期的政治现实，但它所体现的禁卫武官构成状况则应具有一定的代表性，可进一步认识北魏前期禁卫武官的出身和来源，感受到北魏前期政权浓厚的民族特色及广泛的代表性。

史籍中所见幢将、诸郎虽然比较少，但其分布于自道武帝至孝文帝前期的各个朝代，具有一定的代表性，从一个角度反映了北魏前期幢将、诸郎担任者的实态。据上一节所考，《魏书》（包括墓志）所见"幢将"类禁卫武官有：幢将，莫题、吕温；都幢将，拓跋可悉陵；内幢将，来大千；三郎幢将，楼安文；内都幢将，豆代田、张僚、山某（山徽之祖）；羽林幢将，高腊儿；虎贲幢将，宿沓干；羽林中郎幢将，吕罗汉；羽林中郎将，拓跋库汗、于烈；羽林郎将，宇文福；虎贲中郎将，尉元、韩茂。其中宗室拓跋氏2人，勋臣八姓于（勿忸于）氏、尉（尉迟）氏各1人，吕（叱吕）氏2人，又莫（莫那娄）氏、豆（豆连）氏、山（土难）氏、宿（宿六斤）氏、来氏、高氏、韩（出六汗）氏、宇文氏各1人，这些家族恐怕皆为胡姓。另有张氏1人，情况不明。

诸郎的担任者有：内三郎，拓跋大头、豆代田、豆求周、费于、娄提、元某（元保洛之祖）；三郎，周豆、陈建、伊馛；直郎，卢鲁元；侍辇郎，尉地干、穆凯、韩茂；猎郎，长孙翰、古弼、叔孙俊、周几；羽林郎，长孙亦干、拓跋目辰、李华、穆泥乾、和其奴、寇猛、吕罗汉、尉元、于烈；羽林中郎，刘尼、拓跋郁、长孙石洛、长孙陈；内行羽林中郎，杨播。其中宗族十姓之宗室拓跋氏4人，长孙氏4人，周（普）氏2人，叔孙氏、伊（伊楼）氏各1人；勋臣八姓之穆（丘穆陵）氏、尉（尉迟）氏各2人，刘（独孤）氏、于（勿忸于）氏各1人；豆（豆连）氏2人，娄（匹娄）氏、费（费连）氏、陈（侯莫陈）氏、韩（出

六汗）氏、卢（吐伏卢）氏、古（吐奚）氏、和（素和）氏、寇（若
口引）氏、吕（叱吕）氏及汉人杨氏（"自云"弘农杨氏①）、李氏（赵
郡）各1人。除杨播、李华外，目前可考北魏诸郎担任者皆为拓跋鲜
卑及其附从部族成员。总之，史书及墓志所见北魏前期百年间（386—
493）担任幢将、诸郎者，出自拓跋氏等31个姓氏，其中宗族十姓有6
家14人，勋臣八姓有4家8人，其他胡姓17家20人，明确为汉姓者
2家2人，有疑者2家4人。则宗族十姓、勋臣八姓中幢将、诸郎担任
者约占总人数的近四成，同样在分散中又体现着较高的集中。表明北魏
前期禁卫武官相当一部分来自以拓跋氏为核心的近20个家族，也就意
味着北魏前期的禁卫军权主要由这些核心家族所掌握。担任幢将、诸郎

---

① 杨播家族自称"弘农华阴人"。杜葆仁、夏振英结合史传及墓志列出了"秦汉魏晋南北
朝华阴杨氏家族谱系"，明确了北魏杨播家族与汉代"四世三公"的大族弘农杨氏的世
系传承关系。（《华阴潼关出土的北魏杨氏墓志考证》，《考古与文物》1984年第5期，
第27页）然据唐长孺研究，北魏杨播家族当为东雍州豪族马渚诸杨，可能并非世家大
族。（《〈魏书·杨播传〉自云弘农华阴人辨》，《魏晋南北朝隋唐史资料》第五辑，武汉
大学出版社1983年版）按杨播家族虽然并非汉代"四世三公"的大族弘农杨氏的真正
后代，但其以弘农杨氏自居，在北朝一百多年历史上发挥了重要作用，发展成为真正
的世家大族。《魏书》卷五八《杨播传》：高祖杨结，曾任至后燕慕容氏中山相。曾祖杨
珍，于北魏道武帝时归附，任至上谷太守。祖杨真，河内、清河二郡太守。父杨懿，孝
文帝前期历任广平太守，选部给事中。"除安南将军、洛州刺史，未之任而卒。赠以本
官，加弘农公，谥曰简。"（第四册，第1279页）又，杨播母王氏为冯太后之外姑，杨
播与其弟杨椿之名皆为孝文帝所赐改。冯太后临朝时，杨播侍孝文帝，杨椿、杨津侍
冯太后，三兄弟"并居内职"，"并侍禁闱"，"奉养尽礼"（同上卷《杨椿传》，第1290、
1285、1279页），颇蒙帝、后宠信，杨氏家族声望地位因之得以骤升，史谓"时播一门，
贵满朝廷"（第1281页）。杨播兄弟及其后代在北魏中后期多任显职，"荣赫累朝"，"门
生故吏遍于天下"（第1304页），在政治上发挥了重要作用。庄帝时杨氏"内外百口"
（第1288页），俨然一大家族。杨椿于其时"诫子孙"曰："我家入魏之始，即为上客，
给田宅，赐奴婢、马牛羊，遂成富室。自尔至今［百］二十年，二千石、方伯不绝，禄
恤甚多。至于亲姻知故，吉凶之际，必厚加赠襚；来往宾僚，必以酒肉饮食。是故亲姻
朋友无憾焉。""仕皇魏以来，高祖以下乃有七郡太守、三十二州刺史，内外显职，时流
少比。"（第1289、1290—1291页）杨播家族自北魏初入仕一直延续到北魏末，东魏北
齐时杨愔任至宰相。毫无疑问，该家族是北朝政治史上极为重要的一支力量。

等禁卫武官，乃是其控制北魏政权的最重要途径之一。这种情况与本节对文成帝《南巡碑》的考察中所得到的认识是基本相同的。①

六、结　语

通过以上考察，可进一步加深对以幢将郎卫制度为主体的北魏前期禁卫武官制度的认识：

1.《南巡碑》所见幢将有内都幢将、三郎幢将、雅乐真幢将、内小幢将（又有库部内小幢将），其中内都幢将仅一见，由左卫将军兼任。《南巡碑》所见左卫将军共3人，其中2人由乙旃氏（叔孙氏）担任，分别兼内都幢将、太子左卫帅（率），由此推测北魏有由左、右卫将军分别兼任之内都幢将。在从北魏建国之初到孝文帝时期的政治中，乙旃氏是极为活跃的拓跋鲜卑家族，是禁卫军权的主要担当者之一。内都幢将与左卫将军叠任表明，其职能当与晋代左卫将军相当，当即负责殿内宿卫的禁卫长官。三郎幢将即统率三郎卫士的将领，雅乐真幢将当为统雅乐真入直之幢将，内小幢将则为内小将领，库部内小幢将当为在库部当直之内小的幢将。斛洛真即胡洛真，意即带仗人（宿卫者），斛洛真军将或即宿卫军将。雅乐真、胡洛真可能即北魏前期常见之羽林、虎贲（郎）。三郎、雅乐真及内小等武官（卫士）都有幢，以100人为一幢加以统帅。从诸幢将所兼任之军号推测，内都幢将约当从第二品上，三郎、雅乐真、内小幢将相当于从第三品上至从第五品下之间，属中级禁卫武官。

2.《南巡碑》记录了大量诸郎——内行内三郎（2人）、内三郎（66

---

① 这种认识也可进一步证实唐长孺关于北魏前期禁卫军主要出自拓跋及其附从部落的论断。唐说参见氏著《魏晋南北朝隋唐史三论》，第190、193页。

人）、三郎（与幢将连称），内行内三郎明确为"内侍之官"。史书所见内三郎担任者皆为鲜卑贵族子弟，几乎全为起家官，且未记兼职，而《南巡碑》中内三郎大多数都与军号叠任，其所兼军号除了个别从第二品上、从第三品上外，主要介于第四品上与第六品下之间，以第五品上、下为多。所兼诸职品级之不同，可能反映了内三郎地位的差别。内三郎一般都兼一军号，如宣威将军、典弩库内三郎拔烈兰黄头，此即以内三郎身份典弩库（武库之一），弩库曹可能隶于殿中尚书或库部尚书。雅乐真幢将可能就是三郎幢将，雅乐真或即三郎之鲜卑语称呼。

3.《南巡碑》可见大量将军号，其中与禁卫武官制度有关者有左右卫、武卫将军及四军、骁游等职。左卫将军有三，分别兼任内都幢将、内阿干·太子左卫帅、南部折纥真。《南齐书·魏虏传》载，"为主出受辞人为'折溃真'"。《南巡碑》中南部折纥真担任者李敷，《魏书》本传载其为"秘书下大夫""兼录南部"，当即南部下大夫。《南巡碑》所见右卫将军仅一例，与驾部给事兼任。《南巡碑》显示，北魏前期亦有四军、骁游等将军号，从其兼任三郎幢将、内三郎等职推断，亦为禁卫武官，但其与同样兼任幢将、内三郎等职的诸多杂号将军似并无太大差别，故难以确定当时已经出现了类似晋代禁卫武官制度的四军或六军等宿卫将军体制。通过对文成帝《南巡碑》的考察，进一步充实了对北魏前期以幢将郎卫为主体的禁卫武官制度的认识。

4. 文成帝南巡时，随驾之内侍官（内都幢将、内阿干、内行内三郎、内行令、内行内小）及幢将、诸郎在残存碑文保存的名单中，其出身单纯就人数来看，宗族十姓为19人，勋臣八姓为17人，高车姓氏为6人，其他复姓共约30人，其中素和氏4人，单姓约20人。在近100人中，宗族十姓、勋臣八姓及素和（和）氏、高车斛律氏约占近一半。仅就残碑显示的情况而论，北魏文成帝时禁卫武官出身于多达五六十个家族，归附拓跋鲜卑的各部族几乎都有代表人物任职于北魏禁卫武官系统中。同时又有较大程度的集中，宗族十姓、勋臣八姓及素和氏、斛律氏等共 10 余个家族担任禁卫武官者达一半左右，最显著的是拓跋（元）氏、乙旃（叔孙）氏、独孤（刘）氏、斛律氏、步六孤（陆）氏等 5 个家族。本为高车的乙旃——叔孙氏、斛律氏与禁卫军权的关系颇为密切，太和前令中有专门的高车羽林、虎贲系统武官，正是高车人在北魏禁卫军中占有重要地位的反映。这一个案仅是文成帝南巡之时的情况，但它所体现的禁卫武官构成状况则应具有一定代表性，从一个侧面加深了对北魏前期禁卫武官出身和来源的认识，更深刻地感受北魏前期政权浓厚的民族特色及广泛的代表性。①

原载《民族研究》2003 年第 4 期；又收入拙著《魏晋南北朝
禁卫武官制度研究》下册，中华书局 2004 年版

---

① 严耀中列出了"（北魏）前期中军指挥系统"，包括三个系列：一是内行长（都统长）→内都幢将→内幢将→内三郎（宿卫士）；一是殿中尚书统内将军（军将）及内校尉，这一系列既直辖于皇帝，又隶于中军大将军（内大将军）；一是中军大将军（内大将军）→都曹尚书，下统中领将军及都大将，统都将→军将，都将有副将。都将与都曹尚书又具有间接隶属关系。三个系列下又有幢将→队主，队主统内细射等宿卫兵和兵。（《北魏前期政治制度》，吉林教育出版社 1990 年版，第 158 页）严氏注意到北魏前期禁卫军系统内都幢将与殿中尚书系统，可谓有识，但根据本书以上的研究，可证严氏所列出的"中军指挥系统"总的来看是没有充分依据的，臆猜的成分居多。如以内三郎为宿卫士，其实内三郎是地位甚高的禁卫武官；以都曹尚书隶于中军大将军（内大将军），以中领将军及都大将隶于都曹尚书，皆毫无根据。

北魏孝文帝《弔比干文》碑阴题名考析

——太和十八年冬随帝北巡官贵成员名录

一、碑文概观

北魏孝文帝曾经三次路经汲县并"祭比干之墓"①。太和十八年（494）十月"戊申（初七，11.20），亲告太庙，奉迁神主。辛亥（初十，11.23），车驾发平城宫"。经过中山之唐湖、信都，十一月"丁丑（初七，12.19），车驾幸邺。甲申（十四，12.26），经比干之墓，伤其忠而获戾，亲为吊文，树碑而刊之。己丑（十九，12.31），车驾至洛阳"。② 这是孝文帝第二次吊祭殷商忠烈之臣比干，今存《弔比干文碑》即为此次所立碑铭，碑阴题名如下③：

1. 使持节、骠骑大将军、都督司豫荆郢洛东荆六州诸军事、

---

① （北齐）魏收撰：《魏书》卷七下《高祖纪下》，中华书局1974年版，第一册，第178页。同书卷一○六上《地形志上》司州（北魏相州）汲郡汲县条，本注："二汉属河内，晋属，后罢。太和十二年（488）复，治汲城。有比干墓、太公庙、陈城。"（第七册，第2458页）

② 《魏书》卷七下《高祖纪下》，第一册，第175页。

③ （清）王昶撰：《金石萃编》卷二七《北魏一》"孝文弔比干墓文"，中国书店1985年版。

开府、司州牧、咸阳王、□（臣）河南郡元禧

2. 侍中、司徒公、都督中外诸军事、太子太师、驸马、长乐郡开国公、臣长乐郡冯诞

3. 使持节、司空公、太子太傅、长乐公、臣河南郡丘目陵亮

4. 特进、太子太保、广陵王、臣河南郡元羽

5. 侍中、始平王、臣河南郡元勰

6. 兼尚书右仆射、吏部尚书、任城王、臣河南郡元澄

7. 散骑常侍、祭酒、光禄勋卿、高阳伯、臣河南郡元徵（徽）

8. 太子右詹事、姑臧伯、臣陇西郡李韶

9. 散骑常侍、北海王、臣河南郡元详

10. 散骑常侍、领司宗中大夫、臣河南郡元景

11. 散骑常侍、臣河南郡元纂

12. 右卫将军、臣河南郡元翰

13. 光禄大夫、录太仆少卿、臣高阳郡李坚

14. 中常侍、中尹、高都子、臣上党郡秦松

15. 龙骧将军、臣河南郡大野慤

16. 司卫监、臣河南郡元虬

17. 司卫监、臣河南郡万忸乎劲

18. 员外散骑常侍、光禄勋少卿、黄平子、臣丘目陵纯

19. 兼司卫监、少府少卿、臣魏郡□□

20. 给事黄门侍郎、臣太原郡郭祚

21. 给事黄门侍郎、领著作郎、臣清河郡崔光

22. 典命中大夫、太子中庶子、臣广平郡游肇

23. 羽林中郎将、臣河南郡侯莫陈益

24. 员外散骑常侍、带吕舆给事中、臣河南郡丘目陵惠

25. 太子率更令、襄阳伯、臣河南郡元尉

26. 给事中、臣河南郡乙旃恬

27. 给事中、臣河南郡乙旃免

28. 给事中、臣河南郡郁久闾麟

以上第一列

29. 右军将军、臣河南郡元宜

30. 太乐给事、臣长乐郡卫况

31. 给事、领太医令、臣高平郡李循（脩）

32. 给事、臣河南郡俟文福

33. 给事、臣河南郡万忸乎羿

34. 中给事、录大官令、臣上党郡白勅（整）

35. 中给事、臣高阳郡剧鹏

36. 射声校尉、臣河南郡元洛平

37. 显武将军、臣河南郡万忸乎吐拔

38. 直阁、武卫、中臣高车部人斛律忠

39. 直阁、武卫、中臣河南郡乙旃阿各仁

40. 直阁、武卫、中臣河南郡俟吕阿倪

41. 直阁、武卫、中臣河南郡叱罗吐盖

42. 直阁、武卫、中臣上谷郡董明惠

43. 直阁、武卫、中臣代郡若干侯莫仁

44. 直阁、武卫、中臣乙旃应仁

45. 直阁、武卫、中臣河南郡吐难长命

46. 直阁、武卫、中臣上谷郡张代连

47. 长兼典命下大夫、齐郡王友、臣赵郡李预

48. 兼给事黄门侍郎、员外散骑侍郎、□（典）属国下大夫、臣太原郡王翔

49. 白衣、守尚书左承（丞）、臣辽东郡公孙良

50. 散骑侍郎、东郡公、臣河南郡陆昕

51. 散骑侍郎、臣河南郡郁久闾敏

52. 散骑侍郎、臣河南郡甄琛

53. 中垒将军、带□（河）间令、臣广平郡游绥

54. 中黄门令、带典农令、臣□德郡双蒙

以上第二列

55. 宰官令、臣河南郡伊娄愿

56. 大官令、钜鹿伯、臣□□魏祐

57. 监御令、臣河南郡莫耐娄悦

58. 符节令、臣代郡贺拔舍

59. 通直散骑侍郎、臣河涧郡邢峦

60. 通直散骑侍郎、臣京兆郡韦缵

61. 武骑侍郎、□□陵令、臣广平郡徐丹

62. 武骑侍郎、臣河南郡独孤遥

63. 武骑侍郎、臣上谷郡张覃

64. 武骑侍郎、臣河南郡乙旃侯莫干

65. 武骑侍郎、臣河南郡万忸乎澄

66. 武骑侍郎、臣赵郡李华

67. 符玺郎中、臣河南郡拔拔臻

68. 符玺郎中、臣上谷郡张庆

69. 员外散骑侍郎、臣博陵郡崔广

70. 员外散骑侍郎、臣博陵郡崔逸

71. 员外散骑侍郎、臣河南郡陆怖道

72. 尚书郎中、贝丘男、臣清河郡傅脩期

73. 尚书郎中、臣荥阳郡郑长遊

74. 尚书郎中、臣清河郡崔哲

75. 尚书郎中、臣河东郡裴映（？）

76. 尚书郎中、臣辽东郡高观

77. 尚书郎中、臣赵郡李引

78. 尚书郎中、臣河内郡司马定

79. 尚书郎中、臣南阳郡朱孟孙

80. 尚书郎中、臣兰陵郡萧彦

81. 尚书郎中、臣赵郡李良规

82. 尚书郎中、臣河东郡柳崇

以上第三列

《弔比干文》碑阴题名所列 82 位官吏，当即此次随孝文帝吊祭比干墓时的所有侍臣名单，由此可以看到迁都之际北魏官僚集团的一部分成员的现状。这些官吏绝大多数在《魏书》中都有专传，也有一部分于史无考（见下文表格）。当其时，除了随侍孝文帝的这些官吏外，北魏官僚集团还包括这样几个部分：一是在各级地方行政机构或镇戍机构任职的文武官吏，二是留守代京平城的官吏，三是留守新都洛阳的官吏，四是出征在外（主要是在南部边疆）的各级将领。

以孝文帝汉化改革之前的民族成分而论，宗室贵族、代姓贵族和汉族官吏在《弔比干文》碑阴题名中均可见到。其中宗室贵族共有 13 人：元禧、元羽、元勰、元澄、元徵（徽）、元详、元景、元纂、元翰、元蚪、元尉（第 1 列）、元宜、元洛平（第 2 列）。代姓贵族共有 29 人：丘目陵亮、大野懃、万忸乎劲、丘目陵纯、侯莫陈益、丘目陵惠、乙旃恬、乙旃免、郁久闾麟（第 1 列）、侯文福、万忸乎羿、万忸乎吐拔、斛律虑（高车部人）、乙旃阿各仁、侯吕阿倪、叱罗吐盖、若干侯莫仁、乙旃应仁、吐难长命、陆昕、郁久闾敏（第 2 列）、伊娄愿、莫耐娄悦、贺拔舍、独孤遥、乙旃侯莫干、万忸乎澄（登）、拔拔臻、陆怖（希）道（第 3 列）。汉族官吏共有 40 人：冯诞、李韶、李坚、秦松、□□、郭祚、崔光、游肇（第 1 列）、卫况、李循（脩）、白勒（整）、剧鹏、董明惠、张代连、李预、王翔、公孙良、甄琛、游绥、双蒙（第 2 列）、魏祐、邢峦、韦缵、徐丹、张覃、李华、张庆、崔广、崔逸、傅脩期、郑长遊、崔哲、裴映（？）、高观、李引、司马定、朱孟孙、萧彦、李良规、柳崇（第 3 列）。宗室贵族、代姓贵族相加，仅比汉族官吏多 1 人，或者说汉族官吏的人数大体上与拓跋鲜卑为主体的胡人贵族相等，当时整个北魏官吏阶层构成的比例大概与此相去不远。

二、鲜卑贵族

1. 宗室贵族

《魏书·北海王详传》："从高祖南伐，为散骑常侍。高祖自洛北巡，详常与侍中彭城王勰并在舆辇，陪侍左右。"[1] 这一记载即反映了孝文帝这次北巡—南迁途中的情形。在《弔比干文》碑阴题名所见宗室贵族中，元禧、元羽、元勰、元详四人为孝文帝之弟，孝文帝全部 6 个弟弟中仅有元幹、元雍 2 人没有随其北巡。元禧（469？—501）为孝文帝元弟，太和九年（485）封咸阳王，其母封昭仪。元羽（470—501）为孝文帝第三弟，太和九年封广陵王，其母孟椒房。元勰（475—510）为孝文帝第五弟，太和九年封始平王，其母潘贵人。元详（476—504）为孝文帝第六弟，太和九年封北海王，其母高椒房。[2] 元澄为孝文帝曾

---

① 《魏书》卷二一上《献文六王上·北海王详传》，第二册，第 559 页。

② 参见《魏书》卷二一上《献文六王传序》及同卷《献文六王上·咸阳王禧传》《广陵王羽传》《北海王详传》，第二册，第 533、545、559 页；卷二一下《献文六王下·彭城王勰传》，第 571 页；赵万里：《汉魏南北朝墓志集释》图版一八一《元详墓志》、一七八《元羽墓志》、一八五《元勰墓志》，科学出版社 1956 年版。按韩贵人所生河南（后改封赵郡）王幹（469—499）、颍川（后改封高阳）王雍（？—528），为皇二弟、皇四弟，其时均在河北地区担任军政长官，并未随孝文帝北巡南迁。元幹时为冀定瀛三州都督、征东大将军、开府、冀州刺史，元雍时为散骑常侍、使持节、镇（征）北将军、相州刺史。（《魏书》卷二一上《献文六王传序》及同卷《赵郡王幹传》《高阳王雍传》，第二册，第 533、542、552 页）

祖父景穆太子之孙、任城王云之子。① 元徽当即元徽,《金石萃编》录文有误,为景穆太子曾孙,其祖、父为城阳王长寿、鸾。② 元景当即景穆太子曾孙元仲景,其祖、父为京兆王子推、太兴。③ 元纂亦为景穆太子曾孙,其祖、父为南安王桢、中山王英④。元洛平亦当为景穆太子之孙。景穆之子安定王休,其"长子安,幼年早卒";次子燮,燮弟愿平,愿平弟永平,永平弟珍平,珍平弟贵平。洛平当即燮字。⑤ 元翰、元蚪、元尉、元宜诸人无考。9 位已知宗室全都出于献文六王和景穆十二王两支,而无考诸人也可能出自景穆十二王系,这与综合文献记载所得出的关于宗室在孝文帝时期统治集团中的构成状况的认识是一致的。

值得注意的是,碑文所载宗室诸臣全都姓"元",而据《魏书·高祖纪下》记载,"诏改姓为元氏"是在太和"二十年(496)春正月丁卯(初三,2.2)"⑥,两者不相符合。对此,清代学者王昶指出:"据此碑,则十八年已著为元氏矣。抑或撰文在前,书碑阴在二十年之后耶?"碑阴题名所见非宗室鲜卑贵族全都是改姓前的复姓,若是后一种情况,则还有一种可能,即其改姓晚于宗室拓跋氏改为元氏的时间。然遍考《魏书》,并无代人姓氏更改的确切时间。《官氏志》载太和十九年孝文帝改定姓族诏,谓"代人诸胄,先无姓族……比欲制定姓族,事多未就"

① 《魏书》卷一九中《景穆十二王中·任城王澄传》,第二册,第 462 页。
② 《魏书》卷一九下《景穆十二王下·城阳王长寿传》及附传,第二册,第 509—510 页;《汉魏南北朝墓志集释》图版一四五《元徽墓志》。
③ 《魏书》卷一九上《景穆十二王上·京兆王子推传》及附传,第二册,第 443—444 页。
④ 《魏书》卷一九下《景穆十二王下·东平王略传附弟纂传》,第二册,第 507 页;《汉魏南北朝墓志集释》图版一四〇《元纂墓志》。又,道武帝后代中也有一位元纂(广平王连—南平王浑〔阳平王熙第二子〕—飞龙—纂),《魏书》卷一六《道武七王·广平王连传附纂传》:"纂亦有誉于时,除恢武将军,进平西将军、领西中郎将,出为安北将军、平州刺史。景明元年(500),薨于平城。"(第二册,第 400 页)不排除随孝文帝北巡的元纂为此人的可能性。
⑤ 《魏书》卷一九下《景穆十二王下·安定王休传》及附传,第二册,第 518—520 页。
⑥ 《魏书》卷七下《高祖纪下》,第一册,第 179 页。

云云，表明当时代人姓族尚未改定。虽然诏书提及"穆、陆、贺、刘、楼、于、嵇、尉八姓"，但从《魏书》书法来看，八姓当时未必就已改为单姓，代人姓氏改为单姓（个别例外）当与拓跋改为元氏同时。无论如何，相关矛盾难以消除。据碑阴宋哲宗"元祐五年（1090）秋九月十五日左朝请郎知卫州吴处厚记"，谓其"久已为乡人毁去，赖民间偶存其遗刻"，碑阴最后题名"右承议郎通判宋适立　承事郎致仕林舍书"知此碑之文字此前已被废毁，由吴处厚知卫州时于元祐五年委派通判宋适重立，碑文则据民间所存遗刻由林舍书写。① 最大可能还是重刻时所据文本与原碑有一定差异。

2. 代姓贵族

随孝文帝南迁的 29 位代姓贵族，出身于 18 个家族：乙旃氏 5 人（恬、免、阿各仁、应仁、侯莫干），万忸乎氏 4 人（劲、羿、吐拔、澄），丘目陵氏 3 人（亮、纯、惠），郁久闾氏 2 人（麟、敏），陆氏 2 人（昕、怖道），大野（慇）、侯莫陈（益）、俟文（福）、俟吕（阿倪）、叱罗（吐盖）、若干（侯莫仁）、吐难（长命）、伊娄（愿）、莫耐娄（悦）、贺拔（舍）、独孤（遥）、拔拔（臻）等 12 个家族各 1 人，此外还有 1 位来自高车斛律部（虑）。

（1）乙旃氏。为帝室十姓之一，孝文帝迁都后改为叔孙氏。《魏书》所载叔孙氏成员共有 4 人：骨—建—俊、邻。丹阳王叔孙建（365—

---

① 《吴处厚传》附于（元）脱脱等撰《宋史》卷四七一《奸臣一·蔡确传》，中华书局 1977 年版，第三九册，第 13701—13702 页。（宋）韩琦撰《安阳集》卷一四、一五分载《次韵和宋适推官压沙惠诗》《次韵和留守宋适推官游宴御河二首》（《景印文渊阁四库全书》"集部二八·别集类"，第一○八九册，第 297、298—299 页），重立《弔比干文》碑者"右承议郎通判宋适"盖即其人。林舍其人见于（元）王恽撰《秋涧集》卷四九《传·苏门林氏家传》："舍字虚白，年十九，擢熙宁进士第。性恬退，以高节自信。""未三十，以大理评事休官"，"元祐庚辰，疾终苏之公馆"。（《景印文渊阁四库全书》"集部一三九·别集类"，台湾商务印书馆 1986 年版，第一○八九册，第 648 页）按元祐无庚辰年，疑为元符庚辰（三年，1100）之讹。

437）为北魏开国元勋，魏初三朝名将，历任内外要职，其最后的官职是征南大将军、平原镇大将、冀青徐济四州都督。其长子安城公叔孙俊（389—416）则为协助明元帝即位的主要亲信，担任卫将军，"太宗以俊前后功重，军国大计一以委之，群官上事，先由俊铨校，然后奏闻"。安城公叔孙邻历任北部尚书、尚书令及镇西将军、凉州镇都大将。① 文成帝《南巡碑》碑阴题名中至少可见到4位乙旃氏成员：左卫将军、内都幢将、福禄子乙旃惠也拔，左卫将军、内阿干、太子左卫帅、安吴子乙旃阿奴，内行内小乙旃伏洛汗，内行内小乙旃侯侯②。文成帝、孝文帝两碑中所见乙旃氏成员与叔孙建—俊、邻父子的关系虽然难以确知，但为同一家族成员（俊、邻之兄弟及其子孙）当无疑问。透过这两个碑阴题名，可以感觉到乙旃（叔孙）氏在太武帝以后的较长时期内一直都是北魏统治集团的重要成员，《魏书》的相关记载显得极不完整。

（2）万忸乎氏。即勿忸于氏，孝文帝改为于氏，属于勋臣八姓之一（第六）。万忸乎劲（于劲）为宣武帝于皇后之父③，其时宣武帝元恪尚未被立为太子，但很可能已娶劲女为妻。万忸乎氏始祖栗碑为魏初三朝名将，死于太武帝后期④。其子洛拔（415—458）为太武帝宠臣，文成帝时期任至尚书令⑤。洛拔六子：烈、敦、果、劲、须、文仁；烈子祚、忠、景。⑥ 万忸乎澄即于忠，《魏书·于忠传》："太和中，授武骑侍郎，因赐名登。"⑦《弔比干文》碑阴题名中万忸乎澄的官职正是武骑

---

① 参见《魏书》卷二九《叔孙建传》《叔孙俊传》及其弟邻附传，第二册，第705—706页。

② 山西省考古研究所、灵丘县文物局：《山西灵丘北魏文成帝〈南巡碑〉》，《文物》1997年第12期。

③ 《魏书》卷八三下《外戚下·于劲传》，第五册，第1832页。

④ 《魏书》卷三一《于栗碑传》，第三册，第735—736页。

⑤ 《魏书》卷三一《于洛拔传》，第三册，第737页。

⑥ 参见《魏书》卷三一各传，第三册，第737—748页。

⑦ 《魏书》卷三一《于忠传》，第三册，第741页。

侍郎，澄、登形近，最大可能是《金石萃编》碑阴题名误录"登"为"澄"。万忸乎羒极有可能为于祚，《魏书·于祚传》载其"太和中，为中散，稍迁恒州别驾"，而《弔比干文》碑阴题名中万忸乎羒的官职为给事，给事当即中散，羒、祚形近，《金石萃编》录文或有误。万忸乎吐拔很可能为于劲兄弟敦、果、须、文仁四人之一，以后二人的可能性较大。

（3）丘目陵氏。即丘穆陵氏，孝文帝改为穆氏，为勋臣八姓之一（第一），是北魏最著名的皇婿家族。丘目陵亮即穆亮（451—502），为丘目陵氏始祖穆崇之玄孙（崇—观＋宜阳公主—寿＋乐陵公主—平国＋城阳长公主—亮），是当时这一家族地位最显赫的成员，其妻中山长公主。丘目陵纯即穆纯，是与穆崇一起协助北魏建国的"崇宗人丑善"之玄孙（丑善—莫提—吐—敦—纯）。《魏书·穆丑善传》附："敦，辅国将军、西部都将，赐爵富平子。卒。子纯，袭爵。历散骑常侍、光禄勋。高祖时，右卫将军。"[①]《弔比干文》碑阴题名中丘目陵纯的爵位为"黄平子"，应为富平子，《金石萃编》录文有误；《魏书》所载"散骑常侍、光禄勋"则为"员外散骑常侍、光禄勋少卿"之误，而且其担任该职也是在孝文帝时，故本段文字应改为："高祖时，历散骑常侍、光禄勋（员外散骑常侍、光禄少卿），右卫将军。"丘目陵惠于史无考，难以确知为《魏书》所载穆氏家族哪一位成员，抑或其事迹史书失载。

（4）郁久闾（闾）氏。为柔然国姓，属于北魏外戚家族之一。闾毗于太武帝时入魏，其妹为文成帝之母。闾毗、闾纥兄弟在文成帝时期均受封为王，"自余子弟赐爵为王者二人、公五人、侯六人、子三人，同时受拜"。闾毗薨，"子惠袭"，惠"子豆，后赐名庄。太和中，初立三长，以庄为定户籍大使，甚有时誉。十六年（492），例降爵，后为七兵尚

---

① 《魏书》卷二七《穆丑善》附传，第二册，第676—677页。

书，卒"。"纥弟染，位外都大官、冀州刺史、江夏公。"① 文成帝《南巡碑》中可见"征东大将军驸马都尉□□郡王茹茹常友"（第1列）及"扬烈将军内三郎灵开（丘）男茹茹命以斤"（第3列），茹茹氏即郁久闾氏。就时代而论，闾庄最有可能在太和十八年随侍孝文帝出巡，但从《弔比干文》碑阴题名中郁久闾麟、敏的官位来看并无此可能。不论如何，孝文帝时期郁久闾（闾）氏仍然在北魏统治集团中有一定的影响力。

（5）陆氏。本步六孤氏，为勋臣八姓之一（第二）。步六孤氏始祖幹，其子突于北魏"太祖时率部民随从征伐，数有战功"，历任离石镇将、上党太守。突子俟于明元帝初年入仕，太武帝时期历任冀州刺史、虎牢镇大将、安定镇大将、怀荒镇大将、长安镇大将、内都大官、外都大官等要职，是地位显赫的一员名将。② 俟子丽拥戴文成帝即位，受到文成帝的特别宠信。陆丽与其父陆俟皆受封为王：丽封平原王，俟封东平王。陆丽在文成帝时期任侍中、抚军大将军、司徒公、领太子太傅，"复其子孙，赐妻妃号"。③ 其子"定国在襁抱，高宗幸其第，诏养宫内，至于游止，常与显祖同处"④。当其时，有众多步六孤氏成员在官僚集团任职，其权势达于极盛。⑤《弔比干文》碑阴题名中的散骑侍郎、东郡公陆昕当即陆定国子昕之（？—511），其母为范阳卢度世之女，其妻为献文帝女常山公主⑥。员外散骑侍郎陆怖道即陆希道，《金石萃编》录文形近致误。陆希道亦为陆丽之孙，陆叡之子，祖母张黄龙"本恭宗宫人，以赐丽，生叡"。陆叡后袭父爵平原王。太和十八年冬孝文帝从平城南下之时，陆叡正在担任使持节、恒肆朔三州都督、征北将军、恒州

① 《魏书》卷八三上《外戚上·闾毗传》及附传，第五册，第1816—1817页。
② 《魏书》卷四〇《陆俟传》，第三册，第901—903页。
③ 《魏书》卷四〇《陆丽传》，第三册，第908页。
④ 《魏书》卷四〇《陆丽传附子定国传》，第三册，第908页。
⑤ 关于陆丽及步六孤（陆）氏成员在文成帝时期的地位，参见拙著《北魏政治史》五，读者出版集团·甘肃教育出版社2008年版，第25、41、73—75页。
⑥ 《魏书》卷四〇《陆丽传附孙昕之传》，第三册，第909页。

刺史、行尚书令，为代北鲜卑贵族最重要的政治人物。次年陆叡因与穆泰发动叛乱而被赐自尽，其子希道"坐父事徙于辽西"。①

（6）其他代姓。

① 龙骧将军大野慇——《魏书·官氏志》所载诸胡姓中并无大野氏，史书仅可见到北魏末年有大野拔②、大野胡也杖③ 及西魏初年大野树儿④ 数人，阎庆及唐高祖李渊祖父李虎在西魏时被"赐姓大野氏"⑤。大野慇有可能为大野拔等人之父兄。

② 羽林中郎将侯莫陈益——侯莫陈氏在孝文帝迁都后改为陈氏，侯莫陈部在道武帝时被北魏征服，天兴二年（399）三月，建义将军庾真、越骑校尉奚斤"等进破侯莫陈部，获马、牛、羊十余万头"⑥。代人陈建（？—485），"祖浑，太祖末为右卫将军。父阳，尚书"⑦。侯莫陈浑当即被征服侯莫陈部酋，在部落离散后任至右卫将军。太武帝时期，陈"建以善骑射，擢为三郎。稍迁下大夫、内行长"。文成帝时为幽州刺史，孝文帝时历任尚书右仆射·侍中、司徒·征西大将军，进爵至魏郡王。⑧ 其

---

① 《魏书》卷四〇《陆叡传》《陆叡传附子希道传》，第三册，第 911—913、914 页。

② 《魏书》卷一一《前废帝纪》，第一册，第 276 页；卷一二《孝静帝纪》，第 298 页；卷八〇《樊子鹄传》，第五册，第 1779 页。按"大野"亦作"达野"，《北史》卷一九《献文六王·咸阳王禧传附子树传》："（樊）子鹄寻为达野拔所杀。"（（唐）李延寿撰，中华书局 1974 年版，第三册，第 693 页）

③ 《北史》卷三六《薛孝通传》，第五册，第 1336 页。按中华书局点校本本卷"校勘记"〔九〕云："疑'杖'是'拔'之讹。'胡也拔'是其本名，单作'拔'是省称，或汉名。"（第 1347 页）陈连庆谓"其说甚是"（《中国古代少数民族姓氏研究》，吉林文史出版社 1993 年版，第 137 页）。

④ （唐）令狐德棻撰：《周书》卷二五《李贤传》，中华书局 1971 年版，第二册，第 415 页。

⑤ 《周书》卷二〇《阎庆传》，第二册，第 342 页；（后晋）刘昫等撰：《旧唐书》卷一《高祖纪》，中华书局 1975 年版，第一册，第 1 页；（宋）欧阳修、宋祁撰：《新唐书》卷一《高祖纪》，中华书局 1975 年版，第一册，第 1 页；卷七三下《宰相世系表下》"阎氏"条，第一〇册，第 2987 页。

⑥ 《魏书》卷二《太祖纪》，第一册，第 35 页。

⑦ 《魏书》卷三四《陈建传》，第三册，第 802 页。

⑧ 《魏书》卷三四《陈建传》，第三册，第 802—803 页。

子念，袭爵魏郡王，任至中山太守。① 侯莫陈益当为陈建之子孙。北魏末年有侯莫陈悦，其"父婆罗门，为驼牛都尉，故悦长于河西"②。陈念为中山太守时因"坐掠良人为御史中尉王显所弹。遇赦，免，爵除"③，时当宣武帝时期。婆罗门有可能就是陈念，抑或其子弟，家于河西当与陈念在宣武帝时违法犯罪而被惩处有关。又有代郡武川人侯莫陈崇，为西魏北周时期最重要的政治人物之一，其"五世祖曰太骨都侯。其后，世为渠帅。祖允，以良家子镇武川，因家焉。父兴，殿中将军、羽林监"④。从所任官职推测，侯莫陈益与崇父兴为同一人的可能性甚大。

③ 给事俟文福——《魏书·官氏志》所载诸胡姓中并无俟文氏，史书中亦未见到俟文氏，《韩震墓志》载其"母东燕俟文氏，内行给事俟文成之女"⑤，则俟文氏当出慕容鲜卑。给事俟文福与内行给事俟文成很可能为同一人，也可能为兄弟关系。

④ 直阁、武卫、中臣俟吕阿倪——《魏书·官氏志》所载诸胡姓中并无俟吕氏，但有"叱吕氏，后改为吕氏"⑥，俟吕阿倪当属此姓。阿倪为鲜卑人名用字，如：常山王遵曾孙"昭，小字阿倪"，孝文帝时"尚书张彝引兼殿中郎"⑦；北魏末年秦州城民莫折"念生窃号天子，改年曰天建，置立官僚，以息阿胡为太子，其兄阿倪为西河王，弟天生为高阳王，伯珍为东郡王，安保为平阳王"⑧。史载代人吕洛拔，其"曾祖渴侯，昭成时率户五千归国。祖肥，濮阳太守。父匹知，世祖时为西部长，荥阳公"。洛拔"高宗末为平原镇都将"，参与北魏经略徐州之役，

① 《魏书》卷三四《陈建传附子念传》，第三册，第804页。

② 《魏书》卷八〇《侯莫陈悦传》，第五册，第1784页。

③ 《魏书》卷三四《陈建传附子念传》，第三册，第804页。

④ 《周书》卷一六《侯莫陈崇传》，第一册，第268页。

⑤ 《汉魏南北朝墓志集释》图版二八一之二。

⑥ 《魏书》卷一一三《官氏志》，第八册，第3009页。

⑦ 《魏书》卷一五《昭成子孙·常山王遵传附昭传》，第二册，第376页。

⑧ 《魏书》五九《萧宝夤传》，第四册，第1322页。

以功"赐爵成武侯，加建义将军"。① 其"长子文祖，显祖以其勋臣子，补龙牧曹奏事中散。以牧产不滋，坐徒于武川镇。后文祖以旧语译注《皇诰》，辞义通辩，超授阳平太守。未拜，转为外都曹奏事中散。后坐事伏法"。② 从时间推测，俟吕阿倪为吕文祖或其兄弟的可能性较大。

⑤ 直阁、武卫、中臣叱罗吐盖——叱罗氏孝文帝改为罗氏，叱罗部在北魏建立前即已归附拓跋鲜卑，罗结在北魏建国大业中发挥过作用，明元帝时任至河内镇将，太武帝初"迁侍中、外都大官，总三十六曹事"，"甚见信待，监典后宫，出入卧内，因除长信卿"。③ 这一家族在北魏中叶地位颇为显赫，孝文帝时罗拔（结孙）任至征西将军、吏部尚书，进爵济南王，改封赵郡王。④ 结从子渥，其曾孙"盖，世宗时右将军、直阁将军"⑤。叱罗吐盖即罗盖，其在孝文帝时已任直阁将军。

⑥ 直阁、武卫、中臣若干侯莫仁——若干氏孝文帝改为苟氏，其始祖乌提曾协助北魏道武帝建国，乌提曾孙苟颓（？—489）于太武帝末年入仕，在文成帝至孝文帝前期历任要职，尤其在冯太后临朝听政时期地位显赫。承明元年（476），由洛州刺史"征拜散骑常侍、殿中尚书，进爵成德侯，加后将军。太和元年，加散骑常侍，寻迁侍中、安东将军、都曹尚书，进爵河南公"。"三年，迁征北大将军、司空公，进爵河东王。以旧老，听乘步挽杖于朝。"苟颓在平定太和五年（481）沙门法秀谋反中发挥了关键作用。⑥ 苟颓子恺、养、资见于史书记载，若干侯莫仁最有可能为苟资，史载其在宣武帝延昌（512—515）末死前任"武卫将军，加后将军"，联系罗盖的情况推测，苟资在孝文帝后期当已担任武卫将军。

---

① 《魏书》卷三〇《吕洛拔传》，第三册，第 732 页。
② 《魏书》卷三四《吕洛拔传附子文祖传》，第三册，第 732 页。
③ 《魏书》四四《罗结传》，第三册，第 987 页。
④ 《魏书》四四《罗结传附拔传》，第三册，第 988 页。
⑤ 《魏书》四四《罗结传附盖传》，第三册，第 989 页。
⑥ 《魏书》四四《苟颓传》，第三册，第 994 页。

⑦ 直阁、武卫、中臣吐难长命——《魏书·官氏志》载"土难氏，后改为山氏"①，吐难即土难。文成帝《南巡碑》有"吐难子如凯"其人，史书所载北魏吐难氏列传人物仅有山伟及其祖、父，谓其为"河南洛阳人也。其先代人"。山伟"祖强，美容貌，身长八尺五寸，工骑射，弯弓五石"，历任奏事中散、内行长，时在献文帝时期。伟"父稚之，营陵令"，任至金明太守。②吐难长命为山稚之或其兄弟的可能性较大。

⑧ 宰官令臣伊娄愿——伊娄氏为拓跋鲜卑帝室十姓，孝文帝改为伊氏，这一家族最有名的列传人物为伊馛，史称其"少而勇健，走及奔马，善射，多力，曳牛却行"。太武帝时期入仕，历任侍郎、三郎、尚书、中护将军·秘书监、东雍州刺史，"转殿中尚书，常典宿卫"。文成帝时期，伊馛地位显赫，为最高官僚集团成员，先为"征北大将军、都曹尚书，加侍中，进爵河南公"，又"拜司空"，"领太子太保"，"与司徒陆丽等并平尚书事"。③其子兰袭爵，任至"散骑常侍、库部尚书"④，文成帝《南巡碑》碑阴题名所载"库部内阿干□□库兰"即此人⑤。兰子盆生"骁勇有胆气"，为北魏末年名将，孝明帝时"自骁骑将军、直阁将军为持节、右将军、洛州刺史"⑥。伊娄愿最有可能即为伊盆生或其兄弟。

⑨ 监御令臣莫耐娄悦——《魏书·官氏志》载"莫那娄氏，后改为莫氏"，莫那娄即莫耐娄。早在北魏建国近百年前，属于东部鲜卑的莫耐娄部即曾归附拓跋部。⑦文成帝《南巡碑》中可见"内行内小莫耐

---

① 《魏书》卷一一三《官氏志》，第八册，第3011页。
② 《魏书》卷八一《山伟传》，第七册，第1792页。
③ 《魏书》卷四四《伊馛传》，第三册，第989—990页。
④ 《魏书》卷四四《伊馛传附子兰传》，第三册，第990页。
⑤ 参见拙著《魏晋南北朝禁卫武官制度研究》，中华书局2004年版，下册，第733页。
⑥ 《魏书》卷四四《伊馛传附孙盆生传》，第三册，第990页。
⑦ 《魏书》卷一《序纪》：昭皇帝禄官"四年（298），东部末（末）耐娄大人倍斤入居辽东"（第一册，第6页）。

娄□"（第1列）及"骁骑将军殿中给事新安子莫那娄爱仁"（第3列）。代人莫题在北魏初年"赐爵扶柳公，进号左将军，改为高邑公"，"出除中山太守，督司州之山东七郡事"，后被道武帝处死。① 《南巡碑》与《弔比干文》碑阴题名中的莫耐娄□、爱仁、悦，当即莫题之后代。

⑩ 符节令臣贺拔舍——《魏书·官氏志》载"贺拔氏，后改为何氏"②，但在史书中并未见到有何氏人物的活动。《魏书·贺拔胜传》："字破胡，神武尖山人。祖尔逗，选充北防，家于武川。以窥觇蠕蠕，兼有战功，显祖赐爵龙城男，为本镇军主。父度拔，袭爵。正光末，沃野人破落汗拔陵聚众反，度拔与三子、乡中豪勇援怀朔镇，杀贼王卫可瓌。"③ 虽然献文帝时期贺拔尔逗就已入仕，但仅限于在本镇担任低级武职。史书中贺拔氏人物的活动是从六镇之乱开始的，而从《弔比干文》碑阴题名可知，最迟在孝文帝时期贺拔氏成员已在北魏朝廷任职。

⑪ 武骑侍郎臣独孤遥——独孤部是与拓跋部最早发生密切关系的部落，在北魏建国前后有重要的影响，孝文帝改独孤氏为刘氏，属于勋臣八姓之一（第四）。独孤遥于史无考，最有可能为北魏初年外戚刘罗辰（奴真）之后裔。④

⑫ 符玺郎、中臣拔拔臻——《魏书·官氏志》载献帝（邻）"次兄为拓拔氏，后改为长孙氏"⑤。北宋司马光《资治通鉴》齐明帝建武三年（496）正月条载魏主"改拔拔氏为长孙氏"⑥，宋武帝永初三年（422）

---

① 《魏书》卷二八《莫题传》，第二册，第683—684页。
② 《魏书》卷一一三《官氏志》，第八册，第3009页。
③ 《魏书》卷八〇《贺拔胜传》，第五册，第1779—1780页。
④ 其事迹参见《魏书》卷八三上《外戚上·刘罗辰传》，第五册，第1813页；卷二三《刘显传附奴真传》，第二册，第606页。
⑤ 《魏书》卷一一三《官氏志》，第3006页。
⑥ （宋）司马光编著，（元）胡三省音注，"标点资治通鉴小组"校点：《资治通鉴》卷一四〇《齐纪六》，中华书局1956年版，第4393页。

五月条载长孙"嵩实姓拔拔"①。邓名世《古今姓氏书辩证》载"后魏献帝次兄为拔拔氏，后改为长孙氏"②。此说为后人所接受。③其史源只能是《魏书·官氏志》，可知宋人所见《官氏志》原本为"拔拔"而非拓拔。长孙氏属于北魏最显赫的拓跋贵族之一，在北魏各个时期都有不少长孙氏人物的活动，《魏书》所载主要是长孙嵩、长孙道生（嵩从子）、长孙肥三支，《弔比干文》碑阴题名中的拔拔臻究竟为哪一支系难以确知，也可能其事迹不见于《魏书》记载。

⑬直阁、武卫、中臣高车部人斛律虑——北魏道武帝时期有大量高车人被征服迁徙到京师平城附近，并为之建立鹿苑。④太武帝征服漠北高车，数十万落高车人被迁徙到北边军镇从事游牧业。⑤高车人以部落方式生活，为北魏统治者提供畜牧产品，同时北魏政府还从高车部落选拔禁卫武官（士）充实朝廷禁卫军，在北魏禁卫军中高车人自成系统。⑥《魏书·高车传》："其种有狄氏、袁纥氏、斛律氏、解批氏、护骨氏、异奇斤氏。"⑦太武帝景穆太子拓跋晃的妃子中即有一位来自高车斛律氏。⑧这一部落成员在北魏文成帝以后的朝政中具有很大的影响力，

---

① 《资治通鉴》卷一一九《宋纪一》，第八册，第3746页。

② （宋）邓名世撰，王力平点校：《古今姓氏书辩证》卷三七"末韵"，江西人民出版社2006年版，第586页。

③ 参见《资治通鉴》卷七七《魏纪九》元帝景元二年（261）岁末条、卷九七《晋纪十九》康帝建元二年（344）正月条、卷一〇四《晋纪二六》孝武帝太元元年（376）十二月条，第六、七册，第2459、3059、3280页；（清）陈毅撰《魏书官氏志疏证》，《二十五史补编》，中华书局1998年版，第四册，第4645页；姚薇元《北朝胡姓考》，科学出版社1958年版，第12页；《魏书》卷一一三《官氏志》"校勘记"〔二三〕，第八册，第3019页；陈连庆《中国古代少数民族姓氏研究》，第95页。

④ 参见［日］佐川英治《遊牧と農耕の間——北魏平城の鹿苑の機能とその変遷》，《岡山大学文学部紀要》第47号（2007年）；拙著《北魏政治史》二，读者出版集团·甘肃教育出版社2008年版，第49—52页。

⑤ 参见拙著《北魏政治史》三，读者出版集团·甘肃教育出版社2008年版，第18—21页。

⑥ 参见拙著《魏晋南北朝禁卫武官制度研究》下册，第680—681页。

⑦ 《魏书》卷一〇三《高车传》，第六册，第2307页。

⑧ 《汉魏南北朝墓志集释》图版二三九《比丘尼统慈庆墓志》。

尤其是在禁卫军系统，仅文成帝《南巡碑》碑阴题名即可见到 7 位斛律氏成员①，《弔比干文》碑阴斛律忠的题名亦证实了这一点。《北齐书·斛律金传》："朔州勅勒部人也。高祖倍侯利，以壮勇有名塞表，道武时率户内附，赐爵孟都公。"② 看来怀朔镇应该是高车斛律部的主要生活地域。斛律氏在北魏末年六镇之乱爆发后在政治舞台上发挥了巨大影响力，后来成为东魏北齐统治集团中的核心家族。

三、汉族官吏

《弔比干文》碑阴题名所见汉族官吏共有 40 人（1 人姓名阙），其中半数以上见于《魏书》列传记载。

1. 阉官

李坚、秦松、白勅、剧鹏、双蒙 5 人。白勅即白整，《金石萃编》录文有误。李坚为"高阳易人也。高宗初，因事为阉人"③。剧鹏亦为"高阳人"，"兄买奴，亦为宦者"。④ 王质为"高阳易人也。其家坐事，幼下蚕室"⑤。李坚、王质与剧鹏及其兄买奴应该是在同一次事变中被刑为阉人的。太武帝太平真君八年（447），"高阳易县民不从官命，讨平之，徙其余烬于北地"⑥。这是北魏有史可查的唯一一次发生在高阳

---

① 分别是"斛律诺斗拔""侯斛律頠拔"（第 2 列）、"武［毅］将军内三郎斛律莫烈""前将军内三郎钟离侯斛律羽都居""宁朔将军内三郎晋安子斛律出六拔"（第 3 列）、"扬烈将军内三郎永宁男斛律西娭""武毅将军内三郎斛律伏和真"（第 4 列）。关于斛律氏与文成帝及其后北魏政治的关系，参见拙著《北魏政治史》五，读者出版集团·甘肃教育出版社 2008 年版，第 91—93 页。

② （唐）李百药撰：《北齐书》卷一七《斛律金传》，中华书局 1972 年版，第一册，第 219 页。

③ 《魏书》卷九四《阉官·李坚传》，第六册，第 2026 页。

④ 《魏书》卷九四《阉官·剧鹏传》，第六册，第 2020 页。

⑤ 《魏书》卷九四《阉官·王质传》，第六册，第 2025 页。

⑥ 《魏书》卷四下《世祖纪下》，第一册，第 101 页。

易县的民变①，李坚、王质与剧鹏兄弟无疑是在此次遭受宫刑的。换言之，李坚"因事为阉人"当在世祖末而非高宗初。冯太后临朝听政，李坚"稍迁至中给事中，赐爵魏昌伯"，"小心谨慎，常在左右"。"高祖迁洛，转被委授，为太仆卿，检课牧产，多有滋息。"②据《吊比干文》碑阴题名，其职为光禄大夫、录太仆少卿。"录"当为"兼"字之误。史载剧鹏在孝文帝时"为给事中。高祖迁洛，常为宫官，事幽后"③。据《吊比干文》碑阴题名，其所任官职应为中给事。《魏书·阉官传》："秦松，不知其所由。太和末，为中尹，迁长秋卿，赐爵高都子。""白整者，亦因事腐刑。少掌宫掖碎职，以恭敏著称，稍迁至中常侍。"④而据《吊比干文》碑阴题名可知，两人均为上党人，最晚在太和十八年秦松已任中常侍、中尹，白整在任中尹前为中给事、录（兼）大（太）官令。秦松和白整入宫可能缘于同一次事变。太平真君九年（448）"二月癸卯（初一，3.21），行幸定州。山东民饥，启仓赈之。罢塞围作。遂西幸上党，诛潞叛民二千余家，徙西河离石民五千余家于京师。诏于壶关东北大王山累石为三封，又斩其北凤凰山南足以断之"⑤。上党郡属并州，后燕时由安民城迁治壶关城，北魏"皇始元年（396），迁治安民。真君（440—451）中，复治壶关"⑥。按上党郡"复治壶关"的具体时间即在太平真君九年二月。这次上党潞县民的叛乱起因于饥荒和北魏政府的处置无方，秦松、白整当在其时遭受宫刑。双蒙不载于《阉官传》，但史书对其事迹有所记载，其在孝文帝末年为幽后冯氏的心腹。《魏书·孝文幽皇后传》："始以疾归，颇有失德之闻。高祖频岁南

---

① 按高阳易县原属定州，孝文帝太和十一年（487）设瀛州，高阳郡划归瀛州。（《魏书》卷一〇六上《地形志上》，第七册，第2469页）

② 《魏书》卷九四《阉官·李坚传》，第六册，第2026页。

③ 《魏书》卷九四《阉官·剧鹏传》，第六册，第2026页。

④ 《魏书》卷九四《阉官传》，第六册，第2026页。

⑤ 《魏书》卷四下《世祖纪下》，第一册，第102页。

⑥ 《魏书》卷一〇六上《地形志上》并州上党郡条本注，第七册，第2467页。

征，后遂与中官高菩萨私乱。及高祖在汝南不豫，后便公然丑恣，中常侍双蒙等为其心腹。中常侍剧鹏谏而不从，愤惧致死。""高祖自豫州北幸邺，后虑还见治检，弥怀危怖，骤令阉人托参起居，皆赐之衣裳，殷勤托寄，勿使漏泄。亦令双蒙充行，省其信不。然唯小黄门苏兴寿密陈委曲。高祖问其本末，敕以勿泄。至洛，执问菩萨、双蒙等六人，迭相证举，具得情状。高祖以疾卧含温室，夜引后，并列菩萨等于户外。"① 据《弔比干文》碑阴题名可知，双蒙在任中常侍之前为中黄门令、带典农令，其郡望□德郡当即建德郡，史载营州建德郡"真君八年置，治白狼城"②。双蒙很可能是在北魏平定北燕时（436）遭受宫刑而成为阉人的，若此则其在孝文帝末年已年过七旬。孝文帝此次从平城南迁，有 5 位阉官随侍同行，他们是当时北魏宫廷阉人的主要首领，负责孝文帝的生活起居是其主要职责，同时表明可能有部分后宫嫔妃也在这次南迁之列。

2. 外戚

侍中、司徒公、都督中外诸军事、太子太师、驸马、长乐郡开国公臣长乐郡冯诞。冯诞（467—495）为当时外戚冯氏家族的主要代表人物，其父冯熙（？—495）为四年前去世的文明太皇太后之兄，其母为恭宗（景穆太子拓跋晃）女博陵长公主，其妻为孝文帝妹乐安长公主，其子冯穆（公主所生长子）之妻为孝文帝女顺阳长公主。《弔比干文》刻立之时，冯太后虽然已经去世，但冯氏家族在政治上仍然处于极盛时期，冯熙时任太师留守代京，其子冯诞为侍中、司徒公、都督中外诸军事、太子太师、车骑大将军，冯脩为侍中、镇北大将军、尚书，冯聿为黄门郎。③ 又，"高祖前后纳熙三女，二为后，一为左昭仪。由是

① 《魏书》卷一三《皇后·孝文幽皇后传》，第二册，第 333—334 页。
② 《魏书》卷一〇六上《地形志上》，第七册，第 2494 页。
③ 《魏书》卷八三上《外戚上·冯熙传》《冯诞传》及附传，第五册，第 1819、1821、1823 页。

冯氏宠贵益隆，赏赐累巨万"[1]。然而仅仅过了数月时间，冯氏势力便盛极而衰，冯氏家族最重要的两位成员相继病故。太和十九年二月辛酉（廿二，4.2），冯诞在随孝文帝南伐时"遇疾"薨于钟离；三月"戊子（十九，4.29），太师冯熙薨"。[2]

3. 其他外戚或皇亲

（1）李韶——陇西李氏归附北魏的第一代家长李宝（407—459）长孙，其父李承（431—475）在北魏灭北凉之初即入质平城，任至龙骧将军、荥阳太守。李韶（453—524）之名为孝文帝所赐（本字元伯），史称其"学涉，有器量"，"又为季父冲所知重"。他于延兴（471—476）年间自中书学生入仕，迄孝文帝末的 30 余年间，历任仪曹令、给事黄门侍郎、黄门兼大鸿胪卿、太子右詹事、太子詹事·秦州大中正、安东将军·兖州刺史。[3] 其随侍孝文帝吊祭比干墓时，正在担任太子右詹事。李韶是当时陇西李氏家族中仅次于其季父李冲的代表人物。"高祖初依《周礼》，置夫、嫔之列，以冲女为夫人"[4]。孝文帝下诏"为六弟娉室"，"长弟咸阳王禧可娉故颍川太守陇西李辅女"，"次（五）弟始平王勰可娉廷尉卿陇西李冲女"。[5] 按李辅为李韶三叔，李冲为其六叔。

① 《魏书》卷八三上《外戚上·冯熙传》，第五册，第 1820 页。据《汉魏南北朝墓志集释》图版八三《元悦妃冯季华墓志》记载，冯熙第二、三女为孝文帝皇后，第四、五女为孝文帝昭仪，可知《魏书》的记载并不确切。关于冯氏与北魏皇室之间的姻亲关系，参见拙著《北魏政治史》六，读者出版集团·甘肃教育出版社 2008 年版，第 39—43 页。

② 《魏书》卷七下《高祖纪下》，第一册，第 176 页。参见同书卷八三上《外戚上·冯熙传》《冯诞传》，第五册，第 1820、1821 页。又，同卷《冯聿传》："崔光之兼黄门也，与聿俱直。光每谓之曰：'君家富贵太盛，终必衰败。'……时熙为太保，诞司徒、太子太傅，脩侍中、尚书，聿黄门。废后在位，礼爱未弛。是后岁余，脩以罪弃，熙、诞丧亡，后废，聿退。时人以为盛必衰也。"（第 1823 页）按崔光告诫冯聿之事当发生于太和十七、十八年之交，从一个侧面反映了冯太后死后统治集团内部对冯氏显赫权势的排斥。

③ 《魏书》卷三九《李韶传》，第三册，第 886 页。

④ 《魏书》卷五三《李冲传》，第四册，第 1181 页。

⑤ 《魏书》卷二一上《献文六王上·咸阳王禧传》，第二册，第 535 页。又，同书卷三九《李宝传附子辅传》："太和初，高祖为咸阳王禧纳其女为妃。"（第三册，第 893 页）

（2）韦缵——京兆杜陵人，其家族"世为三辅冠族"①。其祖尚为乐安王良安西府从事中郎，父珍（435—508）历任京兆王子推常侍、尚书南部郎、乐陵镇将、郢州刺史、荆州刺史、中军大将军彭城王勰长史、鲁阳太守（试守鲁阳郡）、大尉谘议参军等职。②韦缵（466—510）"年十三，补中书学生，聪敏明辩，为博士李彪所称"。历任秘书中散、侍御中散、散骑侍郎、太子中舍人、兼黄门（侍郎）、兼司徒右长史、长兼尚书左丞、王肃扬州长史·带梁郡太守、行州事、任城王澄扬州长史。《弔比干文》碑阴题名载其为通直散骑侍郎，与传略异。在其任中散时，"高祖每与名德沙门谈论往复，缵掌缀录，无所遗漏，颇见知赏"。③值得注意的是，韦珍之名为孝文帝所赐④，其族人韦崇（韦阆从子，韦珍为阆族弟）为荥阳郑羲外甥，"高祖纳其女为充华嫔"⑤。孝文帝为其诸弟娉室，下诏"次（三）弟广陵王羽可娉骠骑谘议参军荥阳郑平城女"，"季（六）弟北海王详可娉吏部郎中荥阳郑懿女"。⑥按郑平城为郑羲兄小白之子，郑懿为郑羲长子⑦。

（3）王翔——其官职为兼给事黄门侍郎、员外散骑侍郎、□（典）属国下大夫，必为王慧龙之后。《魏书·王慧龙传附孙琼传》："字世珍。高祖赐名焉。太和九年，为典寺令。十六年，降侯为伯。高祖纳其长女为嫔，拜前军将军、并州大中正。"王琼（454—527）生活的时代与王翔相当，史载"自慧龙入国，三世一身，至琼始有四子"⑧，则王琼与王翔为同一人无疑，在孝文帝赐名前其名为翔。

① 《魏书》卷四五《韦阆传》，第三册，第1009页。
② 《魏书》卷四五《韦阆传附珍传》，第三册，第1013—1014页。
③ 《魏书》卷四五《韦阆传附缵传》，第1014页。
④ 《魏书》卷四五《韦阆传附珍传》，第三册，第1012页。
⑤ 《魏书》卷四五《韦阆传附崇传》，第三册，第1012页。
⑥ 《魏书》卷二一上《献文六王上·咸阳王禧传》，第二册，第535页。
⑦ 参见《魏书》卷五六《郑羲传附平城传》《郑羲传附懿传》，第四册，第1239、1244页。
⑧ 《魏书》卷三八《王慧龙传附孙琼传》，第三册，第878页。

4.其他士人官吏

（1）郭祚——太原晋阳人，其两姑母为太武帝时的司徒崔浩之妻，又一姑母妻浩弟上党太守恬。其祖父逸在太武帝时任至徐州刺史，父洪之受崔浩国史之狱株连而死，"祚亡窜得免"。史称"祚涉历经史，习崔浩之书，尺牍文章见称于世"。郭祚于孝文帝初年"举秀才，对策上第，拜中书博士"，历任中书侍郎、尚书左丞、长兼给事黄门侍郎，"祚清勤在公，夙夜匪懈，高祖甚知赏之"。"从高祖南征，及还，正黄门。"郭祚随孝文帝由平城南下经比干之墓时，正在担任黄门侍郎。后"迁散骑常侍，仍领黄门"。① 《魏书·郭祚传》："是时高祖锐意典礼，兼铨镜九流，又迁都草创，征讨不息，内外规略，号为多事。祚与黄门宋弁参谋帷幄，随其才用，各有委寄。祚承禀注疏，特成勤剧。"② 据此记载，不排除郭祚参与孝文帝《弔比干文》起草的可能性。

（2）崔光——东清河鄃人，"本名孝伯，字长仁，高祖赐名焉"。其祖旷"从慕容德南渡河，居青州之时水"，宋文帝时为乐陵太守。其父灵延在宋孝武帝时位龙骧将军、长广太守，参与抵抗北魏进攻的战斗。北魏平定三齐，"光年十七，随父徙代。家贫好学，昼耕夜诵，佣书以养父母"。太和六年（482），崔光被任命为中书博士，历任著作郎、中书侍郎、给事黄门侍郎，"甚为高祖所知待"。孝文帝常说："孝伯之才，浩浩如黄河东注，固今日之文宗也。"③ 《弔比干文》碑阴题名中崔光的官职为"给事黄门侍郎、领著作郎"，可知其在迁任中书侍郎及给事黄门侍郎时仍兼领著作郎。其后"拜散骑常侍，黄门、著作如故，又兼太子少傅"，又"以本官兼侍中、使持节，为陕西大使，巡方省察"，"还，仍兼侍中"。④ 崔光可能也属于《弔比干文》的起草者。

---

① 《魏书》卷六四《郭祚传》，第四册，第1421—1422页。
② 《魏书》卷六四《郭祚传》，第四册，第1422页。
③ 《魏书》卷六七《崔光传》，第四册，第1487页。
④ 《魏书》卷六七《崔光传》，第四册，第1487页。

（3）游肇——广平任人，其曾祖鳝于后燕末任乐浪太守，祖幼为北燕假广平太守，父明根（419—499）在北魏灭北燕后"得归乡里"，其同族"游雅称荐之，世祖擢为中书学生"。太子拓跋晃监国，游明根为主书，文成帝初"迁都曹主书"。史称"明根历官内外五十余年，处身以仁和，接物以礼让，时论贵之。高祖初，明根与高闾以儒老学业，特被礼遇，公私出入，每相追随"，"世号高、游焉"。①孝文帝太和十六年（492）八月"己酉（廿五，10.2），以尉元为三老，游明根为五更"②。二人成为当时最受尊敬的老臣。游肇"字伯始，高祖赐名焉"。"幼为中书学生，博通经史及《苍》《雅》《林》说。高祖初，为内秘书侍御中散。"历任司州都官从事，通直郎、秘阁令，散骑侍郎、典命中大夫，太子中庶子，本州（相州）南安王桢镇北府长史、带魏郡太守，高阳王雍镇北府长史（太守如故）。史称其在魏郡太守任上"为政清简，加以匡赞，历佐二王，甚有声迹"。③《弔比干文》碑阴题名中游肇的官职为"典命中大夫、太子中庶子"，知其在迁任太子中庶子时仍然担任典命中大夫。

（4）李循——即李脩，《金石萃编》录文因形近致误。李脩"本阳平馆陶人"，家传医术。《魏书·李脩传》：

> 父亮，少学医术，未能精究。世祖时，奔刘义隆于彭城，又就沙门僧坦研习众方，略尽其术，针灸授药，莫不有效。徐兖之间，多所救恤，四方疾苦，不远千里，竟往从之。亮大为厅事以舍病人，停车舆于下，时有死者，则就而棺殡，亲往吊视。其仁厚若此。累迁府参军，督护本郡，士门宿官，咸相交昵，车马金帛，酬赍无赀。脩兄元孙随毕众敬赴平城，亦遵父业而不及。以

---

① 《魏书》卷五五《游明根传》，第四册，第1213、1215页。
② 《魏书》卷七下《高祖纪下》，第一册，第170页。
③ 《魏书》卷五五《游肇传》，第四册，第1215—1216页。

功赐爵义平子，拜奉朝请。脩略与兄同。晚入代京，历位中散令，以功赐爵下蔡子，迁给事中。太和中，常在禁内。高祖、文明太后时有不豫，脩侍针药，治多有效。赏赐累加，车服第宅，号为鲜丽。集诸学士及工书者百余人，在东宫撰诸药方百余卷，皆行于世。……迁洛，为前军将军、领太医令。①

李脩继承父兄之业，其术集青徐与印度医学之大成，是与徐謇并驾齐驱的北魏中后期最著名的太医。《弔比干文》碑阴题名载"给事、领太医令、臣高平郡李循"。按给事即本传所载给事中，则李脩长期以给事之职负责孝文帝的医疗保健。本传载其郡望为阳平，与碑文有异。《魏书·地形志上》司州"阳平郡"条本注："魏文帝黄初二年（221）分魏置，治馆陶城。"②《地形志中》，兖州有高平郡。③ 孝文帝太和十八年时馆陶当属高平郡，但也不排除碑阴题名录文有误的可能性。

（5）李预——北魏初年著名汉人文臣李先（李宏，335—429）曾孙，"少为中书学生，聪敏强识，涉猎经史。太和初，历秘书令、齐郡王友，出为征西大将军长史、带冯翊太守"④。《弔比干文》碑阴题名载其官职为"长兼典命下大夫、齐郡王友"，本传不载其为"长兼典命下大夫"，很可能典命下大夫即为秘书令。碑阴题名载其郡望为赵郡，而《魏书·李先传》载其为"中山庐奴人"⑤，两者有异，大概当时李预家已注籍赵郡。

（6）公孙良——魏初名臣公孙表曾孙，史传载表为"燕郡广阳人"，而《弔比干文》碑阴题名载良郡望为辽东。公孙表第二子轨娶封

---

① 《魏书》卷九一《术艺·李脩传》，第六册，第1966页。
② 《魏书》卷一〇六上《地形志上》，第七册，第2457页。
③ 《魏书》卷一〇六中《地形志中》，第七册，第2520页。
④ 《魏书》卷三三《李先传附预传》，第三册，第791页。
⑤ 《魏书》卷三三《李先传》，第三册，第788页。

氏，生子斌、叡。叡任至南部尚书，其妻为崔浩弟女，生子良，"聪明好学，为尚书左丞，雅有干用，为高祖所知遇"。① 碑阴题名载公孙良的官职为"白衣、守尚书左丞"，这是前此孝文帝亲自加以考黜的结果。史载孝文帝谓左丞公孙良、右丞乞伏义受曰："二丞之任，所以协赞尚书，光宣出纳。而卿等不能正心直言，规佐尚书，论卿之罪，应合大辟。但以尚书之失，事钟叔翻（广陵王羽），故不能别致贬责。二丞可以白衣守本官，冠服禄恤，尽皆削夺。若三年有成，还复本任；如其无成，则永归南亩。"②

（7）甄琛——中山毋极人，出身门第不高，其父仅为州主簿。史称其"颇学经史，称有刀笔，而形貌短陋，跛风仪。举秀才，入都"。"太和初，拜中书博士，迁谏议大夫，时有所陈，亦为高祖知赏。转通直散骑侍郎，出为本州征北府长史，后为本州阳平王颐卫军府长史。"③《弔比干文》碑阴题名载"散骑侍郎、臣河南郡甄琛"，与史传所载官职、郡望有异，未知孰是。

（8）邢峦——河间鄚人，其祖邢颖"以才学知名"，太武帝神䴥四年与"与范阳卢玄、勃海高允等同时被征"，任至中书侍郎，"后以病还乡里"，家族地位未能得到提升，峦父修年仅为州主簿。④ 邢峦因其才学而入仕并受到孝文帝的赏识，《魏书·邢峦传》："峦少而好学，负帙寻师，家贫厉节，遂博览书传。有文才干略，美须髯，姿貌甚伟。州郡表贡，拜中书博士，迁员外散骑侍郎，为高祖所知赏。兼员外散骑常侍，使于萧赜。还，拜通直郎，转中书侍郎，甚见顾遇，常参座席。""后兼黄门郎。""寻除正黄门、兼御史中尉、瀛州大中正，迁散骑常侍、兼尚书。"⑤

① 《魏书》卷三三《公孙表传》及附传，第三册，第782、785页。
② 《魏书》卷二一上《献文六王上·广陵王羽传》，第二册，第549页。
③ 《魏书》卷六八《甄琛传》，第四册，第1509页。
④ 《魏书》卷六五《邢峦传》，第四册，第1437页。
⑤ 《魏书》卷六五《邢峦传》，第四册，第1437—1438页。

邢峦随孝文帝吊祭比干墓时，正在担任通直散骑侍郎。在其后短短数年间，其地位得到快速提升，显然与其才学有关。

（9）崔广——博陵安平人，祖绰在太武帝时与卢玄、高允等被征入仕，从父鉴任至东徐州刺史①。崔广"有议干。初为中书学生"，孝文帝时历任殿中郎中、通直散骑侍郎、太子步兵校尉、守尚书左丞。②

（10）崔逸——博陵安平人，其父辩"学涉经史，风仪整峻"，历任中书博士、散骑侍郎、平远将军、武邑太守。③崔逸为崔辩长子，"梗正有高风，好古博涉。以经明行修，征拜中书博士。历侍御史、主文中散。受敕接萧赜（齐武帝）使萧琛、范云，高祖赐名为逸（本名景儁）。后为员外散骑侍郎，与著作郎韩兴宗参定朝仪。雅为高祖所知重，迁国子博士，每有公事，逸常被诏独进。博士特命，自逸始"④。崔逸随孝文帝吊祭比干墓时，正在担任员外散骑侍郎。

（11）傅脩期——即傅永（434—516），清河人，为北魏后期名将。史载其"有气干，拳勇过人，能手执鞍桥，倒立驰骋"，20余岁后始"发愤读书，涉猎经史，兼有才笔"。北魏平定青齐，担任崔道固（刘宋冀州刺史、历城镇主）城局参军的傅永"与道固俱降，入为平齐民。父母并老，饥寒十数年，赖其强于人事，戮力佣丐，得以存立"。冯太后临朝听政，傅永"兼治礼郎，诣长安，拜文明太后父燕宣王庙，赐爵贝丘男，加伏波将军"。迄孝文帝末年，历任中书博士、议郎、尚书考功郎中、大司马从事中郎、都督任城王澄长史、兼尚书左丞、王肃豫州平南长史。在宣武帝至孝明帝初年的近20年间，老将傅永虽然官位不高，但却率领数量有限的北魏军队纵横驰骋，建立了不朽功勋。⑤随孝文帝

① 《魏书》卷四九《崔鉴传》，第三册，第1103页。
② 《魏书》卷四九《崔秉传附广传》，第三册，第1106页。
③ 《魏书》卷五六《崔辩传》，第四册，第1250—1251页。
④ 《魏书》卷五六《崔逸传》，第四册，第1251页。
⑤ 《魏书》卷七〇《傅永传》，第五册，第1550—1554页。

吊祭比干墓时，年逾花甲的傅永正在担任尚书考功郎中（碑阴题名载"尚书郎中"）。

（12）郑长遊——当即郑长猷（？—512），本荥阳人，其父郑演为刘宋琅邪太守，随徐州刺史薛安都归附北魏，"以功除冠军将军、彭城太守"，"其子孙因此遂家彭、泗"。长猷"以父勋起家，拜宁远将军、东平太守。寻转沛郡。入为南主客郎中、太尉属，袭爵云阳伯。车驾南伐，既克宛城，拜长猷南阳太守"。① 郑长遊随孝文帝吊祭比干墓时，正在担任南主客郎中（碑阴题名载"尚书郎中"）。

（13）柳崇——河东解人，史载其"方雅有器量，身长八尺，美须明目，兼有学行。举秀才，射策高第。解褐太尉主簿、尚书右外兵郎中"。历任太子洗马、散骑侍郎、司空司马·兼卫尉少卿、河北太守。② 柳崇随孝文帝吊祭比干时，正在担任尚书右外兵郎中（碑阴题名载"尚书郎中"）。

（14）卫况、董明惠、张代连、王翔、游绥、魏祐、徐丹、张覃、李华、张庆、崔哲、裴映、高观、李引、司马定、朱孟孙、萧彦、李良规——诸人均于史无考，具体情况难明。其中河东郡裴映（尚书郎中）当为裴延儁家族成员。《魏书·裴延儁传》：延儁从叔桃弓，"子夙，字买兴。沉雅有器识，仪望甚伟，高祖见而异之。自司空主簿转尚书左主客郎中，时吏部尚书任城王澄有知人鉴，每叹美夙，以远大许之。高祖南伐，为行台吏部郎，仍除征北大将军穆亮从事中郎。转为河北太守，以忠恕接下，百姓感之"③。两相对照，裴映当即曾任尚书左主客郎中的裴夙，不排除《金石萃编》录文致误的可能性。

---

① 《魏书》卷五五《刘芳传附郑长猷传》，第四册，第1232页。按龙门石窟有郑长猷题字数通，其一云："前（？）□□太守、护军长史、云阳伯□长猷，为亡父敬造弥勒像一[区]。"（（清）陆增祥撰：《八琼室金石补正》卷一二《北魏一》，文物出版社1985年版，第70页）

② 《魏书》卷四五《柳崇传》，第三册，第1029页。

③ 《魏书》卷六九《裴延儁传》，第五册，第1530页。

《弔比干文》碑阴题名录

序号	郡望	姓名	爵位	官职（碑文）	史传参见（魏书）
1.1	河南郡	元禧	咸阳王	使持节、骠骑大将军、都督司豫荆郢洛东荆六州诸军事、开府、司州牧	21 上 /534
1.2	长乐郡	冯诞	长乐郡开国公	侍中、司徒公、都督中外诸军事、太子太师、驸马	83 上 /1821
1.3	河南郡	丘目陵亮	长乐公	使持节、司空公、太子太傅	
1.4	河南郡	元羽	广陵王	特进、太子太保	21 上 /546
1.5	河南郡	元勰	始平王	侍中	21 下 /571
1.6	河南郡	元澄	任城王	兼尚书右仆射、吏部尚书	19 中 /468
1.7	河南郡	元徵（徽）	高阳伯	散骑常侍、祭酒、光禄勋卿	19 下 /510—511
1.8	陇西郡	李韶	姑臧伯	太子右詹事	39/886—887
1.9	河南郡	元详	北海王	散骑常侍	21 上 /559
1.10	河南郡	元景		散骑常侍、领司宗中大夫	○
1.11	河南郡	元纂		散骑常侍	○
1.12	河南郡	元翰		右卫将军	○
1.13	高阳郡	李坚		光禄大夫、录（兼）太仆少卿	94/2026
1.14	上党郡	秦松	高都子	中常侍、中尹	94/2026
1.15	河南郡	大野愨		龙骧将军	○
1.16	河南郡	元蚪		司卫监	○
1.17	河南郡	万忸乎劲		司卫监	83 下 /1832
1.18	〔河南郡〕	丘目陵纯	黄（富）平子	员外散骑常侍、光禄勋少卿	27/676—677
1.19	魏郡	□□		兼司卫监、少府少卿	○
1.20	太原郡	郭祚		给事黄门侍郎	64/1421
1.21	清河郡	崔光		给事黄门侍郎、领著作郎	67/1487
1.22	广平郡	游肇		典命中大夫、太子中庶子	55/1215—1216

续表

序号	郡望	姓名	爵位	官职（碑文）	史传参见（魏书）
1.23	河南郡	侯莫陈益		羽林中郎将	○
1.24	河南郡	丘目陵惠		员外散骑常侍、带吕舆给事中	○
1.25	河南郡	元尉	襄阳伯	太子率更令	○
1.26	河南郡	乙旃恬		给事中	○
1.27	河南郡	乙旃免		给事中	○
1.28	河南郡	郁久闾麟		给事中	○
2.29	河南郡	元宜		右军将军	○
2.30	长乐郡	卫况		太乐给事	○
2.31	高（阳?）平郡	李循（脩）		给事、领太医令	91/1966
2.32	河南郡	侯文福		给事	○
2.33	河南郡	万忸乎苁（祚）		给事	31/740
2.34	上党郡	白勒（整）		中给事、录（兼）大官令	94/2026
2.35	高阳郡	剧鹏		中给事	94/2020
2.36	河南郡	元洛平		射声校尉	○
2.37	河南郡	万忸乎吐拔		显武将军	○
2.38	高车部	斛律虑		直阁、武卫（中臣）	○
2.39	河南郡	乙旃阿各仁		直阁、武卫（中臣）	○
2.40	河南郡	侯吕阿倪		直阁、武卫（中臣）	○
2.41	河南郡	叱罗吐盖		直阁、武卫（中臣）	44/989
2.42	上谷郡	董明惠		直阁、武卫（中臣）	○
2.43	代郡	若干侯莫仁		直阁、武卫（中臣）	○
2.44	〔河南郡〕	乙旃应仁		直阁、武卫（中臣）	○

序号	郡望	姓名	爵位	官职（碑文）	史传参见（魏书）
2.45	河南郡	吐难长命		直阁、武卫（中臣）	○
2.46	上谷郡	张代连		直阁、武卫（中臣）	○
2.47	赵郡（中山？）	李预		长兼典命下大夫、齐郡王友	33/791
2.48	太原郡	王翔（琼）		兼给事黄门侍郎、员外散骑侍郎、□（典）属国下大夫	38/878
2.49	辽东郡	公孙良		白衣、守尚书左丞	21 上 /549，33/785
2.50	河南郡	陆昕（昕之）	东郡公	散骑侍郎	40/909
2.51	河南郡	郁久间敏		散骑侍郎	○
2.52	河南郡	甄琛		散骑侍郎	68/1509
2.53	广平郡	游绥		中垒将军、带□（河）间令	○
2.54	□德郡	双蒙		中黄门令、带典农令	13/333—334
3.55	河南郡	伊娄愿		宰官令	○
3.56	□□	魏祐	钜鹿伯	大官令	○
3.57	河南郡	莫耐娄悦		监御令	○
3.58	代郡	贺拔舍		符节令	○
3.59	河涧郡	邢峦		通直散骑侍郎	65/1437—1438
3.60	京兆郡	韦缵		通直散骑侍郎	45/1014
3.61	广平郡	徐丹		武骑侍郎、□□陵令	○
3.62	河南郡	独孤遥		武骑侍郎	○
3.63	上谷郡	张覃		武骑侍郎	○
3.64	河南郡	乙旃侯莫干		武骑侍郎	○
3.65	河南郡	万忸乎澄（登）		武骑侍郎	31/741
3.66	赵郡	李华		武骑侍郎	○

续表

序号	郡望	姓名	爵位	官职（碑文）	史传参见（魏书）
3.67	河南郡	拔拔臻		符玺郎中	○
3.68	上谷郡	张庆		符玺郎中	○
3.69	博陵郡	崔广		员外（通直?）散骑侍郎	49/1106
3.70	博陵郡	崔逸		员外散骑侍郎（散骑侍郎?）	56/1251
3.71	河南郡	陆怖（希）道		员外散骑侍郎	40/914
3.72	清河郡	傅脩期（永）	贝丘男	尚书郎中（尚书考功郎中）	70/1551
3.73	荥阳郡	郑长遊（猷）		尚书郎中（南主客郎中）	55/1232
3.74	清河郡	崔哲		尚书郎中	○
3.75	河东郡	裴映（夙）		尚书郎中	69/1530
3.76	辽东郡	高观		尚书郎中	○
3.77	赵郡	李引		尚书郎中	○
3.78	河内郡	司马定		尚书郎中	○
3.79	南阳郡	朱孟孙		尚书郎中	○
3.80	兰陵郡	萧彦		尚书郎中	○
3.81	赵郡	李良规		尚书郎中	○
3.82	河东郡	柳崇		尚书郎中（尚书右外兵郎中）	45/1029

选自《北魏政治史》七，读者出版集团·
甘肃教育出版社2011年版

北魏狩猎图及其渊源

一、北魏壁画墓及棺板画中的狩猎图

截至目前，所能知道的北魏墓葬壁画或棺板画中的狩猎图共有五幅，其中三幅是在大同市及郊区即北魏京师平城发现的，一幅是在内蒙古和林格尔县即北魏前期皇家陵园盛乐（云中）金陵所在地发现的，一幅是在宁夏固原即北魏高平镇治所发现的。

1. 固原漆棺画。1973 年在宁夏固原雷祖庙出土的漆棺画①，孙机将其年代定为孝文帝太和八年至十年之间（484—486）②，其侧板下部有描绘狩猎场面的内容。罗丰对漆棺画狩猎场面作了如下描述：

> 一匹甲马飞奔向前，骑士手执长矛反身回刺一动物，另一位骑士也控马追射一野兽，但图像均不完整。……山峦间有两只鹿在

---

① 固原博物馆：《固原北魏墓漆棺画》，宁夏人民出版社 1988 年版。

② 孙机：《固原北魏漆棺画》，《中国圣火——中国古文物与东西文化交流中的若干问题》，辽宁教育出版社 1996 年版，第 122 页。按固原漆棺墓"出土了一枚萨珊银币，为卑路斯 B 式，年代为 457—483 年"（同上，第 130 页）。这应该是断定墓葬年代的最可靠依据。虽然此墓定为孝文帝太和十年前后有一定的依据，但推测的成分还是居多，在无法做出更准确判断的情况下只能采纳这一推断。

奔跑，上面的一
只头部已中了一
箭。左侧骑手已
经不在，只留下
两只飞奔的马蹄。
在马蹄的反方向
有两只野猪奔逃。

宁夏固原北魏墓漆棺画局部

其前的山峰之上站立着一只展翅欲飞的大鸟，山的另一边似有一
猛虎张着大口，一骑士飞马翻身回射猛虎。另外一小幅只剩下一
山峰，上立一鸟。整个画面看起来是用山峦分隔并作为骑射狩猎
的背景，在每一单元之中骑士们狩猎的对象亦不相同。①

这是第一次在北魏墓葬中发现描绘狩猎场面的图画。固原为北魏河西四
镇之一的高平镇治所，漆棺画狩猎图的发现有助于形象地了解北魏在河
西地区的狩猎活动。

2. 和林格尔榆树梁壁画墓。1993 年在内蒙古和林格尔县三道营乡
榆树梁村附近发掘的一座已被破坏的北魏时期的大型砖室墓，墓室残存
的近 20 平方米彩绘壁画"色彩鲜艳、内容丰富，绝大部分保存完好，
有出行、燕居行乐、游乐、狩猎、升仙和四神等图像"，"在主题画的空
隙处还绘有莲花、采桑、虎牛咬斗、牧羊和鹿的图像"。"壁画的色调有
红、黑、桔黄和石青几种。画法是先用红色线条作画稿，然后再以墨线
勾勒，最后赋色。其用笔的简练率意朴拙之风，给人以精犷放达，遒劲
有力之感。""燕居行乐图中的杂技场面，更具生活气息。图画上绘有指
挥、鼓手、笛手、抛丸手、撑杆各一人，另有两人在高杆上作惊险动作

---

① 罗丰：《胡汉之间——"丝绸之路"与西北历史考古》，文物出版社 2004 年版，第 71—
73 页。

表演，所有表演者虽姿态各异，但情趣一致。"关于其中狩猎图之内容，报道者有如下描述：

> "狩猎图"是该墓壁画中面积较大，画面最紧凑，气势最为壮观的一部分。内容包括人物、山川、河流、林木和十多种动物，其特点是突出和放大人物的形象，绘制工艺也很细。山川、河流和树木用笔不仅简练，其形体也比人小。这种绘画风格与文献所描述的这一时代的山水画"群峰之势，若钿饰犀栉，或水不容泛，或人大于山"的特点正相符合。这幅狩猎图的年代准确，绘制精美，再现了我国早期山水画的风采。①

和林格尔为拓跋鲜卑迁都平城之前的主要政治中心盛乐，北魏迁都洛阳前的皇家陵园金陵即在其地，从榆树梁壁画墓的规格判断，即便不是北魏前期道武帝至献文帝朝某一帝、后之陵，也应该是陪葬金陵的某一位极人臣的王公贵族之墓。②从壁画内容来看，此墓与和林格尔东汉墓壁画颇有相似之处，因此不排除其为东汉墓葬的可能性。③

　　3. 大同智家堡棺板画。1997 年在大同市区南 1.5 公里智家堡村北发

---

① 苏俊、王大方、刘幻真：《内蒙古和林格尔北魏壁画墓发掘的意义》，《中国文物报》1993 年 11 月 28 日。按《中国文物报》同日又载王大方《内蒙古发现北魏大型砖石壁画墓》附狩猎图及虎咬牛图各一幅，从狩猎图中马的造型来看，与汉代画像石及汉墓壁画更为接近，而与智家堡北魏棺板画差别较大，因此不排除该墓为汉墓的可能性。

② 按"陪葬金陵"的主要为宗室贵族，仅见于《魏书》记载者即有 18 位之多。

③ 苏哲认为：从狩猎图所见服装判断，榆树梁古墓的埋葬时间不可能是在太和十八年迁都以前，而是在太和十九年迁都服制改革之后、孝明帝正光年间服制改革之前；墓主人则是在迁都洛阳以后守卫云中城或白道城的一位镇将，壁画中的狩猎图反映了他生前狩猎的情形。参见氏著《魏晋南北朝壁画墓の世界——绘に描かれた群雄割拠と民族移動の時代——》，（東京）白帝社 2007 年版，第 79—80、83 页。然而结合当时的形势来看，北魏迁都以后至正光年间在云中不应该有这样大型的壁画墓，其为东汉墓的可能性或许更大。

内蒙古和林格尔县榆树梁北魏墓壁画局部

现一座遭到严重破坏的北魏墓葬，现场收集的三块松木彩绘棺板，包括
"车马出行、狩猎活动、宴饮侍卫、装饰纹样等内容，丰富而生动"。其
中的狩猎图与固原漆棺画狩猎图神形兼似且保存得较为完整清晰，其具
体内容是：

　　画面上排左侧绘一脸上蓄络腮胡的徒步猎者，他身着圆领红
色褶服，腰系革带，穿黑鞋，右侧挎黑色箭簸，弯弓欲射迎面而
来的一头野猪。野猪刻画得细腻逼真，长嘴巴，小眼睛，兽性大
发，作飞奔状。人物下方绘一白色野兔。棺板右侧绘一头戴垂裙
皂帽、身穿交领窄袖黑边蓝色上衣，下身穿红色裤，着黑鞋，腰
系革带的骑士，正策马向左疾驰，回首弯弓仰射天上的飞雁。红
色骏马的箕形障泥及辔头，鞧带绘画清晰。右下方画面内容不清，
只可窥其大概面貌，中排有一身着红色衣服的骑马武士向前疾驰，
左手执弓，右手拉弦，箭头绘成倒三角形。另一骑马武士与着红

大同智家堡北魏墓棺板画局部

服者相向而行，夹击野兽。其间野兽飞鸟惊慌穿梭于山林中，画面气氛紧张活跃。①

4.大同南郊棺板画。刘俊喜、高峰写道："1988 年发掘的大同市南郊区北魏墓葬中的几块残板上的棺板画，山林间，身着鲜卑服的勇士，骑着矫健的骏马正在围猎，一只猛虎被长矛刺中头部，旁边的几只白羊也被流箭射中。"②张庆捷谓大同电焊条厂北魏墓棺板画狩猎图的内容，"具体有跪射图、骑马刺兽图、骑马射兽图、逐兽图等"③。苏哲对此"棺盖上描绘的狩猎图"有更为详细的描述：

这一长 150 厘米、宽 45 厘米的残棺盖分为两块板。表面用黄色涂抹，黑线勾画轮廓，用红、绿、黑三色描绘，边缘部分呈波状的半纹装饰，带状的藤蔓的弯曲部分前后重叠，表现了很强的立体感。盖的中心部位描绘的是，山石、树木背景下的羊、虎等

---

① 刘俊喜、高峰：《大同智家堡北魏墓棺板画》，《文物》2004 年第 12 期。按表现狩猎内容的具体画面参见此文所附图八至一一、一四。

② 《大同智家堡北魏墓棺板画》。在此墓群（张女坟）发掘报告中仅提及"棺板彩画 3 幅"，而对其内容未着一字（山西省考古研究所、大同市博物馆：《大同南郊北魏墓群发掘简报》，《文物》1992 年第 8 期）。据刘俊喜、高峰文注〔7〕知，此棺板画狩猎图见于日本高崎市教育委员会《中国山西北朝文物展图录》（日本荒濑印刷株式会社 1990 年版，第 32 页）。

③ 张庆捷：《山西汉代、北魏、北齐墓葬壁画探研》，邓聪、陈星灿主编《桃李成蹊集：庆祝安志敏先生八十寿辰》，香港中文大学中国考古艺术研究中心，2004 年，第 357 页。图见同书第 358 页图版 15。

动物与骑马的狩猎人。山是仙人掌样的圆顶，树木是用两重线描绘树干和枝条，用细线和绿色描绘树干。残存的画面上可见到五位骑马狩猎者，全都穿着裾长及膝的鲜卑式长衫，穿着长裤，系着腰带，腰上挂着胡簶（即装箭的便携式容器）。画面右侧的二人引弓待发，乘马追羊。其中一人穿圆领上衣，头戴风帽，而另一人肩膀以上部分残缺不全。颈项中箭的两头羊好像正在不知所向地慌张逃跑。画面的中央，一位骑士用长矛刺中一头虎的头部。左侧一位狩猎者将马系在树上，徒步用弓箭狙击爬在树上的类似熊的野兽。其上衣是所谓"夹领小袖"式的。画面充满跳跃感，再现了紧张的狩猎氛围。①

大同南郊北魏墓棺板画局部线描图

5. 大同迎宾大道壁画墓。2002 年发掘的大同市迎宾大道 M16 砖室壁画墓，在"甬道内和呈四角攒尖顶的墓室四壁下方，有彩绘壁画，内容有镇墓武士、宴饮、车马、山林、狩猎等"②。

① 《魏晋南北朝壁画墓の世界——繪に描かれた群雄割拠と民族移動の時代——》，第70—71 页。关于张女坟年代的分析，参见苏著第 73—75 页。
② 《大同智家堡北魏墓棺板画》。按此文注〔8〕谓，2002 年大同迎宾大道 M16 狩猎图见于尚未发表的《山西省大同市迎宾大道北魏墓群》，而《文物》2006 年第 10 期刊发的大同市考古研究所《山西大同迎宾大道北魏墓群》一则并未提及 M16 墓室壁画。从此报告知，M16 葬有兽形金牌饰（图二四）、玻璃壶（图二六）、金头饰（图五一）、银耳挖、银簪（图五二）、铜饰件（图五三）、玻璃泡饰（图五四）、骨弓弭、环（图五八），表明 M16 墓主人是一位身份较高的女性。

狩猎图所描绘的并不一定完全是现实生活的内容，但无疑却在一定程度上反映了当时狩猎活动的场景。已发现的几幅描绘在墓室壁画或棺板上的北魏狩猎图，每一幅虽然均非完璧，但将几幅图的画面结合起来观察，对北魏狩猎活动的情状便可得到一个较为完整的感性认识。就猎手而言，主要为骑着骏马驰射的骑士，也有徒步射猎的武士，猎手的服饰以红色为主，大概是为了在射猎时能够清晰地辨认，以免误伤。就猎物而言，有野猪、虎、鹿、野兔及飞雁或鸟雀等，虎和野猪是最主要的狩猎对象。就狩猎方式而言，以骑射特别是反身射为主，也有用长矛等武器击刺的场景。① 狩猎图所反映的应该是墓主人生前的生活情况，即艺术地再现了北魏皇家或官僚贵族进行狩猎活动的场面。

《魏书·卫操传》载"桓帝（拓跋猗㐌）崩后，操立碑于大邗城南，以颂功德"，碑文载桓帝"年三十有九，以永兴二年六月二十四日，寝疾薨殂"云云。② 则其葬于西晋惠帝永兴二年（305）。周一良云："罗振玉《石交录》二记代王猗卢墓碑残石，谓是柯昌泗得于山西，存六大字，文曰王猗卢之碑。其阴刻有狩猎图。罗氏云残石殆碑额之末行，王字之前行未必为代字。盖立于晋之中叶，下距昭成建国尚廿年，故字体在隶楷之间。案：序纪言穆帝八年（315）晋愍帝进猗卢为代王，置官属，食代常山二郡。次年死。碑当即此时所立。卫操桓帝碑称'刊石纪功，图像存形'，似碑上有图像，此猗卢碑阴刻有狩猎图，颇相类似。

---

① 北魏狩猎图的内容和画风，与当时的佛教绘画艺术之间可能也有互动关系。天水麦积山石窟第127窟窟顶南坡所绘睒子本生图残存壁画，时代属于北魏末西魏初，其"中段画打猎情景。前面画野兽奔驰逃命、飞禽疾飞躲祸，后面画猎手乘骑猛追，风驰电掣，满壁飞动"（贺世哲：《敦煌图像研究·十六国北朝卷》，甘肃教育出版社2006年版，第193页）。从麦积山石窟壁画残存狩猎图的画面来看，定县错金银铜车伞铤、东汉画像石及北魏墓狩猎图，从题材到画风都颇有相像之处。比较而言，中国传统绘画狩猎图影响佛教相同题材绘画的可能性似乎更大。

② 《魏书》卷二三《卫操传》，第二册，中华书局1974年版，第599、601页。

罗柯两家皆精于鉴别金石，此残碑当非伪造。"[1] 不排除桓帝猗㐌碑上的图形为狩猎图或包括狩猎内容的图像的可能性。由此可见，早在北魏建国近百年前拓跋鲜卑就有在正规碑铭上刻凿狩猎场面的情况，这应该是其民族传统"刻木记契"的反映。在此之前，拓跋鲜卑必定有在岩石上刻画狩猎图的习俗。

二、学界对北魏狩猎图的评述

孙机认为固原漆棺画的墓主人的画像"表现出一派嚈哒作风"并做了详细的论证，但其论证几乎全都出于推测，难以令人信服。[2] 罗丰对固原漆棺画中狩猎图的内容进行了分析，认为这幅画中的狩猎场面受到波斯狩猎图的影响，并不是对北魏现实的狩猎活动的描绘。他说：

> 狩猎活动是萨珊贵族、帝王的另一项重要生活内容。……北魏时期，随着与萨珊王朝交往的增多，这种风格流传至中国后一定对鲜卑上层贵族产生了强烈的影响。鲜卑民族虽然以"射猎为业"，但是像漆画中的野猪等，并不是传统的狩猎对象。其与萨珊银盘中的野猪非常近似。……波斯狩猎活动对鲜卑上层贵族生活具有相当大的吸引力，成为其模仿的对象。虽然我们不能完全肯定，漆画中的狩猎场面照搬了波斯王朝帝王狩猎图，但其在形象、动作方面有相当大的一致性和共同之处，却是毋庸置疑的，很难将

---

① 周一良：《〈魏书〉札记·桓帝猗㐌穆帝猗卢碑》，《魏晋南北朝史札记》，中华书局1985年版，第332—333页。

② 孙机：《固原北魏漆棺画》，载《中国圣火——中国古文物与东西文化交流中的若干问题》，第127—136页。作者的依据仅仅是，墓主人的画像与一幅嚈哒壁画上的人物画像在手持物的动作上有一定的相似性，全然不顾漆棺画中浓厚的汉族文化场景，因而是难以令人信服的。

两者之间的风格联系截然分开。①

究竟是北魏的狩猎活动受到萨珊波斯狩猎方式的影响，还是固原漆棺画中狩猎场面的画风受到萨珊波斯狩猎图的影响，或者兼而有之，罗氏的上述表述并不明确。野猪作为常见野兽，它既可以出现在波斯狩猎图中，也可以出现在北魏画师的笔下，因此仅仅根据有相同狩猎对象野猪便作出以上断言无疑是轻率的。北魏虽然与波斯之间存在着交往关系，但总的来看并不特别密切，波斯对北魏的影响恐怕相当有限。虽然所见几幅北魏狩猎图均非完璧，但仍然可以看出固原漆棺画狩猎图与其他几幅北魏狩猎图在风格、内容上均颇为相像。由于已发现的几幅北魏狩猎图颇多相似之处，对固原漆棺画的分析也可以用来认识大同及和林格尔发现的北魏狩猎图，也就是说是否受到波斯美术风格的影响不仅关乎对固原漆棺画的认识，也与准确把握大同及和林格尔北魏墓狩猎图的性质关系密切。

　　史书中也有北魏皇帝和贵族猎虎的零星记载。北魏道武帝"皇始元年（396）春正月，大蒐于定襄之虎山"②。明元帝泰常六年（421）七月，"西巡，猎于柞山（在今内蒙古土默特左旗北），亲射虎，获之"③。文成帝和平四年（463）"夏四月癸亥（十九，5.22），上幸西苑，亲射虎三头"④。献文帝皇兴"二年（468）春二月癸未（初七，3.16），田于西山，亲射虎豹"⑤。代人来大千"骁果，善骑射"，后任"内幢将，典宿卫禁旅"，"尝从太宗校猎，见虎在高岩上，大千持矟直前刺之，应手而死。太宗嘉其勇壮"⑥。宗室拓跋可悉陵（明元帝姨母之孙）"年十七，从世祖猎，遇一猛虎，陵遂空手搏之以献"⑦。宿石为内行令，"尝从猎，

① 罗丰：《胡汉之间——"丝绸之路"与西北历史考古》，第71—73页。
② 《魏书》卷二《太祖纪》，第一册，第27页。
③ 《魏书》卷三《太宗纪》，第一册，第61页。
④ 《魏书》卷五《高宗纪》，第一册，第121页。
⑤ 《魏书》卷六《显祖纪》，第一册，第128页。
⑥ 《魏书》卷三〇《来大千传》，第三册，第725页。
⑦ 《魏书》卷一五《昭成子孙·常山王素传》，第二册，第375页。

高宗亲欲射虎，石叩马而谏，引高宗至高原上。后虎腾跃杀人"①。由此可见，虎在拓跋皇家的狩猎活动中的确是猎取的重要对象。北魏京师设有虎圈，明元帝永兴"四年（412）春二月癸未（十二，3.10），登虎圈射虎"②。孝文帝太和四年（480）"闰（七）月丁亥（廿三，9.13），幸虎圈"。太和六年"三月庚辰（廿六，4.29），行幸虎圈"，诏曰："虎狼猛暴，食肉残生，取捕之日，每多伤害。既无所益，损费良多，从今勿复捕贡。"③ 由此可见，虎圈有可能还养狼，虎圈所养虎主要由捕猎进贡而来，另外皇家狩猎活动也应该是一条渠道。之所以停止捕贡虎狼，除了捕猎时会造成巨大损害这一因素外，还与数年前冯太后与孝文帝一行在虎圈观虎时遭受惊吓有关④。《魏书·王叡传》："太和二年，高祖及文明太后率百僚与诸方客临虎圈，有逸虎登门阁道，几至御座。左右侍御皆惊靡，叡独执戟御之，虎乃退去，故亲任转重。"⑤ 这一政策意味着狩猎从北魏社会生活领域的退出。

拓跋鲜卑本身就是一个狩猎历史悠久的民族，高平镇更是其牧场和狩猎场所之一，对现实中狩猎场面的描述以反映墓主人生前的生活状况，自然应在情理之中。罗丰认为野猪并不是北魏传统的狩猎对象，但却没有提出任何证据，显然是想当然云尔。事实上，拓跋鲜卑从嘎仙洞开始就已将野猪作为狩猎对象⑥，在拉布达林墓地也发

---

① 《魏书》卷三〇《宿石传》，第三册，第724页。
② 《魏书》卷三《太宗纪》，第一册，第51页。
③ 《魏书》卷三《高祖纪上》，第一册，第149、151页。
④ 虎圈所在地，或即今大同西北雷公山东麓的上下皇庄卧虎湾一带。参见刘溢海《平城考古——北魏平城与大同地名》，《中国地名》2003年第4期。
⑤ 《魏书》卷九三《恩倖·王叡传》，第六册，第1988页。
⑥ 据报道，嘎仙洞1980年发掘出土的遗物中包括："牙饰1件。已残。在野猪獠牙中部钻有一孔。牙长4.7厘米，孔径0.6厘米。系装饰品。""文化层中有大量兽骨，皆为野生动物。狍、獐头骨最多，其次是鹿、犴、野猪，还有土豹、鼠类的骨骼和牙齿等。"（呼伦贝尔盟文物管理站：《鄂伦春自治旗嘎仙洞遗址1980年清理简报》，《内蒙古文物考古文集》第一辑，中国大百科全书出版社1994年版，第450页）

现过野猪的遗迹①，1982 年在和林格尔县北魏墓出土了四件镶嵌宝石和绿松石的金猪（野猪）带饰②，大同沙岭北魏壁画墓北壁上栏神兽第四幅头型似野猪③，均表明野猪是拓跋鲜卑人非常熟悉的动物。固原漆棺画中的鹿是拓跋鲜卑传统的狩猎和饲养对象，而虎更是中国古代北方森林草原地区曾经大量存在的大型猛兽。内蒙古阴山山脉狼山地区的岩画，"具有显著的北方游牧民族的独特风格和浓厚的地方色彩"，"画中猛虎图像比较多，说明山间猛虎经常出没，见得多，也就画得多。幅幅猛虎，不仅形象生动，刻法粗犷有力，也表现了游牧民族的性格，画意鲜明"。④古代"中国北方草原地区，以虎作绘画、装饰题材沿袭很久，尤其在岩画、墓葬壁画和鄂尔多斯式青铜器中广为流行，形象各异，惟妙惟肖"；"在北方草原地区，虎图代表着游牧民族的狩猎经济，也是草原生活的一种反映"⑤。虎是匈奴、鲜卑等北方草原民族金银器中极为常见的纹饰⑥，在已发现的北魏三幅狩猎图中均有射虎的场面，出现在拓跋鲜卑的北魏墓葬中当然是正常

---

① 在额尔古纳右旗拉布达林墓群 27 座墓葬中，有 10 座殉以马、牛、羊以及野猪的头骨和蹄骨，其他墓葬中也出土了马、牛、羊、野猪以及狍、鹿等动物的蹄骨。参见赵越《内蒙古额右旗拉布达林发现鲜卑墓》，《考古》1990 年第 10 期。

② 内蒙古自治区博物馆、和林格尔县文化馆：《和林格尔县另皮窑村北魏墓出土的金器》，《内蒙古文物考古》总第 3 期（1984 年）。

③ 大同市考古研究所：《山西大同沙岭北魏壁画墓发掘简报》（图三〇、三四），《文物》2006 年第 10 期。

④ 盖山林：《内蒙阴山山脉狼山地区岩画》，《文物》1980 年第 6 期。按早在北魏末年，郦道元看到的狼山岩画上，虎、马即属于描绘的主要动物。《水经注》卷三《河水三》："河水又东北，历石崖山西，去北地五百里。山石之上，自然有文，尽若虎马之状，粲然成著，类似图焉，故亦谓之画石山也。"（（后魏）郦道元注，杨守敬、熊会贞疏，段熙仲点校，陈桥驿复校：《水经注疏》，江苏古籍出版社 1989 年版，上册，第 210 页）

⑤ 张景明、王德荣：《从群虎图岩画谈中国北方草原地区的虎纹装饰》，《内蒙古文物考古》2001 年第 2 期。具体情况见此文所举大量相关事例。在宁夏贺兰山、北山 29 幅有虎岩画中，猎虎岩画共计 4 幅，参见朱存世、李芳《宁夏贺兰山和北山虎岩画图腾崇拜初探——兼论虎岩画的族属》，《北方文物》2003 年第 2 期。

⑥ 参见董雪寅《匈奴和鲜卑族金银器的动物纹比较》，《内蒙古文物考古》2002 年第 2 期。

的①，虎图与不出产虎的波斯艺术没有丝毫关联。不仅如此，固原漆棺画与萨珊波斯银盘狩猎图的风格完全不同，可以断定两者之间没有丝毫联系，不能仅据此一描绘狩猎的场面中有野猪就断定萨珊波斯的狩猎"风格流传至中国后一定对鲜卑上层贵族产生了强烈的影响"。

俄罗斯冬宫博物馆藏波斯银盘②　　　　大同小站村出土波斯鎏金银盘③

三、北魏狩猎图溯源

描绘狩猎、射猎场面在中国传统绘画艺术中是一个常见的主题，在先秦至西汉时期的岩画（阴山、贺兰山、黑山等地）、战国青铜器及

---

① 除了狩猎图中的虎外，北魏墓葬中还可见到虎形图案，如：内蒙古土默特左旗讨合气村出土的北魏神兽纹带饰即为虎头形象（伊克坚、陆思贤：《土默特左旗出土北魏时期文物》图一·1及图版叁·1，《内蒙古文物考古》第3期，1984年），和林格尔榆树梁壁画墓南壁和北壁显著位置绘有青龙、白虎、朱雀、玄武四神图像（《内蒙古和林格尔北魏壁画墓发掘的意义》），大同司马金龙墓石棺床雕有虎的形象（山西省大同市博物馆、山西省文物工作委员会：《山西大同石家寨北魏司马金龙墓》，《文物》1972年第3期），智家堡出土北魏石雕棺床"下方雕刻两只回首相顾的猛虎"（王银田、曹臣民：《北魏石雕三品》，《文物》2004年第6期），雁北师院北魏宋绍祖墓埋藏镇墓兽"泥质灰陶，模制成虎形"（山西省考古研究所、大同市考古研究所：《大同市北魏宋绍祖墓发掘简报》，《文物》2001年第7期）。

② 夏鼐：《北魏封和突墓出土萨珊银盘考》（图一），《文物》1983年第8期。

③ 马玉基：《大同市小站花圪塔台北魏墓清理简报》（图版壹），《文物》1983年第8期。

漆画、战国或秦汉贝壳画、汉代壁画和画像石（砖）、魏晋砖画等传统绘画作品中都曾大量出现。① 就近因而论，北魏狩猎图与汉代画像石（砖）狩猎图及魏晋壁画墓狩猎图之间有着密切的渊源关系。

甘肃嘉峪关魏晋壁画墓狩猎图②

1965 年，在河北定县（今定州市）三盘山西汉墓中出土的错金银铜车伞铤，其第二段为狩猎图。③ 关于其所表现的内容，研究者有如下描述："第二段主题为狩猎图，上下以黑地错金波状纹和菱格纹为边。画面上山峦起伏，气势磅礴，树木苍翠，禽兽其中。中前一人骑马戴冠，反身射虎。在画面右侧为上虎下熊，似欲相搏状。另有野牛、羚

---

① 对于先秦时期射猎图像的研究，参见徐中舒《古代狩猎图像考》《弋射与弩之溯源及关于此类名物之考释》，载《徐中舒历史论文选辑》，中华书局 1998 年版，第 225—293、447—481 页；宋兆麟《战国弋射图及弋射溯源》，《文物》1981 年第 6 期；丛文俊《弋射考》，吉林大学考古系《青果集——吉林大学考古专业成立二十周年考古论文集》，知识出版社 1993 年版，第 220—232 页。

② 甘肃省文物队、甘肃省博物馆、嘉峪关市文物管理所：《嘉峪关壁画墓发掘报告》，图版七九之 1、2，文物出版社 1985 年版。郑岩对河西魏晋壁画墓与汉代画像石墓进行了比较，认为河西魏晋壁画墓"承继了汉代壁画墓葬的许多因素"，"河西魏晋墓壁画中的两大类主题，都是汉代墓葬艺术最为常见的内容"。他认为北魏统治中原地区后"出现的墓葬装饰从内容到形式都有许多新的特色，但同时与两汉墓葬艺术又有着千丝万缕的联系"。此外，他还特别强调河西壁画墓对北朝的影响。参见氏著《魏晋南北朝壁画墓研究》，文物出版社 2002 年版，第 145—180 页。张庆捷认为："智家堡石椁绘画、北魏墓木棺板绘画的构图和用色，与河西走廊所见魏晋画像砖的很相似，如出同源。"（《山西汉代、北魏、北齐墓葬壁画探研》，载《桃李成蹊集：庆祝安志敏先生八十寿辰》，第 365 页）也就是说，不管其直接渊源是在河西走廊还是在关陇、河北、河南、山东地区，北魏墓葬壁画之源都可以追溯到汉代画像石甚至更远的艺术传统。

③ 河北省博物馆、文物管理处：《河北省出土文物选集》，图 242，文物出版社 1980 年版。

羊、山羊、兔、鹿、猿、野猪、飞鹰、雁、鸥鹄、雉、飞鸟等盘旋于山林之间，比较写实地描绘了当时贵族的畋猎情景。"① 史树青描绘了这一作品的内容并分析了其文本来源，他说：

> 金银错狩猎纹铜车饰　西汉　长 26.5、径 3.6 厘米。……第二段：在缭绕山峦、花树的云气中，一骑马猎人，反身射虎，并有熊、鹿、狼、猴、山羊、羚羊、野牛、野猪、飞雁、飞鹰、鸥鹄、飞鸟等。
>
> 这些丰富多彩的西汉金银错纹饰，使人很自然地就会想到西汉大辞赋家司马相如和扬雄等人在他们的作品中所描述的声势浩大的畋猎景象。……扬雄的《长杨赋》是继他的《羽猎赋》而写的。《汉书·成帝纪》称："（元延）二年……冬，行幸长杨宫，从胡客大校猎。"《长杨赋·序》所说的"张落网置罘，捕熊、黑、豪、猪、虎、豹、狖、玃、狐、兔、麋、鹿，载以槛车，输长杨射熊馆，以网为周陆，纵禽兽其中，令胡人手搏之，自取其获，上亲临观焉。"图案中的骑马、骑象、骑驼人物，深目高鼻，正是当时胡人猎手的形象，这些纹饰内容很可能与《长杨赋》描写的校猎有关。②

这一看法应该说已触及到这类绘画题材的实质。刘敦愿认为："狩猎题材的绘画，尤其是对大规模狩猎场面的描写，在战国青铜器的装饰上已经见到。""从定县出土铜车饰可见这类题材在西汉绘画中，从内容到技巧都有较显著的变化与发展。"关于定县错金银铜车饰上的狩猎图的内容及画风，他还做了极为详尽的解析。③

---

① 郑滦明：《定州三盘山错金银铜车伞铤纹饰内容分析》，《文物春秋》2000 年第 3 期。

② 史树青：《我国古代的金错工艺》，《文物》1973 年第 6 期。

③ 刘敦愿：《美术考古与古代文明》，（台北）允晨文化实业公司 1994 年版，第 341—349 页。引文见第 342 页。

河北定县三盘山汉墓错金银铜车伞铤第二段

1981 年，在河北平山县穆家庄战国时期鲜虞中山国贵族墓中"出土了两件饰有狩猎纹的铜器：线刻祭祀狩猎纹铜鉴和凸铸狩猎宴乐图的铜豆盖"，陈伟对此两器进行观察并对其狩猎场面有如下描述：

（铜鉴）狩猎祭祀图中的祭祀是在一座大庄院建筑的院内和高大的殿堂内进行的。……院墙外不远森林处正在展开大规模的围猎活动，一狩猎者头戴伪装饰物，张弓射猎野牛，另有二猎者，前者在树后搭箭射猎，后者持箭以供前者使用。此外还有车猎的大型狩猎场景，描绘了猎车两辆：一为三马车，正在由左向右追赶猎物……御（驭）手站立在车厢中，一手持鞭驱马，一手拉缰，车厢后部插有伪装成小树的长戈；另一辆为驷马车，正在由右往左追射猎物……御（驭）手站立在车厢里一手挥鞭，一手抖缰，其后站着一个女射手，正在张弓射猎，车厢上插有箭及树枝。

（铜豆）器盖上是两组相同的狩猎宴乐图。宴乐似在一座大堂屋中举行的。……堂外为射雁图，图上有二人正在以矰缴弋射飞雁，一作卧地姿势弋射，一作张弓追射……另有四人持标枪作欲投射状。

图中除二个弋射者为男子外，其余均为女性。铜豆腹部亦铸有两组相同图案的狩猎图。每组图中有猎人十四个，大多数为半裸体男性，他们手持长矛、戈、短剑、棍棒、弓箭等武器，正在与野兽肉搏，有的跃于野猪背上刺杀，有的将戈刺入兽胸，有的正和野牛格斗，有的引逗犀牛伺机用戈或剑刺杀，有的手持长矛正在追捕鹿、麋等；有两个猎人头戴鸟形饰，身穿羽毛衣伪装成动物形状，射猎奔逃的动物，弋射之矢已中兽颈；一个化装成牛首人身者位于画面中央，似正在指挥捕猎活动。画面中的人和动物无一不在激烈地厮杀和跑动，人奔兽跑，真是难得的一幅射猎大场景。豆柄座上则为两组相同的采集和狩猎图，豆盖捉手上亦有一组狩猎图。整个铜豆共有人物 90 个，野兽 63 只，雁 26 只，鱼 6 条。①

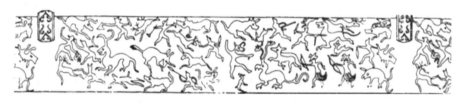

河北平山县穆家庄中山国狩猎纹铜豆腹部展开图（1/3）

两相比较，可以看出定县三盘山汉墓错金银铜车伞铤狩猎图与战国时期鲜虞中山国铜器上的狩猎图具有很深的渊源关系，可以说与这一地域的艺术传统有密切的联系。

1971 年，在陕西米脂县发现的四座东汉画像石墓，其中即有描绘弋猎场面的画像石：

石刻中有猎虎、搏熊、射羊、逐兔等打猎场面。猎者使用弓、箭、戟、斧和矛、盾等武器，步、骑结合，前后夹击，围猎野兽。

---

① 陈伟：《对战国中山国两件狩猎纹铜器的再认识》，《文物春秋》2001 年第 3 期。

构图明快活泼，气氛紧张，把各种动物的特点刻画得淋漓尽致，如：鹿、兔狂奔逃命，猎犬追逐期间，而虎态凶肆，张牙舞爪，熊则直立与猎者搏斗，形态生动、逼真。①

1987 年，在甘肃甘谷县发现的汉代画像砖，其中狩猎图的具体情况是：

> 整个砖面用连续方格凹窝纹横向隔成四栏，各栏纹饰内容相同，排列整齐。每栏纹饰有相距不等的数座山峰，中间以射猎为主纹。第二座与第三座山谷间一奔马，上乘一猎人，回头拉开弓箭射杀追扑他的猛兽。右方山谷间一猛虎和一野猪相对扑击一怪兽，怪兽在猪虎之间一腿跪地，一腿弓起，看着扑向它的猛虎，张开大口十分惊恐。左方几座山峰间分别有站立的羚羊、飞翔的小燕（从比例看，更可能是猛禽）、奔跑的猛虎和鹿等。②

描绘狩猎场面的图像在全国各地发现的汉代画像石（砖）中比较常见，尤其在南阳、陕北地区出土的汉代画像石上比比皆是，格式虽然相近，但图像多种多样。③ 在陕北汉代画像石中，狩猎图属于"高频图像"，为"显著题材"，"在狩猎图像中，可见鹿、虎、猪、骆驼等动物，射猎模式相近"④。如绥德县境内发现的大量汉代画像石，其中就有许多描绘狩

---

① 陕西省博物馆、陕西省文管会写作小组：《米脂东汉画像石墓发掘简报》，《文物》1972年第3期。

② 天水市博物馆：《甘肃甘谷县发现三方汉代画像砖》，《考古》1994年第2期。

③ 参见王建中、闪修山《南阳两汉画像石》，文物出版社1990年版；薛文灿、刘松枢《河南新郑汉代画像砖》，上海书画出版社1993年版；吴秉辉《陕北汉代画像石》，陕西人民出版社1995年版；李贵龙、王建勋主编《绥德汉代画像石》，陕西人民美术出版社2001年版。

④ 张欣：《规制与变异——陕北汉代画像石综述》，朱青生主编《中国汉画研究》第2卷，广西师范大学出版社2006年版，第292—293页。作者认为，"在大多数情况下，狩猎图像只是一种常规配置，未必反映墓主的真实经历"。

猎场面的图像，中角乡白家山出土的一件画像石最为典型，它"是一幅集狩猎、战争、放牧于一石的壮丽画卷。刻绘工匠能巧妙地将多个内容有机地结合在一起，营造出恢弘壮丽的现实氛围。左为狩猎图，有骑马射猎者，有徒步于山坡射猎者，有从半空中箭跌下的山鸡，有负箭倒地的小鹿，更多的是惊慌逃命的禽兽"①。

天水、陕北地区与大同、固原等发现北魏狩猎图的地区基本上有着相同的地域环境，都是接近少数民族地区或者是胡汉杂居之地，因而有着相似的民风，骑射田猎之风盛行。《汉书·地理志下》：

> 天水、陇西，山多林木，民以板为室屋，及安定、北地、上郡、西河，皆迫近戎狄，修习战备，高上气力，以射猎为先。故秦诗曰"在其板屋"，又曰"王于兴师，修我甲兵，与子偕行"，及《车辚》《四载》《小戎》之篇，皆言车马田狩之事。汉兴，六郡良家子选给羽林、期门，以材力为官，名将多出焉。②

这种民风直到东汉末年也没有大的变化，郑泰谓董卓有云："关西诸郡，北接上党、太原、冯翊、扶风、安定，自顷以来，数与胡战，妇女载戟挟矛，弦弓负矢，况其悍夫。"③北魏时期天水地区仍然是射猎佳处，《魏书·灵征志上》："高祖太和五年（481）六月，上邽镇将上言：'于镇城西二百五十里射猎，于营南千水中得玉车钏三枚，二青一赤，制状甚精。'"④按上邽镇城西二百五十里当今甘肃省天水市与定西市交界的武山、漳县、陇西县一带，而发现汉代狩猎画像砖的甘谷县则位于上邽镇

---

① 李贵龙：《陕北绥德汉代画像石概说》，《绥德汉代画像石》，第3页。
② （汉）班固撰，（唐）颜师古注：《汉书》卷二八下《地理志下》，中华书局1962年版，第六册，第1644页。
③ （晋）陈寿撰，（宋）裴松之撰：《三国志》卷一六《魏书·郑浑传》注引张璠《汉纪》，中华书局1959年版，第二册，第510页。
④ 《魏书》卷一一二上《灵征志上》，第八册，第2957页。

与镇城西 250 里之中间地带。《宋史·地理志三》载，陕西路"西接羌
戎，东界潼陕，南抵蜀汉，北际朔方"，"被边之地，以鞍马射猎为事，
其人劲悍而质木"。①

南阳汉画像石应该与楚国的风习及绘画艺术有直接的继承关系。
《太平寰宇记·山南西道九》记金州风俗，谓"汉高祖发巴蜀，伐秦，
迁巴中渠帅七姓居商洛，其俗至今犹多猎山伐木，深有楚风"②。可知
"猎山伐木"即是"楚风"的集中体现，长沙楚墓中出土的精美的狩猎
纹漆奁可作旁证③。南阳汉画像石中的狩猎图大概即是这种"楚风"的
艺术表现。刘宋末年建平王景素与萧道成之争中，"景素左右勇士数十
人，并荆楚快手"④。《南史·黄回传》："回拳捷果劲，勇力兼人，在江西
与诸楚子相结，屡为劫盗。会明帝初即位，四方反叛，明宝启帝，使回
募江西楚人，得快手八百，隶刘勔西讨。"⑤ 其所募江西楚人快手即是荆
楚快手，《宋书》本传中"快手"作"快射手"⑥，知其为善射者。南阳
与荆楚相邻，其民风应该相近。《汉书·地理志下》载颍川、南阳之地，
"其敝鄙朴"，"其俗夸奢，上气力，好商贾渔猎，藏匿难制御也"。⑦ 与
天水、陇西风俗亦有相近之处。这在梁朝名将曹景宗身上有集中表现。
《梁书·曹景宗传》：

　　　　曹景宗字子震，新野人也。父欣之，为宋将，位至征虏将军、

---

① （元）脱脱等撰：《宋史》卷八七《地理志三·陕西》，中华书局 1977 年版，第七册，第
　　2170 页。
② （宋）乐史撰，王文楚等点校：《太平寰宇记》，中华书局 2007 年版，第六册，第 2729 页。
③ 湖南省博物馆：《长沙楚墓》，《考古学报》1959 年第 1 期。
④ （梁）沈约撰：《宋书》卷七二《文九王·建平王宏传附子景素传》，中华书局 1974 年版，
　　第六册，第 1863 页。
⑤ （唐）李延寿撰：《南史》卷四〇《黄回传》，中华书局 1975 年版，第四册，第 1032 页。
⑥ 《宋书》卷八三《黄回传》，第七册，第 2122 页。
⑦ 《汉书》卷二八下《地理志下》，第六册，第 1644 页。

徐州刺史。景宗幼善骑射，好畋猎，常与少年数十人泽中逐獐鹿，无还骑趁鹿，鹿马相乱，景宗于众中射之，人皆惧中马足，鹿应弦辄毙，以此为乐。

　　景宗谓所亲曰："我昔在乡里，骑快马如龙，与年少辈数十骑，拓弓弦作霹雳声，箭如饿鸱叫，平泽中逐獐，数肋射之，渴饮其血，饥食其肉，甜如甘露浆，觉耳后风生，鼻头出火。此乐使人忘死，不知老之将至。……"①

比较来看，陕北画像石狩猎图虽然与南阳画像石狩猎图有一定的相似性，但差别还是很大，陕北画像石更多的反映的是秦地（关陇）的民风，北魏的狩猎活动及狩猎图在继承这种风格的同时，又对拓跋鲜卑为主的各族的狩猎活动进行了艺术的再现。在狩猎活动中以骑射为主是陕北汉代画像石及北魏狩猎图的共同特征之一。

　　在所见汉代狩猎图中，定县三盘山汉墓错金银铜车伞铤描绘了大规模的狩猎场面，总的来看东汉"画像石中表现出的狩猎规模大多狭小，带有个体行猎的性质"，但也有个别描绘宏大狩猎场面的图像，如

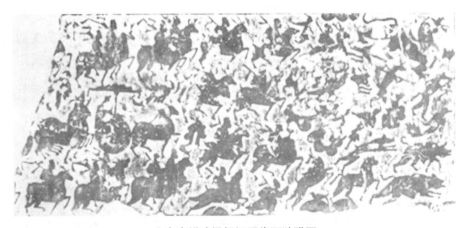

山东嘉祥武梁祠汉画像石狩猎图

①　（唐）姚思廉撰：《梁书》卷九《曹景宗传》，中华书局1973年版，第一册，第178、181页。

在武梁祠及绥德白家山汉墓画像石中均可见到①。虽然描绘的都是狩猎场面，但三幅图像各具特色，无论内容还是画风也都有较大的差别。②

陕西绥德白家山汉画像石狩猎图（局部）

陕西米脂汉画像石狩猎图③

河南禹县汉墓出土的猎虎画像砖，所表现的内容是一位骑马猎手正在拉弓反身射击背后紧追而来的一只猛虎，场面可谓惊心动魄。当其时，骏马奔腾向前，猛虎咆哮疾驰而至，其一前爪似已踩到马的后蹄，另一前爪抬起作欲扑状，千钧一发之际，猎手已将一箭射出，飞抵虎的上颚，而手中的弓还是箭在弦上，第二枚箭即将射出。在陕北画像石中有不少猎虎场面，其中绥德画像石中的一幅狩猎图上的局部画面与禹县猎虎画像砖的构图方式极为相似，尽管对于人物、弓箭和虎的刻画方式

---

① 朱锡禄：《武氏祠汉画像石》图六八，山东美术出版社 1986 年版；李贵龙、王建勋主编：《绥德汉代画像石》。

② 汉代画像石的总体情况及相关的研究概况，参见俞伟超《汉画像石概论》，《古史的考古学探索》，文物出版社 2002 年版，第 219—248 页。关于汉画像石中狩猎图的象征意义，参见信立祥《汉代画像石综合研究》，文物出版社 2000 年版，第 137—139 页。

③ 陕西省博物馆、陕西省文管会写作小组：《米脂东汉画像石墓发掘简报》，《文物》1972年第 3 期。

存在着较大的差异①。北魏墓壁画狩猎图中的射虎场面与汉代猎虎画像砖的风格有明显的传承关系。骑在马上用弓箭反身射击猎物是汉代画像石狩猎图中最为常见的表达方式之一，在所见北魏狩猎图中也都见到类似的画面，这是由于骑射技术本身有其特点，不会因时代和民族的不同而发生大变。这种射猎方式无疑在一定程度上反映了当时骑射技术的状况。当然也是古代绘画艺术传承的结果。②

河南禹县汉墓猎虎画像砖③

　　汉画像石（砖）虽然深埋地下，但其绘画技艺无疑会由一代代画师传承下来。包括固原漆棺画在内的几幅狩猎图，其与汉墓中的狩猎图所表现的内容及画风都非常相像，有着明显的继承性。固原漆棺画中的孝子形象无疑是具有中国特色的题材，西王母、东王公（父）属于汉代画像石的重要题材，有不少画像石上均有西王母、东王公（父）图像，

---

① 参见李贵龙、王建勋主编《绥德汉代画像石》，第 146 页。

② 杨泓认为："南北朝时期的墓室壁画，在承袭汉晋传统的基础上，随着社会风尚、习俗及意识形态的变化有了新的变化。"（《南北朝墓的壁画和拼镶砖画》，中国社会科学院考古研究所《中国考古学论丛——中国社会科学院考古研究所 40 年纪念》，科学出版社 1993 年版，第 435 页）张庆捷在考察山西地区汉代及北朝墓葬壁画时认为："北魏迁都前的墓葬绘画之源，山西久已存在的艺术土壤及汉代的墓葬绘画是其主要源泉"，而"社会变迁、民族融合、外来艺术及艺术家、甚至佛教艺术都是重要因素"。（《山西汉代、北魏、北齐墓葬壁画探研》，载《桃李成蹊集：庆祝安志敏先生八十寿辰》，第 365 页）

③ 中国美术全集编辑委员会编：《中国美术全集·绘画编》十八，《画像石画像砖》，上海人民美术出版社 1988 年版，图二五九。

魏晋李广射猎图（现藏敦煌市博物馆）①

莫高窟第 249 窟西魏狩猎图②

---

① 李重申、李金梅：《忘忧清乐——敦煌的体育》，甘肃教育出版社 2007 年版，第 26 页。

② 高启安：《旨酒羔羊——敦煌的饮食文化》，甘肃教育出版社 2007 年版，第 5 页。

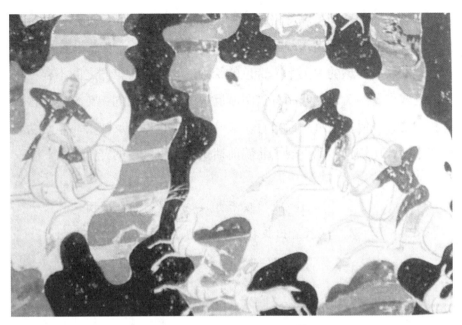

莫高窟第 301 窟北周狩猎图①

有些仅有西王母。② 这一点也表明固原漆棺画继承的是中国本土绘画的
艺术精神。

　　尽管在固原北魏漆棺画中有明显萨珊波斯美术风格的联珠纹装饰
图案③，但总的来看还是不难得出结论：无论就绘画题材还是表现手法而

①　李重申、李金梅：《忘忧清乐——敦煌的体育》，第 14 页。

②　按西王母是汉画像石中刻画最多的人物之一，参见吴增德《汉代画像石》，文物出版社
1984 年版，第 105—111 页。巫鸿对武梁祠画像石西王母形象的精辟阐释，有助于理解
汉画像石中西王母图像的含义，参见氏著《武梁祠：中国古代画像艺术的思想性》，柳
扬、岑河译，生活·读书·新知三联书店 2006 年版，第 125—160 页。郑岩认为："新
城 6 号墓棺上的东王公与西王母图像很可能就是固原漆棺上同类题材的渊源之所在。"
而嘉峪关新城 6 号墓棺上的东王公与西王母图像以及 12 号墓棺盖板上的东王公与西王
母、伏羲与女娲图像，"很显然继承了汉代画像的题材"。（《魏晋南北朝壁画墓研究》，
第 173 页）

③　联珠纹图案在北朝后期及隋唐时期新疆发现的丝织品及敦煌莫高窟中颇为常见，参见夏
鼐《新疆新发现的古代丝织品——绮、锦和刺绣》，《考古学报》1963 年第 1 期；刘波
《敦煌与阿姆河流域美术图案纹样比较研究》，《敦煌研究》2003 年第 3 期；荣新江《略
谈徐显秀墓壁画的菩萨联珠纹》，《文物》2003 年第 10 期。

言，北魏固原漆棺画、和林格尔榆树梁墓壁画、大同智家堡棺板画中的
狩猎图均是对中国同类传统绘画特别是汉代画像石（砖）狩猎图的继承
和延续，属于典型的中国本土特色的绘画，与波斯狩猎图之间不存在任
何因袭或借鉴的关系。北魏狩猎图所反映的场景虽与同类传统绘画题材
有相似之处，但从整个画面来看，应该在一定程度上反映了北魏时期的
现实生活，比较真实地再现了北魏前期拓跋鲜卑民族的狩猎场面。[1]

选自《北魏政治史》四，读者出版集团·甘肃
教育出版社 2008 年版；日文稿原载日本明治
大学《明大アジア史论集》14（2010 年）

---

[1] 张庆捷认为："北魏墓葬木棺的图画组合或反映的是鲜卑人日常生活的各个侧面，或描
绘了其狩猎时的场面，都洋溢着浓厚的游牧民族气息。"（《山西汉代、北魏、北齐墓葬
壁画探研》，《桃李成蹊集：庆祝安志敏先生八十寿辰》，第 358 页）俞伟超在综述汉代
画像石时指出："汉画像石中又多见狩猎图。这既可理解为是表现庄园中有山林，也可
理解为是庄园中依附农民在农闲时的习武活动，又可能是表现墓主的打猎娱乐。原意究
竟是什么，还有待于继续推敲。"（《汉画像石概论》，《古史的考古学探索》，第 233 页）

文物图像所见北魏服制的变化

一、墓葬壁画及棺板画上的人物图像

1. 大同沙岭北魏壁画墓

该墓被评为 2005 年全国十大考古新发现之一，出土地点是在山西省大同市御河东"沙岭村东北约 1 公里的高地上"。墓中出土彩绘漆皮，其中有残缺的纪年文字，学者考订其应为北魏太武帝太延元年（435）。

墓中共清理拼凑彩绘漆皮人物图像多件：（1）夫妇并坐图："男主人头戴黑色风帽"，"身着褐色交领袍衫，有红、黄边饰，服饰通体宽大"，女主人"头戴与男主人相同的黑色风帽"，二人"并坐于榻上"。"榻后为一漆围屏"，榻后男侍"头戴垂裙皂帽，身着红色交领上衣"，女侍亦"身着红色交领上衣"。（2）庖厨炊作图：画面上可见到九位正在忙碌的男女庖厨，其服饰大多清晰可辨。（3）打场图：可见到两个人，其中"右下角有一身着鲜卑服的男子手持工具正在打场"。（4）人物图局部：一人"头戴黑色风帽"；一人"身穿红衣"；两人"均穿红色交领上衣"；一人"外着甲片呈菱形的两当铠，腰有带，手挽缰绳"；"两名士兵头戴兜鍪，身穿红色衣裤，外着甲片呈菱形的两当铠"；"一名士兵头戴兜鍪，身穿红色衣裤，外着甲片呈长方形的两当铠"；"两名男侍上穿红色交领衣，下穿条形裤"。

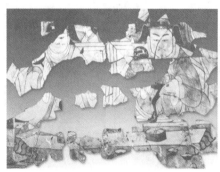

彩绘漆皮·夫妇并坐

彩绘漆皮·庖厨炊作

　　该墓壁画在已经发现壁画的北魏墓葬中面积最大，"壁画分布在墓室四壁及甬道的顶、侧部，保存基本完整，总面积约24平方米"。北壁分上下两栏，下栏上下7行，"第一行绘19位女侍，他们头挽花髻，帔帛绕臂，前倾站立，长裙曳地。这种服饰的女侍一直延续到东壁的中间"。下栏整个画面为"一幅盛大的车马出行图"："纵向第一排是6名执缰的导骑，第二排是六名吹角的军乐"，"后面水平的第二行和第七行是头戴红色风帽、身穿红色披风、手持长矛和弓箭的兵士"，"第三行和第六行是扛幡持节的男侍卫，第四行和第五行是抬鼓、吹奏、表演及杂耍的男、女乐伎"，"还有头戴长缨兜鍪的兵士在手舞足蹈"。中间马车上所坐应为墓主人。"车后有头戴鸡冠帽的轻骑兵、甲骑具装的重骑兵和男女侍仆随从。"东壁"下栏正中有一高大的建筑物"，"里面端坐着男女二人，应是墓主人夫妇。南侧男子头戴垂裙的黑帽，身着窄袖交领袍衫"，北侧女子穿戴与男子相同。南壁亦分上下栏，下栏与北壁同样分7行，"第一行与东壁连为一体，共绘有24位男侍，身着斜领长襦，上衣颜色红黑相间，下穿裤"。西壁"下栏甬道两侧各有一个双腿分开站立、单手高举盾牌的武士"，"武士头部漆黑，身着红色长衣"。甬道两侧"各有一名戴盔披甲、面目丑陋、脚穿黑履、拿刀持盾的武士"。①

北壁壁画局部·抬鼓

在已发现的北魏墓葬壁画中，大同沙岭北魏壁画墓保存比较完好，场面颇为宏大，墓主人应该是具有相当身份的高官。壁画中人物的服饰虽然比较模糊，但依稀可辨，其中有不少穿襦袄袴褶的人物形象，而穿长袍（袍服）的人物形象也有不少。就构图风格和人物的姿态来看，与汉墓画像石、画像砖中的人物形象颇有相似之处，河西走廊魏晋十六国时期墓葬壁画（砖画）中亦有相似的人物形象，它们之间的传承关系比较明显。墓主人榻下并坐图，类似图像在汉墓壁画和画像石（砖）中可见，而在北齐墓葬壁画中亦可见到。虽然墓中人物的"垂裙皂帽"和襦袄裤褶等服饰体现了鲜卑服饰的特征，但就绘画艺术的渊源而论，无疑继承的是汉代以来的传统。

---

① 以上引文及图像均见大同市考古研究所《山西大同沙岭北魏壁画墓发掘简报》，《文物》
2006 年第 10 期。

2. 大同智家堡北魏墓棺板画

该墓棺板画共有两块，发掘者将其编为 A、B 两号，图中人物服饰如下：

A 板左侧出行图，"黑牛右侧有两驭手与车同行，头戴垂裙皂帽，着交领衣"，"车前端坐一人，头戴垂裙皂帽，身着鲜艳漂亮有图案的对领披风，应为墓主人"；"在主牛车的左上方一字形排列绘有四匹马。第二匹马和第四匹马前均有一身着鲜卑装的男性人物，作牵马状"；主牛车正前方描绘的是乐舞杂技场面，"前列三位女乐伎头戴垂裙皂帽，下着黑白相间水波纹图案的曳地长裙"。"其后立有一高竿"，竿顶有四位艺伎均"只着一短裤"，竿右侧"有两位身着鲜卑服的艺伎"。A 板右侧狩猎图，上排左侧络腮胡徒步猎者"身着圆领红色褶服，腰系革带，穿黑鞋"；右侧一"头戴垂裙皂帽，身穿交领窄袖黑边蓝色上衣，下身穿红色裤，着黑鞋，腰系革带的骑士"；中排有两位"身着红色衣服的骑马武士"相向而行。

A 板画线描图

B 板描绘"奉食"场面，"以帷屋为中心"，"至少绘人物 37 人"，"左侧横向三排侍从人物，上排均为男性，头戴圆顶垂裙皂帽，着交领窄袖上衣，下身着裤，其间以红、白两色勾画条纹，脚穿黑色矮鞋"；"中排人物均头戴凹顶垂裙皂帽，着交领窄袖上衣，下身着曳地折裥裙"。C 板车舆场面，"左侧绘通幰车三辆"，"三辆车的右边均绘有一人，上下两层为襦裙侍者，中排为裤褶侍者"。

B 板画线描图

总之，大同智家堡"棺板彩画中所绘人物服装主要有两种，男性上衣下裤（裤褶服），女性上衣下裙（襦裙服），男女均戴鲜卑垂裙皂帽，与雁北师院宋绍祖墓陶俑、石家寨司马金龙夫妇墓陶俑、智家堡石棺壁画、大同南〔郊〕北魏墓群棺板画、迎宾大道壁画、宁夏固原漆棺画和云冈石窟 6、9、10、11、16、17 窟雕刻的供养人的服饰基本相似，代表了多时鲜卑人的形貌，说明北魏在迁都洛阳前，当地仍然保持着本民族原来的装饰"。① 按此墓棺板画中的人物服饰全都是襦裤或襦裙，比较集中地反映了北魏汉化改革前服饰的特征。

3. 大同智家堡北魏石椁壁画墓

该墓石椁四面均有壁画，壁画中人物的服饰如下：

北壁（正壁）壁画："画面中央绘男女二人并坐于榻上"，"应是墓主人夫妇"。"东侧男子头顶戴有垂裙的黑帽，面部涂红，身着粉红色窄袖交领袍衫，服饰通体宽大，衣袖袖口较窄而上部宽大。右手持麈尾举于肩，麈尾椭圆形，有兽面图案，外围为兽毛，兽面用墨线勾勒，通体敷红色。身前置于三兽足红色凭几。男主人左臂弯曲抚于其上。西侧女子服饰皆同男子，只是带垂裙的黑帽中间下凹，且袍衫白色，在领、袖口、裙摆处饰以粉红色边。双手袖于胸前。""墓主人身后有围屏"，"围屏之后有侍者三人"，"其西侧一人高髻，穿交领衣"，"东侧一人""戴有垂裙的黑帽"。"墓主人东侧为二男侍"，"二人冠服相同，头戴带垂裙

---

① 以上引文及图像均见刘俊喜、高峰《大同智家堡北魏墓棺板画》，《文物》2004 年第 12 期。

的黑帽，身着袴褶，袖口与裤管都较窄，黑鞋。""后一人袴褶粉红色，
其余部分似未着色。""墓主人西侧为女侍二人"，"二人皆头戴垂裙黑帽，
与东侧不同的是冠顶中央皆下凹，且帽后可明显看出打结的绳头上身皆
着交领窄袖袍，下穿及地长裙。袍粉红色，裙白色。"

石椁北壁壁画线描图　　　　　　　　石椁门内侧壁画二女侍

东壁壁画："正中绘男性四人，均半侧身面向墓主人，双手袖于胸
前。""皆头戴长裙黑帽，着袴褶，上身的长衫交领、宽袖，但袖口很
窄。服装颜色分两种"，二人"领口、袖口与长衫下摆皆镶红边，衣服
白色，间有粉红色竖条。另二人领口、袖口及长衫下边为粉红色，服装
的其他处似未着色"。

西壁壁画："所绘四人全部是女性"，皆"袖手胸前"。"衣冠皆与北
壁下穿人物相同。"二人"服装为粉红色，另二人领口、袖口与长衫下
摆呈粉红色，其余部分似未着色"。其中一人"长衫可明显看出开襟在
胸前正中"。

南壁壁画："西侧绘牛车一辆"，"牛侧一人正在驭牛同行，头戴垂
裙黑帽，上衣圆领，下着裤，皂鞋"。"东侧壁画内容与西侧相似，为一
戴垂裙黑帽的人牵着一匹马，身后是一棵树。"南壁墓门"画面正中绘
对面站立的两侍女，冠服与北壁西侧侍女相同。画面左侧一人袍衫为红
色，裙及袍衫的领口、袖口、下摆及衣襟正中的贴边未着色，画面右侧

一人裙未涂色，其袍衫的颜色与左侧一人恰好相反，即衣边涂红色，其余部分不着色"。

发掘者"判断此墓为北魏墓，主要是依据壁画中所绘制的人物冠服、装饰纹样、车舆榻帐等内容"。"此墓壁画共绘有人物 21 人（羽人未计）"，5 人残缺或服饰不清，"其余 16 人皆着鲜卑装。人物服饰与固原漆棺画人物及司马金龙墓 I 式女俑相同，此类服饰在云冈石窟一、二期石窟雕刻中有多处"。"云冈石窟着鲜卑装的供养人往往雕刻在佛龛下端，分为左右两列，一列着袴褶，一列着袍衫及长裙，着长裙者明显为女性，另一列为男性。""鲜卑人男装与女装的区别：男女的上装没有区别，下身则女着长裙而男着束口的裤装；女帽亦有垂裙但头顶中间下凹，这些冠服特征与大同智家堡北魏壁画墓的人物完全一致。如此众多的人物全部着鲜卑装，说明该墓的年代当在孝文帝改服饰的太和十八年（494 年）以前，即迁都洛阳以前。另外，鲜卑装亦可男装女穿，司马金龙墓 I 式女俑就是这样。"① 按此墓壁画中的人物服饰，墓主人夫妇所穿应该属于深衣类的袍服，而其他人物的服饰属于襦裙或襦裤，虽然上衣比较宽大，但均当属于襦袄类，下裳则或裙或裤。整体上看属于汉化改革前的服饰，但有一些过渡时期的特征，同时还可看出官贵与其他人物的服饰有别。"大同智家堡壁画中的墓主宴饮场面，墓主形象为手持麈尾、坐于帷帐之下"，李梅田认为"这种墓主像的最早实例见于中原地区的东汉晚期墓（如安平逯家庄），此后的魏晋墓葬中多见"，"这种作风的墓主画像渊源于中原，逐渐向云代、燕蓟之地传播，逐渐远播辽东、朝鲜半岛"。总的来看，北魏云代地区的墓葬画像"主要沿用了汉墓画像的基本题材"，"尤其作为墓室画像主体的墓主形象，从画像的构图方式可清晰地看出其渊源于中原汉墓的迹象"。②

---

① 以上引文及图像均见王银田、刘俊喜《大同智家堡北魏墓石椁壁画》，《文物》2001 年第 7 期。

② 李梅田：《北朝墓室画像的区域性研究》，《故宫博物院院刊》2005 年第 3 期。

4.大同雁北师院宋绍祖墓石椁壁画

北魏前期平城地区的墓葬近年发现甚多，但有明确纪年者却寥寥无几，孝文帝太和元年（477）宋绍祖墓即为其中之一。出土墓铭砖文

石椁北壁椁板内侧壁画线描图

云："大代太和元年岁次丁巳幽州刺史敦煌公敦煌郡宋绍祖之柩。"该墓石椁内侧东、北、西三面均有壁画，但因潮湿淤泥腐蚀而漫漶不清，残存壁画可见到七位人物图像。北壁石椁正中"绘有两位男性奏乐人物"："左边一位，头戴冠"，"身着斜领长袍，衣服上的褶皱颇多，线条很流畅，领、袖、袍三边均涂红彩"；"右边一位，头戴冠，身着右衽斜领长袍，袍上间隔涂红彩"。西壁两块石板"上画五位人物"："南面的一块石椁板画有三位手舞足蹈的男性人物，均身着斜领长袍，涂有红彩，头上戴有三个花瓣样的装饰"；"北面的一块石椁板上画两位男性人物，上

石椁西壁椁板内侧壁画线描图

面一位身着斜领长袍，袍上许多部位涂红彩，头上戴有三个花瓣样的装饰"，"地上躺有一戴冠的人物，仰面朝上，身着长袍，袍上许多部位涂红彩"。研究者认为，"壁画中的人物衣饰形态极富汉晋特征，画师之笔法也颇为流畅娴熟，绘画中的奏乐场面或源自南朝，与当时广泛流传的

'竹林七贤'题材有关"。①

从石椁壁画残存的人物图像推断，宋绍祖墓内椁壁画所描绘的当为乐舞杂耍场面，而且应该属于西凉胡乐，这可能与宋绍祖本为北凉灭亡后自姑臧（武威）或敦煌内迁的移民身份有关。无论是姑臧还是敦煌，西域乐舞文化都有巨大影响，甚至不排除宋绍祖家族曾与西域胡人通婚的可能性。②故该墓内椁壁画的渊源似应从西域或河西走廊艺术中探寻。与该墓所出人物俑相比（见后），两者的服饰虽有较大差别，但亦有其共同点。内椁壁画中人物服饰，下裳似均为袴褶，上衣则比较飘逸，袖口虽然较宽，但衣袖却较短，与南朝"竹林七贤"人物图像中的"褒衣博带"式服装大异其趣；人物俑以武士或侍仆形象为主，故服装风格有所不同，但下裳男俑均为袴褶，女俑均为长裙，并且上衣全都是窄袖，胡俑外罩短襦，武士俑及男女侍仆俑则为及膝长袄。总体来看，宋绍祖墓所见人物图像，其服饰以胡服或鲜卑服为特征，反映了北魏服饰汉化进程尚未开始阶段的特征。值得注意的是，大同宋绍祖墓石椁壁画乐舞人物形象与酒泉丁家闸5号墓壁画奏乐图及敦煌佛爷庙湾西晋墓砖画"伯牙抚琴"和"子期听琴"图中的人物形象有更多的相似性，若考虑到宋绍祖本为敦煌人的事实，则宋绍祖墓石椁壁画乐舞人物形象的艺术源头很可能就在魏晋十六国时期的河西走廊地区，而不会是在东晋南朝。

5. 宁夏固原北魏墓漆棺画

该墓为最早发现的北魏中叶壁画墓，在棺板上可见到残存壁画。

---

① 大同市考古研究所刘俊喜主编：《大同雁北师院北魏墓群》，文物出版社2008年版。

② 据对墓主人遗骨的人类学研究，宋绍祖身高达188.3厘米。参见韩康信等《大同雁北师院北魏墓群人骨鉴定》，大同市考古研究所刘俊喜主编《大同雁北师院北魏墓群》附录二，第217页。研究者推断，"大同北魏墓葬死者在体质形态上可能比较接近亚洲蒙古人种的北亚类群，但同时很可能存在某些与东亚类群相近的特征"。按墓中另一男性身高165.6厘米，两位女性身高为151—153厘米，因此这种形态观察大概不能完全说明宋绍祖的人种属性。

酒泉丁家闸 5 号北凉墓壁画奏乐图局部

墓中并未留下有关该墓具体年代的遗物，研究者主要根据棺板画上的人物形象特别是其服饰，判断其时代为北魏中叶，亦即孝文帝太和改革之前。① 关于漆棺画中的人物服饰，研究者有这样的描述："棺盖前端左右各画一垂帷幔的屋宇，内中各有一人袖手盘膝坐于榻上，高冠着汉式长衣，左右各有侍者立于榻后。""左侧人物榜题'东王父'"，右侧不清，可能为西王母。前档"上部正中一着鲜卑服饰者坐于一屋宇内，右手持杯，左手持麈尾，当是墓主人像，屋外左右各有二侍者像。"通过对漆棺画人物着装的考察，将其时代定在北魏孝文帝迁都之前："漆画中的人物着装，汉与鲜卑兼有，反映了孝文帝太和改制（486—494）期间的变化，着鲜卑装的人物与麦积山 78 窟供养人、云冈同期供养人，以及司马金龙墓男女陶俑着装完全一致"，"固原漆棺画的时代与司马金龙墓（太和八年，公元 484 年）大致相当而略晚几年。"

固原漆棺画中的人物服饰，与大同太和元年宋绍祖墓出土侍仆俑的服装完全一致，因此将该墓的年代下限定在太和八年或略晚几年应该

---

① 参见固原县文物工作站《宁夏固原北魏墓清理简报》，《文物》1984 年第 6 期；宁夏固原博物馆《固原北魏墓漆棺画》，宁夏人民出版社 1988 年版。

固原漆棺画孝子图局部

比较合适，而其上限则有可能早在献文帝延兴年间。比较而言，以太和初年可能性更大。值得注意的是，固原漆棺画中人物的服装与魏晋十六国时期河西走廊壁画墓中砖画人物有较大的相似性，特别是与其中劳动者的形象更为近似，不排除期间具有传承关系的可能性。

嘉峪关魏晋壁画墓部分劳动者形象

6. 北魏后期墓葬中的线刻画

北魏后期墓葬富集于当时的京师洛阳及其周边地区，由于地处雨量充沛的中原腹地，经历了 1500 年左右的时间，这一区域的北魏墓葬被毁被盗十分严重，墓中壁画几乎荡然无存。迄今为止，在北魏后期墓葬中出土的壁画相当稀少，残存的部分往往模糊不清，很少见到清晰的人物图像。① 北魏后期墓葬石制棺椁上的线刻画保存较多，著名者如现藏美国的甯懋石室（石棺）等。② 石棺等线刻画中的人物，包括贵族、武士、农夫、仆从、丫环等不同的身份，其服饰应该能够真实地反映当时人们的衣着风貌。

北魏甯懋石室孝子棺画（左帮）

关于北魏线刻画中贵族或高级文官之服饰，沈从文云："贵族或高级文官形象，衣大袖朝服，胸前曲领拥颈，腰部紧缠鞶革，脚下著笏头履，头著汉式平巾帻，外加北魏迁都洛阳以后力求汉化而特制定型的圆顶漆纱笼冠，且由脑后耸起一个钓竿式东西，由冠顶绕到前额，下垂一缨穗

---

① 目前所知北魏后期壁画墓仅有孝昌元年（525）元怿墓、孝昌二年元乂（叉）墓、太昌元年（532）王温墓，参见徐婵菲《洛阳北魏元怿墓壁画》，《文物》2002 年第 2 期；洛阳博物馆《河南洛阳北魏元乂墓调查》，《文物》1974 年第 12 期；洛阳市文物工作队《洛阳孟津北陈村北魏壁画墓》，《文物》1995 年第 8 期。其中元乂墓可见残存星象图；元怿墓甬道东西壁各绘两名门吏；王温墓可见墓主夫妇坐像和侍女图像，均为褒衣博带式装束。

② 参见郭建邦《北魏甯懋石室和墓志》，《中原文物》1980 年第 2 期。

状装饰，似应名叫'垂笔'，本于汉朝制度。虽本意仍在取法汉代细纱冠子和御史簪笔制度，实得不到本来面目，反而成为北朝特别标志。"①黄明兰认为："洛阳北魏画像石的线画艺术"，"是民族融合、文化融合的产物，但以汉族文化传统为主，从浮雕、线画画面看，人物形象和服饰、道具，甚至包括其表现的主题在内，都是孝文改制后汉化了的东西"。②北魏甯懋石室等石刻线画中的人物图像，若与河南邓县学庄南朝墓出土砖画中的人物图像比较，可以说具有完全相似的风格，服饰相差无几，其间有着明显的传承性。不过，甯懋石室孝子棺画中的武士形象，与大同智家堡北魏壁画墓甬道南、北壁武士形象完全相同，其间的传承关系也是显而易见的。纵观以上图像，无疑可在一定程度上认识孝文帝改革前、后北魏各阶层人群的服装样式，从而加深对孝文帝服制改革的了解。

河南洛阳市郊瀍河上窑村出土北魏墓石棺，其前档"即所谓阴宅之大门"，"门两侧阴刻门吏，门吏双手平胸按剑，头戴冠帻，着长衣，肃立平视，矜持肃穆，是北魏侍臣中的典型姿态"。石棺左帮："前部三个方士，均曳长袍戴冠巾、披羽衣"，

洛阳上窑村北魏墓石棺、太原北齐娄叡墓壁画、
河南邓县学庄南朝砖画墓门吏形象

① 沈从文编著，王孖增订：《中国古代服饰研究》（增订本），上海书店出版社1997年版，第197页。

② 黄明兰：《北魏石刻艺术中的线刻画》，《美术》1983年第9期。

其形象"更加人格化，确切地说，就是当时世族形象的代表，都着'褒衣宽带'"。石棺右帮："中部为男主人，她头戴华丽的宝冠，项围珍珠，曳长裙"，"俨然是一个贵妇人的打扮"。① 洛阳上窑村北魏墓石棺线刻画中的门吏与太原北齐娄叡墓壁画中的门吏，两者无论造形还是服饰都非常相近，反映了北魏迁都洛阳汉化改革以后直至北齐时期，文化的一脉相承。北魏后期和北齐墓葬中的门吏无疑是文官形象，与北魏平城地区墓葬中武士形象的门吏大相径庭，体现了尚武与文治两种不同的政治文化风格。值得一提的是，与河南邓县学庄南朝砖画墓中的门吏形象比较，两者的风格也比较相似，表明南朝墓葬壁画艺术很可能是北魏后期—北齐墓葬壁画艺术的重要渊源。②

二、墓葬石人像与墓葬人物陶俑

1. 北魏皇陵中的石人像

大同方山北魏冯太后永固陵发现石雕武士俑一件，"头部被打掉，看其背后和肩部，似戴风帽，身着斜领窄袖长衣"③。又有一件石雕供养龛："龛两侧各有一位武士，站立于身前怪兽的臀部之上。两武士着装及姿态相同。皆头戴尖顶风帽，帽之垂裙至肩，身着下摆及膝的圆领长袍，下身着裤"；"供桌两侧各有一圆雕站立的侍者，皆头戴垂裙至肩的鲜卑帽，身着交领左衽长袍，下身着裤，脚蹬靴"④。按此龛武士及侍者所穿均为襦裤，上衣即为襦、襦袄。永固陵始建于孝文帝太和五

① 洛阳博物馆：《洛阳北魏画像石棺》，《考古》1980 年第 3 期。
② 郑岩认为："元怿墓甬道两壁所见的仗剑武士，与邓县学庄南朝墓墓门两侧的守门武士十分一致。"（《魏晋南北朝壁画墓研究》，文物出版社 2002 年版，第 101 页）
③ 大同市博物馆、山西省文物工作委员会：《大同方山北魏永固陵》，《文物》1978 年第 7 期。
④ 王银田、曹臣民：《北魏石雕三品》，《文物》2004 年第 6 期。

年（481），至八年完工，十四年底文明太皇太后冯氏下葬于此陵。① 永
固陵石人像尤其是石雕供养龛两侧武士的服饰，与孝文帝提到的"小襦
袄"比较相似，既是窄袖，又是窄领。与武士服饰一样，孝文帝所言妇
女所穿小襦袄也应该为齐腰短襦。

北魏后期皇
陵中还发现了两
件石人残像，洛
阳邙山宣武帝景
陵和孝庄帝静陵
各出土石人像一
躯。景陵石人像
仅有躯干。静陵
石人像在小腿处
断为两截，"与

宣武帝景陵石人像　　　　孝庄帝静陵石人像及复原图

此石人同时出土的还有一石人头，其面部与石人同"，"推定此石人当为
陵墓前神道两侧的翁仲"。"从石人的姿态装束来看，与邓县画像石墓券
门壁画和洛阳博物馆发现的北魏升仙画像石棺线画上的按剑门吏颇相
似，显然是侍卫者。石人的衣冠，与龙门北魏宾阳中洞孝文帝礼佛图上
的侍卫、北魏元邵墓中的侍卫俑的服饰几乎完全相同。"② 按龙门石窟宾
阳中洞开凿于孝文帝迁都之后，据墓志可知元邵墓是在河阴之变（528）
后下葬的。③

对照以上图像，可以看出洛阳宣武帝景陵和孝庄帝静陵所出石人
像的服饰如出一辙，都是褒衣博带，反映了孝文帝改革后官吏服式的一

---

① 参见《魏书》卷七上、下《高祖纪上、下》，中华书局1974年版，第一册，第150、
　　166页。
② 黄明兰：《洛阳北魏景陵位置的确定和静陵位置的推测》，《文物》1978年第7期。
③ 洛阳博物馆：《洛阳北魏元邵墓》，《考古》1973年第4期。

般状况。与迁都前冯太后永固陵所出石人像的服饰相比，两者有很大的差别，充分体现了孝文帝汉化改革前后官吏服式的巨大变化。可惜的是，由于遭到毁灭性的盗掘和破坏，对于北魏皇陵中的人像所知者仅此而已，要全面了解改革前后官吏服式变化的更多面相，还得求诸他途。

北魏官贵墓葬中出土了大量人物陶俑，也有不少壁画等图像资料出土，对于认识北魏时期的人们的服饰及其变化提供了更多的信息。北魏司马金龙夫妇合葬墓出土明确纪年墓志铭，墓中陪葬品当以太和八年之物居多。除出土陶俑等物外，所出漆屏风画尤为精美，是研究北魏美术的佳作。① 漆屏风画上的人物服饰全都是褒衣博带，与相传东晋顾恺之《洛神赋图》《女史箴图》及《列女仁智图》中的人物服饰非常相似，而与同墓所出人物陶俑的服饰截然不同。② 司马金龙夫妇合葬墓漆屏风

---

① 山西省大同市博物馆、山西省文物工作委员会：《山西大同石家寨北魏司马金龙墓》，《文物》1972 年第 3 期。

② 发掘报告说："漆屏风以及漆画所反映的'褒衣博带'式衣冠"，"木板漆画内容采自汉代刘向所作《列女传》等"。（《山西大同石家寨北魏司马金龙墓》）杨泓认为："司马金龙墓的屏风漆画，呈现出极为浓郁的东晋南朝绘画风格，它只能认为是江南顾恺之开创的画风影响下的产物，换言之是来自东晋文化影响的产物。"（《北朝文化源流探讨之一：司马金龙墓出土遗物的再研究》，《汉唐美术考古和佛教艺术》，科学出版社 2000 年版，第 122 页）薛永年持相同观点："其绘画风格颇近于今传顾恺之《女史箴图》卷。……各幅人物衣纹用笔的联绵舒缓，设色的渲染合宜，人物关系的'悟对通神'，身姿动态的富于表情，莫不极为接近。""司马金龙墓屏风漆画完全可以看作以顾恺之为代表的东晋绘画影响的产物"，"在一定程度上也反映了顾氏所代表的东晋画风"。（《三国两晋南北朝的绘画艺术》，中国美术全集编辑委员会编、张安治主编《中国美术全集·绘画编一：原始社会至南北朝时期》，人民美术出版社 1986 年版，第 22 页）杨新认为：《列女仁智图》为"南宋人摹绘"，与北魏司马金龙墓漆屏风画《列女古贤图》及北宋刊刻本《古列女传》"三个本子都来自一个源头"。"北宋刻本《古列女传》摹刻插图，人物衣冠已全部'宋代化'，但仍有少数地方保存着古意，可补《列女仁智图》之失和不足。北魏漆屏风画《列女古贤图》，制作时虽参照了古画本，但基本上是时人的创作，而其中所存古意部分则可为《列女仁智图》之证。三本之中，《列女仁智图》摹绘时代最晚，并且残缺，但保存古意最多，溯本求源，弥足珍贵。""《列女仁智图》的始创本应出自东汉时代的一位画工之手，甚至有可能是西汉末宫廷中的传本。"（《对〈列女仁智图〉的新认识》，《故宫博物院院刊》2003 年第 2 期）按司马金龙墓屏风漆画最有可

画中的人物图像表现的是历史故事，是否反映当时北魏服饰的真实情况，难以作出明确判断，故此处不将其作为了解北魏前中期服装样式的证据。从北魏前中期墓葬中所出壁画或棺板画中的人物图像，可直观地了解当时人们的服饰。除大同沙岭壁画墓外，其他几个墓葬均未出土能够显示确切纪年的文字证据，学界关于其时代的推断主要依据之一便是图像中人物的服饰。

2. 大同司马金龙墓与宋绍祖墓出土人物陶俑

山西大同北魏司马金龙墓是最早在北魏前期首都平城发现的有确切纪年的墓葬，司马金龙卒于孝文帝太和八年（484），其妻姬辰死于延兴四年（474）。该墓共出土陶俑367件，其中"武士俑、骑马武士俑合计达210件"，"陶俑基本都穿适于骑战的胡服：窄袖长衣、长仅过膝，腰系带，足穿靴，这一点和北魏晚期俑有区别"。据发掘报告，兹将司马金龙墓出土人物陶俑的具体类别及其装束列表如下①：

俑别	件数	装束
武士俑	122	戴尖锥形盔，穿圆领窄袖长衣，外罩铠甲
骑马武士俑	88	铠马武士，装束同武士俑
		人马不披甲，武士戴鸡冠形风帽
女俑	7	I式：头梳高髻，外似包巾类下垂至肩；穿斜领窄袖长衣
	15	II式：梳高髻，束十字形带，外似包巾类，下垂至肩；穿斜领窄袖长袍

能是按照东晋皇室或司马氏家传《列女图》绘制，绘制者最有可能即是司马金龙宗族成员。晋明帝司马绍"善书画，有识鉴，最善画佛像"，传世作品有多种，其中包括"《列女》二，《史记列女图》二"。西晋荀勖"多才艺，善书画"，有《大列女图》《小列女图》传世。（（唐）张彦远著，俞剑华注释：《历代名画记》卷五，上海人民美术出版社1964年版，第92—93页）晋明帝母荀氏（《晋书》卷六《明帝纪》，第159页；卷三二《后妃下·元敬虞皇后传附豫章君荀氏传》，第972页），很可能为荀勖之后（女、孙）。若此，则晋明帝绘画技艺传自荀氏的可能性甚大。

① 《山西大同石家寨北魏司马金龙墓》。

续表

俑别	件数	装束
胡俑	8	戴风帽，穿圆领窄袖长衣，侧摆开叉
女乐俑	12	装束同女俑Ⅱ式，皆跪坐，姿态不一
大俑	2（残缺）	

大同雁北师院北魏太和元年（477）宋绍祖墓，与司马金龙墓的下葬时间非常接近，该墓出土陶俑的形制比较完好，其中人物陶俑115件，虽然远少于司马金龙夫妇墓，但发掘报告对相关图像有更为清晰的报道，可以作为认识北魏中叶墓葬陶俑人物形象的典型个案。兹据发掘报告将其类别及其装束列表如下：

俑别	件数	装束
镇墓武士俑	2	头戴兜鍪，身穿铠甲；束带，披膊
甲骑具装俑	26	武士头戴兜鍪，身披筒袖铠
鸡冠帽武士俑	32	武士头戴黑色风帽，上置鸡冠形装饰；身着交领窄袖襦袴，足蹬靴（共有Ⅲ式）
男俑	19	Ⅰ式：戴圆形风帽，绕冠有扎带，帽的两侧及后背，皆垂裙至肩；身穿圆领窄袖长袍
	18	Ⅱ式（步兵俑）：头戴兜鍪，正中有圆孔，为插缨之处；身着两裆铠，长方形的甲片穿缀成胸背两片，腰间有束带
	8	Ⅲ式：戴黑色风帽，绕冠有扎带；穿斜领窄袖长袍，红色袍边，腰束带；下着袴，袴上有白色条带（袴褶服）
女俑	6	梳高髻，带黑色包巾，上有"十"字形阴线，下垂至肩；穿交领窄袖曳地朱红色长袍（白边），掩盖双脚；双手拢于袖
胡俑	4	头戴圆形风帽，身着胡服，下部侧摆有开叉，红色袍边，衣服上有图案

该墓发掘者认为："许多陶俑的服饰和面相，也都显示着鲜卑族的

特色。女俑头梳高髻包巾，长裙曳地；男俑身着斜领窄袖长袍，头戴鲜卑帽。"[1]

司马金龙夫妇墓和宋绍祖墓发掘时代相距 20 余年，发掘者对两个墓葬陶俑的分类和具体形制的表述有较大差别。但观察相关图像，可知两个墓葬出土人物陶俑的装束几乎完全一样，下身或裤或裙，上身一般外罩长衣（袍），武士或着两裆铠。总体来看，应该属于襦裤（男）、襦裙类服装。孝文帝所言"小襦袄"即是此类服装。不管上衣是圆（交）领还是斜领，全都是窄袖，可以说窄袖是当时服饰最突出的一个特征。由于这两个墓葬有明确的纪年文字出土，因而可以看作判定北魏孝文帝改革前、后服装样式的一个时间指标。

3. 北魏末年杨机墓出土人物陶俑

与墓葬图画相比，北魏后期墓中陪葬的陶俑数量庞大，保存情况也远较壁画等图画为好，其中的人物陶俑的装束能够更为全面地反映当时人们的穿戴服饰，是了解孝文帝服制改革更为直观的资料。杨机夫妇合葬墓位于今洛阳市西南的宜阳县丰李镇马窑村三道岭东端南坡，该墓虽然遭到盗掘和破坏，但 2005 年征集到文物百余件，包括多种类型的人物陶俑 115 件，种类较多，形制完好，大体能够反映北魏后期墓葬陶俑人物形象的基本面貌。据墓志记载，杨机夫妇分别卒于北魏孝武帝永熙二年（533）、节闵帝普泰二年（532），后于东魏孝静帝天平二年（536）"迁附于阙口之右，飞山之东北，去洛阳七十里"。兹据考古报告，将杨机墓中人物陶俑的类别及其装束列表如下[2]：

---

① 以上引文及图像均见山西省考古研究所、大同市考古研究所《大同市北魏宋绍祖墓发掘简报》，《文物》2001 年第 7 期。又可参见大同市考古研究所刘俊喜主编《大同雁北师院北魏墓群》。

② 洛阳博物馆：《洛阳北魏杨机墓出土文物》，《考古》2007 年第 11 期。关于北魏晚期墓葬陶俑人物服饰的研究，参见商春芳《洛阳北魏墓女俑服饰浅论》，《华夏考古》2000年第 3 期；倪润安《北魏洛阳时代墓葬文化分析》，《故宫博物院院刊》2010 年第 4 期。

俑别	装束
文吏俑	上身着齐膝宽袖袍，袍外罩裲裆，下身穿裤，双手隐于袖中，执剑拢于胸前
镇墓武士俑	形体高大的站立胡人
扶盾武士俑	头戴圆顶兜鍪，身披明光恺，腰束宽带，下着缚裤，左手扶长盾
执剑武士俑	头戴风帽，帽顶圆鼓，周围束带，顶部有"十"字形帽缝，其左右和后部下垂至颈，左右沿脸部外翻，用一带连于脑后。身穿红彩风衣，领口挽结，两袖空垂，内罩白色长衣至地，双手挂剑于前胸，足蹬圆头靴
武士俑	皆为站立胡人形象，可分3式： 1式：头顶挽一髻，髻后扎一倒三角形头巾，身着红色大翻领右衽窄袖衫，腰束双带，下着缚裤； 2式：手皆执盾，基本形制同1式； 3式：皆身穿盔甲，头戴风帽，身披红色风衣，高领围颈，内着长衣长裤
甲骑具装俑	骑马鞍，身披战袍，左手执缰；马头带面帘，身穿铠甲，马尾缠结。 1式，头戴风帽； 2式，胡人面相，头戴毡帽
小冠男侍俑	头戴小冠，分为二式： 1式：上身着交领齐膝短袖袍，腰间系带，下穿肥筒裤； 2式：上身着交领齐膝宽袖袍，腰间系带，下身穿肥筒裤
双髻女俑	头梳双髻，上饰花钿，上着交领宽袖衫，胸部束长带，下着曳地长裙，衣纹稠密，左手屈置胸前，右臂下垂，手提裙摆
乐俑	踞坐，头戴小冠，身着交领广袖衫曳地长裙，腰带高束，中挽一带结，两飘带自然下垂。包括击鼓俑，吹奏俑，弹琵琶俑，奏乐俑
女舞俑	梳双髻，饰花钿，身着交领窄袖长裙，左腿站立，右腿屈膝，左手提裙，右手扶膝
持箕女俑	蹲坐状，发髻饰花钿，身着宽袖长裙，双手持簸箕置于膝前
抱盆女俑	蹲坐状，发髻饰花钿，身着宽袖长裙，右手抚膝，左臂抬起抱一盆置于膝上
抱婴女俑	颈系巾，着宽袖曳地长裙，双手抱一被释婴儿，左腿跪，右膝屈
双人牵手女俑	作两手相牵并肩站立状，两人均头微昂，梳双髻，上饰花钿，身着交领宽袖上衣，腰束带，下着裤

续表

俑别	装束
女立俑	头顶梳单髻，饰花钿，身穿广袖衣，曳地长裙，腰部系带，右手提裙襟
老妇俑	头发中分，绾于脑后，头微右倾，身穿宽袖弧边裙，两臂屈置于腰间，双手掌心向上
风衣俑	

如上所见，杨机墓出土的人物陶俑，包括各色人等：有官有民，有文有武，有男有女，有老有少，有站有坐。这些人物形象表现了北魏末年各类人物的真实面貌，当时人们的穿着服饰可以说跃然纸上，一目了然。可以看出，服装式样与身份地位密切相关，而最突出的一点是，除武士外人们的服装几乎都是大袖长袍（裙），与宋绍祖墓所见窄袖服装形成了鲜明对比，反映出孝文帝汉化改革后褒衣博带式服装的主流地位。

三、佛教石窟造像及壁画人物装束的变化

无论是雕塑、壁画还是摩崖石刻、造像，佛教石窟、造像中的人物图像基本可分为两大类，除占绝大多数的各类佛像外，还有一部分世俗人物，如礼佛图中的帝后王公贵族，佛传故事中的各色人物，以及供养人像等。世俗人物图像的衣着，应该比较真实地反映了当时人们的实际穿着，而佛教人物图像也在一定程度上体现着现实中的服饰特征，诚如沈从文所云："宗教性雕塑，反映社会习俗，关系相当密切。"[1] 无论北魏从平城迁都洛阳之前还是之后，都开凿了大量的佛教石窟，尤其是云

---

① 沈从文编著，王㐨增订：《中国古代服饰研究》（增订本），第 177 页。

冈石窟和龙门石窟规模宏大，各种人物形象数以万计，虽然历经1500余年的自然风蚀和人为破坏，均有程度不同的损毁，但仍有大量珍贵的艺术图像保留至今，对于认识当时人们的穿着服饰无疑是非常重要的素材。

1. 佛像装束的变化

目前所见北魏最早的佛教图像当推河北隆化县出土的泰常五年（420）刘惠造鎏金铜弥勒像[1]。北魏太武帝太平真君四年（443）的一件鎏金造像，"穿通肩大衣，衣纹自两肩向胸间下垂，但纹褶较细密，并且线条较圆润"，是受到犍陀罗造像影响的一种新式样。这件造像铸成于太平真君七年太武帝灭佛前不久，"代表了文成帝复法以前的造像形制"。"通肩式服饰"或"广袖通肩大衣"，"是南北朝前期第一阶段佛像的典型服饰"，既是受到健驮罗（犍陀罗）造像艺术的影响，同时也是"继承了汉代传统艺术手法的结果"。[2] 在太武帝灭佛前还有另一种类型的造像，河北蔚县黄梅乡榆涧村原石峰寺北魏太平真君五年朱业微石造像[3]，为北魏太武帝灭佛前夕所造，其时云冈石窟尚未开始雕凿，同一时期的佛教遗物无疑非常有限。该造像"着袒右袈裟，右肩披偏衫"，"菩萨立于主尊两侧，头戴高冠，裸上身，斜披络腋，下着裙"。[4]

文成帝太安元年（455）张永佛造像与此完全相同，"在自五世纪中叶直到五世纪末的一段时期里，这类服饰的造像极为流行"。以上"两类服饰的造像，在石窟中经常是在一起出现的，如云冈10窟前室北壁上层两龛释迦多宝像服装为斜披式，而下层两龛倚坐佛像则作通肩式。

---

① 河北省文物研究所等：《隆化皇姑屯安州及其附近遗迹调查简报》，《文物春秋》1991年第2期；刘建华：《北魏泰常五年弥勒铜佛像及相关问题的探讨》，《宿白先生八秩华诞纪念文集》，文物出版社2002年版，第371—398页。

② 杨泓：《试论南北朝前期佛像服饰的主要变化》，《汉唐美术考古和佛教艺术》，第298—299页。

③ 蔚县博物馆：《河北蔚县北魏太平真君五年朱业微石造像》，《考古》1989年第9期。

④ 刘建华：《义县万佛堂石窟》，科学出版社2001年版，第143页。

在石窟造像中，又往往以斜披式服装为主，以通肩式为辅，如云冈 20 窟主尊大像服装是斜披式，而两侧的立像则作通肩式"。① 在云冈石窟第一、二期所开凿的窟龛中，绝大多数佛像、菩萨、供养人及飞天等人像的服饰均是如此。袒右肩式风格的造像，同拓跋鲜卑人"被发左衽"的民族服装具有一致性，可以说云冈石窟中的这类人物形象比较真实地反映了北魏太和中叶以前以平城为中心的地区的社会风貌。

关于云冈石窟造像的分期或其开凿年代，日本学者长广敏雄认为："第 1 窟至第 20 窟中大窟的开凿始于公元 460 年（北魏文成帝和平初年），完成（或中止于）公元 494 年（孝文帝迁洛）。可依据风格的演变将这 35 年分为两期。第 16 至 20 窟为初期。中央地区的第 5 至 13 窟和东方地区的第 1 至 3 窟均为中期（但第 3 窟佛像属唐代）。"② 宿白亦有相似看法，他根据窟室形制、造像布局、主要造像及其组合、造像形制、装饰纹带等要素，将云冈石窟的开凿时间分为三期，其中第一、二期的开凿始于文成帝复法之后，终于孝文帝迁都前后。第 16—20 窟为云冈石窟第一期所开凿洞窟，即所谓"昙曜五窟"，开凿于文成帝时期，即"和平中（460～465）"，也有可能"拖延到献文帝时期"③；第 1—3、第 5—13 窟为第二期所开凿，"应在公元 471 年至公元 494 年之间，或稍后"④。第一期双窟"佛像流行通肩或右袒服饰，菩萨斜披络腋，胸前短饰璎珞"⑤。其中又可分为两组，第 18—20 窟为一组，为云冈石窟最

① 杨泓：《试论南北朝前期佛像服饰的主要变化》，《汉唐美术考古和佛教艺术》，第 300—301 页。

② 长广敏雄：《云冈石窟第 9·10 双窟的特征》，《中国石窟·云冈石窟（二）》，文物出版社 1998 年版，第 207 页。

③ 宿白：《〈大金西京武州山重修大石窟寺碑〉的发现与研究——与日本长广敏雄教授讨论有关云冈石窟的某些问题》，《中国石窟寺研究》，文物出版社 1996 年版，第 110 页。

④ 宿白：《平城实力的集聚和"云冈模式"的形成与发展》，《中国石窟寺研究》，第 120、130 页。关于此问题的系统论述，又可参见宿白《云冈石窟分期试论》，《中国石窟寺研究》，第 76—88 页。

⑤ 宿白：《平城实力的集聚和"云冈模式"的形成与发展》，《中国石窟寺研究》，第 121 页。

早开凿的洞窟，"都是以佛装的三世佛为主像"，"佛像服装或右袒，或通肩；布纹流行仿毛织厚衣料而出现的凸起的式样"①。

云冈石窟佛像服饰在孝文帝时期发生了新的变化，这在太和年间开凿的第5、6两窟里有具体体现。第5窟里可看到斜披式服饰，如明窗两侧的释迦多宝二佛并坐龛和窟门东西两侧的树下佛像，也有少量佛像穿通肩式服饰，二佛并坐龛旁就有披通肩大衣的佛像。"但是，窟中比较主要位置处的许多佛像，却变成穿宽博的大衣，两袖很肥大，由衣袖可以看到里面的内衣，内衣缚有衣带，在腹前打一结，结下双带下垂，也有的把衣带甩向右手的手腕上。衣纹样褶皱由肩部向下垂展，两道褶纹间相距较宽，层层上叠，断面形成宽平的阶梯状。"坐像"多为结跏趺坐，露足，衣裾褶纹较密，垂于佛座上"；立像"宽博的大衣下垂，衣裾向外撇扬，也就是通常所谓的'褒衣博带'形式"。在第6窟中，"几乎所有的佛像都是穿宽博大衣、内衣结带外甩到左手上、衣纹断面作平直阶梯形"。可以说，"第5窟佛像的服饰正是处在变革时期当中，而到第6窟凿建时，这一变革已接近完成了"。②

关于云冈石窟第二期所开凿洞窟，宿白认为其"共同特点是汉化趋势，雕刻造型追求工丽"，他将本期窟龛分为六组：（1）第7、8窟（双窟），"佛像着右袒大衣，菩萨斜披络腋，有的有短璎珞。造型与第一期接近"。（2）第9、10窟（双窟），"佛像着右袒或通肩衣，菩萨袒上身或斜披络腋"。（3）第1、2窟（双窟），"1窟主像弥勒披帛交叉，佛像着通肩衣，有的着褒衣博带。2窟主像坐佛着褒衣博带。塔柱佛像右袒，弥勒斜披络腋"。（4）第11、12、13窟（组窟），"主要佛像接近9、10窟造型"。（5）第5、6窟（双窟），"6窟佛像皆褒衣博

① 宿白：《云冈石窟分期试论》，《中国石窟寺研究》，第77页。
② 杨泓：《试论南北朝前期佛像服饰的主要变化》，《汉唐美术考古和佛教艺术》，第303页。

带，菩萨披帛交叉。5 窟窟口和明窗两侧有右袒坐佛"。(6) 第 3 窟（双窟?），"佛像皆着褒衣博带"。① 金维诺亦有相似看法，他认为以中区大型双窟第 5、6 双窟、第 7、8 双窟和第 9、10 双窟为代表的云冈第二期石窟，佛像装束上有明显的变化。具体而言即："佛像衣装不同于昙曜五窟衣纹贴体的偏袒右肩式袈裟或通肩式袈裟，逐渐作褒衣博带样式，完全仿照南朝文人士夫的常服式样雕造。衣纹由突起的泥条状、褶襞也在演变成阶梯状的衣饰。佛像衣装上的这一变化，已开始反映出南北文化交流的影响；而菩萨着帔帛、大裙的装束，也取法现实的人物衣饰。"②

　　总之，云冈石窟"佛像的服装，在第二期晚期也换上了新型的褒衣博带式的样式"③，"佛像褒衣博带是与孝文帝太和十年至十九年的服制改变相呼应的"④。当然，习俗的改变并非一朝一夕所能完成，太和十三年云冈石窟中虽然可以同时看到褒衣博带和右袒大衣两种装束的佛像，但在孝文帝迁都和实施彻底汉化改革之前，佛像的装束恐怕并未马上就变成以褒衣博带式为主。即便是在迁都和汉化改革之后的十年间，直到宣武帝景明三年（502），在都城洛阳近郊的龙门石窟中，仍然存在

----

① 宿白：《平城实力的集聚和"云冈模式"的形成与发展》，《中国石窟寺研究》，第 127、128 页。

② 金维诺：《龙门石窟造像的艺术成就——〈龙门石窟图录〉序》，《中国美术史论集》下卷，黑龙江美术出版社 2004 年版，第 210 页。

③ 宿白：《云冈石窟分期试论》，《中国石窟寺研究》，第 79 页。

④ 宿白：《云冈石窟分期试论》，《中国石窟寺研究》，第 80 页。本条注云："云冈褒衣博带装束的佛像，有纪年铭文可考的最早实例是 11 窟上方太和十三年（489）铭释迦多宝龛。着右袒大衣的佛像，有纪年铭文可考的最晚实例是 17 窟明窗东侧的释迦多宝弥勒三像龛，龛铭纪年也恰是太和十三年。这个巧合，可以说明太和十三年应是这两种服制的交替时期。"（同上，第 79 页，注〔10〕）关于此条脚注，作者后来又作了补充，云："脚注的论述，只是就有明确纪年铭记的情况而言，当然这个巧合，也应有其必然性，是否可以理解太和十三年是这两种服饰的造像，在云冈形成均势的时期，此后新服装才逐渐取得优势呢?"（《〈大金西京武州山重修大石窟寺碑〉的发现与研究——与日本长广敏雄教授讨论有关云冈石窟的某些问题》，同上书，第 109 页）

不少袒右肩式佛像，云冈石窟的情形应该相去不远。①

大同小站村北魏建筑遗址，很可能与北魏平城宫殿遗址有关，这一屋形龛的制作时代无法确定，估计应该是太和中后期或更晚时期的作品。其与云冈石窟及龙门、麦积山等石窟北魏窟龛中的"褒衣博带"式佛像在样式和风格上如出一辙，无疑具有相同的渊源。在孝文帝迁都前，"褒衣博带"式的服装大概已在北魏上层社会，尤其是在汉族官贵或汉化较深的鲜卑官贵中流行，云冈石窟第二期图像中即有穿着类似服饰的供养人出现，太和八年司马金龙墓

大同小站村北魏佛像屋形龛

漆屏风画中的人物形象更是明证。鲜卑贵族陆叡在太和前期"娶东徐州刺史博陵崔鉴女"，时鉴谓所亲云："平原王才度不恶，但恨其姓名殊为重复。"② 按陆氏改姓前为步六孤氏，陆叡之名亦当为鲜卑语复合词，在汉族高门来看有点不伦不类，其岳父崔鉴之"恨"即缘于此。而陆叡的"才度"即才能和风度，则让崔鉴比较满意，风度当包括外貌装束，大概与一般汉族士子并无差别，"才度不恶"之语当基于此而言。

龙门石窟太和七年（483）孙秋生造像、太和后期杨大眼造像、景明四年（503）比丘法生造像等龛，主尊佛像均穿袒右肩式袈裟。但宣武帝

---

① 宿白云："太和十年改革服制后，即使马上就出现新服制的佛像，但也不可能立刻排除旧服制佛像的雕造，更何况还有大批有权势而又信仰佛教，并抵制服制改革的北魏上层人物的存在。"（《〈大金西京武州山重修大石窟寺碑〉的发现与研究——与日本长广敏雄教授讨论有关云冈石窟的某些问题》，《中国石窟寺研究》，第 107—108 页）按此说诚然，不过若将太和十年改为十八年可能更为确切。关于云冈石窟佛装更全面的情况，参见陈悦新《云冈石窟佛衣类型》，《故宫博物院院刊》2008 年第 3 期。

② 《魏书》卷四〇《陆叡传》，第三册，第 911 页。

景明年间以后的北魏造像，绝大多数佛像的衣着都是"褒衣博带"式的袈裟。① 温玉成云："在龙门北魏早期小龛中，沿袭云冈石窟的作法是很明显的，佛像着袒右肩袈裟……这一延续期的年代下限，大约是公元500年前后"。"在宣武帝（元恪）前期（公元500—510年），对旧的风格进行了巨大的改革，新的龙门风格开始形成。主要表现是：佛着双领下垂式袈裟，袒右肩式袈裟迅速被淘汰……这些变化，奠定了龙门北魏风格的基调。"② 虽然直到南北朝后期，仍可看到佛穿袒右肩式袈裟的造像，如在青州北齐龙兴寺造像中即有此类造像③，但总的来看，北魏晚期佛像的装束与北魏前期有着显著的不同，几乎都穿着"褒衣博带"式袈裟。

保利艺术馆藏北魏正始四年（507）弥勒三尊像，弥勒佛"外着褒衣博带式袈裟，双领下垂，右领襟甩搭于左肘，下摆作波状纹起伏，转折圆润流畅"④。古阳洞为龙门石窟最早开凿的洞窟，其基本窟形和正壁主像完成于宣武帝正始二年（505）之前⑤，其中有大量孝文帝迁都前后以迄北魏末年的造像佛龛，造像题记数以千计，著名的龙门二十品绝大多数即镌刻在古阳洞内。就造像记所显示的年代来看，无论是在迁都之前还是之后，孝文帝太和年间（483—499）的造像全都是袒右肩式的。宣武帝景明三年（502）以前的造像，不少仍然是袒右肩式的。但从景

---

① 参见下列图书所收相关图像。龙门文物保管所、北京大学考古系：《中国石窟·龙门石窟（一）》，文物出版社·株式会社平凡社1991年版；中国美术全集编辑委员会编，温玉成主编：《中国美术全集·雕塑编十一：龙门石窟雕刻》，上海人民美术出版社1988年版；刘景龙：《古阳洞：龙门石窟第1443窟》，科学出版社2006年版。

② 温玉成：《龙门北朝小龛的类型、分期与洞窟排年》，龙门文物保管所、北京大学考古系《中国石窟·龙门石窟（一）》，第205页。

③ 参见金维诺《青州佛教造像的艺术成就——〈青州北朝佛教造像〉前言》，《中国美术史论集》，下卷，第220—233页；青州市博物馆：《青州龙兴寺佛教造像艺术》，山东美术出版社1999年版。

④ 金维诺：《青州佛教造像的艺术成就——〈青州北朝佛教造像〉前言》，《中国美术史论集》下卷，第223页。

⑤ 宿白：《洛阳地区北朝石窟的初步考察》，《中国石窟寺研究》，第155页。

明三、四年开始，出现了"褒衣博带"式的造像，此后的造像全都穿着"褒衣博带"式袈裟。① 麦积山石窟的情形与龙门石窟相似，"从唯一保存纪年铭记的景明三年（502）第 115 窟看，（造像的装束）还没有显出较大的变化"②。

学界普遍认为，龙门石窟褒衣博带式佛装继承自云冈石窟，而云冈石窟褒衣博带式佛装的渊源则应在南朝。杨泓认为："北魏造像服饰的这一新的变革，应与孝文帝太和年间改服制一事有关"，"和当时整个文物制度的变革一样，应该是摹自南朝的"。四川茂县出土南齐永明元年（483）石造像，"一面是坐像，高肉髻，穿宽博的大衣，胸前垂出内衣结带，并左甩至腕上，肩部衣纹向两侧垂展，断面呈宽平阶梯状，结跏趺坐，胸下腹间衣纹中垂，遮住双足，下坐方形台座，由于衣裾下垂形成密褶，满遮座上。另一面为立佛，亦作高肉髻，衣饰同前，衣纹断面亦作阶梯状"。南京西善桥砖画竹林七贤和荣启期像褒衣博带的服饰特征，与南齐或北魏造像大致相同。③ 宿白亦有类似的看法：

> 新服制的造像和新风格的造型与技法并不是平城本地开创的，它的渊源应是南朝。以褒衣博带式服饰为例，从近年在南京等地的东晋至南齐时期的墓葬壁面上发现的竹林七贤与荣启期模印画砖中，知道这种服饰，本是南朝上层人物的衣着。从四川省博物馆所藏成都北原茂县（今茂汶羌族自治县）出土的有齐永明元年（483）造无量寿、当来弥勒成佛二世尊像铭的褒衣博带式的立佛和坐佛像，又可知道在孝文帝极力推行汉化的情况下，云冈太和

① 具体图像参见刘景龙《古阳洞：龙门石窟第 1443 窟》。
② 黄文昆：《麦积山的历史与石窟》，薛永年、罗世平主编《中国美术史论文集——金维诺教授八十华诞暨从教六十周年纪念文集》，紫禁城出版社 2006 年版，第 7 页。
③ 杨泓：《试论南北朝前期佛像服饰的主要变化》，《汉唐美术考古和佛教艺术》，第 303—304 页。

十年（486）以后出现的新服制的佛像，很可能是北魏匠师根据至少是参考了南朝造像设计，雕造出来的。①

包括佛教形象在内的洛阳北朝时期的造型艺术受到南朝的影响是无庸置疑的。其实，孝文迁洛即已决定进一步汉化之方略，举凡都城设计、舆服制度无不参考南朝，中原人士一直到北朝晚期仍视江东为衣冠礼仪之所在，洛阳窟龛造像变化的重要因素来源于南朝，只不过是当时诸事中之一端耳。……包括窟龛造像在内的洛阳佛教艺术变化的重要因素来源于南朝，不仅是当时诸事中之一端，甚至有可能是其中最突出的事例之一。②

温玉成结合龙门石窟的具体情况，就"佛穿'褒衣博带'式新装的问题"提出了相似看法："佛穿'褒衣博带'式大衣，大约起自南朝宋。""今所知佛穿新装最早的文物，是20世纪20年代川西茂县出土的南朝齐永明元年（公元483年）造像碑。""此后，此等新装在南朝普遍采用，在云冈二期亦偶有用者。孝文帝迁洛后，龙门皇室开凿的古阳洞、宾阳中洞等大窟，即用此新装。但小型龛中，仍有使用通肩或袒右大衣者。"而据刘建华考察，"自平城，沿上谷路，以至龙城，至义县，均未发现'褒衣博带'式袈裟的佛像"。③

麦积山石窟北魏后期的佛像，其装束与洛阳龙门石窟非常接近。麦积山石窟现存北魏80多个洞窟，可"根据其雕塑手法和风格的变迁"，"以有景明三年题记的一一五窟为界，划分为前后两期"。"六九、一六九、七六、一一四、一一五等窟的主佛和胁侍菩萨"，"衣着服饰上

---

① 宿白：《〈大金西京武州山重修大石窟寺碑〉的发现与研究——与日本长广敏雄教授讨论有关云冈石窟的某些问题》，《中国石窟寺研究》，第108页。
② 宿白：《洛阳地区北朝石窟的初步考察》，《中国石窟寺研究》，第174—175页。
③ 温玉成：《上下求索　成绩不凡》，刘建华《义县万佛堂石窟》序（第3页），科学出版社2001年版。

出现了褒衣博带式的通肩大衣和汉装式的袈裟"①。

毫无疑问,北魏迁都洛阳后佛穿"褒衣博带"式新装的分布区域,从一个侧面反映了北魏孝文帝汉化改革所推行的地域。可以看出,在中原及关陇地区,孝文帝的服制改革得到了贯彻执行,而在以六镇为中心的北方沿边地区,仍然维持着原有的装束,表明孝文帝的汉化改革并未深入到这一地域。龙门石窟所见袒右肩式的佛像样式承袭云冈石窟自无疑义,而龙门石窟大量出现的"褒衣博带"式的佛像样式,在云冈石窟中也是大量存在的,说明孝文帝的服制改革同时也在旧都平城地区得到了贯彻。②

2. 供养人装束的变化

北魏后期穿着"褒衣博带"式袈裟的佛像样式,为其后的东西魏所继承,当时许多地区的佛教造像及壁画中,穿着此类服饰的人物形象非常普遍。

与佛像相比,佛教石窟中的僧侣或信徒、供养人图像,其装束更能直接反映当时各个阶层尤其是皇室官贵等统治阶层成员的衣着情况。段文杰云:"按理说,供养人像应当是真人的肖像。但是这类宗教'功德像'往往是大批制作的,画师自然无法以特定的个人为蓝本,只能采取程式化和类型化的办法以表现其民族特征、等级身份和虔诚的宗教热忱,不能脱去千人一面的倾向。"③兹举龙门石窟和麦积山石窟、莫高窟

---

① 李西民:《麦积山石窟史略及其雕塑源流》,中国美术全集编辑委员会编、孙纪元主编《中国美术全集·雕塑编八:麦积山石窟雕塑》,第33页。

② 关于"褒衣博带"式佛装在南北朝的发展演变,又可参见费泳《佛衣样式中的"褒衣博带式"及其在南北方的演绎》,《故宫博物院院刊》2009年第2期。陈悦新将唐开元以前汉地佛装分为"上衣外覆"和"中衣外覆"两类,前者又分为通肩、露胸通肩、袒右、覆肩袒右、搭肘五型,后者又分为上衣搭肘、增加外披、中衣搭肘四型。(《佛装概念与汉地佛装类型演变》,《文物》2007年第4期)

③ 段文杰:《早期的莫高窟艺术》,敦煌文物研究所《中国石窟·敦煌莫高窟(一)》,文物出版社1987年版,第180页。

雕塑和壁画中具有代表性的图像以见一斑。

　　麦积山石窟第 78 龛正壁主尊北魏坐佛着袒右肩式袈裟，而"主尊台座上十八身男供养人，巾帻包头，着交领窄袖衣，腰束带，下穿宽腿束脚裤、尖头乌皮靴"。又如，"第 90 窟男供养人，身着窄袖长袍，仍为北魏改制前鲜卑族的服饰"。① 其服饰与固原漆棺画舜帝故事图中的人物服饰几乎相同。麦积山石窟所在地天水（北魏秦州、上封镇）与固原（北魏高平镇）相距不远，固原漆棺画与麦积山石窟第 78 龛佛像及供养人很可能是同一个时期的作品，甚至不排除是由同一组艺术家群体创作的可能性。若考虑云冈石窟早期作品与凉州佛教艺术的渊源关系②，则其间的传承关系便不难理解。敦煌莫高窟早期窟龛壁画上，亦可见到几乎完全相同的供养人形象，如推断为北凉时期开凿的第 275 窟北壁下部供养人群像。

麦积山石窟第 78 龛主佛像　　佛坛供养人③　　莫高窟第 275 窟（北凉？）男供养人线描图④

---

① 张宝玺：《麦积山石窟壁画叙要》，天水麦积山石窟艺术研究所《中国石窟·天水麦积山》，文物出版社 1998 年版，第 198—199 页。
② 参见宿白《凉州双窟遗迹与"凉州模式"》，《中国石窟寺研究》，第 127、128 页。
③ 天水麦积山石窟艺术研究所：《中国石窟·天水麦积山》。
④ 卢秀文：《敦煌莫高窟早期三窟供养人服饰研究》，《敦煌学辑刊》2008 年第 4 期。

类似人物形象在大同云冈石窟雕塑中相当之多，如第9窟后室南壁第3层东侧佛龛，立佛和供养群像的服饰都是袒右肩式的，而屋形龛（佛坛）中的坐佛和两旁站立的供养人的服饰则有所不同，三人像均外罩窄袖袍服，坐佛下裳不太清晰，左、右两位供养人分别下穿袴、裙，即襦裙和袴褶。麦积山石窟78窟、90窟及莫高窟275窟男供养人所穿服饰正是袴褶。云冈石窟第10窟南壁第4层东侧佛龛及第12窟后室南壁第2层西侧佛龛、第13窟东壁第4层中部佛龛，供养群像的服饰也都是襦裙和袴褶。云冈石窟中类似服饰的人物形象非常普遍，在第7至13窟中均可见到。基于此，似乎可以判定，莫高窟第275窟不一定为北凉所开凿，为北魏占领河西走廊一段时间之后，即文成帝复法至孝文帝服制改革期间开凿的可能性更大。

云冈石窟第11窟东壁第4层南侧有太和七年（483）题记，这是云冈石窟所见唯一纪年题刻，表明该窟的建造时代即在太和七年。穿袴褶和襦裙服的供养人像在云冈石窟第11窟最为普遍，在该窟各个角落都可以看到这种图像。兹选取若干图像以见一斑。

云冈石窟第11窟东壁男供养人局部

第11窟东壁女供养人局部①

---

① 山西省文物工作委员会、山西云冈石窟文物保管所：《云冈石窟》，文物出版社1977年版。

第 11 窟西壁第 4 层南侧佛龛群局部

第 11 窟西壁第 3 层中部佛龛下部

第 11 窟南壁第 4 层东侧佛塔下部①

　　如以上图像所见，云冈石窟供养人大多穿着"鲜卑服"，反映了孝文帝迁都前北魏世俗服饰的基本面貌。"男性供养人一般头戴鲜卑帽，内着圆领衣，外罩交领窄袖大袍或左衽衣，领、袖及下摆皆有缘，特别是下摆的缘较宽，似镶皮毛之边，腰束宽带，下着小口裤，脚蹬靴。"

———————

① 以上图像取自云冈石窟文物保管所《中国石窟·云冈石窟（二）》，图 80、86、94。

在云冈石窟供养人群像中，具体可见到四种形式的帽子：A. 圆顶风帽，"帽筒较深且材质较软，帽顶塌在脑后"，帽口镶宽边（或束帽檐的宽带），垂裙直垂至肩。B. 圆顶风帽（帽顶前高后低或中部下凹），"硬质帽顶，帽口束宽边，垂裙在帽后"，弧线下垂至肩。C. 帽顶类似笼冠，"似为方形"，"帽口无边饰，垂裙至颈两侧与颈后"。D. 尖顶圆形毡帽（浑脱帽），圆口、尖顶，"质地较厚重"。A、B 两式最常见，戴 D 式者为胡人形象。

男性服装可见到五种形式：A. 圆领内衣，交领、窄袖束口、直筒及膝大袍，领、袖均有缘，下摆镶宽边，腰束革带，小口裤，裤脚镶边，脚蹬靴。B. 圆领内衣，交领、左衽及膝外衣，略有收腰，领、袖、门襟均有缘，下摆镶宽边，腰束革带，小口裤，裤脚镶边，足穿靴。C. 圆领内衣，交领、对襟、宽袖束口及膝长襦，领、袖、门襟均有缘，小口裤。D. 交领衣，犊鼻裤（或三角裤），赤足。E. 交领、窄袖、右衽、直筒及膝外衣，领、袖均有缘，下着裤。着 D、E 两式者为胡人形象。女性供养人大多头戴 B 式鲜卑帽，服装下身以拖地长裙为主，上身有三种，分别与上述 A、B、C 三式相同。

戴 A 式帽者，一般均着袴褶服（交领衣，小口裤），在文成帝时期开凿的"昙曜五窟"及第 7 窟等云冈第一期洞窟中已可见到，包括第 11 窟太和七年碑左侧供养人在内的云冈第二期洞窟中，男性供养人均戴此帽，而在云冈第三期洞窟中已难觅踪影。B 式帽在云冈三期供养人中均可见到，以女性居多，第三期亦可见部分男性供养人戴此帽，云冈第二期洞窟中的多数女性供养人头戴帽顶中部下凹的鲜卑帽，大同出土北魏同时期陶俑或墓室壁画中的供养人帽式大多如此，表明此乃孝文帝迁都之前平城地区流行的帽子样式。C 式帽多见于云冈第三期洞窟中的供养人群像，反映出这种笼冠即是孝文帝汉化改革以后通行的帽式，属于汉式帽子。戴 D 式尖顶圆口毡帽者，均为胡人相，一般着 E 式交领、窄袖、右衽、直筒及膝外衣，第 10 窟后室南壁明窗西侧"降魔成道"

佛传故事中的胡人形象即是这种穿戴。①

《隋书·礼仪志六》："武冠，一名武弁，一名大冠，一名繁冠，一名建冠，今人名曰笼冠，即古惠文冠也。天子元服，亦先加大冠。今左右侍臣及诸将军武官通服之。侍中、常侍，则加金珰附蝉焉，插以貂尾，黄金为饰云。"②《礼仪志七》："武弁，平巾帻，诸武职及侍臣通服之。侍臣加金铛附蝉，以貂为饰，侍左者左珥，右者右珥。""武弁之制。案徐爰《宋志》，谓笼冠是也。《礼图》曰：'武士服之。'董巴《舆服志》云：'诸常侍、内常侍，加黄金附蝉、耽尾，谓之惠文冠。'今制：天子金博山，三公已上玉冠枝，四品已上金枝。侍臣加附蝉，耽丰貂，文官七品已上耽白笔，八品已下及武官，皆不耽笔。其乘舆武弁之服，衣、裳、绶如通天之服。讲武、出征、四时蒐狩、大射、祃、类、宜社、赏祖、罚社、纂严，皆服之。"③北魏末年南人褚緭元会戏诗讥讽魏人曰："帽上著笼冠，袴上著朱衣，不知是今是，不知非昔非。"④可知笼冠为北魏汉化改革后的帽式。刘宋豫州刺史刘"德愿善御车"，"世祖闻其能，为之乘画轮车，幸太宰江夏王义恭第。德愿岸著笼冠，短朱衣，执辔进止，甚有容状"。⑤《隋书·礼仪志七》："后周之时，咸著突骑帽，如今胡帽，垂裙覆带，盖索发之遗象也。"⑥《梁书·诸夷·西北诸戎·武兴国传》：位居今甘、陕、川交接地带的氐族政权武兴国，"著乌皂突骑帽，长身小袖袍，小口袴，皮靴。"⑦。相邻的羌族宕昌国，"其

① 以上参见李雪芹《试论云冈石窟供养人的服饰特点》，《文物世界》2004年第5期。

② （唐）魏徵等撰：《隋书》卷一一《礼仪志六》，中华书局1973年版，第一册，第234页。

③ 《隋书》卷一二《礼仪志七》，第一册，第257、265—266页。又可参见《晋书》卷二五《舆服志》"武冠"条，第三册，第767—768页。

④ （唐）姚思廉撰：《梁书》卷二〇《陈伯之传》，中华书局1973年版，第二册，第315页。

⑤ （梁）沈约撰：《宋书》卷四五《刘怀慎传附子德愿传》，中华书局1974年版，第五册，第1376页。

⑥ 《隋书》卷一一《礼仪志七》，第一册，第266页。

⑦ 《梁书》卷五四《诸夷·西北诸戎·武兴国传》，第三册，第817页。

衣服、风俗与河南略同"①；邓至国，"其俗呼帽曰突何。其衣服与宕昌同"②。按此三国曾臣属于南、北朝及吐谷浑，"河南"国即慕容鲜卑吐谷浑政权，西南氐、羌政权的服饰很可能是受到与之相邻的吐谷浑影响的结果。因此，可以说鲜卑服饰即是"乌皂突骑帽，长身小袖袍，小口袴，皮靴"。严格说来，在云冈石窟供养人群像所戴帽子，只有 A、B 两式的圆顶风帽为鲜卑帽，C 式笼冠则为汉人帽，D 式为胡人帽。今人所谓鲜卑帽即突骑帽或胡帽，"垂裙覆带"为其显著特征。《晋书·舆服志》："皮弁，以鹿皮浅毛黄白色者为之。""韦弁，制似皮弁，顶上尖，靺草染之，色如浅绛。"③云冈石窟供养人 D 式尖顶圆形毡帽与此韦弁形制相似，只是所用材质有皮、毡之异。云冈石窟供养人所着衣服的形制，C 式属于汉服，D、E 两式为胡服，只有 A、B 两式为鲜卑服。总之，不同服饰的供养人群像，一方面反映了供养人的族属，另一方面体现了所属窟龛的时代特征。类似云冈石窟供养人的着鲜卑服饰的人物形象，在大同地区太和元年宋绍祖墓、太和八年司马金龙墓等墓葬出土的人物陶俑中极为常见，固原北魏漆官画和大同智家堡北魏壁画和棺板画中，亦多见此类人物形象。

山西大同下深井、七里村北魏墓出土陶俑线描图④

---

① 《梁书》卷五四《诸夷·西北诸戎·宕昌国传》，第三册，第815页。

② 《梁书》卷五四《诸夷·西北诸戎·邓至国传》，第三册，第816页。

③ （唐）房玄龄等撰：《晋书》卷二五《舆服志》，中华书局1974年版，第三册，第770页。

④ 大同市考古研究所：《山西大同下深井北魏墓发掘简报》，《文物》2004年第6期；《山西大同七里村北魏墓群发掘简报》，《文物》2006年第10期。

孝文帝迁都之后，截至宣武帝景明三年，龙门石窟佛像服饰大多仍然保留了汉化改革之前的风貌，以袒右肩式为主，在此以后则完全变为褒衣博带服饰的佛像。与此相应，供养人服饰也都以褒衣博带为基本样式。宾阳中洞前壁两侧浮雕之第一层维摩诘经变像，"维摩诘的形象与其说是佛教《维摩诘经》中学问渊博、神通广大、沉静善辩的维摩居士的形象，毋宁说是魏晋南北朝那些'褒衣博带'、'大履高冠'、崇尚清谈的门阀贵族和文人雅士们的形象写照"①。现藏美国纽约市艺术博物馆和堪萨斯纳尔逊艺术博物馆的《皇帝礼佛图》和《皇后礼佛图》，表现的是孝文帝与文昭皇后礼佛的场景，两幅图原位于宾阳中洞前壁两侧浮雕之第三层："皇帝居左（门北侧），皇后居右（门南侧），每幅高二〇〇厘米，宽约二五〇厘米。皇帝的前面，有两身手擎宝剑、身穿两裆甲的武将引导。皇帝冠以冕旒，身穿褒衣博带式长衣，足穿云头履，左手捏香状，正在徐徐行进中。持伞盖、羽扇、提衣角等侍从人物列于左右。随后者是诸王、百官。画面表达的是朝拜佛像之前正在行进中的一瞬，气氛庄严肃穆。皇后头戴凤冠、手持莲花、恭敬虔诚，亦在徐徐行进中。有捧水盂、香果及持莲花者随从左右。公主、妃嫔则依次随从其后。"②帝、后礼佛图"画面构图复杂，人物错综，表现了当时贵族在宗教活动中虔诚、静穆的生活状态，是了解当时宫廷生活和绘画艺术水平很有价值的艺术作品。"③

可以说，"北魏石窟造像中佛像的褒衣博带式服饰，本即对现实生活中统治阶级所着法服的直接描摹与移植"④。在宣武帝以后即6世纪最

① 李文生：《祖国中原的艺术瑰宝——龙门石窟雕刻》，中国美术全集编辑委员会编、温玉成主编《中国美术全集·雕塑编十一：龙门石窟》，上海人民美术出版社1988年版，第7页。

② 温玉成：《近瞻宝相 俨若金身 远鉴神光 湛如留影——龙门石窟雕刻艺术浅论》，《中国美术全集·雕塑编十一：龙门石窟雕刻》，第17页。

③ 李文生：《祖国中原的艺术瑰宝——龙门石窟雕刻》，《中国美术全集·雕塑编十一：龙门石窟雕刻》，第8页。

④ 张乃翥：《从龙门造像遗迹看北魏世俗生活面貌》，《中州学刊》1993年第1期。

初 30 余年间，龙门石窟北魏窟龛供养人群像，几乎全都是着褒衣博带式服饰的供养人形象，这是现实社会中官贵阶层服饰面貌的反映。麦积山石窟"第 23、161、110、120 窟北魏和西魏的男女供养人，男着袍服，女像上衣下裳"①，与第 78、90 窟供养人像服饰完全不同。段文杰综论北凉至北周时期莫高窟艺术时指出：

> 这一时期的塑像，从人物造型、衣冠服饰到艺术风格，都有比较明显的演变。北魏孝文帝太和改制可以看成发展中的一条分界线。改制以前的塑像，人物面相丰圆或丰满而略长……佛像穿右袒式或通肩式赤布僧伽黎（红色大衣），密集的装饰性衣纹，给人以薄纱透体之感。……菩萨则高髻，戴宝冠，发披两肩，上身半裸或斜挎"天衣"，腰束羊肠裙。……北魏孝文帝太和改制，特别是太和十八年革衣服之制，不仅带来了汉式衣冠，而且带来了汉族士大夫阶层的美学理想。……服饰上的变化也很明显，佛像内穿交领襦，胸前束带作小结，外套对襟式袈裟；菩萨像中仍有上身半裸、腰围长裙的形象，但是大冠高履、褒衣博带的形象也已经出现。总的说，太和改制以后的塑像……从形象上可以清楚地看到当时风靡于士大夫阶层中间的通脱潇洒的风貌。……西魏第 285 窟两幅供养人像是这一类人像的典型例子。男像头戴笼冠，身穿大袖长袍，足蹬笏头履，后有侍者张障伞盖，僮仆簇拥。女像头束高髻，穿大袖襦，间色长裙，前有侍婢捧持鲜花，后有侍婢障扇以蔽风日。这两身画像的榜题均已消失，但从画面来看，一望而知其为豪门贵族。

---

① 张宝玺：《麦积山石窟壁画叙要》，天水麦积山石窟艺术研究所《中国石窟·天水麦积山》，第 199 页。

总的来看，孝文帝汉化改革后，不仅云冈、龙门石窟出现了"以秀骨清像、褒衣博带、潇洒飘逸"为特征的造像和壁画人物形象，同时麦积山、炳灵寺和莫高窟等石窟艺术中，也都开始出现这种"中原式风格"的塑像和壁画，并且成为这些石窟艺术形象的主流。① 这种现象，无疑也是现实社会世俗生活的反映，体现

龙门石窟宾阳中洞孝文帝礼佛图线描图

文昭皇后礼佛图线描图②

了孝文帝汉化改革后社会习俗所发生的巨大变化。

巩县石窟寺帝后礼佛图局部②

---

① 段文杰：《早期的莫高窟艺术》，敦煌文物研究所《中国石窟·敦煌莫高窟（一）》，第176、180、183页。

② 阎文儒、常青：《龙门石窟研究》，书目文献出版社1995年版，图二四、二五。

② 河南省文化局文物工作队：《巩县石窟寺》，文物出版社1963年版。

龙门石窟石窟寺（皇甫公窟）南壁下部礼佛图①

龙门石窟莲花洞南壁中央下部佛龛龛基供养人列像②

麦积山石窟北魏第 159 窟
供养人像④

莫高窟北周第 428 窟中心柱北向龛坛沿供养人③

① 中国美术全集编辑委员会编，温玉成主编：《中国美术全集·雕塑编十一：龙门石窟雕刻》，第 85 页，图八七。

② 以上图像取自龙门文物保管所、北京大学考古系《中国石窟·龙门石窟（一）》，图 59。

③ 敦煌文物研究所：《中国石窟·敦煌莫高窟（一）》，图 171。

④ 天水麦积山石窟艺术研究所：《中国石窟·天水麦积山》，图 119。

北魏孝明帝正光三年佛座线刻画供养人群像①

　　北魏孝文帝服制改革主要针对的是豪门权贵阶层，对于官僚贵族
而言，着褒衣博带者主要是文官和高级武官，至于中下级武官和武士则
有适合其职业习惯的不同服饰。而平民百姓，限于经济能力及劳动之
需，显然不会也不可能着长袍广袖之服，北魏前期的胡服或鲜卑服便成
了劳动者阶层的日常服饰。北魏后期及两魏齐周时期的墓葬陶俑和壁画
人物形象，对此都有充分的反映。如磁县北朝大墓（北齐文宣帝高洋
陵？）壁画仪仗队列中的人物，其服饰文武有别，文官褒衣博带，武官
着袴褶。在石窟壁画或造像碑上，同一通供养人群像中，有时侍仆就跟
在主人身后，主仆的服饰判然有别。如敦煌莫高窟西魏第285窟既有褒
衣博带式的供养人像，又"有许多少数民族形象，戴毡帽，穿裤褶，腰

河北磁县湾漳北朝大墓壁画线描图
（东壁第 31—42 人）

束鞴鞢带，挂水壶、小刀等生活用具，形象虽小，表情动态却饶有风趣。榜题上有滑黑奴、殷安归、史崇姬、在和、难当、乾归等姓名，大约多为北方少数民族人物。脑后垂小辫者，则为鲜卑族，史称索头鲜卑"[2]。

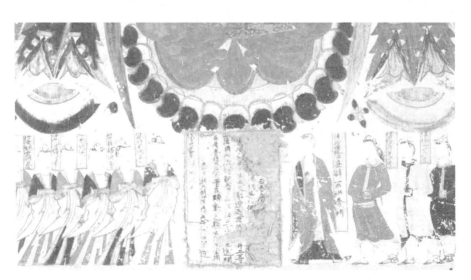

莫高窟西魏第 285 窟北壁上层供养人与大统四年题记[3]

① 中国社会科学院考古研究所、河北省文物研究所：《磁县湾漳北朝壁画墓》，科学出版社 2003 年版。
② 段文杰：《早期的莫高窟艺术》，敦煌文物研究所《中国石窟·敦煌莫高窟（一）》，第 180 页。
③ 敦煌文物研究所：《中国石窟·敦煌莫高窟（一）》，图 113、128。

西魏第 288 窟东壁南侧供养人

选自《北魏政治史》七，读者出版集团·
甘肃教育出版社 2011 年版

北魏洛阳里坊制度探微

　　关于北魏孝文帝迁都以后洛阳的城市规划营建及其在中国古代都城发展史上的地位，学术界多年来进行了大量卓有成效的研究。北魏洛阳的城坊建制对后世都城制度有着重大影响，已成学界共识。① 本文将在全面考察已知北朝墓志的基础上，结合《魏书》及《洛阳伽蓝记》有关记载，对学术界研究歧见较大，或未曾注意而又关涉洛阳里坊制度认识的一些重要问题，诸如北魏后期洛阳里坊数、里坊名称及其命名原则、里坊的管理、乡里结构及其所反映的中古地方基层组织的发展趋向等，作一初步探索。

---

① 参见劳榦《北魏洛阳城图的复原》，《中央研究院历史语言研究所集刊》第 20 本上册（1948 年）；[日] 森鹿三《北魏洛阳城的规模》，刘俊文主编《日本学者研究中国史论著选译》第九卷，中华书局 1993 年版，第 665—682 页；[日] 宫崎市定《漢代の里制と唐代の坊制》，《東洋史研究》第 21 卷 3 号（1962 年）；宿白《北魏洛阳城和北邙陵墓——鲜卑遗迹辑录之三》，《文物》1978 年第 7 期；王仲殊《中国古代都城概说》，《考古》1982 年第 5 期；孟凡人《北魏洛阳外郭城形制初探》，《中国历史博物馆馆刊》1982 年第 4 期；曹尔琴《洛阳从汉魏至隋唐的变迁》，《中国古都研究》第 3 辑，浙江人民出版社 1987 年版，第 212—233 页；史为乐《洛阳》，陈桥驿主编《中国七大古都》，中国青年出版社 1991 年版，第 158—203 页；刘淑芬《中古都城坊制试探》，《"中央研究院"历史语言研究所集刊》第 61 本 2 分（1990 年）；杨宽《中国古代都城制度史研究》，上海人民出版社 1993 年版。

一、洛阳里坊数新解

北魏后期都城洛阳的里坊数，史书记载有歧异：

《洛阳伽蓝记·城北》："京师东西二十里，南北十五里……庙社宫室府曹以外，方三百步为一里，里开四门，门置里正二人、吏四人、门士八人，合有二百二十里。"[①]

《魏书·世宗纪》：景明二年（501）"九月丁酉（初六，10.3），发畿内夫五万人筑京师三百二十三坊，四旬而罢"[②]。《太武五王·广阳王嘉传》："迁司州牧，嘉表请于京四面，筑坊三百二十，各周一千二百步，乞发三正复丁，以充兹役，虽有暂劳，奸盗永止。诏从之。"[③]

《北史·魏本纪四·世宗宣武帝纪》：景明二年"九月丁酉，发畿内夫五万五千人筑京师三百二十坊，四旬罢"[④]。《广阳王嘉传》所载同《魏书》本传。[⑤]

《资治通鉴》齐和帝中兴元年（501）九月："魏司州牧广阳王嘉请筑洛阳三百二十三坊，各方三百步，曰：'虽有暂劳，奸盗永息。'丁酉，诏发畿内夫五万人筑之，四旬而罢。"[⑥]

以上共三说。《魏书·广阳王嘉传》早佚，后人据《北史》等补之，此传记事全同于《北史》，可归为一说。《通鉴》当本自《魏书·世宗纪》。学术界目前的观点主要有三：（1）洛阳（包括城内外）里坊数为

---

① （北魏）杨衒之撰，周祖谟校释：《洛阳伽蓝记校释》卷五，中华书局1963年版，第227—228页。

② （北齐）魏收撰：《魏书》卷八《世宗纪》，中华书局1974年版，第一册，第194页。

③ 《魏书》卷一八《太武五王·广阳王嘉传》，第二册，第428—429页。

④ （唐）李延寿撰：《北史》卷四《魏本纪四·宣武帝纪》，中华书局1974年版，第一册，第133页。

⑤ 《北史》卷一六《太武五王·广阳王嘉传》，第615—616页。

⑥ （宋）司马光编著，（元）胡三省音注，"标点资治通鉴小组"校点：《资治通鉴》卷一四四《齐纪十》，中华书局1956年版，第一〇册，第4498页。

320坊；（2）为220坊或220坊左右；（3）城内里坊数为220，城内外里坊数为320。王仲殊根据考古发掘并结合《洛阳伽蓝记》的记载绘出了"北魏洛阳外郭城平面图"，认为"二百二十应系三百二十之误"。但从此图来看，包括洛阳内城全部里坊在内仅得320坊之数，而且图中还有一些里坊在北邙山及伊、洛河等无法建筑里坊的地区。所以此图与北魏后期洛阳城坊的实际建制尚有一定距离。宿白指出："北魏洛阳里坊数字，《洛阳伽蓝记》的记录可能是接近实际的。"[1] 其所提证据比较充分，似可成为定论。

关于北魏洛阳里坊数，由于史书记载之异，造成了后人理解的困难，众说纷纭，莫衷一是。不过近年来论者日少，似已题无剩义。实则此一问题仍有余义可发，今试作新解，以求正于方家。

在讨论洛阳城里坊数的论著中，对有关史料记载的态度多是符合己说者认为是正确的记载，而不符合己说者便被认为是衍文或记载有误，但却找不出版本校勘方面的证据。我认为在目前无其他旁证的情况下，对不符合己说的史料轻易加以否定并不可取。杨衒之是北魏本朝人，曾在洛阳生活多年，洛阳城很多建筑设施的方位布局及来历、风情等他都有翔实记载，可以说了如指掌，比较繁琐的洛阳城户口数他都可以记下来，对洛阳里坊数的记载按理不应有错。生活在洛阳的人很多，并非人人都对洛阳城有全面了解。杨衒之能做到这一点，是与他身为秘书监负责保管朝廷的图书秘籍（包括一些档案）并监督国史修撰的职能密切相关的。《魏书》的作者魏收于北魏末曾为太学博士，又以散骑侍郎典起居注，并修国史。他对洛阳也是熟悉的。《魏书》撰修时距北魏灭亡时间很短，加之掌握着北魏的国史等档案文书，其记载也应是可信的，不能轻言其误。[2]《北史》主要的取材对象是《魏书》，两者之异应是传抄

---

① 宿白：《北魏洛阳城和北邙陵墓——鲜卑遗迹辑录之三》，《文物》1978年第7期。

② 参见周一良《魏收之史学》，《魏晋南北朝史论集》，北京大学出版社1997年版，第256—292页。

或版本问题，自可归为一说。我认为《洛阳伽蓝记》和《魏书》关于北魏洛阳里坊的两种记载，不能只同意此说而否定彼说。那么，两者的歧异又如何统一呢？我的理解是：广阳王嘉的建议确实是于京四面筑坊323，这是方案，是未筑前的数字，而实际所筑则是"东西二十里，南北十五里"，其间还包括"庙社宫室府曹"、洛阳大小市及其他障碍物，这些地方也不可能成为里坊区。因此，在323坊的面积中实际所筑的里坊数为220坊。323坊是未筑前的方案，而220坊则是筑成之后的实际数字。论洛阳城的里坊数自当以《洛阳伽蓝记》的记载为准，但《魏书》及《北史》《通鉴》所载广阳王嘉请筑里坊数也不能无故加以否定。

以上是从对已知几种记载的统一中来理解洛阳里坊数。此外，洛阳里坊数还可从另一个角度来理解。《隋书·百官志中》："邺……凡一百三十五里，里置正。临漳……凡一百一十四里，里置正。成安……七十四里，里置正。"① 则东魏北齐京师三县（成安于天保七年自临漳分出）之里坊总数为323。这一数字与《魏书·世宗纪》所载洛阳里坊数完全相同，恐非巧合。东魏北齐各种制度包括都城建制及其管理制度全都继承北魏，反证北魏京师洛阳县（包括后来分出之河阴县）也确实存在323里。东魏初年都城（邺）的营建是由元轨负责的，而他前此即为北魏末任洛阳令，对洛阳情况包括城建设施自当非常熟悉。《魏书·神元平文诸帝子孙·真定侯陆附曾孙轨传》："轨，字法寄，稍迁洛阳令。时天下多事……孝静时，邺宫创制，以轨为营构使。"② 由此可见，高欢在都城建制上无疑是仿照北魏都城洛阳而建设的。《魏书·世宗纪》中的"筑坊三百二十三"不能轻言其误。结合《魏书》书法来看，若《广阳王嘉传》尚存，其必定在上表中对于修筑里坊一事有具体方案，这也是他作为司州牧的职责所在。③ 元嘉所提里坊修筑方案中不一定非要凑

---

① （唐）魏徵等撰：《隋书》卷二七《百官志中》，中华书局1973年版，第三册，第761页。

② 《魏书》卷一四《神元平文诸帝子孙·真定侯陆附曾孙轨传》，第二册，第346页。

③ 类似事例可参见《魏书》卷三八《刁雍传》、卷五四《高闾传》所载有关修渠通漕及筑长城之上表，第三、四册，第867—868、1200—1202、1207—1208页。

成整数不可。如此，则当时确实可能按其建议筑成323坊，只是这323坊不仅仅是洛阳城内外（内城和郭城）的里坊数，而应包括洛阳城及其周围地区。① 这与《洛阳伽蓝记》所记220坊之数并不矛盾。若此说成立，则当时司州牧广阳王嘉建议所筑里坊数为323，后按其方案所筑里坊数也是323，只是它不仅包括洛阳内外城220坊，而且还包括洛阳县下辖其他地区。

二、文献所见洛阳里坊名称考

在洛阳城220里坊中，从出土墓志和《洛阳伽蓝记》的记载，我们可以见到近一半左右的里坊名称，具体如下（按笔顺排列）②：

中甘里（见《洛阳伽蓝记》卷三《城南·高阳王寺》，简称"记3南·高阳王寺"，下仿此），中练里（见《汉魏南北朝墓志集释》图版二三七《奚真墓志》③，简称"集237奚真"；二四九之二《侯刚墓志》，简称"集249–2侯刚"，下仿此；250–2杨乾），文华里（集280穆绍），文始里（集129元嵩），仁信里（集250–2杨乾；《崔鸿墓志》④），劝学里（记3南·报德寺；集226王诵妻元贵妃），东安里（记2东·庄严寺），正始里（敬义里）（集75–2元珍；记2东·正始寺）⑤，归正里（记2东·景宁寺，3南·龙华寺），归德里（记3南·龙华寺），永平

① 当时洛阳县辖区，也有可能是河南尹辖区。按《魏书》卷一〇六《地形志》记东魏政区，北魏后期河南尹辖区不清。
② 为节省篇幅，只标出处，引文从略。
③ 赵万里：《汉魏南北朝墓志集释》，科学出版社1956年版。
④ 山东省文物考古研究所：《临淄北朝崔氏墓》，《考古学报》1984年第2期。
⑤ 正始里当即敬义里。《元珍墓志》载其"薨于洛阳之正始里"。《洛阳伽蓝记》卷二《城东·正始寺》："百官等所立也。正始中立，因以为名。在东阳门外御道南，所谓敬义里也。"（《洛阳伽蓝记校释》，第88页）

里（记 5 北·凝玄寺），永乐里（集 213 长孙瑱），永安里（记 3 南·龙华寺），永年里（集 243 李超），永和里（集 589–2 长孙土亮妻宋灵妃；记 1 内·修梵寺；《邢伟墓志》①），永康里（记 1 内·永宁寺，建中寺；集 64–2 元夫人赵光，216 王桢，235 王基，259 于纂），乐氏（民？）里（集 224 李琚兰），乐律里（记 4 西·法云寺），光睦（穆）里（集 156 元彦，173–2 元毓，174 元昉，181 元详，185 元飀，576 元茂，187 元子直②），衣冠里（记 1 内·永宁寺），安丰里（集 234 郑道忠），安武里（集 54 元俨，211 封昕），安明里（集 257 董伟），安贵里（集 202 穆亮妻尉太妃），休□里（《魏故赵氏姜夫人墓志》③），寿丘里（记 4 西·开善寺，追先寺），孝义里（记 2 东·景宁寺；集 90 元弼；《高雅墓志》④），孝悌里（集 95 元寿），孝第里（集 106 元遥，111 元液），孝敬里（记 2 东·平等寺），达货里（记 4 西·法云寺），利民里（记 3 南·大统寺），谷水里（集 137 元诱妻冯氏），谷阳里（集 252–2 于景，255–2 于纂，283 于祚妻和丑仁），谷城里（集 172 元谧妃冯会），灵泉里（集 42 元鸷），奉终里（记 4 西·法云寺），治粟里（记 1 内·昭义尼寺），治觞里（记 4 西·法云寺），宜年里（记 4 西·永明寺；集 233–2 穆纂），宜寿里（记 1 内·愿会寺），依仁里（《杨颖、杨播、杨舒墓志》⑤），阜财里（记 4 西·宝光寺，法云寺），金肆里（同前），延年里（记 1 内·建中寺，长秋寺），延贤里（记 3 南·报德寺），延寿里（《韩贿夫人高氏

① 《邢伟墓志》录文，见孟昭林《记后魏邢伟墓出土物及邢峦墓的发现》，《考古》1959 年第 4 期。
② 《元子直墓志》载"河南洛阳光里人也"，《元飀墓志》载"司州洛阳都乡光睦里人也"。按元子直为元飀之子，此"光里"即光睦里，漏一"睦"字无疑。
③ 参见赵超《汉魏南北朝墓志汇编》，天津古籍出版社 1992 年版，第 317 页。
④ 河北省文管处：《河北景县北魏高氏墓发掘简报》，《文物》1979 年第 3 期。
⑤ 《杨颖、杨播墓志》，见杜葆仁、夏振英《华阴潼关出土的北魏杨氏墓志考证》，《考古与文物》1984 年第 5 期；《杨舒墓志》，见崔汉林、夏振英《陕西华阴北魏杨舒墓发掘简报》，《文博》1985 年第 2 期。

墓志》①），延酤（沽）里（集262-2石育暨妻戴氏），受安里（集241郭显），承华里（《寇猛墓志》②），城东里（集205李蕤），显中里（集246李谋），显德里（集282李彰），昭义里（记3南·高阳王寺），昭（照）文里（记3南·高阳王寺；集139元略），照乐（洛）里（集165元祐，166元祐妃常季繁），照明里（集73元倪；《王温墓志》③），昭德里（记2东·正始寺），闻义里（上商里）（记5北·凝玄寺），宣化里（集146元显魏，148-2元显儁），洛阳里（集162元简，232-2李璧），洛滨里（集212-2郜乾），钦政里（集122-2元范妻郑令妃④），修仁里（集215山晖），修民里（集263和邃），修睦里（集285-2张宁），建阳里（记2·龙华寺，璎珞寺），笃恭里（集44元珍，45元孟辉，272山徽），晖文里（记2东·秦太上君寺），调音里（记4西·法云寺），凌阴里（记1内·永宁寺），宽仁里（集152元湛，575元融），乘轩里（集193元怀），绥民里（记2东·璎珞寺，景兴尼寺），绥武里（集153-2元湛妻薛慧命，154元举），崇义里（记2东·景兴尼寺），崇让里（集71元鉴妃吐谷浑氏，109元灵曜，110元斌），崇恩里（集157-2冯邕妻元氏），斜坂里（集267唐耀），通商里（记4西·法云寺），殖货里（记2东·景宁寺），景宁里（同前），慈孝里（记4西·法云寺），静顺里（集60元引），嘉平里（集85元腾暨妻程法珠，91-2元恩，93元夫人陆孟晖），熙宁里（集169元延明，259于纂），慕义里（记3南·龙华寺），慕化里（同前），敷义里（集99元飏，101元璨），德游里（集

---

① 河北省博物馆、文物管理处：《河北曲阳发现北魏墓》，《考古》1972年第5期。

② 《洛阳西车站发现北魏墓一座》，《文物参考资料》1957年第2期。

③ 洛阳市文物工作队：《洛阳孟津北陈村北魏壁画墓》，《文物》1995年第8期。

④ 志载"隋开皇九年（589）……终于洛阳钦政里，春秋八十有三"，则其生年为北魏宣武帝正始四年（507）。隋唐洛阳城未见钦政里坊之名，似可认为元范妻郑令妃所终之钦政里为北魏洛阳里坊名称之遗制。隋代洛阳城的营建始于隋炀帝大业元年（605），次年正月建成。参见宿白《隋唐长安城和洛阳城》，《考古》1978年第6期。据此，则隋文帝开皇九年时洛阳城仍为北魏旧城，钦政里为北魏洛阳城里坊名称。

303 叔孙固），遵让里（集 158–2 元琙，159–2 元琙妻穆玉容），瀍源里（集 55 元晖，58 元悛，59 元愭）。

以上共 92 里。其中斜坂里属河阴县，遵让里亦当属河阴县。中练里两处属河阴、一处属洛阳，熙宁里属洛阳、河阴各一处，这与行政区划变迁有关。河阴县境在迁都及里坊修筑时仍归洛阳县，宣武帝正始二年（505）方从洛阳县分出河阴县①。这当与迁都以后洛阳人口剧增，社会问题日益复杂有关②。洛阳、河阴二县仍并称为京师，故将可考之河阴县里坊归入洛阳之下，应该是可行的。据《洛阳伽蓝记·城西·开善寺》：“自延酤（里）以西，张方沟以东，南临洛水，北达芒山，其间东西二里、南北十五里，并名为寿丘里，皇宗所居也。民间号为王子坊。”③可知寿丘里实际包括的里坊多达 30 个，则已知名称的洛阳里坊达 120 个左右，其中有些可能距洛阳城较远，是否属洛阳 220 坊之列尚有疑问。如西乡瀍源里和河阴县西原乡斜坂里为陵墓区，距城市较远，不会是都城之里坊。④在洛阳城 220 坊中，有一半左右可以考知其里名，这主要应归功于大量北朝墓志的出土。今后随着墓志的新发现，应该还会出现新的未知里坊名称，但估计不会太多。在 323 坊中，其他未知的里坊名称并非湮灭无闻，绝大部分应该保留在隋唐时期西京长安（大兴）城和东都洛阳城的里坊名称中，也有个别应与已知西晋洛阳里坊名称相同（理由详下），只是目前我们还难以确指其具体名称。

---

① 参见《魏书》卷一〇六中《地形志中》“洛州”条，第七册，第 2548 页。关于两县之具体辖区，参见张剑《关于北魏洛阳城里坊的几个问题》，《洛阳考古四十年》，科学出版社 1996 年版，第 265—266 页。
② 参见《魏书》卷六八《甄琛传》，第四册，第 1514—1515 页。
③ 《洛阳伽蓝记校释》卷四《城西·开善寺》，第 163 页。
④ 具体方位参见前揭宿白《北魏洛阳城和北邙陵墓》一文。

三、洛阳里坊的命名原则及其影响

分析以上所考北魏洛阳里坊名称，我们便可归纳出北魏后期洛阳里坊的命名原则，这些原则既有对前此西晋洛阳里坊名称的继承，同时也对此后两魏齐周及隋唐都城里坊名称产生了深远影响。

选取以反映儒家文化所倡导的道德准则的字词或含有褒义的有关字词作为洛阳里坊名称，是一条最基本的命名原则。如：孝义、孝悌、孝第、孝敬、敬义、闻义、崇义、敷义、昭义、昭德、昭（照）文、照乐、照明、仁义、依仁、宽仁、修仁、修民、归正、归德、显德、显中、永平、永安、永和、永乐、永康、永年、延年、延寿、宜年、宜寿、安丰、安武、安贵、安明、笃恭、绥民、绥武、钦政、宣化、晖文、文始、文华、承华、修睦、光睦、睦族、劝学、德游、寿丘、受安、崇让、崇恩、嘉平、熙宁等里名。此外，洛阳县所辖乡的命名（见下）也具有这一特点，如：安众、威安、修正、崇仁、善正、景泰、澄海、澄风、□和等乡名。这类命名占已知乡的五分之四、已知里坊的五分之三。这一基本的乡里命名原则，是孝文帝汉化政策的产物，正如从平城迁都洛阳以及洛阳城的规划营建是孝文帝汉化的重要环节一样。它是北魏王朝改变拓跋鲜卑尚武传统，提倡以文治国，把儒家思想作为统治方针的一个具体表现。

迁都伊始，虽然城坊建制未备，但孝文帝为洛阳城建设施的命名实际上也为宣武帝时期的里坊（包括乡）命名确定了基本原则。《洛阳伽蓝记序》："迁京之始，宫阙未就，高祖住在金墉城，城西有王南寺，高祖数诣寺〔与〕沙门论义，故通此门，而未有名，世人谓之新门。时王公卿士常迎驾于新门，高祖谓御史中尉李彪曰：'曹植诗云：谒帝承明庐①。此门宜以承明为称。'遂名之。"② 这是以汉魏典故作为取名的一个标准，取其雅驯之义。《魏书·景穆十二王中·任城王澄传》的一段记事更具典型性：

> 车驾还洛，引见王公侍臣于清徽堂。高祖曰："此堂成来，未与王公行宴乐之礼……"因之流化渠。高祖曰："此曲水者亦有其义，取乾道曲成，万物无滞。"次之洗烦池。高祖曰："此池中亦有嘉鱼。"澄曰："此所谓'鱼在在藻，有颁其首'。"高祖曰："且取'王在灵沼，于牣鱼跃'。"次之观德殿。高祖曰："射以观德，故遂命之。"次之凝闲堂。高祖曰："名目要有其义，此盖取夫子闲居之义。不可纵奢以忘俭，自安以忘危，故此堂后作茅茨堂。"谓李冲曰："此东曰步元庑，西曰游凯庑。此堂虽无唐尧之君，卿等当无愧于元、凯。"③

这段记载中孝文帝和任城王澄所引典故均出自儒家经典。"乾道曲成，万物无滞"取自《周易·乾》象曰"乾道变化"④，《系辞上》"曲成万物而不遗"⑤。"鱼在在藻，有颁其首"见于《诗经·小雅·鱼藻》⑥；"王在

---

① 西汉宫城中已有承明庐之名，《汉书》卷六四上《严助传》注引张晏曰："承明庐在石渠阁外。直宿所止曰庐。"（（汉）班固撰，（唐）颜师古注，中华书局 1962 年版，第九册，第 2790 页）此名为东汉及曹魏洛阳城所继承。《文选》卷二四《赠答》曹子建（植）"赠白马王彪"诗："谒帝承明庐，逝将归旧疆。"注引陆机《洛阳记》曰："承明门，后宫出入之门。吾常怪'谒帝承明庐'，问张公，公云：魏明帝作建始殿，朝会皆由承明门。"（（梁）萧统编，（唐）李善注，上海古籍出版社 1986 年版，第三册，第 1123 页）

② 《洛阳伽蓝记序》，《洛阳伽蓝记校释》（"序"第 13 页）。

③ 《魏书》卷一九中《景穆十二王中·任城王澄传》，第二册，第 467—468 页。

④ （唐）孔颖达撰：《周易正义》卷一《乾》，（清）阮元校刻《十三经注疏》，中华书局 1980 年版，上册，第 14 页。

⑤ 《周易正义》卷七《系辞上》，《十三经注疏》，上册，第 77 页。

⑥ （汉）郑玄笺，（唐）孔颖达疏：《毛诗正义》卷一五《小雅·鱼藻之什·鱼藻》，《十三经注疏》，上册，第 488 页。

灵沼，于牣鱼跃"见于《大雅·灵台》①。"射以观德"出自《礼记·射义》之"射者，所以观盛德也"②。"茅茨"出自《春秋谷梁传·文公三年》之"茅茨尽矣"③，茅茨意即用茅草盖房子，取其简陋之意。"元、凯"即"八元、八恺（凯）"，为尧舜时代善于治理的十六位才子，其事见《左传·文公十八年》。④由此可见，孝文帝熟谙儒家经义并把它运用到现实政治生活之中⑤，从最初在洛阳为城建设施等的命名中也表达了他的政治倾向。把儒家思想作为迁都后北魏统治的指导思想，建设一个中原汉族式的大一统帝国是孝文帝的最高政治理想。⑥从洛阳城建设施的命名中亦可感觉到这一点，孝文帝所说"名目要有其义"云云，便是以儒家经典之"义"为城建设施命名。当时随侍孝文帝的除汉化甚深的宗室任城王澄及汉族士人李冲外，还有著名士人黄门侍郎崔光、郭祚以及通直郎邢峦、崔休等人。他们对孝文帝的思想主张当有深刻体会，除李冲外都活跃于此后宣武帝时期的政坛，对洛阳里坊名称的确定自会发生直接或间接的影响。儒家经典、汉魏典故是孝文帝确立对洛阳新都城建设施命名的根据所自。

具体而言，宣武帝时洛阳城里坊的命名是由当时的大儒刘芳和常景负责的。《洛阳伽蓝记·城内·永宁寺》：正始（504—508）初，常景"又共（刘）芳造洛阳宫殿门阁之名，经途里邑之号"⑦。洛阳城里坊在

---

① 《毛诗正义》卷一六《大雅·灵台》，《十三经注疏》，上册，第 525 页。

② （汉）郑玄笺，（唐）孔颖达疏：《礼记正义》卷六二《射义》，《十三经注疏》，下册，第 1687 页。

③ （晋）范甯集解，（唐）杨士勋疏：《春秋穀梁传注疏》卷一〇《文公三年》，《十三经注疏》，下册，第 2405 页。

④ （晋）杜预注，（唐）孔颖达疏：《春秋左传注疏》卷二〇《文公十八年》，《十三经注疏》，下册，第 1861—1862 页。

⑤ 《魏书》卷七下《高祖纪下》："《五经》"之义，览之便讲，学不师受，探其精奥。"（第一册，第 187 页）

⑥ 参见拙作《北魏孝文帝政治思想散论》，《北朝研究》1997 年第 2 期。

⑦ 《洛阳伽蓝记校释》卷一《城内·永宁寺》，第 26 页。

司州牧广阳王嘉建议下于景明二年十月筑成，三年以后，由刘芳和常景二人为之命名。《魏书·刘芳传》："笃志坟典"，孝文帝时"入授皇太子经"，又"恒侍坐讲读"，"经传多通，高祖尤器敬之，动相顾访"。① 刘芳是继高允之后北魏又一位才学渊博的大儒，其学直接影响到孝文、宣武帝两代君主。《常景传》："景少聪敏，初读《论语》《毛诗》，一受便览。""景艺业该通，文史渊洽"，"撰儒林、列女传各数十篇"。② 刘芳和常景继承了孝文帝以儒家思想为指导命名洛阳城建设施的原则，从所熟知的儒家经书中选取典雅字词，为包括里坊在内的洛阳宫殿门阁、经途里邑命名。③

北魏洛阳里坊的命名可能还参考了西晋洛阳的里坊名称，这与孝文帝以中原王朝政制改革北魏政制的方针也是相吻合的。《河南志·晋城阙古迹》篇所载里名有永安里、汶阳里、延嘉里、德宫里、宜春里、白社里、步广里。"诸里"条引《晋宫阁名》，共记载了47个里名④，其中北魏里名与之相同者有永安、宜寿、永年、孝敬、延寿、谷阳、安武、宜年等里。虽然两朝可考之里名完全相同者并不多，但两相对照，其命名原则非常相似，表明北魏洛阳里坊命名时，在一定程度上参考并承袭了西晋洛阳里坊名称及其命名原则。

北魏洛阳城坊建制对后世有着重大影响，在中国都城发展史上具有承前启后的意义，已为学术界的研究所证实。⑤ 洛阳城建设施尤其是里坊名称及其命名原则对后世也有深远影响。据王仲荦考证，东魏北

---

① 《魏书》卷五五《刘芳传》，第四册，第1219—1220、1226页。

② 《魏书》卷八二《常景传》，第1800、1806、1808页。

③ 《魏书》卷八《世宗纪》：永平二年（509）九月"壬午（初七，10.6），诏定诸门阁名"（第一册，第208页）。

④ 按《晋宫阁名》不见于《隋书》卷三三《经籍志二》，其可靠性尚待证实。《隋书·经籍志二》史部地理类载佚名《洛阳宫殿簿》一卷、杨佺期《洛阳图》一卷（第四册，第982页），不知与《河南志》所引《晋宫阁名》是否有关。录此备考。

⑤ 参见宿白、王仲殊前揭文。

齐时邺城里坊可考者有：永康里、允忠里、敷教里、修正里、清风里、中坛里、修义里、信义里、德修里、东明里、嵩宁里、徼海里、宣平行里，土台坊、义井坊、元子思坊、天官坊、东夏坊、石桥坊。① 除此以外，从墓志中还可考知 11 个里：孝德里②、永福里③、修人里④、景荣里⑤、宣化里⑥、乡义里、风义里⑦、崇仁里⑧、道政里⑨、遵明里⑩、西□里⑪。这样，邺城一共有 24 个里、6 个坊可以考知，虽然在邺城 3 县 323 坊中微不足道⑫，但其名称的特点大体具备。其中永康、宣化、修人（民/仁？）里见于已知北魏洛阳里坊；孝德里与北魏洛阳之孝义等里，永福里与北魏洛阳之永平等里，景荣里与北魏洛阳之景宁里，修义、信义、乡义、风义诸里与北魏洛阳之闻义、敬义、昭义等里，德修里与北魏洛阳之德游里，两者在命名原则上如出一辙。无疑，东魏北齐邺城之里坊名称继承了北魏洛阳里坊的名称及其命名原则。如上所见，东魏北齐

---

① 王仲荦：《北周地理志》下册，中华书局 1980 年版，第 921—923 页。

② 《汉魏南北朝墓志集释》图版三四七《李琮墓志》。

③ 磁县文化馆：《尧峻妻吐谷浑氏墓志》《河北磁县东陈村北齐尧峻墓》，《文物》1984 年第 4 期。

④ 《崔昂前妻修娥墓志》，见河北省博物馆、文物管理处《河北平山北齐崔昂墓调查报告》，《文物》1973 年第 11 期。

⑤ 《贾尼志记》，见阿英《从晋砖文字说到〈兰亭序〉书法》，《文物》1965 年第 10 期。

⑥ 韩明祥：《释北齐宜阳国太妃傅华墓志铭》，《文物》1985 年第 10 期；《汉魏南北朝墓志集释》图版一七〇《元延明妃冯氏墓志》。

⑦ 《汉魏南北朝墓志集释》图版一七〇《元延明妃冯氏墓志》。

⑧ 《汉魏南北朝墓志集释》图版三七六《宗欣墓志》。

⑨ 《崔太姬墓志》，见石家庄文化局文物发掘组《河北赞皇东魏李希宗墓》，《考古》1977 年第 6 期。

⑩ 《崔昂墓志》，见《河北平山北齐崔昂墓调查报告》。

⑪ 《汉魏南北朝墓志集释》图版五七七《元子邃墓志》。

⑫ 《隋书》卷二七《百官志中》载北齐首都邺城之邺、临漳、成安三县所辖之里分别为 135、114、74，合计得 323 里。（第三册，第 761 页）又（清）顾炎武撰《历代宅京记》卷一二《邺下·城内外杂录》，据"出版说明"，"全卷皆录自明嘉靖《彰德府志》卷八《邺都宫室志》，此卷应出自宋《相台志》"。（中华书局 1984 年版）王仲荦《北周地理志》亦采此说。谓邺城有四百余坊，显然有误。

邺城的里名为正规名称，坊名则为俚俗之称，这一点也和北魏洛阳相同。北魏洛阳除以上所见 90 余里名外，还有些俚俗称为"坊"的，如归正里"民间号为吴人坊"，寿丘里"民间号为王子坊"，白象、狮子二坊则因其地饲有乾陀罗国、波斯国胡王所献之白象、狮子而得名[1]，全都不是正规名称。一直到唐代似乎还是如此，尽管当时里、坊混称较多。[2]

隋唐时代西京长安（大兴）城和东都洛阳城的里坊名称及其命名原则与北魏洛阳城的继承关系十分明显，所体现的精神实质亦完全一致。如：北魏洛阳已知里坊中有永平、永和、永安、永乐、永康、永年等 6 里，其中永平坊均见于隋唐长安和洛阳城，永康里见于东魏北齐邺城，此外永和、永安、永乐 3 坊又见于隋唐长安城；长安城又有永宁、永嘉、永崇、永达、永昌、永兴、永阳等坊，洛阳城又有永丰、永泰、永通等坊。北魏洛阳城有安丰、安武、安明、安贵等 4 里，隋唐长安城有丰安及安业、安义、安仁、安善、安德、安邑、安兴等坊，洛阳城有安业、安众坊，安众在北魏为乡名。北魏洛阳有修仁、修民、修睦等里，东魏北齐邺城有修人、修义、修正等里，隋唐长安有修真、修德、修行、修正诸坊，洛阳有修义、修行、修文、修业、修善诸坊。北魏洛阳有延年、延贤、延寿、延酤等里，隋唐长安有延寿、延康、延福、延祚、延庆诸坊，洛阳有延福坊。北魏洛阳有崇义、崇让、崇恩等里，隋唐长安有崇义、崇化、崇贤、崇德、崇业诸坊，洛阳有崇让、崇业、崇政诸坊。北魏洛阳有钦政里，隋唐长安有颁政、布政、道政、立政、修政诸坊，道政里（坊）又见于东魏北齐邺城及隋唐两京。北魏洛阳有依

---

① 参见《洛阳伽蓝记校释》卷二《城东·景宁寺》，第 104 页；卷四《城西·法云寺》，第 163 页；卷三《城南·龙华寺》，第 133 页。

② 参见（清）徐松撰、（清）张穆校补《唐两京城坊考》，中华书局 1985 年版；宿白《隋唐长安城和洛阳城》，《考古》1978 年第 6 期；陈久恒《唐东都洛阳坊里宅第补》，《中国考古学研究——夏鼐先生考古五十年纪念论文集》（二），科学出版社 1986 年版。

仁、修仁里，隋唐长安有亲仁、崇仁坊，洛阳则有睦仁、静仁、怀仁、归仁、利仁、里仁诸坊。北魏洛阳归正里名又见于隋唐长安及洛阳。[1]诸如此类，都充分表明北魏洛阳城里坊名称，特别是以儒家思想为指导的命名原则对后世的重大影响。如果以隋唐两京城坊名称逆推北魏洛阳之未知里名，我认为北魏洛阳未知里名大多数可能与隋唐两京城坊名称相同。这一推测的证实，还有赖于将来能否出土更多的墓志或其他文献资料。

除了上述这一基本命名原则外，北魏洛阳城之里坊还有两种类型的命名原则：

一是以里坊所在地区的方位特征来命名，多以河流、寺庙等作为参照物。《洛阳伽蓝记·城南·报德寺》："高祖孝文皇帝所立也……在开阳门外三里。开阳门御道东有汉国子学堂，堂前有三种字石经二十五碑，表里刻之……高祖题为劝学里。"[2]这是洛阳城最早命名的里坊之一，其得名虽与上述的基本原则有关，但主要还是因为它位于东汉国子学堂遗址。又如洛滨里当与其位于洛水之滨有关，唐代洛阳城仍可见到这一坊名。凌阴里之得名，是因其为"四朝时藏冰处也"。建阳里，因其位于建春门外"阳渠北"而得名。绥民里之"里内有洛阳县"，其命名当取洛阳县绥抚民众之意。东安里之得名，当与其"在东阳门外一里御道北"有关。景宁里之得名，则是因其地有景宁寺。《洛阳伽蓝记·城东·景宁寺》："太保司徒公杨椿所立也。在青阳门外三里御道南，所谓景宁里也。高祖迁都洛邑，椿创居此里，遂分宅为寺，因以名之。"[3]可见景宁寺得名在先，景宁里得名在后。

---

① 以上隋唐两京里坊名称见于徐松前揭书、宿白《隋唐长安城和洛阳城》文、陈久恒前揭文；又可参见杨宽前揭书、史为乐前揭文。

② 《洛阳伽蓝记校释》卷三《城南·报德寺》，第121—123页。

③ 以上参见《洛阳伽蓝记校释》卷一《城内·永宁寺》，第19页；卷二《城东·龙华寺、景兴尼寺、庄严寺、景宁寺》，第72、80、83、103页。

二是以居住者的身份特征作为里坊命名的标准。最典型的例子是"四夷里"及通商、达货等 10 里。《洛阳伽蓝记·城南·龙华寺》:"宣阳门外四里至洛水,上作浮桥,所谓永桥也……永桥以南,圜丘以北,伊洛之间,夹御道,东有四夷馆:一曰金陵,二曰燕然,三曰扶桑,四曰崦嵫。道西有四夷里:一曰归正,二曰归德,三曰慕化,四曰慕义。吴人投国者,处金陵馆,三年已后,赐宅归正里……北夷来附者,处燕然馆,三年已后,赐宅归德里……东夷来附者,处扶桑馆,赐宅慕化里。西夷来附者,处崦嵫馆,赐宅慕义里。"①四夷里之取名,无疑最集中地体现了儒家的夷夏观及以德政吸引感化蕃夷的思想。这既是上述里坊命名基本原则的反映,但同时也反映了以居民身份特征而为里坊命名的原则。正因如此,民间号为吴人坊的归正里,南齐宗室萧宝夤在尚公主之后便耻居其中,在君主同意下移居城内永安里。随萧宝夤北来的会稽山阴张景仁,"住此以为耻,遂徙居孝义里焉"。《洛阳伽蓝记·城西·法云寺》:"(洛阳大市)市东有通商、达货二里。里内之人,尽皆工巧屠贩为生,资财巨万……市南有调音、乐律二里。里内之人,丝竹讴歌,天下妙伎出焉……市西有延酤、治觞二里。里内之人,多酝酒为业……市北有慈孝、奉终二里。里内之人,以卖棺椁为业,赁輀车为事……别有阜财、金肆二里,富人在焉。凡此十里,多诸工商货殖之民,千金比屋,层楼对出,重门启扇,阁道交通,迭相临望。"②

四、洛阳里坊管理制度辨正

北魏洛阳县辖有众多里坊,里坊中有寺、署、民居。里坊是洛阳

---

① 《洛阳伽蓝记校释》卷三《城南·龙华寺》,第 128、130—132 页。
② 《洛阳伽蓝记校释》卷四《城西·法云寺》,第 157—161 页。

县的基层行政单位,每里方 300 步(周 1200 步),以每步 1 米计,则每里约 9 万平方米(0.09 平方公里),每里有里正 8 人、吏 16 人、门士 32 人,共 56 人。这是截至北魏孝明帝末年为止一个里的最基本的管理人员。据《魏书》卷六八《甄琛传》记载:宣武帝末年,河南尹甄琛曾就洛阳里坊的管理问题向朝廷上表。他说:"京邑是四方之本,安危所在,不可不清。""今迁都已来,天下转广,四远赴会,事过代都,五方杂沓,难可备简,寇盗公行,劫害不绝。此由诸坊混杂,厘比不精,主司闇弱,不堪检察故也。"甄琛认为出现这种现象的关键在于里正,"里正乃流外四品,职轻任碎,多是下才,人怀苟且,不能督察,故使盗得容奸,百赋失理"。他建议说:"请取武官中八品将军已下干用贞济者,以本官俸恤,领里尉之任,各食其禄。高者领六部尉,中者领经途尉,下者领里正。不尔,请少高里尉之品,选下品中应迁之者,进而为之。则督责有所,辇毂可清。"① 甄琛的建议基本上被采纳,宣武帝下诏说:"里正可进至勋品,经途从九品、六部尉正九品诸职中简取,何必须武人也。"

对于甄琛此表及其处理结果的理解,关系到洛阳里坊管理制度的认识,故准确理解十分重要。对此,学术界有两种看法值得商榷,在此略作考辨。

1. 关于六部里尉的性质及其职能问题。严耀中认为:

北魏迁都洛阳以后,曾任河南尹的甄琛上表强烈要求提高六部里尉人选的素质,就因其所辖之对象基本都是代来(即由平城迁来)之士,所谓国之肺腑,而非寻常汉人百姓。又魏末孝武帝自洛阳西奔投靠宇文泰,"是时六坊之众,从武帝而西者,不能万人,余皆北徙"。"及文宣受禅,多所创革。六坊之内徙者,更加简

---

① 《魏书》卷六八《甄琛传》,第四册,第 1514—1515 页。

练，每一人必当百人，任其临阵必死，然后取之，谓之'百保鲜卑'"。坊一般是指城内的住宅区。这里的"六坊之众"即是居住洛阳的代迁户。他们最早在草原上分成六部，住到京城里后，依然按习惯分成六个坊。孝文南迁，此制照搬到洛城，那些人所居之处统称六坊或六部，虽然那时已可能合拼成一个中部。①

此一解释，与原意完全不符。表现在两方面：

先看六部里尉的性质和职能。严氏认为六部里尉即统辖代迁鲜卑六部的 6 个坊的管理者，其实六部里尉所辖对象是京城全部里坊，它是一个统称，并非专名，或者说管理京城里坊事务的 6 个部的尉，这 6 个部并非鲜卑六部之谓，而是洛阳东、西、南、北、左、右六部。北魏六部尉所继承的是两晋南朝京师六部尉制度，实与草原时代鲜卑六部或所谓代京六部无关。《通典·职官十五·州郡下·总论县佐》"尉"条："汉诸县皆有。(长安有四尉，分为左、右部。)后汉令、长、国相亦皆有尉，大县二人，小县一人，主盗贼，案察奸宄，(应劭《汉官》曰：大县丞、左右尉，所谓命卿三人。小县一丞一尉，命卿二人。)署诸曹掾史。边县有障塞尉，掌禁备羌夷犯塞。(洛阳有四尉，东、南、西、北四部。曹公为北部尉是也。)魏因之。晋洛阳、建康皆置六部尉。宋、齐、梁、陈并因之。余县如汉制。"② 可见北魏洛阳之六部里尉是对两晋南朝制度的继承，与代京鲜卑遗制绝无任何关系。这正是孝文帝学习魏晋南朝制度改造北魏旧制的一个环节，是对代京旧制的否定而非继承，更非照

---

① 严耀中：《北魏前期政治制度》，吉林教育出版社 1990 年版，第 40 页。

② (唐) 杜佑撰，王文锦等点校：《通典》卷三三《职官十五·州郡下》，中华书局 1988 年版，第一册，第 921 页。又可参见《续汉书·百官志五》及注 ((宋) 范晔撰，(唐) 李贤等注：《后汉书》/ (晋) 司马彪撰，(梁) 刘昭注补：《续汉书志》，中华书局 1965 年版，第一二册，第 3623 页)；(梁) 沈约撰：《宋书》卷四〇《百官志下》，中华书局 1974 年版，第四册，第 1258 页；(唐) 李林甫等撰，陈仲夫点校：《唐六典》卷三〇《京县》自注，中华书局 1992 年版，第 750—751 页。

搬。如果孝文帝在洛阳城仍实行部落联盟时期拓跋鲜卑分部制，那汉化还从何说起？六部里尉严格说应该叫六部尉，甄琛在另一处也叫六部尉，更主要是作为正式法令的诏书中即以六部尉名之；甄琛说六部里尉主要是强调要加强它维护京城里坊社会治安的职能。北魏的六部尉直接为东魏北齐的邺城所继承。①《隋书·百官志中》："邺又领右部、南部、西部三尉，又领十二行经途尉……临漳又领左部、东部二尉，左部管九行经途尉……成安又领后部、北部二尉，后部管十一行经途尉……"②可见邺城不仅继承了北魏洛阳城之六部尉制度，也继承了（行）经途尉制度③。经途尉或行经途尉当为巡警之职，通过沿途巡察方式维持一段地区之社会治安。

再看"六坊"的含义。六坊的确切含义不太明确，但严氏所引史料中的"六坊之众"（出自《隋书·食货志》④）并不能完全解释为"居住洛阳的代迁户"则是可以肯定的。从北魏孝武帝西迁的六坊之众出自洛阳，但北齐文宣帝受禅时之六坊之众则不是居住在洛阳，而是居住在邺城或晋阳。周一良通过对北朝后期领民酋长与六州都督的深入研究，对《隋书·食货志》中"六坊之众"作出了解释："'六坊之众'自是北人，亦即所谓'六州'。陈寅恪云，疑六州军人及家属群居其地，遂曰

---

① 参见周一良《〈魏书〉札记·六部尉与四中郎将》，《魏晋南北朝史札记》，中华书局1985年版，第387—388页。

② 考《魏书》卷一〇六上《地形志上》司州"魏尹"条：邺有南部、右部、西部尉，临漳有左部、东部、北部尉。（第七册，第2426页）北魏洛阳之六部尉当即左、右、东、西、南、北六部里尉。成安县于北齐文宣帝时从邺县分出（（唐）李吉甫撰，贺次君点校：《元和郡县图志》卷一六《河北道一·相州·成安县》，中华书局1983年版，上册，第453页），具体而言是在《魏书·地形志》修成后的天保后期。据《北齐书》卷四《文宣纪》，天保七年（556年）十一月，"并省三州、一百五十三郡、五百八十九县、二镇、二十六戍"（（唐）李百药撰，中华书局1972年版，第一册，第63页）。成安自临漳分出当在其时。

③ 按六部尉制度又为隋唐二朝所继承，参见《通典》卷三三《职官十五·州郡下·总论县佐》，第一册，第922页；《唐六典》卷三〇《京县》自注，第751页。

④ 《隋书》卷二四《食货志》，第三册，第675页。

六坊。犹吴人所居遂名吴人坊（《洛阳伽蓝记》卷二景宁寺条），上党人居晋阳者号上党坊（《北齐书》一神武纪上）之比欤。"① 可见从对南下六镇流民的统督发展出六州都督，又由六州衍生出六坊。显然六坊之众并非北魏迁都后的城坊居民，亦非迁都之初居住洛阳的代迁户。

2. 洛阳城里坊的管理是否带有"军管的性质"的问题。宿白认为：

> ……不久，治安大权又由皇室系统的武官过问，《魏书·甄琛传》记拓跋（按：应为"元"）恪（宣武）时"琛表曰……请取武官中八品将军已下干用贞济者，以本官俸恤，领里尉之任……琛又奏：以羽林为游军，于诸坊巷司察盗贼"。由此可知，北魏洛阳的里坊，形式上可以适应迁来的有组织的各族姓和各级官僚，管理上则是封建制下的行政组织，而这个行政组织又辅有由中央直接统帅的军管的性质。后一点从《魏书·甄琛传》所记："国家居代，悉多盗窃，世祖太武皇帝（拓跋焘）亲自发愤，广置主司、里宰，皆以下代令长及五等散男有经略者，乃得为之。又多置吏士，为其羽翼，崇而重之，始得禁止"，可以推测是参考了以前平城的经验的。②

据上文所引《魏书·甄琛传》，河南尹甄琛鉴于洛阳治安形势日趋复杂，特提出建议，希望朝廷借鉴太武帝加强平城治安的经验，通过提高六部里尉、经途尉、里正等管理者地位的办法达到加强洛阳社会治安的目的。宣武帝接受了甄琛的建议，但只是部分接受，他在诏书中特别强调"经途从九品、六部尉正九品诸职中简取，何必须武人也"，实际上也就否决了甄琛"请取武官中八品将军已下干用贞济者""领里尉之

---

① 周一良：《领民酋长与六州都督》，《魏晋南北朝史论集》，北京大学出版社 1997 年版，第 210 页。

② 宿白：《北魏洛阳城和北邙陵墓》，《文物》1978 年第 7 期。

任"的建议。至于"以羽林为游军，于诸坊巷司察盗贼"，也是为了维护治安之举措，与军管无涉。《魏书·献文六王上·高阳王雍传》载其上表有云："臣又见部尉资品，本居流外，刊诸明令，行之已久。然近为里巷多盗，以其威轻不肃，欲进品清流，以压奸宄，甄琛启云：'为法者施而观之，不便则改。'窃谓斯言有可采用，圣慈昭览，更高宰尉之秩。"① 这一记载进一步表明，甄琛上奏乃是为了提高部尉资品以达到加强京师社会治安之效，并无要求对洛阳实施军管之意。洛阳城的直接管理者洛阳令及其下辖里尉、里正为文职官、吏，他们是洛阳城行政、民事、司法及治安事务的具体管理者，很显然其管理并不存在"辅有由中央直接统帅的军管的性质"。从组织形式上看，洛阳城（京城）的管理主要继承的是魏晋南朝的制度，是魏晋及南朝前期制度向隋唐制度演变的桥梁。这一点与孝文帝迁都后实行的汉化政策也是相通的。

五、洛阳乡里制与北魏县以下地方基层组织

从出土北魏墓志来看，洛阳县在县与里之间还有乡一级行政建制。在数百通墓志中，反映北魏洛阳县下辖乡的约有三十通，其中以都乡为主，兼及它乡。都乡见于《汉魏南北朝墓志集释》所载元简、详、飏、彦、茂、寿、侔、璨、祐、略、倪等元氏宗室及于景、郭显诸墓志。都乡当为洛阳县之首乡。此前两晋墓志中已见都乡之记载②，北魏其他县亦有都乡。都乡所在地似在城东一带，《洛阳伽蓝记》有"城东昭文里"的记载，而昭文里属都乡。都乡以外，还有其他乡名见于墓志。可考者

---

① 《魏书》卷二一上《献文六王上·高阳王雍传》，第二册，第554页。
② 《汉魏南北朝墓志汇编》，第17、19、20页。

有：天邑乡（元鸷）、安众乡（元灵曜）[①]、中原乡（杨乾）、咸安乡（董伟）、澄海乡（元举、元湛妻薛慧命）、澄风乡（李彰）、崇仁乡（元恩）、善正乡（元夫人陆孟晖）、修正乡（穆绍）、中乡（元谧妃冯会）、□和乡（宁懋）[②]、西乡（元晖、元悛、元憻、世宗妃王普贤、王绍、王翊、寇猛[③]）。以上诸乡之下均辖有里。中原、咸安、澄海、澄风、崇仁、善正、修正诸乡当在洛阳内城及其附郭地区，大体上在《洛阳伽蓝记》所载城内、东、西、南、北的范围之内，只是目前尚无材料以证明其确切或大概的位置。中乡从其辖谷城里及为葬地的情况看，当距洛阳城区较远，应在洛阳城西南谷水一带。

墓志中还见到河阴县的两个乡。《于纂墓志》（集259）："河南郡河阴县景泰乡熙宁里人。"《唐耀墓志》："……葬于河阴县西原乡斜坡里。"由此可见，不仅北魏后期的洛阳县有乡里结构的基层组织，而且另一京县河阴县亦存在乡里组织。

原籍分布于司州洛阳郡以外各州郡的汉人，在墓志中明确记载其所在乡里者有：陇西李氏（集205李蕤、243李超），弘农杨氏（杨播、颖、舒、泰、胤诸墓志[④]），河内司马氏（司马悦[⑤]），琅邪王氏（集22王普贤、王绍、王翊），琅邪吴氏（集245吴高黎），高平檀氏（集242檀宾），南阳赵氏（集64赵光），中山刘氏（集584刘彦），勃海李氏（集224李璩兰），上谷寇氏（寇猛），太原王氏（集219王昌），上党张

---

① 按隋唐东都洛阳有安众坊，在洛水之南，约当北魏永桥东南、四通市西北，与四夷里相距不远。安众坊或即北魏安众乡之遗址，其地所住外国归化者较多，与安众含义亦有相通之处。果如此，则安众乡当位于城南。

② 《汉魏南北朝墓志汇编》，第213页。

③ 《洛阳西车站发现北魏墓一座》，《文物参考资料》1957年第2期。

④ 杨播、颖、舒、泰诸墓志载杜葆仁等前揭文，又《杨胤墓志》见《汉魏南北朝墓志集释》图版二二一。

⑤ 尚振明：《孟县出土北魏司马悦墓志》，《文物》1981年第12期。按《司马金龙墓志》载其乡名为"肥乡"或"倍乡"，见山西大同博物馆等《山西大同石家寨北魏司马金龙墓》，《文物》1972年第3期。

氏（集203张整），辽东高氏（高道悦①）。这些家族多与其原籍脱离联系，因仕宦等原因而迁居外地。墓志中所注乡里籍贯当是对原西晋乡里制的反映，故以之难以确证北魏后期在这些地区也存在乡里制。不过墓志中还有一类情况，即记载墓主死葬地的乡里名称，可考者有：蒲坂城建中乡孝义里（集278张玄），温城西都乡孝义里（230司马昞），华阴潼乡（杨阿难②），武垣县永贵乡崇让里（邢伟），鄠县申乡洪涝里（集217皇甫驎），饶安城之西南孝义里（集222刁遵），昌邑西乡之原里（李颐③），（长安）明堂北乡永贵里（邵真④）。这表明北魏后期不仅在京师洛阳实行乡里制，而且在地方上确实存在着类似于晋制的乡、里名称。但就目前所知资料，还难以断定这些名称是当时普遍实行乡里制的反映，还是传统乡里制的遗留。最早见于墓志的乡里即蒲坂城建中乡孝义里，时在孝文帝太和十七年（493），比迁都以后规定南迁代人"悉为河南洛阳人"及定姓族早两年，比洛阳里坊制健全早8年，显非孝文帝迁都后所行之制。迁都前于太和十年（486）确立三长制，但未见实行或恢复乡里制的记载。基于此，我认为北魏墓志中出现的乡里名称（洛阳、河阴之外）当是传统乡里制，亦即晋代或继承晋制的十六国乡里制的遗留，在三长制确立前的北魏前期也应该部分存在着这种乡里制。⑤

① 秦公：《释北魏高道悦墓志》，《文物》1979年第9期。

② 杜葆仁等前揭文所载《杨阿难墓志》。

③ 《汉魏南北朝墓志汇编》，第180页。

④ 陕西省文管会：《西安任家口M229号北魏墓清理简报》，《文物参考资料》1955年第12期。

⑤ 据已知史料，十六国某些政权存在乡里制，参见陈垣《跋西凉户籍残卷》，《敦煌吐鲁番文书研究》，甘肃人民出版社1984年版，第1—7页；朱雷《敦煌吐鲁番出土北凉赀簿考释》，同上书，第8—32页。唐长孺《吐鲁番文书中所见高昌郡县行政制度》，《山居存稿》，中华书局1989年版，第344—361页。按北魏前期县以下亦当有乡的组织。《魏书》卷四上《世祖纪上》载太延二年（436）十二月甲申（初七，12.30）诏曰："自今以后，亡匿避难，羁旅他乡，皆当归还旧居，不问前罪……若有发调，县宰集乡邑三老计赀定课。"（第一册，第86页）似三老为乡邑之长。因系孤证，具体制度难明。孝文帝太和二十二年（498）二月"辛未（十九，3.27），诏以穰民首归大顺终始若一者……

北魏后期墓志中乡里名称的出现虽难以确证当时普遍存在乡里制，但它至少反映了政府对传统乡里制遗存的认可，或者说当时已有向汉晋乡里制复归的倾向。如果考虑到洛阳里坊制为核心的都市乡里制，则这种复归倾向实际上是在新形势下的新举措，是隋唐时期地方基层乡里制的滥觞。不过就全国范围来看，恐怕并未普遍实行乡里制，三长制无疑仍是具有普遍意义的法定的县以下地方基层行政制度。①

太和十年李冲奏行三长制："五家立一邻长，五邻立一里长，五里立一党长。"②"这个制度中的里与汉代以来接近于实际聚落形态的百户之里不同，它是依照《周礼》古制规划的行政村落，显然是仿照六乡六遂制中二十五家为一闾里而制订的，是以十家以下为下级单位、数十家构成中级单位、百家左右为上级单位的三级自治制度。"③此后三长制在全国推行是众所熟知之事。《魏书·卢同传》："肃宗世，朝政稍衰，人多窃冒军功。"卢同上书，谓"今请征职白民，具列本州、郡、县、三长之所"。④表明直到孝明帝时，北魏县以下地方基层行政组织仍是三长制。三长制在实行过程中逐渐发生变化，对不合时宜之处进行了改革。《北齐书·元孝友传》载其于文襄时（东魏武定年间）奏表有云：

　　标其所居曰'归义乡'"（《魏书》卷七下《高祖纪下》，第一册，第 183 页）。北魏之后的东魏北齐亦可见到乡里名称，如"晋州平阳郡晋秋乡吉迁里"（（清）王昶撰：《金石萃编》卷三〇《东魏一》兴和二年《敬史君碑》，中国书店 1985 年版），"标义乡"（《河北石征》第一集《北齐标义乡义慈惠石柱颂》，天津景明制版所 1935 年版）。

① 张剑前揭文谓"北魏时期洛阳的行政组织和当时全国其他各地一样为州、郡、县、乡、里"，意即北魏县以下普设乡。按此说不确。里乃党下之里而非乡下之里。又其将洛阳城内之里称为坊里，城外之里称为乡里。管见以为，洛阳城内外之里均为乡下之里，城内之里以"市里"称之为宜，外州县之里可称之为"州里"。

② 《魏书》卷一一〇《食货志》，第八册，第 2855 页。

③ ［日］宫川尚志：《六朝时代的村》，刘俊文主编《日本学者研究中国史论著选译》第四卷，中华书局 1992 年版，第 99—100 页。

④ 《魏书》卷七六《卢同传》，第五册，第 1682 页。

> 令制：百家为党族，二十家为闾，五家为比邻。百家之内，有帅二十五人，征发皆免。苦乐不均，羊少狼多，复有蚕食。此之为弊久矣。京邑诸坊，或七八百家唯一里正、二史，庶事无缺，而况外州乎？请依旧置三长之名不改，而百家为族，四闾，闾二比。计族少十二丁，得十二匹赀绢……此富国安人之道也。①

据记载，"诏付有司，议奏不同"，看来未被采纳。《隋书·食货志》载，北齐河清三年（564）令规定，"十家为比邻，五十家为闾里，百家为族党"②。这一改革措施基本上是按元孝友方案中的思路来制定的，即减少帅长人数，增加服役人丁数量。北魏旧制，除党长外，百家之内邻长20人、里长4人，共24人；东魏现行制度，邻长20人、闾长5人；元孝友方案，邻长10人、闾长2人；北齐定制，邻长10人、闾长2人。东魏时因党族辖户比北魏时少，因此两朝每一党（党族）可免徭役的帅长相差无几。从元孝友奏表中还可知，东魏时都城仍为里坊制，并未实行三长制，里坊为京邑基层单位，不是三长制的25家为1里，而有七八百家为1里的现象。甄琛所上表中便说"今京邑诸坊，大者或千户、五百户"，所指当是"方三百步为一里"的里坊，非寿丘里那样达30里的大里。从洛阳城户数推断，每里辖户平均在四百余户左右。王公贵族宅第华广，所占面积大，1里所辖户数少，普通民户尤其工商伎作之户住宅狭小，1里所辖户数则多。"四夷里"之外国侨民每户人口可能较少，1里户数甚至可达3000余户。③总之，京城里坊制下之里以面积大小为准，与三长制下以民户数量为准的里有本质区别。

---

① 《北齐书》卷二八《元孝友传》，第二册，第385页。

② 《隋书》卷二四《食货志》，第三册，第677页。

③ 《洛阳伽蓝记校释》卷二《城东·景宁寺》：城南归正里，"南来投化者多居其内……里三千余家"（第104页）。卷三《城南·龙华寺》载，四夷里"附化之民，万有余家"（第132页），则平均每里约有二三千家之众。

综上所述，我认为对北魏后期地方基层行政组织可作这样的概括：太和十年以后县以下地方行政组织为邻、里、党三长制，这是政府法令所明文规定的制度。东魏北齐时期三长制发生了局部变化和改革，但它仍然是县以下地方基层行政组织的基本形式。另一方面，大约从迁都前后，地方基层开始出现向类似西晋乡里制复归的倾向。在都城洛阳未实行三长制，而是以里坊制为核心的乡里制；同时在外州县也出现了现实的乡、里组织。这种向汉晋乡里制复归的倾向，实际上是中古地方基层组织从三长制向隋唐乡里制转变的开始。①

原载《历史研究》1999 年第 6 期；又收入拙著《北魏
政治与制度论稿》，甘肃教育出版社 2003 年版

---

① 《隋书》卷二四《食货志》："及颁新令，制人五家为保，保有长。保五为闾，闾四为族，
皆有正。畿外置里正，比闾正，党长比族正，以相检察焉。"（第三册，第 680 页）可知
隋初对北齐三长制进行了改革。同书卷二《高祖纪下》：开皇九年正月，"陈国平"。二
月"丙申，制五百家为乡，正一人；百家为里，长一人"（第一册，第 32 页）。当时陈
朝地方基层组织可能以乡里制为主。果如此，则全国统一后在北方广大地区也开始实行
汉晋以来的乡里制。唐代乡里制与隋制相同，参见《通典》卷三三《职官十五·乡官》，
第一册，第 924 页。又可参见宫川尚志前揭文，《日本学者研究中国史论著选译》，第四
卷，第 100 页；[日] 滨口重国：《所谓隋的废止乡官》，同上书，第 315—318 页。

高欢家世族属真伪考辨

　　高欢家世族属（北齐皇室世系族属）是魏晋南北朝史领域受到广泛关注的一个学术问题，许多著名学者对此都提出了自己的看法。据史籍记载，东魏北齐的创建者高欢为勃海蓨人，其祖父犯罪徙居北镇，到高欢时因世代在北边生活，"故习其俗，遂同鲜卑"。也就是说，高欢虽然原籍勃海蓨县，但他本人出生和成长均是在北镇，其风俗习惯完全与鲜卑人相同。换言之，论其家世出身，高欢祖上为汉人高门勃海高氏；论其民族习性，高欢本人实与鲜卑人无异。可见史籍在记述高欢出身勃海高氏的同时，并不隐讳其为北镇鲜卑的事实。然而，现代学者对此却颇不认同。日本著名学者濱口重國最早提出质疑，认为高欢出身勃海高氏乃是出于伪造。十余年后中国学者亦相继对高欢家世族属提出了质疑。各家论述角度和观点虽然不尽相同，但都怀疑史籍记载的真实性，认为高欢在崛起之时有意伪造家族世系以攀附汉人高门。众所熟知，魏晋南北朝时期朝代更迭频繁，政权林立，出现了大量的皇室或王族，他们的家世族属在史书中均能够如实记载，或者说并无故意作伪之迹，如与东魏—北齐同时代的竞争者西魏—北周，北周的皇室即明确出于胡族宇文氏（匈奴或鲜卑）而不以为耻，唯独高欢伪造其家族世系，果真有此必要吗？

一、史籍记载与学界质疑

《北史·齐本纪上·高祖神武帝纪》：

> 齐高祖神武皇帝姓高氏，讳欢，字贺六浑，勃海蓨（今河北景县）人也。六世祖隐，晋玄菟太守。隐生庆，庆生泰，泰生湖，三世仕慕容氏。及慕容宝败，国乱，湖率众归魏，为右将军。湖生四子，第三子谧，仕魏，位至侍御史，坐法徙居怀朔镇。谧生皇考树生，性通率，不事家业。①

按《北齐书·神武纪》早已亡佚，"后人以《北史》卷六《齐纪》上《神武纪》补"②，也就是说《北史》的有关记载应本于《北齐书》，因而在关于高欢家族世系族属的记载上两者不应有异。《魏书·高湖传》："高湖，字大渊，勃海蓨人也。汉太傅裒之后。祖庆，慕容垂司空。父泰，吏部尚书。湖少机敏，有器度，与兄韬俱知名于时，雅为乡人崔逞所敬异。少历显职，为散骑常侍。"在北魏军队进攻下，后燕国君慕容宝从中山（今河北定州）亡奔和龙（今辽宁朝阳），"湖见其衰乱，遂率户三千归国。太祖赐爵东阿侯，加右将军，总代东诸部"。③ 按高湖归附北魏是在道武帝天兴二年（399）底。④《魏书·高湖传》附传中与高欢

---

① （唐）李延寿撰：《北史》卷六《齐纪上·高祖神武帝纪》，中华书局1974年版，第一册，第209页。

② （唐）李百药撰：《北齐书》卷一"校勘记"〔一〕，中华书局1972年版，第一册，第10页。又可参见（清）钱大昕著，方诗铭、周殿杰校点《廿二史考异》卷三一"北齐书·神武帝纪"条，上海古籍出版社2004年版，上册，第511—512页；缪钺《读史存稿》，生活·读书·新知三联书店1963年版，第78页。

③ （北齐）魏收撰：《魏书》卷三二《高湖传》，中华书局1974年版，第三册，第751页。

④ 《魏书》卷二《太祖纪》：天兴二年"十有二月甲午（十二，400.1.24），慕容盛征虏将军、燕郡太守高湖率户三千内属"（第一册，第36页）。

先世有关的高湖子孙的事迹有如下记载：

> （湖）第三子谧，字安平，有文武才度。天安中，以功臣子召入禁中，除中散，专典秘阁。肃勤不倦，高宗深重之，拜秘书郎。谧以坟典残缺，奏请广访群书，大加缮写。由是代京图籍，莫不审正。显祖之御宁光宫也，谧恒侍讲读。拜兰台御史，寻转治书，掌摄内外，弹纠非法，当官而行，无所畏避，甚见称赏。延兴二年（472）九月卒，时年四十五。

> （谧）长子树生，性通达，重节义，交结英雄，不事生产，有识者并宗奇之。蠕蠕侵掠，高祖诏怀朔镇将阳平王颐率众讨之，颐假树生镇远将军、都将，先驱有功。树生尚气侠，意在浮沉自适，不愿职位，辞不受赏，论者高之。……雅好音律，常以丝竹自娱。孝昌初，北州大乱，诏发众军，广开募赏，以树生有威略，授以大都督，令率劲勇，镇捍旧蕃。二年（526）卒，时年五十五。……长子即齐献武王（高欢）也。①

按在以上记载中，"天安中"当为"太安（455—459）中"之误。② 与《北史·齐高祖神武帝纪》有关记载比较，最大的区别是《魏书·高谧传》未记其"坐法徙居怀朔镇"事。此外，据高树生卒年推断，其生年也在延兴二年（472—526），与其父高谧之死同年。而史书记载高树生为高谧之长子，因此两人是否存在父子关系，的确疑问很大。③

《魏书》及《北史》《北齐书》有关高欢家世族属的记载，古代史家

---

① 《魏书》卷三二《高湖传》附传，第三册，第752—753页。
② 参见《魏书》卷三二"校勘记"〔二〕引张森楷说，第三册，第768页。
③ 《北齐书》卷二《神武纪下》：武定五年（547）正月丙午（初八，2.13）"崩于晋阳，时年五十二"（第一册，第24页）。则高欢生于公元496年，时高树生25岁，就年龄差距来看二人父子关系能够成立。

并未怀疑其真实性①，但不少现代学者却对北齐皇室出自勃海高氏的记载颇不认同。日本已故著名学者濱口重國是最早对史书所载高欢家世族属提出质疑的现代学者，他于 1938 年发表《高齐出自考——高歡の制霸と河北の豪族高乾兄弟の活躍》一文②，通过多方论证，认为高欢家族原本并非出身渤海高氏，史书中把高欢曾祖父高湖作为渤海高氏一族中最有名的高允之父韬之弟乃出自伪造。在当时重门阀的风潮下，出身无名之家的高欢很有必要通过诈称渤海高氏以提高其家族地位，他在打起反尔朱氏旗号后为了得到冀州境内豪族特别是高乾兄弟的支持，借用渤海高氏一族的世系并以其祖父高湖作为北魏有数的名臣高允之父高韬之弟。濱口氏强烈怀疑高欢家族出自汉族，认为高湖子孙大多有着鲜卑特色的名字，包括高谧在内的高湖子孙的居住地与河州关系密切，高谧很可能是从河州迁居怀朔镇的。值得提出的是，濱口论文虽然提出了高欢出自渤海高氏的种种可疑之点并做了颇为周详的论证，但全部论述都出于推测，并无一条有力证据能够完全否定史籍所载高欢为勃海蓨人的记载。

中国已故著名学者姚薇元、周一良、缪钺、谭其骧等均曾论及北齐皇室世系族属问题，并对历史文献的记载提出了质疑。

姚薇元是史学界研究北朝胡姓问题最具权威的学者，他认为高欢先世应源出鲜卑是楼氏：

魏道武时有右将军高湖，传称"汉太傅袞之后"，似出华族；然（1）详检《汉史》，无太傅高袞其人。（2）湖之祖庆父泰，三世

---

① 如《资治通鉴》卷一〇八《晋纪三十》孝武帝太元二十年（395）五月条载，后燕散骑常侍高湖谏燕主慕容垂放弃讨伐北魏的军事行动而被免官，其后接着记"湖，泰之子也"。（（宋）司马光编著，（元）胡三省音注，"标点资治通鉴小组"校点，中华书局 1956 年版，第八册，第 3421 页）这表明司马光是认可北朝史书有关高湖家族世系的记载的。

② 原载《史学雜誌》第 49 篇 7、8 号（1938 年），收入氏著《秦漢隋唐史の研究》，東京大学出版會 1966 年版，下卷，第 685—736 页。

皆仕慕容氏。归魏后，仍总领代东诸部。（3）其子孙之名，多类鲜卑。综此三者，知湖为鲜卑族。北齐高欢即高湖之孙，是高齐本出鲜卑族可知。……有此六证，可知高齐为鲜卑族，本姓是楼。①

由此可见，姚薇元并不否认史书所载高欢世系的可靠性，但又认为其祖先并非华族（汉族），而为鲜卑是楼氏。其说虽与滨口之说有一定相似性，但论证颇为简略。周一良也认为高欢并非汉族，但主要是怀疑史书所载其世系的可靠性，他说：

> 魏书北齐书北史俱谓高氏渤海蓚人，纪其世系，以为高欢祖谧徙居怀朔镇，累世北边，故习其俗，案诸史籍，高氏固以鲜卑自居，敌视汉族，其例至夥。……故高欢之任领民酋长或以其本非汉人欤？②

> 高氏虽号称渤海蓚人，史书所载世系很不可靠。……北齐统治者的皇室若非出自鲜卑，也是完全胡化了的汉人。③

缪钺在中国学界最早对北齐高氏族属问题进行了较为系统的研究，指出《魏书·高湖传》及《北史·齐神武纪》有关高氏世系记载的"舛午可疑"之处，认为：

> 盖高湖、高谧乃渤海高氏，入仕魏朝，高谧或本无子嗣，高欢乃塞上鲜卑或汉人久居塞上而鲜卑化者，既贵之后，伪造世系，

---

① 姚薇元：《北朝胡姓考》，科学出版社 1958 年版，第 135—136 页。又可参见同氏《北朝帝室氏族考》，《说文月刊》1944 年第 6 期。

② 周一良：《领民酋长与六州都督》，原载《中央研究院历史语言研究所集刊》第 20 本（1949 年）；收入氏著《魏晋南北朝史论集》，中华书局 1963 年版，第 187—188 页。

③ 周一良：《北朝的民族问题与民族矛盾》，原载《燕京学报》第 39 期（1949 年），收入氏著《魏晋南北朝史论集》，第 125 页。

冒认高谧为祖，谓其父树生为谧之长子，以附于渤海高氏之名族。魏收于齐文宣帝天保中修《魏书》，即据此伪托之世系写入。然高谧仕宦中朝，其子孙何以远居怀朔。（魏怀朔镇在今包头东北固阳一带，距魏都平城约六七百华里。）高氏初造世系时，未思及此罅漏，其后盖又加以弥缝，谓高谧坐法，徙居怀朔。李延寿修《北史》，据较后出之史料，采入此事。至于树生生年即高谧卒年，高氏伪造世系时盖未曾细加推算，故漫谓树生为高谧"长子"。此一点之疏漏，遂使治史者于千载之下犹能发其覆也。高欢贫贱，本系事实，树生官爵，亦出伪造，此又显明易知，无待详论者矣。①

按缪氏所论虽不及滨口氏周详，但他注意到"树生生年即高谧卒年"的矛盾，成为其立论的重要证据，这一点却未曾被滨口氏所发现。

谭其骧在回复缪钺的"讨论函"中提出了不同看法，认为北齐皇室高氏不大可能源出鲜卑是楼氏，而很可能本为高丽高氏。他说：

> 弟意鲜卑于北朝为贵种，《官氏志》所著录者，又皆鲜卑或其他塞北之著姓，高齐若出于是楼，似不必冒当时所贱视之汉人中之高门以自重，必焉其所自出之种姓，社会地位犹不及汉人，乃肯出此。今按北朝诸史中多高丽高氏，见于列传者，有高道悦（《魏书》六二）、高崇（《魏书》七七）、高肇（《魏书》八三）、高琳（《周书》二九）、高颎（《北史》七二）。除高琳外，皆自附于勃海蓨县。又《高肇传》云："出自夷土，时望轻之。"《高琳传》云："五世祖宗拜第一领民酋长。"种种情形，皆与高齐相同，然则高齐殆亦有出自高丽之可能也。且其可能性甚大。②

---

① 缪钺：《东魏北齐政治上汉人与鲜卑之冲突》，《读史存稿》，第81—82页。
② 缪钺：《读史存稿》，第93页。

陈连庆同意谭其骧的推论，并谓："关于北齐高氏族属讨论，谭氏说可为定论。"[1] 按谭氏只是提供了一种可能的选择，但并未给出具体答案，故"定论"之说无从谈起。高欢家族若存在假冒姓氏的事实，则探究当时鲜卑贵族、汉族高门社会地位的高低就有必要；若不存在假冒姓氏的问题，则此一问题实无探究之必要。高氏姓氏至少从高欢父辈起就已确定，其时正当北魏孝文帝实行汉化改革，汉族高门受到重视崇敬之时，"贱视"汉人高门之情形只是到了高欢创业成功以后才有的现象，故谭其骧立论的证据并不能成立（姚薇元亦据此立论）。

在 20 世纪中叶以后的有关论著中，对高氏世系族属问题亦多所涉及，且有对之作重新探讨的专文。王仲荦对高欢族属问题有如下叙述：

> 高欢，鲜卑名贺六浑，自称是勃海修人（今河北景县东），因祖父犯法发配到六镇中的怀朔镇充兵户，"累世北边，故习其俗，遂同鲜卑"。据史籍载侯景骂高澄（高欢长子）为"鲜卑小儿"；北齐文宣帝高洋（高欢第二子）问杜弼"治国当用何人"，弼对以"鲜卑车马客，会须用中国人"，高洋以为这话是讥讽自己的；又隋费长房《历代三宝记》卷九云："高洋武川镇虏"（武川当作怀朔）；《隋书·五行志》云："齐氏出自阴山，胡服者，将反初服也"，这些记载可证实高氏为鲜卑族人。但其祖父犯法发配到六镇，可能是事实，因此高欢生于六镇兵户之家。[2]

也就是说，他一方面认为高欢家族为鲜卑族，同时又并未完全否定史籍关于高欢为"坐法徙居北镇"的高谧之孙的记载。韩国磐根据旧史所载高欢家世以及其名贺六浑、长于姊夫鲜卑族尉景家、娶鲜卑人娄内干

---

① 陈连庆：《中国古代少数民族姓氏研究》，吉林文史出版社 1993 年版，第 160 页。
② 王仲荦：《魏晋南北朝史》下册，上海人民出版社 1980 年版，第 581—582 页。

之女等史实，得出了"一般说高欢家族是鲜卑化的汉姓"的看法。① 毛
汉光对高欢族属问题亦未作出明确判断，而是认为："不论高欢是否是
渤海高氏，高欢属于胡人婚姻圈，'累世北边，故习其俗，遂同鲜卑'，
能鲜卑语，称汉人为'汉儿'，在心理上已自居鲜卑人。"②1980 年代后
期，中国台湾学者吕春盛与上海学者李培栋分别对高齐世系族属问题进
行了专门探讨，是继日本学者滨口重国和中国学者缪钺之后就这一问题
所作的系统性的考察。吕春盛认为："北齐政权的真正创建者高欢，一
般根据正史之记载认为是'胡化汉人'，然而经过种种史料的查证，却
发现高欢应该是出自鲜卑族，至少其出身渤海豪族的世系是出自伪造，
并且血统中有相当浓厚的胡族成分。"③ 李培栋针对缪钺的有关观点，撰
文就高欢族属家世问题进行考辨，肯定了史籍中有关高欢族属家世的记
载。④ 其后，仍有学者在论著中涉及这一问题，但都是沿袭旧说而无所
发明。⑤

---

① 韩国磐：《魏晋南北朝史纲》，人民出版社 1983 年版，第 495 页。

② 毛汉光：《北魏东魏北齐之核心集团与核心区》，原载《"中央研究院"历史语言研究所
集刊》第 57 本 2 分（1985 年），收入氏著《中国中古政治史论》，上海书店出版社 2002
年版，第 95—96 页。

③ 吕春盛：《北齐政治史研究——北齐衰亡原因之考察》，台湾大学出版委员会 1987 年版，
第 299 页。

④ 李培栋：《高欢族属家世辨疑》，《魏晋南北朝史缘》，学林出版社 1996 年版，第 85—
94 页。

⑤ 黄永年认为："高氏建立的东魏北齐政权，是颇有胡化之称的。《北齐书》卷一《神武帝
纪》虽说高欢是'渤海蓨人'，但又说他的祖父'坐法徙居怀朔镇'，足见他起码是几代
居住北边六镇、彻底鲜卑化了的汉人，也可能本是鲜卑，发迹后冒认汉族大姓渤海高
氏以事夸饰。"（《论北齐的文化》，原载《陕西师范大学学报》1994 年第 4 期，收入氏
著《文史探微》，中华书局 2000 年版，第 21 页）陈爽认为："入魏的渤海高氏大致分为
高泰和高展两个系统：高泰之子高湖自燕郡率三千户降魏，子嗣多无闻，齐主高欢即托
言为高湖之后。"（《〈关东风俗传〉所见诸豪试释》，《世家大族与北朝政治》，中国社会
科学出版社 1998 年版，第 166 页）何德章认为："高欢自称渤海高氏而难以究诘"，"李
（培栋）氏所论并不能证明高氏世系的真实性"。（《伪托望族与冒袭先祖——以北族出身
者墓志为中心》，《魏晋南北朝隋唐史资料》第 17 辑，武汉大学出版社 2000 年版）张岂

总的来看，虽然截至目前史学界对于高欢家世族属问题并未取得完全一致的看法，但占上风的观点却是高欢家族出自勃海高氏乃是出于伪造谱系的结果。

二、学界观点释疑

滨口重国及姚薇元、周一良、缪钺、谭其骧诸家对北朝史籍有关北齐皇室世系族属的记载虽然都提出了质疑，但其立论的角度却有所不同。滨口及姚、周、谭诸氏似乎并未怀疑高欢为高湖、高谧之后的记载，而是对高湖家族的来源族属提出了质疑；缪氏则怀疑史籍所载高氏世系出于伪造，但并未明确否认高湖、高谧出身勃海高氏的记载。值得注意的是，《魏书》对高谧犯罪迁徙北镇之事只字不提，且在高湖及其后人的传记中无任何贬损言辞。若高谧并非高欢祖父，则《魏书》隐讳其犯罪迁徙北镇便无必要。也就是说，至少在北齐初年魏收修撰《魏书》时高欢家族为北魏高湖之后裔已然得到官方认可，确定无疑。

不仅如此，在北魏末年高欢崛起之时，高谧、高树生为其祖、父已成公认事实。《魏书·高湖传附子谧传》："太昌（532）初，追赠使持节、侍中、都督青徐齐济兖五州诸军事、骠骑大将军、太尉公，青州刺史，谧武贞公；妻叔孙氏，陈留郡君。"谧长子树生，"太昌初，追赠使

之主编面向 21 世纪课程教材《中国历史·秦汉魏晋南北朝卷》有关的叙述是："高欢自称勃海蓨县（今河北景县）人。他生长于六镇之一的怀朔镇，既能说汉话，又能讲鲜卑话，并拥有一个鲜卑语名字，叫贺六浑。"（《中国历史·秦汉魏晋南北朝卷》，本卷主编王子今、方光华，高等教育出版社 2001 年版，第 275 页）看来该书编者对高欢家世族属问题并未作出明确判断。罗新据缪钺、谭其骧之说，谓"北齐皇室高氏伪造自己出自勃海高氏的谱系"（《北齐韩长鸾之家世》，《北京大学学报》2006 年第 1 期）。仇鹿鸣的论文中亦有类似的论断，且做了专门的论述（《"攀附先世"与"伪冒士籍"——以渤海高氏为中心的研究》，《历史研究》2008 年第 2 期）。

持节、都督冀相沧瀛殷定六州诸军事、大将军、太师、录尚书事、冀州刺史，追封勃海王，谥曰文穆；妻韩氏，为勃海王国太妃。永熙（532）中，后赠假黄钺、侍中、都督中外诸军事，加后部羽葆鼓吹，余如故"。① 按当时高欢为"大丞相、天柱大将军、太师、世袭定州刺史"②，高谧及其妻叔孙氏、高树生及其妻韩氏的追赠追封，正是高欢势力壮大并完全控制北魏朝政的反映，因此它确定无疑地显示高谧、高树生为高欢的祖父和父亲，是其直系祖先。③《魏书·高徽传》："永熙（532）中，丧还洛阳。赠使持节、侍中、都督冀定相瀛沧五州诸军事、司徒公、冀州刺史，谥曰文宣。"④ 按高徽为高谧长兄真之子，他在孝明帝孝昌元年（525）十月死于河州发生的一次政治冲突。⑤ 高徽与高谧、高树生夫妇同时或稍后受到朝廷追赠追封的事实，更进一步证明高欢为高湖家族的

---

① 《魏书》卷三二《高湖传附子谧传》，第三册，第752—753页。

② 《魏书》卷一一《出帝平阳王纪》，第一册，第282页。

③ 洛阳师范学院石刻艺术馆藏《高树生墓志》云："魏故使持节侍中太师假黄钺录尚书事都督冀相沧瀛殷定六州中外诸军事大将军冀州刺史渤海王墓志铭。""祖讳湖"，"父讳谧"，"长息欢使持节侍中大丞相都督中外诸军事"。《高树生夫人韩太妃墓志》云："魏故使持节侍中太师假黄钺录尚书事都督冀相沧瀛殷定六州中外诸军事大将军冀州刺史渤海高王妻韩太妃铭。"《高树生墓志》谓"永熙二年四月二十七日葬"，《高树生夫人韩太妃墓志》谓"魏永熙二年四月二十七日迁葬"。（赵君平、赵文成：《秦晋豫新出墓志蒐佚续编》图版八一、八二，国家图书馆出版社2015年版，第85、86页）按这两方墓志均为2006年购入，其来历不明。如果不出于后世或今人伪造，则可确凿无疑地证明史书所载高欢家族世系之可信。反之，也不影响对史书记载的分析判断。

④ 《魏书》卷三二《高徽传》，第三册，第754—755页。

⑤ 《魏书》卷九《肃宗纪》：孝昌元年十月，"河州长史元永平、治中孟宾等推嘱哒使主高徽行州事，而前刺史梁钊子景进攻杀之，景进又自行州事"（第一册，第242页）。卷三二《高徽传》记载较详："又假平西将军、员外散骑常侍，使嘱哒。还至枹罕，属莫折念生反于秦陇。时河州刺史元祚为前刺史梁钊息景进等招引念生攻河州，祚以忧死。长史元永平、治中孟宾、台使元湛共推徽行河州事，绥接有方，兵士用命。别驾乞伏世则潜通景进，徽杀之。征兵于吐谷浑，吐谷浑率众救之。景进败，退走，奔秦州。景进寻率羌夷复来攻逼，徽遣统军六景相驰表请师，诏徽仍行河州事。久无援救，力屈城陷，为贼所害。"（第三册，第754页）又可参见滨口重國《高齐出自考——高歡の制霸と河北の豪族高乾兄弟の活躍》的有关论述（《秦漢隋唐史の研究》，第693—697页）。

后代。若高谧、高树生并非高欢的祖父和父亲，而是高欢有意假冒，则如何假冒便颇成问题。高欢本人的文化程度有限，他对北魏历史当然不会有太多了解，对在北魏历史上影响不大的高湖家族（若非其先世）自然不会有深入了解。如果高欢有意篡改家族历史，就必然要找一位有重大历史影响且没有污点的历史人物作为其家族祖先，就北魏前中期的勃海高氏或"自云"勃海蓨人的高氏来看，高湖一支显然并非优选。① 比较而言，高湖同族之高允、高祐家族似乎更为理想。

值得关注的是，缪钺指出的《魏书》所记高谧卒年即其"长子树生"之生年，似乎很难自圆其说，确实为一大疑点。不过强为之解，似也可以得到解释。高谧卒于延兴二年（472）九月，如果高树生生于当年年初或春夏季节，而高翻作为高谧遗腹子生于473年，或者说高树生生日与高谧死日有数月之差异，则高谧有第二个儿子的可能性也就不能完全被排除。而且史书并未明确记载高谧只有一个妻子，则高树生与高翻也有可能为两母所生。《魏书》卷六《显祖纪》：皇兴五年（471）八月丁未（廿一，9.21）禅位于太子，"己酉（廿三，9.23），太上皇帝徙御崇光宫，采椽不斫，土阶而已，国之大事咸以闻"②。上引《高湖传附子谧传》载"显祖之御宁光宫也，谧恒侍讲读。拜兰台御史，寻转治书，掌摄内外，弹纠非法，当官而行，无所畏避，甚见称赏。延兴二年（472）九月卒，时年四十五"。据同书卷七上《高祖纪上》，延兴三年正

---

① 《梁书》卷五六《侯景传》："其左仆射王伟请立七庙。景曰：'何谓为七庙？'伟曰：'天子祭七世祖考，故置七庙。'并请七世之讳，敕太常具其祭祀之礼。景曰：'前世吾不复忆，惟阿爷名标。'众闻咸窃笑之。景党有知景祖名周者，自外悉是王伟制其名位，以汉司徒侯霸为始祖，晋征士侯瑾为七世祖。于是追尊其祖周为大丞相，父标为元皇帝。"（（唐）姚思廉撰，中华书局1973年版，第三册，第859—860页）按侯景是失败者，其丑行为世人所耻笑并得以记录于史。高欢却不同，即便有类似情形，也不会被记载，但蛛丝马迹肯定还是能够找到的，不可能一点痕迹不露。对照侯景叛乱控制梁朝政权后的假冒祖先以自重，便可知高欢并无有意伪造祖先及其世系族属之意。

② 《魏书》卷六《显祖纪》，第一册，第132页。

月"丁亥（初十，2.22），改崇光宫为宁光宫"①。李培栋据此推断，高谧"至少在（崇光宫）改称宁光宫时仍在世"，"卒年也必在延兴三年（473年）以后"，"则延兴二年生长子树生之后，自有可能再生次子翻"。②结合当时的政治背景来看，这种情况并非完全没有可能。若高谧本传所载其卒于延兴二年有误，则应该是延兴三年；果如此，则不仅可与上文"宁光宫"合，也与其长子树生生于延兴二年之记载相吻合。此外，这一问题还可从另一个角度加以理解。《北史·齐本纪上·高祖神武帝纪》记高谧"仕魏，位至侍御史，坐法徙居怀朔镇"。如上所引，《魏书·高谧传》的记载稍详且有较大差别，则高谧不大可能会"坐法徙居怀朔镇"。换言之，高谧若因违法被流放怀朔镇，则其必定不会在延兴二年九月就已死亡。最大的可能是，《魏书·高谧传》为了隐讳高谧"坐法徙居怀朔镇"一事而对其卒年做了篡改，亦即高谧卒年应在延兴二年九月之后。果如此，则高谧卒年与高树生的生年便不会存在冲突。③

另外，还有一个疑问需要提出。《魏书·高湖传附子翻传》："树生弟翻，字飞雀，亦以器度知名，卒于侍御中散。"④《北齐书·清河王岳传》："高祖从父弟也。父翻，字飞雀，魏朝赠太尉、谥孝宣公。岳幼时孤贫，人未之知也，长而敦直，姿貌瓌然，沈深有器量。初，岳家于洛邑，高祖每奉使入洛，必止于岳舍。"⑤如上所述，高谧罪徙北镇，其家居于怀朔镇，谧长子树生、树生子欢均成长于北镇，而树生弟翻却居家洛阳且其子"岳幼时孤贫"，这不能不说是一大疑点。对此，可作这样的解释：高翻作为北镇少年而被选拔进入北魏宫廷担任侍卫之职，其后

---

① 《魏书》卷七上《高祖纪上》，第一册，第138页。
② 李培栋：《魏晋南北朝史缘》，第88页。
③ 即便如此，疑问仍然存在，若高谧生年不误，则其45岁方才生子也不大合乎常理，故不排除史书所载高谧生卒年均不可靠的可能性。
④ 《魏书》卷三二《高湖传附孙翻传》，第三册，第753页。
⑤ 《北齐书》卷一三《清河王岳传》，第一册，第174页。

很可能在洛阳成家并家居洛阳。北魏侍御中散当属侍卫郎官之列，在孝文帝第一次官制改革即太和十七年（493）《职员令》中有明确记载（第五品上）①，在太和二十三年（499）《职员令》中不再见到，当已废除。若上引《魏书·高翻传》所载其"卒于侍御中散"可信，则其卒年不应晚于499年，上引史料载高树生生于472年，其弟翻生年不应早于473年，在废除侍御中散之职前高翻年龄在20余岁，既是适合担任侍御中散的年龄，成家生子也合乎情理。但是，这种理解还是有不可回避的矛盾。史载高岳死于北齐天保六年（555）十一月，"时年四十四"②，则其生于北魏宣武帝永平五年（512）。若此，则高翻之卒年不得早于512年，也肯定不会"卒于侍御中散"。

清代学者王鸣盛在《十七史商榷》"高允与神武为近属"条引用《魏书》之《高湖传》《高允传》及《北齐书·神武纪》的记载后认为："然则允之祖即欢高祖，允是欢五世内从祖，近亲属也。欢贵，执魏权，以允之名德，无所追崇，恐有亡佚。"③缪钺引王鸣盛此说，并谓："高欢执政时，不追崇其五世内从祖高允，王鸣盛觉此事可疑，谓恐系史文亡佚，然吾人亦正可据此怀疑高欢对于渤海高氏之关系本非密切，其世系或出伪造。"④李培栋对此作了专门辩驳，认为"高允于欢为五世内从祖，而欢追崇对象仅限于四世内高湖一支之后裔，其不追崇高允并无可异之处"⑤。的确如此，高欢执政后不追崇其五世内从祖高允一点都不奇怪，考之国史亦绝无类似追崇。高欢在控制北魏朝政后，最初只追崇其三世内直系祖先高谧、树生及其妻子，已见上文有关引证。东魏初年，高欢叔父高翻亦受到追崇。《魏书·高湖传附孙翻传》载，"元象（538）

---

① 《魏书》卷一一三《官氏志》，第八册，第2984页。
② 《北齐书》卷一三《清河王岳传》，第一册，第176页。
③ （清）王鸣盛：《十七史商榷》卷六八《北史合魏齐周隋书四》，中国书店1987年版。
④ 缪钺：《读史存稿》，第79页。
⑤ 李培栋：《魏晋南北朝史缘》，第90页。

中，赠假黄钺、使持节、侍中、都督冀定洛瀛并肆燕恒云朔十州诸军事、大将军、太傅、太尉公、录尚书事、冀州刺史，谥曰孝宣"①。高欢曾祖高湖以上之直系祖先尚且无人受到追崇，遑论五世内从祖高允。因此，高允未被追崇绝不能成为怀疑高欢祖先出身勃海高氏的理由。

《魏书·高允传》："勃海人也。祖泰，在叔父《湖传》。父韬，少以英朗知名，同郡封懿雅相敬慕，为慕容垂太尉从事中郎。太祖平中山，以韬为丞相参军。"② 由此可知，高泰三子韬、湖、恒均曾在后燕河北政权任职，并在北魏道武帝平定中山之际相继归附北魏，成为北魏官僚集团成员。高允之父高韬虽然也是归魏的后燕官吏，但却从未有人怀疑其世系族属有假冒之嫌。《魏书·高聪传》：

> 本勃海蓚人。曾祖轨，随慕容德徙青州，因居北海之剧县。……（北魏）大军攻克东阳，聪徙入平城，与蒋少游为云中兵户，窘困无所不至。族祖允视之若孙，大加赒给。聪涉猎经史，颇有文才，允嘉之，数称其美，言之朝廷，云："青州蒋少游与从孙僧智（聪字），虽为孤弱，然皆有文情。"由是与少游同拜中书博士。③

按献文帝时北魏平定青齐地区，高聪被俘来到平城，当时在朝担任要职的高允不仅在生活方面对其给予关照和资助，而且在政治上也进行帮助和扶持。同书《常景传》："初，平齐之后，光禄大夫高聪徙于北京，中书监高允为之娉妻，给其资宅。"④ 以上记载再次确证高允出于勃海高氏。《高祐传》：

---

① 《魏书》卷三二《高湖传附孙翻传》，第三册，第753页。
② 《魏书》卷四八《高允传》，第三册，第1067页。
③ 《魏书》卷六八《高聪传》，第四册，第1520页。
④ 《魏书》卷八二《常景传》，第五册，第1803页。

> 勃海人也。……司空允从祖弟也。祖展，慕容宝黄门郎，太祖平中山，内徙京师，卒于三都大官。父谧，从世祖灭赫连昌，以功拜游击将军，赐爵南皮子。与崔浩共参著作，迁中书侍郎。转给事中、冀青二州中正，假散骑常侍、平东将军、蓚县侯，使高丽。卒，赠安南将军、冀州刺史、假沧水公，谥曰康。①

由此可见，高允祖泰与高祐祖展应为兄弟关系，皆为高韬之子。高允后代在东魏北齐的影响不大，而高祐后代却是东魏北齐统治集团的重要成员，尤以其曾孙高德正最为著名。高德正于北魏末东魏初"累迁相府掾，神武委以腹心"，尤为高洋所宠幸，"文襄（高澄）嗣业，如晋阳，文宣（高洋）在邺居守，令德正参机密，弥见亲重"，后"为相府司马，专知门下事"。②北齐初年任吏部尚书、尚书右仆射兼侍中，"与尚书令杨愔纲纪朝政"③，史称"二人势倾朝野"④。

《魏书·高湖传附弟恒传》：恒子道。道子幹，任至白水太守，"太昌（532）初，卒，赠使持节、都督秦雍二州诸军事、车骑大将军、司空公、雍州刺史，谥曰孝穆"⑤。按这一追赠与其子高隆之的影响有关，而与是否为高欢同族可能关系不大。《北齐书·高隆之传》："本姓徐氏，云出自高平金乡。父幹，魏白水郡守，为姑婿高氏所养，因从其姓。隆之贵，魏朝赠司徒公、雍州刺史。"⑥《北史·高隆之传》："洛阳人也。为阉人徐成养子。少时，以赁升为事。或曰，父幹为姑婿高氏所养，因从其姓。"⑦由此可见，高隆之并非高恒直系后代，《魏书·高

---

① 《魏书》卷五七《高祐传》，第四册，第1259页。
② 《北史》卷三一《高德正传》，第四册，第1137页。
③ 《北史》卷三一《高德正传》，第四册，第1139页。
④ 《北齐书》卷三七《魏收传》，第二册，第489页。
⑤ 《魏书》卷三二《高湖传附弟恒传》，第三册，第756页。
⑥ 《北齐书》卷一八《高隆之传》，第一册，第235页。
⑦ 《北史》卷五四《高隆之传》，第六册，第1945页。

恒传》谓"道子幹"并不准确，而应为道养子幹。史载高隆之"武定
（543—559）末，太保、尚书令、平原郡开国公"①；"隆之后有参议之
功，高祖命为从弟，仍云渤海蓨人"②。可见直到东魏孝静帝末年，高
欢才正式确立了他与高隆之的从兄弟关系。因此太昌初追崇高幹并不
能说明高欢追崇祖先涉及三代以上的旁系亲属。《北史·高祐传》附传
载祐从父弟翼（次同）死后，"中兴（531）初，赠使持节、侍中、太
保、录尚书、六州诸军事、冀州刺史，谥曰文宣"③。按这一追赠的规格
颇高，主要是由于此前高翼父子起兵反抗尔朱氏，是河北地区一支重要
的政治势力，对高翼的追赠表明当时高欢还需要依靠高乾兄弟的支持
而壮大自身的力量，此举也有助于笼络高乾兄弟继续为反抗尔朱氏而
效命。

　　虽同出勃海高氏，但由于各家经历不同，其文化修养及政治态度
便有很大差异。不仅如此，即便同出一家甚至同一人在不同的场合，其
政治态度也会有所不同。就高乾兄弟而言，三人个性就有较大差别：高
乾"少时轻侠，长而修改，轻财重义，多所交结"④；高慎"颇涉文史，
与兄弟志尚不同，偏为父所爱"⑤；高昂"幼时便有壮气。及长，俶傥，
胆力过人，龙犀豹颈，姿体雄异"⑥。其父高翼的态度也具有两面性，一
方面"颇涉文史"的高慎在兄弟中"偏为父所爱"，高昂"其父为求严
师，令加捶挞"；另一方面面对日益严峻的时局，高翼却对不能认真读
书的高昂在深表担忧的同时寄予一番厚望："昂不遵师训，专事驰骋，
每言：'男儿当横行天下，自取富贵，谁能端坐读书，作老博士也？'其

---

① 《魏书》卷三二《高湖传》附传，第三册，第757页。
② 《北齐书》卷一八《高隆之传》，第一册，第235页。又，《北史》卷五四《高隆之传》：
　　"隆之后有参定功，神武命为弟，仍云勃海蓨人。"（第六册，第1945页）
③ 《北史》卷三一《高祐传》附传，第四册，第1140页。
④ 《北史》卷三一《高乾传》，第四册，第1140页。
⑤ 《北史》卷三一《高慎传》，第四册，第1143页。
⑥ 《北史》卷三一《高昂传》，第四册，第1144页。

父曰:'此儿不灭吾族,当大吾门。'以其昂藏敖曹,故以名字之。"① 《北齐书·文宣皇后李氏传》:"讳祖娥,赵郡李希宗女也。容德甚美。初为太原公夫人。及帝将建中宫,高隆之、高德正言汉妇人不可为天下母,宜更择美配。杨愔固请依汉魏故事,不改元妃。而德正犹固请废后而立段昭仪,欲以结勋贵之援,帝竟不从而立后焉。"② 此处高德正显然是站在鲜卑勋贵的立场发表政治见解的,然而他还有截然不同的政治态度。《北史·高德正传》:"后文宣谓群臣曰:'高德正常言,宜用汉除鲜卑,此即合死。又教我诛诸元,我今杀之,为诸元报雠也。'帝后悔,赠太保、冀州刺史,谥曰康。"③ 此虽是高澄为其处死高德正作辩解,但似非空穴来风。高昂身上也体现出鲜卑军事贵族和汉族士人官僚的两面性。《北史·高昂传》:

> 复为军司、大都督,统七十六都督,与行台侯景练兵于武牢。御史中尉刘贵时亦率众在焉。昂与北豫州刺史郑严祖握槊,贵召严祖,昂不时遣,枷其使。使者曰:"枷时易,脱时难。"昂使以刀就枷刬之,曰:"何难之有?"贵不敢校。明日,贵与昂坐,外白河役夫多溺死。贵曰:"头钱价汉,随之死。"昂怒,拔刀斫贵。贵走出还营,昂便鸣鼓会兵攻之。侯景与冀州刺史万俟受洛解之乃止。时鲜卑共轻中华朝士,唯惮昂。神武每申令三军,常为鲜卑言;昂若在列时,则为华言。昂尝诣相府,欲直入,门者不听,昂怒,引弓射之。神武知而不责。性好为诗,言甚陋鄙,神武每容之。④

少时不愿读书的高昂在成为名将后却要附庸风雅"性好为诗",对于刘

---

① 《北史》卷三一《高昂传》,第四册,第1144页。
② 《北齐书》卷九《文宣皇后李氏传》,第一册,第125页。
③ 《北史》卷三一《高德正传》,第四册,第1139页。
④ 《北史》卷三一《高昂传》,第四册,第1146—1147页。

贵（独孤氏后裔）"头钱价汉，随之死"的辱骂老羞成怒，欲杀之而后快。而且高昂是被高欢及鲜卑贵族当作"中华朝士"来看待的。①

谭其骧所举北朝时期与勃海高氏有关的几个家族，史书的记载是：

> 高道悦字文欣，辽东新昌人也。曾祖策，冯跋散骑常侍、新昌侯。祖育，冯文通建德令，值世祖东讨，率其所部五百余家归命军门，世祖授以建忠将军、齐郡建德二郡太守，赐爵肥如子。父玄起，武邑太守，遂居勃海蓨县。②

> 高崇字积善，勃海蓨人。四世祖抚，晋永嘉中与兄顾避难奔于高丽。父潜，显祖初归国，赐爵开阳男，居辽东，诏以沮渠牧犍女赐潜为妻，封武威公主。……家资富厚，僮仆千余，而崇志尚

---

① 黄永年对刘贵与高昂之间矛盾的解释是："但所谓'头钱价汉'的'头钱价'，是'只值一文钱'之谓，'汉'则是对此'只值一文钱'之人的贱称，以服劳役之百姓以汉人为多，遂称之为'头钱价汉'，其本意并非站在鲜卑立场专事仇视汉人。……只是他在高昂面前说话不注意用了这个'汉'字，使高昂敏感起来误以为他蔑视汉人，才要与他拼命。至于所说'时鲜卑共轻中华朝士'，只是指当时鲜卑勋贵轻视文人，文人多为汉族，故被称做'中华朝士'，同样不宜作为民族矛盾的证据。"（《论北齐的政治斗争》，《文史探微》，第62页）按刘贵与高昂之争无疑属于民族矛盾，黄氏之所以得出文武矛盾而非民族矛盾的认识，乃是由于他对《北史·高昂传》这段记载的理解不确：（1）认为刘贵"在高昂面前说话不注意用了这个'汉'字"显然与事实不符，他不是不注意，而是有意使用了'汉'字的。（2）"中华朝士"不能仅仅作"文人"理解，高昂虽然也附庸风雅"性好为诗"，但"言甚陋鄙"，无论高欢还是统治集团其他成员都不把他看作是一个文人，相反他是当时东魏统治集团中典型的一员武将。因此，东魏时为"鲜卑共轻"之"中华朝士"只能是在朝任职的汉族官贵，是与"鲜卑"相对的一个阶层（集团），而非与武人相对的文人阶层。《隋书》卷二四《食货志》："及文宣受禅……六坊之内徙者，更加简练，每一人必当百人，任其临阵必死，然后取之，谓之百保鲜卑。又简华人之勇力绝伦者，谓之勇士，以备边要。"（第三册，第676页）可见鲜卑与华人是相对的两种民族。关于东魏北齐统治集团内部矛盾特别是胡、汉之争，学界所论甚多，除上文提及的缪钺、吕春盛的论著外，又可参见万绳楠整理《陈寅恪魏晋南北朝史讲演录》，黄山书社1987年版，第292—300页；萧璠《东魏、北齐内部的胡、汉问题及其背景》，《食货》复刊第6卷8期（1976年）；许福谦《东魏北齐胡汉之争新说》，《文史哲》1993年第3期。
② 《魏书》卷六二《高道悦传》，第四册，第1399页。

俭素，车马器服，充事而已。①

高肇字首文，文昭皇太后之兄也，自云本勃海蓨人。五世祖顾，晋永嘉中避乱入高丽。父飏，字法脩。高祖初，与弟乘信及其乡人韩内、冀富等入国，拜厉威将军、河间子，乘信明威将军，俱待以客礼，赐奴婢、牛马、彩帛。遂纳飏女，是为文昭皇后，生世宗。②

高颎字昭玄，一名敏，自言勃海蓨人也。其先因官北边，没于辽左。曾祖暠，以太和中自辽东归魏，官至卫尉卿。祖孝安，位兖州刺史。③

高琳字季珉，其先高句丽人也。六世祖钦，为质于慕容廆，遂仕于燕。五世祖宗率众归魏，拜第一领民酋长，赐姓羽真氏。祖明、父迁仕魏，咸亦显达。④

综合分析以上记载，似乎可以相信：西晋末年确曾有勃海蓨县人高顾带着家人逃亡高句丽⑤，其后代（高崇、高肇及其家族成员）在北魏献文帝、孝文帝时陆续返回原籍，并在北魏政权任职。这是北魏“勃海蓨人”或“自云本勃海蓨人”的一种类型。另一种类型也是“自云勃海蓨人”，其祖先“因官北边”，在晋末中原乱局下“没于辽左”而未能返回家乡，北魏孝文帝时“自辽东归魏”，其后有可能也居住在勃海蓨县。隋朝名臣高颎祖先即为此一类型。辽东地区的高氏还有高道悦、高琳祖先两家。史书明载高道悦为“辽东新昌（今辽宁海城东北向阳镇）人”，

---

① 《魏书》卷七七《高崇传》，第五册，第1707页。
② 《魏书》卷八三下《外戚下·高肇传》，第五册，第1829页。
③ 《北史》卷七二《高颎传》，第八册，第2487页。按《隋书》卷四一《高颎传》亦谓“自云渤海蓨人也”，然仅记其“父宾，背齐归周，大司马独孤信引为僚佐，赐姓独孤氏”（中华书局1973年版，第四册，第1179页），而不载其曾祖暠、祖孝安之名。
④ 《周书》卷二九《高琳传》，中华书局1972年版，第二册，第495页。
⑤ 严格地说，当时的高句丽仍为西晋边陲郡县，尚未成为一个单独的政治实体。

高琳祖先则为"高句丽人",因"为质于慕容廆,遂仕于燕"。因此,北魏时从辽东返回中原的高氏,其祖先有可能来自勃海蓨县或者本为高句丽人。《魏书·高道悦传》载"道悦长兄嵩,字崐嵛,魏郡太守"①,而高颍曾祖名暠,暠、嵩二字形近,且其居地及活动时代相同,不排除其为同一人的可能性。果如此,则高道悦祖上亦应从中原迁居辽东,高颍祖上亦当居于辽东新昌县。比较而言,高湖祖先与高琳祖先的情形较为相似,因而推测高湖先世为高句丽人不无道理,但无法得到确切证明。高琳"魏正光(520—525)初,起家卫府都督",先"从元天穆讨邢杲","又从尔朱天光破万俟丑奴","后随天光败于韩陵山"。随魏孝武帝西迁关中,"至溱水,为齐神武所追,拒战有功"。"大统(535—551)初,进爵为侯,增邑四百户,转龙骧将军。顷之,授直阁将军,迁平西将军,加通直散骑常侍。三年,从太祖破齐神武于沙苑,转安西将军,进爵为公,增邑八百户。"②看来高琳自北魏末年以来就始终站在高欢势力的对立面,从其经历来看,与高欢家族应该并无任何关系。

事实上,推测高湖先世为高句丽人不仅无据,而且是完全错误的。《晋书·慕容廆载记附高瞻传》:

> 高瞻字子前,渤海蓨人也。……光熙(306)中,调补尚书郎。属永嘉(307—313)之乱,还乡里,乃与父老议曰:"今皇纲不振,兵革云扰,此郡沃壤,凭固河海,若兵荒岁俭,必为寇庭,非谓图安之所。王彭祖(浚)先在幽蓟,据燕代之资,兵强国富,可以托也。诸君以为何如?"众咸善之。乃与叔父隐率数千家北徙幽州。既而以王浚政令无恒,乃依崔毖,随毖如辽东。毖之与三国(高句丽、宇文、段部)谋伐廆也,瞻固谏以为不可,毖不从。及

---

① 《魏书》卷六二《高道悦传》,第四册,第1402页。
② 《周书》卷二九《高琳传》,第二册,第496页。

9

毖奔败，瞻随众降于廆。廆署为将军，瞻称疾不起。廆敬其姿器，数临候之，抚其心曰："……君中州大族，冠冕之余，宜痛心疾首，枕戈待旦。……"瞻仍辞疾笃，廆深不平之。①

按西晋末年王浚称雄河北，"以妻舅崔毖为东夷校尉"②，从"时平州刺史、东夷校尉崔毖自以为南州士望，意存怀集"③的记载来看，其出身河北大族无疑，非清河崔氏即博陵崔氏。晋元帝建武元年（317）六月丙寅（十五，7.10），司空、并州刺史刘琨等北方华夷军政首领共"一百八十人上书劝进"，其中即包括东夷校尉崔毖和鲜卑大都督慕容廆。④在徙居幽州之初，魏郡斥丘人黄泓曾劝高瞻弃王浚而归附慕容廆。《晋书·艺术·黄泓传》："永嘉之乱，与渤海高瞻避地幽州，说瞻曰：'王浚昏暴，终必无成，宜思去就，以图久安。慕容廆法政修明，虚怀引纳，且谶言真人出东北，傥或是乎？宜相与归之，同建事业。'瞻不从。"⑤晋元帝太兴二年十二月乙亥（初九，320.1.5），"鲜卑慕容廆袭辽东，东夷校尉、平州刺史崔毖奔高句骊"⑥。崔"毖与数十骑弃家室奔于高句丽，廆悉降其众，徙焘（毖兄子）及高瞻等于棘城，待以宾礼"⑦。按西晋玄菟郡（治所在今辽宁沈阳市东）隶属平州，辖高句丽、望平、高显三县，平州始置于晋武帝咸宁二年（276）十月⑧。高隐任玄菟太守

① 《晋书》卷一〇八《慕容廆载记附高瞻传》，中华书局1974年版，第九册，第2812—2813页。按李培栋注意到《晋书》有关高隐的记载，谓"高隐侄瞻在《晋书》有传附《慕容廆载记》之后，瞻传云'渤海蓨人……与叔父隐率数千家北徙幽州'。则高隐确是渤海蓨人徙幽州而为太守者"（《魏晋南北朝史缘》，第93页）。
② 《晋书》卷三九《王浚传》，第四册，第1148页。
③ 《晋书》卷一〇八《慕容廆载记》，第九册，第2806页。
④ 《晋书》卷六《元帝纪》，第一册，第145页。
⑤ 《晋书》卷九五《艺术·黄泓传》，第八册，第2492—2493页。
⑥ 《晋书》卷六《元帝纪》，第一册，第152—153页。
⑦ 《晋书》卷一〇八《慕容廆载记》，第九册，第2807页。
⑧ 《晋书》卷一四《地理志上》"平州"条，第二册，第426—427页。

当与崔毖任平州刺史同时。西晋以后的近百年间，辽东地区长期为慕容鲜卑所控制，为其最重要的政治中心区域之一。高隐后裔世代担任慕容鲜卑前、后燕政权的中央和地方要职，成为慕容燕官僚集团的重要成员。《北史·齐高祖神武帝纪》载其为"勃海蓨人"，"六世祖隐，晋玄菟太守。隐生庆，庆生泰，泰生湖，三世仕慕容氏"。① 证之《晋书》的有关记载，可知其说真实有据。谭其骧并未明示他是否承认《北史》（《北齐书》）或《魏书》有关高欢祖先世系的记载，但能将高欢祖先与高丽联系起来的唯有这一记载，因此可以认为他是默认这一世系并以之为据推测其很可能为高丽人。毫无疑问，其推测是不能成立的。

综上所述可知，北朝史籍有关高欢家世的记载的确有矛盾难解之处，然而要从根本上否定其记载却是困难的。学界诸家或否定、怀疑高欢先世出于勃海高氏，认为自后燕降魏的高湖并非高欢祖先；或承认高欢为高湖之后，但又认为其原本出于鲜卑是楼氏或者为高丽人，这两种看法都没有确凿的证据支持，其推论矛盾重重，比之北朝史籍有关高欢家世的记载更经不起推敲。不仅如此，《晋书·慕容廆载记附高瞻传》的记载表明，若承认高欢为高隐六世孙、高湖曾孙，则必定不能否认高欢出于勃海高氏的记载。而另一方面，若要否认高欢出于勃海高氏的记载，就必然要否定北朝史籍有关其祖先世系的记载。

三、"非颍川元从，异丰沛故人"释义
——高欢与高乾关系考

濱口重國在对高齐家世族属提出质疑 20 余年后，又专门撰写短文《高歡の系譜》再次重申其观点，明确指出：谓高欢出自渤海蓨县的汉

---

① 《北史》卷六《齐本纪上·齐高祖神武帝纪》，第一册，第 209 页。

人豪族高氏乃出于伪冒，其"本当为居住在后魏设于边境的军镇之一（按即怀朔镇）的北方系人，而非汉人"①。其证据是《北齐书·高乾封隆之传》"史臣曰"，原文如下：

> 高、封二公，无一人尺土之资，奋臂而起河朔，将致勤王之举，以雪庄帝之雠，不亦壮哉！……高祖因之，遂成霸业。重以昂之胆力，气冠万物，韩陵之下，风飞电击。然则齐氏元功，一门而已。但以非颖川元从，异丰沛故人，腹心之寄，有所未允。露其启疏，假手天诛，枉滥之极，莫过于此。②

按滨口氏在 20 余年前论述高齐家世族属的长文中未引此条，而这是《高歡の系譜》一文所引唯一一条史料，并强调阅读正史"史臣曰""赞曰"的重要性，足见其对此条记载的重视程度，说明这一记载对于支撑其观点具有非同小可的意义。他据此认为，"从事北齐书编纂的唐初史家，于传文表面上肯定高欢出自渤海高氏的同时，又以所谓微言对此予以否定"③。

---

① ［日］滨口重國：《高歡の系譜》，原载山梨大学学艺部《歷史學論集》第 3 集（1959 年），收入氏著《秦漢隋唐史の研究》，第 996—997 页。
② 《北齐书》卷二一《高乾封隆之传》，第 309 页。按滨口氏引《北齐书·高乾封隆之传》"史臣曰"以证其说，此系日本九州大学川本芳昭教授函告，谨致谢忱。
③ ［日］滨口重國：《秦漢隋唐史の研究》，下卷，第 997 页。按滨口之说为其后的日本东洋史学界普遍接受。宫崎市定说："北齐王室高氏，自称出自汉族名门的渤海高氏，但实际上应是鲜卑人。"（《九品官人法研究——科举前史》，韩昇、刘建英译，中华书局 2008 年版，第 29 页）川本芳昭说："史称高欢为河北渤海郡蓨人。也就是说……与北魏名臣渤海高允为同一家族。据记述其开创的王朝北齐历史的《北齐书》的本纪，他的字为贺六浑，是具有鲜卑特征的人名称呼，先祖时代移居到北镇之一的怀朔镇，有着与鲜卑同样的风俗习惯，而实际上应该出身于鲜卑。此外，北齐建国的功臣、被高欢抛弃而死、真正正牌的渤海蓨人，其本传记'非颖川元从（世代的家臣），异丰沛故人（旧知），腹心之寄，有所未允'。也就是说，借刘邦与刘秀的故事说明，他并非与高欢同族，这样高欢为鲜卑人也就再明确不过了。"（《中華の崩壊と拡大》05《魏晋南北朝》，

表面上看，"非颍川元从，异丰沛故人"似乎确有此义，然而"颍川元从""丰沛故人"并不能当作宗室或同族来理解。"丰沛故人""颍川元从"是指与汉高祖刘邦、东汉光武帝刘秀最初一同起事的开国功臣。

汉高祖刘邦为沛人，其最初发动反秦活动即是在其家乡丰沛之地。西汉初年"高祖使陆贾赐尉他印为南越王"，陆贾说尉他，谓"皇帝起丰沛，讨暴秦，诛彊楚"云云。① 汉景帝时伍被谓淮南王，有云："高皇始于丰沛，一倡天下不期而响应者不可胜数也。"② 樊哙"初从高祖起丰，攻下沛"，后谓汉高祖云："始陛下与臣等起丰沛，定天下，何其壮也！"③ "故人"者，故旧、故交之谓也。汉三年（－204），楚使项伯"尽杀（黥）布妻子。布使者颇得故人幸臣，将众数千人归汉"④。项羽乌江自刎前夕，"顾见汉骑司马吕马童，曰：'若非吾故人乎？'马童面之，指王翳曰：'此项王也。'"⑤ 汉十二年高祖征淮南王黥布"还归，过

講談社 2005 年版，第 264—265 页）很显然，川本氏这一论断完全接受了滨口之说，反映了当下日本学界对高欢家世族属问题的普遍认识。当然，日本学者并非全都接受滨口之说，如宫川尚志认为："高欢祖先世代居住于怀朔镇，出生在与鲜卑人通婚的汉人寒门武人之家。后来拥立孝武帝之际，与渤海蓨（今河北省景县）的豪族高氏通谱而称渤海人，以收取人望。"（《六朝史研究　政治·社会篇》，平楽寺书店 1977 年版，第 146 页）也就是说，他并不认为高欢祖上为鲜卑人，而是认为其并非大族渤海高氏出身。谷川道雄认为："北齐政权事实上的创始者高欢，史称其为勃海蓨人，这暗示他似为汉人名族出身。但是滨口重國氏早就指出此点甚为可疑。据《北齐书》卷一《神武帝纪上》，其先祖仕于晋、后燕、北魏，祖父谧因犯法而徙至怀朔镇。……长年的北方生活使高家渐染鲜卑习俗……但我们并不能据此就断定其后的高氏政权为鲜卑政权。"（《隋唐帝国形成史论》，李济沧译，上海古籍出版社 2004 年版，第 198 页）谷川氏虽然注意到滨口氏对高欢家世族属的怀疑，但似乎并未完全接受其观点，好像更倾向于认为高欢出身于汉人，在迁徙北镇后受生活环境影响而发生鲜卑化。

① （汉）司马迁撰，（宋）裴骃集解，（唐）司马贞索隐，（唐）张守节正义：《史记》卷九七《郦生陆贾列传》，中华书局 1959 年版，第八册，第 2697—2698 页。
② 《史记》卷一一八《淮南衡山列传》，第一〇册，第 3086 页。
③ 《史记》卷九五《樊郦滕灌列传》，第八册，第 2651、2659 页。
④ 《史记》卷九一《黥布列传》，第八册，第 2602 页。
⑤ 《史记》卷七《项羽本纪》，第一册，第 336 页。

沛，留。置酒沛宫，悉召故人父老子弟纵酒"①。"丰沛故人"即指与汉高祖一同起于丰沛协助其建立汉朝的开国功臣。汉六年高祖封功臣，与留侯张良语其事，留侯谓"今陛下为天子，而所封皆萧、曹故人所亲爱"云云②。汉高祖受谗言欲诛樊哙，陈平与周勃受诏执行，二人于路途计之，有"樊哙，帝之故人也"之语。③《史记·樊郦滕灌列传》：

> 太史公曰：吾适丰沛，问其遗老，观故萧、曹、樊哙、滕公之家，及其素，异哉所闻！方其鼓刀屠狗卖缯之时，岂自知附骥之尾，垂名汉廷，德流子孙哉？余与他广（[索隐]樊哙之孙）通，为言高祖功臣之兴时若此云。④

由此可见，与汉高祖一同"起丰沛，定天下"的萧何、曹参、樊哙、夏侯婴（滕公）、灌婴等"功臣"即所谓"丰沛故人"，则"丰沛故人"显然并非宗室、同族之谓。因此，唐初史家所言"异丰沛故人"并不表明其认为高乾兄弟必非高齐宗室或原本并不与高欢同族。《旧五代史·李存进传附长子汉韶传》："洎至成都，孟知祥以汉韶旧人，尤善待之。"注引《九国志》云："（李）汉韶与（孟）知祥叙汾上旧事，及洛中更变，相对感泣。知祥曰：'丰沛故人，相遇于此，何乐如之！'于是赐第宅金帛，供帐什物，悉官给之。"⑤可见"故人"即"旧人"之谓，因孟知祥为后蜀国君，故有"丰沛故人"之语。显然，"丰沛故人"并不意味着其为宗室。

---

① 《史记》卷八《高祖本纪》，第一册，第389页。
② 《史记》卷五五《留侯世家》，第六册，第2043页。
③ 《史记》卷五六《陈丞相世家》，第六册，第2059页。
④ 《史记》卷九五《樊郦滕灌列传》，第八册，第2673页。
⑤ （宋）薛居正等撰：《旧五代史》卷五三《李存进传附长子汉韶传》，中华书局1976年版，第三册，第719—720页。按《旧五代史》此条原据《永乐大典》卷一八〇二八，《九国志》为北宋路振所撰。

"颍川元从"的内涵与"丰沛故人"相似。更始元年（23）"三月，光武别与诸将徇昆阳、定陵、郾，皆下之。多得牛马财物，谷数十万斛，转以馈宛下"。李贤注云："徇，略也。昆阳、定陵、郾，皆县名，并属颍川郡。"其时王莽"遣大司徒王寻、大司空王邑将兵百万，其甲士四十二万人，五月，到颍川"，讨伐刘秀。同年六月，刘秀在昆阳之战中大败莽军，王寻被杀，莽军溃败途中于滍川"溺死者以万数，水为不流"，"尽获其军实辎重，车甲珍宝，不可胜筹，举之连月不尽，或燔烧其余"。① 刘秀略地颍川特别是昆阳之战的胜利成为其力量壮大的转折点，也为其两年后建立东汉政权奠定了坚实的基础，"颍川元从"即是指最初追随光武帝为创建和巩固东汉政权而建立了巨大功勋的开国元勋。建武元年（25）六月，刘秀"即皇帝位"，随即对功臣进行封拜。《后汉书·光武帝纪上》：

> 秋七月辛未，拜前将军邓禹为大司徒。丁丑，以野王令王梁为大司空。壬午，以大将军吴汉为大司马，偏将军景丹为骠骑大将军，大将军耿弇为建威大将军，偏将军盖延为虎牙大将军，偏将军朱祐为建义大将军，中坚将军杜茂为大将军。时宗室刘茂自号"厌新将军"，率众降，封为中山王。②

按邓禹等人并非都是在颍川追随光武帝刘秀的，但却都是较早归属刘秀而成为建立东汉政权的"佐命功臣"。邓禹等开国元勋皆非刘氏宗室，而当时归附的宗室刘茂却并不属于"颍川元从"之列。汉明帝"追感前世功臣，乃图画二十八将于南宫云台"，诸将皆非东汉宗室③。因此，"颍

---

① （宋）范晔撰，（唐）李贤等注：《后汉书》卷一上《光武帝纪上》，中华书局1965年版，第一册，第5页。

② 《后汉书》卷一上《光武帝纪上》，第一册，第23页。

③ 《后汉书》卷二二"论曰"附载，第三册，第789—791页。

川元从"与"丰沛故人"一样都不是指宗室或皇室同族,唐初史家所言"非颍川元从"也就不能表明其认为高乾并非高欢同族。"元从"一词在南北朝之前的文献中颇为罕见。《魏书·李栗传》载"初随太祖幸贺兰部,在元从二十一人中"①,这大概是南北朝之前编撰的文献中唯一所见"元从"之词。按"元从二十一人"是指最初追随北魏道武帝拓跋珪到贺兰部并协助其建国的开国元勋,虽然其中拓跋氏成员所占人数较多,但像李栗这样的非宗室成员也有不少。② 唐代以后的文献中屡见"元从"或"元从功臣"的记载,仅举唐代三例以明梗概。唐高宗总章元年(668)四月"庚申(初六,5.22),以太原元从西府功臣为二等:第一功后官无五品者,授其子若孙一人,有至四品五品者加二阶,有三品以上加爵三等;第二功后官无五品者,授其子若孙从六品一人,有至五品者加一阶,六品者二阶,三品以上爵一等"③。按"太原元从西府功臣"是指追随唐高祖李渊太原起兵建立唐朝的开国功臣。④ 唐肃宗至德二载"十二月戊午朔(初一,758.1.25),上御丹凤门,下制:大赦;蜀郡灵武元从功臣太子太师豳国公韦见素、内侍齐国公高力士、右龙武大将军陈玄礼各加实封三百户"⑤。按唐肃宗制书所言"元从功臣"即指安史之乱爆发后随从其到达灵武并协助其即位的韦见素等人。建中四年

---

① 《魏书》卷二八《李栗传》,第二册,第686页。

② 参见拙作《拓跋珪"元从二十一人"考》,《北魏政治与制度论稿》,甘肃教育出版社2003年版,第1—9页。

③ (唐)欧阳修、宋祁撰:《新唐书》卷三《高宗纪》,中华书局1975年版,第一册,第67页。

④ 《大唐创业起居注》卷二载大业十三年(617)八月"壬午,帝引霍邑城内老生文武长幼,见而劳之曰:……乃节级授官,与元从人齐等"。十月,"停于大兴城春明门之西北","京兆旧贼帅等并以家近帝城,不预元从,耻无功,乃各率所部兵分地逼城而上"。卷三义宁二年(武德元年,618)二月,"帝私谓元从府僚曰……"((唐)温大雅撰,李季平等点校,上海古籍出版社1983年版,第29、36、50页)

⑤ (后晋)刘昫等撰:《旧唐书》卷一〇《肃宗纪》,中华书局1975年版,第一册,第249页。按本年十二月甲辰朔,十二月戊午为十五日(758.1.28)。又此前已载"十二月丙午"及"甲寅"事,则此处"十二月""朔"俱为衍文。

（783）十月发生泾原兵变，唐德宗在右龙武军使令狐建率射士400人扈从下逃出京城，"戊申（初四，11.3），至奉天。己酉（初五，11.4），元帅都虞候浑瑊以子弟家属至，乃以瑊为行在都虞候，神策军使白志贞为行在都知兵马使，以令狐建为中军鼓角使，金吾将军侯仲庄为奉天防城使"。次年即兴元元年（784）四月"壬寅（初二，4.25），诏奉天随从将士并赐号'元从功臣'"。① 按"元从功臣"即指协助唐德宗逃亡奉天的令狐建等将士。以上3例中，以"太原元从西府功臣"与"颍川元从"含义最近。

《陈书》卷一五"史臣曰"："《诗》云'宗子维城，无俾城坏'；又曰'绵绵瓜瓞，葛藟累之'。西京皆丰沛故人，东都亦南阳多显，有以哉！"② 按"西京皆丰沛故人，东都亦南阳多显"是说西汉和东汉的统治集团成员主要是随汉高祖和光武帝起兵的家乡故旧，其故里以丰沛和南阳居多，但姚思廉将其比作宗室子弟却并不恰当，因为无论西汉还是东汉，"丰沛故人""南阳多显"者并非全都是宗室子弟，最初甚至几乎很少包括宗室子弟。就高齐而言，"颍川元从""丰沛故人"应该是指当初随高欢起事并协助其建立东魏政权的功臣，那么高乾是否属于这一类人呢？

从高乾的经历来看，虽然他对高欢给予过一定的支持，但应该说更是其竞争者，其起兵反抗尔朱氏还早于高欢。高乾在北魏孝明帝时曾在朝廷担任禁卫武官直后，孝庄帝初年高乾兄弟"率河北流人反于河、济之间，受葛荣官爵，屡败齐州士马"③，是三齐地区有影响的反叛势力。后归降北魏政权，但未能得到任用，于是私下在其乡里积聚实力，"乾解官归，与昂（乾弟）俱在乡里，阴养壮士。尔朱荣闻而恶之，密

---

① 《旧唐书》卷一二《德宗纪上》，第二册，第337、342页。

② （唐）姚思廉撰：《陈书》卷一五"史臣曰"，中华书局1972年版，第一册，第220页。

③ 《北齐书》卷二一《高乾传》，第一册，第290页。又，其时高"翼长兄子永乐、次兄子延伯，并和厚有长者称，俱从翼举义"（同卷附传，第298页）。则此次反叛的真正领导者为高乾之父高翼。同卷《高昂传》：为高乾第三弟，"建义初，兄弟共举兵"（第293页）。此即指高乾兄弟与其父高翼"反于河、济之间"一事。

令刺史元仲宗诱执昂，送于晋阳"。尔朱"荣入洛，以昂自随，禁于驼牛署"。[1]庄帝杀尔朱荣，高"乾驰赴洛阳"，"庄帝以乾为金紫光禄大夫、河北大使，令招集乡闾为表里形援。乾垂涕奉诏，弟昂援剑起舞，请以死自效"。尔朱兆入洛杀庄帝，遣其监军孙白鹞至冀州，欲收高乾兄弟。"乾既宿有报复之心，而白鹞忽至，知将见图，乃先机定策，潜勒壮士，袭据州城，传檄州郡，杀白鹞，执刺史元仲宗，推封隆之权行州事。为庄帝举哀，三军缟素。乾升坛誓众，辞气激扬，涕泪交下，将士莫不哀愤。"[2]《北齐书·封隆之传》载高乾兄弟冀州起兵之事云：

> 隆之以父遇害，常怀报雪，因此遂持节东归，图为义举。时高乾告隆之曰："尔朱暴逆，祸加至尊，弟与兄并荷先帝殊常之眷，岂可不出身为主，以报警耻乎？"隆之对曰："国耻家怨，痛入骨髓，乘机而动，今实其时。"遂与乾等定计，夜袭州城，刬之。乾等以隆之素为乡里所信，乃推为刺史。隆之尽心慰抚，人情感悦。[3]

渤海蓚人李希光为北魏长广太守李绍之子，史称"希光随高乾起义信都"[4]。乐陵平昌人刘海宝"少轻侠，然为州里所爱。（高）昂之起义也，海宝率乡闾袭沧州以应昂，昂以海宝权行沧州事"[5]。当其时，高乾、高昂兄弟及封隆之实为河北地区最具影响力的割据势力之一。《北齐书·高昂传附刘孟和传》："浮阳饶安人也。孟和少好弓马，率性豪侠。幽州刺史刘灵助之起兵也，孟和亦聚众附昂兄弟，昂遥应之。及灵助

---

[1] 《北齐书》卷二一《高昂传》，第一册，第 293—294 页。

[2] 《北齐书》卷二一《高乾传》，第一册，第 290 页。同卷《高昂传》："寻值京师不守，遂与父兄据信都起义。殷州刺史尔朱羽生潜军来袭，奄至城下，昂不暇擐甲，将十余骑驰之，羽生退走，人情遂定。"（第 294 页）

[3] 《北齐书》卷二一《封隆之传》，第一册，第 301 页。

[4] 《北齐书》卷二一《高昂传附李希光传》，第一册，第 300 页。

[5] 《北齐书》卷二一《高昂传附刘叔宗传》，第一册，第 299 页。

败，昂乃据冀州，孟和为其致力。会高祖起义冀州，以孟和为都督。"①史载高乾兄弟袭据冀州城（信都）后"北受幽州刺史刘灵助节度，共为影响。俄而灵助被杀"②。很显然，高欢"起义冀州"晚于高乾兄弟及刘灵助之起兵。史书中多处记载高欢"起义信都"云云③，高欢后亦自谓"尔朱暴虐，矫弄天常，孤起义信都，罪人斯翦"云云④。

然则，高欢"起义冀州（信都）"果有其事吗？事实可能并非如此。《魏书·前废帝纪》普泰元年（531）：

> 二月，"镇远将军清河崔祖螭聚青州七郡之众十余万人围东阳；幽州刺史刘灵助起兵于蓟；抚军将军、金紫光禄大夫、兼侍中、河北大使高乾邕及弟平北将军、通直散骑常侍敖曹率众夜袭冀州，执刺史元嶷，杀监军孙白鹞，共推前河内太守封隆之行州事"。"六月庚申（廿二，7.21），齐献武王以尔朱逆乱，始兴义兵于信都，西定殷州，斩其刺史尔朱羽生，命南赵郡太守李元忠为刺史，镇广阿。"⑤

按崔祖螭率众围东阳、刘灵助起兵于蓟以及高乾邕（乾）、敖曹（昂）兄弟袭据冀州——建义元年（528）二月在河、济之间发生的这三件大事之间必有密切的联系，而高乾"北受刘灵助节度"的记载即反映了这一点。以上记载显示，高欢在高乾兄弟冀州起兵约四个月之后方才"始

---

① 《北齐书》卷二一《高昂传附刘孟和传》，第一册，第299页。

② 《北齐书》卷二一《高乾传》，第一册，第290页。

③ 参见《北齐书》卷一八《孙腾传》《司马子如传》，第一册，第234、239页；卷一九《张保洛传附段琛传》，第一册，第258页；卷二〇《薛脩义传》，第一册，第276页；卷二六《平鉴传》，第二册，第372页；《北史》卷五三《暴显传》，第六册，第1924页；卷八七《酷吏·邸珍传》，第九册，第2899页。

④ 《魏书》卷八一《綦儁传》，第五册，第1791页。

⑤ 《魏书》卷一一《前废帝纪》，第一册，第274—275、277页。

兴义兵于信都"。按所谓"始兴义兵"亦即公开打起反抗尔朱氏及其控制的洛阳政权的旗号。《北齐书·神武纪上》："魏普泰元年二月,神武自军次信都,高乾、封隆之开门以待,遂据冀州。"① 似乎高欢在普泰元年二月就已占据了冀州州城信都。然而当时高乾兄弟刚刚占据冀州并打起反抗尔朱氏及其控制的洛阳政权的旗号,因此当时"高乾、封隆之开门以待"高欢"据冀州"的可能性微乎其微。《魏书·前废帝纪》:普泰元年(531)四月"癸丑(十四,5.15),诏以齐献武王为使持节、侍中、都督冀州诸军事、骠骑大将军、开府仪同三司、大都督、东道大行台、冀州刺史,骠骑大将军安定王尔朱智虎为开府仪同三司、肆州刺史"②。表明其时高欢仍然受命于尔朱氏控制的北魏洛阳政权。《北齐书·神武纪上》:"六月庚子(初二,7.1),建义于信都,尚未显背尔朱氏。及李元忠与高乾平殷州,斩尔朱羽生首来谒,神武抚膺,曰:'今日反决矣。'乃以元忠为殷州刺史。是时兵威既振,乃抗表罪状尔朱氏。"③ 也就是说,直到"李元忠与高乾平殷州、斩尔朱羽生"后,高欢才公开反叛尔朱氏控制的北魏洛阳政权。此前高欢"尚未显背尔朱氏",即说明直到李元忠与高乾平定殷州前他仍然受命于尔朱氏。那么高欢如何能够在由高乾兄弟和封隆之控制的与尔朱氏相抗衡的冀州州城呆四个月的时间呢?合理的解释只能是,史书对高欢发迹历史的记载并不完全可信。

观察当时的局势,事实或许是这样的:高欢进入信都城的时间并非早在普泰元年二月,很可能是在当年四月以后,亦即在其被北魏政权任命为冀州军政长官之后,而且即便在此时他也不可能大摇大摆或者受到高乾、封隆之的迎接而进入信都城。尔朱荣被杀后,汾州刺史尔朱"兆自汾州率骑据晋阳(今山西太原市西南古城营)","兆与世隆等定谋攻

① 《北齐书》卷一《神武纪上》,第一册,第6页。
② 《魏书》卷一一《前废帝纪》,第一册,第276页。
③ 《北齐书》卷一《神武纪上》,第一册,第7页。

洛"，并遣使招晋州刺史高欢，"欲与同举"。① 高欢最晚应该在是时与
尔朱兆建立了联系。尔朱兆杀害庄帝控制北魏洛阳政权后，高欢遂接受
其统治。尔朱兆受到河西人纥豆陵步蕃等的进攻，"频为步蕃所败，于
是部勒士马，谋出山东"。② 可见当时尔朱氏对其根据地山西地区的控
制正受到严峻挑战，因而欲在山东（河北）地区开辟新的根据地。《魏
书·尔朱兆传》：

> 令人频徵献武王于晋州，乃分三州六镇之人，令王统领。既
> 分兵别营，乃引兵南出，以避步蕃之锐。步蕃至于乐平郡，王与
> 兆还讨破之，斩步蕃于秀容之石鼓山，其众退走。兆将数十骑诣
> 王，通夜宴饮。后还营招王，王知兆难信，未能显示，将欲诣之。
> 临上马，长史孙腾牵衣而止。兆乃隔水责骂腾等。于是各去，王
> 还自襄垣东出，兆归晋阳。③

此谓其时尔朱兆"分三州六镇之人"令高欢统领，揆之当时情势显然不
大可能。以上记载显示，在高欢从晋州出山东前夕，尔朱兆与之有过极
为亲密的交往，"通夜宴饮"表明其关系非同一般，期间谈论的话题也
必定相当重要，最大可能是就"谋出山东"一事进行商量和交代。这
只能解释为高欢在当时已成为尔朱兆之亲信。《北齐书·孙腾传》："高
祖自晋阳出滏口，行至襄垣，尔朱兆率众追高祖，与兆宴饮于水湄，誓
为兄弟，各还本营。明旦，兆复招高祖，高祖欲安其意，将赴之，临上

---

① 《魏书》卷七五《尔朱兆传》，第五册，第 1662 页。按同书卷一〇六上《地形志上》
"汾州"条本注："延和三年（434）为镇。太和十二年（488）置州，治蒲子城。孝昌
（525—527）中陷，移治西河（今山西隰城县）。""晋州"条本注："孝昌中置唐州，建
义元年（528）改，治白马城（今山西临汾市）。"（第七册，第 2483、2477 页）
② 《魏书》卷七五《尔朱兆传》，第五册，第 1663 页。
③ 《魏书》卷七五《尔朱兆传》，第五册，第 1663 页。

马，腾牵衣止之。兆乃隔水肆骂，驰还晋阳。高祖遂东。"① 由此可见，尔朱兆和高欢不仅进行了"通夜宴饮"，还结拜为兄弟。据上引《魏书·尔朱兆传》的记载，尔朱兆与高欢"通夜宴饮"发生在前，而高欢"自襄垣东出"发生在后，而此处所记正好颠倒，比较而言《魏书》的记载更合乎情理。至于其后"孙腾牵衣而止"高欢以及尔朱"兆乃隔水肆骂"腾等情况的发生，则是孙腾不明真相或者有意制造兆、欢交恶假象，以便为高欢在山东立足创造条件。种种迹象显示，高欢之出山东而入信都乃是受命于尔朱兆的行动，充当其开辟河北根据地的马前卒。

高欢出山东为何要选择冀州州城信都作为其发展的据点？首先，冀州为河北要州，位于河北平原中心地带，战略地位十分重要。其次，更主要的因素可能是要利用高欢与高乾兄弟的同宗关系。《北史·高乾传》：

> 属齐神武出山东，扬声以讨乾为辞，众情惶惧。乾谓之曰："高晋州雄材盖世，不居人下。且尔朱弑主肆虐，正是英雄效节之时，今者之来，必有深计。勿忧，吾将诸君见之。"乃间行，与封隆之子子绘俱迎于滏阳。因说神武曰："尔朱氏酷逆，痛结人神，凡厥生灵，莫不思奋。明公威德素著，天下倾心，若兵以忠立，则屈强之徒不足为明公敌矣。鄙州虽小，户口不减十万，谷帛之税，足济军资。愿公熟详其计。"神武大笑曰："吾事谐矣！"遂与乾同帐而寝，呼乾为叔父。乾旦日受命而去。②

按：以上记载绝大部分并不可信，当时高欢根本不具备"扬声以讨乾"而使高乾部属"众情惶惧"的实力，而高乾谓其部属和说高欢之语以及"乾旦日受命而去"云云均不可当真。不过高欢"呼乾为叔父"无疑

---

① 《北齐书》卷一八《孙腾传》，第一册，第233—234页。
② 《北史》卷三一《高乾传》，第四册，第1441—1442页。

确有其事，这应该是他选择出山东即以信都为据点的重要原因，极可能也是他与尔朱兆"通夜宴饮"时定出的计策。高欢在后来掌握了河北地区军政大权之时，对高乾又有"今启叔复为侍中"之言。高欢在两个场合呼高乾为叔父，这是非常值得重视的，表明两个家族之间确有宗亲关系①。若高欢作为尔朱兆的亲信或结拜兄弟出山东征讨高乾，肯定不会被控制信都城的高乾兄弟和封隆之所接受，因此高欢绝对不会是以讨伐者的名义受到高乾和封子绘的迎接而进入信都城的，他只能是作为归附者被迎接入城并受到礼遇的②。《宋书·王懿传》："北土重同姓，谓之骨肉，有远来相投者，莫不竭力营赡。若不至者，以为不义，不为乡里所容。"③高欢之所以能够顺利进入信都城，所利用的正是他与高乾的同族关系，而"北土重同姓"的风俗使得高欢很容易被高乾所接纳。正因如此，高欢在进入信都之后的一段时间里并无大的动静，史载"时神武虽内有远图，而外迹未见"④。表面上看是如此，但从史书中有关高欢到信都后并不完全可信的活动中可以体会到，他在为其后的发展积极进行着图谋⑤。《北齐书·高乾传》："尔朱羽生为殷州刺史，高祖密遣李元忠举兵逼其城，令乾率众伪往救之，乾遂轻骑入见羽生，与指画军计。羽生与乾俱出，因擒之，遂平殷州。"⑥从高乾"轻骑入见羽生，与指画军

---

① 据《魏书》卷五七《高祐传》所载世系（第四册，第1263页），高乾确为高欢的父辈。

② 《颜氏家训》卷二《风操篇》："南人宾至不迎，相见捧手而不揖，送客下席而已；北人迎送并至门，相见则揖，皆古之道也，吾善其迎揖。"（（北齐）颜之推撰、王利器集解：《颜氏家训集解》，上海古籍出版社1982年版，第85页）由此也可侧证，高乾出信都城迎接高欢，乃是由于高欢被当作"宾客"之故。在当时的局势下，高欢只有在提前作出归附、投靠高乾和封隆之的表示后方能受到"宾客"礼遇。

③ （梁）沈约撰：《宋书》卷四六《王懿传》，中华书局1974年版，第五册，第1391页。

④ 《北史》卷三一《高乾传》，第四册，第1142页；《北齐书》卷二一《高乾传》，第一册，第291页。

⑤ 除上引《北史·高乾传》的记载外，还可参见《北齐书》卷一《神武纪上》、卷一八《孙腾传》、卷二一《封隆之传》、卷二二《李元忠传》的相关记载。

⑥ 《北齐书》卷二一《高乾传》，第一册，第291页。

计"并诱使其"俱出"而被擒,表明当时掌握冀州军政大权的是高乾而
非高欢,否则尔朱羽生不会上当。但高欢应该是这一行动的策划者,上
引《高乾传》所载高欢"与乾同帐而寝,呼乾为叔父。乾旦日受命而
去",或许就是指高欢向高乾进献此一计策时的情况。此前李元忠已投
靠高欢①,高欢"密遣"李元忠举兵逼殷州城,又乘机劝说高乾"率众
伪往救之",高欢则借高乾出城之机控制了信都城,当高乾返回信都时
已无可奈何,只得听命于高欢。由于有李元忠的牵制,高乾即便在返回
之前已得知信都城被高欢控制的消息,也是无能为力的。上引《北齐
书·神武纪上》有关高欢起义信都的记载即暗示了这一经过。尽管当时
高欢已掌握了冀州控制权,但其实力还相当有限,直到次年闰三月尔朱
天光、兆、度律、仲远联军发动进攻之时(韩陵之战前夕),"神武令封
隆之守邺,自出顿紫陌。时马不满二千,步兵不至三万,众寡不敌"②。
也正因如此,他在前一年十月拥戴元朗称帝时仍不得不依靠高乾,史称
高欢与高乾"又共定策推立中兴主(后废帝),拜乾侍中、司空"。毕竟
高乾父子兄弟在河北地区进行了多年的经营,其政治影响力不会马上就
消失。孝武帝即位,高乾以为其父服丧终制为名"表请解职","诏听解
侍中,司空如故"。高乾本欲以退为进,结果权力丧失殆尽,史称"乾
虽求退,不谓便见从许。既去内侍,朝廷罕所关知,居常怏怏"。既而
他又"频请"高欢,劝其"以受魏禅"。当时高欢虽然已经掌握着巨大
权势,但毕竟禅代时机尚未成熟,高乾之说是为了离间高欢与北魏孝
武帝,并使高欢的政治野心完全暴露,结果在高欢授意下为孝武帝所
赐死。③

综上所述可见,高欢与高乾的关系,同汉高祖刘邦及光武帝刘秀

---

① 《北齐书》卷二二《李元忠传》:"会高祖率众东出,便自往奉迎。乘露车,载素筝浊酒
  以见高祖,因进从横之策,备陈诚款,深见嘉纳。"(第一册,第314页)
② 《北齐书》卷一《神武纪上》,第一册,第8页。
③ 《北齐书》卷二一《高乾传》,第一册,第291—292页。

与他们的元从功臣的关系完全不同，所谓"非颍川元从，异丰沛故人"正是对他们之间关系的恰当概括，而这与其是否具有同族关系并无关联。事实上，唐初史家对高欢与高乾的关系还有一个准确的比况，《北齐书·高乾封隆之传》"史臣曰"在"不亦壮哉"与"高祖因之，遂成霸业"之间还有这样的话："既剋本藩，成其让德，异夫韩馥慑袁绍之威。然力谢时雄，才非命世，是以奉迎麾旆，用叶本图。"① 也就是说，是高乾、封隆之先创业而后为高欢所利用，或者说高乾慑于高欢权威而让位于高欢，尽管与汉末韩馥让位于袁绍的情形不尽相同②。从而也就进一步证明，唐初史家在"史臣曰"中的旨趣并不在高乾与高欢是否为同族关系。

---

① 《北齐书》卷二一《高乾封隆之传》，第一册，第 309 页。

② 《后汉书》卷七二《董卓传》："以尚书韩馥为冀州刺史，侍中刘岱为兖州刺史，陈留孔伷为豫州刺史，颍川张咨为南阳太守。卓所亲爱，并不处显职，但将校而已。初平元年（190），馥等到官，与袁绍之徒十余人，各兴义兵，同盟讨卓，而伍琼、周珌阴为内主。"（第八册，第 2326 页）卷七三《刘虞传》："（初平）二年，冀州刺史韩馥、勃海太守袁绍及山东诸将议，以朝廷幼冲，逼于董卓，远隔关塞，不知存否，以虞宗室长者，欲立为主。乃遣故乐浪太守张岐等赍议，上虞尊号。"（第八册，第 2355 页）又可参见（晋）陈寿撰、（宋）裴松之注《三国志》卷八《魏书·公孙瓒传》，中华书局 1959 年版，第一册，第 241 页；卷三八《蜀书·许靖传》，第四册，第 963 页。同书卷一《魏书·武帝纪上》："初平元年春正月，后将军袁术、冀州牧韩馥、豫州刺史孔伷、兖州刺史刘岱、河内太守王匡、勃海太守袁绍、陈留太守张邈、东郡太守桥瑁、山阳太守袁遗、济北相鲍信同时俱起兵，众各数万，推绍为盟主。"（第一册，第 6 页）按其时韩馥为冀州牧，袁绍为勃海太守，起兵之初不可能"推绍为盟主"（参见本卷注引《英雄记》，第 6 页）。不过很快袁绍便取得了"盟主"地位，初平二年"秋七月，袁绍胁韩馥，取冀州"（第 8 页）。同书卷一二《魏书·鲍勋传》注引《魏书》曰："绍劫夺韩馥位，遂据冀州。"（第二册，第 384 页）卷七《魏书·臧洪传》裴注："臣松之案《英雄记》云：'袁绍使张景明、郭公则、高元才等说韩馥，使让冀州。'然馥之让位，景明亦有其功。其余之事未详。"（第一册，第 235—236 页）《后汉书》卷七四上《袁绍传》对其起兵及以计逼迫韩馥让位之事有详细记载，谓韩馥"乃避位，出居中常侍赵忠故舍，遣子送印绶以让绍。绍遂领冀州牧，承制以馥为奋威将军，而无所将御"（第九册，第 2378 页）。

四、《南巡碑》与高欢家世族属问题

20世纪八九十年代被学界重新发现刊布的北魏文成帝《南巡碑》，其残存碑阴题名为进一步求证高欢先世世系族属问题提供了新的信息，虽极为零星却弥足珍贵。

《魏书·官氏志》："是楼氏，后改为高氏。"① 南宋郑樵《通志·氏族略》及邓名世《古今姓氏书辩证》均作"是娄氏"②。文成帝《南巡碑》中可见到一位是娄氏人物，即"安[北]将军内阿干东平公是娄敕万斯"（碑阴第1列）③。是娄敕万斯无疑出自是楼氏，这表明"是楼"与"是娄"在北魏前期的确是通用的。④ 高湖在太武帝时期"除宁西将军、凉州镇都大将，镇姑臧"，以年七十而卒⑤。《北齐书·神武纪上》载高湖为高欢曾祖父，姚薇元不否认这一记载，但却认为北齐皇室高氏出于是楼氏（即在孝文帝改姓前高湖及其子孙本姓应为"是楼"）⑥，这是其高齐出于鲜卑说的主要论断。从其有关论证看，似乎颇有理据。若其说可信，则《南巡碑》中的是娄敕万斯应为高湖之子孙。从《魏书·高湖传》附传的记载来看，其第三子谧明确是在文成帝时期任职，谧兄真、各拔与弟稚也应当任职于文成帝时期，但都不可能拥有安北将军、内阿

---

① 《魏书》卷一一三《官氏志》，第八册，第3010页。

② （宋）郑樵撰，王树民点校：《通志二十略》，中华书局1995年版，上册，第178页；（宋）邓名世撰，王力平点校：《古今姓氏书辩证》，江西人民出版社2006年版，第160页。

③ 山西省考古研究所、灵丘县文物局：《山西灵丘北魏文成帝〈南巡碑〉》，《文物》1997年第12期。

④ 陈连庆谓"楼字乃传写之误"（《中国古代少数民族姓氏研究》，第117页），则是过分拘泥于字形。

⑤ 《魏书》卷三二《高湖传》，第三册，第751—752页。

⑥ 按日本学者白鸟库吉早就有此认识："余以为是楼亦系鲜卑语，而高字即其汉译也。"（《托跋氏考》，《东胡民族考》，方壮猷译，商务印书馆1934年版，第133页）

干、东平公这样高的地位。湖弟恒为慕容垂巨鹿太守，"太祖时，率郡降，赐爵泾县侯，加龙骧将军，仍守巨鹿。卒"，看来高恒在道武帝时期就已经死亡。高恒"子道，字始憎，袭爵。拜都牧令，迁镇南将军、相州刺史。未及之职，卒"。道子（养子）干"袭爵泾县侯，后例降为伯"。① 这表明高恒及其子孙的爵位始终为侯爵。毫无疑问，《南巡碑》碑阴题名所见"是娄敕万斯"并非高欢之祖先，如果在高欢祖先中有一个如此地位的人，《魏书》肯定要大书特书。因此可以确定，高欢家族并不出于鲜卑是楼（娄）氏。

文成帝《南巡碑》碑阴题名中可见到 3 位高氏成员："内行内三郎高平国"，"内行内小高□各拔"（第 1 列），"内三郎高长城"（第 3 列）。活动于文成帝时期的高氏人物见于史传者有两支：（1）高允及其子忱，允从叔济子矫、遵，这四人的姓名官职与《南巡碑》中的 3 位高氏成员均不相干。② （2）北魏初年自后燕降魏的高湖之后有数人在文成帝时期活动，且与《南巡碑》中的 3 位高氏成员之姓名若合符节。据《魏书·高湖传》附传载，高氏有"国"字辈（湖长子真，真弟各拔，各拔子猛虎，猛虎子元国、显国、达［国］、永国、子国）③，但元国诸兄弟皆仕于北魏末东魏初，与高平国生活时代相距甚远。与本传对照，高谧与高平国为同一人的可能性较大。如上所引，高湖"第三子谧，字安平"，文成帝时期为中散，"专典秘阁，肃勤不倦，高宗深重之，拜秘书郎"。高谧于"延兴二（三？）年（472）九月卒，时年四十五"，则其在和平二年文成帝南巡时为 34（35？）岁。《南巡碑》与《魏书·高谧传》两相比较，可见高平国与高谧（安平）确有契合之处：所处时代相合，所任均为内侍之职；字相近，一为安平，一为平国。高平国似亦不

① 《魏书》卷三二《高湖传》附传，第三册，第 756 页。
② 参见《魏书》卷四八《高允传》及附传，第三册，第 1090、1092 页；卷八九《酷吏·高遵传》，第六册，第 1920—1921 页。
③ 《魏书》卷三二《高湖传》附传，第三册，第 755 页。

大可能为高谧之兄弟，因其弟兄四人均于史有传，其他三人与高平国
名字相差更远。若高平国即高谧，则其所任内行内三郎即秘书郎，为
内侍文官，而非内侍武官。不过有关的研究表明，内三郎为禁卫武官，
加"内行"应是表明其内侍身份，可能取"殿内（内廷，帐内）行走"
之意①。《南巡碑》中的内行内小高□各拔当即高谧之兄高各拔或其侄高
拔。《魏书·高湖传》附传："谧长兄真……真弟各拔，广昌镇将。卒，
赠燕州刺史。"② 高各拔全名应为高阿各拔，阿各拔（省称各拔）为北朝
胡族人名常用字③。《高建墓志》："公讳建，字兴国，勃海蓨人也。""曾
祖湖，燕散骑常侍、吏部尚书，魏凉州镇都大将、秦州刺史、东阿侯，
皇上之高祖也。""祖拔，广昌镇将、燕州刺史。""父猛，鄯善镇录事参
军。"④ 据《魏书·高湖传》，高建祖拔即高各拔。在高湖子孙中还有一位
高拔。《高湖传》附传："谧长兄真……卒，赠龙骧将军、泾州刺史。（阙）

---

① 《魏书》卷一八殿本考证张照曰："'内行'犹今言'内廷行走'也。"关于北魏内三郎、
　内行之职，参见拙著《魏晋南北朝禁卫武官制度研究》，中华书局 2004 年版，下册，第
　674—677、691 页。
② 《魏书》卷三二《高湖传》附传，第三册，第 753、755 页。
③ 参见［日］濱口重國《高齐出自考——高歡の制霸と河北の豪族高乾兄弟の活躍》，《秦
　漢隋唐史の研究》，下卷，第 702 页。濱口氏所举例证为：见于《魏书》卷一五之元拔
　幹，第二册，384 页；卷一七之元拔，第 414 页；第二册，卷二六之长孙拔，第 654
　页；卷二九之奚拔，第 701 页；卷三〇之吕洛拔、楼大拔，第三册，第 732、737 页；卷
　三一之于洛拔，第 717 页；卷四二之薛初古拔，第 942 页；卷八〇之贺拔度拔，第五册，
　第 1780 页；《周书》卷二七之韩阿六拔，第二册，第 441 页。除此之外，还可见到：嵇
　拔（《魏书》卷三《太宗纪》、卷三四《万安国传》，第一、三册，第 51、804 页），和跋
　（卷二八《和跋传》，第二册，第 681 页），"济南公罗乌拔"（卷一〇三《蠕蠕传》，第六
　册，第 2295 页。即卷四四《罗结传》所载罗结之孙罗拔，第三册，第 988 页），"朔方
　胡帅曹阿各拔"（卷四一《源子雍传》，第三册，第 930 页）；"内三郎直懃阿各拔"（《南
　巡碑》碑阴题名第 4 列），内行内小同□（阿？）各拔（第 1 列）。北魏末年六镇暴动的
　第一位领袖破六汗（破六韩、破落汗）拔陵之名也具有相似性。
④ 赵万里：《汉魏南北朝墓志集释》图版三〇九之二，科学出版社 1956 年版。濱口重國认
　为高建字兴国当即《魏书·高湖传》所载其曾孙子国，参见《高齐出自考——高歡の制
　霸と河北の豪族高乾兄弟の活躍》，《秦汉隋唐史の研究》，第 706 页。

带金城太守。神龟初卒。""拔弟腊儿，美容貌，膂力过人，尤善弓马。显祖时，羽林幢将。皇兴中，主仗令。高祖初，给事中，累迁散骑常侍、内侍长。坐事死。"①宋人校语谓"传无拔事，而载拔弟腊儿，不知拔何人也"。中华书局点校本《魏书》卷三二"校勘记"〔八〕："按上文'带金城太守，神龟初卒'者当即是拔。其人应是高真子，高仁父。"所举例证确凿无疑。②这样，在高湖子孙中实际就有两位高拔，为叔侄关系。从年龄推断，《南巡碑》中的"内行内小高□各拔"为高真子拔的可能性较大。从任职推断，《南巡碑》中的"内三郎高长城"为拔弟腊儿的可能性较大。以上情况表明，《南巡碑》所载高氏人物中的确有高湖子孙，其姓氏在文成帝时代即为高氏，而非是楼（娄）氏。对于认识高氏族属而言，这一发现无疑是一个极其重要的佐证。若承认高欢为高湖之后代，便不得谓其出于鲜卑是楼（娄）氏。

根据以上所考，可知北魏高湖家族并非出于鲜卑是楼氏，其家族成员在文成帝时期真实的姓氏即为高氏，对这一家族而言不存在孝文帝时期由是楼氏改为高氏的问题。换言之，高欢先世并非鲜卑族，认为高欢家族的民族成分原本为鲜卑族而非汉族勃海高氏是没有根据的。结合上文相关考证，可以确切地说，史籍有关北齐皇室世系族属的记载毋庸置疑，高欢为北魏初年归附的后燕官吏高湖曾孙，为西晋末年北徙幽州—平州并曾担任玄菟太守的高隐六世孙，其先世为河北大族勃海高氏无疑。

---

① 《魏书》卷三二《高湖传》附传，第三册，第753—754页。
② 按滨口重國早已作出正确判断，参见氏著《高齐出自考——高歡の制霸と河北の豪族高乾兄弟の活躍》，《秦漢隋唐史の研究》，下卷，第687页所列世系表及698页第3行引文。

五、高欢家族的母系血统

尽管东魏北齐政治中有不少现象表明高欢家族可能是鲜卑人，但《南巡碑》碑阴题名提供的信息却否定了这一推断。当然，如果不仅仅纠缠于其最初的父系血统，而是考虑其母系血统及其生活环境等因素，则谓高欢家族为鲜卑人并无不可。

如上所述，《魏书》载太昌初追赠高谧妻叔孙氏为陈留郡君，高树生妻韩氏为勃海王国太妃。《北齐书·神武纪上》："及神武生而皇妣韩氏殂，养于同产姊婿镇狱队尉景家。"① 《尉景传》："景妻常山君，神武之姊也。"② 《外戚·赵猛传》："赵猛，太安狄那人。姊为文穆皇帝继室，生赵郡王琛。"③ 按文穆皇帝即高树生。同书《神武娄后传》："神武明皇后娄氏，讳昭君，赠司徒内干之女也。"④ 这是目前所见早期高欢家族的姻亲关系，可知其祖母为叔孙氏，母亲为韩氏，继母为赵氏，姐姐嫁与尉氏，高欢本人娶娄氏为妻。

【叔孙氏】叔孙氏本为乙旃氏，为拓跋氏宗族十姓之一。《魏书·官氏志》："（献帝）又命叔父之胤曰乙旃氏，后改为叔孙氏。"⑤ 叔孙建是协助北魏道武帝拓跋珪建国的主要功臣之一，也是魏初名将，其子叔孙俊则是明元帝最为倚重的亲信大臣。⑥ 乙旃氏也是高车族姓。同书《高

---

① 《北齐书》卷一《神武纪上》，第一册，第1页。
② 《北齐书》卷一五《尉景传》，第一册，第194页。
③ 《北齐书》卷四八《外戚·赵猛传》，第二册，第665页。
④ 《北齐书》卷九《神武娄后传》，第一册，第123页。
⑤ 《魏书》卷一一三《官氏志》，第八册，第3006页。
⑥ 参见《魏书》卷二九《叔孙建传》《叔孙俊传》，第二册，第702—706页。关于叔孙建父子与北魏政治的关系，又可参见拙著《北魏政治史》二，读者出版集团·甘肃教育出版社2008年版，第435—437页。

车传》："高车之族又有十二姓：一曰泣伏利氏，二曰吐卢氏，三曰乙旃氏……"① 据考，北魏乙旃氏多出于高车部族②。

【韩氏】韩氏或即匈奴出大汗氏所改。《魏书·官氏志》："出大汗氏，后改为韩氏。"③ 姚薇元考证此族为匈奴右谷蠡王之裔，即步大汗氏，步大汗为步六汗之误，亦即破落汗、破六汗、破六韩，并谓"魏有韩者，自赫连氏来降，明为匈奴"。④ 若此，则高欢母韩氏应该与北魏末发动六镇之乱的破六韩拔陵出自同一部族。

【赵氏】高欢继母赵氏为太安狄那人，其弟赵猛，《北齐书·外戚·赵猛传》载"猛性方直，颇有器干"⑤，性格与北镇鲜卑相似。太安为魏末朔州五郡之一，领狄那、捍殊二县。朔州"延和二年（433）置为镇，后改为怀朔，孝昌（525—527）中改为州"。⑥ 高欢即为怀朔镇人。赵猛家应为徙居北镇的内地汉人或氐羌等族。

【尉氏】《北齐书·尉景传》："善无人也。秦、汉置尉候官，其先有居此职者，因以氏焉。景性温厚，颇有侠气。魏孝昌中，北镇反，景与神武入杜洛周中，仍共归尔朱荣。"⑦ 据此似尉景为汉人，实则其应与北魏八姓勋贵尉（尉迟）氏同族，很可能父祖因罪徙居北镇。《魏书·官氏志》："西方尉迟氏，后改为尉氏。"⑧ 姚薇元认为："尉迟氏原居大非川，在吐谷浑境内，当系吐谷浑所属部落之一。"⑨

【娄氏】《北齐书·娄昭传》："代郡平城人也，武明皇后之母弟也。

① 《魏书》卷一〇三《高车传》，第六册，第2310页。
② 姚薇元：《北朝胡姓考》，第21—24页。
③ 《魏书》卷一一三《官氏志》，第八册，第3010页。
④ 姚薇元：《北朝胡姓考》，第126—128页。
⑤ 《北齐书》卷四八《外戚·赵猛传》，第二册，第665页。
⑥ 《魏书》卷一〇六上《地形志上》，第七册，第2498页。
⑦ 《北齐书》卷一五《尉景传》，第一册，第194页。
⑧ 《魏书》卷一一三《官氏志》，第八册，第3012页。
⑨ 姚薇元：《北朝胡姓考》，第194—197页。

祖父提，雄杰有识度，家僮千数，牛马以谷量。性好周给，士多归附之。魏太武时，以功封真定侯。父内干，有武力，未仕而卒。昭贵，魏朝赠司徒。齐受禅，追封太原王。昭方雅正直，有大度深谋，腰带八尺，弓马冠世。神武少亲重之。昭亦早识人，恒曲尽礼敬。数随神武猎，每致请不宜乘危历险。神武将出信都，昭赞成大策，即以为中军大都督。"①《魏书·官氏志》："匹娄氏，后改为娄氏。"②同书《节义·娄提传》："代人也。显祖时，为内三郎。显祖暴崩，提谓人曰：'圣主升遐，安用活为！'遂引佩刀自刺，几至于死。文明太后诏赐帛二百匹。"③姚薇元认为娄提应即娄昭之祖，《娄昭传》所载"魏太武时"应为太和（477—499）之误。北魏献文帝皇兴四年（470）四月"戊申（十五，5.30），长孙观军至曼头山，大破（吐谷浑）拾寅，拾寅与麾下数百骑宵遁，拾寅从弟豆勿来及其渠帅匹娄拔累等率所领降附"④。匹娄部为吐谷浑属部之一，"皇兴四年以战败降魏"，其原居地当在曼头山（今青海西宁西北)⑤。匹娄部降魏后，其酋长及其子弟可能进入北魏政权任职（担任内三郎等禁卫武官），其部落似乎并未被解散，而是徙居北镇屯驻。《娄叡墓志》："太安狄那汗殊里、武明皇太后兄子也。"⑥据此，娄氏籍贯按时人的记述应为太安狄那，即为怀朔镇人。不过"代郡平城"之说亦非毫无根据，因娄昭祖提在北魏献文帝时曾任内三郎，故其家原本很可能在平城居住。《北齐书·娄昭传附兄子叡传》："叡字佛仁，父拔，魏南部尚书。叡幼孤，被叔父昭所养，为神武帐内都督。"⑦《外戚·娄

---

① 《北齐书》卷一五《娄昭传》，第一册，第196页。

② 《魏书》卷一一三《官氏志》，第八册，第3008页。

③ 《魏书》卷八七《节义·娄提传》，第五册，第1891页。

④ 《魏书》卷六《显祖纪》，第一册，第130页。

⑤ 姚薇元：《北朝胡姓考》，第93页。

⑥ 山西省考古研究所、太原市文物管理委员会：《太原市北齐娄叡墓发掘简报》，《文物》1983年第10期。

⑦ 《北齐书》卷一五《娄昭传附兄子叡传》，第一册，第197页。

叡传》："武明皇后兄子也。父壮（拔），魏南部尚书。叡少好弓马，有武干，为高祖帐内都督。"① 娄拔大概是在北魏孝文帝中后期担任南部尚书的。娄氏与窦氏亦有姻亲关系。《窦泰妻娄黑女墓志》："代郡平城人也。……祖平北府君……父司徒、太原王……"其墓志盖谓"武贞窦公夫人皇姨顿丘郡长君娄氏墓志铭"云云。② 《北齐书·窦泰传》："大安捍殊人也。本出清河观津胄，祖罗，魏统万镇将，因居北边。父乐，魏末破六韩拔陵为乱，与镇将杨钧固守，遇害。泰贵，追赠司徒。"泰"及长，善骑射，有勇略"。"泰妻，武明娄后妹也。"③ 据《魏书·官氏志》，窦氏本为纥豆陵氏。

又，史载高岳（高欢叔父翻子）"母山氏"④。这是史书所见高欢父辈旁系的姻亲关系。《魏书·官氏志》："土难氏，后改为山氏。"⑤ 山氏与北魏末年著名的契胡族酋长尔朱氏亦有姻亲关系，尔朱荣从父弟度律之母即为山氏⑥。

总之，截止高欢崛起的时代，高氏家族直接或间接的姻亲关系可考者有叔孙（乙旃）氏、韩（出大汗）氏、尉（尉迟）氏、赵氏（太安狄那人）、娄（匹娄）氏（太安狄那汗殊里/代郡平城人）及窦（纥豆陵）氏（大安捍殊人）、山（土难）氏、尔朱氏。

就高湖兄弟及其父、祖而论，三世担任慕容燕中央和地方要职，其生活习俗等无疑会受到慕容鲜卑的影响，高湖之子高谧又娶叔孙（乙旃）氏之女为妻，迁徙北镇后一方面受到北镇鲜卑风习的影响，家族成员的姓名多为胡名即可证明，另一方面其婚姻关系圈也是在北镇鲜卑范围之内。因此，高欢祖先虽然出于勃海高氏，但无论就血统还是文化

---

① 《北齐书》卷四八《外戚·娄叡传》，第二册，第666页。
② 《汉魏南北朝墓志集释》图版三二二。
③ 《北齐书》卷一五《窦泰传》，第一册，第193—194页。
④ 《北齐书》卷一三《清河王岳传》，第一册，第174页。
⑤ 《魏书》卷一一三《官氏志》，第八册，第3011页。
⑥ 《魏书》卷七五《尔朱度律传》，第五册，第1672页。

而论，到高欢崛起之时其家族实已完全成为一鲜卑家族。正是基于此，《北齐书·神武纪上》方谓"神武既累世北边，故习其俗，遂同鲜卑"。具体而言，高欢父树生"性通达，重节义，交结英雄，不事生产"，"尚气侠"，"有威略"，[①] 高欢"深沉有大度，轻财重士，为豪侠所宗"[②]，高琛"少时便弓马，有志气"[③]，均显示其所具有的鲜卑习性[④]。这表明，得到高氏认可的北朝史籍既记载其先世为勃海蓨人，又不隐讳其家世代居住北边已然完全鲜卑化的事实。毫无疑问，在当时的历史环境中高欢及其子孙伪造其先世出于勃海高氏是没有任何必要的。当然，汉族的文化因素在这一家族中也并未完全泯灭，高欢作为"函使"曾多次往来于北镇与京师洛阳之间[⑤]，不懂汉语肯定是不行的。事实上，高欢也确实会说汉语，史载"神武每申令三军，常为鲜卑言；（高）昂若在列时，则为华言"[⑥]，即是明证。

① 《魏书》卷三二《高湖传附子树生传》，第三册，第 752 页。《北齐书》卷一《神武纪上》载，"皇考树（树生），性通率，不事家业"（第一册，第 1 页）。

② 《北齐书》卷一《神武纪上》，第一册，第 1 页。

③ 《北齐书》卷一三《赵郡王琛传》，第一册，第 169 页。

④ 《北齐书》卷一《神武纪上》谓，"神武既累世北边，故习其俗，遂同鲜卑"（第一册，第 1 页）。其"深沉有大度，轻财重士，为豪侠所宗"，即是这种习俗的集中体现。朱大渭说："由于代北豪帅世代居于北方少数民族错居和边防地带，所以一般都具有尚武精神，所谓'代北之人（尚）武'，'边备尚武，以图富贵'。"（《代北豪强酋帅崛起述论》，《六朝史论》，中华书局 1997 年版，第 235 页）

⑤ 《北齐书》卷一《神武纪上》："神武自队主转为函使。……每行道路，往来无风尘之色。……为函使六年，每至洛阳，给令史麻祥使。……及自洛阳还，倾产以结客，亲故怪问之。答曰：'吾至洛阳，宿卫羽林相率焚领军张彝宅，朝廷惧其乱而不问，为政若此，事可知也。财物岂可常守邪？'自是乃有澄清天下之志。"（第一册，第 2 页）

⑥ 《北史》卷三一《高昂传》，第四册，第 1147 页。

六、余　论

日本学者冈崎文夫在 1932 年出版的《魏晋南北朝通史》中有云："史称高欢的原籍为勃海蓨人，故为纯粹的汉人。然而由于其祖父犯罪徙居怀朔镇，遂习于北边鲜卑风俗，其正夫人娄氏实为蛮部一豪酋之女。"① 虽然并未展开论述，但大体上可以看出，冈崎氏认同史籍对于高欢家世的记载，同时又指出其受北镇鲜卑风俗的影响即鲜卑化的民族特性，以及其母系血统中的胡族成分。其弟子濱口重國后来所持观点与此截然不同，但冈崎氏似乎并未按濱口之说修正己说。钱穆在 1939 年完稿的《国史大纲》中认为高欢一家"是一个汉、鲜混杂的家庭"，具体而言即：

> 史称高欢渤海蓨人，其六世祖隐，为晋玄菟太守，则高欢应为汉人。惟自五世祖庆，已三世事慕容氏，（曾祖湖仕北魏，祖谧坐法徙怀朔。）史称欢遂"习其俗"，至其后娄氏则鲜卑豪族也。高澄娄出，故侯景呼以"鲜卑小儿"。高洋问杜弼："治国当用何人？"弼对："鲜卑车马客，会须用中国人。"洋以为"此言讥我"。又斩高德政，谓："德政常言宜用汉人除鲜卑，此即合死。"洋后李氏出赵郡，其子废帝殷，洋谓其："得汉家性质，不似我。"②

这应是现代中国学者就高欢族属问题最早发表看法。显然，钱穆完全赞

---

① ［日］冈崎文夫：《魏晋南北朝通史　内編》，（东京）平凡社 1989 年版，第 378 页。按是书最初于 1932 年由弘文堂書房出版。
② 钱穆：《国史大纲》上册，商务印书馆 1996 年版，第 291 页。

同史书有关高欢家世的记载。①

1942 年，陈寅恪为其弟子姚薇元《北朝胡姓考》所作序言中云："寅恪以为姚君之学，固已与时俱进，然其当日所言，迄今犹有他人未能言者。"② 然而对于北齐皇室高氏族属，陈氏与《北朝胡姓考》一书的看法却不尽相同，他在《唐代政治史述论稿》上篇《统治阶级之氏族及其升降》中论述李唐氏族时曾涉及这一问题，谓：

> 汉人与胡人之分别，在北朝时代文化较血统尤为重要。凡汉化之人即目为汉人，胡化之人即目为胡人，其血统如何，在所不论。……夫高齐无论其母系血统属于何种，但其自称及同时之人均以为其家世出自渤海蓨县，固当日华夏之高门也。至于其所渐染者则为胡化，而非汉化。杜弼斥鲜卑，而高洋以为讥己，是汉人之受胡化者，即自命为胡人也。③

万绳楠以陈寅恪 1947—1948 年在清华大学讲授魏晋南北朝史课程时所作笔记为主整理而成的《陈寅恪魏晋南北朝史讲演录》一书中，亦论及

---

① 吕思勉对高欢家世族属未多申述，而是沿袭古代史籍的记载，谓："北齐高祖神武皇帝高欢，亦渤海蓨人。祖谧，魏侍御史，坐法徙居怀朔镇。神武累世北边，习其俗，遂同鲜卑。"（《两晋南北朝史》，上海古籍出版社 1983 年版，上册，第 604 页。按是书最初于 1948 年由开明书店出版）这表明他是同意高欢出于渤海高氏而又具有鲜卑化的民族特性的。田余庆认为："高欢自称出于渤海蓨县的大姓高氏，实际上是鲜卑化的汉人。"（翦伯赞主编：《中国史纲要》，人民出版社 1982 年版，第二册，第 69 页。按是书初版于 1965 年）何兹全亦认为："高欢是汉人，因累世在北方边镇生活，'故习其俗，遂同鲜卑'（《北齐书·神武纪上》）。这是一个鲜卑化了的汉人。"（白寿彝总主编：《中国通史》第五卷《中古时代·三国两晋南北朝时期》上册，上海人民出版社 1989 年版，第 336 页）

② 陈寅恪：《姚薇元北朝胡姓考序》，《金明馆丛稿二编》，上海古籍出版社 1980 年版，第 242 页。

③ 陈寅恪：《唐代政治史述论稿》，上海古籍出版社 1982 年版，第 17 页。按是书写成于 1941 年，次年在重庆印行。

北齐皇室高氏的氏族问题，虽基本观点与上引无异，但却更为具体。陈氏明确提出"北齐最高统治者皇室高氏为汉人而鲜卑化者"，他说：

> 这两段史料（《魏书》三二《高湖传》附《高谧传》及《北齐书》一《神武纪上》）记高欢父祖十分清晰，高欢的祖父高谧为北魏的治书侍御史，深得献文帝的信任。后因事坐法徙怀朔镇。曾祖父为高湖。或云此为冒认，然远祖可冒认，三代以内要冒认是不可能的。毫无疑问，高欢为高湖之后，籍贯为渤海蓨县，民族为汉人。说他是汉人，为就血统而言。《北齐书·神武纪上》所说："神武既累世（高谧、高树生、高欢三世）北边，故习其俗，遂同鲜卑。"这就是"化"的问题。高欢在血统上虽是汉人，在"化"上因为累世北边，已经是鲜卑化的人了。"化"比血统更重要，鲜卑化人也就是鲜卑人。"化"指文化习俗而言。高欢的妻子娄氏为鲜卑人。……就血统、文化论娄氏都是鲜卑人。高齐皇室自认自己是鲜卑人，原因即在已经鲜卑化。……不仅皇室认为自己是鲜卑人，而且与皇室并不亲的如高德政、高隆之等人，虽然血统上为汉人，但亦自以为鲜卑人。①

这表明陈寅恪始终并未怀疑《魏书》《北齐书》(《北史》)有关高欢家世族属的记载，即他承认高欢为北魏献文帝时期任治书侍御史的高谧之孙，高谧为高湖之子，高湖出身勃海高氏，高谧坐法徙居北镇后高氏开始鲜卑化，到高欢时已完全鲜卑化，论其血统（父系）为汉人，论其民族性（文化）则为鲜卑人。在关于北齐皇室世系族属的所有观点中，陈寅恪的这一看法可以说最为通达，也是最符合历史实际的。

需要补充说明的是，高欢家族在十六国北魏前期实际上也存在着

---

① 万绳楠整理：《陈寅恪魏晋南北朝史讲演录》，第293—295页。

鲜卑化的趋势。其先世在十六国时期数代任职于慕容氏燕国政权，必定要受到慕容鲜卑文化的影响；高湖兄弟归附北魏后，又要受到拓跋鲜卑文化的影响；高谧徙居北镇以后，更是完全处在北镇以鲜卑为主的文化氛围之中。当然与北镇不同的是，无论是后燕还是北魏前期，鲜卑文化自然有重大影响，但同时汉化是发展潮流，汉文化的影响在不断扩大，而且农业生产是经济生活的主体。在这种环境下，高氏所拥有的汉族文化素质不致湮没无闻。北镇的情形则不同，徙居怀朔镇的高氏与当地绝大多数胡汉民众一样处在社会下层，主要从事游牧经济生活，鲜卑文化湮没了汉族文化。

综合全文所述，可以得出这样的结论：《魏书》《北齐书》《北史》等史籍所载北齐皇室之世系族属是毋庸置疑的。北齐皇室就是自后燕降魏的勃海高氏高湖之直系后裔，与鲜卑是楼（娄）氏毫不相干，虽然这一家族在与慕容、拓跋鲜卑政权合作的过程中受到鲜卑风习的强烈熏染，鲜卑化甚深，但若仅从其最初的父系血统而论，仍然为一汉人家族。如果考虑到其母系血缘以及在北魏中期家居北镇后的生活环境的影响，则到北魏末年高欢家族已与北镇鲜卑为主的胡族没有任何区别，完全成为北镇胡族社会的一员，但汉族文化因素亦并未完全泯灭。

原载《文史哲》2011 年第 1 期

东魏北齐邺南城建置杂考

——以历史文献记载为中心

  邺城作为魏晋南北朝时期的主要都城之一，不但在当时发挥了重要的历史作用，而且其城市规划对后代都城建置还产生了巨大影响，在中国古代都城制度史上具有里程碑意义。邺城考古工作断断续续进行了数十年，主要工作是在 1983 年以后的十余年间进行的，取得了许多重要成果[①]，有助于对历史上邺城的面貌作出更进一步具体直观的把握，并且有可能对历史文献的记载作出比较全面的证实或证伪。然而，由于考古发掘所发现的关于邺城本身的文字资料极为稀少，故在了解邺城历史面貌时还必须借助于历史文献的记载。本文拟以历史文献为主并结合近年考古发现，对东魏北齐时期邺南城的建设、宫室结构、朱华阁与领左右职掌以及重要官府在邺南城中的位置等问题作一考索，并对前人相关研究中存在的若干问题提出商榷。[②]

---

① 有关邺城的考古调查及发掘成果主要有，俞伟超：《邺城调查记》，《考古》1963 年第 1 期；《邺城考古调查和钻探简报》，《中原文物》1983 年第 4 期。徐光冀：《邺城考古的新收获》，《文物春秋》1995 年第 3 期。中国社会科学院考古研究所、河北省文物研究所邺城考古工作队：《河北临漳县邺北城遗址勘探发掘简报》，《考古》1990 年第 7 期；《河北临漳县邺南城朱明门遗址的发掘》，《考古》1996 年第 1 期；《河北临漳县邺南城遗址勘探与发掘》，《考古》1997 年第 3 期。

② 现代学者对邺城的研究成果主要有，[日] 村田治郎：《鄴都考略》，原载《建築學研究》

一、有关邺城的历史文献

关于邺城历史最早的系统著述当推陆翙《邺中记》一书。《隋书·经籍志二》："《邺中记》二卷，晋国子助教陆翙撰。"① 《新唐书·艺文志二》："陆翙《邺中记》二卷。"② 其后再未见到关于二卷本陆翙《邺中记》的著录。由此可见，陆翙《邺中记》一书自宋以后当已亡

第 89 号（1938 年），收入氏著《中国の帝都》，（京都）综藝舍 1981 年版，第 181—259 页；[日] 宫川尚志：《六朝史研究　政治·社会篇》，（京都）平楽寺書店 1956 年版，第 537—546 页；[日] 岸俊男：《日本古代宫都の研究》第十三章、第十四章，（东京）岩波書店 1988 年版；[日] 秋山日出雄：《日本古代都城制の源流》，《歷史研究》第 19 号（1981 年）；《日本古代都城の原型——鄴京復原再考——》，《神女大史学》第 2 号（1982 年）；[日] 长田夏树：《北齐鄴都を支えた人々》，《神户外大論叢》第 31 卷 3 号（1980 年）。刘心长、马忠理主编：《邺城暨北朝史研究》，河北人民出版社 1991 年版；邹逸麟：《试论邺都兴起的历史地理背景及其在古都史上的地位》，《椿庐史地论稿》，天津古籍出版社 2005 年版，第 377—398 页；郭义孚：《邺南城朱明门复原研究》，《考古》1996 年第 1 期；朱海仁：《略论曹魏邺城、北魏洛阳城、东魏北齐邺南城平面布局的几个特点》，《广州文物考古集》，文物出版社 1998 年版；王海燕、朱岩石：《中国古代都城史における魏晋南北朝时代の意义》，《國學院大學考古學資料館紀要·開館七十周年記念》第 15 辑（1998 年）；程义：《试论邺北城的设计思想、布局与影响》，《西北大学学报》2001 年第 1 期；朱岩石：《东魏北齐鄴都の内城の成立について》，《史観》第 145 册（2001 年）；徐光冀：《东魏北齐邺南城平面布局的复原研究》，《宿白先生八秩华诞纪念文集》，文物出版社 2002 年版，第 201—215 页；王静、沈睿文：《一个古史传说的嫁接——东魏邺城形制研究》，《北京大学学报》2006 年第 3 期。通论性的城建史论著一般也都对东魏北齐邺城及其地位有所涉及，如刘敦桢：《中国古代建筑史》，中国建筑工业出版社 1980 年版；杨宽：《中国古代都城制度史研究》，上海古籍出版社 1993 年版。关于日本学者邺城研究的概述，参见 [日] 中村圭尔《日本魏晋南北朝城市研究史》，中村圭尔、辛德勇编《中日古代城市研究》，中国社会科学出版社 2004 年版，第 47—49 页。

① （唐）魏徵等撰：《隋书》卷三三《经籍志二·史部》，第四册，中华书局 1973 年版，第 983 页。

② （宋）欧阳修、宋祁撰：《新唐书》卷五八《艺文志二》，中华书局 1975 年版，第五册，第 1504 页。

佚。① 清朝乾隆年间曾"奉敕辑"成《邺中记》一卷。② 周一良云："《邺中记》一书，《隋书·经籍志》作二卷，称晋国子助教陆翙撰。唐代此书还存在。""陆翙当是西晋东晋之交的人，可能后来过江，作了东晋的国子助教。所以《隋志》题为晋人，把这部书和晋宋人著作列在一起。在记述石虎统治时的邺城以外，其中涉及高欢高洋的记载，大约是后人羼入。"③ 二卷本陆翙《邺中记》主要记述了后赵石虎统治时期首都邺城的状况，故其撰者陆翙应是经历过后赵特别是石虎政权的一位文士，很可能曾任石虎政权的史官，这样他才能够比较翔实地记载石虎统治时邺城的状况。陆翙似非两晋之交的人，也不大可能是东晋的国子助教，而应该任职于北方十六国政权。北魏末年郦道元所撰《水经注·浊漳水》曾征引"陆氏《邺中记》"④，表明《邺中记》的成书确实是在北魏末年之前，因而此书不可能记载东魏北齐邺城故实。

现存明朝崔铣所撰《嘉靖彰德府志·邺都宫室志》注中大量征引了《邺中记》佚文，明末清初著名学者顾炎武《历代宅京记·邺上、下》的内容即录自《嘉靖彰德府志·邺都宫室志》。⑤ 由于陆翙《邺中记》成书于东魏之前，决不可能记载东魏北齐史事，故崔铣及顾炎武所引《邺中记》有关东魏北齐邺南城的记述必非陆翙《邺中记》原文。那

---

① 《直斋书录解题》卷八："《邺中记》一卷，（案：《唐书·艺文志》有陆翙《邺中记》二卷，疑即是书。）不著姓氏，记自魏而下及僭伪都邺者六家宫室事迹。"（（宋）陈振孙撰，徐小蛮、顾美华点校，上海古籍出版社1987年版，第243页）这"说明一卷本《邺中记》不仅分量减少，而且大量混杂了东晋以后人们羼入的内容"（黄惠贤：《辑校〈邺中记〉序》，《邺城暨北朝史研究》，第369页）。

② 赵尔巽等撰：《清史稿》卷一四六《艺文志二》，第一五册，中华书局1977年版，第4287页。

③ 周一良：《读〈邺中记〉》，《魏晋南北朝史论集》，北京大学出版社1997年版，第473页。

④ （后魏）郦道元注，杨守敬、熊会贞疏，段熙仲点校，陈桥驿复校：《水经注疏》卷一〇《浊漳水》，江苏古籍出版社1989年版，上册，第934页。

⑤ 参见（明）崔铣纂修《嘉靖彰德府志》卷八《邺都宫室志》，《天一阁藏明代方志选刊》第45册，上海古籍书店1964年版；（清）顾炎武撰《历代宅京记》卷一一、一二《邺上、下》，中华书局1984年版，第166—189页。

么，历史上是否还存在过另外一部《邺中记》？从目前所见到的经籍著录来看，答案是否定的。因此，唯一的可能是《嘉靖彰德府志·邺都宫室志》注所引《邺中记》有关东魏北齐邺南城的记述确为"后人羼入"，亦即将他书的记载当成了《邺中记》原文。《四库全书总目·史部二二·载记类》：

> 《邺中纪》一卷（《永乐大典》本）。谨按：《邺中记》旧有二本。其一本二卷，见《隋书·经籍志》，称"晋国子助教陆翙撰"。其一本一卷，见陈振孙《书录解题》，称"不知撰人名氏"，又称"《唐志》有《邺都故事》二卷，肃、代时马温撰，今书多引之"，是以为肃、代后人作矣。今考是书所记，有北齐高欢、高洋二事，上距东晋之末已一百三四十年，又"寒食"一条引隋杜台卿《玉烛宝典》，时代尤不相蒙。陈氏不以为翙书，似乎可据。然唐欧阳询《艺文类聚》作于太宗贞观时，徐坚《初学记》作于元（玄）宗开元时，所引翙书，皆一一与今本合。又《邺都故事》，《唐志》虽称"肃、代时人"，而《史通·书志篇》曰："远则汉有《三辅典》，近则隋有《东都记》，南则有宋《南徐州记》《晋宫阙名》，北则有《洛阳伽蓝记》《邺都故事》。"则《邺都故事》在刘知幾之前，《唐志》所言，亦不足为证。以理推之，殆翙书二卷惟记石虎之事，后人稍摭《邺都故事》以补之，并为一卷。……观高欢、高洋二条与全书不类，而与郭茂倩《乐府诗集》所引《邺都故事》文体相同，则此二条为后人摭入翙书明矣。不得以小小舛异，尽举而归之唐以后也。原书久佚。陶宗仪《说郛》所载，寥寥数页，亦非完本。今以散见《永乐大典》者蒐罗荟粹，以诸书互证，删除重复，共得七十二条，排比成编，仍为一卷，以石虎诸事为翙本书。其续入诸条，亦唐以前人所纪，弃之可惜，则殿居卷末，别以"附录"名焉。是书虽篇帙无多，而叙述典核，颇

资考证，如王维和《贾至早朝大明宫》诗"朝罢须裁五色诏"句，李颀《郑樱桃歌》"官军女骑一千匹"及"百尺金梯倚银汉"句，不得此书，皆无从而训诂也。六朝旧籍，世远逾稀，断壁残玑，弥足为宝，佚而复存，是亦罕觏之秘笈矣。①

四库馆臣确定《邺中记》中有关东魏北齐史事为"后人摭入翙书"，确属灼见，谓"后人稍摭《邺都故事》以补之"亦颇有理据，但未必尽取是书，而有可能出自隋唐人其他有关邺城的著述。

除陆翙《邺中记》外，历史上关于邺城的著述见于著录者还有：南朝宋田融等《邺都记》，《史通·古今正史篇》："其后燕太傅长史田融、宋尚书库部郎郭仲产、北中郎参军王度追撰二石事，集为《邺都记》《赵记》等书。"按田融等人很可能为刘宋初年人，他们原本当仕于后燕及南燕，在南燕被灭后南渡。隋裴矩《邺都故事》十卷，仅见于《新唐书·艺文志二》。同卷又载："马温《邺都故事》二卷，肃、代时人。刘公锐《邺城新记》三卷。"②《宋史·艺文志二》："刘公铉《邺城旧事》六卷。"③《艺文志三》："马温之《邺都故事》二卷。""刘公铉《邺城新记》三卷。"④按裴矩历仕北齐、隋及初唐三朝，死于唐太宗贞观元年（627），著有《隋西域图》三卷⑤、《隋开业平陈记》十二卷⑥。《隋

---

① （清）永瑢等撰：《四库全书总目》卷六六《史部二二·载记类》，中华书局1965年版，第584页。

② 《新唐书》卷五八《艺文志二·乙部史录·故事类》，第五册，第1507页。

③ （元）脱脱等撰：《宋史》卷二〇三《艺文志二·史类·故事类》，中华书局1977年版，第5101页。

④ 《宋史》卷二〇四《艺文志三》，第一五册，第5152—5153页。

⑤ 《隋书》卷三三《经籍志二》，第四册，第987页。

⑥ 《旧唐书》卷六三《裴矩传》："撰《开业平陈记》十二卷，行于代。"（（后晋）刘昫等撰，中华书局1975年版，第七册，第1578页）同书卷四六《经籍上》（第六册，第1995页）、《新唐书》卷五八《艺文志二》（第五册，第1466页）俱载裴矩所撰"《隋开业平陈记》十二卷"，而《隋书》卷三三《经籍志二》载"《开业平陈记》二十卷"（第四册，第967页），且未著撰人。

书·裴矩传》："转吏部侍郎，名为称职。炀帝即位，营建东都，矩职修府省，九旬而就。时西域诸蕃多至张掖与中国交市，帝令矩掌其事。矩知帝方勤远略，诸商胡至者，矩诱令言其国俗山川险易，撰《西域图记》三卷，入朝奏之。"① 由此可见，裴矩曾亲自负责隋朝东都洛阳营建的部分工程（官府机构的修建），又擅长地理问题，因此他有关邺城的历史记述可靠性应该很高。裴矩《邺都故事》卷帙较大，共有十卷。唐肃、代时人马温所撰《邺都故事》仅有二卷，大概是裴矩《邺都故事》的删节本。马温之书宋代尚存，而裴矩之书唐以后便不见著录。《嘉靖彰德府志·邺都宫室志》《历代宅京记·邺》或者更确切地说宋《相台志》（见下）所引《邺都故事》（或《故事》《邺中故事》）应该就是马温之书。

其实，历史上还存在过另一部《邺都故事》。《唐六典·尚书都省》"都事"条本注："杨楞伽《北齐邺都故事》云：'尚书郎判事正坐，都令史侧坐，书令史过事。洛京、邺都令史皆平揖郎，由来无拜。吏部郎选试高第及工书者奏补，皆加戎号。'"②《通典·职官六·御史台》："门北辟，主阴杀也。"本注："按北齐杨楞伽《邺都故事》云：'御史台在宫阙西南，其门北开，取冬杀之义。'"③ 这两段文字又为北宋时修撰的《太平御览》所引用。《太平御览·职官部十一·令史》："杨楞伽《北齐邺都故事》曰：'尚书郎判事，正令史侧坐，书令史过事。'"④《职官部二三·御史大夫》："北齐杨楞伽《邺都故事》云：'御史台在宫阙西南，

---

① 《隋书》卷六七《裴矩传》，第六册，第1578页。
② （唐）李林甫等撰，陈仲夫点校：《唐六典》卷一《尚书都省》，中华书局1992年版，第10页。按《通典》则将这一记载加以修改而放入正文，卷二二《职官四·尚书上·历代都事主事令史》"令史"条："北齐尚书郎判事，正令史侧坐，书令史过事，令史皆平揖郎，无拜。"（（唐）杜佑撰，王文锦等点校，中华书局1988年版，第609—610页）
③ 《通典》卷二四《职官六·御史台》，第659页。
④ （宋）李昉等撰：《太平御览》卷二一三《职官部十一·令史》，中华书局1960年版，第1019页。

其门北开，取冬杀之义也。'"① 按杨楞伽其人于史无考，最大可能为北齐时人。从《太平御览》所引杨楞伽《邺都故事》两段文字全同于《唐六典》《通典》本注所引文字推测，北宋时其书大概已经亡佚，《太平御览》从《唐六典》《通典》本注转引而非引自原书的可能性更大。若杨楞伽《邺都故事》在北宋尚存，则不排除《相台志》等书所引《邺都故事》或《邺中记》出于该书的可能性。

《宋史·艺文志三》："李献父《相台志》十二卷。"② 明杨士奇《文渊阁书目·旧志》载 "《相台志》六册，《续相台志》十册，《相台志节》一册"③，崔铣《洹词·邺乘序》谓 "正德己卯（十四年，1519），太保汤阴李公于中秘得宋《相台志》十卷"④，则《相台志》至明代犹存。今人认为《相台志》中有关魏晋南北朝邺城的记载被明朝《嘉靖彰德府志·邺都宫室志》所因袭。《嘉靖彰德府志》为崔铣所撰，一名《邺乘》，全书共八卷，《明史·艺文志三》有著录⑤，流传至今，原本藏宁波天一阁。《四库全书总目·史部二九·地理类存目二》："《彰德府志》八卷，明崔铣撰。铣有《读易余言》，已著录。是书成于嘉靖壬午（即嘉靖元年，1522）。自序谓本宋《相台志》、元《相台续志》而益以诸县之舆记。其书颇为谨严，盖铣本儒者故也。"⑥《经部五·易类五》："《读易余言》五卷，明崔铣撰。铣字仲凫，一字子钟，安阳人，宏治乙丑进士，官至南京礼部侍郎。"⑦《明史·崔铣传》："举弘治十八年（1505）

---

① 《太平御览》卷二二五《职官部二三·御史大夫》，第二册，第 1068 页。
② 《宋史》卷二〇四《艺文志三·地理类》，第一五册，第 5161 页。
③ 《景印文渊阁四库全书》"史部四三三·目录类"，台湾商务印书馆 1986 年版，第六七五册，第 220 页。
④ 《景印文渊阁四库全书》"集部二〇六·别集类"，第一二六七册，第 438 页。
⑤ （清）张廷玉等撰：《明史》卷九七《艺文志三》，中华书局 1974 年版，第八册，第 2409 页。
⑥ 《四库全书总目》卷七三《史部二九·地理类存目二》，上册，第 640 页。
⑦ 《四库全书总目》卷五《经部五·易类五》，上册，第 28 页。

进士，选庶吉士，授编修，预修《孝宗实录》。""出为南京吏部主事。"后"充经筵讲官，进侍读。引疾归，作后渠书屋，读书讲学其中"。"世宗即位，擢南京国子监祭酒。"嘉靖三年（1524）因"上疏求去""贵显用事"的张璁、桂萼等，"帝览之不悦，令铣致仕。阅十五年，用荐起少詹事兼侍读学士，擢南京礼部右侍郎"。不久病故。[①]《明史·艺文志》及《四库全书总目》著录崔铣著述多种。如上所述，顾炎武所撰《历代宅京记》一书，其中有两卷是关于邺城的记述，被认为录自《嘉靖彰德府志》所载《邺都宫室志》[②]。此外，清朝咸丰时汪士铎、光绪时杨守敬均在《水经注图》中描绘过邺城图[③]。

毫无疑问，后人有关著述所引记载东魏北齐邺城故实的《邺中记》及《邺中故事》（《邺城故事》或《故事》）很可能就是裴矩、马温《邺都故事》的文字，当然也有可能是杨楞伽《邺都故事》及刘公锐（铉）《邺城旧事》《邺城新记》的文字，但决不是历史上唯一一部《邺中记》的原文。《太平御览·兵部三一·骑》："《邺城故事》记：凉马台，一名阅马台，亦名戏马台。案《邺中记》云：赵王虎建武六年（340），造凉马台，在城西漳水之南，约坎为台。"[④]《兵部八五·槊》："《邺城故事》曰：紫陌浮桥，在城西北五里。案《邺中记》云：'赵王虎时，于此济

---

① 《明史》卷二八二《儒林一·崔铣传》，第二四册，第7255页。

② 中华书局点校本《历代宅京记·出版说明》："要特别加以说明的是，卷十二所录邺城资料，全卷皆录自明嘉靖《彰德府志》卷八《邺都宫室志》，此卷应出自宋《相台志》，是目前所知关于邺城的最重要的史料。"又，《四库全书总目·史部二四·地理类一》："《历代帝王宅京记》二十卷，国朝顾炎武撰。所录皆历代建都之制。上起伏羲，下讫于元，仿《雍录》《长安志》体例，备载其城郭、宫室、都邑、寺观及建置年月事迹。前为总论二卷，后十八卷则各按时代详载本末。征引详核，考据亦颇精审。盖地理之学，炎武素所长也。"（《四库全书总目》卷六八《史部二四·地理类一》，上册，第609页）

③ 参见（北魏）郦道元原著、汪士铎图、陈桥驿校释《水经注图》，山东画报出版社2003年版；杨守敬《水经注图》，联经出版事业公司（据光绪四年至宣统三年（1878—1911）沪、鄂两地递次刊本影印）1975年版。

④ 《太平御览》卷三〇〇《兵部三一·骑》，第二册，第1383页。

置紫陌宫。'暨齐时，因修为济口。帝巡幸又向并州，百官相钱，莫不至此而决别。迄今犹以为渡口。齐文宣时西巡，百官辞于紫陌，使稍骑围之曰：'我举鞭一时刺杀。'淹留半日，文宣醉不能起。黄门侍郎[赫]连子畅进曰：'陛下如此，诸臣恐怖。'文宣曰：'大怖耶？若然，不须杀。'乃命解围。"① 由此可见，《邺城故事》一书在其案语中大量征引《邺中记》文字，这样就很容易使后人误将《邺城故事》的文字当成是《邺中记》原文，或者抄写者将《邺城故事》书名遗漏，从而将两书的内容合并为《邺中记》一书的内容。

二、邺南城宫室的兴建

公元 534 年十月，北魏权臣高欢下令将都城从洛阳迁至邺城，开启了东魏北齐历史新局。《资治通鉴》梁武帝中大通六年（534）十月条："庚午（廿一，11.12），丞相欢以洛阳西逼西魏，南近梁境，乃议迁邺，书下三日即行。丙子（廿七，11.18），东魏主发洛阳，四十万户狼狈就道。收百官马，尚书丞郎已上非陪从者，尽令乘驴。欢留后部分，事毕，还晋阳。"② 按本条记载的史源主要出自《魏书·常景传》："天平初，迁邺，景匹马从驾。是时诏下三日，户四十万狼狈就道，收百官马，尚书丞郎已下非陪从者尽乘驴。齐献武王以景清贫，特给车牛四乘，妻孥方得达邺。"③ 这四十万户当包括北魏皇室成员、文武百官、士卒以及居住在洛阳的民众。四十万户当在百万人以上，足见当时动迁规模之大。经过二十天的跋涉，孝静帝元善见一行到达邺城。十一月"庚寅

---

① 《太平御览》卷三五四《兵部八五·槊》，第二册，第 1627 页。
② （宋）司马光编著，（元）胡三省音注，"标点资治通鉴小组"校点：《资治通鉴》卷一五六《梁纪一二》，中华书局 1956 年版，第一一册，第 4857 页。
③ （北齐）魏收撰：《魏书》卷八二《常景传》，中华书局 1974 年版，第五册，第 1806 页。

(十一，12.2)，车驾至邺，居北城相州之廨"。"改相州刺史为司州牧，魏郡太守为魏尹，徙邺旧人西径百里以居新迁之人，分邺置临漳县，以魏郡、林虑、广平、阳丘、汲郡、黎阳、东濮阳、清河、广宗等郡为皇畿。"①

为了鼓励民众迁都，同时也为了使迁都之后的局势迅速稳定下来，高欢采取了一系列措施。迁都前夕，"诏从迁之户，百官给复三年，安居人五年"②。高隆之于天平初"入为尚书右仆射。时初给民田，贵势皆占良美，贫弱咸受瘠薄。隆之启高祖，悉更反易，乃得均平"③。这表明北魏实行的均田制在东魏初年立即得到恢复，尽管出现了占田不均的现象，但经过高隆之的建议和高欢的决策，基本上达到了"均平"的程度。此外又"诏以迁民赀产未立，出粟一百三十万石以赈之"④。据此推测，当时被迁徙民众可能约为一百三十万人。迁都后，"改司州为洛州，以尚书令元弼为洛州刺史，镇洛阳"，同时"以行台尚书司马子如为尚书左仆射，与右仆射高隆之、侍中高岳、孙腾留邺，共知朝政"。⑤高欢本人则在迁都完成后回到其根据地晋阳，指挥与西魏的战争并且遥控邺城朝政。十二月"丁丑（廿九，535.1.18），赦畿内"。闰月，"初置四中郎将，于礓石桥置东中，蒲泉置西中，济北置南中，洺水置北中"⑥，健全了新都邺城的防卫体系。

迁邺之初，东魏统治集团成员暂居邺北城相州刺史府廨，同时开始在邺南城兴建新的宫室。《魏书·孝静帝纪》：

天平二年（535）八月"甲午（二十，10.2），发众七万六千人

① 《魏书》卷一二《孝静帝纪》，第一册，第298页。
② 《魏书》卷一二《孝静帝纪》，第一册，第298页。
③ （唐）李百药撰：《北齐书》卷一八《高隆之传》，中华书局1972年版，第一册，第236页。
④ 《资治通鉴》卷一五六《梁纪一二》中大通六年（534）十月条，第一一册，第4857页。
⑤ 《资治通鉴》卷一五六《梁纪一二》中大通六年（534）十月条，第一一册，第4857页。
⑥ 《魏书》卷一二《孝静帝纪》，第一册，第298页。

营新宫"。兴和元年（元象二年，539）"九月甲子（十四，10.11），
发畿内民夫十万人城邺城，四十日罢"。"冬十有一月癸亥（十四，
12.9），以新宫成，大赦天下，改元。八十以上赐绫帽及杖，七十
以上赐帛，及有疾废者赐粟帛。筑城之夫，给复一年。"二年正月
"丁丑（廿八，2.21），徙御新宫，大赦，内外百官普进一阶，营构
主将别优一阶"。①

可知经过 76000 人四年两个多月时间的修建，邺城新宫的建设工程
正式完成。这次修建的主要是邺城南城新宫即邺南城之宫城（邺南
宫）。从天平二年八月甲午（二十，10.2）到元象二年十一月癸亥
（十三，12.9），邺南宫（包括南城）的兴建共耗费工时 76000×1526＝
115976000 日。元象二年九月至十月"发畿内民夫十万人城邺城"40 日
（耗费工时 4000000 日），乃是修筑邺南宫及邺南城之城墙，属于新宫营
建的最后一道工序。这样，以邺南宫为中心的邺南城的兴建工程总计耗
费工时 119976000 日。

就在新宫营建开始之前，天平二年"五月，大旱，勒城门、殿门
及省、府、寺、署、坊门浇人，不简王公，无限日，得雨乃止"②。这表
明其时在邺城的宫室官府机构已粗具规模，大概是将邺北城旧有的一些
建筑遗存加以修缮以作临时使用③。新宫营建的进程，从《魏书·孝静
帝纪》的记载可以略知一二。天平二年十一月"癸丑（初十，12.20），

---

① 《魏书》卷一二《孝静帝纪》，第一册，第 299、303—304 页。
② 《魏书》卷一二《孝静帝纪》，第一册，第 299 页。
③ 《北齐书》卷四〇《尉瑾传》："世宗入朝，因命瑾在邺北宫共高德正典机密。"（第二册，
第 527 页）据同书卷三《文襄纪》："（天平）三年，入辅朝政，加领左右、京畿大都督。
时人虽闻器识，犹以少年期之，而机略严明，事无凝滞，于是朝野振肃。"（第一册，第
31 页）可知在东魏初年的一段时间里，高欢之子高澄在尉瑾、高德正等人协助下在邺
北宫处理朝政。

祀圆丘","甲寅（十一，12.21），阊阖门灾"①。表明其时圆丘已经建成，
阊阖门也已修好。天平"三年春正月癸卯朔（初一，537.2.8），飨群臣
于前殿"。按此"前殿"当即太极前殿，表明其时太极殿已经建成。天
平四年"夏四月辛未（初六，5.1），迁七帝神主入新庙，大赦天下，内
外百官普进一阶"。很显然，当时太庙也已经建成。同年"六月己巳
（初五，6.28），幸华林园理讼"。华林园看来也已修缮完毕。元象元年
（538）"六月壬辰（初五，7.16），帝幸华林都堂听讼"。② 可知在华林园
建有都堂。都堂当即尚书都堂。北魏末年元天穆控制朝政时御史中
尉元子思上奏论御史台与尚书省职权分合，谓"宪台不属都堂"云云，宪台
指御史台，都堂指尚书省。在同一奏疏中他又称尚书省为都省。③《北
齐书·宋游道传》："兖州刺史李子贞在州贪暴，游道案之。……文襄怒，
于尚书都堂集百僚，扑杀子贞。"④ 华林都堂应该是在邺南城建设完工前
东魏尚书省的办公场所。就功能而论，东魏前期之华林都堂有类北魏后
期之华林都亭⑤。

---

① 天平四年六月壬午（十八，7.11），阊阖门又一次发生火灾（《魏书》卷一二《孝静帝
　纪》，第一册，第301页）。
② 《魏书》卷一二《孝静帝纪》，第一册，第301、302页。
③ 《魏书》卷一四《神元平文诸帝子孙·元子思传》，第二册，第353—354页。《隋书》
　卷二七《百官志中》：尚书省"录、令、仆射，总理六尚书事，谓之都省"（第三册，第
　752页）。
④ 《北齐书》卷四七《酷吏·宋游道传》，第二册，第655页。
⑤ 北魏后期华林都亭具有听讼、宴乐、饯行等功能。《魏书》卷八《世宗纪》：永平二年
　（509）五月"甲辰（廿八，6.30），幸华林都亭，亲录囚徒，犯死罪已下降一等"（第一
　册，第208页）。卷一一《前废帝纪》：普泰元年（531）"夏四月癸卯（初四，5.5），幸
　华林都亭燕射，班锡有差"（第一册，第276页）。《出帝纪》：太昌元年（532）五月"乙
　巳（十二，6.30），帝幸华林都亭，宴群臣，班赉有差"。九月"庚子（初九，10.23），
　帝幸华林都亭，引见元树及公卿百僚蓄使督将等，宴射，班赉各有差"。永熙二年
　（533）"八月乙丑（初九，9.13），齐文襄王来朝，帝燕于华林都亭，班赉部下各有差"。
　三年五月"丁酉（十六，6.12），帝幸华林都亭，集京畿都督及军士三千余人，慰勉之。
　庚子（十九，6.15），又幸华林都亭纳讼"。（第一册，第283、285、288、290页）卷
　一四《神元平文诸帝子孙·东阳王丕传》："寻敕留洛阳。后宴于华林都亭，特令二子扶

　　邺南城及其宫室的兴建是由高欢的重要亲信高隆之（494—554）总其成的，陇西狄道人辛术（490—549）是工程实施的主要负责人。《北齐书·高隆之传》："天平初……入为尚书右仆射。""又领营构大将，京邑制造，莫不由之，增筑南城，周回二十五里。以漳水近于帝城，起长堤以防泛溢之患。又凿渠引漳水周流城郭，造治碾硙，并有利于时。"①《北史·高隆之传》所载略异，谓"又领营构大将，以十万夫彻洛阳宫殿，运于邺，构营之制，皆委隆之"②。史载辛术"少明敏，有识度"，"解褐司空胄曹参军。与仆射高隆之共典营构邺都宫室，术有思理，百工克济"③。据《魏书·孝静帝纪》，在新宫开始营建的次月即天平二年九月"丁巳（十四，10.25），以开府仪同三司襄城王旭为司空"，兴和三年（541）十一月丙戌（十八，12.21）"以度支尚书胡僧敬为司空"。④可知在新宫营建期间辛术一直是宗室襄城王旭的僚属。按司空掌水土之事，因此辛术"典营构邺都宫室"也与其职掌相关联。据《魏书·李业兴传》记载，辛术时任起部郎中⑤。兴和元年（539）十月时，辛术仍为尚书起部郎中。⑥在邺南城修建期间，辛术更可能担任的是尚

　　　　侍坐起。"（第二册，第 361 页）卷一九下《景穆十二王下·南安王桢传》："出为镇北大将军、相州刺史。高祖饯桢于华林都亭。"（第二册，第 494 页）卷二一上《献文六王上·咸阳王禧传》："俄而禧被擒获，送华林都亭。世宗亲问事源，著千斤锁格龙虎，羽林掌卫之。"（第二册，第 539 页）卷八三下《外戚下·高肇传》："始世宗未与舅氏相接，将拜爵，乃赐衣帻，引见肇、显于华林都亭。"（第五册，第 1829 页）日本学者渡边信一郎对六朝时期华林园听讼有所考察，参见《中国古代的王权与天下秩序——从日中比较史的视角出发》，徐冲译，中华书局 2008 年版，第 114—120 页。关于华林园更为全面的研究，参见朱岩石《鄴城の皇家園林の機能と意义》，《國學院大學大學院紀要》第 29 辑（1997 年）；李文才《魏晋南北朝时期的华林园——以洛阳、康康两地为中心论述》，《魏晋南北朝隋唐政治文化论稿》，世界知识出版社 2006 年版，第 126—166 页。

①　《北齐书》卷一八《高隆之传》，第一册，第 236 页。
②　（唐）李延寿撰：《北史》卷五四《高隆之传》，中华书局 1974 年版，第六册，第 1945 页。
③　《北齐书》卷三八《辛术传》，第二册，第 501 页。
④　《魏书》卷一二《孝静帝纪》，第一册，第 299、305 页。
⑤　《魏书》卷八四《儒林·李业兴传》，第五册，第 1862 页。
⑥　《魏书》卷一〇七下《律历志下》，第七册，第 2696 页。

书起部郎中，也不排除以司空胄曹参军兼任尚书起部郎中的可能①。

上党长子人李业兴（484—549）在邺南城兴建中发挥了无可替代的关键作用。可以这样认为，高隆之是东魏邺城建设的总指挥，辛术是工程实施的具体指挥者，而邺南城的总设计师则是著名儒士李业兴。《魏书·李业兴传》：

> 转中军将军、通直散骑常侍。永熙三年（534）二月，出帝释
> 奠，业兴与魏季景、温子升、窦瑗为摘句。后入为侍读。迁邺之
> 始，起部郎中辛术奏曰："今皇居徙御，百度创始，营构一兴，必
> 宜中制。上则宪章前代，下则模写洛京。今邺都虽旧，基址毁灭，
> 又图记参差，事宜审定。臣虽曰职司，学不稽古，国家大事，非
> 敢专之。通直散骑常侍李业兴硕学通儒，博闻多识，万门千户，
> 所宜访询。今求就之，披图案记，考定是非，参古杂今，折中为
> 制，召画工并所须调度，具造新图，申奏取定。庶经始之日，执
> 事无疑。"诏从之。天平二年（535），除镇南将军，寻为侍读。于
> 时尚书右仆射、营构大将高隆之被诏缮治三署乐器、衣服及百戏
> 之属，乃奏请业兴共参其事。②

由此可见，东魏北齐邺南城设计的基本原则是"宪章前代"，"模写洛京"。③这一设计原则表明，邺南城在设计时参考了曹魏及十六国时期邺北城的建置，但主要是以北魏后期的洛阳城为蓝本的。④李业兴不仅

---

① 据《隋书》卷二七《百官志中》记载，起部曹属祠部尚书，"掌诸兴造工匠等事"。（第三册，第 753 页）

② 《魏书》卷八四《儒林·李业兴传》，第五册，第 1862 页。

③ 后人所言"邺都南城，其制度盖取诸洛阳与北邺"（《嘉靖彰德府志》卷八《邺都宫室志》）即是对《魏书·李业兴传》所载"上则宪章前代，下则模写洛京"之语的说明。

④ 参见朱海仁《略论曹魏邺城、北魏洛阳城、东魏北齐邺南城平面布局的几个特点》；朱岩石《東魏北齐鄴城の内城の成立について》；徐光冀《东魏北齐邺南城平面布局的复原研究》；王静、沈睿文《一个古史传说的嫁接——东魏邺城形制研究》。

是邺南城最重要的设计者，而且还具体参与了太乐等"三署乐器、衣服及百戏之属"的"缮修"。李业兴家世儒学，青少年时代又多方求学，"后乃博涉百家，图纬、风角、天文、占候无不讨（详）练，尤长算历"。"业兴爱好坟籍，鸠集不已，手自补修，躬加题帖，其家所有，垂将万卷。览读不息，多有异闻，诸儒服其渊博。"其"学术精微，当时莫及"。① 可见他的学识涉及的范围很广，在新宫设计时都可以用上，而作用最大的还是他在数学方面的杰出才能。李业兴之子崇祖"传父业"，后在北齐初年营建三台时发挥了特长，"齐文宣营构三台，材瓦工程，皆崇祖所算也"②。

张熠（481—541）在新宫营建中也发挥了巨大作用。邺城新宫宫殿、宫门等建筑颇为宏伟，所需木材主要来自拆毁的北魏洛阳旧都的成材，张熠是这些建筑材料运输的具体负责者。《魏书·张熠传》：

> 普泰（531）中，卫将军、金紫光禄大夫。天平初，迁邺草创，右仆射高隆之、吏部尚书元世俊奏曰："南京宫殿，毁撤送都，连筏竟河，首尾大至。自非贤明一人，专委受纳，则恐材木耗损，有阙经构。熠清贞素著，有称一时，臣等辄举为大将。"诏从之。熠勤于其事。寻转营构左都将。兴和初，卫大将军。宫殿成，以本将军除东徐州刺史。③

按张熠在建筑方面也是有专长的，他在北魏后期灵太后兴建永宁寺塔时就曾发挥过重要作用，史载张熠自扬州车骑府录事参军"入除步兵校尉。永宁寺塔大兴，经营务广，灵太后曾幸作所，凡有顾问，熠敷陈指

---

① 《北史》卷八一《儒林上·李业兴传》，第九册，第2722—2723、2725页。
② 《北史》卷八一《儒林上·李业兴传附子崇祖传》，第九册，第2725—2726页。
③ 《魏书》卷七九《张熠传》，第五册，第1766页。

画，无所遗阙，太后善之"①。

除高隆之、辛术、李业兴、张熠外，邺南城宫室营建的具体负责者还有元轨、李仲璇、任集等人。《魏书·神元平文诸帝子孙·真定侯陆传》："陆曾孙轨，字法寄，稍迁洛阳令。时天下多事，轨惟以深刻遇下，死多酷滥，识者非之。孝静时，邺宫创制，以轨为营构使。"②同书《李顺传附仲璇传》："转车骑将军、左光禄大夫。天平初，迁都于邺，以仲璇为营构将作，进号卫大将军。出除车骑大将军、兖州刺史。仲璇以孔子庙墙宇颇有颓毁，遂修改焉。还，除将作大匠。所历并清勤有声。"③可见李仲璇曾两次负责邺城兴建事宜。据《北齐书·高隆之传》记载，"太府卿任集同知营构，颇相乖异"，隆之"构成其罪，诛害之"④。元轨为北魏末代洛阳令，在东魏初年担任邺宫营构使，表明以北魏洛阳城作为蓝本的确是东魏邺城兴建的一个基本原则。李仲璇的经历显示，他是一个善于营构事务的人。⑤

---

① 《魏书》卷七九《张熠传》，第五册，第1766页。

② 《魏书》卷一四《神元平文诸帝子孙·真定侯陆传附曾孙轨传》，第二册，第346页。

③ 《魏书》卷三六《李顺传附仲璇传》，第三册，第845页。按兴和二年（541）《李仲璇修孔子庙碑》载其曾任"司徒左长史中散太中大夫营构都将"（《金石萃编》卷三一《东魏二》，中国书店1985年版）。由此可见，《魏书·李仲璇传》所载"营构将作"不准确，李仲璇（璇）所任应为营构都将。

④ 《北齐书》卷一八《高隆之传》，第一册，第238页。

⑤ 学界近年的相关研究大都注意到高隆之、辛术、李业兴、张熠负责邺南城兴建事务的史实，个别也注意到任集参与其事，但却忽略了元轨和李仲璇二人参与邺南城兴建的记载。著者在《北魏洛阳里坊制度探微》（《历史研究》1999年第6期）一文中已经注意到北魏末代洛阳令元轨参与东魏北齐邺都兴建的史实，认为它是显示邺都与北魏洛阳承袭关系的一个实例。郭济桥《邺南城昭阳殿考略》一文认为：在邺南城兴建中，"高隆之、任集和辛术运木材、石料并负责设计规划，以高隆之为中心"（河北省文物研究所：《河北省考古文集》二，燕山出版社2001年版，第423页）。按负责运木材（撤毁洛阳宫殿成材）者为张熠，负责设计规划者为李业兴，而非高隆之、任集和辛术。他又认为："高隆之、任集、辛术、李业兴、张熠、崔季舒、刘龙等人负责规划、监造、营建邺城宫室、园囿和城墙。"按崔季舒是在北齐后主时（565—576）负责修复火灾后的昭阳殿（《北齐书》卷三九《崔季舒传》，第二册，第512页），刘龙则是在北齐后主时负

武定五年（547）九月己亥（初五，10.4），文襄帝高澄请"罢营构之官"①。如上所述，东魏初年以来所设"营构之官"包括营构大将（大将军）、营构左右都将、营构将作、营构使，还有以他官"典营构"、"知营构"邺都宫室者。"罢营构之官"表明，从东魏初年开始的都城兴建工作至此已正式结束。当然，新宫虽然在兴和元年十一月癸亥（十三，12.9）建成，但是邺城的兴建工作并未完全停止，而是断断续续地一直在进行中，如武成帝和后主时期对后宫的扩建以及昭阳殿火灾后进行的修复都是颇具规模的。

三、邺南城宫殿主要设施

邺"南城自兴和迁都之后，四民辐凑，里闬阗溢"，"自高欢善之，高洋饰之，卑陋旧贯，每求过美，故规模密于曹魏，奢侈甚于石赵"。②北周消灭北齐后，周武帝于建德六年（577）正月辛丑（廿七，3.2）下诏摧毁北齐旧都："伪齐叛涣，窃有漳滨，世纵淫风，事穷雕饰。或穿池运石，为山学海；或层台累构，槩日凌云。以暴乱之心，极奢侈之

责修复三爵台（《隋书》卷六八《何稠传附刘龙传》，第1598页），皆与东魏初年邺南城的修建无关。刘龙还是隋初新都营建的主要负责人，《隋书》卷一《文帝纪》：开皇二年（582）六月，"仍诏左仆射高颎、将作大匠刘龙、钜鹿郡公贺娄子干、太府少卿高龙又等创造新都"（第一册，第18页）。郭济桥还认为："营构首都，当属将作大将之制，汉代称将作少府或少府……汉景帝中元六年，将作少府更名将作大将……魏晋南北朝时为列卿，有时称营构大将。"（《河北省考古文集》二，第423页）按"将作大将"有误，应为将作大匠，东魏初年兴建邺南城时所设营构大将与秦汉以来的将作大匠制度无关，将作大匠在魏晋南北朝时也不是列卿。徐光冀《东魏北齐邺南城平面布局的复原研究》一文中谓参与邺南城兴建工程的辛术的职务为"解褐司空胄曹参军"（《宿白先生八秩华诞纪念文集》，第211页），按这是指司空胄曹参军为辛术的起家官，"解褐司空胄曹参军"并非官名。当时辛术的职务为尚书起部郎中，也可能仍兼司空胄曹参军。

① 《北史》卷六《齐本纪上·世宗文襄帝纪》，第一册，第234页。
② 《嘉靖彰德府志》卷八《邺都宫室志》。

事，有一于此，未或弗亡。……其东山、南园及三台可并毁撤。"①出自
敌对政权君主政令的这一描述，在在显示东魏北齐邺南城规模之宏大、
建筑之华丽。就魏晋南北朝时代的都城而论，邺南城之建置当属极致。
兹据文献记载并结合考古资料，对邺南城宫殿主要设施加以考述。

1. 邺南宫概貌

邺南城宫城中的主要建筑设施，昭阳殿（本名显阳殿）早在东魏
初年就已建成，太极殿在魏齐禅代之际也已存在，宣光等殿则建于北
齐天保二年（551）②。《嘉靖彰德府志·邺都宫室志·（邺都南城）宫内》
（以下简称《邺都宫室志》）有关东魏北齐邺南城的记载如下：

> 宫室：止车门，端门，阊阖门，云龙门，神虎门，太极殿，太
> 极东堂，太极西堂，朱华门，昭阳殿，东阁，西阁，含光殿，凉风
> 殿，永巷，五楼门，显阳殿，宣光殿，镜殿，宝殿，璲瑁殿，修
> 文殿，偃武殿，圣寿堂，玳瑁楼，后园。③

这是东魏北齐都城邺南城宫城的主要建筑设施。自"止车门"至"北
园"，其顺序为自南向北。从《邺都宫室志》注引《邺中记》等书的记
载可以看出整个南宫的大貌，"宫室"条注引《邺中记》云：

> 宫东西四百六十步，南北连后园至北城，合九百步。东西南
> 北表里合二十一阙，高一百尺，砖文隐起鸟兽花草之状，并"大
> 齐天保六年"字，又有"千秋万岁"字。④

---

① （唐）令狐德棻等撰：《周书》卷六《武帝纪下》，中华书局1971年版，第101页。
② 《北齐书》卷四《文宣纪》，第一册，第50、55页；卷二四《杜弼传》，第二册，第350
页；卷二九《李绘传》，第二册，第395页；卷三〇《崔昂传》，第二册，第406页。
③ 《嘉靖彰德府志》卷八《邺都宫室志·（邺都南城）宫内》。
④ 《嘉靖彰德府志》卷八《邺都宫室志·（邺都南城）宫内》。

这一记载表明，邺南宫在建成以后曾进行过一次大规模的修缮，其时间应在北齐文宣帝高洋天保六年（555）。按中国古代1步为6尺，东魏北齐1尺合今0.302米，则宫城中21阙的高度约为30米（100×0.302＝30.2），其规模堪称雄伟。

据以上记载，宫东西约为833米（460×6×0.302＝833.52），北连后园至北城约为1631米（900×6×0.302＝1630.8），则其面积约为1.36平方公里（1359304.416平方米≈20390市亩）。而根据邺南城考古发掘实测，邺南城"宫城东西约620米、南北970米"[①]，此南北长度并不是从宫城南墙"连后园至北城"的距离。若不算后园，按考古发掘实测东西、南北长度计算，则邺南城宫城面积约为0.6平方公里（620×970＝601400平方米≈9015市亩）。据《邺都宫室志》注引《邺中记》的记载，邺南城的规模是东西六里（3261.6米）、南北八里六十步（4457.52米），其面积最大值约为14.54平方公里（14538647.23平方米），考虑到邺南城"龟象"之形，其实际面积当在13平方公里左右[②]。考古发掘实测与之有较大出入（远小于历史记载），"邺南城最宽处东西2800米、南北3460米"，则邺南城面积最大值约为9.688平方公里（因其形"龟象"，故实际面积要小于此，大约为8～9平方公里）[③]。若以历史记载东西南北长度计算，则宫城（连后园）面积约为1.36平方公里（20390市亩），约占邺南城总面积的15%（不算后园其比例当在10%左右）。以考古发

---

① 中国社会科学院考古研究所、河北省文物研究所邺城考古工作队：《河北临漳县邺南城遗址勘探与发掘》，《考古》1997年第3期。

② 《北齐书》卷一八《高隆之传》载，"增筑南城，周回二十五里"（第一册，第236页）；《邺中记》载，邺南城东西6里、南北8里60步。以东魏北齐尺度（1尺合今0.302米）计算，1步为6尺合今1.812米，1里为300步合今543.6米（6×0.302×300），则邺南城周回25里合今13590米。东西6里、南北8里60步之最大周长（长方形）约为15438米。若文献记载之周长与东西南北距离无误，则其形"龟象"之邺南城的实际周长为长方形周长之88%。权以此标准推算，则邺南城之实际面积约为12.794平方公里。

③ 以与上例同样的比例计算考古实测面积，则其应为8.53平方公里。

掘实测计，宫城约占邺南城总面积的7%。也就是说，大体上宫城面积约占邺南城总面积的7～10%。不过，考古发掘实测仅就今天的地表而论，而东魏北齐邺南城今已位于地下数米，由于漳河改道以及地震等因素的影响，其原貌包括东西南北长度恐怕已很难复原，似不能一概以今天地上实测数据来确定原来邺南城及其宫城的面积，进而否定历史文献记载的准确性。

邺南宫在修建完成后即成为东魏北齐王朝的主要政治中心，其作用在北齐后期显得尤为突出。《北齐书·武成纪》："大宁元年（561）冬十一月癸丑（十一，12.3），皇帝即位于南宫，大赦，改皇建二年为大宁。"[1]《琅邪王俨传》："俨器服玩饰，皆与后主同，所须悉官给。于南宫尝见新冰早李，还，怒曰：'尊兄已有，我何意无！'"[2]《孝昭帝纪》："性至孝，太后不豫，出居南宫，帝行不正履，容色贬悴，衣不解带，殆将四旬。殿去南宫五百余步，鸡鸣而去，辰时方还，来去徒行，不乘舆辇。太后所苦小增，便即寝伏阁外，食饮药物尽皆躬亲。"[3]按太后即孝昭帝生母神武明皇后娄氏，太后生病后是从北宫搬到南宫还是从南宫搬到北宫，从这条记载看不出来。同书《神武明皇后娄氏传》："孝昭即位，复为皇太后。孝昭帝崩，太后又下诏立武成帝。大宁二年（562）春，太后寝疾……四月辛丑（初二，5.20），崩于北宫，时年六十二。"[4]看来娄太后在生病后是从南宫搬出住到了北宫，孝昭帝是从南宫徒步五百步（约674米）穿越北园到北宫太后所住宫殿看望其生母的。

《邺都宫室志》"止车门"条注引《邺中记》云："止车门内，次至端门；端门之内，次至闾阖门。"[5]可知在止车门与闾阖门之间还有端

① 《北齐书》卷七《武成纪》，第一册，第90页。

② 《北齐书》卷一二《武成十二王·琅邪王俨传》，第一册，第161页。

③ 《北齐书》卷六《孝昭纪》，第一册，第85页。

④ 《北齐书》卷九《神武明皇后娄氏传》，第一册，第124页。

⑤ 《嘉靖彰德府志》卷八《邺都宫室志·（邺都南城）宫内》。

门。"云龙门，神虎门"条注引《邺中记》云："端门之内，太极殿前，东、西有街，东出云龙门，西出神虎门，朝官至此门，则整肃衣冠而入。盖太极殿前，直端门，疑有屏垣，故于端门之内，东、西复作此二门也。"[1] 按云龙门、神虎门当为邺南宫东、西城门，其南北方位介于端门与太极殿之间，朝官在进入太极殿上朝前，应是先从宫城外东、西街"整肃衣冠而入"宫城东云龙门、西神虎门，再经宫城内东、西街到达太极殿门口。据此，则北齐邺南宫宫城门自南向北依次为：止车门，端门，阊阖门，云龙门（东）、神虎门（西），朱华门，五楼门。此与《周礼》皋、雉、库、应、路（露）门之制度大体相仿。这也进一步证实了邺南宫设计时制定的"宪章前代"的原则确实得到了贯彻。

2. 阊阖门·太极殿·昭阳殿

阊阖门是区分邺南宫宫殿内、外的界标，即阊阖门之外（南）为殿外，阊阖门之内（北）为殿内（即禁中），南宫最主要的宫殿太极殿与昭阳殿就在阊阖门内。阊阖门在所有宫门中最为重要，其外观也是所有宫门中最为辉煌壮观的。《邺都宫室志》"阊阖门"条注：

> （阊阖门）南直止车门，北直太极殿，盖宫室之外正门也。《邺中记》云：其门峥嵘耸峙，千云迥出，飞檐峻宇，梁楸欹危，绮井隆崇，搏风薄雾，高囱鸟影，晚日留晖，宝铎铿锵，随风合韵。过其下者，莫不骇目，自惊恍惚如失也。《邺中记》又云：清都观在阊阖门上，其观两相屈曲，为合数十间，连阙而上。观下有三门，门扇以金铜为浮沤钉，悬铎振响。天子讲武、观兵及大赦，登观临轩。其上坐容千人，下亦数百。门外御路直南及东西两傍有大槐柳，十步一株，清阴合其上，渌水流其下。[2]

---

① 《嘉靖彰德府志》卷八《邺都宫室志·（邺都南城）宫内》。
② 《嘉靖彰德府志》卷八《邺都宫室志·（邺都南城）宫内》。

阊阖门上之清都观居然有阁数十间，足见此门规模之大。①

　　阊阖门内之太极殿在邺南宫所有宫殿中规格最高，其外观极为华美壮丽。《邺都宫室志》"太极殿"条注：

　　　　《邺中记》云：阊阖门之内有太极殿。《故事》云：其殿周回一百二十柱，基高九尺，以珉石砌之。门闼并以金银为饰，外画古忠谏直臣，内画古贤酾兴之士。橡栿斗拱，尽以沉香木，橡端复装以金兽头，每间缀以五色朱丝网，上属飞檐以碍燕雀；阶间石面隐起'千秋万岁'字，诸奇禽异兽之形。瓦用胡桃油，光辉夺目。有外客国使诸番入朝，则殿幕垂流苏以覆之。殿上金葱台十三枚，各受一石云。②

按《故事》即《邺都宫室志》后文注所见《邺都故事》或《邺中故事》。太极殿是朝廷主要的政治活动场所。《北齐书·文宣纪》：武定八年（天保元年）五月辛亥（初三，6.2），"是日，京师获赤雀，献于南郊。事毕，还宫，御太极前殿"。天保十年"冬十月甲午（初十，11.25），帝暴崩于晋阳宫德阳堂，时年三十一"。"十一月辛未（十八，560.1.1），梓宫还京师。十二月乙酉（初二，1.15），殡于太极前殿。"③太极前殿亦即太极殿。太极殿旁有东、西堂。"太极东堂"条注："在殿之东。""太

---

① 《邺都宫室志·（邺都南城）城门》"朱明门"条注："《邺中记》云：门上起楼，势屈曲，随城上下。东西二十四门，朱柱白壁，碧窗朱户，仰宇飞檐，五色晃耀，独雄于诸门，以为南端之表也。"按朱明门遗址已进行了全面的考古发掘，并根据发掘作出了复原。参见中国社会科学院考古研究所、河北省文物研究所邺城考古工作队《河北临漳县邺南城朱明门遗址的发掘》，《考古》1996年第1期；郭义孚《邺南城朱明门复原研究》，同上。从《邺都宫室志》注引《邺中记》的记载来看，阊阖门的规模比朱明门有过之而无不及，朱明门的考古研究结果对于认识阊阖门的具体情况可作为一重要参照系。
② 《嘉靖彰德府志》卷八《邺都宫室志·（邺都南城）宫内》。
③ 《北齐书》卷四《文宣纪》，第一册，第50、67页。

极西堂"条注："在殿之西。"①

《邺都宫室志》"朱华门"条注："《邺中记》曰：太极殿后三十步，至朱华门，门内即昭阳殿。"② 朱华门是区分太极殿与昭阳殿亦即内、外朝的大门。太极殿是皇帝与朝臣朝会议政的中心，可以看作是外朝；昭阳殿是皇帝在宫内的主要理政和生活起居中心，可以看作是内朝。昭阳殿的规格仅次于太极殿，亦颇为华丽。同上"昭阳殿"条注：

（昭阳殿）在太极殿后，朱华门内。《邺中记》曰：殿东、西各有长廊，廊上置楼，并安长囱，垂珠帘，通于内阁。每至朝集大会，皇帝临轩，则宫人尽登楼奏乐，百官列位，诏命仰听弦管，颁赉，侍行群臣皆称万岁。太史长史唱讫，丝竹竟发，金石和鸣。斋午之际，所司进奏讫，群臣班退。自高纬天统之末，躭淫无度，或一入内，经旬不朝，文武簪裾，虚位而散矣。《邺都故事》云：此殿周回七十二柱，基高九尺，以文石砌之。门囱尽饰以镂金，栏楯尽以沉香木为之。外画东汉二十八将，内画孝子顺孙。梁拱间刻出奇禽异兽，或蹲或踞，或腾逐往来。橑首叩以金兽，乃悬五色珠帘，冬施蜀锦帐，夏施碧油帐。殿上有金葱台十三枚，各受七斗云。③

---

① 关于魏晋南北朝时期的太极殿及东、西堂的详细情况，参见刘敦桢《六朝时期之东西堂》，《刘敦桢文集》第三卷，中国建筑工业出版社1987年版，第456—463页；李文才《太极殿与魏晋南北朝政治》，拙编《黎虎教授古稀纪念中国古代史论丛》，世界知识出版社2006年版，第502—538页。刘敦桢认为：曹魏及两晋南北朝都城中，"在大朝太极殿左右建有处理日常政务的东西堂"（《中国古代建筑史》，第50页），自曹魏都城洛阳"营太极殿为大朝，又建东、西堂供朝谒、讲学之用"，"迄于南北朝末，兼为听政、颁令、简将、饯别、举哀、斋居之所"（《六朝时期之东西堂》，《刘敦桢文集》第三卷，第456页）。

② 《嘉靖彰德府志》卷八《邺都宫室志·（邺都南城）宫内》。

③ 《嘉靖彰德府志》卷八《邺都宫室志·（邺都南城）宫内》。按昭阳殿"外画东汉二十八将，内画孝子顺孙"以及上文所见太极殿"外画古忠谏直臣，内画古贤酣兴之士"，当

从处理国政的角度看，昭阳殿与太极殿是有差别的，太极殿应是主要的议政之处，也是皇帝接见外国及诸番使节的场所，而昭阳殿则是朝臣定期朝会集议（"朝集大会"）的场所（常朝）。① 昭阳殿在北齐史乘中比较常见。昭阳殿本名显阳殿，天保二年（551）七月"己卯（初八，8.24），改显阳殿为昭阳殿"②。东魏时孝静帝元善见主要是在显阳殿活动。《北齐书·李绘传》："魏静帝于显阳殿讲《孝经》《礼记》，绘与从弟骞、裴伯茂、魏收、卢元明等俱为录议。"③ 时在东魏初年。同书《杜弼传》："（武定）六年（548）四月八日，魏帝集名僧于显阳殿讲说佛理，弼与吏部尚书杨愔、中书令邢邵、秘书监魏收等并侍法筵。"④《崔昂传》："武定六年，甘露降于宫阙，文武官僚同贺显阳殿。魏帝问仆射崔暹、尚书杨愔等曰……"⑤《高德政传》载高洋篡位前夕，"魏孝静在昭阳殿，引见""入通奏事"诸臣。⑥《魏书·孝静帝纪》："及将禅位于文宣，襄城王旭及司徒潘相乐、侍中张亮、黄门郎赵彦琛等求入奏事，帝在昭阳殿见之。"⑦ 按当时显阳殿尚未改名，故本纪及《北齐书·高德政传》所记昭阳殿乃显阳殿。昭阳殿在北齐后期曾发生火灾，史载后

是对邺北城遗制的继承。《晋书》卷九五《艺术·佛图澄传》载，"（石）季龙造太武殿初成，图画自古贤圣、忠臣、孝子、烈士、贞女"云云（（唐）房玄龄等撰，中华书局1974年版，第八册，第2490页）。

① 刘敦桢认为：东魏所建邺南城的"布局大体继承北魏洛阳的形式"，"宫城位于城的南北轴线上，大朝太极殿的左右虽建东西堂，但在这组宫殿的两侧又并列含元殿和凉风殿，而太极殿后面还有朱华门和常朝昭阳殿"。（《中国古代建筑史》，第78页）按东魏北齐邺南城昭阳殿左右有含光殿和凉风殿（见下），并不位于太极殿左右。李文才认为"东、西堂为常朝"（《太极殿与魏晋南北朝政治》，《黎虎教授古稀纪念中国古代史论丛》，第502页），实误。

② 《北齐书》卷四《文宣纪》，第一册，第55页。

③ 《北齐书》卷二九《李绘传》，第二册，第395页。

④ 《北齐书》卷二四《杜弼传》，第二册，第350页。

⑤ 《北齐书》卷三〇《崔昂传》，第二册，第410页。

⑥ 《北齐书》卷三〇《高德政传》，第二册，第408页。

⑦ 《魏书》卷一二《孝静帝纪》，第一册，第314页。

主天统四年（568）"夏四月辛未（初七，5.18），邺宫昭阳殿灾，及宣光、瑶华等殿"①。《北齐书·崔季舒传》："大宁（561）初，追还，引入慰勉。累拜度支尚书、开府仪同三司。营昭阳殿，敕令监造。以判事式为胡长仁密言其短，出为西兖州刺史。"②此处所记"营昭阳殿"是指火灾之后对昭阳殿进行的修复（重建），而非最初的营建。《邺都宫室志》本条注："《北史》曰：天保二年，改显阳还为昭阳。或曰：此昭阳后殿也，后移显阳名之耳。"除非有非常紧急的公务，平时朝臣不得进入昭阳殿。公元 560 年常山王演与长广王湛发动政变，高演与高归彦等执"送（杨）愔等于御前。长广王及归彦在朱华门外。太皇太后临昭阳殿，太后及帝侧立"③。"大宁二年（562），（封子绘）迁都官尚书。高归彦作逆，召子绘入见昭阳殿。帝亲诏子绘曰……即以其日驰传赴军"④。武平七年（575）十二月北周军队攻围晋阳，后主禅位于安德王延宗，逃回邺城，不久晋阳被占，延宗战死。"甲子（二十，577.1.24），皇太后从北道至。引文武一品已上入朱华门，赐酒食，给纸笔，问以御周之方。群臣各异议，帝莫知所从。又引高元海、宋士素、卢思道、李德林等，欲议禅位皇太子。"⑤按"入朱华门"实即进入昭阳殿。

东魏北齐邺南城太极殿与昭阳殿皆壮丽奢华，其用材及装潢的豪华程度比太极殿更胜一筹。昭阳殿中有与娱乐休闲有关的设施，而太极殿则无。昭阳殿可以设宴，《北齐书·陆法和传》载"文宣宴法和及其徒属于昭阳殿，赐法和钱百万"⑥可证。太极殿则未见到类似的事例。北齐南宫又有九龙殿，《后主纪》载天统三年（567）正月"邺宫九龙殿

① 《北齐书》卷八《后主纪》，第一册，第 101 页。
② 《北齐书》卷三九《崔季舒传》，第二册，第 512 页。
③ 《北齐书》卷三四《杨愔传》，第二册，第 459 页。
④ 《北齐书》卷二一《封子绘传》，第一册，第 306 页。
⑤ 《北齐书》卷八《后主纪》，第一册，第 110 页。
⑥ 《北齐书》卷三二《陆法和传》，第二册，第 431 页。

灾，延烧西廊"①。西廊当即位于昭阳殿之西的西长廊，则九龙殿或即昭阳殿。然据上引《后主纪》，昭阳殿遭受火灾是在天统四年四月，则九龙殿并非昭阳殿。九龙殿有可能是昭阳殿之旁殿。东魏时九龙殿就已建成。《北齐书·杜弼传》："后从高祖破西魏于邙山，命为露布，弼手即书绢，曾不起草。以功赐爵定阳县男，邑二百户，加通直散骑常侍、中军将军。奉使诣阙，魏帝见之于九龙殿。"② 总之，朱华门以北为皇帝及其后宫生活区（东宫亦在此），昭阳殿为皇帝寝宫，为内朝的中心。

3. 后宫·后园（华林园）

昭阳殿之北五楼门内为后宫区。《邺都宫室志》"五楼门"条注："《邺中记》云：昭阳殿后有永巷，巷北有五楼门，门内则帝后宫嫔御所居之处也。""宣光殿"条："《邺中记》云：昭阳殿后有永巷，巷北有五楼门。门内则帝后宫，有左、右院。左院有殿，名显阳；右院有殿，名宣光。"③ 五楼门上很可能建有五层楼阁，或即其得名之由来。又有镜殿、宝殿、瑇瑁殿、修文殿、偃武殿、圣寿堂，皆后宫嫔妃所居之处。前三殿为后主高纬（565—576）建于"后宫嫔嫱诸院中"，后二殿及圣寿堂为武成帝高湛于河清（562—564）中"拓破东宫"所造。《北齐书·后主纪》："承武成之奢丽，以为帝王当然。乃更增益宫苑，造偃武修文台，其嫔嫱诸宫中起镜殿、宝殿、瑇瑁殿，丹青雕刻，妙极当时。"武平三年（572）正月，"敕撰《玄洲苑御览》，后改名《圣寿堂御览》"；八月，"《圣寿堂御览》成，敕付史阁，后改为《修文殿御览》"。④ 按修文殿御览的主撰者之一为颜之推，其所撰《观我生赋》"纂书盛化之旁，待诏崇文之里"条本注："齐武平中，署文林馆待诏者仆射阳休之、祖孝征以下三十余人，之推专掌，其撰《修文殿御览》《续文章流别》等

① 《北齐书》卷八《后主纪》，第一册，第99页。
② 《北齐书》卷二四《杜弼传》，第二册，第348页。
③ 《嘉靖彰德府志》卷八《邺都宫室志·（邺都南城）宫内》。
④ 《北齐书》卷八《后主纪》，第一册，第105—106、113页。

皆诣进贤门奏之。"① 据此可知，至迟在武平三年前北齐南宫已有圣寿堂及修文殿，且当时圣寿堂应为后主高纬日常居住之处，后来修文殿则成为他经常逗留的地方。《北齐书·祖珽传》："珽自是专主机衡……后主亦令中要数人扶侍出入，著纱帽。直至永巷，出万春门向圣寿堂，每同御榻论决政事。委任之重，群臣莫比。"② 这一记载证实了以上推断。史载武成帝河清四年（565）三月，"又有神见于后园万寿堂前山穴中，其体状大，不辨其面，两齿绝白，长出于唇，帝直宿嫔御已下七百人咸见焉"。"天统四年十二月辛未（569.1.13），太上皇帝崩于邺宫乾寿堂"。③ 万寿堂、乾寿堂当即圣寿堂之别名。据此，则圣寿堂的确建于武成帝时期，不过最初名为万寿堂，后改为乾寿堂，圣寿堂应是太上皇武成帝死后后主所改之名。看来武成帝晚年主要也是在后宫之万寿堂（乾寿堂）居住。

在后宫区之北位于邺城南宫最北端的是后园（北园），它是位于邺南城（宫城）北端与邺北城相连的一个御花园。后园在有关北齐的其他文献中未见记载，很可能就是史书中常见的华林园，或者说后园为华林园之一部分。文宣帝死后常山、长广二王发动政变，常山王高演（孝昭帝）令领军大将军高归彦"引侍卫之士向华林园，以京畿军入守门阁，斩（武卫）娥永乐于园"。④ 根据上引有关记载可知，高归彦是从南宫昭阳殿北行到达华林园的，则华林园应在后宫之北不远。东平王俨颇受其父武成帝宠爱，任京畿大都督、领军大将军、领御史中丞等职，"初从北宫（邺北城）出，将上中丞（在南宫，见下），凡京畿［之］步骑，领军之官属，中丞之威仪，司徒之卤簿，莫不毕备。帝与胡后在华林园东门外张幕，隔青纱步障观之"。"更敕令驻车，传语良久，观者倾京邑。"⑤ 很

---

① 《北齐书》卷四五《文苑·颜之推传》，第二册，第 624 页。
② 《北齐书》卷三九《祖珽传》，第二册，第 520 页。
③ 《北齐书》卷七《武成纪》，第一册，第 94—95 页。
④ 《北齐书》卷六《孝昭纪》，第一册，第 81 页。
⑤ 《北齐书》卷一二《武成十二王·琅邪王俨传》，第一册，第 160—161 页。

显然，高俨是从北宫住所途经华林园而上南宫御史台的。最能显示华林园确切位置的是《北齐书·赵郡王叡传》的记载，高叡在世祖（武成帝）死后不久即上奏太后，坚持要求令恩倖和士开外任，引起太后不悦，"入见太后，太后复以为言，叡执之弥固。出至永巷，遇兵被执，送华林园，于雀离佛院令刘桃枝拉而杀之"。① 如上所述，永巷位于昭阳殿与五楼门之间，是昭阳殿通往后妃居住区及北园的必经之路。华林园也是皇家举行宴会和游乐活动的重要场所。东魏时薛孤延"为左厢大都督，与诸军将讨颍州。延专监造土山，以酒醉为敌所袭据。颍州平，诸将还京师，宴于华林园，世宗启魏帝，坐延于阶下以辱之"②。东魏孝静帝还曾于华林园宴高欢等朝臣，参加宴会者有高欢长子高澄及御史中尉崔暹等人③。武成帝时唐邕任黄门侍郎，"于华林园射，特赐金带宝器服玩杂物五百种"④。北齐后主还曾"于华林园立贫穷村舍，帝自弊衣为乞食儿"，"又为穷儿之市，躬自交易"⑤。《邺都宫室志》"芳林园"条注："《邺中记》云：魏武所筑，后避齐王讳，改名华林。后赵石虎建武十四年（348）重修。"⑥《晋书·石季龙载记下》："凿北城，引水于华林园。城崩，压死者百余人。"⑦ 此证后赵邺都华林园在北城旁。《王雅传》："帝起清暑殿于后宫，开北上阁，出华林园，与美人张氏同游止，惟雅与焉。"⑧ 这表明，东晋都城建康之华林园即在宫城北端，在后宫之北。种

---

① 《北齐书》卷一三《赵郡王叡传》，第一册，第173页。
② 《北齐书》卷一九《薛孤延传》，第一册，第256页。
③ 《北齐书》卷三〇《崔暹传》，第二册，第404—405页。
④ 《北齐书》卷四〇《唐邕传》，第二册，第531页。
⑤ 《北齐书》卷八《后主纪》，第一册，第113页。
⑥ 《嘉靖彰德府志》卷八《邺都宫室志·（邺都南城）宫内》。《三国志》卷二《魏书·文帝纪》黄初四年（223）"九月甲辰（十九，10.30），行幸许昌宫"。裴注："是冬，甘露降芳林园。臣松之按：芳林园即今华林园，齐王芳即位，改为华林。"（第一册，第84页）按此芳林园并非邺城之芳林园，而应该是洛阳之芳林园。
⑦ 《晋书》卷一〇七《石季龙载记下》，第九册，第2782页。
⑧ 《晋书》卷八三《王雅传》，第七册，第2179页。

种迹象显示，北齐邺城宫城北部之后园应即华林园或其一部分。①

4. 云龙/万春门·神虎/千秋门

如上所述，云龙门为邺南城宫城东门，为朝官上朝前经过的主要宫门之一。云龙门在史书中曾多次出现："魏孝静帝以人日登云龙门"设宴，文士崔瞻父子及邢邵等侍宴于侧。② 高演、高湛政变时，"率高归彦、贺拔仁、斛律金拥慆等唐突入云龙门"③。领军将军判尚书右仆射事义阳王鲜于世荣，"为乘马至云龙门外入省北门，为宪司举奏免官"④。武成帝死后，"赵郡王叡与娄定远等谋出（和）士开"，"属太后觞朝贵于前殿，叡面陈士开罪失"，"明日，叡等共诣云龙门，令（元）文遥入奏之，太后不听"。⑤ 以上记载显示，云龙门确为王公贵族入朝的必经之地。《北齐书·祖珽传》："珽自是专主机衡……后主亦令中要数人扶侍出入，著纱帽。直至永巷，出万春门向圣寿堂，每同御榻论决政事。委任之重，群臣莫比。"⑥ 从《祖珽传》的记载推测，万春门似即《邺都宫室志》所载五楼门。《高德政传》："魏静帝登车出万春门，直长赵道德在车中陪侍，百官在门外拜辞。遂入北城下司马子如南宅。帝至城南顿所。"⑦ 这一记载似乎也表明万春门在宫城之北，或即五楼门。然而这一判断是错误的。据《魏书·孝静帝纪》载，在直长赵道德车中陪侍下孝静帝离开南宫，"及出云龙门，王公百僚衣冠拜辞"⑧。两相对照，可以明确万春门实即云龙门，而非五楼门。

---

① 关于邺城皇家园林的专门研究，参见朱岩石《鄴城の皇家園林の機能と意義》。

② 《北齐书》卷二三《崔瞻传》，第一册，第336页。

③ 《北齐书》卷三四《杨愔传》，第二册，第458页。又可参见同书卷六《孝昭纪》、卷一四《平秦王归彦传》，第一册，第81、187页。

④ 《北齐书》卷四一《鲜于世荣传》，第二册，第539页。

⑤ 《北齐书》卷五〇《恩倖·和士开传》，第二册，第687—688页。

⑥ 《北齐书》卷三九《祖珽传》，第二册，第520页。

⑦ 《北齐书》卷三〇《高德政传》，第二册，第409页。

⑧ 《魏书》卷一二《孝静帝纪》，第一册，第314页。

《北齐书·和士开传》载领军库狄伏连"发京畿军士帖神武千秋门外"①，而同书《武成十二王·琅邪王俨传》则记领军库狄伏连"伏五十人于神兽（虎）门外"②，可知神武（虎）千秋门即宫城西门神虎门。《魏书·孝静帝纪》："帝不堪忧辱……常侍、侍讲荀济知帝意，乃与华山王大器、元瑾密谋，于宫内为山，而作地道向北城。至千秋门，门者觉地下响动，以告文襄。文襄勒兵入宫，曰：'陛下何意反邪！臣父子功存社稷，何负陛下邪！'"③ 显然，东魏孝静帝在宫中的住所距千秋门较近，表明孝静帝是在西阁居住（实际是软禁于此；关于东、西阁的具体情况，详见下文）。《北齐书·琅邪王俨传》载和士开被杀后，"俨遂率京畿军士三千余人屯千秋门，帝使刘桃枝将禁兵八十人召俨"。在危机关头，斛律光"入见后主于永巷"，谓后主云："至尊宜自至千秋门，琅邪必不敢动。"④ 同书《皮景和传》载"琅邪王之杀和士开也，兵指西阙，内外惶惑，莫知所为"，领军将军皮"景和请后主出千秋门自号令"⑤。《文襄六王·广宁王孝珩传》：隆化二年（577）正月乙亥（初一，2.4），幼主高恒即位，以广宁王孝珩为太宰。"（孝珩）与呼延族、莫多娄敬显、尉相愿同谋，期正月五日，孝珩于千秋门斩高阿那肱，相愿在内以禁兵应之，族与敬显自游豫园勒兵出。⑥ 既而阿那肱从别宅取便路入宫，事不果。"⑦

---

① 《北齐书》卷五〇《和士开传》，第二册，第 689 页。

② 《北齐书》卷一二《武成十二王·琅邪王俨传》，第一册，第 162 页。

③ 《魏书》卷一二《孝静帝纪》，第一册，第 313 页。

④ 《北齐书》卷一二《武成十二王·琅邪王俨传》，第一册，第 162 页。

⑤ 《北齐书》卷四一《皮景和传》，第二册，第 537 页。

⑥ 按游豫园"周回十二里"，据《邺都故事》云："齐文宣天保七年（556），于铜爵台西漳水之南筑此园，以为射马之所。"（《嘉靖彰德府志》卷八《邺都宫室志·（邺都南城）城内外杂录》"游豫园"条注）《北齐书》卷四《文宣纪》：天保九年（558）八月乙丑（初四，9.2），"先是，发丁匠三十余万营三台于邺下，因其旧基而高博之，大起宫室及游豫园。至是，三台成，改铜爵曰金凤，金兽（虎）曰圣应，冰井曰崇光。十一月甲午（初五，11.30），帝至自晋阳，登三台，御乾象殿，朝宴群臣，并命赋诗。以新宫成，丁酉（初八，12.3），大赦，内外文武普泛一大阶"（第一册，第 65 页）。

⑦ 《北齐书》卷一一《文襄六王·广宁王孝珩传》，第一册，第 145 页。

按高阿那肱时任"录尚书事，又总知外兵及内省机密"①，为北齐朝廷最有权势的大臣。种种迹象显示，北齐后主大部分时间是在西阁居住，其地距千秋门较近，故高俨叛乱及其被平定，主要争夺点是在千秋门附近，而幼主即位之初太宰高孝珩欲"于千秋门斩高阿那肱"。

东魏北齐邺南城宫城西门神虎门即千秋门，东门云龙门即万春门。上引《邺中记》载宫城二十一阙砖文隐起"千秋万岁"字，太极殿阶间石面亦隐起'千秋万岁'字，宫门取千秋、万春之名，正与此"千秋万岁"意合。据《洛阳伽蓝记》记载，北魏洛阳宫城西部有三门，自南向北依次为通门、神虎门、千秋门，东部有二门，自南向北依次为云龙门、东（朱）华门，神虎门与云龙门相对，居于宫城东西中心线上。② 按照北魏洛阳宫城建置推测，东魏北齐邺南城宫城西部可能有两门，神虎门在南，千秋门在北，宫城东部可能亦有两门，云龙门在南，万春门在北。这种理解虽然与史书有关记载不太吻合，但似乎更加合理。③ 果如此，则距东上阁较近的是东部北门万春门而非南门云龙门，距西上阁较近的是西部北门千秋门而非南门神虎门。若此，则东魏孝静帝元善见掘地道经西北门千秋门下欲至北城，其被废后经东北门万春门至北城下司马子如宅，就比较容易理解。如果宫城东、西部各仅有一门，则东云龙门即千秋门，西神虎门即万春门，似乎也与历史文献的有关记载并不矛盾。

邺南城考古中曾发掘出一些宫殿基址，自北向南主要基址依次编为114、103、111、112、101号。④ 徐光冀结合文献所载有关宫室建置

① 《北齐书》卷五〇《恩倖·高阿那肱传》，第二册，第690页。
② 参见（北魏）杨衒之撰、周祖谟校释《洛阳伽蓝记校释》（中华书局1963年版）所附《北魏洛阳伽蓝图》及范祥雍校注《洛阳伽蓝记校注》（上海古籍出版社1958年版）所附《洛阳伽蓝记图》。
③ 按南朝建康宫城之东、西亦有万春、千秋门，《宋书》卷五《文帝纪》：元嘉"二十年（443）春正月，于台城东、西开万春、千秋二门"（第一册，第90页）。
④ 参见中国社会科学院考古研究所、河北省文物研究所邺城考古工作队《河北临漳县邺南城遗址勘探与发掘》图一《邺南城遗址实测图》。

进行了推测，认为：103 号基址为太极殿，110 号为昭阳殿，114 号为朱华门，111 号（东西 60 米、南北 30 米）为阊阖门，112 号为端门遗址。① 根据各基址的规模推测，这种可能性非常之大。但是这种推测与文献记载似不能完全吻合，因此不排除另外一种可能性。据考古发掘，从邺南城西部自南向北第三门乾门至东部上春门之间有东西大道（乾门大街）横穿宫城而过。按此大道应穿过太极殿前，其与宫城东、西之交汇处即宫城之云龙门、神虎门，故此大街当即文献记载位于太极殿前之东街与西街。在宫城之内的部分可称为东内街（云龙门内大街）与西内街（神虎门内大街），而在宫城之外的部分则可称之为东外街（云龙门外大街）与西外街（神虎门外大街）。基于这一判断，我推测位于倪辛庄果园内东西 80 米、南北 60 米的 110 号基址（面积 4800 平方米）应该是太极殿遗址。以此为基点，110 号基址以北的 106 号基址可能是朱华门，而 106 号基址以北与之紧挨的东西 95 米、南北 51 米的 105 号基址（面积 4845 平方米）应该是昭阳殿遗址。这一基址东西较长，故有可能还包括长廊或朱华闼遗址的一部分。最北端的 109 号基址可能是五楼门遗址。在东西大街之南，文献记载的建筑有阊阖门、端门、止车门，而考古发掘所见自北向南依次有 114、103、111、112、101 号共 5 个基址。位于宫城南墙中部的 101 号基址应即止车门遗址，东西 80 米、南北 60 米的 103 号基址（面积 4800 平方米）可能就是其上有阁数十间（"上坐容千人，下亦数百"）的气势宏伟的阊阖门遗址。上引《邺中记》有云："天子讲武、观兵及大赦，登（阊阖门）观临轩"，"门外御路直南及东西两傍有大槐柳，十步一株，清阴合其上，绿水流其下"。这表明阊阖门前有一规模较大的广场。而在 103 号与 111 号基址之间南北有较长一段距离，与文献记载相吻合。期待更详细的考古发掘报告的发

① 徐光冀：《东魏北齐邺南城平面布局的复原研究》，《宿白先生八秩华诞纪念文集》，第209 页。

表，以便使我们能够对从文献记载所认识的邺南城宫室结构作进一步证实或证伪。

四、朱华阁与领左右之职掌

《隋书·百官志中》载后齐官制，谓："领军府，将军一人，掌禁卫宫掖，朱华阁外凡禁卫官皆主之。……又领左右卫、领左右等府。左右卫府，将军各一人，掌左右厢，所主朱华阁以外。各武卫将军二人贰之。"[1] 朱华阁（按应为"闿"，见下）显然为北齐宫城之殿闿名，但它位居宫城何处，则直接关系到对领军府和左右卫府职能的准确理解。不仅如此，门下省领左右局职能也与朱华阁密切相关。《百官志中》又载门下省"掌献纳谏正及司进御之职"，"统局六：领左右局，领左右各二人（掌知朱华阁内诸事，宣传已下、白衣斋子已上皆主之。），左右直长四人……"[2] 北齐实际上存在着两类"领左右"，除了门下省之领左右局外，还有领军府所领之领左右府，因此明确朱华阁的确切位置也对认识"领左右"之职能具有重要意义。

罗新结合朱华阁之义对北魏后期及北齐的领左右制度进行了研究，认为《隋书·百官志》有关北齐禁军制度的记载存在严重问题，他说：

> 关于北齐禁军制度，《隋书》的记载有含混不清的地方。《隋书·百官志》谓北齐之领军府"朱华阁外，凡禁卫官，皆主之"，明确把禁军长官领军将军的权限划在宫门朱华阁以外，也就是说，禁军不负责宫中宿卫，宫内保安另有主者。可是，依据史料，领

---

[1] 《隋书》卷二七《百官志中》，第三册，第758页。
[2] 《隋书》卷二七《百官志中》，第三册，第753页。

左右将军及其属官千牛备身等，正是皇帝的贴身侍卫，宿卫宫中。领左右府属领军指挥，怎么可以说领军不负责宫内侍卫，而仅主朱华阁外的禁卫官呢？我认为，这是北魏末年禁卫制度的变化在《隋书》中留下了变化后各种印痕造成的。《隋书》关于领军制度的描述，只是对北魏、东魏制度字面上的因袭，与北齐的政治实际并不符合。①

按罗氏对《隋志》有关记载的这一批评完全不能成立。首先，《隋志》记载领军府"朱华阁（阁）外凡禁卫官皆主之"，决不意味着"禁军不负责宫中宿卫，宫内保安另有主者"。北齐宫内、宫外的区分决非朱华阁内、阁外之分，这是显而易见的。宫内、宫外只能由宫门来区分，而不是由宫中某一殿阁来区分。其次，《隋志》关于北齐职官制度的记载实际上包括了东魏北齐两朝制度，其对北魏后期制度既有因袭又有变革，有关禁卫武官制度的记载虽然与北齐现实制度有一定出入，如北齐现实政治中存在领军、左右卫、武卫、领左右诸大将军，且有多位领军（大将军、将军及中领军）并存的现象，而在《隋书·百官志中》所载后齐官制中仅有领军大将军的记载，但谓"《隋书》关于领军制度的描述，只是对北魏、东魏制度字面上的因袭，与北齐的政治实际并不符合"，却是言过其实，以偏概全。

罗新对《隋志》的不当批评主要缘于他对朱华阁的如下理解：

我推测，北齐禁军系统的领左右府，是从北魏后期门下省系统的领左右局发展而来。北魏后期的门下省领左右局制度，到北齐仍然保留着痕迹，虽仅具文而已，却有助于我们认识北魏的相

---

① 罗新：《新见北齐〈丰洛墓志〉考释》，殷宪主编《北朝史研究——中国魏晋南北朝史国际学术研讨会论文集》，商务印书馆 2004 年版，第 179 页。

关制度。《隋书·百官志》叙北齐门下省之六局，"领左右局，领左右各二人，掌知朱华阁内诸事。宣传已下，白衣斋子已上，皆主之"。胡三省说："北齐禁中有朱华阁。"朱华阁应当就是朱华门，或门上有阁，或阁字为闿字之讹写。朱华门位于邺都南城太极殿与昭阳殿之间，是区隔和联系内外朝的重要门户。高洋死后，高演、高湛兄弟发动宫廷政变，由云龙门（外朝东门）突入，至朱华门，高演入内，与济南王及皇太后、太皇太后见于昭阳殿，留高湛等政变精兵于朱华门外，以为声势。朱华门有此军事意义，故成为禁卫军队划分权责的标志。①

按朱华阁（闿）不是朱华门，亦非"门上有阁"之谓。位于太极殿与昭阳殿之间的朱华门的确可以说"是区隔和联系内外朝的重要门户"，但这并不意味着朱华门就是区隔宫内、宫外的门户，更不能因此便否定《隋志》关于领军府禁卫职掌的记述。

昭阳殿东、西长廊所通之"内闿"即后主高纬"入内"之处，应该就是上引《隋志》提及的朱华阁（闿）。《邺都宫室志》"东闿、西闿"条："二闿在昭阳殿东、西。""含光殿、凉风殿"条："《邺中记》曰：昭阳殿东有长廊通东闿，闿内有含光殿；西有长廊通西闿，闿内有凉风殿。内外通廊往还，流水珍木，香草布护阶庭。此则刘桃枝绞杀咸阳王斛律明月处也。"②很显然，朱华阁（闿）就是指位于昭阳殿东、西的东闿和西闿，东闿内有含光殿，西闿内有凉风殿，规模均不小。朱华阁之得名乃是因其位于朱华门内之故。《魏书·孝静帝纪》所载魏齐禅让的经过对认识朱华阁颇有助益，其文略云：

---

① 罗新：《新见北齐〈丰洛墓志〉考释》，《北朝史研究——中国魏晋南北朝史国际学术研讨会论文集》，第179—180页。

② 《嘉靖彰德府志》卷八《邺都宫室志·（邺都南城）宫内》。

　　及将禅位于文宣，襄城王旭及司徒潘相乐、侍中张亮、黄门郎赵彦琛等求入奏事。帝在昭阳殿见之，旭曰："五行递运，有始有终。齐王圣德钦明，万姓归仰。臣等昧死闻奏，愿陛下则尧禅舜。"……帝曰："将安朕何所？复若为而去？"杨愔对曰："在北城别有馆宇，还备法驾，依常仗卫而去。"帝乃下御座，步就东廊……乃与夫人、妃嫔已下诀，莫不歔欷掩涕。……直长赵德以故犊车一乘候于东上阁，帝上车，德超上车持帝。帝肘之曰："朕畏天顺人，授位相国，何物奴，取逼人！"赵德尚不下。及出云龙门，王公百僚衣冠拜辞……遂入北城下司马子如南宅。①

　　东魏孝静帝在昭阳殿被逼禅让于高洋，然后被赶出南宫并被安排到北城下司马子如南宅。本纪显示，孝静帝从昭阳殿御座下来后步行穿过东廊，再到东上阁，然后乘车出云龙门，折而向北到达北城司马子如南宅。东上阁亦即东阁，直长赵德"候于东上阁"的记载表明，作为朱华阁之一的东阁事务确由门下省领左右局负责。以上记载还表明，东上阁（东阁）距云龙门较近，东阁东面应该有门；相应地西上阁（西阁）应距神虎门较近，西阁西面亦应该有门。二阁似乎与太极殿之东、西堂的距离并不太远。

　　史载文襄帝高澄曾"幽帝（东魏孝静帝）于含章堂"②，含章堂应即东阁之含光殿。武成帝第三子琅邪王俨颇受帝宠爱，"俨恒在宫中，坐含光殿以视事，诸父皆拜焉"③。北齐末年，"后主自晋州败奔邺，诏王公议于含光殿"④。由此可见，东阁内的含光殿在特殊条件下还具有议政场所的功能。《北齐书·崔季舒传》："属车驾将适晋阳"，季舒"遂与从驾

---

① 《魏书》卷一二《孝静帝纪》，第一册，第314页。
② 《魏书》卷一二《孝静帝纪》，第一册，第314页。
③ 《北齐书》卷一二《武成十二王·琅邪王俨传》，第一册，第161页。
④ 《北齐书》卷一二《文襄六王·广宁王孝珩传》，第一册，第145页。

文官连名进谏"。韩长鸾上奏云："汉儿文官连名总署。声云谏止向并，其实未必不反。宜加诛戮。""帝即召已署表官人集含章殿，以季舒、张雕、刘逖、封孝琰、裴泽、郭遵等为首，并斩之殿庭。"① 按含章殿即含章堂。凉风殿亦称凉风堂。文宣帝天保二年（551）九月"庚午，帝如晋阳，拜辞山陵。是日，皇太子入居凉风堂，监总国事"②；后主时刘桃枝拉杀斛律光于"凉风堂"③。孝昭帝第二子乐陵王百年被武成帝斩于玄都苑凉风堂④，则西闿内有玄都苑，凉风堂即在此苑中。《冯子琮传》："及世祖崩，仆射和士开先恒侍疾，秘丧三日不发。子琮问士开不发丧之意。士开引神武、文襄初崩并秘丧不举，至尊年少，恐王公有贰心，意欲普追集凉风堂，然后与公详议。"⑤ 看来凉风堂在一定条件下亦具有理政和议政场所的功能。《平秦王归彦传》："孝昭将入云龙门，都督成休宁列仗拒而不内，归彦喻之，然后得入。进向柏闿、永巷，亦如之。"⑥ 祖珽失宠于后主，"遂解珽侍中、仆射，出为北徐州刺史。珽求见后主，韩长鸾积嫌于珽，遣人推出柏阁。珽固求面见，坐不肯行。长鸾乃令军士牵曳而出，立珽于朝堂，大加诮责"⑦。按此柏闿（柏阁）当即朱华闿，其得名或因闿旁有柏树，或承袭北魏宫殿西柏堂之名。太极殿西柏堂为北魏后期宫殿中最重要的场所之一，《魏书·献文六王上·高阳王雍传》："肃宗初，诏雍入居太极西柏堂，谘决大政，给亲信二十人。"⑧ 依此推测，北齐之柏闿可能就是太极殿之西堂或昭阳殿之西闿。高演等政变时先至东闿、昭阳殿，然后才到柏闿、永巷。永巷在昭阳殿后，故柏

---

① 《北齐书》卷三九《崔季舒传》，第二册，第512—513页。
② 《北齐书》卷四《文宣纪》，第一册，第54页。
③ 《北齐书》卷一七《斛律光传》，第一册，第226页。
④ 《北齐书》卷一二《孝昭六王·乐陵王百年传》，第一册，第158页。
⑤ 《北齐书》卷四○《冯子琮传》，第二册，第528页。
⑥ 《北齐书》卷一四《平秦王归彦传》，第一册，第187页。
⑦ 《北齐书》卷三九《祖珽传》，第二册，第520—521页。
⑧ 《魏书》卷二一上《献文六王上·高阳王雍传》，第二册，第554页。

阁只能是昭阳殿之西阁，亦即朱华阁。朱华门以北为皇帝及其后宫生活区（东宫亦在此），昭阳殿为皇帝寝宫，属于后宫的中心。在昭阳殿及朱华阁之北为后宫区。朱华阁则是皇帝日常起居的中心，按规定也是领军将军及其所辖诸禁卫武官不得进入的地方。

《隋书·百官志中》未记北齐领左右府禁卫武官的员额，《百官志下》载隋代领左右府禁卫武官员额约90余名[1]，北齐的情况大概相差不远，很显然他们不可能承担在宫殿各处守卫的职责。领左右府禁卫武官的职责应该就是守卫朱华阁，但他们无权进入阁内。《北齐书·孝昭纪》载常山王演与长广王湛发动政变时，都督成休宁在东阁门（外）守卫"抽刃呵帝"，"帝令高归彦喻之，休宁厉声大呼不从"。[2] 按都督成休宁最大可能是领左右府之备身都督，也不排除为左、右卫将军所辖禁卫都督的可能性。据《隋志》记载，北齐左、右卫府属官有众多禁卫都督。《北齐书·杨愔传》："开府成休宁拒门。归彦喻之，乃得入。送愔等于御前。"[3] 可见成休宁所守门是到御前的最后一道关口。而在朱华阁（东、西阁）以外的其他宫殿区包括宫门，都是由领军将军及其所辖禁卫武官统率禁卫军进行保卫，主要承担者应是左、右卫府禁卫武官及其所统禁卫军，《隋志》载北齐左、右卫将军"掌左右厢，所主朱华阁（阁）以外"，即是对其职能的准确表述。在高演与高湛发动政变之时，"太皇太后临昭阳殿，太后及帝侧立"，"领军刘桃枝之徒陛卫"。[4] 这表明在昭阳殿内确有领军在宿卫。不仅如此，"时庭中及两廊下卫士二千余人皆被甲待诏，武卫娥永乐武力绝伦，又被文宣重遇，抚刃思效"[5]。按北齐武卫将军为左、右卫将军之贰官。由此可见，在昭阳殿宿卫者既

---

① 《隋书》卷二八《百官志下》，第三册，第778页。
② 《北齐书》卷六《孝昭纪》，第一册，第81页。
③ 《北齐书》卷三四《杨愔传》，第二册，第459页。
④ 《北齐书》卷三四《杨愔传》，第二册，第459页。
⑤ 《北齐书》卷六《孝昭纪》，第一册，第81页。

有领军，又有左、右卫府禁卫武官及其所统禁卫军。有领左右府守卫朱华阁，左、右卫府守卫朱华阁以外，皇帝在朱华阁内的安全便有了充分的保障，其在阁内的生活起居则由门下省领左右局负责。《隋志》载门下省领左右局"掌知朱华阁（阁）内诸事"，其长官领左右、贰官左右直长及所辖"宣传已下、白衣斋子已上"诸职，皆为负责皇帝生活起居的侍从文官（吏），并非禁卫武官。

《隋志》记载北齐有两类领左右，一类是属于领军府的领左右府，其长官为领左右将军，一类是门下省领左右局，其长官为领左右，二者的职能迥然有别。北齐的领左右制度是在对北魏末年有关制度进行总结的基础上加以系统化、制度化的结果，相对北魏末年制度而言，北齐分别设立两类领左右，明确区分了皇帝贴身侍卫与供奉之职的区别，这是一大进步。罗新认为北魏孝文帝官制改革后即出现了门下省六局，其中包括"皇帝贴身的保安系统"的领左右局，《隋志》所载北齐门下省辖领左右局的制度并不存在。他说：

> 我推测，高氏霸府考虑到控制禁中的需要，对北魏的禁中保安制度作了调整，把原来的"领左右局"从门下省转移到领军府辖下，使邺都宫城的保卫体系单一化了，这样，外朝的左右卫和内朝的领左右，都直属领军府，领左右局升格为领左右府，长官改称将军，品秩也大大提高。因此，前举《隋书·百官志》所谓领军府"朱华阁外，凡禁卫官，皆主之"的说法，仅仅是北魏的情况，东魏北齐的领军既然下辖领左右府，自然也把朱华阁内当作自己的权限了。明乎此，《隋书·百官志》有关叙述的牴牾矛盾，就可以纳入这一理解中加以厘清了。①

---

① 罗新：《新见北齐〈丰洛墓志〉考释》，《北朝史研究——中国魏晋南北朝史国际学术研讨会论文集》，第 181 页。

基于对"朱华阁"之义的错误判断，罗氏对北魏与北齐领左右制度的这一理解自然也是不能成立的。根据现有文献记载，绝对无法证明北魏后期已经确立了门下省六局制度。可以肯定地说，领左右局在孝文帝时期并没有确立，领左右之名也是到元叉专政时期方才出现①，其时已是孝文帝官制改革近三十年之后。领左右制度在当时仅处于萌芽阶段，还远未定型，作为禁卫军府的领左右府在北魏后期并未形成，统辖领左右局等六局的门下省体制形成的可能性也是微乎其微。②《隋志》所载北齐领军府领左右制度与门下省领左右制度，正是北魏后期急剧动荡变化的政治社会局势所导致的制度变革的结果，它是对北齐现实制度的准确记述，并非北魏后期的制度。虽然东魏北齐邺城宫室是参照北魏洛阳城而兴建的，但两者的差别显而易见，北齐朱华阁是皇帝后宫生活起居的中心，而在北魏洛阳城却绝非如此。洛阳城虽然也有朱华门，但它是宫城的东北侧门。《洛阳伽蓝记·城内·永宁寺》：永安三年（530）九月二十五日，北魏"庄帝手刃（尔朱）荣于明光殿"，"荣部下车骑将军尔朱阳都等二十人随入东（朱）华门，亦为伏兵所杀"。③周祖谟、范祥雍所据底本皆为如隐堂本。"东"下范祥雍注："吴管本、汉魏本东作朱。按汉晋四朝洛阳宫城图后魏京城朱华门在云龙门内，则作朱是也，今从之。"④"东华门"下周祖谟注："宫城东西北边一门。其南即云龙门。"⑤范祥雍所绘《洛阳伽蓝记图》和周祖谟所绘《北魏洛阳伽蓝图》中，朱

---

① 参见拙著《魏晋南北朝禁卫武官制度研究》，中华书局 2004 年版，下册，第 800—804 页。

② 按北魏宣武帝时期恩倖赵邕曾任领左右直长（《魏书》卷九三《恩倖·赵邕传》，第六册，第 2003 页），孝明帝时期崔庠亦曾任该职（卷六七《崔光传附庠传》，第四册，第 1506 页），究竟是一时设置还是已出现隶属于门下省的领左右局，难以作出明确判断。即便已出现领左右局，也没有其他证据说明门下省六局体制已经确立。

③ 《洛阳伽蓝记校释》卷一《城内·永宁寺》，第 42 页。

④ 《洛阳伽蓝记校注》，第 9 页。

⑤ 《洛阳伽蓝记校释》，第 42 页。

华门、东华门均为宫城东北门。北魏洛阳城之朱（东）华门与北齐朱华门作为区隔太极殿与昭阳殿的门户是无法相比的，北魏朱华门起不到区隔内、外朝的功能。即便北魏朱华门旁有阁，其在宫城中也不具备关键的作用，何况还无法就此区分内、外。

《隋书·百官志中》载东魏北齐领军将军"掌禁卫宫掖"，"朱华阁（阖）外凡禁卫官皆主之"，而门下省领左右局则"掌知朱华阁（阖）内诸事"。这一对北齐领军府禁卫职能及门下省领左右局制度的记载是对当时存在的现实制度的准确记述，不存在含混不清之处。如上所考，朱华阁为朱华门内昭阳殿两旁由长廊连接的东、西阁，因其在朱华门内（北）而得名。朱华阁是皇帝日常生活起居的场所。在制度规定层面，领军府及其下辖左右卫府、领左右府禁卫武官不得进入朱华阁内，而朱华阁以外包括内、外朝在内的所有宫殿区以及宫城门全由领军府禁卫武官及其所辖禁卫军守卫。东魏北齐门下省有领左右局，有类北魏前期内侍长及其所辖内侍左右，与领军府所领之领左右府属于不同的系统。

五、朝廷主要官府在邺南城位置蠡测

最后，根据文献的零星记载，对东魏北齐中央主要官府在邺南城宫城内外的位置作一粗略的推测。

1.尚书省

《北齐书·孝昭纪》载其与弟长广王湛（武成帝）发动政变诛杀杨愔等大臣的经过，可以看出北齐一些重要官府机构在宫城及京城中的大体位置。其文略曰：

> 乾明元年（560），从废帝赴邺，居于领军府。……三月甲戌

（廿三，5.3），帝初上省，旦发领军府，大风暴起，坏所御车幔，帝甚恶之。及至省，朝士咸集。坐定，酒数行，执尚书令杨愔、右仆射燕子献、领军可朱浑天和、侍中宋钦道等于坐。帝戎服与平原王段韶、平秦王高归彦、领军刘军刘洪徽入自云龙门，于中书省前遇散骑常侍郑子默，又执之，同斩于御府之内。①

按高演执杨愔等之"省"即尚书省，如上所见杨愔时任尚书令、燕子献时任尚书右仆射可作侧证。同书《杨愔传》明确记载其与同党在尚书省被执："及二王拜职，于尚书省大会百僚，愔等并将同赴。""长广旦伏家僮数十人于录尚书后室，仍与席上勋贵数人相知。并与诸勋胄约，行酒至愔等，我各劝双杯，彼必致辞。我一曰"捉酒"，二曰"捉酒"，三曰"何不捉"，尔辈即捉。及宴如之。""于是愔及天和、钦道皆被拳杖乱殴击，头面血流，各十人持之。使薛孤延、康买执（郑）子默于尚药局。"②此处记郑子默在尚药局被执，尚药局亦应在宫城中，应该距尚书省不远。

在尚书省内还有录尚书后室，为尚书省最高长官录尚书事的办公室，应在尚书省之后部。从《孝昭纪》所载政变经过来看，领军府、尚书省均在宫城之外，但尚书省离宫城更近，具体而言当在宫城东门云龙门外。《北齐书·鲜于世荣传》："（武平）七年，后主幸晋阳，令世荣以本官判尚书右仆射事，贰北平王北宫留后。寻有敕令与吏部尚书袁聿修在尚书省检试举人。为乘马至云龙门外入省北门，为宪司举奏免官。"③这一记载进一步证实，尚书省确在邺南城宫城东门云龙门外，而且尚书省至少有北门和南门两个门，表明尚书省颇具规模。

尚书省是东魏北齐朝廷大臣商议政事的主要场所。《北齐书·宋游

---

① 《北齐书》卷六《孝昭纪》，第一册，第80—81页。
② 《北齐书》卷三四《杨愔传》，第二册，第458页。
③ 《北齐书》卷四一《鲜于世荣传》，第二册，第539页。

道传》："乃以吏部郎中崔暹为御史中尉，以游道为尚书左丞。""游道入省，劾太师咸阳王坦、太保孙腾、司徒高隆之、司空侯景、录尚书元弼、尚书令司马子如官赍金银，催征酬价，虽非指事赃贿，终是不避权豪。又奏驳尚书违失数百条，省中豪吏王儒之徒并鞭斥之。始依故事于尚书省立门名，以记出入早晚，令仆已下皆侧目。"① 按崔暹为御史中尉是在兴和二年（540）②。这一记载表明，当时朝廷最主要的大臣太师咸阳王坦、太保孙腾、司徒高隆之以及司空侯景、录尚书元弼、尚书令司马子如等皆在尚书省办公，当然尚书省主要仍是尚书省官员的办公机构。尚书省议政的记载从魏收《魏书》修撰完成后的论辩也可得到侧证。《北齐书·魏收传》："时论既言收著史不平，文宣诏收于尚书省与诸家子孙共加论讨，前后投诉百有余人……收皆随状答之。"③ 在兴和二年宋游道任尚书左丞之前，尚书省的法纪比较混乱，经过尚书左丞宋游道的整顿，自此之后开始有了约束尚书省官员的规章制度，即便尚书令仆也要按时上下班，在出入省门时要进行登记。

尚书省不但是朝廷主要的议政场所，而且诸如"检试举人"等由尚书省负责的人才选拔也在尚书省举行。鲜于世荣虽以领军将军判尚书右仆射事，封义阳王，食上党郡干，官爵显贵，但却因"乘马至云龙门外入省北门"而"为宪司举奏免官"，这表明作为最高行政机关的尚书省是禁止乘马进入的。《北齐书·高隆之传》："拜太子太师、兼尚书左仆射、吏部尚书，迁太保。时世宗作宰，风俗肃清，隆之时有受纳，世宗于尚书省大加责辱。齐受禅，进爵为王。寻以本官录尚书事，领大宗正卿，监国史。……天保五年，禁止尚书省。"④《司马子如传》："转尚书令。……时世宗入辅朝政，内稍嫌之，寻以赃贿为御史中尉崔暹所劾，

---

① 《北齐书》卷四七《酷吏·宋游道传》，第二册，第653页。
② 《北齐书》卷三《文襄纪》，第一册，第32页。
③ 《北齐书》卷三七《魏收传》，第二册，第488—489页。
④ 《北齐书》卷一八《高隆之传》，第一册，第237页。

禁止于尚书省。诏免其大罪，削官爵。"①据此可知，尚书省长官的违法犯罪行为遭到弹劾后一般也是被软禁于尚书省，显示尚书省是一个规模庞大的机关，其中应有多间类似录尚书后室的小型办公室②。《邺都宫室志·城内外杂录》"尚书省卿寺"条注："《邺中记》曰：尚书省及卿寺百司，自令仆而下，至二十八曹，并在宫阙之南。"③《邺中记》关于尚书省位置的记载与《北齐书》有关的记载完全不符，我认为作为与南台对应的北省，尚书省就大体方位而言应在御史台之北，而不可能在其南。《北齐书》的记载显示，尚书省是在宫城之外，而不是在宫城之内。

2. 中书省

据上引《北齐书·孝昭纪》的记载可知，东魏北齐中书省在邺南城宫城之内，具体而言应在云龙门内宫城之东部，其地距御府即太极殿不远（太极殿之东）。《隋书·百官志中》："中书省，管司王言，及司进御之音乐。监、令各一人，侍郎四人。""又领舍人省（掌署敕行下，宣旨劳问），中书舍人、主书各十人。"④若要行使"管司王言"、"司进御之音乐"之职掌，其办公室必定是在宫中。中书省在宫内，还可从以下记载得到印证。《北齐书·崔瞻传》："杨愔欲引瞻为中书侍郎……便奏用之。事既施行，愔又曰：'昔裴瓒晋世为中书郎，神情高迈，每于禁门出入，宿卫者肃然动容。崔生堂堂之貌，亦当无愧裴子。'"⑤虽未明指，但可以看出北齐中书省就在禁门之内。同书《祖珽传》："文宣帝……令

---

① 《北齐书》卷一八《司马子如传》，第一册，第240页。
② 据《隋书》卷二七《百官志中》记载，北齐尚书省官吏至少有40人，包括尚书令、仆射（或分左、右）、六尚书及左、右丞，下设28曹共30郎中（吏部、三公曹郎中各2人，余并1人），有时设录尚书事。除了录尚书事有单独的办公室外，尚书令、仆射、六尚书及各曹郎中似均应有单独的办公室。其中殿中尚书所统殿中曹（掌驾行百官留守名帐、宫殿禁卫、供御衣食等事）、五兵尚书所统左中兵（掌诸都督告身、诸宿卫官等事）二郎中有可能是在宫中办公。
③ 《嘉靖彰德府志》卷八《邺都宫室志·（邺都南城）宫内》。
④ 《隋书》卷二七《百官志中》，第三册，第754页。
⑤ 《北齐书》卷二三《崔瞻传》，第一册，第336页。

直中书省，掌诏诰。斑通密状，列中书侍郎陆元规，敕令裴英推问，元规以应对忤旨，被配甲坊。"① 按"直中书省""掌诏诰"的祖斑可"通密状"于文宣帝，显然其办公的地点是在宫内，距太极殿或昭阳殿不远。《崔季舒传》："文襄辅政，转大将军中兵参军，甚见亲宠。以魏帝左右须置腹心，擢拜中书侍郎。文襄为中书监，移门下机事总归中书，又季舒善音乐，故内伎亦通隶焉。内伎属中书，自季舒始也。文襄每进书魏帝，有所谏请，或文辞繁杂，季舒辄修饰通之，得申劝戒而已。静帝报答霸朝，恒与季舒论之，云：'崔中书是我奶母。'"② 这一记载显示：高澄掌权时为了有效地控制东魏孝静帝，先派其亲信幕僚崔季舒担任朝廷中书侍郎以掌握魏帝动静。接着高澄亲自担任中书监③，并将门下省所掌管的机密事务全都转归中书省，扩大中书省的权限，以便完全控制魏帝。同时高澄还将宫内伎乐转隶中书省，由其亲信中书侍郎崔季舒掌管④。不仅如此，崔季舒还替魏帝撰写答复高氏霸府的文书。显然，作为魏帝"奶母"的中书侍郎崔季舒是长期在孝静帝身边对之进行控制的主要官吏之一。

3. 门下省

中书、门下二省应该相去不远。祖斑在文宣帝死后任著作郎，"数上密启，为孝昭所忿，敕中书门下二省断斑奏事"⑤。又如，"文襄为中书监，移门下机事总归中书"⑥。中书省在宫内，门下省自然亦在宫内。崔季舒由中书侍郎"转黄门侍郎，领主衣都统"，"虽迹在魏朝，而心归

---

① 《北齐书》卷三九《祖斑传》，第二册，第516页。
② 《北齐书》卷三九《崔季舒传》，第二册，第511页。
③ 高澄任中书监在兴和二年，见《北齐书》卷三《文襄纪》，第一册，第32页。
④ 中书省"司进御之音乐"之职掌即由此而来，具体官吏有"司伶官西凉部直长，伶官西凉四部、伶官龟兹四部、伶官清商部直长，伶官清商四部 [直长]"（《隋书》卷二七《百官志中》，第三册，第754页）。
⑤ 《北齐书》卷三九《祖斑传》，第二册，第516页。
⑥ 《北齐书》卷三九《崔季舒传》，第二册，第511页。

霸府，密谋大计，皆得预闻"①。黄门侍郎为门下省副长官，主衣都统掌皇帝衣物，其机构自在宫内无疑。史载"显祖末年，纵酒酗醉，所为不法"，时尚书右仆射、兼侍中高"德政与尚书令杨愔纲纪政事"，"德政屡进忠言"，"帝不悦"。"德政甚惧，乃称疾屏居佛寺，兼学坐禅，为退身之计。"杨愔进计于文宣帝，谓"陛下若用作冀州刺史，病即自差"。高德政果然中计，"见除书而起"。"帝大怒，召德政谓之曰：'闻尔病，我为尔针。'亲以刀子刺之，血流沾地。又使曳下，斩去其趾。刘桃枝捉刀不敢下。帝起临阶砌，切责桃枝曰：'尔头即堕地！'因索大刀自带，欲下阶。桃枝乃斩足之三指。帝怒不解，禁德政于门下。其夜开城门，以舆送还家。"② 很显然，高德政家在宫城之外，而门下省在宫城之内。从门下省之职掌亦可确定其在宫中。《隋书·百官志中》："门下省，掌献纳谏正，及司进御之职"，官员有"侍中、给事黄门侍郎各六人，录事四人，通事令史、主事令史〔各〕八人"。③ 侍中、给事黄门侍郎等官员必须在皇帝身边才能行使其职能，表明门下省距皇帝平时所居之处甚近，自然在宫中无疑。如上所述，昭阳殿旁朱华阁为皇帝日常起居之所，则门下省办公室应在昭阳殿、朱华阁附近，不排除是在殿阁之内的可能性。

东魏北齐门下省"统局六"："领左右局，领左右各二人（掌知朱华阁内诸事，宣传已下、白衣斋子已上皆主之），左右直长四人。尚食局，典御二人（总知御膳事），丞、监各四人。尚药局，典御及丞各二人（总知御药事），侍御师、尚药监各四人。主衣局，都统、子统各二人（掌御衣服玩弄事）。斋帅局，斋帅四人（掌铺设洒扫事）。殿中局，殿中监四人（掌驾前奏引行事，制请修补；东耕则进耒耜）。"④ 很显

---

① 《北齐书》卷三九《崔季舒传》，第二册，第 511 页。
② 《北齐书》卷三〇《高德政传》，第二册，第 409 页。
③ 《隋书》卷二七《百官志中》，第三册，第 753 页。
④ 《隋书》卷二七《百官志中》，第三册，第 753—754 页。

然，门下省六局的办公室大多应在朱华阁内，不在朱华阁内者也必在宫殿区。

4. 秘书、集书、中侍中省

除了中书省和门下省外，秘书省、集书省和中侍中省均应设在宫中。《隋书·百官志中》："秘书省，典司经籍。监、丞各一人，郎中四人，校书郎十二人，正字四人。又领著作省，郎二人，佐郎八人，校书郎二人。"[①] 按经籍所藏当在内阁，著作省负责起居注、国史及皇帝下敕所修书籍等的修撰，其办公室应在宫中无疑。"集书省，掌讽议左右，从容献纳。散骑常侍、通直散骑常侍各六人，谏议大夫七人，散骑侍郎六人，员外散骑常侍二十人，通直散骑侍郎六人，给事中六人，员外散骑侍郎一百二十人，奉朝请二百四十人。又领起居省，散骑常侍、通直散骑常侍，散骑侍郎、通直散骑侍郎各一人，校书郎二人。"[②] 根据集书省的职掌推测，其办公室应在宫中，距昭阳殿或朱华阁不远，起居省则应在朱华阁或后宫区。"中侍中省，掌出入门阁。中侍中二人，中常侍中、给事中各四人。又有中尚药［局］，典御及丞并中谒者仆射各二人。中尚食局，典御、丞各二人，监四人。内谒者局，统、丞各一人。"[③] 中侍中省所掌之门阁当即宫殿特别是后宫之门阁，中尚药局、中尚食局、内谒者局均应负责后宫相关事务，其办公室应在后宫宫殿区。

5. 领军府

据上引《北齐书·孝昭纪》记载，孝昭帝高演（常山王）在与其弟武成帝高湛（长广王）发动诛杀杨愔等大臣的政变时，高演是从领军府出发去尚书省的，表明领军府亦在宫城之外，且其距云龙门的距离比尚书省更远。《赵郡王叡传》载其"十岁丧母，高祖亲送叡至领军府，为叡

---

① 《隋书》卷二七《百官志中》，第三册，第754页。
② 《隋书》卷二七《百官志中》，第三册，第754页。
③ 《隋书》卷二七《百官志中》，第三册，第754页。

发丧"云云①,亦可侧证领军府在宫城之外。《崔昂传》:"齐受禅,迁散骑常侍,兼太府卿、大司农卿。""又诏删定律令,损益礼乐,令尚书右仆射薛琡等四十三人在领军府议定。""转廷尉卿。"②从崔昂任职及在领军府议定律令礼乐推测,领军府与太府、大司农、廷尉等诸卿机构大概相距较近。同时显示领军府除了是一个禁卫机构外,还具有议政场所的功能。

6. 御史台

东魏北齐御史台位于邺南城宫城之西南。史载琅邪王俨"初从北宫出,将上中丞"云云③,可证御史台是在邺南城。东魏时经高澄(文襄帝)"执请",崔暹被任命为御史中尉,宋游道被任命为尚书左丞,高澄谓之曰:"卿一人处南台,一人处北省,当使天下肃然。"④这表明就相对方位而言,东魏北齐御史台位于尚书省之南。《北齐书·后主纪》载武平二年(571)"秋七月庚午(廿五,8.30),太保琅邪王俨矫诏杀录尚书事和士开于南台"⑤。尚书省在宫城东门云龙门外,而御史台似乎离云龙门较远,距云龙门相对的宫城西门神虎门则较近。琅邪王俨谋杀恩倖和士开,"俨诳领军库狄伏连曰:'奉敕令领军收士开。'""伏连信之,伏五十人于神兽(虎)门外,诘旦,执士开送御史。俨使冯永洛就台斩之。"⑥《北齐书·和士开传》对此有更详细的记载:

> 世祖时,恒令士开与太后握槊,又出入卧内无复期限,遂与太后为乱。及世祖崩后,弥自放恣,琅邪王俨恶之,与领军库狄

---

① 《北齐书》卷一三《赵郡王叡传》,第一册,第170页。按赵郡王叡(533—568)于后主天统四年(568)被杀,时年36岁,则其10岁当在东魏孝静帝兴和四年(542)。

② 《北齐书》卷三〇《崔昂传》,第二册,第411页。

③ 《北齐书》卷一二《武成十二王·琅邪王俨传》,第一册,第160页。

④ 《北齐书》卷四七《酷吏·宋游道传》,第二册,第653页。

⑤ 《北齐书》卷八《后主纪》,第一册,第104页。

⑥ 《北齐书》卷一二《武成十二王·琅邪王俨传》,第一册,第161—162页。

伏连、侍中冯子琮、御史王子宜、武卫高舍洛等谋诛之。伏连发
京畿军士，帖神武千秋门外，并私约束，不听士开入殿。其年七
月二十五日旦，士开依式早参，伏连前把士开手曰：'今有一大好
事。'王子宜便授一函，云：'有敕令王向台。'遣兵士防送，禁于
治书侍御厅事，俨遣都督冯永洛就台斩之，时年四十八。①

按治书侍御厅事即治书侍御史办公室，当即御史台官府的一部分。从这
一记载可以看出，东魏北齐御史台应该是在宫城之内。《太平御览·职
官部二三》"御史大夫"条引北齐杨楞伽《邺都故事》云："御史台在宫
阙西南，其门北开，取冬杀之义也。"②宫阙位置无法确定，但谓御史台
在宫城（内、外？）西南部应符合本条记载的原意。《邺都宫室志·城内
外杂录》"御史台"条注："在端门外街西，台门北向，取阴杀之义也。
内有符节署，符玺郎二人，盖御史之官属也。"③若此记载可靠，则东魏
北齐御史台在宫城西南部端门外、止车门内街西。东魏北齐制度规定，
御史台"领符节署，令一人，符玺郎中四人"④，符节署的办公室无疑应
在宫殿之中，相应地其长官御史台之办公衙署亦应在宫城之内。《洛阳
伽蓝记·城内》"永宁寺"条："在宫前阊阖门南一里御道西。其寺东有
太尉府，西对永康里，南界昭玄曹，北邻御史台。"⑤东魏北齐御史台在
京城的位置大体与北魏后期御史台在洛阳城中的位置相仿，因此也不排
除东魏北齐御史台位于邺南城宫城外朱明门大街之西的可能性。无论如
何，御史台所辖符节署的办公室仍然应在宫殿之中。

《北齐书·和士开传》的记载表明，东魏北齐御史台内部是分区

---

① 《北齐书》卷五○《和士开传》，第二册，第688—689页。

② 《太平御览》卷二二五《职官部二三·御史大夫》，第二册，第1068页。

③ 《嘉靖彰德府志》卷八《邺都宫室志·（邺都南城）宫内》。

④ 《隋书》卷二七《百官志中》，第三册，第754页。

⑤ 《洛阳伽蓝记校释》卷一《城内·永宁寺》，第17—18页。

的，除了有治书侍御厅事外，其长官御史中丞（尉）及治书侍御史、侍御史、殿中侍御史、检校御史均应有专门的厅事①。有证据表明，御史台内部确实拥有多个房间。《北齐书·崔瞻传》："瞻性简傲，以才地自矜，所与周旋皆一时名望。在御史台，恒于宅中送食，备尽珍羞，别室独飱，处之自若。有一河东人士姓裴，亦为御史，伺瞻食，便往造焉。瞻不与交言，又不命匕箸，裴坐观瞻食罢而退。明日，裴自携匕箸，恣情饮噉。瞻方谓裴云：'我初不唤君食，亦不共君语，君遂能不拘小节。昔刘毅在京口，冒请鹅炙，岂亦异于是乎？君定名士。'于是每与之同食。"②与前代一样，御史台可以拘押遭到弹劾的官吏。王昕、魏收出使南朝，"使还，尚书右仆射高隆之求南货于昕、收，不能如志，遂讽御史中尉高仲密禁止昕、收于其台，久之得释"③。

7. 文林馆

文林馆是北齐后主时经祖珽建议而在宫中设置的一个文秘机构。武平四年（573）二月"丙午（初十，3.28），置文林馆"④。阳休之任尚书右仆射、领中书监，"晚节说祖珽撰《御览》，书成，加特进……及邓长颙、颜之推奏立文林馆，之推本意不欲令著旧贵人居之，休之便相附会，与少年朝请、参军之徒同入待诏"⑤。《北齐书·文苑传序》对设置文林馆的背景以及前后待诏文林馆的成员有较全面的记述。待诏文林馆的文士编撰了《御览》一书，该书由"（祖）珽及特进魏收、太子太师徐之才、中书令崔劼、散骑常侍张雕、中书监阳休之监撰"。最早参与撰述的有通直郎兰陵萧放、齐州录事参军萧悫、赵州功曹参军颜之推。

---

① 《隋书》卷二七《百官志中》："御史台，掌察纠弹劾。中丞一人，治书侍御史二人，侍御史八人，殿中侍御史、检校御史各十二人，录事四人。"（第三册，第754页）据此，东魏北齐御史台应有五个办公室。

② 《北齐书》卷二三《崔瞻传》，第一册，第337页。

③ 《北齐书》卷三七《魏收传》，第二册，第485页。

④ 《北齐书》卷八《后主纪》，第一册，第106页。

⑤ 《北齐书》卷四二《阳休之传》，第二册，第563页。

文林馆建立后依次入撰的有通直散骑侍郎韦道逊、散骑常侍封孝琰、前济州长史李蓍、尚书右仆射段孝言等共计55人，几乎囊括了当时所有最重要的文士，可谓一时盛事。①

《北齐书·颜之推传》：

> 河清末，被举为赵州功曹参军，寻待诏文林馆，除司徒录事参军。之推聪颖机悟，博识有才辩，工尺牍，应对闲明，大为祖珽所重，令掌知馆事，判署文书。寻迁通直散骑常侍，俄领中书舍人。帝时有取索，恒令中使传旨，之推禀承宣告，馆中皆受进止。所进文章，皆是其封署，于进贤门奏之，待报方出。兼善于文字，监校缮写，处事勤敏，号为称职。帝甚加恩接，顾遇逾厚，为勋要者所嫉，常欲害之。崔季舒等将谏也，之推取急还宅，故不连署。及召集谏人，之推亦被唤入，勘无其名，方得免祸。寻除黄门侍郎。②

按颜之推《观我生赋》"缮书盛化之旁，待诏崇文之里"下本注："齐武平中，署文林馆待诏者仆射阳休之、祖孝徵以下三十余人，之推专掌，其撰《修文殿御览》《续文章流别》等皆诣进贤门奏之。"进贤门应是文林馆与后主或武成帝所御殿阁相通的一个殿门。颜之推等所撰《御览》一书本名《圣寿堂御览》，后改称《修文殿御览》，则其编撰应是在修文殿进行的。依此类推，文林馆应该就是修文殿或因在修文殿内而得名。如上所述，修文殿为后主所建，在五楼门之后的后宫区。张雕为散骑常侍、侍读，"加国子祭酒，假仪同三司，待诏文林馆"，"寻除侍中，加开府，奏度支事，大被委任，言多见从"。后被杀。③ 其子德

---

① 《北齐书》卷四五《文苑传序》，第二册，第603—604页。
② 《北齐书》卷四五《文苑·颜之推传》，第二册，第617—618页。
③ 《北齐书》卷四四《儒林·张雕传》，第二册，第594—595页。

冲亦待诏文林馆，"其父之戮也，德冲在殿庭执事，目见冤酷"①。《北齐书·萧放传》："武平中，待诏文林馆。放性好文咏，颇善丹青，因此在宫中披览书史及近世诗赋，监画工作屏风等杂物见知，遂被眷待。"②《傅伏传附田敬宣传》："又有开府、中侍中宦者田敬宣，本字鹏，蛮人也。年十四五，便好读书。既为阉寺，伺隙便周章询请，每至文林馆，气喘汗流，问书之外，不暇他语。及视古人节义事，未尝不感激沉吟。颜之推重其勤学，甚加开奖，后遂通显。"③阉官田敬宣"伺隙"至文林馆"问书"，说明文林馆离阉官服侍的后宫甚近，或者说就在后宫区域。

待诏文林馆的官吏，担任集书省和中书省职务者比较普遍，如颜之推是以通直散骑常侍领中书舍人待诏文林馆的。祖珽"拜尚书左仆射，监国史，加特进，入文林馆，总监撰书"④；崔季舒"迁侍中、开府，食新安、河阴二郡干，加左光禄大夫，待诏文林馆，监撰《御览》"，又"加特进，监国史"⑤；张雕为散骑常侍、侍读，"加国子祭酒，假仪同三司，待诏文林馆"，又"监国史"⑥；王晞"武平初，迁大鸿胪，加仪同三司，监修起居注，待诏文林馆"⑦。按"监国史"、"监修起居注"必定是在宫中才能进行的。阳休之与魏澹、元行恭、崔劼、张德冲等人是以中书省官员待诏文林馆的⑧，如上所考中书省位于宫中。史载张德冲"入为中书舍人，随例待诏"，表明中书舍人待诏文林馆为常例。崔

---

① 《北齐书》卷四四《儒林·张雕传附子德冲传》，第二册，第595页。
② 《北齐书》卷三三《萧放传》，第二册，第443页。
③ 《北齐书》卷四一《傅伏传附田敬宣传》，第二册，第547页。
④ 《北齐书》卷三九《祖珽传》，第二册，第519页。
⑤ 《北齐书》卷三九《崔季舒传》，第二册，第512页。
⑥ 《北齐书》卷四四《儒林·张雕传》，第二册，第594页。
⑦ 《北齐书》卷三一《王晞传》，第二册，第422页。
⑧ 《北齐书》卷二三《魏兰根传附澹传》，第一册，第333页；卷三八《元文遥传附行恭传》，第二册，第505页；卷四二《崔劼传》，第二册，第558页；卷四四《儒林·张雕传附子德冲传》，第二册，第595页。

季舒与卢思道、张景仁是以门下省官员待诏文林馆的①，而门下省亦在宫中。张雕与封孝琰、马元熙、刘逖是以集书省官员待诏文林馆的②，萧慨是以著作省（属秘书省）官员待诏文林馆的③。卢公顺是以符玺郎待诏文林馆的④，符玺郎掌符玺，属御史台。崔瞻、羊肃、刘颙是以官贵幕府僚佐被征或以之待诏文林馆的⑤。阳辟强为阳休之之子，"武平末，尚书水部郎中"，"休之亦引入文林馆"，因其"无文艺"而"为时人嗤鄙焉"。⑥此显属特例，并不具有代表性。

六、结　语

通过以上考索，对于东魏北齐邺南城建置可以得出如下认识：

1. 公元534年十一月高欢下令迁都邺城，迁邺之初，东魏统治集团成员暂居邺北城相州府廨，在稳定政局同时，开始在邺北城以南的区域兴建新的宫室。从天平二年八月二十日（535.10.2）至元象二年（兴和元年）十一月十三日（539.12.9），经过76000人4年两个多月的修建，邺城新宫的建设正式完工，共耗费工时115976000天。加上元象二年九、十月"发畿内民夫十万人城邺城"40日，以邺南宫为中心的邺南城的兴建工程总计耗费工时119976000天。兴和二年正月二十八日（540.2.21），东魏孝静帝正式从邺北城搬到邺南城新宫居住。负责邺南

① 《北齐书》卷四二《卢潜传附思道传》，第557页；卷四三《张景仁传》，第591页。
② 《北齐书》卷二一《封孝琰传》，第一册，第308页；卷四四《儒林·马敬德传附子元熙传》，第二册，第590—591页；卷四五《文苑·刘逖传》，第二册，第615页。
③ 《北齐书》卷三三《萧退传附子慨传》，第二册，第443页。
④ 《北齐书》卷四二《卢潜传附公顺传》，第二册，第557页。
⑤ 《北齐书》卷二三《崔瞻传附仲文传》，第一册，第337页；卷四三《羊烈传附肃传》，第二册，第576页；卷四五《文苑·刘逖传附颙传》，第二册，第616页。
⑥ 《北齐书》卷四二《阳休之传附子辟强传》，第二册，第564页。

城宫室兴建的官员，可考者有高隆之、辛术、李业兴、张熠及元轨、李仲璇、任集等人，所设营构之官有营构大将（军）、营构左右都将、营构将作、营构使，还有以他官"典营构""知营构"者。邺南城及其宫室兴建的总负责是高欢的重要亲信尚书右仆射领营构大将军高隆之，尚书起部郎中辛术是工程实施的主要负责人，邺南城规划的总设计师是"尤长算历"的硕学通儒通直散骑常侍李业兴，张熠指挥 10 万民夫将毁撤的洛阳宫殿材木运送至邺城并参与了宫殿修建工程的负责事宜。邺南城设计的基本原则是"宪章前代""模写洛京"，主要以北魏后期的洛阳城为蓝本。

2. 邺南城呈长方形"龟象"，宫城位于都城中北部，考古发掘宫城东西约 620 米、南北 970 米，其面积（不包括后园）为 601400 平方米（9015 市亩），以文献记载推算其面积（包括后园）约为 1.36 平方公里（20390 市亩）。邺南城最宽处东西长 2800 米、南北长 3460 米，其面积最大值约为 9688000 平方米（实际面积约为 8—9 平方公里），大体上宫城面积约占邺南城总面积的 7%—10%。邺南城宫城门自南向北依次为止车门、端门、阊阖门、云龙门（东）、神虎门（西）、朱华门、五楼门，与《周礼》有关制度相仿。气势恢弘的阊阖门是区分邺南城宫殿内、外的界标。阊阖门内之太极殿在邺南城所有宫殿中规格最高，为朝廷主要的政治活动场所。太极殿旁有东、西堂。位于太极殿后的朱华门是区分太极殿与昭阳殿亦即内、外朝的大门，朱华门以北为皇帝及其后宫生活区，位于朱华门内规格仅次于太极殿之昭阳殿为皇帝寝宫。昭阳殿后有永巷，巷北有五楼门，门内为皇帝后宫嫔妃所居之处，有左、右院（分别有显阳殿、宣光殿）。又有镜殿、宝殿、玙璠殿、修文殿、偃武殿、圣寿堂，均为北齐后期所建。在后宫区之北位于邺城南宫最北端的是后园（北园，当即华林园或其一部分），它是位于邺南城（宫城）北端与邺北城相连的一个御花园。在邺南宫诸门中，宫城东云龙门（万春门）、西神虎门（千秋门）与当时政治关系最为密切，其南北方位介于阊阖门与朱华门之间，与太极殿前东、西街处于同一直线上，是平时连接宫城内外的主要通道。考古发掘所见连接邺南城乾门至上春门之间的东西大道（乾门大街）横穿宫城而过，此道当即穿过宫城云龙、神虎门直达太极殿前之东街与西街。基于此，考古发掘出的宫城内一部分基址对应的宫殿（门）遗址大体可以作出初步判断。

3.《隋书·百官志中》载北齐领军将军"掌禁卫宫掖，朱华阁外凡禁卫官皆主之"，左右卫将军"掌左右厢，所主朱华阁以外"，门下省领左右局领左右"掌知朱华阁内诸事"。这是对北齐现实制度的准确记述。朱华阁（闤）即邺南城宫城中昭阳殿东、西长廊所通之东、西闤（东、西上闤，内闤，柏闤），朱华阁之得名乃是因其位于朱华门内之故。朱华阁是皇帝日常起居的中心，按规定也是领军将军及其所辖诸禁卫武官不得进入的地方，东闤内有含光殿，西闤内有凉风殿，在特殊条件下具有议政场所的功能。朱华阁内事务由门下省领左右局负责，朱华阁外的其他宫殿区包括宫门都是由领军将军及其所辖禁卫武官统率禁卫军进行保卫。领左右制度在北魏后期仅处于萌芽阶段，作为禁卫军府的领左右府在北魏后期也未形成，统辖领左右局等六局的门下省体制在北魏后期不曾存在。北齐领左右制度是对北魏末年有关制度进行总结的基础上加以系统化、制度化的结果。

（4）东魏北齐最高行政机构尚书省当在邺南城宫城东门云龙门外，离宫城较近。尚书省有包括录尚书后室在内的多间办公室，至少有北门和南门两个门。它不仅是尚书省官员的办公机构，也是朝廷大臣商议政事的主要场所，尚书省长官在违法犯罪后一般也是被软禁于尚书省。中书省在邺南城宫城之内，约在云龙门内宫城之东部，其地距太极殿不远。高澄担任中书监时将门下省所掌管的机密事务全都转归中书省，同时还将宫内伎乐转隶中书省。中书、门下二省大概相去不远，门下省当然也在宫城之内。领军府在宫城云龙门之外，其距云龙门的距离比尚书省更远，与太府、大司农、廷尉等机构似乎相距较近。领军府除了作为禁卫机构外，还具有议政场所的功能。御史台在宫城之外，距宫城西门神虎门较近,大体方位是在宫城西南。御史台可以拘押遭到弹劾的官吏,其内部是分区的(有治书侍御厅事)。文林馆是北齐后主时在宫中(可能在修文殿内)设置的一个文秘机构。待诏文林馆的文士编撰了《修文殿御览》一书,先后有五六十位汉族文人待诏文林馆,几乎囊括了当时所有重要文士,可谓一时盛事。

原载《文史》2010 年第 3 期;又收入中国社会科学院考古研究所等编《邺城考古发现与研究》,文物出版社 2014 年版

隋代虞弘族属及其祆教信仰管窥

一、引　言

　　1999 年 7 月山西省太原市晋源区王郭村发掘的隋代虞弘（534—592）夫妇合葬墓，其石椁上雕刻着带有浓郁异域风情的精美图案，加上保存基本完好的《虞弘墓志》等文物，引起学界高度关注，被评为当年度全国十大考古新发现。出土《虞弘墓志》云："公讳弘，字莫潘，鱼国尉纥驎城人也。……□□奴栖，鱼国领民酋长。父君陀，茹茹国莫贺去汾达官，使魏□□□□朔州刺史。"① 虞弘家族究竟来自何处，属于什么人种和哪个族群，学界已就此发表了不少成果。遗憾的是，可以证实虞弘夫妇种族属性的遗骨由于盗掘而遭到严重破坏，从人类学角度"最具种族认定价值的面颅全部残失，因而失去了种族鉴定的依据"，不过从残存遗骨大体可以推定虞弘夫妇的身高分别约为 167、154 厘米。② 有

---

① 山西省考古研究所等：《太原隋代虞弘墓清理简报》，《文物》2001 年第 1 期。关于《虞弘墓志》的具体考释，参见张庆捷《虞弘墓志考释》，载山西省考古研究所、太原市文物考古研究所等编著《太原隋虞弘墓》，文物出版社 2005 年版，第 209—234 页。

② 韩康信：《虞弘墓人骨鉴定》，载《太原隋虞弘墓》，第 183—188 页。按虞弘夫妇墓中出土尸骨之少，对比徐显秀墓的类似情形（朗保利、渠传福：《试论北齐徐显秀墓的祆教文化因素》，《世界宗教研究》2004 年第 3 期），推测似与盗墓无关，而应是以实施祆教天葬仪式后的剩余遗骸入葬。

学者通过对虞弘墓石椁雕刻人物的种族特征的分析，认为："无论从虞弘石椁上刻画的人物形貌特征本身，还是其他浮雕画面所透露的内涵，都反映了墓主人浓重的古代西亚情节，折射出虞弘先祖与古代地中海种族的血缘关系。"① 通过对虞弘墓出土"遗骨和牙齿中的线粒体 DNA 序列"的分析，得出的结论是："虞弘本人的线粒体 DNA 序列具有欧洲序列的特征，而虞弘夫人的线粒体 DNA 序列则同时具有欧洲序列和亚洲序列的特征。"② 换言之，虞弘具有高加索人种的基因特征，而其夫人则具有高加索人种和蒙古人种杂交的基因特征。在北朝后期的太原地区，具有这类人种特征的人群应该是相当普遍的，从太原北齐娄叡墓和徐显秀墓壁画上的人物形象可见一斑③，对于认识虞弘的族属而言，以上的观察分析显得过于抽象，不具备确定性，希望学界再做更具体的基因测序分析，进一步明确其在现代人类进化树中的位置。比较而言，深入研究《虞弘墓志》等文献资料，对判断虞弘的族属无疑具有更直观的意义。

　　关于虞弘族属问题，已有多位学者做过专门研究，但观点颇为分歧：林梅村谓虞弘家族实乃"稽胡"④，余太山推断虞弘祖先为中亚索格底亚那（Sogdiana）的古族 Massagetae⑤，罗丰认为"虞弘属于柔然"人⑥，周伟洲认为虞弘一族原为大月氏国人⑦，张庆捷推断虞弘家族"来

---

① 韩康信、张庆捷：《虞弘墓石椁雕刻人物的种族特征》，载《太原隋虞弘墓》，第 197 页。

② 谢承志等：《虞弘墓出土人类遗骸的线粒体 DNA 序列多态性分析》，载《太原隋虞弘墓》，第 204—207 页。

③ 山西省考古研究所、太原市文物考古研究所：《北齐东安王娄睿墓》，文物出版社 2006 年版；太原市文物考古研究所：《北齐徐显秀墓》，文物出版社 2005 年版。

④ 林梅村：《稽胡史迹考——太原新出隋代虞弘墓志的几个问题》，《中国史研究》2002 年第 1 期。

⑤ 余太山：《鱼国渊源臆说》，《史林》2002 年第 3 期。

⑥ 罗丰：《一件关于柔然民族的重要史料——隋〈虞弘墓志〉考》，《胡汉之间——"丝绸之路"与西北历史考古》，文物出版社 2004 年版，第 412 页。

⑦ 周伟洲：《隋虞弘墓志释证》，荣新江、李孝聪主编《中外关系史：新史料与新问题》，科学出版社 2004 年版，第 257 页。

自中亚"或"信奉祆教的西域地区"①，郭平梁认为虞弘为步落稽（稽胡）人或赫连夏国（鱼国）遗民②，杨晓春推断虞弘为"早期回纥族人士"③。除了以上专门研究《虞弘墓志》或其族属问题的论文外，还有学者在论著中对虞弘族属或原居地提出了看法，但未作论证，如：荣新江谓"鱼国是中亚的一个国家"，认为虞弘为"西北民族"或"属于西北胡人系统"④，姜伯勤认为虞弘原本"或为匈奴所属之胡人"⑤，杨巨平认为虞弘是来自西域或中亚的祆教徒⑥，王小甫认为虞弘的故乡鱼国为中亚火寻国⑦，罗新认为虞弘"很可能就是粟特人"⑧。由此看来，学界在这一问题上的看法相当混乱，莫衷一是，表明学界就此问题尚未找到适宜的结论。各家的结论契合点甚小，且都明显存在主观臆断、生搬硬套等不合逻辑之处，其结论也就很难令人信服。因此，有必要对此问题做进一步的探讨。

关于虞弘族属及其信仰问题，由于并无可资印证的确切文献记载，研究过程大多需要借助推断才能完成，出现分歧自然难免，但分歧如此之大，却显得不合常理。历史研究少不了推断，但必须合乎逻辑，尤其要与相关的历史记载和出土文物相吻合，才能得出比较接近真相的认识。若谓虞弘为来自中亚的波斯或粟特系统（印欧语系）胡人，的确与虞弘墓图像遗存中的人物形象和祆教特色相吻合，但当时北方系统的胡

---

① 张庆捷：《虞弘墓志考释》，《太原隋虞弘墓》，第 223 页。
② 郭平梁：《〈虞弘墓志〉新考》，《民族研究》2006 年第 4 期。
③ 杨晓春：《隋〈虞弘墓志〉所见"鱼国"、"尉纥驎城"考》，《西域研究》2007 年第 2 期。
④ 荣新江：《中古中国与外来文明》，生活·读书·新知三联书店 2001 年版，第 113、171 页。
⑤ 姜伯勤：《中国祆教艺术史研究》，生活·读书·新知三联书店 2004 年版，第 122 页。
⑥ 杨巨平：《虞弘墓祆教文化内涵试探》，《世界宗教研究》2006 年第 3 期。
⑦ 王小甫：《拜火教与突厥兴衰——以古代突厥斗战神研究为中心》，《历史研究》2007 年第 1 期。
⑧ 罗新：《虞弘墓志所见的柔然官制》，《中古北族名号研究》，北京大学出版社 2009 年版，第 109 页。

人如柔然、敕勒等族（阿尔泰语系）的形象及宗教信仰也未必截然不同，如敕勒族即是高加索人种，柔然人信仰祆教者大有人在。若其为北方系统民族，则当时尚未出现民族文字，且虞弘墓中遗物除汉文墓志外并未见到任何其他民族语言资料，研究中相关的对音也就只能根据当时汉语译音的通例作比较分析。若虞弘出于西胡系统民族，虽然当时已有民族文字，但由于本身遗存的文献十分有限，在无法确定虞弘族属的情况下，自然难以用某一残留的民族语言强行比对，何况学界迄今尚未找到可资比对的具体资料。毫无疑问，对汉文史料进行深入细致的研读，充分关照虞弘生活时代的历史背景，应该是诠释《虞弘墓志》相关记载特别是对其族属及其信仰问题做出合理推断的基本途径。

二、汉隋间的鱼氏与虞氏

除虞弘之外，文献记载隋代有两家鱼氏人物。其一，名将鱼俱罗、鱼赞兄弟。俱罗最高任至柱国、丰州总管，赞至车骑将军。史载鱼俱罗为"冯翊下邽人也。身长八尺，膂力绝人，声气雄壮"；又谓"俱罗相表异人，目有重瞳，阴为帝之所忌"云云。[1] 在古人看来，重瞳乃是圣人之表，帝王之相。[2] 梁元帝《金楼子·兴王篇》载帝舜"目重瞳子，

---

[1] （唐）魏徵等撰：《隋书》卷六四《鱼俱罗传》，中华书局1973年版，第五册，第1517、1518页。

[2] 《史记》卷一《五帝本纪》："虞舜者，名曰重华。"张守节《正义》曰："目重瞳子，故曰重华。"（（汉）司马迁撰，（宋）裴骃集解，（唐）司马贞索隐，（唐）张守节正义，中华书局1959年版，第一册，第31、32页）又见同书卷七《项羽本纪》"太史公曰"及《白虎通义》卷七《圣人》（（汉）班固撰，（清）陈立疏证，吴则虞点校：《白虎通疏证》，中华书局1994年版，第339页）《金楼子》卷一《兴王篇》（（梁）萧绎撰，许逸民校笺：《金楼子校笺》，中华书局2011年版，第一册，第93、95、96页）。后梁"康王友孜，目重瞳子，尝窃自负，以为当为天子"（（宋）欧阳修撰，（宋）徐无党注：《新五代史》卷一三《梁家人传》，第一册，中华书局1974年版，第138页）。《资治通鉴》卷二六九

身长九（六）尺一寸"①。史书所载重瞳之人与帝舜及鱼俱罗一样多具身材高大及骁勇力大的特征，如项羽②及十六国后凉国君吕光③、梁代神僧傅弘④、元末明玉珍⑤等人。"重瞳"被后世作为勇者的象征⑥，也被当作波斯人的相貌特征看待⑦。虽然无法确知项羽等人父系或母系血统中是否有高加索人种的基因，但可能性应该不小⑧。综合各种因素推测，个头高大的鱼俱罗很可能具有高加索人种的血统。若然，则鱼俱罗与虞弘的人种特征相似，两人当有相同的族源。其二，虞庆则及其子孝仁、澄

《后梁纪四》均王贞明元年（915）九月条所载略同（（宋）司马光编著，（元）胡三省音注，"标点资治通鉴小组"校点，中华书局1956年版，第一九册，第8797页）。又，同书卷二八四《后晋纪五》齐王开运二年（945）三月："仁达欲自立，恐众心未服，以雪峰寺僧卓岩明素为众所重，乃言：'此僧目重瞳子，手垂过膝，真天子也。'相与迎之。"（同上，第9287页）当然，古人也并不完全认同这种看法，参见（明）谢肇淛撰《五杂组》卷五《人部一》，上海书店出版社2001年版，第88页；（清）刘献廷撰《广阳杂记》卷二，中华书局1957年版，第69页。

① 《金楼子校笺》卷一《兴王篇》，第93页。

② 《史记》卷七《项羽本纪》："太史公曰：吾闻之周生曰'舜目盖重瞳子'，又闻项羽亦重瞳子。羽岂其苗裔邪？何兴之暴也！"项羽"身长八尺二寸，目重瞳子，力能扛鼎"。（第一册，第338页）

③ 十六国后凉建立者略阳氏人吕光"身长八尺四寸，目重瞳子"（（唐）房玄龄等撰：《晋书》卷一二二《吕光载记》，中华书局1974年版，第一〇册，第3053页；（宋）李昉等撰：《太平御览》卷三七七《人事部十八·长中国人》引《凉州记》，中华书局1960年版，第二册，第1741页）。

④ 《神僧传》卷四《傅弘传》："或见身长丈余，臂过于膝，脚长二尺，指长六寸。两目明亮，重瞳外耀。色貌端峙，有大人之相。梁孝武闻之，延住建业。乃居钟山下定林寺。"（《大正新修大藏经·史传部二》，新文丰出版公司1983年版，第50册，第975页）

⑤ 《明史》卷一二三《明玉珍传》："随州人。身长八尺余，目重瞳子。"（（清）张廷玉等撰，中华书局1974年版，第一二册，第3701页）

⑥ 《白雪遗音》卷三"八角鼓"："（尉迟）敬德天降黑煞星，保刘武周，独显威能，枪马无敌，勇似重瞳。"（（明）冯梦龙、（清）王廷绍·华广生编述：《明清民歌时调集》，上海古籍出版社1987年版，下册，第744页）

⑦ （明）汤显祖《牡丹亭》第二十一出《谒遇》："【前腔】（生）则怕呵重瞳有眼苍天瞎，似波斯赏鉴无差。"（商务印书馆1933年版，第二册，第94页）

⑧ 《新五代史》卷七〇《东汉世家》："刘旻，汉高祖母弟也，初名崇，为人美须髯，目重瞳子。"（第三册，第863页）按后汉刘氏为沙陀族，此为胡人目重瞳子的实例。

道。庆则于北周末年任至石州总管，隋文帝"开皇元年（581），进位大将军，迁内史监、吏部尚书、京兆尹，封彭城郡公，营新都总监"。次年冬为元帅率军反击突厥入寇，尽管损失惨重，然"上不之责也"，"寻迁尚书右仆射"。又率团出使接受突厥可汗摄图之臣服，"授上柱国，封鲁国公，食任城县千户。诏以彭城公回授第二子义"。隋文帝以"虞庆则降突厥"与"高颎平江南"并举，高度评价其功劳。后为右卫大将军、右武候大将军。孝仁、澄道分别任至都水丞、东宫通事舍人。[1] 虞庆则之生卒年不详，从其经历推断，当与虞弘年龄相若。《隋书·虞庆则传》："京兆栎阳人也。本姓鱼。其先仕于赫连氏，遂家灵武，代为北边豪杰。父祥，周灵武太守。庆则幼雄毅，性倜傥，身长八尺，有胆气，善鲜卑语，身被重铠，带两鞬，左右驰射，本州豪侠皆敬惮之。"[2] 毋庸置疑，虞（鱼）庆则原本似非鲜卑族，但由于自先世以来"代为北边豪杰"而长期与鲜卑人共同生活，得以熟练地掌握鲜卑语，为其后来政治上的发展创造了有利条件。北魏末年，虞庆则家族的鲜卑化程度颇高，按照陈寅恪对魏晋南北朝民族标准的阐释[3]，在当时已可当作鲜卑族来看待。冯翊下邽与京兆栎阳地望相近，均为关中核心地带，当地历史上的鱼氏民族属性如何，鱼俱罗与虞（鱼）庆则是否就是关中地区的鱼氏后裔呢？

陈连庆云："虞庆则系出京兆鱼氏，当是鲜卑化之氏族。"[4] 这一判断是基于其对京兆鱼氏族属的如下认识："京兆鱼氏出身，虽然史书无明文记载，但各种迹象表明，其应属于氏族。"其主要理由是，前秦政权有一位地位很高的大臣鱼遵。[5] 按鱼遵事迹在《晋书》及《资治通鉴》

---

① 《隋书》卷四〇《虞庆则传》《虞庆则传附子孝仁、澄道传》，第四册，第1174—1176页。

② 《隋书》卷四〇《虞庆则传》，第四册，第1174页。

③ 陈寅恪：《唐代政治史述论稿》，上海古籍出版社1982年版，第17页。

④ 陈连庆：《中国古代少数民族姓氏研究》，吉林文史出版社1993年版，第303页。

⑤ 陈连庆：《中国古代少数民族姓氏研究》，第303页。

等书中均有记载，其史源当为北魏崔鸿《十六国春秋》①。东晋穆帝永和六年（350）闰正月，"（蒲）洪自称大都督、大将军、大单于、三秦王，改姓苻氏。以南安雷弱儿为辅国将军，安定梁楞为前将军、领左长史，冯翊鱼遵为右将军、领右长史，京兆段陵为左将军、领左司马，天水赵俱、陇西牛夷、北地辛牢皆为从事中郎，氐酋毛贵为单于辅相"②。鱼遵在前秦建国之际特别是在苻洪返回关中占据长安的过程中建立了卓著功勋，苻健末年鱼遵已跃升为地位最尊的宰辅大臣。苻健临终之际，"引太师鱼遵、丞相雷弱儿、太傅毛贵、司空王堕、尚书令梁楞、左仆射梁安、右仆射段纯、吏部尚书辛牢等受遗诏辅政。健谓太子生曰：'六夷酋帅及大臣执权者，若不从汝命，宜渐除之。'"③苻生派遣阎负、梁殊出使前凉，受到凉州牧张瓘的会见。会谈中，瓘问负、殊曰："秦据汉旧都，地兼将相，文武辅臣，领袖一时者谁也？"负、殊遂详细列举前秦统治集团之主要成员，位列第五的是"太师、录尚书事广宁公鱼遵"，谓其为"耆年硕德、德侔尚父者"，仅次于宗室大司马武都王安、征东大将军晋王柳、卫大将军广平王黄眉、后将军清河王法。④鱼遵在前秦初年苻生政权中地位之高，于此可想而知。后苻生因"梦大鱼食蒲"及长安有谣言"东海大鱼化为龙"云云，"以谣梦之故，诛其侍中、太师、录尚书事鱼遵及其七子、十孙"。⑤不久苻坚杀苻生而自称大秦天王，"追复鱼遵……等本官，以礼改葬之，其子孙皆随才擢授"⑥。不过鱼遵及其

---

① 按《太平御览》两处记鱼遵其人，均引自《十六国春秋》，分见卷一二一《偏霸部五·前秦苻健》（第586页）及卷四六五《人事部·谣》（第2140页）。

② 《资治通鉴》卷九八《晋纪二十》，第3102页。

③ 《资治通鉴》卷一〇〇《晋纪二二》穆帝永和十一年六月甲申条，第七册，第3147页。

④ 《晋书》卷一一二《苻生载记》，第九册，第2875页。

⑤ 《晋书》卷一一二《苻生载记》，第九册，第2878页。按《魏书》卷九五《临渭氐苻健传》亦载其事，谓"生以谣梦之故，诛太师鱼遵父子一十八人"（（唐）房玄龄等撰，中华书局1974年版，第八册，第2076页）。

⑥ 《晋书》卷一一三《苻坚载记上》，第九册，第2885页。

直系子孙被诛杀殆尽，即便有被任用的鱼氏成员也应该出于旁支。如上所引，苻洪建立前秦时所任命的8位臣僚，除"氐酋毛贵"外均列出郡望，且其所任官职全然不同，推测鱼遵等7人中，南安雷弱儿或为氐人①，其他6人则应为汉人。虽不排除他们因长期受氐族统治而在前秦时期氐族化的可能，但论其原本之族属当为汉人。这一判断还可从京兆鱼氏的历史中予以证实。

关中地区自汉代以来即可见到鱼氏，京兆鱼氏的历史最迟可以追溯到汉代。《元和姓纂·九鱼》："《风俗通》：宋桓公子目夷，字子鱼，子孙以王父字为氏。汉有长安人鱼翁俶也。"②曹魏鱼豢撰《魏略》③，刘宋裴松之注《三国志》，颇引其书。鱼豢在曹魏初年曾问学于京兆人隗禧。汉献帝"初平（190—193）中，三辅乱，禧南客荆州"，曹操"定荆州，召署军谋掾"。魏文帝"黄初（220—226）中，为谯王郎中"，后"以病还，拜郎中。年八十余，以老处家，就之学者甚多"。其时鱼豢"常从问《左氏传》"，又"从问《诗》"。④由此推断，鱼豢亦应为京兆人。陈连庆谓"鱼豢系出京兆，可能亦氐族"⑤。按氐族起源于陇

---

① 《三国志》卷二五《魏书·杨阜传》：东汉末年，曹操征汉中，以杨"阜为益州刺史"，"转武都太守"，"会刘备遣张飞、马超等从沮道趣下辩，而氐雷定等七部万余落反应之"。（（晋）陈寿撰，（宋）裴松之注，中华书局1959年版，第三册，第704页）不排除南安雷氏为下辩氐雷定或其族人后裔的可能性。

② （唐）林宝撰，岑仲勉校记，孙望审订，郁贤皓、陶敏整理：《元和姓纂》卷二，中华书局1994年版，第一册，第195页。

③ 《旧唐书》卷四六《经籍志上》："《魏略》三十八卷，鱼豢撰。"（（后晋）刘昫等撰，中华书局1975年版，第六册，第1989页）《新唐书》卷五八《艺文志二》："鱼豢《魏略》五十卷。"（（宋）欧阳修、宋祁撰，中华书局1975年版，第五册，第1464页）唐人刘知几曾多次论及鱼豢《魏略》，《史通》卷一一《史官建置》谓鱼豢与孔子、范晔等并属于"身非史职而私撰国书"者，卷一二《古今正史》谓"魏时京兆鱼豢私撰《魏略》，事止明帝"云云（（清）浦起龙通释：《史通通释》，上海古籍出版社1978年版，第325、347页）。

④ 《三国志》卷一三《魏书·王肃传》注引《魏略》，第二册，第422页。

⑤ 陈连庆：《中国古代少数民族姓氏研究》，第303页。

南，直到东汉末年以前，关中地区尚未见到氐族的踪迹①，而汉代长安已有鱼氏，何况氐族的文化发展也没有达到能够在当时产生大史家的阶段②，鱼豢属于汉人无疑。北魏献文帝皇兴元年（467）正月"庚子（十八，2.7），东平王道符谋反于长安，杀副将驸马都尉万古真、巨鹿公李恢、雍州刺史鱼玄明"③。史称"东平王道符反于长安，杀雍州刺史鱼玄明，关中草草"④。据此，鱼玄明似亦为京兆人，为鱼豢或其族人后代的可能性甚大。京兆鱼氏当为春秋巴地鱼国后裔。《太平御览·州郡部十三》"山南道上"条引《十道志》曰："夔州云安郡，春秋时为鱼国。秦并天下，为巴郡地。汉为鱼复县。"⑤《水经注·江水一》："江水又东径鱼复县故城南，故鱼国也。《春秋左传·文公十六年》：'庸与群蛮叛

---

① 关于氐族的起源、分布及其早期迁徙，参见马长寿《氐与羌》，广西师范大学出版社2006年版，第29—33页。鱼豢本人对氐族的历史文化有这样的记述："氐人有王，所从来久矣。自汉开益州，置武都郡，排其种人，分窜山谷间，或在福禄，或在汧、陇左右。其种非一，称盘瓠之后，或号青氐，或号白氐，或号蚺氐，此盖虫之类而处中国，人即其服色而名之也。其自相号曰盍稚，各有王侯，多受中国封拜。""其俗，语不与中国同，及羌杂胡同，各自有姓，姓如中国之姓矣。""多知中国语，由与中国错居故也。其自还种落间，则自氐语。"（《三国志》卷三〇《魏书·乌丸鲜卑东夷传》注引《魏略·西戎传》，第三册，第858页）若鱼豢出身氐族，绝不会以"虫之类"称呼其同族人。

② 除《魏略》外，鱼豢还有其他著述。《隋书》卷三三《经籍志二》："《典略》八十九卷，魏郎中鱼豢撰。"（第四册，第961页）《旧唐书》卷四六《经籍志上》："《典略》五十卷，鱼豢撰。"（第六册，第1994页）《南齐书》卷一六《百官志序》简述历代职官典籍，谓"今则有魏氏《官仪》、鱼豢《中外官》也"。（（梁）萧子显撰，中华书局1972年版，第一册，第311页）《宋书》卷三九《百官志上》车骑将军条引鱼豢曰："魏世车骑为都督，仪与四征同。若不为都督，虽持节属四征者，与前、后、左、右、杂号将军同。其或散还从文官之例，则位次三司。"（（梁）沈约撰，中华书局1974年版，第四册，第1224页）四征将军条引鱼豢曰："四征，魏武帝置，秩二千石。黄初中，位次三公。汉旧诸征与偏裨杂号同。"（第1225页）四安将军条引鱼豢曰："镇北、四安，魏黄初、太和中置。"（第1226页）卷三七《州郡志三》襄阳公相条引鱼豢云："魏文帝立。"（第四册，第1136页）均当出于《中外官》，是书未见著录，或即《典略》。

③ 《魏书》卷六《显祖纪》，第一册，第127页。

④ 《魏书》卷三〇《陆真传》，第三册，第731页。

⑤ 《太平御览》卷一六七《州郡部十三·山南道上》"夔州"条，第一册，第815页。

楚，庄王伐之，七遇皆北，惟裨、儵、鱼人逐之。'是也。"①《隋书》载虞庆则为"京兆栎阳人也，本姓鱼"，若此记载可信，则虞庆则应为曹魏鱼豢、北魏鱼玄明或其族人之后代，本属关中汉人。若然，则出身于京兆鱼氏的虞庆则改姓虞氏实无必要，且其祖先中有鱼豢、鱼玄明两位有历史影响的人，即便不是大书特书，至少也不应该完全回避。然而事实却并非如此。最大的可能是，虞庆则与虞弘一样并非汉人，他们出身于同一个部族，应该具有血缘关系。因此，虞庆则先世的经历有助于认识虞弘家族的历史。

京兆鱼氏既非氐族，则谓隋代虞庆则为鲜卑化之氐族也就没有任何依据，何况虞庆则并非真出身京兆鱼氏。《隋书·虞庆则传》的记载显示，其先世最初为赫连夏附属部族成员。结合相关的历史背景推断，虞庆则的祖先应该是在赫连夏被灭后归服北魏的。《元和郡县图志·关内道四》"灵州"条："灵武县，本汉富平县之地，后魏破赫连昌，收胡户徙之，因号胡地城。天和（566—572）中于此州东北置建安县，隋开皇十八年（598）改为大润县，仁寿元年（601）改为灵武县，移入胡地城安置。"② 按北周有灵武县而无灵武郡，其地本为北魏薄骨律镇辖区③。虞庆则祖先究竟是在赫连夏时代即已居于灵武，还是在归服北魏后被迁至薄骨律镇之胡地城，难以作出明确判断。

---

① （后魏）郦道元注，杨守敬、熊会贞疏，段熙仲点校，陈桥驿复校：《水经注疏》卷三三，江苏古籍出版社1989年版，下册，第2815页。
② （唐）李吉甫撰，贺次君点校：《元和郡县图志》卷四《关内道四·灵州》，中华书局1983年版，上册，第94页。
③ 《魏书》卷一〇六上《地形志上》"灵州"下本注："太延二年（436）置薄骨律镇，孝昌（525—527）中改，后陷关西。"（第七册，第2504页）《隋书》卷二九《地理志上》"灵武郡"下本注："后魏置灵州，后周置总管府，大业元年（605）府废。"（第三册，第813页）所统回乐县，"大业初置灵武郡"；灵武县，"后周置，曰建安，后又置历城郡。开皇三年（583）郡废，十八年改建安为广闰，仁寿元年（601）改名焉"。（同上）由此可见，北周并无灵武郡，而有灵州总管府及灵武县，虞祥不可能任灵州总管，所任或为灵武县令，亦有可能为灵武县所在地的历城郡守。

三、"尉纥驎城"与"鱼国"索隐

如所周知，领民酋长是北魏统治者授予归附部族首领的名号①，《虞弘墓志》载"□□奴栖，鱼国领民酋长"，学界判断本应为"曾祖奴栖"或"祖□奴栖"，根据北朝隋代墓志书写通例，当以后者为宜。这表明，最晚在虞弘祖父时代就已成为归附北魏的鱼国部族的首领。《魏书·序纪》载拓跋鲜卑早期"统国三十六，大姓九十九"②，按此"国"是指一个部落或部族，并非作为政治实体的一个国家。《虞弘墓志》所载"鱼国"虽不排除这种可能性，但更像是指当时或不久前曾经存在过的一个实体国家。③当然，北魏不可能向与之并存的一个实体国家境内的官贵授予领民酋长头衔，故虞弘祖父任领民酋长时应该是统领从鱼国归附的某一部族。《虞弘墓志》所载"鱼国"和"尉纥驎城"无疑是探究虞弘

---

① 关于北魏领民酋长制度，参见周一良《领民酋长与六州都督》，《魏晋南北朝史论集》，中华书局 1963 年版，第 177—198 页；严耕望《中国地方行政制度史——魏晋南北朝地方行政制度》，上海古籍出版社 2007 年版，第 837—851 页。

② 《魏书》卷一《太祖纪》，第一册，第 1 页。

③ 关于"鱼国"的理解，学界的看法分歧颇大。荣新江云："据墓志记载，虞弘是鱼国人。鱼国在史籍中没有记载，从他祖上和本人原是中亚柔然帝国的官员来看，鱼国是中亚的一个国家。"（《北朝隋唐粟特聚落的内部形态》，《中古中国与外来文明》，第 113 页）"鱼国不可考，但从虞弘祖父仕任于柔然，推知为西北地区的小国。"（《隋及唐初并州的萨保府与粟特聚落》，同上书，第 171 页）与此不同，罗丰认为鱼国"实际上可作鱼部族理解"，"'鱼国'是以鱼姓为主体的部族"。（《一件关于柔然民族的重要史料——隋〈虞弘墓志〉考》，《胡汉之间——"丝绸之路"与西北历史考古》，第 407、408 页）张庆捷的看法可以看作是对两者的调和，他"认为鱼国是一个小国或部落"，"志中所载地处西域的鱼国，当是一个鲜为人知的小国或部落"。（《虞弘墓志考释》，载《太原隋虞弘墓》，第 210 页）按墓志虽有"弈叶繁昌，派枝西域"之语，但并不能就此说墓志载"鱼国地处西域"云云。汉文史籍对西域诸国之名多有记载，汉代简牍中还可见到传世文献所不见的西域国名（张德芳：《悬泉汉简中若干西域资料考论》，载《中外关系史：新史料与新问题》，第 129—147 页），然而迄今为止，却难觅"鱼国"踪影。

族属或其先世来历的两个关键要素，但无论在中外传世文献还是出土文献中，均见不到在中亚或北亚地区曾经有过一个鱼国的记载。学界几乎都是从虞弘夫妇墓出土文物所体现的古代中亚风格，尤其是石椁雕刻图像中的人物形象和祆教特征，来推断鱼国的地域暨虞弘的族属，大多主张虞弘家族的故里应在中亚地区，为粟特或大月氏后裔。然而，所有关于鱼国地望的判断都出于推测，不仅无法得到证实，也都存在着矛盾和难解之处。

《隋书·铁勒传》："铁勒之先，匈奴之苗裔也，种类最多。自西海之东，依据山谷，往往不绝。"所属部族多达近 40 个，"虽姓氏各别，总谓为铁勒"。铁勒"诸姓"生活的地域极为辽阔，包括：独洛河北，伊吾以西、焉耆之北傍白山，金山西南，康国北傍阿得水，得嶷海东西，拂菻东，北海南。① 其中"韦纥"部为独洛河（今蒙古国土拉河）北诸姓之一②，大体是在东突厥牙帐之北不远，位于贝加尔湖、色楞格河、杭爱山脉之间。③ 隋朝东突厥牙帐与北朝时期柔然可汗庭地点相同，北朝高车（敕勒）及所属袁纥部的活动地域④，到隋朝似乎也没有什么

① 《隋书》卷八四《铁勒传》，第六册，第 1879—1880 页。
② 又见（唐）李延寿撰《北史》卷九九《铁勒传》，中华书局 1974 年版，第一〇册，第 3303 页。
③ 谭其骧主编：《中国历史地图集》卷四《东晋十六国·南北朝时期》，地图出版社 1982 年版，图 29。按丁零自古以来即游牧于贝加尔湖附近。《后汉书》卷七〇《孔融传》"丁零盗苏武牛羊，可并案也"下，李贤注："《山海经》曰：北海之内，有丁零之国。《前书》：苏武使匈奴，单于徙北海上，丁零盗武牛羊，武遂穷厄也。"（（宋）范晔撰，（唐）李贤等注，中华书局 1965 年版，第八册，第 2272 页）按今本《山海经》第十八《海内经》："北海之内……有钉灵之国，其民从膝已下有毛，马蹄善走。"（袁珂校注：《山海经校注》，上海古籍出版社 1980 年版，第 484 页）《汉书》卷五四《苏武传》：武帝时"以中郎将使持节送匈奴使留在汉者"，匈奴"乃徙武北海上无人处，使牧羝"，后"丁令盗武牛羊"云云。（（汉）班固撰，（唐）颜师古注，中华书局 1962 年版，第八册，第 2460、2463 页）后来的高车袁纥部（铁勒韦纥部）应该就是居于贝加尔湖以南地带的丁零部族的后裔。
④ 学界普遍认为隋代铁勒即汉魏丁零、北朝敕勒暨高车后裔，惟岑仲勉力主异说，谓高车"即康居"，铁勒与敕勒、高车内涵有别。参见氏著《突厥集史》，中华书局 1958 年版，下册，第 1059—1061 页。

变化。① 马长寿云："知隋代突厥汗国之时，铁勒的分布至为广泛。东
自贝加尔湖以南、土刺河流域及其以北，西逾阿尔泰山、准噶尔盆地及
叶尼塞河上游、阿拉尔海，一直到里海和伏尔加河流域，都有铁勒。"②

《旧唐书·回纥传》："其先匈奴之裔也，在后魏时，号铁勒部落。
其众微小，其俗骁强，依托高车，臣属突厥，近谓之特勒。""特勒始有
仆骨、同罗、回纥、拔野古、覆罗，并号俟斤，后称回纥焉。"③《新唐
书·回纥传上》："其先匈奴也，俗多乘高轮车，元魏时亦号高车部，或
曰敕勒，讹为铁勒。其部落曰袁纥、薛延陀……凡十有五种，皆散处碛
北。袁纥者，亦曰乌护，曰乌纥，至隋曰韦纥④。""臣于突厥，突厥资
其财力雄北荒。大业（605—617）中，处罗可汗攻胁铁勒部，哀责其
财，既又恐其怨，则集渠豪数百悉坑之。韦纥乃并仆骨、同罗、拔野古
叛去，自为俟斤，称回纥。"⑤ 张庆捷就此提出："韦纥与尉纥驎前两字
读音相近，又都在西域柔然势力范围内，两者是否有联系？或者说，尉
纥驎城是否是韦纥一座城呢？鱼国和袁纥有无关系？什么关系？这些问
题都有待进一步探研。"⑥ 追问"尉纥驎城"与铁勒"韦纥"部之间是否
有关系，无疑是有见地的，但仅限于此却不解决任何问题。

非汉语字词在翻译为汉文时，因时代和地域环境不同，常会使用
同音或音近字表达，也会由于听者语音识别能力有限而发生讹变，从而
出现与原音差别甚大的译写。现实中此类事例比比皆是，历史上更是如
此，如：4世纪初在拓跋鲜卑前代国任职的巨贾雁门繁畤人莫含，"其

---

① 谭其骧主编：《中国历史地图集》卷五《隋·唐·五代时期》，图60。
② 马长寿：《突厥人与突厥汗国》，上海人民出版社1957年版，第4页。又可参见段连勤
　《丁零、高车与铁勒》，上海人民出版社1988年版，图十三。
③ 《旧唐书》卷一九五《回纥传》，第一六册，第5195页。
④ 按《新唐书》此说为学界多所接受，但岑仲勉不以为然，认为：谓"回纥与乌护是同名
　异译及韦纥与乌护实无区别"，乃是错误的看法。（《突厥集史》，下册，第1062页）
⑤ 《新唐书》卷二一七上《回纥传上》，第一九册，第6111页。
⑥ 张庆捷：《虞弘墓志考释》，载《太原隋虞弘墓》，第211页。

故宅在桑干川南，世称莫含壁，或音讹，谓之莫回城云"①。4世纪末代国（北魏）与后燕交战于参合陂，"北俗谓之仓鹤陂"。其西20里之沃阳县故城，"北俗谓之阿养城"。② 莫回城、仓鹤陂、阿养城均属北人发音不准而造成的语音讹变。也就是说，汉语译胡语时会出现讹变，胡人对汉语地名、人名的读音也会发生讹变。不管哪种情况，历史上都极为普遍。若把"尉纥驎城"译作韦纥驎城或袁纥驎城，自然亦属正常现象。可以明确地说，"尉纥驎"与"韦纥"或"袁纥"属于同音异译，"韦纥"或"袁纥"乃"尉纥驎"之省书。此类事例在北朝隋唐时期颇为常见，兹仅举一例以见一斑。《魏书·官氏志》："叱吕氏，后改为吕氏。"③ 按"叱吕"，唐宋姓氏书亦有作"俟吕邻（陵）"者。《元和姓纂·六止》："俟吕邻，改为吕氏。"④《通志·氏族略五》"代北三字姓"条：俟吕陵氏，"改为吕氏。周赐韩哀姓俟吕陵"⑤。《古今姓氏书辩证·上声》"六止下"条：俟吕陵，"后周太祖赐韩褒（褒）姓曰俟吕陵氏，后改为吕氏"⑥。姚薇元云：

> 按俟吕邻即叱吕也。《孝文吊比干文碑阴》，有"直阁武卫中臣河南郡俟吕阿倪。"碑建在改姓前，俟吕明为胡姓。今《官氏志》无俟吕氏而有叱吕氏，"叱"读七，与"俟"音极似，译言本无定字，故《比干碑》俟吕，即《官氏志》叱吕之异译无疑。据《姓纂》诸书谓俟吕邻氏改为吕氏，即此俟吕当系俟吕邻之消书，如渴烛浑省作渴烛之例。又《隋书》杨纳仕周赐姓叱吕引氏。引音

---

① 《魏书》卷二三《莫含传》，第二册，第603—604页。
② 《水经注疏》卷三《河水三》，第243、244页。
③ 《魏书》卷一一三《官氏志》，第八册，第3009页。
④ 《元和姓纂》卷六，第二册，第850页。
⑤ （宋）郑樵撰：《通志》卷二九，中华书局1987年版，第一册，第476页。
⑥ （宋）邓名世撰，王力平点校：《古今姓氏书辩证》卷二二《上声·六止下》"俟吕陵"条，江西人民出版社2006年版，第339页。

辰，与邻叠韵。叱吕引当即俟吕邻之异译，而叱吕则其消书也。

据此，是胡姓一氏，因异译及消书之故，歧而为四，其关系如左：

观上表，可知俟吕邻即叱吕，二者本一氏也。①

孝文帝太和十三年（489），"蠕蠕别帅叱吕勤率众内附"②，"叱吕勤即叱吕引"③，柔然豆仑、伏图两代可汗之妻（可敦）为"候（俟）吕陵氏"④。可见此部本属柔然，为柔然外戚部族，但与柔然王族并不同源，很可能本为高车部落。高车有泣伏利氏⑤，叱吕氏或出于此族。北魏末年至两魏齐周时代可见叱列氏，亦出此族无疑。

同一姓氏，之所以有不同的译音，则是因为"魏时华夷杂处，语无定声，氏亦无定字"⑥。具体而言，"因其归魏先后不同，故部名之移译，遂有叱吕、俟吕邻之歧异"⑦。不言而喻，既然俟吕邻（陵）、叱吕引、叱吕勤可省作俟吕或叱吕，尉纥驎当然也可省作尉纥或韦纥、袁纥、回纥。也就是说，《虞弘墓志》载其为"鱼国尉纥驎城人也"，实即鱼国韦纥（袁纥）城人也。北魏时期曾在各地军镇建立城戍，派城民驻

---

① 姚薇元：《北朝胡姓考》，科学出版社 1958 年版，第 118—120 页。按清光绪二十年（1894）陈毅撰《魏书官氏志疏证》，对此姓氏相关问题有详考（《二十五史补编》，中华书局 1955 年版，第四册，第 4643 页），姚薇元之说多与之同。此外，陈氏还有其他按断，如谓："叱吕即叱利也，《志》分为二氏，盖系字讹"；"利、吕同声相假"。又有叱李氏，"李、吕声转"，亦属同姓。（同上书，第 4652 页）

② 《魏书》卷七下《高祖纪下》，第一册，第 165 页。

③ 姚薇元：《北朝胡姓考》，第 120 页。

④ 《魏书》卷一〇三《蠕蠕传》，第六册，第 2297 页。

⑤ 《魏书》卷一〇三《高车传》，第六册，第 2310 页。

⑥ （清）陈毅撰：《魏书官氏志疏证》，《二十五史补编》，第四册，第 4644 页。

⑦ 姚薇元：《北朝胡姓考》，第 122 页。

守，在北镇城戍驻守的柔然、高车等族部民自然也可看作是"城民"①，则"尉纥驎城"自可理解为是由高车（敕勒）韦纥（袁纥）部民驻守的北镇某一城戍。之所以称为"鱼国尉纥驎城"，则是因为驻守该城的韦纥（袁纥）部民来自鱼国。《敕勒歌》："敕勒川，阴山下，天似穹庐，笼盖四野。天苍苍，野茫茫，风吹草低见牛羊。"② 这首千古绝唱生动形象地反映了北魏时期北镇地区的大漠风光以及当地敕勒人的生产生活。作为敕勒袁纥部民在北镇地区的家园，"尉纥驎城"与"敕勒川"之得名颇具相似性。

袁纥部为北魏高车六部之一，在高车诸部中影响力较大，北魏初年曾与高车袁纥部发生战争。登国"五年（390）春三月甲申（初六，5.6），帝西征。次鹿浑海，袭高车袁纥部，大破之，虏获生口、马牛羊二十余万"③。与高车袁纥部战争的胜利，成为拓跋鲜卑建立的代国（北魏）发展壮大的一个重要契机。天兴三年（400）"十有一月，高车别帅敕力犍率九百余落内属"④。按敕力犍与敕勒音近，敕力或敕力犍当为敕勒之异译，南徙至漠南北镇等地的高车部民通常被北魏称作敕勒，或源于此。《魏书·高车传》："后诏将军伊谓帅二万骑北袭高车余种袁纥乌频，破之。⑤ 太祖时，分散诸部，唯高车以类粗犷，不任使役，故得

① 唐长孺云："城民是一个广泛的名称，一般地说，包括北镇镇民在内，所有城民都是隶属军府的镇戍兵及其家属，也即府户。"（《北魏南境诸州的城民》，《山居存稿》，中华书局 1988 年版，第 108 页）

② （宋）郭茂倩撰：《乐府诗集》卷八六《杂歌谣辞四》，中华书局 1979 年版，第三册，第 1213 页。

③ 《魏书》卷二《太祖纪》，第一册，第 23 页。

④ 《魏书》卷二《太祖纪》，第一册，第 37 页。

⑤ 按"袁纥乌频破之"，学界有三种理解："袁纥、乌频，破之"（中华书局点校本《魏书》卷一〇三《高车传》，第六册，第 2309 页；岑仲勉：《突厥集史》，下册，第 1061 页；《中国北方民族关系史》编写组：《中国北方民族关系史》，中国社会科学出版社 1987 年版，第 133 页）；"袁纥乌，频破之"（中华书局点校本《北史》卷九八《蠕蠕传》，第一〇册，第 5272 页；内蒙古自治区蒙古语言历史研究所历史研究室等：《中国古代北方各族简史》，内蒙古人民出版社 1979 年版，第 113 页）；"袁纥、乌〔纥〕，频破之"（[日]

别为部落。"① 按北魏初年未被离散的部落以高车部族为主，其"别为部落"，由领民酋长统领，此制持续到北魏末年。② 虞弘祖父曾为"鱼国领民酋长"，显然与此颇为相符。作为"北边豪杰"子弟的虞庆则，"幼雄毅，性倜傥，身长八尺，有胆气"，"身被重铠，带两鞬，左右驰射，本州豪侠皆敬惮之"。③ 此与丁零之"为人勇健敢战"④，及其后裔高车人之"为性粗猛，党类同心，至于寇难，翕然相依"⑤，可以说非常符合。学界一般认为突厥与铁勒同源⑥，"善鲜卑语"的虞庆则可能还通突厥语⑦。

"尉纥驎城"本义既明，则"鱼国"亦可迎刃而解。虞弘父祖及他本人的青少年时代，相当于中国北方的北魏及东、西魏时期。北魏孝文帝太和十一年（487），摆脱柔然帝国控制的高车人在"前部（车师国）

护雅夫著，余大钧译：《〈魏书·高车传〉笺注》，《北方民族史与蒙古史译文集》，云南人民出版社 2003 年版，第 75—76 页）。按"乌频"于史仅见，定非高车部族之名，但有可能是袁纥部酋长之名。结合上引《魏书·太祖纪》的记载，北魏初年征讨的对象是"高车袁纥部"，并非袁纥部和"乌频"部或"乌纥"部，而且是"大破之"，并非"频破之"，故以上三种理解均误。也就是说，这次北魏征讨并大破的对象是高车袁纥部，其部族首领之名当为乌频。

① 《魏书》卷一〇三《高车传》，第六册，第 2309 页。
② 关于北魏初年的离散部落和领民酋长制度，参见拙著《北魏政治史》二，读者出版集团·甘肃教育出版社 2008 年版，第 186—222 页。
③ 《隋书》卷四〇《虞庆则传》，第四册，第 1174 页。
④ 《三国志》卷三〇《魏书·乌丸鲜卑东夷传》注引《魏略·西戎传》，第三册，第863 页。
⑤ 《魏书》卷一〇三《高车传》，第六册，第 2307 页。
⑥ 马长寿云："突厥人原是丁零人或铁勒人中之一种，或者更正确地说，他们是突厥诸语族中之一族。""突厥与铁勒同源，是没有问题的。"（《突厥人与突厥汗国》，第 5 页）护雅夫认为：狄历、敕勒、丁零"这些族名以及铁勒均应写作 Türük，与 Türk 相近。Türk 之音写则为突厥"（《〈魏书·高车传〉笺注》，《北方民族史与蒙古史译文集》，第 74 页）。又可参见 [日] 松田寿男著、陈俊谋译《古代天山历史地理学研究》，中央民族学院出版社 1987 年版，第 266—272 页。
⑦ 隋朝初年，虞庆则深得隋文帝信任，官拜宰相，"后突厥主摄图将内附，请一重臣充使，于是上遣庆则诣突厥所"。虞庆则与长孙晟成功说服摄图，"摄图及弟叶护皆拜受诏，因即称臣朝贡，请永为藩附"。（《隋书》卷四〇《虞庆则传》，第四册，第 1174 页）隋文帝派遣虞庆则出使，除了其宰相身份，可以与突厥可汗直接对话或许是一个重要因素。

西北"建立了高车国①，虽然其存在到东魏兴和三年（541）才灭亡，但国力远不及柔然帝国盛时，大多数时间主要活动于天山至阿尔泰山之间的地域，"即大体上在今准噶尔盆地"②。从4世纪末到5世纪20年代约100余年间，大部分袁纥（韦纥）部落分别臣属于柔然和北魏两个大国，北魏不可能被称为鱼国，故论其原本所属国家，答案只能有一个，就是柔然（蠕蠕、茹茹）国。③从目前所见石刻和墓志来看，柔然人一般公认其祖国的名称为"茹茹"，亦称"茹国"、"大茹国"。云冈石窟18窟窟门西侧《茹茹可敦题记》，其中有"大茹茹……可敦因"等文字④。东魏武定八年（550）《高湛妻茹茹邻和公主墓志》，谓其"茹茹主之孙"，"茹主钦挹风猷，思结姻好"云云⑤。按茹茹主、茹主即茹茹国王，则柔然既可称为茹茹国，亦可省称为茹国。南齐初年，芮芮"国相邢基祇罗回奉表"，其中有"皇芮承绪，肇自二仪，拓土载民，地越沧海，百代一族，大业天固"之语。⑥按南齐称柔然为芮芮虏，则"皇芮"亦可译作"皇茹"。入华柔然人除国姓郁久闾（闾）外，一般以茹茹（茹）为姓。《元和姓纂·九鱼》：茹茹，"其先蠕茹茹种类，为突厥

① 《魏书》卷一〇三《高车传》，第六册，第2310页。

② ［日］松田寿男：《古代天山历史地理学研究》，陈俊谋译，第249页。

③ 杨晓春认为：中古音"以'尉纥'对译 Uyāur 是比'韦纥'、'袁纥'、'回纥'对译 Uyāur 更为接近原音的"，"鱼国的'鱼'和虞弘的'虞'又大概可以看作是 Uyāur 的省译"，因此"'鱼国'和'尉纥驎城'两个名称有着共同的来源"。据此，他推断"虞弘是一位早期回纥族人士"。（《隋〈虞弘墓志〉所见"鱼国"、"尉纥驎城"考》）将《虞弘墓志》中的"尉纥驎"看作是"韦纥"、"袁纥"、"回纥"的异译，无疑是可取的。不过，谓"鱼"、"虞"为 Uyāur 即"尉纥"之省译则属臆断。

④ ［日］水野清一、长广敏雄：《云冈石窟》第二册所附《云冈金石録》，京都大学人文科学研究所报告，1954年。按冯家昇所据拓片"大茹茹"作"大茹茹国"，并谓"茹茹国上加大字，必茹茹人自称之辞"，"由是吾人可知茹茹及其自择之字面，非柔然、蠕蠕、柔蠕、芮芮等辞为他人所称者可比"。（《蠕蠕国号考》，《禹贡》半月刊第7卷8、9合期（1937年）按"大茹茹"即"皇芮（茹）"。相关的研究，还可参见周伟洲《关于云冈石窟"茹茹造像题记"——兼谈柔然的名号问题》，《西北大学学报》1983年第1期。

⑤ 磁县文化馆：《河北磁县东魏茹茹公主墓发掘简报》，《文物》1984年第4期。

⑥ 《南齐书》卷五九《芮芮虏传》，第二册，第1024页。

所破，归中国"①。按"蠕茹茹"当作蠕蠕或茹茹。《通志》云：茹茹氏，
"其先蠕蠕种类"②。《元和姓纂·九御》：茹，"河南。《官氏志》：普陋茹
氏改为茹氏。又，蠕蠕入中国，亦为茹氏"③。按《魏书·官氏志》："普
陋茹氏，后改为茹氏。"④ 清人陈毅认为普陋茹与茹茹本为一音，蠕蠕、
茹茹"即普陋茹方音之变也"⑤。北魏末年，可见"冠军将军、南青州刺
史茹怀朗"⑥。隋朝可见到"大将军茹茹天保"⑦。唐玄宗天宝元年（743）
《忠武将军茹义忠碑》云："在昔帝轩之裔，有控带绝〔塞?〕，拥据群
雄，殆于斯万年，得茹茹之部，谓名王盛族。大人鸿胄，联华魏室，接
庆齐庭，钟鼎焜耀于数朝，土田陪敦于列辟。自拓跋、宇文氏降为著姓
焉，则公之先也。公讳义忠，本家雁门，今为雁门人矣。"⑧ 姚薇元云：
"可知雁门茹氏，本姓茹茹，乃蠕蠕族也。"⑨ 也就是说，茹姓为茹茹氏
之省称，内入柔然部族多用此姓。然则，"茹国"是否可被称为"鱼国"
呢？按茹字上古音属日母、鱼部，《广韵》中的反切是"人诸切"，中
古的音韵地位是人母、鱼韵、开口、三等、平声、遇摄；鱼字上古音属
疑母、鱼部，《广韵》中的反切是"语居切"，中古的音韵地位是疑母、
鱼韵、开口、三等、平声、遇摄。⑩ 可见茹、鱼二字音近，作为胡族译
语互相替代并无不可。《元和姓纂·九鱼》有"茹茹"条⑪，则茹、鱼二

---

① 《元和姓纂》卷二，第一册，第 225 页。

② 《通志》卷二九《氏族略五·代北复姓》"茹茹氏"下本注，第一册，第 475 页。

③ 《元和姓纂》卷八，第三册，第 1206 页。

④ 《魏书》卷一一三《官氏志》，第八册，第 3007 页。

⑤ 《魏书官氏志疏证》，《二十五史补编》，第四册，第 4649 页。

⑥ 《魏书》卷一一《前废帝纪》，第一册，第 276 页。

⑦ 《隋书》卷四五《文四子·庶人谅传》，第四册，第 1245 页；卷四八《杨素传》，第五册，
第 1288 页。

⑧ （宋）李昉等撰：《文苑英华》卷九〇九《职官十七·诸将军六》，中华书局 1966 年版，
第五册，第 4782 页。

⑨ 姚薇元：《北朝胡姓考》，第 68 页。

⑩ 郭锡良：《汉字古音手册》，北京大学出版社 1986 年版，第 100、111 页。

⑪ 《元和姓纂》卷二，第一册，第 225 页。

字发音相同；《十虞》有"虞"条①，则唐代鱼、虞二字发音略有差别。又，同书《九御》有"茹"条，并谓"音去声"②，则茹字在唐代似为多音字。北魏永安二年（529）《山徽墓志》："父散骑常侍、虞曹尚书、使持节、平东将军、东徐州刺史、建城侯、假长广公。"③普泰二年（532）《韩震墓志·阴》："君妻南阳娥氏，羽真、南平公、鱼曹尚书、使持节、秦雍二州刺史、仇池都督娥清之女。"④按鱼曹尚书即虞曹尚书⑤，这说明鱼、虞二字的确可以互相替代。既然如此，则茹国称作鱼国或虞国亦属正常，何况"茹"（茹茹）字只是音写，并不表示柔然语此词之本义。

《虞弘墓志》的记载也可印证这一推断，志载其父和其本人青少年时期的经历全都与茹茹有关。其"父君陀，茹茹国莫贺去汾达官"。按虞弘卒于隋文帝开皇十二年（592），终年五十九岁，则其父为柔然莫贺去汾达官当在北魏末年或东西魏时期为宜。"莫贺"在鲜卑、柔然、高车等族中作为部落酋长的称谓颇为常见⑥，柔然、高车均有"莫何去汾"之职⑦。北魏孝文帝太和元年（477）四月，柔然受罗部真（惠）可汗予

---

① 《元和姓纂》卷二，第一册，第227—229页。

② 《元和姓纂》卷八，第三册，第1206页。

③ 《汉魏南北朝墓志集释》图版二七二，科学出版社1956年版。

④ 《汉魏南北朝墓志集释》图版二八一。

⑤ 曹魏、西晋及东晋初年尚书诸曹中有虞曹，康、穆以后直至南朝宋、齐未见，梁代复见。参见《宋书》卷三九《百官志上》，第四册，第1236—1237页；《晋书》卷二四《职官志》，第三册，第732页；《隋书》卷二六《百官志上》，第三册，第721页。北魏从文成帝至宣武帝时均可见到虞曹：虞曹尚书穆蒲坂（《魏书》卷二七《穆崇传附蒲坂传》，第二册，第664页），虞曹令安平城（卷三〇《安同传附平城传》，第三册，第717页），兼尚书虞曹郎中崔鸿（卷六七《崔鸿传》，第四册，第1501页），又有虞曹少卿（卷一一三《官氏志》，第八册，第2976页）。北齐祠部尚书所统五曹中有虞曹，"掌地图山川远近、园囿田猎、肴膳杂味等事"（《隋书》卷二七《百官志中》，第三册，第753页），北魏虞曹可能具有类似职能。

⑥ 参见拙著《北魏政治史》一，读者出版集团·甘肃教育出版社2008年版，第121—128页。

⑦ 《魏书》卷一〇三《蠕蠕传》《高车传》，第六册，第2296、2298、2301、2311页。

成"遣莫何去汾比拔等来献良马、貂裘"①。宣武帝时高车国王"弥俄突遣其莫何去汾屋引叱贺真贡其方物"②。孝明帝正光（520—525）初，柔然可汗"丑奴母遣莫何去汾李具列等绞杀地万"。按"地万"本为丑奴所信任之女巫，史载"有屋引副升牟妻是豆浑地万，年二十许，为医巫，假托神鬼，先常为丑奴所信"。正光二年"二月，肃宗诏旧经蠕蠕使者牒云具仁往喻婆罗门迎阿那瓌复藩之意"，"婆罗门遣大官莫何去汾俟斤丘升头六人，将兵二千随具仁迎阿那瓌"。③ 东魏兴和二年（540）"八月，阿那瓌遣莫何去［汾］折豆浑十升等朝贡，复因求婚"④。按虞弘父君陁所任"茹茹国莫贺去汾达官"，应即文献所见柔然、高车国之"莫何去汾"、"大官莫何去汾"之类官职。唐太宗贞观二十二年（648），回纥可汗吐迷度之侄乌纥"与俱陆莫贺达干俱罗勃潜谋杀吐迷度以归车鼻"⑤。唐玄宗开元二十八年（740）"十二月乙卯（初三，12.25），突骑施酋长莫贺达干率众内属"⑥。按唐代回纥、突骑施等部族的"莫贺达干"与北朝柔然的"莫贺去汾达官"当有传承关系，应为不同时代的同名异译。北魏高车十二姓，"六曰达薄干氏"，"九曰俟分氏"⑦。大官、达官、达干、达薄干均为同名异译，若"俟分"与"去汾"亦为同名异译⑧，则柔然之"大官莫何去汾"或"莫贺去汾达官"与高车部族关系

---

① 《魏书》卷一〇三《蠕蠕传》，第六册，第2296页。

② 《魏书》卷一〇三《高车传》，第六册，第2311页。

③ 《魏书》卷一〇三《蠕蠕传》，第六册，第2298、2301页。

④ 《北史》卷九八《蠕蠕传》，第一〇册，第3265页。

⑤ 《旧唐书》卷一九五《回纥传》，第一六册，第5197页。

⑥ 《旧唐书》卷九《玄宗纪下》，第一册，第213页。

⑦ 《魏书》卷一〇三《高车传》，第六册，第2310页。

⑧ 罗丰认为："'去汾'或即'俟汾'，"达官"即"达干"。（《一件关于柔然民族的重要史料——隋〈虞弘墓志〉考》，《胡汉之间——"丝绸之路"与西北历史考古》，第412页）《新唐书》卷七一下《宰相世系表下·宇文氏》："鲜卑俗呼'草'为'俟汾'，以神农有尝草之功，因自号俟汾氏，其后音讹，遂为宇文氏。"（第八册，第2403页）《资治通鉴》卷八一《晋纪三》武帝太康六年（285）末"涉归与宇文部素有隙"条，胡三省注引何氏《姓苑》曰："宇文氏出自炎帝，其后以尝草之功，鲜卑呼'草'为'俟汾'，遂号为

非常密切，很可能最初是为其附属部族高车大酋长设置的官号。①

四、虞弘父祖三代与北朝政权

《虞弘墓志》既然明确记载其"父君陁，茹茹国莫贺去汾达官"，可见其并不避讳茹茹国号。若其本为茹茹国（茹国）人，为何不直书之，而要以"鱼国"代替呢？按墓志所载其父履历，是在叙述历史，无关现实的政治取向，以北朝以来的习惯将柔然政权称作"茹茹国"显然并无不可。但在记述其原籍或本贯时，则需考量现实的政治状况，其时柔然政权已经灭亡，特别是虞弘家族经历了北朝末年的政治纷争，很可能早就不再公开以亡国的柔然人自居。考察虞弘父祖三代与北朝政权的关系，有助于加深对这一问题的理解。

墓志载虞弘父君陁在任"茹茹国莫贺去汾达官"时"使魏□□□□朔州刺史"，有可能是指他使魏时会见了魏朔州刺史，而非其使魏后留魏任朔州刺史②。林梅村认为："虞弘之父以'莫贺去汾达官'

俟汾氏，后世通称俟汾，盖音讹也。代为鲜卑单于。"（第六册，第2590页）按《隋书》卷三三《经籍志二》著录"《姓苑》一卷，何氏撰"（第四册，第990页），是书为刘宋何承天所撰，《新唐书》卷一九九《儒学中·柳冲传》载柳芳《氏族论》，谓"宋何承天有《姓苑》二篇"云云（第一八册，第5680页），则《新唐书》此条取自何承天《姓苑》无疑。

① 柔然于4世纪末崛起于漠北，社崘称丘豆伐（驾驭开张）可汗，建立了柔然游牧大帝国。兼并高车诸部是柔然兴盛的重要因素，时"高车叱洛侯者叛其渠帅，导社崘破诸部落，社崘德之，以为大人"。（《魏书》卷一〇三《蠕蠕传》，第六册，第2292页）按君陁所任"茹茹国莫贺去汾达官"，与叱洛侯者所任"大人"相似。

② 荣新江云：虞弘父君陁"先任茹茹（柔然）国莫贺去汾达官，后入魏，任朔州刺史"（《隋及唐初并州的萨保府与粟特聚落》，《中古中国与外来文明》，第171页）。周伟洲云："由于有阙字，诸家推测君陁出使魏后降，任朔州刺史大致不谬。"（《隋虞弘墓志释证》，载《中外关系史：新史料与新问题》，第253页）根据墓志上下文并结合时代背景分析，几乎不存在这种可能性。

身分出使北魏，疑为婆罗门所遣'大官莫何去汾'等六位使臣之一。"①
这一猜测值得重视。"大官""达官"在汉语中音、义皆近，可以通用。
玄奘西行求法，"至素叶城，逢突厥叶护可汗，方事畋游，戎马甚盛"，
"达官二百余人皆锦袍编发，围绕左右"。②此处之"达官"亦可作"大
官"理解。《魏书·西域·波斯国传》："大官有摸胡坛，掌国内狱讼；
泥忽汗，掌库藏开禁；地卑，掌文书及众务；次有遏罗诃地，掌王之内
事；薛波勃，掌四方兵马。"③玄奘所见突厥之"达官"与此处所记波斯
国之"大官"义同，记作"大官"或"达官"并不影响其本义。当然，
"莫贺去汾达官"或"大官莫何去汾"之"达官""大官"尽管可以互
用，但与上引两条记载中之"达官""大官"内涵不同，而与《魏书》
及北魏墓志中常见的中、内、外三都（都坐）大官义近。《魏书·阳
平王新成传》载其为"内都大官"④，《元飏墓志》载其父阳平王为"侍
中、内都大达官、夏州刺史"⑤。据西史记载，"796年，阿哇尔的新可汗
Kaia（Kaiam）随同他的 Terkhan 们一起投降了查理大帝"，内田吟风认
为"此处 Terkhan 几乎无可怀疑的是柔然及鲜卑拓跋部（北魏）的高官
名称 Tarkhan（塔寒、达官、达干）"。⑥

正光元年（520）九月，柔然新主阿那瓖受到宗室近亲竞争者的攻
击而投奔北魏，其后经过宗族内部一番斗争，其堂兄婆罗门即位。《魏
书·蠕蠕传》：

---

① 林梅村：《稽胡史迹考——太原新出隋代虞弘墓志的几个问题》。
② （唐）慧立、彦悰撰，孙毓棠、谢方点校：《大慈恩寺三藏法师传》卷二，中华书局
1983 年版，第 27 页。
③ 《魏书》卷一〇二《西域·波斯国传》，第六册，第 2271 页。
④ 《魏书》卷一九上《景穆十二王上·阳平王新成传》，第二册，第 441 页。
⑤ 《汉魏南北朝墓志集释》图版一〇〇。
⑥ [日] 内田吟风：《柔然阿哇尔同族论考》，余大钧译《北方民族史与蒙古史译文集》，第
260 页。

　　阿那瓌来奔之后，其从父兄俟力发婆罗门率数万人入讨示发，破之。示发走奔地豆于，为其所杀。推婆罗门为主，号弥偶可社句可汗，魏言安静也。时安北将军、怀朔镇将杨钧表："传闻彼人已立主，是阿那瓌同堂兄弟。夷人兽心，已相君长，恐未肯以杀兄之人，郊迎其弟。轻往虚反，徒损国威，自非广加兵众，无以送其入北。"（正光二年）二月，肃宗诏旧经蠕蠕使者牒云具仁，往喻婆罗门迎阿那瓌复藩之意。婆罗门殊自骄慢，无逊避之心，责具仁礼敬，具仁执节不屈。婆罗门遣大官莫何去汾俟斤丘升头六人，将兵二千随具仁迎阿那瓌。五月，具仁还镇，论彼事势。阿那瓌虑不敢入，表求还京。①

　　由此可见，当时北魏是由怀朔镇长官来负责与柔然的交涉事宜，怀朔镇将杨钧根据自己掌握的柔然政情向朝廷提出了遣返阿那瓌回国的方略，而柔然弥偶可社句可汗婆罗门派遣的迎接使者大官莫何去汾俟斤丘升头六人及所率兵众二千人，应该随同北魏使者牒云具仁一起来到怀朔镇。此与《虞弘墓志》所载其父君陁以"茹茹国莫贺去汾达官"的身份"使魏"的情形若合符节。所不同的是，数年之后六镇之乱爆发，怀朔镇方改为朔州，墓志以改名后的朔州记载虞弘父君陁出使的地点怀朔镇，应该是可以理解的，毕竟墓志撰写时怀朔镇早已改名，成为历史的陈迹。如此来看，实则"大官莫何去汾"为官号，"俟斤丘升头"为人名，而"君陁"乃是按汉人姓名习惯对"俟斤丘升头"所作的雅译②。

　　君陁出使时间和地点的破解，可以说确定了一个时间坐标，对理

---

① 《魏书》卷一〇三《蠕蠕传》，第六册，第2300页。
② 陈寅恪云："凡入居中国之胡人及汉人之染胡化者，兼有本来之胡名及雅译之汉名。""胡化汉人高欢，史称其字为贺六浑。其实'欢'乃胡语'浑'之对音，亦即'贺六浑'之雅译汉名，而'贺六浑'则本其胡名，并非其字也。"（《姚薇元北朝胡姓考序》，《金明馆丛稿二编》，上海古籍出版社1980年版，第242页）很显然，"君陁"与"俟斤丘升头"类似于"欢"与"贺六浑"。

解《虞弘墓志》意义重大。君陁使魏是为了迎接阿那瓌归国，自然也就不可能留在北魏出任朔州刺史，而应该是和阿那瓌一起重新返回柔然可汗庭。在阿那瓌归国前夕，"婆罗门为高车所逐，率十部落诣凉州归降"①，这是阿那瓌得以归国的前提。直到西魏末、北齐初约30年间，柔然在阿那瓌的统治下力量迅速恢复和壮大，称雄漠北，傲视中土。② 然而，突厥的兴起很快终结了这种势头。北齐文宣帝天保三年（552）二月，突厥大破柔然，阿那瓌自杀，其太子庵罗辰等率余部逃奔北齐。其后数年间，在突厥、北齐、北周的征讨和内部政争的双重打击下，柔然国势顿衰，一蹶不振，天保六年柔然余部被文宣帝彻底征服而降附北齐，柔然帝国这一政治实体随之退出历史舞台。③ 虞弘应该是在柔然帝国灭亡前不久出使北齐时被扣留在晋阳的，具体当在阿那瓌自杀到柔然亡国这段时间内。其后一直到隋朝，虞弘家族都在晋阳生活。

突厥原本"居金山之阳，为茹茹铁工"，阿那瓌斥之为"锻奴"，但正是突厥的进攻彻底摧毁了柔然帝国的统治基础，使其走上不归之路。"魏废帝元年（552）正月，土门发兵击茹茹，大破之于怀荒北，阿

---

① 《魏书》卷一〇三《蠕蠕传》，第六册，第2301页。

② 《北史》卷九八《蠕蠕传》："明帝之后，中原丧乱，未能外略，阿那瓌统率北方，颇为强盛，稍敢骄大，礼敬颇阙，遣使朝贡，不复称臣。天平以来，逾自踞慢。……转至不逊，每奉国书，邻敌抗礼。"（第一〇册，第3265—3266页）《北齐书》卷五〇《恩倖·高阿那肱传》："是时，茹茹主阿那瓌在塞北强盛，显祖尤忌之，所以每岁讨击。"（第三册，第692页）不仅东魏北齐，西魏同时也受到柔然的强大压力。《周书》卷一八《王罴传》："时茹茹渡河南寇，候骑已至豳州。朝廷虑其深入，乃征发士马，屯守京城，堑诸街巷，以备侵轶。"（（唐）令狐德棻等撰，中华书局1971年版，第二册，第292页）其时东、西魏政权竞相与柔然"结好"，参见《隋书》卷三九《贺若谊传》，第四册，第1159页。

③ 参见《北齐书》卷四《文宣纪》，第一册，第60页；《北史》卷九八《蠕蠕传》，第一〇册，第3266—3267页。关于柔然灭亡的具体时间，学界有不同观点，内田吟风认为"柔然被突厥完全击灭合并是在后周末（五八〇前后）"（《柔然の滅亡年について》，《北アジア史研究·鮮卑柔然突厥篇》，（京都）同朋舍1975年版，第322页）。又可参见同氏《柔然時代蒙古史年表》，同上书，第396页。

那瓌自杀，其子庵罗辰奔齐，余众复立阿那瓌叔父邓叔子为主。"① 在突厥立国最初三十余年间（546—581），其国力异常强盛，中国北方前后相继的两魏齐周政权均臣服于突厥帝国②，"诸突厥可汗曾利用北方诸朝之相争，而于中取利"③。《北史·蠕蠕传》："是时，蠕蠕既累为突厥所破，以西魏恭帝二年（555），遂率部千余家奔关中。突厥既恃兵强，又藉西魏和好，恐其遗类依凭大国，使驿相继，请尽杀以甘心。周文议许之，遂收缚蠕蠕主已下三千余人付突厥使，于青门外斩之。中男以下免，并配王公家。"④ 由此可见，由于突厥对中国北方政权构成了强大压力，突厥的穷追不舍使得逃亡到关中的柔然人陷入了被屠杀和奴役的悲惨境地。⑤ 同理，柔然被突厥和北齐灭亡后，在北齐政治中心并省晋阳生活的虞弘家族，作为柔然帝国曾经的权贵阶层，估计不敢再以"茹茹"或"茹"作为其姓氏，以"鱼"为姓当在其时。经历了周灭隋、隋

---

① 《周书》卷五〇《异域下·突厥传》，第三册，第 907、908、909 页。

② 《周书》卷五〇《异域下·突厥传》："时与齐人交争，戎车岁动，故每连结之，以为外援。""俟斤死，弟他钵可汗立。自俟斤以来，其国富强，有凌轹中夏志。朝廷既与和亲，岁给缯絮锦彩十万段。突厥在京师者，又待以优礼，衣锦食肉者，常以千数。齐人惧其寇掠，亦倾府藏以给之。他钵弥复骄傲，至乃率其徒属曰：'但使我在南两个儿孝顺，何忧无物邪！'"（第三册，第 911 页）按突厥他钵可汗所言"在南两个儿"，是"指北周、北齐两国"（[日] 護雅夫：《古代トルコ民族史研究》I，（东京）山川出版社1977 年版，第 162—163 页），其"凌轹中夏"、骄横跋扈可见一斑。

③ [法] 沙畹：《西突厥史料》，冯承钧译，商务印书馆 1935 年版，第 235 页。

④ 《北史》卷九八《蠕蠕传》，第一〇册，第 3267 页。

⑤ 当然，称雄中北亚地区一个半世纪之久的柔然游牧大帝国，并非一时能够灰飞烟灭。520 年柔然因统治集团内讧和高车入侵而中衰，阿那瓌和婆罗门两主相继投奔北魏，即便如此，其势仍不可小觑。凉州刺史袁翻在上表中有云："今蠕蠕虽主奔于上，民散于下，而余党实繁，部落犹炽，处处棋布，以望今主耳。高车亦未能一时并兼，尽令率附。"（《魏书》卷六九《袁翻传》，第五册，第 1542 页）虽然有不同看法，但国际学界普遍认为六世纪后半叶至八世纪末活跃于欧洲的强大民族阿哇尔就是逃亡到西方的柔然余部。柔然亡国之后，部分遗民进入北中国，臣属于西魏北周和北齐，部分进入东北勿吉国，大部分则逃亡西方，并与突厥抗衡了一段时间，直到 580 年柔然国消亡，同时阿哇尔又在欧洲建立了政权。（[日] 内田吟风：《柔然阿哇尔同族论考》，余大钧译《北方民族史与蒙古史译文集》，第 252—272 页）

代周的重大政局变动，虞弘及其部民更不敢以"茹"姓示人。

结合时代大势判断，虞弘家族改"茹"姓为"鱼"姓当在柔然帝国灭亡之时，而改"鱼"姓为"虞"姓则应在北周灭北齐之时。虞氏父子曾在柔然政权担任要职，虞弘大概对其故国抱有深厚的怀念之情，故仍以"鱼国"这一隐晦的方式表示其祖籍所自，同时在墓志中通过虞弘本人早年及其父当年在茹茹国的辉煌经历呈现出家族历史的真实面目。鱼俱罗"弱冠为亲卫，累迁大都督。从晋王广平陈"①。可知其入仕应在隋初，年龄至少应比虞弘小二十岁，当为柔然灭亡前夕逃奔关中的柔然余部中未被杀害的某一少年的儿子。由此来看，柔然降民在国破家亡之际是不敢以"茹"为姓的，而是选择与"茹"同音的"鱼"为其姓氏。不过，鱼俱罗更有可能原本出生在北齐，周灭齐时被徙居关中。若此，则其原居地当在晋阳，为虞弘同宗子弟的可能性甚大。

虞弘出使北齐被文宣帝高洋扣留之前，与其父君陁均在茹茹国任职，并未入仕中土，而志载其祖父□奴栖为"鱼国领民酋长"，这又如何理解呢？最大的可能是，□奴栖或其父祖曾与其部落一起被北魏征服，也有可能是主动归附北魏，北魏朝廷授予其领民酋长称号，统领部落驻守于尉纥驎城，后来又率部逃回漠北茹茹国境内。后其子君陁继统部落，并被茹茹国王任命为莫贺去汾达官。尉纥驎城应该就在北魏六镇地区。被北魏征服而安置在北镇地区的敕勒不甘心遭受奴役的命运，叛逃之事时有发生，见于《魏书·本纪》记载者有：

太武帝神麚三年（430）三月"癸卯（十七，4.25），云中、河西敕勒千余家叛，尚书令刘洁追灭之。""夏四月甲子（初八，5.16），行幸云中。敕勒万余落叛走，诏尚书封铁追讨灭之。"②

① 《隋书》卷六四《鱼俱罗传》，第五册，第1517页。
② 《魏书》卷四上《世祖纪上》，第一册，第75—76页。

孝文帝延兴元年（471）"冬十月丁亥（初二，10.31），沃野、统万二镇敕勒叛，诏太尉陇西王源贺追击，至枹罕，灭之，斩首三万余级，徙其遗迸于冀、定、相三州为营户"。

"二年春正月乙卯（初二，473.1.27），统万镇胡民相率北叛，诏宁南将军交阯公韩拔等追灭之。"

二月，"蠕蠕犯塞。太上皇帝次于北郊，诏诸将讨之。虏遁走，其别帅阿大干率千余落来降。东部敕勒叛奔蠕蠕，太上皇帝追之，至石碛，不及而还"。三月庚午（十八，4.11），"连川敕勒谋叛，徙配青、徐、齐、兖四州为营户"。

三年十二月"壬子（初十，474.1.13），蠕蠕犯边，柔玄镇二部敕勒叛应之。"①

太和二十二年（498）八月壬子（初三，9.4），"敕勒树者相率反叛，诏平北将军江阳王继都督北讨诸军事以讨之。"九月"庚子，仍将北伐叛虏"。"十有二月甲寅（初七，499.1.4），以江阳王继定敕勒，乃诏班师。"②

孝昌二年（526）三月"甲寅（十五，4.12），西部敕勒斛律洛阳反于桑干，西与河西牧子通连。别将尒朱荣击破之"。③

按虞弘生于534年，则其祖父为"鱼国领民酋长"不得早在百年前，亦不得晚至不到十年前，故太武帝和孝明帝时期的三次敕勒叛逃事件均可排除在外。

可能性较大的是，延兴年间持续三年的敕勒部民频繁叛逃事件。而且值得注意的是，东部敕勒的叛逃与柔然侵犯北魏边塞之间的互动关系。当时敕勒叛逃的目的地就是柔然境内，即从北魏的臣民变为柔然的

---

① 《魏书》卷七上《高祖纪上》，第一册，第135、136、137、140页。

② 《魏书》卷七下《高祖纪下》，第一册，第184页。

③ 《魏书》卷九《肃宗纪》，第一册，第243页。

臣民，而非追求部族的解放。延兴元年十月沃野、统万二镇敕勒大规模叛逃的目的地似乎是西方的吐谷浑国境，次年正月统万镇北叛胡民中应该包括敕勒部民在内，这两次叛逃均遭到彻底剿灭而未能成功。延兴二年三月连川敕勒的谋叛也胎死腹中，与前两次不同的是由于叛逃未遂，连川敕勒部民未遭到肉体消灭，而是被发配到东南边地充当营户。尉纥驎城的敕勒部民叛逃柔然，似乎与这三次事件也没有关系。延兴二年二月和三年十二月配合柔然侵犯北魏边塞而发生的东部敕勒和柔玄镇二部敕勒"叛奔"、"叛应"柔然事件①，看起来比较符合□奴栖叛逃柔然的情境。从虞弘生年推定，除非担任鱼国领民酋长者为其曾祖或高祖，否则不大可能早在六十多年前就已作为袁纥部的领民酋长领导脱离北魏统治的斗争。

种种迹象显示，孝文帝太和二十二年（498）秋冬敕勒的反叛，□奴栖应该是参与领导者之一。《魏书·京兆王继传》：

高祖时，除使持节、安北将军、抚冥镇都大将，转都督柔玄抚冥怀荒三镇诸军事、镇北将军、柔玄镇大将。入为左卫将军、兼侍中，又兼中领军，留守洛京。寻除持节、平北将军，镇摄旧都。高车酋帅树者拥部民反叛，诏继都督北讨诸军事，自怀朔已东悉禀继节度。继表："高车顽党，不识威宪，轻相合集，背役逃归。计其凶戾，事合穷极，若悉追戮，恐遂扰乱。请遣使镇别推检，斩怨首一人，自余加以慰喻。若悔悟从役者，即令赴军。"诏从之。于是叛徒往往归顺。高祖善之，顾谓侍臣曰："江阳良足大任也。"车驾北巡,至邺而高车悉降,恒朔清定。①

　　孟威为东宫斋帅、羽林监,"时四镇高车叛投蠕蠕,高祖诏威晓喻祸福,追还逃散,分配为民"②。六镇自西向东依次为沃野、怀朔、武川、抚冥、柔玄、怀荒③,"四镇高车"是指在怀朔镇已东的武川、抚冥、柔玄、怀荒镇屯驻的高车部民,表明此次敕勒叛逃仍以东部敕勒为主,与延兴年间叛逃的敕勒大体是在同一个区域内。由此推测,尉纥驎城应该就在北边六镇之东部四镇范围内,以柔玄镇辖区的可能性较大。

　　尤其值得注意的是,领导此次敕勒反叛事件的树者即为袁纥部的大酋长④,并且其叛逃的目的地就是柔然境内。《魏书·高车传》:"后高

---

① 《魏书》卷一六《道武七王·京兆王继传》,第二册,第401—402页。

② 《魏书》卷四四《孟威传》,第三册,第1005页。

③ 参见谭其骧主编《中国历史地图集》第四册《东晋十六国·南北朝时期》,地图出版社1982年版,图53、54—555;严耕望《中国地方行政制度史——魏晋南北朝地方行政制度》所绘《北魏诸镇图》,下册,第798页。

④ 按以"树"为名在鲜卑人中比较常见。晋武帝时与拓跋鲜卑同宗的河西鲜卑首领秃发树机能发动叛乱,一度占领凉州全境,直逼关陇。(参见《晋书》卷三《武帝纪》,第一册,第64页;卷一二六《秃发乌孤载记》,第一○册,第3141页;《魏书》卷九九《鲜卑秃发乌孤传》,第六册,第2200页)五世纪初,慕容鲜卑后裔吐谷浑酋帅名树洛干(《魏书》卷一○一《吐谷浑传》,第六册,第2234页)。北魏鲜卑人中有"树洛干氏",孝文帝时"改为树氏"(《魏书》卷一一三《官氏志》,第八册,第3011页)。据此推断,《魏书》所见北族人名单字"树"最大可能就是"树洛干"之省称。太武帝时有"给事中刘树"(卷二八《古弼传》,第二册,第691页),"宜阳公伏树"(卷三○《王建传》,第三册,第711页),当出于俟伏斤氏、独孤氏(《官氏志》,第八册,第3010、3007页)。受献文帝宠幸的内侍长王树,出身广宁乌桓(《王建传附曾孙树传》,第711页),但应早已鲜卑化。北齐开创者高欢之父树生(树),祖父高湖在北魏初年自慕容后燕归附北魏,父谧因犯罪而徙居怀朔镇。(卷三二《高湖传》及附传,第三册,第751—753页)虽出勃海高氏,但已鲜卑化。孝文帝之弟咸阳王禧,其第四子名树。(卷二一上《献文六王上·咸阳王禧传》及附传,第二册,第540页)按刘树、伏树、王树、高树、元树,其本名当即树洛干。北魏明元帝时,柔然蔼苦盖可汗斛律有"大臣树黎",北魏末年柔然可汗"阿那瓌遣乌句兰树什伐等朝贡"(卷一○三《蠕蠕传》,第六册,第2303页),二人若非柔然人,则应为高车人。此外,后赵石勒时有"左常侍董树"(《晋书》卷一○五《石勒载记下》,第九册,第2738页),其族属不明。南凉秃发利鹿孤的将领

祖召高车之众随车驾南讨，高车不愿南行，遂推袁纥树者为主，相率北叛，游践金陵，都督宇文福追讨，大败而还。又诏平北将军江阳王继为都督讨之，继先遣人慰劳树者。树者入蠕蠕，寻悔，相率而降。"① 《宇文福传》："寻以高车叛，命加征北将军、北征都将，追讨之。军败被黜。"② 由此可见，此次在袁纥树者领导下的敕勒叛逃事件，事实上获得了很大成功，树者虽然很快又返回北镇，但估计仍有一部分袁纥部民留在柔然境内，虞弘祖父□奴栖当在其列。若此，则太和二十二年之前他应该就在六镇东部某一军镇辖区的尉纥驎城担任袁纥部的酋长。③ 高车人"为性粗猛"，"斗无行陈，头别冲突，乍出乍入，不能坚战"④。而虞庆则与鱼俱罗也具有这种个性特点，庆则"身被重铠，带两鞬，左右驰射"⑤；俱罗在出击突厥时，"与数骑奔击，瞋目大呼，所当皆披靡，出

有名为"金树"者，属于"秦雍之世门"（《晋书》卷一二六《秃发利鹿孤载记》，第一〇册，第3143页）本为屠各的可能性较大。北凉王室卢水胡沮渠安周，其"兄子树"。（《魏书》卷四三《唐和传》，第三册，第962页）梁朝秦梁二州行事夏侯道迁于宣武帝时归降北魏，其部将庞树为"南安人"（卷七一《夏侯道迁传》，第五册，第1591页），很可能属于氐族。虽然其他族群中也有以"树"为名者，但总的来看在鲜卑人名中最为常见，谓袁纥部在迁居北镇一段时期之后开始出现鲜卑化的倾向当不为过。

① 《魏书》卷一〇三《高车传》，第六册，第2309—2310页。
② 《魏书》卷四四《宇文福传》，第三册，第1001页。
③ 若上文所引《隋书·虞庆则传》关于其先世的记载可信，则不排除另一种可能，即奴栖或□奴栖之父祖与虞庆则的祖先最初为归附铁弗刘氏的高车袁纥部的酋帅，或为北魏道武帝初年征服的高车袁纥部的一支，既而又投奔刘卫辰部，在赫连勃勃建立大夏政权后遂成为夏国北部边境的一个部族，北魏灭夏后又转隶于北魏西北边镇薄骨律镇，奴栖或□奴栖曾为此部族之领民酋长，后来率领一部分部民逃亡茹茹国，而虞庆则祖先仍留在原地驻守，到北周时庆则之父虞祥被任命为当地的地方长官。果如此，则尉纥驎城当在薄骨律镇辖区。不过，结合北魏末年以来边地形势的急剧变化和人口的频繁移动分析，虞庆则家族不大可能在灵武一带原地不动生活近两个世纪之久。因此更大的可能性是，虞庆则与虞弘家族原本同出于一个部族，虞祥与虞弘一样，先由柔然入齐，后由齐入周，继而成为隋朝的臣民。
④ 《魏书》卷一〇三《高车传》，第六册，第2307页。
⑤ 《隋书》卷四〇《虞庆则传》，第四册，第1174页。

左入右，往返若飞"①。他们在战斗中的表现看来与高车人非常相似，这一点也可以作为鱼（虞）氏本出高车（敕勒）的佐证。

五、"检校萨保府"与虞弘之祆教信仰

学界通常认为，中国中古时期入华之粟特人为祆教信徒，其他民族的人一般不信奉祆教，那么如何解释虞弘墓中具有强烈祆教特征的艺术图像呢？荣新江认为："粟特聚落当中，应当是以祆教为主要宗教信仰的。"② 但他又不认为虞弘是粟特人，因而对虞弘墓祆教艺术图像的来历做了这样的解释："虞弘墓的石椁图像，有着明显的粟特地区流行的祆教色彩"，"表明虞弘去世时，其葬仪可能是由粟特人操办的，所以在他的石椁上，浮雕了粟特系祆教的图像"。③ 认为虞弘为柔然族出身的罗丰也赞同这一观点④。揆诸常理，这种可能性显然是不存在的。

据《虞弘墓志》记载，虞弘在北齐末年为"假仪同三司、游击将军"，入北周后迁任"使持节、仪同大将军，广兴县开国伯，邑六百户"。按仪同大将军是周武帝建德四年（575）十月由仪同三司所改⑤，此乃闲散之职，大概只负责掌管其部族成员。《虞弘墓志》又云："大象（579—580）末，左丞相府，迁领并、代、介三州乡团，检校萨保府。"按"左丞相府"语意不清，或有脱漏，可能是指他当时属于左丞相府治

---

① 《隋书》卷六四《鱼俱罗传》，第五册，第1517页。

② 荣新江：《北朝隋唐粟特聚落的内部形态》，《中古中国与外来文明》，第168页。

③ 荣新江：《隋及唐初的并州的萨保府与粟特聚落》，《中古中国与外来文明》，第171—172页。认为虞弘为柔然族出身的罗丰也赞同这一观点，见氏著《一件关于柔然民族的重要史料——隋〈虞弘墓志〉考》。

④ 罗丰：《一件关于柔然民族的重要史料——隋〈虞弘墓志〉考》，《胡汉之间——"丝绸之路"与西北历史考古》，第405—423页。

⑤ 《周书》卷六《武帝纪下》，第一册，第93页。

下，并不意味着在左丞相府任职。北齐"鸿胪寺，掌蕃客朝会，吉凶吊祭"，所统"典客署，又有京邑萨甫二人，诸州萨甫一人"。① 隋代"雍州萨保"为视从七品，"诸州胡二百户已上萨保"为视正九品。② 唐京师长安皇城西有布政坊，其"西南隅胡祆祠"，"武德四年（621）立，西域胡祆神也。祠内有萨宝府官主祠祓（被）神，亦以胡祝充其职"。③ 唐玄宗开元二十五年（737）制定之大唐官品，"视流内"官有二：视正五品，萨宝；视从七品，萨宝府祆正。"视流外"官有三：勋品，萨宝府祓祝；四品，萨宝府率；五品，萨宝府史。"萨宝府祆正"下本注："祆者，西域国天神，佛经所谓摩醯首罗也。武德四年，置祆祠及官，常有群胡奉事，取火咒诅。贞观二年（628），置波斯寺。至天宝四年（745）七月，敕：'……其两京波斯寺宜改为大秦寺。天下诸州郡有者，亦宜准此。'开元二十年七月敕：'末摩尼法，本是邪见，妄称佛教，诳惑黎元，宜严加禁断。以其西胡等既是乡法，当身自行，不须科罪者。'"④ 可见唐代萨宝府的职能最初主要是负责祆神祭祀，后来则以负责景教和摩尼教事务为主，通过履行宗教职能以管理"西胡"事务。

近百年来中外学界对萨宝的语源及其职能等问题进行了大量的研究，萨甫、萨保与萨宝乃同名异译，早已成为定论，但对于其语源则仍有争论。随着对胡语文书研究的深入，尤其是对出土的大量胡人墓志的研究，学界对萨宝的职能及相关问题的认识日益清晰。周一良云："萨宝二字为梵语 Sārthavāha 之译音，义为队商首领，伯希和等已考定之。""此官实已绾理居留境内之商胡为主，故取商主之梵名萨宝二字为官名，不仅司祆庙之祭祀而已。唐宋时代萨宝府官皆以胡人充，而列于

---

① 《隋书》卷二七《百官志中》，第三册，第756页。
② 《隋书》卷二八《百官志下》，第三册，第790、791页。
③ （宋）宋敏求撰，（清）毕沅校正：《长安志》卷一〇《唐京城四·皇城之西十三坊·布政坊》，思贤讲舍校刊本，光绪十七年（1891），第三册，第35页。
④ （唐）杜佑撰，王文锦等点校：《通典》卷四〇《职官二二·秩品五》，第一册，中华书局1988年版，第1103、1105—1106、1103页。

视品，与领民酋长之为视品可相比照也。"① 此说言简意赅，在中国学界
较早就萨宝含义提出概述性看法，至今仍值得重视。

　　荣新江认为："文献记载粟特聚落的首领是'萨保'，此词来源于粟
特文的 s′rtp′w，本意是指'队商首领'，延伸为队商所形成的聚落上的
政教兼理的胡人大首领的意思。"② 不仅萨宝之词源学界有分歧，而且关
于萨宝制度的来源问题也存在着不同看法。姜伯勤认为："'萨宝'原是
粟特昭武九姓本土贵族政治中的职官，十六国至唐开元间在中国的'萨
宝府'成为一种管辖西胡系队商住民及其袄教事务的'开府领民'制
度。"③ 按此说可酌。首先，十六国有无萨宝（萨甫、萨保）并无确切证
据，北魏设萨宝的可能性亦不大。其次，北齐虽有京邑萨甫和诸州萨甫
之设，但在官品令正、从九品及"流内比视官十三等"中未见其职，北
齐有"流外勋品"，具体官职名称不明，萨甫很可能即属其列。如此地
位，实难"开府"。再次，"粟特昭武九姓本土贵族政治中"是否存在萨
宝之职，证据并不充分。最主要的一条证据是隋《史射勿墓志》："平凉
平高县人也。其先出自西国。曾祖妙尼、祖波波匿，并仕本国，俱为
萨宝。父认愁，蹉跎年发，舛此宦途。"④ 罗丰谓"本国"是指史国，即
《魏书·西域传》所载伽色尼国。进而言之，"'西国'或为北朝时期粟
特昭武诸国的代称"，"在中亚粟特地区有萨保这样一种官职"。⑤ 按这
一推断过于牵强，若史波波匿原在中亚伽色尼国任"萨保"，而其孙史
射勿就已明确著籍中土，实难想象，很可能史妙尼或其父祖就已来华。
史射勿之子唐《史诃耽墓志》："曾祖尼，魏摩诃大萨宝、张掖县令。祖
思，周京师萨宝、酒泉县令。"其孙《史铁棒墓志》："曾祖多思，周京

① 周一良：《领民酋长与六州都督》，《魏晋南北朝史论集》，第 196 页。
② 荣新江：《北朝隋唐粟特聚落的内部形态》，《中古中国与外来文明》，第 115 页。
③ 姜伯勤：《中国袄教艺术史研究》，第 124 页。
④ 罗新、叶炜：《新出魏晋南北朝墓志疏证》，中华书局 2005 年版，第 565 页。
⑤ 罗丰：《萨宝：一个唐朝惟一外来官职的再考察》，《胡汉之间——"丝绸之路"与西北
　　历史考古》，第 258 页。

师摩诃萨宝、酒泉县令。"由此可见，史尼即史波波匿，史思或史多思即史认愁，最晚在史波波匿时就已入居河西走廊，史波波匿所任本国萨保显然并非是在其原籍国"西国"，而是在"魏"国——西魏。同理，史妙尼也应于北魏末或西魏初在河西走廊担任萨宝。萨宝之职在西域地区原本并非正式的职官名称，随着大量胡人的进入，北朝政府遂将这种胡人自治制度纳入官僚体系当中，隋唐两代加以继承并作了某些调整，地位有所提高。尽管如此，以专门管理胡人宗教、社会事务为职事的萨保及其属官，与王朝正式职官制度有很大的区别，只能说是一类相当特殊的职官，也与中亚粟特贵族政治中的职官制度无关。①

周伟洲认为：北朝隋唐的萨保府"主要是管理迁入内地的中亚胡人聚落的机构"，"萨保或萨保府与袄教有密切的关系"，"任萨保或类似萨宝的职官基本上是由信仰袄教的中亚胡人（粟特人）担任"。② 与此相联系，周伟洲对虞弘的族属问题作出了比较明确的判断："虞弘在北周时'检校萨保府'，即管理并州等地聚居的中亚胡人的'萨保'，尽管是'检校'，但首先应考虑其为中亚胡人。""从虞弘墓出土的石椁浮雕上也反映出袄教的色彩"，"证明虞弘应为信仰袄教之中亚胡人的重要证据"。"虞弘祖或父投归漠北柔然后，由于柔然政权内有中亚胡人（国相），故能保留其袄教信仰，入齐、周后，由其'检校萨保府'就是很自然的

---

① 芮传明认为："'萨宝'与其他的中原官衔相比，主要是荣誉性的。它的权限只在于管理胡人自己的社团。由于这些社团是自治或半自治性的，因此'萨宝'必须兼顾到本社团的政治、经济、军事、宗教等各种事务。"（《"萨宝"的再认识》，《史林》2000年第3期）对于理解隋唐萨宝制度而言，这一说法比较稳妥。

② 周伟洲：《隋虞弘墓志释证》，载《中外关系史：新史料与新问题》，第256页。关于"萨宝"的语源及其性质、职能，中外学者所论甚夥，近年代表性的研究成果主要有，[日]荒川正晴：《北朝隋·唐代における"薩寶"の性格をめぐって》，《東洋史苑》第50、51号（1998年）；姜伯勤：《萨宝府制度源流论略——汉文粟特人墓志考释之一》，《华学》第3辑，紫禁城出版社1998年版，第290—308页；荣新江：《袄教初传中国年代考》，《中古中国与外来文明》，第277—300页；罗丰：《萨宝：一个唐朝惟一外来官职的再考察》，《胡汉之间——"丝绸之路"与西北历史考古》，第248—279页。

事了。"对于荣新江、罗丰"虞弘一族源于北方民族或柔然"的看法，周伟洲提出了异议："当时北方的柔然境内主要流行巫术（即原始萨满教）和佛教，故他们很难解释虞弘在北周时'检校萨保府'及墓中出土石椁上有祆教内容的浮雕图像。于是，他们只有用虞弘卒后系粟特人主持操办，来解释上述现象。虞弘卒于隋开皇十二年，其时墓志并未提到其仍'检校萨保府'；且虞弘本人如果不信仰祆教或系祆教徒，他本人及其亲属是决不会允许在其墓葬中加入祆教的仪式和内容的。"① 诚如周伟洲所言，虞弘及其家族必为祆教徒无疑②，但以此逆推其为"信仰祆教之中亚胡人"（粟特人或大月氏人）却未必无误。隋代萨保管理的"诸州胡"是否都是来自中亚的粟特胡人，这一点尚无确凿证据予以支持。

截至目前，北朝后期文物中发现了为数不少的祆教图像，其中明确可知为中亚粟特人后裔的西安北周安伽墓③、宁夏固原史氏家族墓④，具有鲜明的祆教特色。其他如东魏茹茹公主墓⑤、被推断为北齐文宣帝高洋陵的河北磁县湾漳北朝大墓⑥、太原北齐徐显秀墓⑦、山东青州北齐清

① 周伟洲：《隋虞弘墓志释证》，载《中外关系史：新史料与新问题》，第256—257页。
② 按虞弘"字莫潘"，吐鲁番文书《唐神龙三年高昌崇化乡点籍样》可见"何莫潘"和"曹莫盆"等人名（唐长孺主编：《吐鲁番出土文书》，文物出版社1986年版，第七册，第471、475页）。余太山认为"'莫潘'多为隋唐时来华索格底亚那人所用汉名"（《鱼国渊源臆说》）。蔡鸿生将唐代文献和出土文书中的胡名分为两类，其中之一为"芬"型组，"芬"字在粟特语中为"荣幸、运气"之意，"曹莫盆"即属此组，则"莫潘"亦可归入此组。（《唐代九姓胡与突厥文化》，中华书局1998年版，第40页）林梅村云："我们怀疑，其名来自伊朗语，相当于婆罗钵语bayaspân（主使、神使），像是个火祆教徒的教名。北周时，虞弘任'检校萨保府'。萨保府是北周管理火祆教的机构。虞弘之所以担任这个职务，与他本人信仰火祆教不无联系。"（《稽胡史迹考——太原新出隋代虞弘墓志的几个问题》）
③ 陕西省考古研究所：《西安北周安伽墓》，文物出版社2003年版。
④ 罗丰：《固原南郊隋唐墓地》，文物出版社1996年版。
⑤ 磁县文化馆：《河北磁县东魏茹茹公主墓发掘简报》，《文物》1984年第4期。
⑥ 徐光冀：《河北磁县湾漳北朝大型壁画墓的发掘与研究》，《文物》1996年第9期。
⑦ 太原市文物考古研究所：《北齐徐显秀墓》，文物出版社2005年版。

河傅氏石室墓①，以及太原隋代虞弘墓，墓中的壁画及石刻画等绘画作品上，均有焰肩祆神或半人半鸟神、半兽（牛和狗）半鸟神等祆教图像。河南巩县石窟寺北魏一、三、四窟壁下部，有不少焰肩祆神图像。北魏孝明帝正光三年（522）《冯邕妻元氏墓志》，正光五年《元昭墓志》《元谧墓志》及石棺，孝昌二年（526）《侯刚墓志》，孝庄帝永安二年（529）《苟景墓志》《尒朱袭墓志》，孝武帝太昌二年（533）《王悦墓志》②，均可见到祆教图像。此外，在南朝梁代宗室萧宏、萧秀、萧景（昺）墓葬遗存中也有祆教题材的装饰或波斯建筑风格。③ 以上相关历史人物，绝大部分并不属于中亚来华粟特人。毫无疑问，目前所见祆教遗存仅属管中窥豹，并不能完全反映中古时期中国境内祆教信仰的全貌。尽管如此，仍然可以断定，南北朝时期祆教信仰并不仅仅局限于中亚来华的粟特人族群，而是有着较为广泛的信仰者。基于此，判定虞弘家族为中亚胡人就有可能出现很大偏颇，甚至有可能完全错误。事实上，无论北齐还是北周，祆教信仰都受到统治者的提倡。《隋书·礼仪志二》："（后齐）后主末年，祭非其鬼，至于躬自鼓儛，以事胡天。邺中遂多淫祀，兹风至今不绝。后周欲招来西域，又有拜胡天制，皇帝亲焉。其仪并从夷俗，淫僻不可纪也。"④ 在这种状况下，即便不是来自西域信奉祆教国度的人，无论官僚贵族抑或平民百姓，都有接受祆教信仰的机会。也就是说，虞弘若非中亚粟特胡人，也完全有可能成为祆教信徒。

《虞弘墓志》："年十三，任莫贺弗，衔命波斯、吐谷浑。"按"年十三"即 12 周岁，时在公元 446 年，以此年纪出使祆教盛行的波斯，应该说很容易接受祆教并成为其终生的信仰，"虞弘墓葬浓重的波斯风

① 夏名采：《益都北齐石室墓线刻画》，《文物》1985 年第 10 期。
② 《汉魏南北朝墓志集释》图版五七、四九、一七一、二四九、二七一、二七四、二八七。
③ 参见施安昌《六世纪前后中国祆教文物叙录》，载《中外关系史：新史料与新问题》，第 239—246 页。
④ 《隋书》卷七《礼仪志二》，第一册，第 149 页。

格"①,或许正是这一情况的反映。祆教起源于波斯,后传至西域其他国家。《旧唐书·西戎·波斯国传》:"俗事天地、日月、水火诸神,西域诸胡事火祆者,皆诣波斯受法焉。"② 齐东方的研究显示:"虞弘墓石椁图像主要内容、文化渊源和艺术特色,与波斯美术关系密切。""虞弘墓石椁上图像并非简单地模仿异域,应该说就是波斯文化的内容。""虞弘是新移民,其死后石椁上的图像,应该是穿越时空移植异国的文化与信仰,试图通过理想化场景的展示,以求对自身文化的认同和坚持。"③1925年苏联考古学者在土剌(拉)河畔诺颜歹·斯穆发掘的"被认为是四、五世纪时柔然贵族"墓葬的出土物中,包括"波斯三桑(萨珊)王朝式的绢布织物"。④ 按柔然可汗庭即在土拉河畔,袁纥部的传统游牧地亦距此不远,这表明柔然或袁纥部与波斯国之间可能存在着比较密切的通使贸易关系。由此来看,波斯文化特色在虞弘墓石椁图像中的集中表现,正是虞弘身为祆教信徒和当地祆教领袖的集中体现,而这应当与其早年出使波斯时受到的影响和熏陶密切相关。

六、虞弘信仰祆教之时代背景

值得注意的是,虞弘出使波斯之际,正是柔然内部突厥兴起之时。《周书·突厥传》:

> 其后曰土门,部落稍盛,始至塞上市缯絮,愿通中国。大统十一年(545),太祖遣酒泉胡安诺盘陁使焉。……十二年,土门遂

① 余太山:《鱼国渊源臆说》。
② 《旧唐书》卷一九八《西戎·波斯国传》,第一六册,第5311页。
③ 齐东方:《虞弘墓人兽搏斗图像及其文化属性》,《文物》2006年第8期。
④ 参见马长寿《突厥人与突厥汗国》,第10页。

遣使献方物。时铁勒将伐茹茹，土门率所部邀击，破之，尽降其众五万余落。恃其强盛，乃求婚于茹茹。茹茹主阿那瓌大怒，使人骂辱之曰："尔是我锻奴，何敢发是言也？"土门亦怒，杀其使者。遂与之绝，而求婚于我。太祖许之。十七年六月，以魏长乐公主妻之。①

突厥与西魏之间最初的联络显然属于商贸往来，但各自的目的则是为了建立政治关系，其目标均指向了强大的柔然帝国。虽然柔然统治者对突厥表示蔑视，但不可能对突厥的兴起置若罔闻。通过宗教联系加强与西方大国波斯的关系，大概就是柔然可汗阿那瓌的一个应对之策，年仅13岁的贵族子弟虞弘作为使团成员出使波斯②，其真实意图或许就是为了接受袄教洗礼。③

当然，也不排除另外一种可能性，即虞弘在出使波斯前就已是袄

---

① 《周书》卷五〇《异域下·突厥传》，第三册，第908页。
② 按以少年出使，或有其渊源。战国末年，"甘罗年十二，事秦相文信侯吕不韦"，受秦始皇派遣出使赵国，建立奇功。（《史记》卷七一《樗里子甘茂列传》，第七册，第2319—2321页）汉武帝派遣张骞通使西域，其后"汉使往既多，其少从率进执于天子"。孟康曰："或曰：少者，少年从之微者也。"颜师古曰："汉时谓随使而出外国为少从，总言其少年而从使也。"（《汉书》卷六一《张骞传》及注，第九册，第2697、2698页）汉朝派遣到匈奴的使团中即有"少年"，《史记》卷一一〇《匈奴列传》："匈奴俗，见汉使非中贵人，其儒先，以为欲说，折其辩；其少年，以为欲刺，折其气。每汉使入匈奴，匈奴辄报偿。汉留匈奴使，匈奴亦留汉使，必得当乃肯止。"（第九册，第2913页）按匈奴"贵壮健，贱老弱"（第2879页），年少者受到重视，完全有可能效法汉朝，令少年作为使团成员。以少年出使，不易为出使国注目，方便执行行刺使命。由于少年思想尚未成熟，容易受到蛊惑，且其行动轻盈灵活，宜于出击。若匈奴真有此法，则其后的柔然很有可能继承这一传统。
③ 杨巨平认为："虞弘在幼年时可能就受其家庭渊源和宗教环境的影响成了一名当然的袄教徒。他之所以能在13岁就受柔然之命出使波斯，与其出身于袄教家庭，与波斯有一定的文化或民族渊源似乎存在着某种必然联系。""他的目的地应是萨珊波斯王廷所在地——首都泰西封（Ctesiphon，位于底格里斯河中游），即当时袄教传播的最大中心。他一路上所见所闻皆应在袄教文化的氛围之中，他由此受到感染始而信仰袄教也极为可能。"琐罗亚斯德教徒通常"在12岁到15岁之间行成年礼，受洗入教"，"可见出使前后是虞弘成为袄教徒的关键时期"。（《虞弘墓袄教文化内涵试探》）

教信徒，柔然国君派遣如此年轻的虞弘出使波斯（应该是作为使团成员）或许正是基于这一因素。虽然柔然信仰萨满教和佛教有史为证[1]，但不排除柔然人或臣服于柔然的族群信仰祆教的可能性，如柔然政权曾以中亚人为国相[2]，则其境内应该有祆教信徒的存在。中古时期西域国家普遍信仰佛教，但祆教等宗教也有相当的信奉者。祆教与佛教可以在西域同一国度并存[3]，如：康国以祆教为国教[4]，而同时其"俗奉佛"[5]。高昌"俗事天神，兼信佛法"[6]。焉耆国"俗事天神，并崇信佛法"[7]。北魏末年宋云西使，所见于阗国的葬俗是，"死者以火焚烧，收骨葬之，上起浮图"，然"于阗王不信佛法"。[8] 到了唐代，于阗国"好事祆神，崇佛教"[9]。事实上，柔然盛时统治的地域极其辽阔，漠北和西

---

① 参见 [日] 内田吟风《柔然族研究》，刘俊文主编《日本学者研究中国史论著选译》第九卷《民族交通》，中华书局 1993 年版，第 68—70 页；周伟洲《敕勒与柔然》，上海人民出版社 1983 年版，第 159—161 页。

② 《南齐书》卷五九《芮芮虏传》载，"宋世其国相希利垔解星算数术，通胡、汉语"云云（第二册，第 1023 页），希利垔当为中亚胡人。

③ 早在公元一至三世纪即中国汉魏时期，西域大国贵霜境内的宗教信仰已呈现出多面向，琐罗亚斯德教（祆教）、佛教和本土传统宗教在其统治区域都有信奉者，统治者虽然有选择性地加以提倡，但总的来看"宗教融合"是主流，"各大宗教互相影响，并慢慢地吸收土著信仰"，"融合与吸收最终成了贵霜诸神的主流"。（雅诺什·哈尔马塔主编，B.N. 普里、G.F. 埃特马迪副主编，徐文堪、芮传明翻译，余太山审订：《中亚文明史》第二卷《定居文明与游牧文明的发展：公元前 700 年至公元 250 年》，中国对外翻译出版公司·联合国教科文组织 2002 年版，第 244—258 页）

④ 康国为昭武九姓诸国中的"强国"，西域诸国如"米国、史国、曹国、何国、安国、小安国、那色波国、乌那曷国、穆国皆归附之"，"有胡律，置于祆祠，决罚则取而断之"。（《隋书》卷八三《西域·康国传》，第六册，第 1848—1849 页）

⑤ 《隋书》卷八三《西域·康国传》，第六册，第 1849 页。

⑥ 《魏书》卷一〇一《高昌传》，第六册，第 2243 页。

⑦ 《魏书》卷一〇二《西域·焉耆国传》，第六册，第 2265 页。

⑧ 杨衒之撰，周祖谟校释：《洛阳伽蓝记校释》卷五《城北·宋云惠生使西域》，中华书局 1963 年版，第 188—189 页。

⑨ 《旧唐书》卷一九八《西戎·于阗国传》，第一六册，第 5305 页。又，《新唐书》卷二二一上《西域上·于阗传》："喜事祆神、浮屠法。"（第二〇册，第 6235 页）

域广大地区的国家和部族臣服于柔然①，在柔然治下有许多信仰祆教的
国家和部族。

北魏孝明帝时胡太后派遣宋云与惠生出使西域，于神龟二年
(519)"十月之初，至嚈（嚈）哒国"，他们所见到的是一个信仰祆教
的游牧大帝国："土田庶衍，山泽弥望。居无城郭，游军而治。以毡为
屋，随逐水草，夏则迁凉，冬则就温。""受诸国贡献，南至牒罗，北尽
敕勒，东被于阗，西及波斯，四十余国，皆来朝贡。""四夷之中，最为
强大。不信佛法，多事外神。"②按嚈哒所事之"外神"，即祆教之天神、
火神。《梁书·滑国传》："事天神、火神，每日则出户祀神而后食。"③按
滑国即嚈哒国④。《魏书·嚈哒国传》："大月氏之种类也，亦曰高车之别
种，其原出于塞北。自金山而南，在于阗之西。""西域康居、于阗、沙

① 最晚在 5 世纪 30 年代柔然的势力就已到达西域，西域的政治版图随之改变。《魏书》卷
  一〇二《西域传序》：太延（435—440）年间"西域龟兹、疏勒、乌孙、悦般、渴盘陁、
  鄯善、焉耆、车师、粟特诸国王始遣使来献"，太武帝"遣行人王恩生、许纲等西使，
  恩生出流沙，为蠕蠕所执，竟不果达"（第六册，第 2259—2260 页）。以交河城为都的
  车师国（前部），"其地北接蠕蠕"，王恩生等被柔然俘虏即是在车师国境内（《魏书》卷
  一〇二《西域·车师国传》，第 2264 页）。本"居赤谷城"的乌孙国，"其国数为蠕蠕所
  侵，西徙葱岭山中，无城郭，随畜牧逐水草"（《乌孙国传》，第 2267 页）。以卢监氏城
  为都的大月氏国，"北与蠕蠕接，数为所侵，遂西徙都薄罗城"，"其王寄多罗勇武，遂
  兴师越大山，南侵北天竺，自乾陁罗以北五国尽役属之"。（《大月氏国传》，第 2275 页）
  "在乌孙西北"的悦般国，本为"匈奴北单于之部落"，虽然"地方数千里，众可二十余
  万"，仍"与蠕蠕结好，其王尝将数千人入蠕蠕国"。（《悦般国传》，第 2268 页）献文帝
  末年，"蠕蠕寇于阗"，于阗遣使素目伽向北魏求援，上表曰："西方诸国，今皆已属蠕
  蠕，奴世奉大国，至今无异。今蠕蠕军马到城下，奴聚兵自固，故遣使奉献，延望救
  援。"（《于阗国传》，第 2263 页）
② 《洛阳伽蓝记校释》卷五《城北·宋云惠生使西域》，第 195、197 页；[法] 沙畹
  (E.Chavannes)：《宋云行纪笺注》，冯承钧译《西域南海史地译丛》，商务印书馆 1995
  年版，第二卷〔六编〕，第 28—30 页。
③ （唐）姚思廉撰：《梁书》卷五四《诸夷·西北诸戎·滑国传》，中华书局 1973 年版，第
  三册，第 812 页。
④ 参见余太山《嚈哒史研究》，齐鲁书社 1986 年版，第 8—11、143 页。

勒、安息及诸小国三十许皆役属之，号为大国。"① 若嚈哒源出塞北，则不排除其本为丁零或丁零治下部族的可能性，不过从"其语与蠕蠕、高车及诸胡不同"② 来看，不一定与高车同族③。嚈哒"与蠕蠕婚姻"④，故祆教完全有可能以嚈哒为媒介传入柔然。虞弘之父君陁为柔然国的莫贺去汾达官，属于最上层的统治阶层成员之列，则虞弘完全有可能自幼接受祆教信仰，受到寓居柔然国的波斯人或信奉祆教的西域人的教导，接受祆教暨波斯文化。

事实上，北朝境内的柔然人中的确有祆教信徒，除东魏茹茹公主墓壁画外，故宫博物院藏《北魏茹小策合邑一百人造像碑》尤其值得关注。该造像盦下供养人题名可见邑师张祖欢、邑正茹□昌、邑正茹小策、但官茹□胡、但官茹阿毛、侍者茹道勖、侍者茹杋策、邑老茹今昌、唯那茹百天、唯那茹阿朱、邑老茹阿老、香火邑正刘大女、邑正茹德高、典坐茹神庆、典录茹戊午、典录刘惠。茹氏为内入柔然人无疑，故此碑"是以茹姓为主的同族合邑造像碑"。造像题记谓"大代正光三年□□□□□□□□□□□□□郡灵□□□合有邑子一百人造□□"云云，献文帝时曾将降附柔然部族安置于高平、薄骨律镇，施安昌据此推测，"皇兴至正光三年（522 年）五十余年中，茹小策家族盖在灵武蠕蠕中"。又，题记中有"劝化乡人，月设一盦，复真心火蕺，解悟心田"，结合碑中图像纹饰，判断此碑"反映出 6 世纪初茹茹聚落接受祆教的历史"。⑤ 按柔然人接受祆教信仰既可能是在进入内地之后，也有可能早在入华前就已是祆教信徒。值得注意的是，北周时虞祥曾在灵武任职，太原与灵武的距离不算太远，虞弘家族成员曾仕宦于茹茹国，而

① 《魏书》卷一〇二《西域·嚈哒国传》，第六册，第 2278—2279 页。

② 《魏书》卷一〇二《西域·嚈哒国传》，第六册，第 2279 页。

③ 关于嚈哒之族源，众说纷纭，莫衷一是，参见余太山《嚈哒史研究》，第 8—43 页。

④ 《魏书》卷一〇二《西域·嚈哒国传》，第六册，第 2279 页。

⑤ 施安昌：《北魏茹小策合邑一百人造像碑考》，《故宫博物院院刊》2002 年第 4 期。

灵武柔然人也是祆教的信仰者。北魏灭赫连夏以后的百年间，灵武所在的薄骨律镇一带是敕勒聚居地，当地敕勒人很可能也与柔然人一样信奉祆教。因此，从宗教信仰的角度来看，并不排斥出身于柔然治下的高车（敕勒）袁纥（韦纥）部的虞弘家族属于祆教信徒的可能性。

曹魏鱼豢《魏略·西戎传》记"丁令国在康居北，胜兵六万人，随畜牧"，并谓"北海之南自复有丁令，非此乌孙之西丁令也"。① 按"康居北"或"乌孙之西"丁令（西丁零）与"北海之南"丁令（北丁零），最晚于汉魏之际前就已分道扬镳，然其游牧地域当有相近之处，应该会互通声气。北魏建国之初，道武帝于登国五年（390）春夏之际"西征，次鹿浑海，袭高车袁纥部，大破之，虏获生口、马牛羊二十余万"②。《魏书·高车传》："后徙于鹿浑海西北百余里，部落强大，常与蠕蠕为敌，亦每侵盗于国家。太祖亲袭之，大破其诸部。后太祖复度弱洛水，西行至鹿浑海，停驾简轻骑，西北行百余里，袭破之，虏获生口、马牛羊二十余万。"③ 直到隋代，铁勒韦纥部仍以"独洛河北"为居地④，独洛河即弱洛水，今蒙古国土拉河，弱洛水西北的鹿浑海在今蒙古国西南鄂尔浑河上源哈尔和林北，柔然可汗庭大体即在这一地带。⑤ 北魏虽然将部分袁纥部民降伏南迁代北，但"部落强大"的袁纥部并未因此大伤元气，仍然在其原居地过着游牧生活。袁纥部"徙于鹿浑海西北百余里"，应该远在公元4世纪末北魏道武帝征讨之前。不管怎样，最晚在4世纪末之前袁纥部就已生活在以鹿浑海为中心的地域，其地介于北丁零与西丁零之间，有可能是丁零从漠北向西域迁徙过程中留下来的一部分部落的后裔。后来在西域前部西北建立高车国的副伏罗部，其居地当位于袁

① 《三国志》卷三〇《魏书·乌丸鲜卑东夷传》注，第三册，第862—863页。
② 《魏书》卷二《太祖纪》，第一册，第23页。
③ 《魏书》卷一〇三《高车传》，第六册，第2308页。
④ 《隋书》卷八四《铁勒传》，第六册，第1879页；《北史》卷九九《铁勒传》，第一〇册，第3303页。
⑤ 参见谭其骧主编《中国历史地图集》第四卷《东晋十六国·南北朝时期》，图60。

纥部和金山（今阿尔泰山）之间，也就是说，从北海（贝加尔湖）到金山的广大地域，沿途几乎都是丁零后裔高车（敕勒、铁勒）人的游牧区域，各个部落之间应该会有一定的联系。康居西邻波斯，北接丁零，丁零完全有可能以康居为媒介接受祆教信仰，即西丁零先接受祆教，而后再传到袁纥部和北丁零。

最值得关注的是，高车（敕勒）人与波斯人的习俗颇有相似之处。《魏书·波斯国传》："死者多弃尸于山，一月著服。"① 按此习俗长期未变，《周书·波斯国传》："死者多弃尸于山，一月治服。"② 《隋书·波斯国传》："人死者，弃尸于山，持服一月。"③ 《旧唐书·波斯国传》："死亡则弃之于山，制服一月而即吉。"④ 林悟殊云："天葬是琐罗亚斯德教的一条重要戒律，并已成为其信徒的传统习俗。"⑤ "中古琐罗亚斯德教徒对死者遗体的殡葬方式"，即"天葬"或"野葬""鸟葬"，"成为该教区别于其他宗教的一大特征"。"随着时间的推移、地点的变化，具体细节有所更改，但除非万不得已，他们始终坚持一条基本原则，即把死尸暴露于光天化日之下！"⑥ 北魏时期的高车人的丧葬习俗与波斯葬俗比较相近，《魏书·高车传》："其死亡葬送，掘地作坎，坐尸于中，张臂引弓，佩刀挟稍，无异于生，而露坎不掩。"⑦ 可见高车和波斯两大民族的丧葬习俗都属于弃尸于野的"天葬"，虽然两者并不完全相同，但相似度很大，其差异或许是由于波斯为农耕民族，高车为游牧民族，其生存

---

① 《魏书》卷一〇二《西域·波斯国传》，第六册，第 2272 页。

② 《周书》卷五〇《异域下·波斯国传》，第三册，第 920 页。

③ 《隋书》卷八三《西域·波斯国传》，第六册，第 1856 页。

④ 《旧唐书》卷一九八《西戎·波斯国传》，第一六册，第 5312 页。

⑤ 林悟殊：《论高昌俗事天神》，《波斯拜火教与古代中国》，（台）新文丰出版公司 1995 年版，第 126 页。

⑥ 林悟殊：《中古琐罗亚斯德教葬俗及其在中亚的遗痕》，《波斯拜火教与古代中国》，第 85 页。

⑦ 《魏书》卷一〇三《高车传》，第六册，第 2308 页。

的地域环境相差甚远之故。①

波斯人为袄教信徒，《魏书·波斯国传》载其"俗事火神、天神"②，《周书·波斯国传》载其"俗事火袄神"③，中国古人因称此宗教信仰为袄教。那么，与波斯人同样实行天葬的高车人是否也具有袄教信仰呢？袄教最突出的特征是拜火④，故又称拜火教、火袄教，北朝时期的高车人似乎也有类似习俗。《魏书·高车传》云：

> 喜致震霆，每震则叫呼射天而弃之移去。至来岁秋，马肥，复相率候于震所，埋殺羊，燃火，拔刀，女巫祝说，似如中国祓除，而群队驰马旋绕，百币乃止。人持一束柳椷，回竖之，以乳酪灌焉。……时有震死及疫疠，则为之祈福。若安全无他，则为报赛。多杀杂畜，烧骨以燎，走马绕旋，多者数百币。男女无小大皆集会，平吉之人则歌舞作乐，死丧之家则悲吟哭泣。⑤

这是高车人的祭天仪式，北魏统治下的漠南高车亦有此习俗，史载"高宗时，五部高车合聚祭天，众至数万。大会，走马杀牲，游绕歌吟忻忻，其俗称自前世以来无盛于此。会车驾临幸，莫不忻悦"⑥。袁纥部是北魏最早征服的高车部族之一，"五部高车"中包括袁纥部自无疑义。

---

① 按隋唐时代铁勒的葬俗发生了较大变化，《隋书》卷八四《北狄·铁勒传》："其俗大抵与突厥同……死者埋殡之，此其异也。"（第六册，第1880页）《旧唐书》卷一九九下《北狄·铁勒传》："其官方兵器及风俗，大抵与突厥同。"（第一六册，第5343页）这应该与铁勒在突厥统治下社会习俗的突厥化有关。
② 《魏书》卷一〇二《西域·波斯国传》，第六册，第2271页。
③ 《周书》卷五〇《异域下·波斯国传》，第三册，第920页。
④ 关于波斯袄教之拜火，参见林悟殊《琐罗亚斯德教的圣火崇拜》，《波斯拜火教与古代中国》，第51—60页。
⑤ 《魏书》卷一〇三《高车传》，第六册，第2308页。
⑥ 《魏书》卷一〇三《高车传》，第六册，第2309页。

高车人的这种祭祀及集会习俗无疑带有萨满教的特色①，汉代匈奴及魏晋南北朝时期的鲜卑即有类似习俗②。但值得注意的是，无论匈奴还是鲜卑，均未见到在类似场合"燃火"或"烧骨以燎"的明确记载，这种习俗当为高车人所独有。祭天、祀火正是祆教最突出的特征，若谓敕勒人的祭祀及集会仪式是在融合萨满教和祆教基础上形成的一种特殊形式，恐怕并非奇谈怪论。若考虑到高车人与信仰祆教的波斯人都有天葬的习俗，则更有理由相信，高车人在被柔然和北魏统治之前就已接受了祆教信仰。当然，作为高车主要部族之一的袁纥部自然也应该是祆教信徒。以此而论，谓祆教信徒虞弘出于高车袁纥部也就没有什么疑问了。

综上所述似可确定，鱼国即茹国、茹茹国，乃 4 世纪末至 6 世纪中叶横跨中北亚广大地区的柔然游牧大帝国，隋代虞弘及虞庆则家族均将其作为祖国看待。虞氏不像大量的内入茹茹人一样以"茹"为姓，可能与其先世从北魏叛逃的经历有关，而更大的可能则是因为北朝后期北中国和大漠南北地区政局的剧烈变动。虞弘入齐时北齐已采取与柔然为敌的国策，且不久柔然被突厥和北齐所灭。无论是在北齐还是在西魏北周，均臣服于突厥，在当时以"茹"为姓自然不合时宜。或许出于自保的目的，故先以"鱼"为姓，既而又改用"虞"姓。当然以"鱼"或"虞"为姓，也是因为茹、鱼、虞音同或音近，作为译音用字可以互相替代，也可以说"鱼国"就是"茹国"的借代词而已。若论虞弘家族具体的民族成分，则应为臣服于北魏和柔然的高车（敕勒、铁勒）袁纥（韦纥）部。尉纥驎城很可能就是北魏六镇东部辖区的一个由敕勒袁纥（韦纥）部民曾经驻守的城成。隋朝时已不大能够区分原柔然境内的

---

① ［日］内田吟风：《柔然族研究》，刘俊文主编《日本学者研究中国史论著选译》第九卷《民族交通》，第 83 页。

② ［日］江上波夫：《匈奴的祭祀》，刘俊文主编《日本学者研究中国史论著选译》第九卷《民族交通》，第 1—9 页。

柔然人和高车人①，出身高车袁纥部的虞弘以鱼（茹）国人自居也就不足为奇了。柔然帝国曾经统治西域广大地区，高车曾在天山以北地区建国②，而其前身丁零有一部分最晚在曹魏初年就已分布在西域北部地区③，隋代铁勒在西域的分布极其广泛，《虞弘墓志》将其先世与西域联系起来，谓"派枝西域"云云，可以说既是历史又是现实的反映。

原载《文史哲》2016年第2期

① 《周书》卷一二《齐炀王宪传》："宪所生母达步干氏，茹茹人也。"（第一册，第196页）可知隋代已将高车达步干氏当作柔然人。

② 《魏书》卷一〇三《高车传》，第六册，第2310页。

③ 《三国志》卷三〇《魏书·乌丸鲜卑东夷传》注引《魏略·西戎传》曰："丁令国在康居北，胜兵六万人，随畜牧，出名鼠皮，白昆子、青昆子皮。……或以为此丁令即匈奴北丁令也，而北丁令在乌孙西，似其种别也。又匈奴北有浑窳国，有屈射国，有丁令国，有隔昆国，有新梨国，明北海之南自复有丁令，非此乌孙之西丁令也。"（第三册，第862—863页）余太山云："'北丁令在乌孙西'一句中的'北'字，应从《通典·边防九·西戎五》改为'此'字，盖形似致讹。"（《两汉魏晋南北朝正史西域传要注》，中华书局2005年，第360页）内田吟风认为"《魏略》云康居之北存在北丁零的记载是正确的"，至少没有足够的史料否定这一记载。（《魏略の北丁零について》，《北アジア史研究·鲜卑柔然突厥篇》，第427页）

【附录】札记八题

一、嘎仙洞与拓跋鲜卑发祥地问题

嘎仙洞的发现，最终印证了学界关于拓跋鲜卑先世原居于大兴安岭北段地区的推断。1980 年 7 月 30 日，大兴安岭北段的嘎仙洞被发现，由于洞内石壁所刻碑文与《魏书·礼志一》所载李敞等人祝文几乎完全相同，从而最终确认了拓跋鲜卑先世的居地问题，解决了千余年来的历史公案。对此，嘎仙洞发现者米文平有如下描述：

嘎仙洞本为天然山洞，位于内蒙古自治区呼伦贝尔盟鄂伦春自治旗阿里河镇西北十公里。地当大兴安岭北段顶颠之东麓，属嫩江西岸支流甘河上源。地理坐标为北纬 50 度 38 分，东经 123 度 36 分。海拔高度 520 米左右。这一带林海苍茫，峰峦层迭，古木参天，松桦蔽日。嘎仙洞在一道高达百米，巍然陡立的花岗岩峭壁上，离平地 25 米。洞口略呈三角形，高 12 米，宽 19 米，方向朝南偏西 30 度。洞内宽阔，南北长 92、东西宽 27—28 米，穹顶最高处达 20 多米。宏伟有如大厅，面积达约 2000 平方米，可纳数千人。[1]

---

① 米文平：《鲜卑石室的发现与初步研究》，《文物》1981 年第 2 期。

嘎仙洞外景   嘎仙洞内景（局部）

证实嘎仙洞为拓跋鲜卑发祥地的主要依据是洞内石壁所刻李敞祭祀祝文，其具体情况是：

> 石刻祝文在嘎仙洞内。距洞口 15 米的西侧洞壁，有一处经过修琢，较为平整，祝文就刻在这块平整的花岗岩石壁上，高与视平线相齐。刻辞为竖行，通高 70 厘米，通宽 120 厘米，共十九行，每行十二字至十六字不等。字大小不一，约 3—6 厘米。全文二百零一字，汉字魏书，隶意犹重，古朴苍然，清晰可辨。

米文平认为："石刻祝文的发现，确凿地证实了嘎仙洞即拓跋鲜卑祖先居住的旧墟石室"。① "大兴安岭北部丛山密林地带就是拓跋鲜卑祖先长期居住之地"；"嘎仙洞石室所在一带地方，就是拓跋鲜卑的发祥地"。② 嘎仙洞石刻祝文是认识拓跋鲜卑早期历史的一份重要文献，其具体内容如下③：

---

① 米文平：《鲜卑石室的发现与初步研究》。
② 米文平：《嘎仙洞北魏石刻祝文考释》，载《魏晋南北朝史研究》，四川省社会科学院出版社 1986 年版，第 352—363、363 页。
③ 米文平：《鲜卑石室的发现与初步研究》。

维太平真君四年癸未岁七月廿五日，天子臣焘，使谒者仆射库六官、/中书侍郎李敞、傅䍲，用骏足、一元大武、/柔毛之牲，敢昭告于/皇天之神：启辟之初，祐我皇祖，于彼土田。/历载亿年，聿来南迁。应受多福，/光宅中原。惟祖惟父，拓定四边。庆流/后胤，延及冲人。阐扬玄风，增构崇堂。剋/揃凶丑，威暨四荒。幽人亡遐，稽首来王。始/闻旧墟，爰在彼方。悠悠之怀，希仰余光。王/业之兴，起自皇祖。绵绵瓜瓞，时惟多祜。/归以谢施，推以配天。子子孙孙，福禄永/延。荐于/皇皇帝天，皇皇后土。以/皇祖先可寒配，皇妣先可敦配。/尚飨！

东作帅使念凿

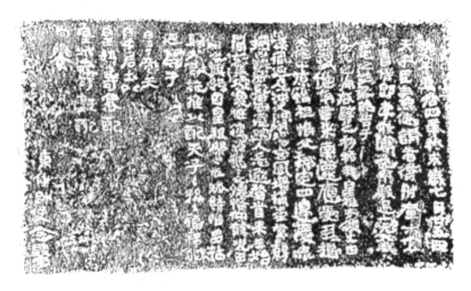

嘎仙洞石刻祝文拓片

嘎仙洞石刻祝文的发现，对于解决长期悬而未决的拓跋鲜卑发祥地问题提供了坚实的证据，持怀疑论者还需拿出更有力的证据来否定拓跋鲜卑起源于大兴安岭北段的观点。不论如何，这一发现"表明至少在北魏时期拓跋鲜卑所能追溯的发源地就在这一区域"①。就目前所能见到的文献资料还是考古发现来看，位于大兴安岭北段的嘎仙洞一带作为拓跋鲜卑迁居大泽（今呼伦湖）之前的原居地或者发祥地，恐怕仍然是证据最为充分的。然则拓跋鲜卑先人是何时到达嘎仙洞生活的？《后汉书·鲜卑传》："鲜卑者，亦东胡之支也。别依鲜卑山，故因号焉。""汉初，亦为冒顿所破，远窜辽东塞外，与乌桓相接，未常通中国焉。"② 虽然嘎仙洞文化遗存的时代上限有可能早到战国初期③，但作为东胡后裔他们在西汉初年来到嘎仙洞的可能性应该更大。

黄烈认为，结合史书记载、嘎仙洞石刻祝文及出土遗物，嘎仙洞可"断定为拓跋先世居住遗址"④。不过，对于嘎仙洞在拓跋鲜卑历史上的地位，学界并非众口一词，也有不少学者不同意嘎仙洞为拓跋鲜卑发

---

① 乔梁、杨晶：《早期拓跋鲜卑遗存试析》，《内蒙古文物考古》2003 年第 2 期。王俊杰认为：嘎仙洞的发现，"对拓跋早期活动的地区提供了有力的证明"，"说明这里是后来北魏统治者认为的先祖活动地区"（《魏晋南北朝的鲜卑是不是一个民族》，《西北师大学报》1985 年第 3 期）。段连勤认为："大鲜卑山当指嘎仙洞附近之大山。它是拓跋鲜卑世世代代祖居的地方（"历载亿年"），对此我们已不能有任何怀疑。"（《丁零、高车与铁勒》，上海人民出版社 1988 年版，第 126 页）

② （宋）范晔撰，（唐）李贤等注：《后汉书》卷九〇《鲜卑传》，中华书局 1965 年版，第 2985 页。按《三国志》卷三〇《乌丸鲜卑传》注引《魏书》曰："鲜卑，亦东胡之余也，别保鲜卑山，因号焉。……鲜卑自为冒顿所破，远窜辽东塞外，不与余国争衡，未有名通于汉，而自与乌丸相接。"（（晋）陈寿撰，（宋）裴松之注，中华书局 1959 年版，第三册，第 836 页）关于匈奴冒顿单于灭东胡之原委，参见（汉）司马迁撰、（宋）裴骃集解、（唐）司马贞索隐、（唐）张守节正义《史记》卷一一〇《匈奴列传》，中华书局 1959 年版，第九册，第 2889 页。

③ 嘎仙洞遗址的发掘清理表明，"嘎仙洞鲜卑文化遗存在迄今已知的鲜卑遗存中时代较早，上限至少可早到战国初期。它与其后的鲜卑文化遗存，在陶器的形制、纹饰等方面更具原始性"（呼伦贝尔盟文物管理站：《鄂伦春自治旗嘎仙洞遗址 1980 年清理简报》，《内蒙古文物考古文集》第一辑，中国大百科全书出版社 1994 年版，第 450 页）。

④ 黄烈：《中国古代民族史研究》，人民出版社 1987 年版，第 275 页。

祥地的论断。① 台湾学者康乐认为："根据目前所得资料，我们顶多只能说嘎仙洞是五世纪时的拓跋人所认为的祖先原居地"；鲜卑人最早起源于西伯利亚（Siberia）一带的说法"虽然还没有直接证据支持，也不能就认为毫无可能"。② 郑君雷认为：

> 据嘎仙洞祝文推导大兴安岭北段地区是拓跋鲜卑发源地"大鲜卑山"的观点实可商榷……扎赉诺尔这类墓葬在克尔伦河、伊敏河、辉河、根河、额尔古纳河流域以及岭东的阿伦河流域都有发现，均距嘎仙洞不甚远，视为同一个地域亦无不可，而《序纪》将领导两次南迁的两个推寅并举，第二次南迁从"大泽"呼伦湖出发，行经数千里，"九难八阻"方"始居匈奴之故地"，第一次南迁若从嘎仙洞抵达呼伦湖，绝难与第二次南迁相提并论。而且嘎仙洞内出土的侈口长腹罐与扎赉诺尔等墓地相似，并无明显的年代差别。再者虽然呼伦湖在嘎仙洞的西南方向，但是额尔古纳右旗七卡墓地已在嘎仙洞西北方向，谈何南迁？因此嘎仙洞祝文只能说明早期拓跋鲜卑在这一地区活动过，并不能证明其起源地就在这里。③

---

① 参见陶克涛《论嘎仙洞刻石》，《民族研究》1991年第6期；张博泉《嘎仙洞刻石与对拓跋鲜卑史源的研究》，《黑龙江民族丛刊》1993年第1期；郑君雷《早期东部鲜卑与早期拓跋鲜卑族源关系概论》，吉林大学考古系《青果集——吉大考古系建系十周年纪念文集》，知识出版社1998年版；李志敏《嘎仙洞的发现与拓跋魏发祥地问题》，《中国史研究》2002年第1期；杨军《拓跋鲜卑早期历史辨误》，《史学集刊》2006年第4期。其中李志敏的观点最为独特，他认为拓跋鲜卑的发祥地不在大兴安岭而在鄂尔多斯和河套一带，这无疑是奇谈怪论。
② 《从西郊到南郊——国家祭典与北魏政治》，（台北）稻乡出版社1995年版，"导言"第5页。
③ 郑君雷：《早期东部鲜卑与早期拓跋鲜卑族源关系概论》，《青果集——吉大考古系建系十周年纪念文集》，第315页。

按《魏书·序纪》载拓跋部"南迁大泽，方千余里"①，因此在呼伦湖周边广大地区有相似的文化遗存，自然也是符合情理的。

到拓跋邻时代，鲜卑拓跋部已经成为拥有十个氏族的胞族甚至部落，而这十个氏族显然不可能全都生活在同一个地点，而应该分布在同一地域的不同地点。从《序纪》的记载来看，虽然领导两次南迁的部落首领均号"推寅"，但并未将两次南迁等同看待。可以这样认为，考古发现不仅不能否定拓跋鲜卑发祥地在大兴安岭北段的记载，反而有力地证明拓跋鲜卑在南迁匈奴故地之前已经奠定了比较强大的基础。正因如此，拓跋鲜卑才能克服"山谷高深，九难八阻"的巨大困难而到达"匈奴故地"，为其日后的进一步发展壮大开创了崭新的局面。

无论是乌洛侯国人的传闻，还是北魏前期统治者的认识，应该是今天所能得到的有关拓跋鲜卑发祥地的最早的信息了。否认嘎仙洞或大兴安岭北段地区为拓跋鲜卑的发祥地，还需要拿出更强有力的证据，然而这类证据大概永远不会出现。尽管如此，关于拓跋鲜卑南迁大泽前的原居地，也不能完全排除俄罗斯西伯利亚外贝加尔地区的可能性，从考古资料提供的信息来看，至少有三条证据：（1）扎赉诺尔等地发现的拓跋鲜卑墓葬中的遗骸，几乎都是仰身直肢且头部多数朝向东北、少数朝向西北，东北方是大兴安岭北段，西北方则是外贝加尔地区（雅布洛诺夫山），墓葬遗骸的头颅朝向应该反映了南迁大泽后的拓跋鲜卑部族对其故土的思念，西北方是不可忽视的一个方位。②（2）在俄罗斯外贝加尔地区发现的年代为公元一世纪的"布尔霍图伊文化"遗存，"由器物表现的情况看，该文化的主体显然应同中国一侧的早期拓跋鲜卑

---

① （北齐）魏收撰：《魏书》卷一《序纪》，中华书局 1974 年版，第一册，第 2 页。

② 按匈奴的葬式一般都是"死者头向北，仰身直肢葬"（林幹：《匈奴墓葬简介》，氏编《匈奴史论文选集（1919—1979）》，中华书局 1983 年版，第 389 页），故不排除拓跋鲜卑葬式受匈奴影响的可能性。

遗存密切相关"①。(3) 墓葬遗骸的人种鉴定表明,扎赉诺尔居民大致可划分为两种体质,"以扎赉诺尔汉代 A 组为代表的西伯利亚蒙古人种类型,和以扎赉诺尔汉代 B 组为代表的西伯利亚蒙古人种和北极蒙古人种的混血类型",也有若干东亚蒙古人种因素的影响,其中扎赉诺尔汉代 A 组与外贝加尔匈奴组 (按即布尔霍图伊文化) 之间关系极为密切。②

种种迹象表明,呼伦湖地区的拓跋鲜卑部族至少来自东北和西北两个方向③,但究竟哪一个是其主体成分,即拓跋部核心氏族 (部落) 在南迁呼伦湖之前是生活在大兴安岭还是外贝加尔地区,似乎很难作出完全准确的判断。朱泓有这样的推测:"完工组所体现的以北极人种为主要体质因素的特点,可能代表了拓跋鲜卑祖先类型的特征,而扎赉诺尔居民中种系成分的复杂性,表明了他们很可能是鲜卑、匈奴两族混血的产物,抑或他们中的某些人本身就可能是那些'自号鲜卑'的匈奴族成员。"④ 果如此,则拓跋鲜卑的男系核心部落仍然是来自大兴安岭北段,在南迁大泽前后与当地或来自外贝加尔地区的匈奴之间发生了血缘杂交,主要形式是拓跋鲜卑男性娶匈奴女性为妻。若完工墓地是拓跋鲜卑从嘎仙洞南迁呼伦湖之前遗留下来的文化遗存,则从时间推断,当时北匈奴尚未衰败并西迁⑤,拓跋鲜卑很可能依附于北匈奴,而不是相反。

---

① 乔梁、杨晶:《早期拓跋鲜卑遗存试析》。
② 朱泓:《从扎赉诺尔汉代居民的体质差异探讨鲜卑族的人种构成》,《北方文物》,1989 年第 2 期。
③ 郑君雷认为:"拓跋鲜卑'帝室十姓'中,至少有纥骨氏和乙旃氏出自高车 (丁零),因此笔者颇疑拓跋鲜卑起源地靠近汉代高车分布的贝加尔湖地区,在第一次南迁后到达包括嘎仙洞在内的呼伦贝尔一带。若然,则拓跋鲜卑的最初起源当与东部鲜卑无涉,而是源自呼伦贝尔西北方向的民族。"(《早期东部鲜卑与早期拓跋鲜卑族源关系概论》,《青果集——吉大考古系建系十周年纪念文集》,第 315 页)
④ 朱泓:《人种学上的匈奴、鲜卑与契丹》,《北方文物》1994 第 2 期。
⑤ 关于北匈奴的衰败及其西迁,参见齐思和《匈奴西迁及其在欧洲的活动》,《历史研究》1977 年第 3 期。

若此，则《魏略·西戎传》"赀虏（西部鲜卑），本匈奴也，匈奴名奴婢为赀"的记载大概就有一定的依据。

史载东汉和帝永元中（90）匈奴北单于逃走后，"鲜卑因此转徙据其地。匈奴余种留者尚有十余万落，皆自号鲜卑"①。因此，不排除拓跋部属于北匈奴政权灭亡后留居故地并"自号鲜卑"的北匈奴后裔的可能性，即使并非如此，拓跋部之先人也必然与北匈奴余部有过密切的血缘交融。不管怎样，在匈奴西迁后拓跋鲜卑便成为呼伦湖地区最具影响力的部族，为其后来的发展壮大奠定了基础。完工特别是扎赉诺尔等地的墓葬遗存显示，其与中原地区之间已经有了比较密切的贸易关系（也可能通过中间环节），中原地区对当时拓跋鲜卑与匈奴之间的关系必定有一定的了解，只是其部族是以"赀虏"名称而为中原汉地所熟知。

选自《北魏政治史》一，读者出版集团·

甘肃教育出版社 2008 年版

二、呼伦湖时期的拓跋鲜卑

据《魏书·序纪》记载，拓跋鲜卑在"南迁大泽"之前的"成帝毛"时，就已形成为"统国三十六，大姓九十九，威振北方，莫不率服"的强大部族。② 然而，这一记载的可信度有限。根据摩尔根的古代社会学说，"统国三十六，大姓九十九"可以理解为拥有三十六个部落、

---

① 《后汉书》卷九〇《鲜卑传》，第一〇册，第 2986 页。段连勤认为："宣帝推寅迁入呼伦贝尔的时间应在公元前一世纪中叶前后，即匈奴王单于争国及第一次分裂为南北二部之时。大概拓跋鲜卑是乘匈奴国家内乱、无力控制东胡诸部之机南下迁至水草丰美的呼伦贝尔大草原的。"（《丁零、高车与铁勒》，第 131 页）按鲜卑向东迁徙恐怕还是像史书所载是在匈奴北单于逃遁之后比较适宜。

② 《魏书》卷一《序纪》，第一册，第 1 页。

九十九个氏族，是超越了胞族和部落阶段的部落联盟，按"每一个氏族的人数大约在一百人至一千人之间"① 推算，则当时拓跋鲜卑的人数大约为一万人至十万人，这当然会"威振北方，莫不率服"。但在大兴安岭北段，不可能具备这样的部落联盟生存的空间。这个人口数接近北匈奴西迁后留居辽东等地的部落人数，而在这个阶段真正"威振北方，莫不率服"者是匈奴而非拓跋鲜卑。因此，也就不排除《序纪》所载史事是将匈奴历史移植到拓跋鲜卑早期历史中的可能。

结合拓跋邻时代拓跋部社会发展阶段状况判断，在"南迁大泽"之前拓跋鲜卑绝对不可能发展到形成部落联盟的阶段，而唯一有这种可能的是，此前的拓跋鲜卑属于匈奴且为匈奴部酋氏族。因此，在迁居呼伦湖之前或之后的一段时期，不排除拓跋鲜卑属于匈奴部落联盟的一个氏族的可能性。果如此，则嘎仙洞只是属于匈奴部落联盟的拓跋氏族的居住地，而其他类似的考古文化遗存则是其他氏族的居住地。当然，这种情况与拓跋鲜卑属于东胡后裔的记载也并不矛盾。不过最大的可能仍然是，《魏书·序纪》所谓"统国三十六，大姓九十九，威振北方，莫不率服"的记载，乃是拓跋珪时代出于夸耀祖宗功业，以为其巩固统治制造舆论的现实需要而进行的伪造。比较而言，拓跋邻时代划分十姓以及规定"百世不通婚"的记载应该比较可信。

拓跋鲜卑社会组织的发展，正是其迁居呼伦湖地区以后生产生活方式的进步，以及与丁零（高车）、匈奴等部族密切接触的结果。在内蒙古呼伦贝尔盟地区的考古发现证实，当时拓跋鲜卑已经成为一个以游牧为主的部落。

满洲里扎赉诺尔墓群，考古学界一般认为是最典型的拓跋鲜卑文

---

① ［美］路易斯·亨利·摩尔根著，杨东莼、马雍、马巨译：《古代社会》，商务印书馆 1981 年版，上册，第 83 页。按史载乌桓"邑落各有小帅"，"数百千落自为一部"。（《三国志》卷三〇《魏书·乌丸鲜卑传》注引《魏书》，第 832 页；《后汉书》卷九〇《乌桓鲜卑列传》，第 2979 页）与乌桓同源的拓跋鲜卑亦当类似。

化遗存，"在大约500米长的范围内分布着约300余座墓葬，经多次工作，共清理、发掘53座"。属于相同时期拓跋鲜卑文化遗存的还有额尔古纳右旗拉布达林墓群（共清理、发掘27座）、新巴尔虎左旗伊和乌拉墓群（2座）、额尔古纳右旗七卡墓群（5座）、鄂温克自治旗孟根楚鲁孟北一号墓及孟根楚鲁白云乌拉墓群（5座）。[①] 扎赉诺尔墓群最初的发掘中，共有20座单人葬墓（以男性为主），合葬墓2座（男女合葬和母子合葬各1）。

在这20余座墓葬中，除在随葬品中有羊形饰牌1件，骨衔5件，羊矩骨8件外，还有大量的马、牛、羊骨随葬品，具体如下：

> 不论是那一种棺木结构，都以大量的牛、马、羊殉葬，如M6在棺盖的上面放一个牛头骨……在棺内同时发现零乱的牛蹄骨二件。M19的棺盖顶上，出土一个牛头骨和二个羊头骨。M16殉葬牛头骨最多，有牛头骨三个和马头骨一个，并排平放在棺盖上，嘴均朝南。M8和M29在死者头顶上端各倒放马头骨一个，棺内出土零乱的马蹄骨三件；M29中还有羊头骨一个与马头骨同放在一起。M23棺盖上放已腐烂的羊头骨一个。其他如M25在棺盖的填土中和棺内共出土牛、马、羊蹄骨各四件。M12、13、19、22、23、27、28、30、31等墓中均出土零乱的牛、马、羊蹄骨三或四件。[②]

---

① 乔梁、杨晶：《早期拓跋鲜卑遗存试析》。扎赉诺尔墓群的相关发掘报告是，内蒙古文物工作队：《内蒙古扎赉诺尔古墓群发掘简报》，《考古》1961年第12期；王成：《扎赉诺尔圈河古墓清理简报》，《北方文物》1987年第3期；陈凤山、白劲松：《内蒙古扎赉诺尔鲜卑墓》，《内蒙古文物考古》1994年第2期；内蒙古文物考古研究所：《扎赉诺尔古墓群1986年清理发掘报告》，《内蒙古文物考古文集》第一辑，中国大百科全书出版社1994年版。按孙进己等认为扎赉诺尔墓群不属于拓跋鲜卑，而是宇文鲜卑的文化遗存，其主要理由是拓跋鲜卑只在呼伦湖地区生活了40年（孙进己、孙海：《鲜卑考古学文化》，《内蒙古文物考古》2003年第2期）。这显然是不足为据的。

② 内蒙古文物工作队：《内蒙古扎赉诺尔古墓群发掘简报》。

墓葬中随葬牛头、马头和羊头骨以及牛、马、羊蹄骨，显示马、牛、羊在当地居民的生活中占有极其重要的地位，墓葬所有者的部落无疑已开始了以马、牛、羊为主要牲畜的游牧生活。[①] 殉葬牛头骨 3 个和马头骨 1 个的 M16，很可能是主张南迁的拓跋鲜卑酋长推寅的墓葬，牛头骨 3 个和马头骨"嘴均朝南"大概预示着拓跋部人对南迁的向往。[②] 当然，扎赉诺尔等地墓葬中大量的随葬品也证明，渔猎生活在该部落中仍然有重要的影响，以后很长一段时间内狩猎经济在拓跋鲜卑社会中仍然占有

[①] 田广金根据桃红巴拉匈奴墓随葬马、牛、羊头骨的情况，认为："尤其是把大批的马、牛、羊作为死者的殉葬品，反映他们'随畜牧而转移，其畜之所多则马、牛、羊'的游牧经济特点"（《桃红巴拉的匈奴墓》，《考古学报》1976 年第 1 期）。乌恩考察北方草原游牧业形成问题时认为：鄂尔多斯及邻近地区桃红巴拉、杨郎文化以及燕山地区北辛文化墓葬中"以殉马、牛、羊的头和蹄为主，而且殉牲的数量相当可观"，可见"马、牛、羊等家畜是当时人们的主要财富和生活来源"，"反映了游牧业的形成"。（《欧亚大陆草原早期游牧文化的几点思考》，《考古学报》2002 年第 4 期）关于北方草原地区游牧业的起源问题，还可参见王明珂《鄂尔多斯及其邻近地区专业化游牧业的起源》，《"中央研究院"历史语言研究所集刊》第 65 本 2 分（1994 年）；田广金、郭素新《中国北方畜牧—游牧民族的形成和发展》，载《北方考古论文集》，科学出版社 2004 年版，第 200—214 页。

[②] 在拉布达林 1987 年发掘的三座墓葬中均有牛头、马头随葬，其中 M1 随葬的牛头和马头已破损，M2"墓坑西侧平放 2 个牛头，每个牛头下摆放 4 个牛蹄"，M3 木棺盖上铺置一层南北向的柳树枝和一层芦苇席，"然后放 1 马头，2 牛头，马头在前，牛头在后，每个头骨下均相应摆着 4 个蹄骨"。（赵越：《内蒙古额右旗拉布达林发现鲜卑墓》，《考古》1990 年第 10 期）从随葬品判断 M3 墓主人地位较高，应该属于一位部落酋长。牛头、马头及蹄骨既表明当地居民以游牧为生，大概也反映了其向南迁徙的动向。拓跋鲜卑墓葬的这种随葬习俗有可能是受到匈奴的影响，匈奴墓葬"中间埋有马、牛、羊等殉牲，多放置头骨或趾骨"（[日] 秋山进午著，魏坚译：《内蒙古高原的匈奴墓》，《内蒙古文物考古文集》第二辑，中国大百科全书出版社 1997 年版，第 383 页）。如：蒙古国发现的匈奴墓，"普通墓葬中都有牲畜的骨骼，其中以牛、羊的骨骼为最多。也有马的骨骼，有的墓葬内甚至有四个马的头骨"（林幹：《匈奴墓葬简介》，载《匈奴史论文选集（1919—1979）》，第 390 页）。内蒙古伊克昭盟桃红巴拉的匈奴墓中亦有类似情形，M1"在人骨架的上面，距现地表 10 厘米以下有马、牛、羊的头骨，层层叠压。计有马头骨九具，牛头骨四具，羊头骨二具"；M2"在人骨架上部，距地表 17 厘米以下亦有大量牲畜头骨，层层叠亚，多集中于北部，以羊头骨为多。计有羊头骨四十二具，马头骨三具，牛头骨四具和牛趾骨若干"。（田广金：《桃红巴拉的匈奴墓》）

不可忽视的地位。①

考古学界对以扎赉诺尔为代表的拓跋鲜卑早期文化遗存的分析表明："当时拓跋鲜卑以狩猎和畜牧为主要经济，牛、羊是他们畜养的主要对象，马已被驯服和使役。可能也有小规模的采集和种植。弓箭是最主要的武器。制陶工艺还比较粗糙，金属冶炼技术虽已得到应用，但工艺和规模均尚在比较初级的阶段。社会分工已经形成，男女社会地位有所差异。集团内部产生分化，财富占有虽然不均但尚未形成严重的对立。同外界的交往或贸易成为获取精美物品的主要途径。"②

选自《北魏政治史》一，读者出版集团·
甘肃教育出版社 2008 年版

三、拓跋鲜卑南迁"匈奴故地"

拓跋邻令其子诘汾率领部落向南迁徙。迁徙途中，拓跋鲜卑遇到了重重困难："山高谷深，九难八阻，于是欲止。有神兽，其形似马，其声类牛，先行导引，历年乃出。始居匈奴之故地。"③按马和牛是游牧部落最重要的牲畜品种，"形似马"、"声类牛"的"神兽"在一定程度上反映出，拓跋鲜卑在当时已开始走上游牧生活道路，这与考古发现是完全吻合的。马和牛是当时拓跋鲜卑部族最重要的牲畜，扎赉诺尔、拉布达林等地墓葬中随葬的马头和牛头以及相应的四蹄，显示马和牛在拓

---

① 参见黎虎《北魏前期的狩猎经济》，《魏晋南北朝史论》，学苑出版社 1999 年版，第132—160 页。关于狩猎在内亚游牧民族经济上的意义，参见〔美〕丹尼斯·塞诺《略论中央欧亚狩猎之经济意义》，北京大学历史系民族史教研室译《丹尼斯·塞诺内亚研究文选》，中华书局 2006 年版，第 157—166 页。

② 乔梁、杨晶：《早期拓跋鲜卑遗存试析》。

③ 《魏书》卷一《序纪》，第一册，第 2 页。

跋鲜卑部族中的重要性。因此，"神兽"应该是对马和牛的神化，大概
反映了拓跋鲜卑部族当时的民族心理，他们渴望能将马的矫健迅疾与牛
的驯服沉稳合而为一，带领他们向着更加美好的牧场迁徙。① 当然，"神
兽"可能就是拓跋部落或整个鲜卑部落联盟的图腾形象。

　　或以为"此神兽，鲜卑语即'鲜卑郭落'。所谓神兽，只是驯鹿的
形态、功能，加上神话色彩的产物"②。按驯鹿是大兴安岭地区常见的动
物，在嘎仙洞时期拓跋鲜卑部族应该就已认识驯鹿，且其与马形相差甚
大，以驯鹿指代神兽恐怕不确。在扎赉诺尔等拓跋鲜卑文化遗存中发现
了大量的箭、簇、弓囊，一方面是武器，用于和不同部族进行战斗，另
一方面又是生产工具，用于狩猎。"神兽"的传说，"很可能反映当他们
离开大鲜卑山故地后，遇到了一些原先未见的不熟悉的野兽"，"表明了
他们对'神兽'的崇拜和依赖之甚"③，因而也不排除其反映拓跋鲜卑狩
猎生活的可能性。

　　1980 年在内蒙古土默特左旗讨合气村出土了二件北魏时期的神兽
纹带饰④，"神兽纹为虎头、鸟喙、豹身、羊角、双翼"⑤。在和林格尔鸡
鸣驿（榆树梁）北魏墓壁画中有青龙、白虎、朱雀、玄武四神兽⑥。大
同沙岭北魏墓壁画北壁上栏共分六格，前五格"每格内画一形态各异的

----

① 《后汉书》卷九〇《鲜卑传》："又禽兽异于中国者，野马、原羊、角端牛，以角为弓，
俗谓之角端弓者。"（第一〇册，第 2985 页）拓跋鲜卑先世传说中的神兽形象也有可能
是野马与角端牛的复合体。
② 干志耿、孙秀仁：《关于鲜卑早期历史及其考古遗存的几个问题》，《民族研究》1982 年
第 1 期。
③ 黎虎：《北魏前期的狩猎经济》，《魏晋南北朝史论》，第 134 页。
④ 伊克坚、陆思贤：《土默特左旗出土北魏时期文物》图一·1 及图版叁·1，《内蒙古文
物考古》第 3 期（1984 年）。
⑤ 张景明、王德荣：《从群虎图岩画谈中国北方草原地区的虎纹装饰》，《内蒙古文物考古》
2001 年第 2 期。
⑥ 王大方、刘幻真：《内蒙古和林格尔北魏壁画墓发掘的意义》，1993 年 11 月 28 日；刘瑞
娥、朱家龙：《鸡鸣驿北魏墓清理随想》，《呼和浩特文物》第 4 期（1999 年）；张景明、
王德荣：《从群虎图岩画谈中国北方草原地区的虎纹装饰》。

奇禽异兽，第六格已漫漶不清"①。按五幅图全都有翼，以表明其神格。第一图头部残缺，其完整的身躯颇似一匹飞奔的骏马，能够看到的三蹄似各不相同，但更似牛蹄。这或许就是《魏书·序纪》所言引导拓跋鲜卑部落南迁的"神兽"。第二幅图头似犬，身似禽，腿足似豹（或虎），翼展扩张，或许就是龙的形象。第三幅图头形似狼，第四幅图头形似野猪，第五幅图头形似鬣狗。从这些图中似乎又都能看到龙的形象②，其中四幅或许就是青龙、白虎、朱雀、玄武四神兽③。

导引拓跋鲜卑部族南迁匈奴故地的所谓"神兽"，虽然不排除为现实中某一动物形象的可能性，但更可能是一个几种动物的复合体。从拓跋鲜卑南迁及当时已经走上游牧生活的角度而论，神兽应该就是对拓跋

---

① 大同市考古研究所：《山西大同沙岭北魏壁画墓发掘简报》（图三〇～三五），《文物》2006 年第 10 期。

② 关于北魏时期龙的形象，参见内蒙古博物馆藏金龙饰（张景明：《中国北方草原古代金银器》图版六四，文物出版社 2005 年版）；大同石家寨司马金龙墓石棺床雕龙形象（山西省大同市博物馆、山西省文物工作委员会：《山西大同石家寨北魏司马金龙墓》，《文物》1972 年第 3 期），大同湖东一号墓出土的鎏金铜牌饰（山西省大同市考古研究所：《大同湖东北魏一号墓》图一三·1，《文物》2004 年第 12 期）；大同下深井北魏墓出土铜鎏金镂空人龙纹饰件（大同市考古研究所：《山西大同下深井北魏墓发掘简报》图三·9，《文物》2006 年第 10 期）；大同迎宾大道北魏墓出土金牌饰（大同市考古研究所：《山西大同迎宾大道北魏墓群》图二四、图三五·1，同上）。按湖东一号墓铜牌饰实际也是铜鎏金镂空人龙纹饰件，和下深井墓人龙纹饰件稍有区别，属于同一类物件。又，北魏后期龙的形象，参见林树中《江苏丹阳南齐陵墓砖印壁画探讨》，《文物》1977 年第 1 期；洛阳博物馆《洛阳北魏画像石棺》，《考古》1980 年第 3 期。在汉代画像石上有大量龙的图像，参见王建中、闪修山《南阳两汉画像石》，文物出版社 1990 年版；朱锡禄《武氏祠汉画像石》，山东美术出版社 1986 年版；薛文灿、刘松枢《河南新郑汉代画像砖》，上海书画出版社 1993 年版；高文《四川汉代石棺画像集》，人民美术出版社 1998 年版。关于中国古代龙形象的演变，参见罗二虎《试论古代墓葬中龙的形象的演变》，《四川大学学报》1986 年第 1 期；刘志雄、杨静荣《龙与中国文化》，人民出版社 1992 年版。

③ 据推测墓主为文宣帝高洋的河北磁县湾漳北齐皇陵壁画墓，墓道两壁上栏壁画共绘制神兽神鸟三十八个（两壁对称，实为十九种），与大同沙岭壁画墓中的神兽形态已有较大差异。参见中国社会科学院考古研究所、河北省文物研究所《河北磁县湾漳北朝墓》，《考古》1990 年第 7 期；徐光冀《河北磁县湾漳北朝大型壁画墓之发掘与研究》，《文物》1996 年第 9 期；郑滦明《湾漳北齐皇陵壁画墓神禽瑞兽分析》，《中原文物》2002 年第 2 期。

鲜卑部族生存和发展至关重要的马和牛的复合体，其主体是马，所谓老马识途也。若此传说并非来自拓跋鲜卑世代相传，而是其在平定中原之初重建其先世历史时羼入，则是对这两种家畜在当时地位的肯定，即马是进行战斗的主要工具，而牛是从事农耕的主要工具，是北魏政权生存发展的基石。

拓跋鲜卑南迁的原因，《魏书》的记载是因为大泽地区"厥土昏冥沮洳"，而从其最后迁徙的目的地"匈奴故地"则表明，选择更好的生存环境应该是其迁徙的原动力。从拓跋邻划分十姓来看，在由嘎仙洞迁居呼伦湖地区之后，拓跋鲜卑的人口有大规模的增长。摩尔根对北美易洛魁人氏族的人口数量有如下判断：

> 关于一个氏族内的人数，则由于氏族的多少以及本部落的盛衰而有所不同。塞内卡部三千人平均分属八个氏族，每一个氏族约合三百七十五人。鄂吉布瓦部一万五千人平均分属二十三个氏族，每一个氏族约合六百五十人。切罗基部的每一个氏族平均在一千人以上。就主要的印第安部落的现况而言，每一个氏族的人数大约在一百人至一千人之间。[1]

依此类推，拓跋邻划分十姓以后拓跋鲜卑的人口数量应在 1000 人至 10000 人之间。"一个地区的人口数，要受该地所产生活资料总量的限制。当人们主要依靠渔猎为生时，维持一个小部落的生活就需要一片辽阔的地域。在渔猎之外增加了淀粉食物以后，一个部落所占有的地面按人口比例来说仍然是很大的。"[2]

中国古典文献在记述神农发明农业时云："古之人民，皆食禽兽肉。

---

① [美] 路易斯·亨利·摩尔根：《古代社会》上册，杨东莼、马雍、马巨译，第 83 页。
② [美] 路易斯·亨利·摩尔根：《古代社会》上册，杨东莼、马雍、马巨译，第 108 页。

至于神农，人民众多，禽兽不足。于是神农因天之时，分地之利，制耒耜，教民农作。神而化之，使民宜之，故谓之神农也。"① 在上古时代，农业生产的发明使得在有限的区域容纳较多的人口成为可能。当人口增多以后供求关系的矛盾日益突出，若不能从事农业生产以扩大食物来源，则必然要采取迁徙或掠夺等方式以维持本部落的生存和发展。当时的拓跋鲜卑还不知道种植谷物，无从食用淀粉食物，畜牧业虽然已经出现，但需要较为广大的牧场才能维持并进一步发展，而呼伦湖地区"沮洳"的环境却不具备这种条件。从掠夺角度而言，一则当时拓跋部的实力有限，二则因地域环境制约也很难进行有效的掠夺。

呼伦湖地区的自然环境本来就比较严酷，随着人口的增长，供求矛盾日益突出，严重制约了拓跋鲜卑的进一步发展，甚至威胁到其正常的生存。也就是说，一方面人口的增长使得拓跋部难以在呼伦湖地区继续生存，另一方面恶劣的自然条件又制约了拓跋部的人口增长，继续在这一地区生活无疑会阻碍和限制拓跋部的进一步发展。因此，无论是否有来自外部的影响，南迁寻找更大的发展空间和更优越的生活环境，就必然成为拓跋鲜卑部族不得不作出的选择。②

与《魏书》成书时间差不多同时篆刻的几方北朝墓志，也提到了拓跋鲜卑历史上这次划时代的南迁。《奚智墓志》："始与大魏同先，仆脍可汗之后裔。中古迁移，分领部众，遂因所居，改为达奚氏焉。逮皇业徙嵩，更新道制，敕姓奚氏。"③ 奚智祖先仆脍可汗为拓跋部落大酋长，或即主导南迁的献帝拓跋邻的上一代酋长威帝侩。从其后人以达奚

---

① （汉）班固撰，（清）陈立疏证，吴则虞点校：《白虎通疏证》卷二《号》，中华书局1994年版，上册，第51页。

② 黄烈认为：在呼伦池时期拓跋鲜卑已出现了贫富风化，"部落首领有可能占有更多的财富，为了保持和扩大他们的财富，需要有更多的权力，发展更大的力量。呼伦池的环境已不适于他们更大的发展，拓跋首领走冒顿和檀石槐发迹的道路就势所必然，这就是诘汾领导拓跋族第二次南迁的原因"（《中国古代民族史研究》，第280页）。

③ 赵万里：《汉魏南北朝墓志集释》图版二〇七，科学出版社1956年版。

为氏推测,威帝侩当即献帝邻之弟。① 《李贤墓志》:"原州高平人,本姓李,汉将陵之后也。十世祖俟地归,聪明仁智,有则哲之监,知魏圣帝齐圣广渊,奄有天下,乃率诸国定扶戴之议。凿石开路,南越阴山,竭手爪之功,成股肱之任,建国拓拔,因以为氏。"② 魏圣帝当即圣武皇帝拓跋诘汾。不管李贤是否确为李陵后裔,而从墓志所载似可推断,其祖先应该为匈奴部酋。因此,也可以说拓跋部落联盟形成过程中吸收了匈奴部落,亦即拓跋鲜卑的族源中包括匈奴因子。这条资料也可作为拓跋鲜卑族源中具有匈奴血统的一个旁证。

关于拓跋鲜卑南迁所至的"匈奴故地",学界并无完全一致的判断。马长寿说:"在檀石槐部落联盟瓦解之时,第二推寅始命诘汾由草原西北部南移,经过许多高山深谷、九难八阻,始到达漠南头曼、冒顿的发迹之处,所谓'匈奴之故地'。"其时"正是东汉末年"。"诘汾所至的匈奴故地不在河套以东,而在河套以北旧日头曼、冒顿的发迹之地,亦即汉代五原郡的境内。"③ 亦邻真说:拓跋鲜卑"起源于呼伦贝尔高原,经过长期的辗转迁徙,同匈奴、高车等其他民族混合,来到内蒙古土默川平原"④。魏坚说:"这个匈奴故地,应是今内蒙古阴山以北包括乌兰察布和锡林郭勒草原在内的广大地区。"⑤ 拓跋鲜卑从呼伦湖地区向"匈奴故地"的迁徙究竟用了多长的时间,学界比较普遍的看法是经过了"漫

① 《魏书》卷一一三《官氏志》载,献帝以"弟为达奚氏,后改为奚氏"(第八册,第3006页)。

② 宁夏回族自治区博物馆、宁夏固原博物馆:《宁夏固原北周李贤夫妇墓发掘简报》,《文物》1985年第11期。

③ 马长寿:《乌桓与鲜卑》,广西师范大学出版社2006年版,第227页。段连勤亦持相同观点,参见氏著《丁零、高车与铁勒》,第132页。黄烈认为"匈奴故地""即冒顿发迹的阴山一带",参见氏著《中国古代民族史研究》,第277页。

④ 亦邻真:《中国北方民族与蒙古族源流》,《内蒙古大学学报》1979年第3.4期,收入《亦邻真蒙古学文集》,内蒙古人民出版社2001年版,第544—581页。

⑤ 魏坚主编:《内蒙古地区鲜卑墓葬的发现与研究》,科学出版社2004年版,"前言"第ix页。

长的迁徙旅程"①，甚至认为"拓跋鲜卑由呼伦贝尔草原横越蒙古草原腹地向蒙古草原中西部的迁徙，经历了长达三四代将近一百年的时间"②。拓跋鲜卑南迁并非一帆风顺，途中经过了"九难八阻"，还要"凿石开路"，必定需要较长一段时间，但若说用时近一百年，这与《魏书·序纪》的记载不符，恐怕并非实情。

关于拓跋鲜卑历史上这次重要的迁徙，考古学界做了大量研究，对其迁徙路线及相关问题形成了比较一致的认识。宿白认为："自呼伦池向南是广阔的内蒙古高原并山谷，也不必经历'九难八阻'，只有略转东南，进出大兴安岭中段以南，才与记载相符，恰好在大兴安岭南段东侧辽河支流乌尔吉木伦河流域发现了和扎赉诺尔墓群极为相似的遗迹。遗迹位于辽宁（按今属内蒙古赤峰市）巴林左旗（林东）南杨家营子……"③按大兴安岭南段西侧地区有广大的沼泽地，拓跋鲜卑之所以在南迁途中选择穿越大兴安岭中段东进然后南下，应该与此有关。呼伦湖地区有沼泽地，虽然面积不大，但拓跋鲜卑在当地生活已强烈感受到"沮洳"的环境所带来的影响，因此他们在南迁途中务必要躲开沼泽区域。孙同勋通过对《魏书·序纪》所载拓跋鲜卑南迁时地之推测，得出了有关"拓跋氏源出与迁徙时间"的"大致结论"："拓跋氏原居大兴安岭北段西边，约在东汉光武时，推寅始西南移到呼伦池左近，后听南来之人的传说再由拓跋邻率之东南走，越大兴安岭南段而抵辽河西源，遂移居匈奴故地，其时约当桓帝时代。"④

孙危、魏坚通过对内蒙古地区发现的鲜卑墓葬的系统研究，对拓跋鲜卑南迁行程得出了更为具体的认识：

---

① 马长寿：《乌桓与鲜卑》，第 230 页。段连勤亦持相同观点，见《丁零、高车与铁勒》，第 132 页。
② 段连勤：《丁零、高车与铁勒》，第 134 页。
③ 宿白：《东北、内蒙古地区的鲜卑遗迹——鲜卑遗迹辑录之一》，《文物》1977 年第 5 期。
④ 孙同勋：《拓跋氏的汉化及其他——北魏史论文集》，（台北）稻乡出版社 2005 年版，第 14 页。

　　拓跋鲜卑的迁徙时间、路线及原因等问题，学界已研究多年，特别是迁徙路线已大体确定下来。依据上述鲜卑墓葬的分期分区，现在可将拓跋鲜卑的迁徙路线看得更为清晰一些。这条路线即：嘎仙洞→拉布达林→扎赉诺尔→孟根楚鲁→南杨家营子→苏泗汰→和日木图→东大井→三道湾→百灵庙→西沟子村（和林格尔），时间大体为公元前1世纪末—公元4世纪初。

　　从墓葬文化内涵来看，拓跋鲜卑从大兴安岭北段迁出后，在东部北区先受到了匈奴、东部鲜卑的影响；迁到东部南区后，主要的影响来自东部鲜卑，但其在此间的一个半世纪里保持了自己鲜明的特色。在到达中部区即"匈奴故地"后，直至其迁都洛阳的三百余年里，除了上述文化因素外，其又受到了汉文化和西域文化因素的影响，而以汉文化因素影响为最突出。拓跋鲜卑的游牧民族特点也在此区逐渐消失，以至最后完全与汉族融为一体。①

这是考古学界经过多年研究而得出的关于拓跋鲜卑南迁进程的最新认识，有较充分的考古文化证据作支撑。不过，认为拓跋鲜卑的南迁经历了两个多世纪的时间，似乎还是过于漫长，也与《魏书·序纪》的记载相差太大。对于完全没有文字遗存的古代墓葬，其遗物的时代及部族归属，可能还需更准确的定位。在"公元前1世纪末—公元4世纪初"，在上述考古地点活动的部族显然不仅仅是拓跋鲜卑一支，还有同属东胡的乌桓和鲜卑其他部族，也还有匈奴和高车及柔然先世混杂其中。尤其乌桓和鲜卑同属东胡，具有相同或相近的信仰习俗，通过墓葬遗物确定其所属部族，应该说难度不小，学界目前的判断还需更充分

---

① 孙危、魏坚：《内蒙古地区鲜卑墓葬的初步研究》，魏坚主编《内蒙古地区鲜卑墓葬的发现与研究》，科学出版社2004年版，第260页。又可参考同书第234—235页之间拓跋鲜卑南迁示意图。

的证据。

选自《北魏政治史》一，读者出版集团·
甘肃教育出版社 2008 年版

四、大同沙岭北魏壁画墓破多罗氏题记

在大同沙岭北魏壁画墓出土的大块漆皮上，有三行墨笔写于黄色
漆地上的隶书题记，其辞云：

□□□□□元年岁次豕韦月建中吕廿一日丁未侍中主客尚书
领太子少保平西大将军□□□□□破多罗太夫人/□□□□□殡
于［第］［宅］［迄］于仲秋八月将祔堥□□□□于殡宫易以□□□慈
颜之永住/□□□□□□无期欲□之德昊天冥极□莫□□哀哉□岁
月云①

赵瑞民、刘俊喜对以上题记进行了考证，认为"元年"应为北魏太武
帝太延元年（435），并推测墓主人是在道武帝天兴四年（401）常山王
遵击败破多兰部帅木易干后来到平城的。② 由于题记残缺不全，"侍中、

---

① 按墓砖照片见大同市考古研究所《山西大同沙岭北魏壁画墓发掘简报》，《文物》2006
年第 10 期；录文见该文及同期所载赵瑞民、刘俊喜《大同沙岭北魏壁画墓出土漆皮文
字考》、张庆捷《北魏破多罗氏壁画墓所见文字考述》二文。此处录文据张庆捷文，与
前两文的录文略有出入："□（残缺字数不详）元年岁次豕韦月建中吕廿一日丁未侍中
主客尚书领太子少保平西大将军□（残缺字数不详）破多罗太夫人□（残缺字数不详）
殡于第宅迄于仲秋八月将祔堥□□□□于殡宫易以□（残缺字数不详）慈颜之永住□
（残缺字数不详）无期欲□之德昊天冥极□莫□（残缺字数不详）岁月云。"
② 赵瑞民、刘俊喜：《大同沙岭北魏壁画墓出土漆皮文字考》。

主客尚书、领太子少保、平西大将军"某（爵位、姓名）与"破多罗太夫人"的关系不太明确，但从"太夫人"及"慈颜之永住"之语推测，应以其子为宜①。墓葬结构及随葬遗物之规格不低，特别是大量残存漆皮绘画极为精美，均显示墓主人身份尊贵，其子地位极高，这与漆皮文字所记官职相吻合。

太武帝太延元年时担任侍中、主客尚书、领太子少保、平西大将军这样重要职务的官吏，应为太武帝的一位亲信大臣，其事迹不应该在《魏书》中完全没有反映。根据当时有关情况，可作如下推测：

1. 此人为慕容鲜卑后裔昌黎徒河人屈（屈突）垣的可能性较大。《魏书·屈垣传》：

> 太祖初，给事诸曹。太宗世，迁将作监，统京师诸署。世祖即位，稍迁尚书右仆射，加侍中。以破平凉功，赐爵济北公，加平南将军。后转中领军。恭宗在东宫，垣领太子少傅。后督诸军东伐，进号镇东大将军。……垣在宫公正，内外称其平当。世祖信任之，委以大政，车驾出征，常居中留镇。与襄城公卢鲁元俱赐甲第，世祖数临幸，赏赐隆厚。真君四年（443），坠马卒，时年五十五。②

屈垣之祖屈遵，"博学多艺，名著当时"，曾任西燕尚书仆射、武垣公，后燕博陵令，北魏道武帝拓跋珪平定河北之际归附，"拜中书令，出纳王言，兼总文诰"，"赐爵下蔡子"。屈垣之父屈须，"除长乐太守，加镇

---

① 赵瑞民、刘俊喜即作如是推断，参见《大同沙岭北魏壁画墓出土漆皮文字考》。张庆捷则认为此墓为破多罗太与其夫人的合葬墓，参见《北魏破多罗氏壁画墓所见文字考述》。若其母为破多罗氏，则这位侍中、主客尚书、领太子少保、平西大将军应为其他胡姓；若此墓主即为破多罗氏，则表明北魏太武帝时期有一位显赫的破多罗氏成员在朝担任要职。两种可能性都是存在的，但"破多罗太"似与北魏前期鲜卑人名习惯不合，故窃以为恐怕应以"破多罗太夫人"为宜。

② 《魏书》卷三三《屈垣传》，第三册，第777页。

远将军，进爵信都侯。卒，赠宁北将军、昌黎公，谥曰恭"。屈垣为屈须长子，"沉深有局量。少纂家业，尤善书计"。屈垣子道赐，"少以父任，内侍左右。稍迁主客，进为尚书，加散骑常侍。善骑射，机辩有辞气，世祖甚器之。从征盖吴，迁尚书右仆射，加侍中。还至雁门，暴疾卒。谥曰哀公"。①屈垣、道赐父子是屈氏家族在北魏地位最高的成员。虽然漆皮文字中的官职与《魏书·屈垣传》所载官职不完全符合，但颇有相通之处。

2. 另一种可能性是，破多罗太夫人为太武帝前中期最宠幸的亲信大臣卢鲁元之母。卢鲁元（？—442）亦为昌黎徒河人，其本姓豆卢氏，为后燕慕容鲜卑皇族后裔②。太武帝时期，卢鲁元历任中书侍郎，中书监、领秘书事、加散骑常侍、右将军，征北大将军、加侍中，太保、录尚书事，赐爵襄城公。先是"拾遗左右，宠待弥深"，"世祖逾亲信之，内外大臣莫不敬惮"。后来因在平凉之役中对太武帝有救命之恩，位极人臣而极受宠幸，"世祖贵异之，常从征伐，出入卧内。每有平珍，辄以功赏赐僮隶，前后数百人，布帛以万计。世祖临幸其第，不出旬日。欲其居近，易于往来，乃赐甲第于宫门南。衣食车马，皆乘舆之副"。③鲁元之子统、内均在太武帝时期"给侍东宫"，"父子有宠两宫，势倾天下"。"世祖以元舅阳平王杜超女——南安长公主所生妻之（统）"，卢统于文成帝初年"典选部、主客二曹"。④

3. 还有一种更大的可能性：北魏太武帝前期可见到一位名为"贺多罗"的将领，大同沙岭北魏壁画墓漆皮文字题记中的"破多罗"很可能即为此人。

始光四年（427）北魏太武帝征讨赫连昌，"将军贺多罗精骑三千为

① 《魏书》卷三三《屈垣传》，第三册，第777—778页。
② 参见姚薇元《北朝胡姓考》，科学出版社1958年版，第98—99页。
③ 《魏书》卷三四《卢鲁元传》，第三册，第801页。
④ 《魏书》卷三四《卢鲁元传附子内、统传》，第三册，第802页。

前候"。延和元年（432）太武帝亲征北燕，八月"诏平东将军贺多罗攻文通带方太守慕容玄于猴固"。[1] 太延四年（438）北魏太武帝亲征柔然，"乐平王丕、河东公贺多罗督十五将出东道，永昌王健、宜都王穆寿督十五将出西道，车驾出中道"[2]。"太延五年，世祖遣尚书贺多罗使凉州，且观虚实。"[3] 同年十月灭北凉，太武帝东还前夕，"留骠骑大将军乐平王丕、征西将军贺多罗镇凉州"[4]。这是史书所见关于贺多罗其人的全部记载，尽管颇为零星，但可以看出其地位极高，属于当时北魏最重要的将领之一。

延和元年时贺多罗为平东将军，太延五年时为征西将军，则太延元年时为平西大将军合乎迁转程序。太延五年时太武帝遣"尚书贺多罗使凉州"，其所任尚书之职很可能就是主客尚书。按《魏书》的记述原则，贺多罗的姓氏本应该为贺兰或贺赖，出于北魏初年的外戚贺兰（贺赖）家族，当然也不排除贺多罗仅为其名字而史失其姓氏的可能性。贺多罗这样重要的历史人物，史书未为其列传，其事迹莫得其详，最大可能是因谋反门诛。太子拓跋晃生母为贺夫人，而贺多罗很可能为其父兄，唯有如此方能理解他在当时与乐平王丕及永昌王健、宜都王穆寿地位相当的现状。若此推断不误，则可进一步证明漆皮文字题记中有"领太子少保"职衔的"破多罗"即史书所见贺多罗。

贺多罗之死无从得知，但最大的可能性是死于太平真君五年（444）二月。太平真君四年九月，太武帝率领北魏大军北征柔然，除太武帝出中道外，安乐王范、建宁王崇各统十五将出东道，东平王丕督十五将出西道，中山王辰领十五将为中军后继。[5] 在这次战役中，中山

---

① 《魏书》卷四上《世祖纪上》，第一册，第72、81页。

② 《魏书》卷一〇三《蠕蠕传》，第六册，第2294页。

③ 《魏书》卷九九《卢水胡沮渠蒙逊传》，第六册，第2207页。

④ 《魏书》卷四上《世祖纪上》，第一册，第90页。

⑤ 《魏书》卷四下《世祖纪下》，第一册，第96页；卷一〇三《蠕蠕传》，第六册，第2294页。

王辰等八位大将因违反军令"后期"而于次年二月辛未（初六，3.10）"斩于都南"①。贺多罗很可能即在被斩八将之列。

现存漆皮文字题记载"侍中主客尚书领太子少保平西大将军□□□□□破多罗"，所缺五字很可能为"羽真河东公"，而"破多罗"则可能是"贺多罗"的误读；所缺五字也可能是"河东郡公贺"，而"破多罗"则可能是"赖多罗"的误读。当然，也可能漆皮文字题记"破多罗"释读准确，《魏书》所见"贺多罗"为"破多罗"之误。无论从官职还是其地位来看，太延元年漆皮文字题记所载破多罗与《魏书》所载贺多罗其人均若合符节，为同一人的可能性极大。如此，则破多罗太夫人墓葬之豪华便不难理解。

选自《北魏政治史》二，读者出版集团·甘肃教育出版社 2008 年版

五、关于张掖大柳谷"符命石文"

《旧唐书·元行冲传》："河南人，后魏常山王素连之后也。""博学多通，尤善音律及诂训之书。""拜太常少卿。行冲以本族出于后魏，而未有编年之史，乃撰《魏典》三十卷，事详文简，为学者所称。初魏明帝时，河西柳谷瑞石有牛继马后之象，魏收旧史以为晋元帝是牛氏之子，冒姓司马，以应石文。行冲推寻事迹，以后魏昭成帝名犍，继晋受命，考校谣谶，特著论以明之。"② 元行冲所撰《魏

① 《魏书》卷四下《世祖纪下》，第一册，第97页；卷三〇《奚眷传》，第三册，第723页；卷四二《薛谨传》，第三册，第942页。
② （后晋）刘昫等撰：《旧唐书》卷一〇二《元行冲传》，中华书局1975年版，第一〇册，第3176—3177页。

典》早已亡佚，其关于河西柳谷瑞石牛继马后之象的专论也已不存。在北齐魏收所撰《魏书·灵征志下》中，对此有大段记述，兹征引如下：

真君五年（444）二月，张掖郡上言："往曹氏之世，丘池县大柳谷山石表龙马之形，石马脊文曰'大讨曹'，而晋氏代魏。今石文记国家祖宗讳，著受命之符。"乃遣使图写其文。大石有五，皆青质白章，间成文字。其二石记张、吕之前，已然之效。其三石记国家祖宗以至于今。其文记昭成皇帝讳"继世四六，天法平，天下大安"，凡十四字；次记太祖道武皇帝讳"应王载记千岁"，凡七字；次记太宗明元皇帝讳"长子二百二十年"，凡八字；次记"太平天王继世主治"，凡八字；次记皇太子讳"昌封太山"，凡五字。初，上封太平王，天文图录又授"太平真君"之号，与石文相应。太宗名讳之后，有一人象，携一小儿。见者皆曰："上爱皇孙，提携卧起，不离左右，此即上象灵契，真天授也。"于是卫大将军乐安王范、辅国大将军建宁王崇、征西大将军常山王素、征南大将军恒农王奚斤上奏曰："臣闻帝王之兴，必有受命之符，故能经纬三才，维建皇极，三五之盛，莫不同之。伏羲有河图、八卦，夏禹有洛书、九畴，至乃神功播于往古，圣迹显于来世。伏惟陛下德合乾坤，明并日月，固天纵圣，应运挺生，上灵垂顾，征善备集。是以始光元年（424）经天师奉天文图录，授'太平真君'之号。陛下深执虚冲，历年乃受。精诚感于灵物，信惠协于天人，用能威加四海，泽流宇内，溥天率土，无思不服。今张掖郡列言：'丘池县大柳谷山，大石有青质白章，间成文字，记国家祖宗之讳，著受命历数之符。'王公已下，群司百辟，睹此图文，莫不感动，金曰：'自古以来，祯祥之验，未有今日之焕炳也。斯乃上灵降命，国家无穷之征也。'臣等幸遭盛化，沐浴光宠，无以对扬天休，增广天地，谨与群臣参议，宜以石文之征，宣告四海，令方外僭窃知天命有归。"制曰："此天地况施，乃先祖父之遗征，岂朕一人所能独致。可如所奏。"①

司马氏为了使其取代曹魏更加名正言顺，遂在远离京师的河西走廊张掖郡制造图谶以作为其篡位的舆论工具。上引记载中张掖郡上言"往曹氏之世"云云即指此。考《魏书·地形志下》"凉州"条，无张掖郡、丘池县，不过从以上记载来看，当时北魏在河西走廊似乎确有张掖郡及丘池县的建置（按此为孤证）。而"丘池县"实为"氐池县"之误。《册府元龟》引《汉晋春秋》即作"氐池县大柳谷口"（见下）。《晋书·武帝纪》：泰始三年（267）"夏四月戊午（十六，5.26），张掖太守焦胜上言：氐池县大柳谷口有玄石一所，白画成文，实大晋之休祥，图之以献。诏以制币告于太庙，藏之天府。"②。按西汉及东汉张掖郡均有氐池县③，曹魏末年亦有氐池县④，西晋氐池县即是承袭魏制而来⑤，十六国时期亦可

---

① 《魏书》卷一一二下《灵征志下》，第八册，第2954—2955页。

② （唐）房玄龄等撰：《晋书》卷三《武帝纪》，中华书局1974年版，第一册，第55页。

③ 参见（汉）班固撰、（唐）颜师古注《汉书》卷二八下《地理志下》"张掖郡"条，中华书局1962年版，第六册，第1613页；《续汉书·郡国志五》凉州"张掖郡"条，《后汉书》，第一二册，第3520页。

④ 《晋书》卷九一《儒林·崔游传》："魏末察孝廉，除相府舍人，出为氐池长，甚有惠政，以病免，遂为废疾。泰始初，武帝录叙文帝故府僚属，就家拜郎中。"（第2352页）

⑤ 《资治通鉴》卷七三《魏纪五》明帝青龙三年末条胡三省注："删丹、氐池二县，《汉志》皆属张掖，《晋志》无之，当是并省也。"卷一一二《晋纪二四》安帝隆安五年四月条胡注："氐池县，汉属张掖郡，晋省，其地属唐甘州张掖县界。"（（宋）司马光编著，（元）胡三省音注，"标点资治通鉴小组"校点，中华书局1956年版，第五、八册，第2314、3522页）证之上引《晋书·武帝纪》，可知胡氏之说不确。《钦定大清一统志》卷二〇五《甘州府》"古迹·氐池故城"条本注："在山丹县西南。汉置，属张掖郡。后汉因之。晋省，后复置。"（（清）和珅等撰，《景印文渊阁四库全书》"史部二三六·地理类"，台湾商务印书馆1986年版，第四七八册，第606页）按清人"晋省"氐池县的错误认识，当沿袭胡三省之说而来。

见到氐池县①。然《魏书·地形志下》不载氐池县。《隋书·地理志上》"张掖郡"条:"又有临松县,后周废。有甘峻山、临松山、合黎山,有玉石涧、大柳谷。删丹,后魏曰山丹。又有西郡、永宁县,西魏郡废,县改为弱水,后周省入山丹,大业改为删丹。又后周置金山县,寻废入焉。"②《钦定大清一统志·甘州府·山川》"金山"条本注:"在山丹县西南。……《甘镇志》,柳谷在甘州东南一百里,与山丹卫接界,即金山也。"③

关于曹魏时期张掖郡大柳谷出现的"大讨曹"龟石河图之具体情形,古代文献有着并不完全相同的记载。《三国志·管宁传附张臶传》:

> 青龙四年(236)辛亥诏书:"张掖郡玄川溢涌,激波奋荡,宝石负图,状像灵龟,宅于川西,巍然磐峙,仓质素章,麟凤龙马,焕炳成形,文字告命,粲然著明。太史令高堂隆上言:'古皇圣帝所未尝蒙,实有魏之祯命,东序之世宝。'事颁天下。任令于绰连赍以问臶,臶密谓绰曰:'夫神以知来,不追已往,祯祥先见而后废兴从之。汉已久亡,魏已得之,何所追兴征祥乎!此石,当今之变异,而将来之祯瑞也。'"④

《艺文类聚·符命部》"符命"条:

> 《魏氏春秋》曰:明帝青龙三年,张掖郡删丹县金山玄川溢涌,宝石负图,状象灵龟,立于川西。有石马七,其一仙人骑之,其

---

① 参见《晋书》卷一二六《秃发乌孤载记》,第一〇册,第3059页;卷一二九《沮渠蒙逊载记》,第一〇册,第3191页。

② (唐)魏徵等撰:《隋书》卷二九《地理志上》,中华书局1973年版,第三册,第815页。

③ 《钦定大清一统志》卷二〇五《甘州府》,《景印文渊阁四库全书》"史部二三六·地理类",第609页。

④ 《三国志》卷一一《魏书·管宁传附张臶传》,第二册,第361页。

一羁绊之，其五有形而不善成。有玉匣，开盖于前，上有玉字，玉玦二，玉璜一。又有骐骥在东，凤皇在南，白虎在西，牺牛在北，马自中布列。南方有字曰："大讨曹，金但取之。"此司马氏革运之征。①

《太平御览·休征部二》"石"条所引略同：

> 《魏氏春秋》曰：明帝青龙三年，张掖删丹县金山玄川溢涌，宝石负图，状象灵龟，立于川西。有石马七，其一仙人骑之，其一羁绊，其五有形而不善成。有玉匣关盖于前，上有玉字，玉玦二，璜一。又有麒麟在东，凤凰在南，白虎在西，有牺牛在北，马自中布列，南方有字曰："大讨曹，金但取之。"此司马氏革运之征。②

《册府元龟·帝王部》"征应"条所载更详：

> 初，张掖郡删丹县金山玄川溢涌，宝石负图，状象灵龟，广一丈六尺，长一丈七尺一寸，围五丈八寸，立于川西。有石马七，其一仙人骑之，其一羁绊，其五有形而不善成。有玉匣，关盖于其前，上有玉字，玉玦二，璜一。麒麟在东，凤鸟在南，白虎在西，牺牛在北。马自中布列，四面色皆苍白。其南有五字曰："上上三天王。"又曰："述大金，大讨曹，金但取之。金立中，大金马一匹在中，大吉开寿，此马甲寅述水。"九（凡）中字六，金字十。又有若八卦及列宿孛彗之象焉。

① （唐）欧阳询等撰，汪绍楹校：《艺文类聚》卷一〇《符命部·符命》，上海古籍出版社1965年版，上册，第186页。

② （宋）李昉等撰：《太平御览》卷八七三《休征部二·石》，中华书局1960年版，第四册，第3871页。

《汉晋春秋》曰：氏池县大柳谷口，夜激波涌溢，其声如雷，晓而有苍石立水中，长一丈六尺，高八尺，白石画文，为十三马、一牛、一鸟、八卦玉玦之象皆隆起，其文曰"大讨曹"。适水中。甲寅，帝恶其"讨"也，使凿去，为计以苍石窒之。宿昔而白石满焉。至晋初，其文愈明，象皆焕彻如玉焉。①

按《魏氏春秋》与《汉晋春秋》分别为东晋人孙盛、习凿齿所撰。同时代干宝所撰《搜神记·感应篇之一》亦载其事：

初，汉元成之世，先识之士有言曰："魏年有和，当有开石于西三千余里，系五马，文曰'大讨曹'。"及魏之初兴也，张掖之柳谷有开石焉，始见于建安，形成于黄初，文备于太和。周围七寻，中高一仞，苍质素章，龙马麟鹿凤皇仙人之象粲然。咸著此一事者，魏晋代兴之符也。至晋泰始三年（267），张掖太守焦胜上言："以留郡本国（按"国"字疑衍）图校今石文，文字多少不同，谨具图上。案其文有五马象，其一有人平上帻执戟而乘之，其一有若马形而不成。其字有'金'，有'合'，有'中'，有'大司马'，有'王'，有'大吉'，有'正'，有'开寿'。其一成行，曰'金当取之'。"②

---

① （宋）王钦若等撰：《册府元龟》卷二一《帝王部·征应》，中华书局1960年版，第一册，第223页。

② （晋）干宝、（宋）淘潜撰，李剑国辑校：《新辑搜神记 新辑搜神后记》，中华书局2007年版，第84—85页。又，《宋书》卷二八《符瑞志中》："泰始三年（267）四月戊午（十六，5.26），有司奏：张掖太守焦胜言，氏池县大柳谷口青龙见。"（（梁）沈约撰，中华书局1974年版，第799页）《册府元龟》卷二二《帝王部·符瑞》："（晋武帝泰始三年）四月，张掖太守焦胜上言：氏池县大柳谷口见有玄石一所，白昼成文，实大晋之休祥，图之以献。诏以制币告于太庙，藏之天府。"（第一册，第239页）按《册府元龟》的记载抄自《晋书·武帝纪》，与干宝《搜神记》所载"焦胜上言"为同一件事，后者对焦胜上言的具体内容作了记载，而《宋书》的记载应该出自不同的传说系统。

由此可见，一直到西晋建立初年，仍有新的石文在原石图上显现。

《资治通鉴》魏明帝青龙三年末载其事曰：

> 张掖柳谷口水溢涌，宝石负图，状象灵龟，立于川西，有石马七，及凤凰、麒麟、白虎、牺牛、璜玦、八卦、列宿、孛彗之象，又有文曰"大讨曹"。（胡注："石图之文，天意盖昭昭矣。"）诏书班天下，以为嘉瑞。任令于绰连赍（胡注："连赍者，连诏书及班下石图赍以问张臶也。"）以问巨鹿张臶，臶密谓绰曰："夫神以知来，不追既往，祥兆先见，而后废兴从之。今汉已久亡，魏已得之，何所追兴祥兆乎？此石当今之变异，而将来之符瑞也。"[1]

宋人王应麟谓其为"魏宝石负图"，而将西晋泰始三年石图称为"晋氏池玄石"[2]。元初胡三省注《通鉴》，称之为"石图"，谓"石图之文，天意盖昭昭矣"，具体而言即："后人以此为晋继魏之征。牛继马，又以为元帝本牛氏，继司马之征。"的确如当时人张臶所言，曹魏石图意在为"将来"之"废兴"提供"祯瑞"，可谓一语道破天机。东晋史家孙盛谓"司马氏革运之征"，更是明白不过地指出了司马氏"造作"石图的政治意图。

毫无疑问，张掖郡"大讨曹"龟石河图是经过司马懿至司马炎数代司马氏统治者精心策划加工的结果。太和四年（230），司马懿受命经略蜀汉，"西屯长安，都督雍梁二州诸军事"。青龙三年虽然迁任太尉，但仍然在关陇地区指挥与蜀汉之间的战争。[3] 青龙四年时司马懿正在关陇战区，河图所出之地在其控制范围之内，因此暗示"司马氏

---

① 《资治通鉴》卷七三《魏纪五》明帝青龙三年末，第五册，第2314页。
② （宋）王应麟撰：《玉海》卷一九六《祥瑞·地瑞》，《景印文渊阁四库全书》"子部二五四·类书类"，第九四八册，第180页。
③ 《晋书》卷一《宣帝纪》，第一册，第6、9页。

革运之征"的河图的出现，司马懿无疑是幕后黑手。不过在当时司马懿还不可能明确其野心，故"大讨曹"之类的文字在当时还不可能出现在此河图上。青龙四年应该是河图出现的最早时间，随着司马氏政治权力的变迁，其内容在不断进行调整，直到晋武帝篡位以后的泰始三年方为定型。正因如此，文献中关于此河图的记载便出现了不同的版本，张掖太守焦胜上言"以留郡本图校今石文"便充分说明了这一情况。

北魏太武帝统一北方以后如法炮制，有可能在曹魏石图原石上进行加工，形成了有利于巩固北魏统治的新的图像及文字等图谶内容。虽然同属图谶，但与曹魏及西晋初年所造石图相比，北魏太武帝时期的石文其实有相当大的差别。魏晋石图虽然也有文字内容，但字数较少，最初仅有几个字，到西晋初年时字数明显增多，然总的来看文字表意比较抽象，并不具体直接，而主要是用图像来表达司马氏取代曹氏乃天意所在。北魏太武帝时期的石文则主要是用文字来表达北魏拓跋氏皇统的君权神授，在三块大石上共刻了42个字，而图像仅有"太宗名讳之后，有一人象，携一小儿"，因此张掖郡上言者便径称之为"石文"。

虽然就字数而言，北魏太平真君五年的石文未必多于西晋初年石图上的文字字数，但北魏石文的表意非常清楚，"记国家祖宗讳，著受命之符"，"记国家祖宗之讳，著受命历数之符"，尽管泰始三年司马氏已完全取代曹氏而有天下，然而当时石图上出现的文字仍然较为抽象。魏晋石图体现的是儒家谶纬神学的精神，而北魏石文却是将谶纬神学和道教符命接合起来，且主要体现的是道教的精神。北魏石文的内容具有极其浓厚的道教色彩，从乐安王范等诸王的上奏中可以更加明确地感受到这种精神。毫无疑问，这是企图将北魏的统治完全纳入到道教系统，进一步巩固道教作为北魏国教的独尊地位。

当然，石文意在显示北魏拓跋氏君主的统治得到上天的认可，从昭成帝拓跋什翼犍到监国太子拓跋晃的历代君主均属上天安排，体现着"天法平，天下大安"的天命。其上唯一的图像向世人昭示，太子拓跋晃曾受到先皇明元帝的特别喜爱，其作为皇位继承人名正言顺，乃"真天授也"。从昭成帝到明元帝的统治已成过去，并不需要特别证明其法统，而太武帝的功业盖世，其地位也难以动摇，因此石文最重要的意图应该是为太子监国制造舆论。史载太平真君"五年春正月壬寅（初六，2.10），皇太子始总百揆"①，而二月朝廷便接到了张掖郡发现石文的上奏，显然这并非巧合，而是有意谋划的产物。

任命太子监国仅仅数日之后，本月戊申（十二，2.16）和庚戌（十四，2.18）太武帝又连下二诏，严格限制佛教发展，加强对学术文化的控制。② 太武帝接受寇谦之和崔浩建议以道教为国教，且他本人也皈依道教，而太子拓跋晃笃信佛教，因此，虽然石文的目的意在为太子监国张目，但具有明显道教色彩的石文的刻凿不大可能出自太子拓跋晃的授意，而更可能是太武帝接受寇谦之和崔浩建议并授意他们所为，当然他们未必亲自为之，而是指派亲信秘密刻凿。也可能太武帝本人并不知情，而是由寇谦之和崔浩私下主导其事。

之所以在张掖郡大柳谷刻石，主要是因为当地原本就有魏晋石图，十六国时期也曾出现过图谶，在其地刻石更能迷惑人心，达到良好的效果。此外，凉州为北魏新平定地区，石文的出现有利于提高这一地域民众对北魏统治的认同度；河西走廊为佛教兴盛之地，道教石文的出现可

---

① 《魏书》卷四下《世祖纪下》，第一册，第96页。对于"诸上书者皆称臣，上疏仪与表同"，《宋书》卷九五《索虏传》亦有记载："于是王公以下上书太子皆称臣，首尾与表同，唯用白纸为异。"（第八册，第2338页）《高僧传》卷一一《习禅·释玄高传》："于是朝士庶民皆称臣于太子，上书如表，以白纸为别。"（（梁）释慧皎撰，汤用彤校注，汤一玄整理，中华书局1992年版，第411—412页）所记更为清楚。又，《魏书》卷三五《崔浩传》将这次征伐柔然的军事行动置于"及恭宗始总百揆，浩复与宜都王穆寿辅政事"之时（第三册，第824页），属于时间倒置，并不准确。

② 《魏书》卷四下《世祖纪下》，第一册，第97页。

消弭佛教的影响并扩大道教的影响。作为丝绸之路的必经之地，让来往的使节行旅了解北魏统治之授命于天，无疑有助于提高北魏政权的国际地位，为日后的进一步发展和扩张创造条件。乐安王范等上奏的末尾便明确地道出石文的政治动机："臣等幸遭盛化，沐浴光宠，无以对扬天休，增广天地，谨与群臣参议，宜以石文之征，宣告四海，令方外僭窃知天命有归。"目睹石文的王公百官都认为，"斯乃上灵降命，国家无穷之征也"，而太武帝也同意王公大臣在上奏时提出的"宣告四海"的主张，也就是说要向世间宣告，"灵征的实证表明，太武帝信奉寇谦之的道教在政治上合乎天意"①，而北魏王朝统治包括河西走廊在内的广大北方地区自然也是合乎天意的。

选自《北魏政治史》四，读者出版集团·
甘肃教育出版社 2008 年版

六、冯太后联姻皇室以确保家族荣显

冯太后为了保证长乐冯氏家族在北魏世代荣显，进行了多方努力，其中重要措施之一就是与皇室及其姻亲建立更加广泛密切的联姻关系。

《魏书·穆崇传附曾孙真传》："起家中散，转侍东宫，尚长城公主，拜驸马都尉。后敕离婚，纳文明太后姊。寻除南部尚书、侍中。卒，谥曰宣。高祖追思崇勋，令著作郎韩显宗与真撰定碑文，建于白登山。"②按穆（丘穆陵）真为穆崇长子遂留之孙（父乙九），这一系并非穆氏家族嫡系，承袭穆崇爵位的遂留弟观（闼拔）—寿—平国—伏干、墨、亮

---

① ［日］塚本善隆：《北魏太武帝の廃仏毀釈》，《支那仏教史研究 北魏篇》，弘文堂書房1942 年版，第 117 页。
② 《魏书》卷二七《穆崇传附曾孙真传》，第二册，第 662 页。

一系才是其正宗，自穆观以来历代均尚拓跋公主。穆真是遂留一系第一次尚公主，结果还被冯太后强行拆散。冯太后之姊当初有可能与其妹一起入宫为婢，也可能与其兄弟冯熙一起被姚氏魏母带到羌中抚养，后与冯熙一同来到京师。论年龄，太后之姊当时或许已婚，可能夫婿亡故，不论如何，冯太后无疑是为了得到当时最有权势的皇亲丘穆陵家族的支持而采取了这一联姻行动。此后，不仅穆真获得了高官，且在死后得到了极为尊崇的礼遇，其子穆泰也作为穆氏家族最重要的代表人物而在朝廷担任要职。

冯太后给冯氏子弟娶拓跋（元）氏公主或公主女儿为妻。冯熙早在文成帝时期即娶景穆太子拓跋晃之女博陵长公主为妻。冯熙二子，"诞与高祖同岁，幼侍书学，仍蒙亲待。尚帝妹乐安长公主"；"修妻，司空穆亮女也"①。按穆亮家族世代娶拓跋公主，冯修之妻应该也是公主所生。此外，冯诞长子冯穆尚"高祖女顺阳长公主"②，这一姻亲关系也有可能是在冯太后生前所结。

据《元悦妃冯季华墓志》记载，冯太后之兄冯熙的八个女儿先后嫁给孝文帝和元氏宗室为后、妃：

> 长姊，南平王妃。
>
> 第二、第三姊，并为孝文皇帝后。
>
> 第四、第五姊，并为孝文皇帝昭仪。
>
> 第六姊，安丰王妃。
>
> 第七姊，任城王妃。
>
> 妃讳季华，长乐郡信都人也。太宰之孙，太师之第八女，大司马之妹。③

---

① 《魏书》卷八三上《外戚上·冯诞、冯修传》，第五册，第1821页。

② 《魏书》卷八三上《外戚上·冯诞传附子穆传》，第五册，第1822页。

③ 赵万里：《汉魏南北朝墓志集释》图版八三，科学出版社1956年版。

按"太宰"即冯朗，冯太后第二次临朝听政时"追赠假黄钺、太宰、燕宣王"；"太师"即冯熙，孝文帝时曾长期担任太师；①"大司马"即冯熙长子冯诞，死后追"赠假黄钺、使持节、大司马、领司徒"②。冯熙之妻为景穆太子拓跋晃之女博陵长公主，然在其出任洛州刺史期间，"因事取人子女为奴婢，有容色者幸之为妾。有子女数十人，号为贪纵"③。《魏书·外戚上·冯熙传》："高祖前后纳熙三女，二为后，一为左昭仪。由是冯氏宠贵益隆，赏赐累巨万。"④根据上引《元悦妃冯季华墓志》，可知孝文帝前后共娶冯熙四女为后、妃，《魏书·冯熙传》漏记一人。在孝文帝娶冯熙四女之后，冯氏家族的政治经济地位得到进一步提高，这种情形可以说是空前绝后的。除此之外，冯熙至少还有三女嫁与元氏宗室为妻，分别是元诱妻冯氏，元靖妻冯氏，元显魏妻冯氏⑤，但都是在孝文帝以后的事。

冯熙尽管有8个女儿嫁与拓跋（元）皇室成员，但冯太后在世时的联姻大概只有3个，即南平王妃和孝文帝大、小冯皇后。冯熙第四、第五女应该是在冯太后去世之后成为孝文帝昭仪的。

冯熙长女为南平王妃，其夫当即拓跋霄（飞龙）。道武帝之孙南平王浑继承其叔父广平王连为后，拓跋浑在太武帝太延三年（437）三月以镇东大将军、仪同三司之职镇和龙，于孝文帝太和十一年（487）五月死于"从驾巡方山"的路途。拓跋浑"子飞龙，袭，后赐名霄。身长九尺，腰带十围，容貌魁伟。雅有风则，贞白卓然，好直言正

① 《魏书》卷八三上《外戚上·冯熙传》，第五册，第1818、1819页。参见《元悦妃冯季华墓志》。

② 《魏书》卷八三上《外戚上·冯诞传》，第五册，第1822页。参见《元悦妃冯季华墓志》。

③ 《魏书》卷八三上《外戚上·冯熙传》，第五册，第1819页。

④ 《魏书》卷八三上《外戚上·冯熙传》，第五册，第1820页。

⑤ 分见《汉魏南北朝墓志集释》图版一三七《元诱妻冯氏墓志》，图版一五四《元举墓志》，图版一七九《元显魏墓志》。具体考证参见鲁才全《长乐冯氏与元魏宗室婚姻关系考——以墓志为中心》，《北朝研究》1995年第4期。

谏，朝臣惮之。高祖特垂钦重，除宗正卿、右光禄大夫"，太和十七年（493）死于左光禄大夫任上，时"高祖缌衰临霄丧，哀恸左右，燕不举乐"。①

冯熙第六女安丰王妃（485—548），其夫当即文成帝之孙安丰王延明，《元延明妃冯氏墓志》谓"太妃姓冯，皇后之妹"云云可证②。元延明是北魏元氏宗室中最有才学的成员，史称其"博极群书，兼有文藻"，"博识多闻"，"以才学令望有名于世"，"所著诗赋赞颂铭诔三百余篇，又撰《五经宗略》《诗礼别义》，注《帝王世纪》及《列仙传》"，"撰《古今乐事》九章十二图，又集《器准》九篇"。③

冯熙第七女任城王妃，名冯令华（487—546），其夫即景穆太子之孙任城王澄（467—519），元澄第四子彝即为"继室冯氏所生"④。《元澄妃冯令华墓志》："太妃姓冯讳令华，长乐信都人也。太师昌黎武王之第五女，曾祖东燕昭文帝，祖太宰燕宣王。""母姑文明皇太后正位临朝，二姊并入主坤宫，配高祖孝文皇帝。"⑤按此志谓冯令华为冯熙"第五女"，与《冯季华墓志》所言任城王妃为其第七姊有异。从墓志所载卒年推算，任城王妃冯令华确为安丰王元延明妃之姊，冯令华应为冯熙第七女而非第五女。任城王澄是北魏后期最杰出的宗室成员之一，对孝文帝改革的贡献尤其突出，冯太后曾经对着中书令李冲夸奖他，谓"此儿风神吐发，德音闲婉，当为宗室领袖"云云⑥。

---

① 参见《魏书》卷一六《道武七王·广平王连传附南平王浑传》《南平王霄传》，第二册，第400页；卷四上《世祖纪上》，第一册，第87—88页；卷七下《高祖纪下》，第162页；卷一〇五之二《天象志二》，第七册，第2363、2367页；卷一〇五之四《天象志四》本注，第2427页。

② 《汉魏南北朝墓志集释》图版一七〇。

③ 《魏书》卷二〇《文成五王·安丰王延明传》，第二册，第530页。

④ 《魏书》卷一九中《景穆十二王·任城王澄传附子彝传》，第二册，第480页。

⑤ 《汉魏南北朝墓志集释》图版一二六。

⑥ 《魏书》卷一九中《景穆十二王·任城王澄传》，第二册，第463页。

冯熙第八女乐安王妃冯季华，其夫即明元帝玄孙元悦①。明元帝末年封其子范为乐安王，死于太平真君八年（447）八月；范长子良"高宗时，袭王"，死于太和元年（477）四月。乐安王良后代之事迹于史无闻（相关史传亡佚），幸赖出土墓志而得其实。

据墓志，冯令华"正始二年（505），年十九"嫁于任城王澄；冯季华"年廿二，归于元氏"。冯季华之生年不明，但以其第六、七姊类比，其生于公元489年的可能性最大，22岁已是510年，时距冯太后去世已有20年之久，孝文帝去世也有10余年。由此可知，冯熙第七、八女都是在宣武帝时期出嫁的，冯熙第六女也应该是在孝文帝末年或宣武帝初年出嫁的。冯熙第四、五女很可能也是在冯太后死后成为孝文帝昭仪的。此外，冯熙次子修，其女冯会（495—516）为赵郡王谧之妃②。

冯太后不仅将其兄冯熙两女嫁给孝文帝为后妃，而且孝文帝的其他嫔妃也是由冯太后确定的，如高门大族荥阳郑氏成员郑羲，从文成帝末年至太和十六年卒前历任中书博士、中书令、西兖州刺史、秘书监，"文明太后为高祖纳其女为嫔"③。郑羲之妻为赵郡李孝伯女，他与冯太后宠臣李冲之间也有姻亲关系。

选自《北魏政治史》六，读者出版集团·
甘肃教育出版社 2008 年版

---

① 《汉魏南北朝墓志集释》图版八三《元悦妃冯季华墓志》，图版八二《元悦墓志》。
② 《汉魏南北朝墓志集释》图版一七二《元谧妃冯会莃墓志》。按元谧妃名为冯会而非冯会莃，志谓"太妃姓冯名会，乐乐信都人"云云，即是明证。此外，冯诞次子灏娶彭城王勰女，冯聿子孝纂娶元显魏女（姑表亲），元液娶冯次兴女，任城王彝及广平王怀之妻均为冯氏。又可参见鲁才全《长乐冯氏与元魏宗室婚姻关系考——以墓志为中心》。不过，这些姻亲关系均结于冯太后死后，与冯太后或孝文帝的政治意图无关。
③ 《魏书》卷五六《郑羲传》，第四册，第1239页。

七、定州塔基舍利《石函盖铭》与
冯太后、孝文帝南巡

《魏书·高祖纪上》：

> （太和）五年春正月己卯（十八，3.4），车驾南巡。丁亥（廿六，3.12），至中山（今河北定州市）。亲见高年，问民疾苦"。二月"丁酉（初七，3.22），车驾幸信都（今河北冀州市），存问如中山。癸卯（十三，3.28），还中山。己酉（十九，4.3），讲武于唐水之阳。庚戌（二十，4.4），车驾还都"。"三月辛酉朔（初一，4.15），车驾幸肆州（治所在今山西忻州市）。癸亥（初三，4.17），讲武于云水之阳。所经，考察守宰，加以黜陟。己巳（初九，4.23），车驾还宫。……夏四月己亥（初十，5.23），行幸方山。建永固石室于山上，立碑于石室之庭，又铭太皇太后终制于金册，又起鉴玄殿。①

除了太和五年初的两次出巡路程较远外，从承明元年到太和九年的10年时间里，孝文帝及冯太后的行幸活动，其范围主要是在京师近郊地区。由于出巡地方大多是在近郊，所以旋即返回宫中。从太和七年"秋七月丁丑，帝、太皇太后幸神渊池"的记载推测，只记"幸"某处者可能仅是孝文帝出巡而不包括冯太后，也可能仅是冯太后而不包括孝文帝，当然也不排除孝文帝与冯太后同行的情况。在太和十年前的行幸中，佛教寺院是最主要的目的地，除云冈石窟外，还有建明佛寺、鹿野

---

① 《魏书》卷七上《高祖纪上》，第一册，第150页。

苑（有石窟）、方山石窟寺等。值得注意的是，在太和七年五月之前冯太后曾多次行幸武州山石窟寺（云冈石窟），其后便不再前往，而太和八年七月出现了"行幸方山石窟寺"的记录。早在太和三年八月冯太后行幸方山时便下令"起思远佛寺"，太和五年四月行幸方山时"建永固石室于山上"，同时可能还下令在方山兴建石窟，太和八年七月应该是方山石窟寺落成开光之时。笃信佛教的冯太后不再去武州山石窟寺，而是在方山兴建陵寝、寺院及石窟，将方山作为其退出政治舞台后的活动中心及百年之后的安神之所。①

最高统治者的行幸活动往往与考察地方局势，了解官员治理状况，减轻民众负担相关联。太和五年春的南巡是冯太后与孝文帝一起前往的，这次出巡具有重要的意义。它是冯太后临朝听政以来第一次也是唯一一次南巡到河北腹地，冯太后和孝文帝不仅到河北平原的政治经济中心定州治所中山城，而且还到了长乐郡治所信都城，但并未到河北另一重要政治中心邺城。冯太后祖籍长乐信都，但在此前她从未到过其地，她的父辈也都从未到过信都。在古中山城一带出土的北魏塔基舍利《石函盖铭》记述了太和五年冯太后和孝文帝的这次南巡以及建塔之缘由，其辞曰：

> 维大代太和五年岁在辛酉春二月，御驾东巡狩，次于中山，御新城宫。北幸唐陵，路迳州市，临 / 通逵（衢）而觌川陆，践缠术而观险易。详眺四瞩，倏然兴想，/ 帝、后爰发德音而诏群臣曰："佛法幽深，应召理玄。非夫 / 触遇斯因，在所致兴，将何以要福冥期，取证来果？"遂命 / 有司以官财顾工，于州东之门，显要之

---

① 日本学者石松日奈子认为：太和七年后北魏皇帝不再行幸武州山石窟寺，"分明意味着武州山石窟寺与皇室关系的疏远"，"平城佛教的中心向方山思远寺转移"，其时武州山石窟寺"发生了巨大的地位转换，从'国家和皇帝的特别窟'，一变而为'一般僧众和民间信众的大众窟'"。（《云冈中期石窟新论——沙门统昙曜的地位丧失和胡服供养人像的出现》，姜捷译，《考古与文物》2004 年第 5 期）

地，造此五级佛图。/夏五月廿八日基侧（?）始建，/二圣乃亲发至愿："缘此兴造之功，愿国祚延袤，永享无穷，妙法熙隆，/灾患不起，时和年丰，百姓安逸，出因入果，常与佛会。与一切臣民，六宫/眷属，十方世界，六趣众生，咸同斯福，刻成佛果。"

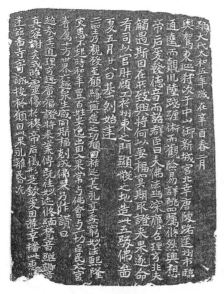

定县舍利函塔基铭文拓片

石函中有金、银、琉璃、玉石、玛瑙等物，而且还有多达41枚萨珊波斯银币。① 这些珍宝绝大多数应该来自朝贡贸易，主要是西域的贡品，萨珊波斯银币大概是由波斯使团带到北魏首都平城的。从文成帝时期到冯太后临朝听政之初的承明元年，共有五批波斯使节来到北魏京师朝

波斯银币②

贡，这些银币应该是由他们带来的，当然也不排除从西域其他国家输入的可能性。③ 石函中所藏物品无疑是北魏国库中的珍宝，冯太后与孝文帝

① 河北省文化局文物工作队：《河北定县出土北魏石函》，《考古》1966年第5期。相关研究，参见夏鼐《河北定县塔基舍利函中波斯萨珊朝银币》，同上；《综述中国出土的波斯萨珊朝银币》，《考古学报》1974年第1期。

② 山西省天镇县文管所藏品，见王银田《北朝时期丝绸之路输入的西方器物》，张庆捷等主编《4～6世纪的北中国与欧亚大陆》，科学出版社2006年版，第79页。

③ 如其中一枚波斯银币打着嚈哒文戳记，它既有可能是"波斯使节将它混在波斯银币中带来的"，也有可能原本是"由嚈哒国使臣带来，后来在皇室的贮库中混在一起"的（夏鼐：《河北定县塔基舍利函中波斯萨珊朝银币》）。

将其装入石函安葬于塔基，其上自然也修建了佛塔。笃信佛教的冯太后和孝文帝的这一举措就是为了祈求佛祖保佑，使北魏王朝能够长治久安。

除太和五年春南巡信都、中山及肆州外，这一时期冯太后和孝文帝的出巡几乎都是在平城周围地区，平城周围诸山及池泽是孝文帝和冯太后经常光顾之地。其所到之山包括方山（9次）、崞山（5次）、武州山石窟寺（4次）、白登山（2次）、火山（2次）、青原冈（1次）、牛头山（1次）。此外还到代郡温泉（2次）、神渊池、旋鸿池、灵泉池、鱼池、弥泽、鹿野苑、虎圈（各1次）。方山是出巡最多的地方，其主要原因是冯太后的陵墓就建在方山，当时估计尚未完工，孝文帝和冯太后要去了解工程的进展情况，并提出相应的指导性意见。方山冯太后陵的建造肇始于太和三年六月"起文石室、灵泉殿于方山"及当年八月在方山"起思远佛寺"。也就是说，冯太后决定在方山建造文石室、灵泉殿及思远佛寺时就已经打定主意要在方山建造自己的寿陵。

选自《北魏政治史》六，读者出版集团·

甘肃教育出版社 2008 年版

八、北魏孝文帝迁都后官贵之家
在洛阳的居住里坊考

迁都伊始，洛阳城市建设正在进行，里坊之制未备，迁至洛阳的官僚贵族家庭的居住比较随意。如杨椿为弘农杨氏家族创居景宁里的情况即是如此[①]。后来随着门阀制度和封建等级制度的确立，官僚贵族在

---

① 杨衒之撰，周祖谟校释：《洛阳伽蓝记校释》卷二《城东·景宁寺》，中华书局 1963 年版，第 103 页。

居住问题上开始更多地考虑到身份地位，居住地的选址是否吉利也被考虑进来了。《洛阳伽蓝记·城北·凝玄寺》：

> 洛阳城东北有上商里，殷之顽民所居处也①。高祖名闻义里。迁京之始，朝士住其中，迭相讥刺，竟皆去之。唯有造瓦者止其内，京师瓦器出焉。世人歌曰："洛城东北上商里，殷之顽民昔所止。今日百姓造瓮子，人皆弃去住者耻。"②

南迁的北魏官僚贵族不愿步殷之顽民的后尘，反映了他们思想中的等级观念。这种观念对其居住区的选定产生了影响。后来萧宝夤、张景仁耻居归正里而要求移居也说明居住地与身份地位之间有了密切的联系。如通商、达货等十里一般都是工商伎作之家的居住区，很难见到有身份有地位的官僚贵族安家于此。这种变化是迁都以后随着城市营建及社会等级观念、行业差别的逐渐形成而产生的。迁都之初，韩显宗曾就此问题向孝文帝提出建议，请求孝文帝定制，"寺署有别，四民异居，永垂百世不刊之范"。后来又说："伏见洛京之制，居民以官位相从，不依族类。然官位非常……古之圣王，必令四民异居者，欲其业定而志专。……朝廷每选举人士，则校其一婚一宦，以为升降，何其密也。至于开伎作宦途，得与膏粱华望接阁连甍，何其略也。"③从韩显宗的话来看，迁都之初孝文帝定制，"官位相从"是当时洛阳城官贵居住的一个基本原则，即使出身伎作只要一旦为官踏上仕途，便可与贵族相邻而居。这种制度与孝文帝提倡汉化，消除种族畛域，主要以现实政治地位

---

① 《后汉书》卷二九《鲍永传》：东汉初，光武帝"赐永洛阳商里宅，固辞不受"。注引《东观记》曰："赐洛阳上商里宅。"陆机《洛阳记》曰："上商里在洛阳东北，本殷顽人所居，故曰上商里宅也。"（第四册，第1018—1019页）参见《洛阳伽蓝记校释》，第181页。
② 《洛阳伽蓝记校释》卷五《城北·凝玄寺》，第181—182页。
③ 《魏书》卷六〇《韩显宗传》，第四册，第1339—1341页。

确定姓族的思想是一致的。从《洛阳伽蓝记》反映的北魏末年的居住情况来看，"寺署有别"并未完全实现，"四民异居"基本遵循，"官位相从"应是洛阳城最基本的居住原则，"聚族而居"在某种程度上维持着，只是并非那么严格。

北魏墓志和《洛阳伽蓝记》的有关记载，对我们了解北魏后期官贵之家具体的居住里坊提供了部分资料，兹略作考述如下①。

1. 宗室元氏的居住里坊

（1）平文子孙系　住灵泉里（元鸷）、笃恭里（元珍、元孟辉）。据墓志及《魏书·神元平文诸帝子孙传》知，元鸷、元珍为平文帝拓跋郁律之六世孙，高凉王拓跋孤之玄孙，元孟辉为拓跋孤之七世孙。②

（2）昭成子孙系　住永康里（元夫人赵光）、崇恩里（冯邕妻元氏籍）、静顺里（元引）。据墓志及《魏书·昭成子孙传》知，元夫人赵光之夫为昭成帝拓跋什翼犍之后裔，毗（比）陵王拓跋顺之孙，拓跋永之长子；冯邕妻元氏为拓跋什翼犍之曾孙，常山康王拓跋遵之孙，司空文献公某之元女；元引为常山王遵之曾孙，引父似为元昭。③拓跋遵为什翼犍子寿鸠之子。④

（3）道武七王系　住照明里（元倪）、崇让里（元鉴妃吐谷浑氏）、正始里（元玕）。据《元玕墓志》《元倪墓志》及《魏书·道武七王传》知，元倪为道武帝拓跋珪之玄孙，南平王拓跋霄（飞龙）之叔子；据《元鉴墓志》知，元鉴亦为道武帝之玄孙，河南王曜之曾孙，成王提之孙，简王平原之子⑤；元玕之高祖广平王连为道武帝第七子，玕曾祖即

① 具体史料详见拙作《文献所见北魏洛阳的乡里》，《河洛史志》1997年第2期。下文不再一一列出。
② 《魏书》卷一四《神元平文诸帝子孙列传》，第二册，第349—350、354页。
③ 《元引墓志》："昭成皇帝之胄，常山王之曾孙，使持节征西将军幽州刺史之元子。"在史传所载常山王诸孙中唯有元昭于元叉专政时"诣事刘腾，进号征西将军"，曾为雍州刺史，死赠幽州于理亦通。
④ 《魏书》卷一五《昭成子孙列传》，第二册，第374页。
⑤ 《汉魏南北朝墓志集释》图版七〇《元鉴墓志》。

南平康王浑（本道武帝第三子阳平王熙之第二子），祖即拓跋霄，父即元倪①。元倪与元玕为父子，但却并未居住于同一里坊。

（4）明元六王系　住孝义里（元弼）、嘉平里（元腾暨妻程法珠、元恩、元夫人陆孟晖）。据墓志，元弼为明元帝拓跋嗣之玄孙，乐安王范之曾孙，拓跋静之子；元腾为明元帝之曾孙，乐安王范之孙，乐安王良之第八子，元恩为明元帝玄孙之子·孝文帝族弟·征虏将军夏州刺史静侯某之孙，抚军将军新兴侯某之元子。陆孟晖之夫为明元帝玄孙营幽二州刺史元懿公某之元子某。考《魏书·明元六王传》知，明元六王除乐安王范一系外，或无子国除，或坐事赐死而国除，墓志所见太宗明元帝后裔几乎全为乐安王范之后亦证实了这一点②。元懿公某不可考，新兴侯某当为新兴王俊之后。

（5）太武五王系　住孝悌里（元寿）。据墓志及《魏书·太武五王传》：元寿高祖即太武帝拓跋焘，曾祖为临淮宣王谭，祖为临淮懿王提，父为临淮康王昌。

（6）景穆十二王系　住光睦里（元彦、元茂）、照（昭）文里（元略）、敷义里（元飏、元璨）、崇让里（元灵曜、元斌）、绥武里（元湛妻薛慧命、元举）、文始里（元嵩）、孝第里（元液）、谷水里（元诱妻冯氏）、宣化里（元显魏、元显儁）、宽仁里（元湛、元融）、遵让里（元珽、元珽妻穆玉容）。据墓志及《魏书·景穆十二王传》：元彦（景略，字世彦）为恭宗景穆帝拓跋晃之曾孙③，乐陵王胡儿之孙，乐陵密

---

① 《汉魏南北朝墓志集释》图版七五之二《元玕墓志》："……祖尚书、南平安王，父燉煌镇将。"按《魏书》卷一六《道武七王传》，可知"南平安王"即拓跋飞龙，"后赐名霄"（第400页），即元玕祖父。又可参见赵万里《集释》七五引罗振玉《雪堂金石文字跋尾三》。据图版七三《元倪墓志》，生前任员外散骑侍郎，死后"赠宁远将军、燉煌镇将"。

② 参见《汉魏南北朝墓志集释》图版八一至九三。

③ 按拓跋晃未曾称帝，太武帝时曾为太子监国多年，后被太武帝所杀。其子文成帝拓跋濬即位后，"追尊为景穆皇帝，庙号恭宗"（《魏书》卷四下《世祖纪下》附《恭宗纪》，第一册，第109页）。

王思誉（本胡儿兄汝阴王天赐第二子，原名永全）之世子；①元茂为拓跋思誉第三子；元略为拓跋晃之曾孙，南安王桢之孙，中山王英第四子，后封东平王；元飏为拓跋晃之孙，阳平王新成第六子；元璨为拓跋新成之孙，广陵康公衍之元子；元灵曜为拓跋晃之曾孙，京兆王子推之孙，河间（涧）王太安之第二子②；元斌亦为拓跋太安之子；元举为拓跋晃之玄孙，章武烈王彬（南安王桢第二子，继太洛）之孙，父名无考；元嵩为拓跋晃之孙，任城王云之次子，其兄即孝文、宣武、孝明帝三朝名臣任城王澄；元液之曾祖即拓跋晃，祖即京兆王云，父元坦不见于史；冯氏之夫元诱为元略之弟；元显魏、显儁兄弟为拓跋晃之曾孙，城阳怀王鸾（长寿之子）之子；元湛为拓跋晃之曾孙，南安王桢之孙，章武王彬（继章武王太洛）之第四子；元融即湛之长兄章武庄王；元斑为拓跋晃之孙，安定王休第五子。

（7）文成五王系　住洛阳里（元简）、照乐（洛）里（元祐）、穆（睦）族里（元演）、熙宁里（元延明籍）。据墓志及《魏书·文成五王传》，元简即齐郡王简，为文成帝之子、献文帝之弟、孝文帝之叔；元祐为元简之子；元演为元简之长子；元延明为安丰王猛之子。③

（8）献文六王系　住光睦里（元彦、元毓、元昉、元详、元飚、元茂、元子直）。据墓志及《魏书·献文六王传》：元毓为献文帝之曾孙，赵郡灵王幹之孙，贞景王谧之长子；元昉为元谧之少子；北海王元详为献文帝之子；彭城王元勰为献文帝之少子（孝庄帝元子攸之父）；

---

① 参见《汉魏南北朝墓志集释》图版一五六《元彦墓志》；《魏书》卷一九下《景穆十二王传下》，第二册，第516页。

② 《魏书》卷二〇《文成五王·河间王若传》："年十六，未封而薨，追封河间……诏京兆康王子太安为后。太安于若为从弟，非相后之义，废之，以齐郡王子琛继。"（第二册，第529页）

③ 参见《汉魏南北朝墓志集释》图版一六二《元简墓志》、一六五《元祐墓志》、一六四《元演墓志》；《魏书》卷二〇《文成五王·齐郡王简传》，第二册，第528页。

元子直为元飀之庶长子（庄帝之庶兄）。① 按元彦、元茂墓志作"光穆里"②；元子直墓志作"光里"③，佚一"睦"字。

（9）孝文五王系　住孝敬里（元怀）④。广平王怀为孝文帝第五子，宣武帝元恪之胞弟⑤。其籍贯为乘轩里，见《元怀墓志》。

《洛阳伽蓝记》记载了不少贵族官僚舍宅为寺的情况。《洛阳伽蓝记·城西·开善寺》：

> 当时四海晏清，八荒率职……百姓殷阜，年登俗乐……于是帝族王侯，外戚公主，擅山海之富，居川林之饶。争修园宅，互相夸竞。崇门丰室，洞户连房，飞馆生风，重楼起雾……经河阴之役，诸元歼尽，王侯第宅，多题为寺。寿丘里间，列刹相望，祇洹郁起，宝塔高凌。⑥

元氏宗室贵族如：城内"（永康）里内复有领军将军元义（叉）宅"⑦；永和里有廷尉卿元洪超之宅。城东平等寺为广平王怀舍宅所立，其地位于孝敬里。高阳王雍之宅在城南临近洛水，其宅之北有中甘里。⑧ 清河王怿之宅在城西，舍宅为冲觉寺。城阳王徽之宅亦在城西，舍宅为宣中寺。

根据以上考述，洛阳里坊之制健全以后至河阴之变前的二三十年

---

① 参见《汉魏南北朝墓志集释》图版一七三之二《元毓墓志》、一七四《元昉墓志》、一八一《元详墓志》、一八五《元飀墓志》；《魏书》卷二一上、下《献文六王传上、下》，第二册，第528、544页。

② 参见《汉魏南北朝墓志集释》图版一八七《元子直墓志》。

③ 参见《汉魏南北朝墓志集释》图版一五六《元彦墓志》、五七六《元茂墓志》。

④ 参见《洛阳伽蓝记校释》卷二《城东·平等寺》，第95页。

⑤ 参见《魏书》卷二二《孝文五王·广平王怀传》，第二册，第592页。

⑥ 《洛阳伽蓝记校释》卷四《城西·开善寺》，第163、167页。

⑦ 《洛阳伽蓝记校释》卷一《城内·建中寺》，第49页。

⑧ 《洛阳伽蓝记校释》卷三《城南·高阳王寺》，第140页。

间，北魏宗室贵族元氏在洛阳的居住里坊可图示如下：

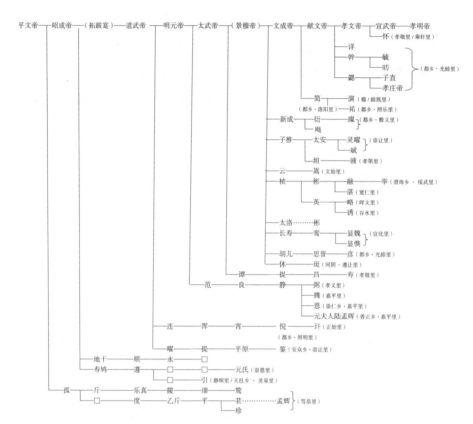

北魏迁都后元氏宗室贵族在洛阳的居住里坊示意图

2. 代姓（非宗室）贵族的居住里坊

（1）帝室九姓　长孙氏住永康里（长孙瑱）、永和里（长孙稚、长孙士亮妻宋灵妃）；奚（达奚）氏住中练里（奚真）；叔孙（乙旃）氏住德游里。按："帝室九姓"是指与北魏宗室拓跋氏（元氏）有血缘关系的长孙氏等九个姓族，孝文帝改鲜卑姓氏为汉姓时将其与其他胡姓单独列出①，表明其在鲜卑贵族中的独特地位。在前后代国及北魏前期，帝室九姓的社会政治地位是很高贵的。北魏后期除宗室元氏外，原帝室

① 参见《魏书》卷一一三《官氏志》，第八册，第3006页。

九姓之地位不断下降，主要原因是孝文帝封爵制度和宗庙祭祀制度改革后，这些家族失去了宗室身份。① 长孙瑱史书无传，从墓志亦难看出其父祖之真名实姓，可能是北魏初长孙嵩或长孙道生之后代。长孙稚为长孙道生之曾孙，自孝文帝后期入仕，历仕北魏洛阳诸朝，出将入相，地位显赫。北魏末，任太傅、录尚书事的上党王长孙稚随出帝（孝武帝）元修逃亡关中，元修在宇文泰支持下于长安建立西魏政权。② 其子长孙绍远曾任西魏殿中尚书、录尚书事、太常及北周小司空。长孙士亮即绍远之弟澄，为陇西李琰之女婿，西魏时仕至大将军、义门公、玉壁总管。③ 奚真史书无传，据《奚真墓志》：高祖大人乌筹，昭成帝拓跋什翼犍时"蒙赐鸡人之官，肃旅之卫"；曾祖使持节、镇西将军、云中镇大将干，祖治中、长史翰，父征君智。《奚智墓志》载："恒州樊氏崞山浑人也。始与大魏同先，仆脍可汗之后裔，中古迁移，分领部众，遂因所居，改为达奚氏焉。逮皇业徙嵩……敕姓奚氏。君故大人大莫弗乌洛头之曾孙，内行羽真……云中镇大将内亦干之孙，兖州治中、卫将军府长史步洛汗之子。"据《魏书·官氏志》，奚氏祖先仆脍可汗即为献帝拓跋邻之弟④，乌筹即乌洛头，干即内亦干，翰即步洛汗。由两墓志看，奚氏在南迁鲜卑贵族中汉化程度甚低。我推测，《魏书》中的奚斤之父箪很可能为乌筹（洛头）或其兄弟⑤。叔孙固之名亦不见于史，据《叔孙固墓志》：祖石洛侯，并州刺史、尚书令；父俟懃真，安州刺史、仓部尚书、司空公。考《魏书·叔孙建传》，建子叔孙邻曾任尚书令，此人或即叔孙石洛侯。史载："出为凉州镇大将，加镇西将军。邻与镇副将奚牧并以贵戚子弟，竞贪财货，专作威福。遂相纠发，坐伏

---

① 参见拙著《北魏政治史研究》，甘肃教育出版社 1996 年版，第 159—167 页。

② 参见《魏书》卷二五《长孙稚传》，第二册，第 647—649 页。

③ 参见（唐）令狐德棻等撰《周书》卷二六《长孙绍远、澄传》，中华书局 1972 年版，第二册，第 430—431 页。

④ 《魏书》卷一一三《官氏志》，第八册，第 3006 页。

⑤ 参见《魏书》卷二九《奚斤传》，第二册，第 697 页。

诛。"① 叔孙邻与奚牧皆因犯罪被杀，故墓志含糊其辞，难以判断其准确的血统关系。

（2）勋臣八姓　穆（丘穆陵）氏住文华里（穆绍）、宜年里（穆纂）；于（勿忸于）氏住谷阳里（于景、于纂、于祚妻和丑仁）；尉（尉迟）氏住永和里（尉成兴）。穆氏为勋臣八姓之首②，在北魏一朝是仅次于宗室元氏的鲜卑贵族，因其本非拓跋氏同族，为"余部内入者"之首，故与拓跋氏保持了百余年的婚姻关系，社会政治地位独特。③《穆绍墓志》有生动记述："乃祖应期佐命，勋书王府，爵允元侯，位居上将。自斯已降，并国而昌，或以忠贞作辅，或以文武登相。"据绍、纂墓志及《魏书》卷二七知，穆绍、穆纂均为穆崇之六世孙，观（跋）之玄孙，寿之曾孙，绍祖平国、父亮，纂祖正国、父长城。穆氏人多势众，家族实力强大，迁都以后虽因穆泰组织发动恒代叛乱而使该家族遭受沉重打击，但穆氏人物仍不乏受重用者（如穆亮），在代姓贵族中仍属大家族，其居于文华、宜年二里的情况亦可作为佐证。于氏家族在北魏前期已属显贵，自孝文帝以后于氏世为禁卫长官，贵宠日隆。史载："自栗磾至劲，累世贵盛：一皇后，四赠公，三领军，二尚书令，三开国公。"④这主要是从于烈以后出现的情况。于祚、于景即为于烈之子，祚弟、景兄于忠曾专权一时，对北魏政局有较大影响。于纂为于祚之子。⑤ 尉成兴

---

① 《魏书》卷二九《叔孙建传》，第二册，第706页。按同书卷二八有《奚牧传》，此人于道武帝时被杀（第二册，第683页），与凉州镇（太武帝时设）副将奚牧并非1人。

② 《魏书》卷一一三《官氏志》，第八册，第3014页。

③ 参见《魏书》卷二七；J. Holmgren, Wei—shu Records the Bestowal of Imperial Princesses during the northern Wei Dynasty. *Papers on Far Eastern History* (Australia) 1983-2.

④ （唐）李延寿撰：《北史》卷二三《于栗磾传》，中华书局1974年版，第三册，第845页。参见《魏书》卷三一《于栗磾传》，第三册，第746页。

⑤ 按：北魏墓志中有两个于纂，分见《汉魏南北朝墓志集释》图版二五五、二五九。据志文可知，图版二五五之于纂为于祚之子，祚传见《魏书》卷三一（第三册，第740页）。而图版二五九之于纂推测应为图版二五五之于纂之父，即《魏书》中之于祚。理由有三：（1）祚、纂音近，在迁都以后的鲜卑人名汉化中，尚武少文的于氏家族将祚、纂二

为北魏初名将尉迟古真之族玄孙，名聿，字成兴。孝明帝时尉成兴任武卫将军，后出为平西将军、东凉州刺史。[1]

（3）其他家族　封（是贲）氏住安武里（封昕），侯（侯莫陈）氏住中练里（侯刚），山（土难）氏住修仁里（山晖）及笃恭里（山徽），和（素和）氏住修民里（和邃），鄯氏（归附鄯鄯王及其后代）住洛滨里（鄯乾）。

3. 汉族官僚的居住里坊

（1）弘农杨氏[2]　住景宁里（依仁里）（杨椿、杨慎、杨津、杨播、杨颖、杨舒）。据《洛阳伽蓝记·城东·景宁寺》载，迁都之初，杨椿即创居景宁里。又载：椿弟慎、慎弟津，"并立性宽雅，贵义轻财，四世同居，一门三从……后舍宅为建中寺"。[3] 这是典型的聚族而居。据

音读混的可能性是存在的；祚、纂二字常见于鲜卑人名用字中；音同、音近字在鲜卑人姓名翻译中经常出现，如万忸于即勿忸于、丘目陵即丘穆陵、贺赖即贺兰之类。(2) 图版二五九之于纂死于孝昌三年（527年），终年70岁，图版二五五之于纂死于孝昌二年，终年39岁。二人相差32岁，从年龄上看父子关系能够成立。(3) 据《魏书》载，于烈三子：祚字万年，忠本字千年，景字百年；图版二五九《于纂墓志》载其"字万年"。同出于氏而名音近、字相同者不会有二人，因此于祚与图版二五九之于纂为一人似可确定。不过还有一个疑问：图版二五九之《于纂墓志》："使持节安西大将军燕州刺史混泥之孙，持节后将军朔州刺史染干之子也。"这与《魏书》所载于洛拔、于烈父子的姓名、官职皆不符，出自伪造的可能性很大。另外，据史传推知，于洛拔生于公元415年，于烈生于437年，于忠生于462年。生于458年的于纂为烈子、忠兄也合乎情理，可作又一旁证。图版二五九之《于纂墓志》之所以伪造父祖之真实姓名和身份，可能与当时于氏家族衰败及他本人境遇不佳有关。当时的情况是：于忠因专权而受压制，且已死亡多年；于景反对元叉专权被黜为怀荒镇将，后为反叛镇民所杀；于祚本人在任沃野镇将时，"贪残多所受纳。坐免官，以公还第"（《魏书》卷三一本传，第740页）。

[1] 参见《魏书》卷二六《尉古真传》，第二册，第659页。

[2] 据研究，北魏弘农杨氏并非汉代"四世三公"的弘农杨氏（《后汉书》卷五四《杨震传》："自震至彪，四世太尉，德业相继，与（汝南）袁氏俱为东京名族云。"〔第七册，第1790页〕）之后裔，而是攀附弘农杨氏的马渚诸杨。参见唐长孺《〈魏书·杨播传〉自云弘农华阴人辨》，《魏晋南北朝隋唐史资料》第五辑，武汉大学出版社1983年版，第14—16页。

[3]《洛阳伽蓝记校释》卷二《城东·景宁寺》，第104页。

杨播、杨颖、杨舒诸墓志，他们皆住于依仁里。似乎杨氏六兄弟分别住于景宁里和依仁里，果如此，则杨播、颖、舒三兄弟与杨椿、慎、津三兄弟为二母所出。《魏书·杨播传》："播家世纯厚，并敦义让，昆季相事，有如父子……兄弟旦则聚于厅堂，终日相对，未曾入内……一家之内，男女百口，缌服同爨，庭无间言。魏世以来，唯有卢渊兄弟及播昆季，当世莫逮焉。"① 可知杨播兄弟并未分财异居，而是住于一处，则景宁里与依仁里应为同里异名。② 此外，北魏末又有住仁信里的杨乾，其祖上血统为杨咸—辨—悦—乾。这一支自南而来的弘农杨氏与杨播家族无关，似应为汉代大族弘农杨氏之后裔。

（2）陇西李氏　住永和里（李延寔、李韶）、显德里（李彰）、城东里（李蕤）、永年/永康里（李超）。陇西李氏为西凉王室后裔，北魏占据河西后，流亡伊吾的李氏人物返回故地敦煌并归附了北魏。公元444年李宝至平城，陇西李氏遂移居恒代达半世纪之久，后随都城而南迁。冯太后、孝文帝时，李冲贵宠用事，陇西李氏与皇室发生多起婚姻关系，其社会政治地位迅速提高，不仅是政治上最显赫的汉人家族，其门望也在一流高门士族之列。③ 据墓志及《魏书》记载：李延寔为李冲（李宝少子）之长子，庄帝元子攸之舅④；李韶为李承（李宝长子）之长子⑤；李彰为李延寔之子⑥；李蕤为李承之第四子⑦；李超为李虔（李韶之弟）之孙，唐初史学家李延寿之祖⑧。陇西李氏在洛阳的居住情况进一

① 《魏书》卷五八《杨播传》，第四册，第1302页。
② 《魏书》卷五八《杨椿传》载其于庄帝时告老乞归，临行诫子孙，云："又吾兄弟，若在家，必同盘而食，若有近行，不至，必待其还，亦有过中不食，忍饥相待。吾兄弟八人，今存者有三，是故不忍别食也。"（第四册，第1289页）亦证杨氏兄弟未分财异居。《洛阳伽蓝记》只载杨椿、慎、津三兄弟之名，是因当时三兄弟尚在而其他已没之故。
③ 参见拙作《陇西李氏初论——北朝时期的陇西李氏》，《兰州大学学报》1994年第4期。
④ 《魏书》卷三九、五三、八三下，第三、四、五册，第886、1189、1836—1837页。
⑤ 《魏书》卷三九，第三册，第886页。
⑥ 《魏书》卷八三下，第五册，第1837页。
⑦ 《魏书》卷三九，第三册，第81页。
⑧ 《北史》卷一〇〇《序传》，第一〇册，第3339页。

步证实了《魏书》"冲兄弟六人，四母所出，颇相忿阋……至洛乃别第宅"的记载①。

（3）东清河崔氏　住仁信里（崔鸿）、晖文里（崔光、崔猷）。据墓志及《魏书·崔光传》并附传，崔鸿为北魏后期著名的儒士官僚崔光弟敬友之子，著有《十六国春秋》而为世熟知。崔猷为崔光从父弟，其祖父即刘宋乐陵太守崔旷。猷父清河太守灵瑰与光父长广太守灵延（均仕刘宋）为兄弟。② 东清河崔氏原居地在今山东平原西南，北魏占据河北后，崔旷随慕容德渡河移居于青州之时水（今山东临淄西北）。刘裕北伐灭南燕后其地归入刘宋，崔氏人物仕宋为郡太守。公元 469 年北魏占领青齐，崔氏作为平齐民入居代京③，在平齐郡住 20 余年后徙居洛阳，并上升为北魏后期一流门阀士族。

（4）荥阳郑氏　住永和里（郑道昭）、安丰里（郑道忠）。郑道昭为郑羲之子，仕孝文、宣武、孝明帝三朝，两为秘书监，曾出任平东将军、光州及青州刺史。④ 今存郑道昭所书山东云峰诸山摩崖石刻，近代以来受到高度评价，他是有作品传世的北魏书法家中政治地位最高的一位，是魏碑书法的代表性人物⑤。郑道忠即郑羲四兄叔夜子伯夏之子，《魏书》记其名为"忠字周子"⑥。墓志谓"祖以清静为治，化洽汾榆。考以德礼铸民，爱留海曲"⑦。郑伯夏曾为东莱太守，"爱留海曲"当即指此；而史传谓叔夜兄弟"并恃豪门，多行无礼，乡党之内，疾之若仇"⑧，与墓志

① 《魏书》卷五三《李冲传》，第四册，第 1189 页。

② 《魏书》卷六七《崔光传》，第四册，第 1501 页。

③ 参见唐长孺《北魏的青齐土民》，《魏晋南北朝史论拾遗》，中华书局 1983 年版，第92—122 页。

④ 《魏书》卷五六《郑道昭传》，第 1240—1242 页。

⑤ 关于郑道昭及其书法艺术成就，参见山东石刻艺术博物馆、中国书协山东分会编《云峰诸山北朝刻石讨论会论文选集》所收相关论文，齐鲁书社 1985 年版。

⑥ 《魏书》卷五六《郑羲传》附，第四册，第 1246 页。

⑦ 《汉魏南北朝墓志集释》图版二三四《郑道忠墓志》。

⑧ 《魏书》卷五六《郑羲传》附传，第四册，第 1243 页。

之讳恶迥异。荣阳郑氏先仕后燕，后仕北魏，是较早与拓跋氏合作的中原豪族，北魏后期为一流高门士族。①

（5）琅邪王氏　住劝学里。琅邪王氏为东晋南朝第一流高门士族，进入南朝后政治上开始没落，但其社会地位仍然很高。孝文帝迁都之际的太和十七年（493）王肃因政争而北投，受到孝文帝特别器重，任命他负责官制改革。王氏在洛阳住于劝学里。《王诵妻元贵妃墓志》载其亡于洛阳之学里宅。据《魏书·王肃传》，诵为肃之侄②。《洛阳伽蓝记·城南·报德寺》载王肃于延贤里内立正觉寺，其住宅当在此里或相邻里坊，又"劝学里东有延贤里"，则可知琅邪王氏居于劝学里，上述志中之学里宅即劝学里宅。

（6）乐浪王氏　住照明里（王温）、永康里（王桢、王基）。按乐浪郡治当今朝鲜平壤一带，汉代及魏晋时为中原王朝地方行政区③。据墓志，王温为燕国乐浪乐都（今朝鲜平安南道西北）人，其祖王评于文成帝兴安二年（453）携家入魏，居于代都，仕于北魏。王桢、王基均为氏浪遂城（今朝鲜平壤西南江西迤西之咸从里）人，燕仪同三司武邑公王波六世孙，高祖礼班，曾祖定国始入仕北魏，祖唐成，父光祖。王桢、王基二人为兄弟。④

（7）河间邢氏　住永和里（邢峦、邢伟）。据《邢伟墓志》及《魏书·邢峦传》知，邢峦、邢伟二人为兄弟。其祖邢颖于太武帝神䴥四年（431）征士时与范阳卢玄、勃海高允等同时被征，即入仕北魏；其父修

---

① 参见《魏书》卷五六《郑羲传》《郑道昭传》，第四册，第 1237—1239、1240—1242 页。

② 《魏书》卷六三《王肃传附诵传》，第四册，第 1412 页。

③ 谭其骧主编，张锡彤、王钟翰等著：《〈中国历史地图集〉释文汇编·东北卷》，中央民族学院出版社 1988 年版，第 33—34 页。

④ 参见洛阳市文物工作队《洛阳出土历代墓志辑绳》图版五四《王温墓志》，中国社会科学出版社 1991 年版。又，《王桢墓志》《王基墓志》，见《汉魏南北朝墓志汇编》，第 80、138 页。

年曾任州主簿、河南镇将。①

（8）太原郭氏　住永和里（郭祚）、受安里（郭显）。太原郭氏属魏晋旧族，太武帝时与宠臣清河崔浩联姻，在崔浩之狱中遭灭门之祸，郭祚年幼逃窜得免。孝文帝初年，郭祚举秀才，对策上第，以中书博士入仕，孝明帝时官至尚书右仆射。② 郭显之名不见于史，从其父名"长命"来看，似亦为太原郭氏中逃脱崔浩之狱祸患的人。

北魏墓志和《洛阳伽蓝记》反映的北魏后期洛阳城的居住特点是官位相从和聚族而居，等级差别、四民异居是主要方面。像弘农杨氏那样的大家族聚居现象极为少见，但小家族聚居的现象却比较普遍，如景穆十二王系宗室就目前所知，基本上是一支居于同一里，其他宗室支系也有类似情况，尽管有关材料还不够充分。果如此，则以此类推还应有不少官贵之家的所在里坊可以得知。望宗所居、民间号为王子坊的寿丘里（三十里）应是聚族而居的典型。"四夷里"及通商、达货等10里也体现着聚族而居的特点，不过这里的"族"主要是指族类、阶层，具体来说就是"四民异居"原则的反映。这些情况反映的观念当然是等级制，在洛阳的居住情况中，看不到民族差别，因为迁都以后孝文帝要消除种族隔阂，实现以汉化为方向的民族融合。这一点与代京传统截然不同。如"当世名为贵里"的永和里就有太傅·录尚书长孙稚、尚书右仆射郭祚、吏部尚书邢峦、廷尉卿元洪超、卫尉卿许伯桃、凉州刺史尉成兴等六宅③，便集中体现了官位相从的居住原则，没有丝毫的种族界限。其中既有原鲜卑宗室贵族、帝室九姓、勋臣八姓，又有汉人士族，还有门第不高的汉人（许伯桃情况不详，估计当为汉人，但门第不会太高）。又如，晖文里有太保崔光、太傅李延寔、冀州刺史李韶、秘书监郑道昭

---

① 《邢伟墓志》录文，见孟昭林《记后魏邢伟墓出土物及邢峦墓的发现》，《考古》1959 年第 4 期；《魏书》卷六五《邢峦传》，第四册，第 1437、1448 页。

② 参见《魏书》卷六四《郭祚传》，第四册，第 1421—1423 页。

③ 《洛阳伽蓝记校释》卷一《城内·修梵寺》，第 63—64 页。

等四宅①，这里主要是汉族高门士族；昭德里有尚书仆射游肇、御史中尉李彪、七兵尚书崔休、幽州刺史常景、司农张伦等五宅②，虽说都是汉人，但各人的门第及家族背景却有较大差别。萧宝夤及张景仁耻居四夷里之一的归正里，便反映了居住里坊与身份等级之间的关系。虽然北魏朝廷并未规定里坊之等级高低，更没有对四夷里一类里坊的歧视，但形成的风尚是人们不愿与归化之民同居，官贵之家更不愿与工商伎作之家相处。孝文帝虽将上商里改为闻义里，但官贵之家仍然耻居其地③。

选自《北魏政治与制度论稿》，甘肃教育出版社 2003 年版

---

① 《洛阳伽蓝记校释》卷二《城东·秦太上君寺》，第 84—85 页。

② 《洛阳伽蓝记校释》卷二《城东·正始寺》，第 89 页。

③ 也有例外，如官贵耻居的上商里，"唯冠军将军郭文远游憩其中，堂宇园林，匹于邦君"（《洛阳伽蓝记校释》卷五《城北·凝玄寺》，第 182 页）。

参 考 文 献

（一）史籍文献

（汉）郑玄笺，（唐）孔颖达疏：《毛诗正义》，（清）阮元校刻《十三经注疏》，中华书局 1980 年版。

（汉）郑玄笺，（唐）孔颖达疏：《礼记正义》，（清）阮元校刻《十三经注疏》，中华书局 1980 年版。

（汉）司马迁撰，（宋）裴骃集解，（唐）司马贞索隐，（唐）张守节正义：《史记》，中华书局 1959 年版。

（汉）班固撰，（唐）颜师古注：《汉书》，中华书局 1962 年版。

（汉）班固撰，（清）陈立疏证，吴则虞点校：《白虎通疏证》，中华书局 1994 年版。

（汉）许慎撰，（清）段玉裁注：《说文解字注》，上海古籍出版社 1981 年版。

（晋）杜预注，（唐）孔颖达疏：《春秋左传注疏》，（清）阮元校刻《十三经注疏》，中华书局 1980 年版。

（晋）范甯集解，（唐）杨士勋疏：《春秋穀梁传注疏》，（清）阮元校刻《十三经注疏》，中华书局 1980 年版。

（晋）陈寿撰，（宋）裴松之注：《三国志》，中华书局 1959 年版。

（晋）干宝、（宋）淘潜撰，李剑国辑校：《新辑搜神记　新辑搜神后记》，中华书局 2007 年版。

（宋）范晔撰，（唐）李贤等注：《后汉书》，中华书局 1965 年版。

（梁）沈约撰：《宋书》，中华书局 1974 年版。

（梁）萧子显撰：《南齐书》，中华书局 1972 年版。

（梁）萧绎撰，许逸民校笺：《金楼子校笺》，中华书局 2011 年版。

（梁）萧统编，（唐）李善注：《文选》，上海古籍出版社 1986 年版。

（梁）释慧皎撰，汤用彤校注，汤一玄整理：《高僧传》，中华书局 1992 年版。

（后魏）郦道元注，杨守敬、熊会贞疏，段熙仲点校，陈桥驿复校：《水经注疏》，江苏古籍出版社 1989 年版。

（北魏）郦道元原著、（清）汪士铎图、陈桥驿校释：《水经注图》，山东画报出版社 2003 年版。

（北魏）杨衒之撰，周祖谟校释：《洛阳伽蓝记校释》，中华书局 1963 年版。

（北魏）杨衒之撰，范祥雍校注：《洛阳伽蓝记校注》，上海古籍出版社 1958 年版。

（北齐）魏收撰：《魏书》，中华书局 1974 年版。

（北齐）颜之推撰，王利器集解：《颜氏家训集解》，上海古籍出版社 1982 年版。

（唐）孔颖达撰：《周易正义》，（清）阮元校刻《十三经注疏》，中华书局 1980 年版。

（唐）温大雅撰，李季平等点校：《大唐创业起居注》，上海古籍出版社 1983 年版。

（唐）房玄龄等撰：《晋书》，中华书局 1974 年版。

（唐）姚思廉撰：《梁书》，中华书局 1973 年版。

（唐）姚思廉撰：《陈书》，中华书局 1972 年版。

（唐）李百药撰：《北齐书》，中华书局 1972 年版。

（唐）令狐德棻等撰：《周书》，中华书局 1971 年版。

（唐）魏徵等撰：《隋书》，中华书局 1973 年版。

（唐）李延寿撰：《北史》，中华书局 1974 年版。

（唐）杜佑撰，王文锦等点校：《通典》，中华书局 1988 年版。

（唐）李林甫等撰，陈仲夫点校：《唐六典》，中华书局 1992 年版。

（唐）李吉甫撰，贺次君点校：《元和郡县图志》，中华书局 1983 年版。

（唐）刘知幾撰，（清）浦起龙通释：《史通通释》，上海古籍出版社 1978 年版。

（唐）林宝撰，岑仲勉校记，孙望审订，郁贤皓、陶敏整理：《元和姓纂》，中华书局 1994 年版。

（唐）欧阳询等撰，汪绍楹校：《艺文类聚》，上海古籍出版社 1965 年版。

（唐）张彦远著，俞剑华注释：《历代名画记》，上海人民美术出版社 1964 年版。

（唐）慧立、彦悰撰，孙毓棠、谢方点校：《大慈恩寺三藏法师传》，中华书局 1983 年版。

（后晋）刘昫等撰：《旧唐书》，中华书局 1975 年版。

（宋）欧阳修、宋祁撰：《新唐书》，中华书局 1975 年版。

（宋）薛居正等撰：《旧五代史》，中华书局 1976 年版。

（宋）欧阳修撰，（宋）徐无党注：《新五代史》，中华书局 1974 年版。

（宋）司马光编著，（元）胡三省音注，"标点资治通鉴小组"校点：《资治通鉴》，中华书局 1956 年版。

（宋）郑樵撰：《通志》，中华书局 1987 年版。

（宋）郑樵撰，王树民点校：《通志二十略》，中华书局 1995 年版。

（宋）乐史撰，王文楚等点校：《太平寰宇记》，中华书局 2007 年版。

（宋）宋敏求撰，（清）毕沅校正：《长安志》，思贤讲舍校刊本，光绪十七年（1891）。

（宋）陈振孙撰，徐小蛮、顾美华点校：《直斋书录解题》，上海古籍出版社 1987 年版。

（宋）邓名世撰，王力平点校：《古今姓氏书辩证》，江西人民出版社 2006 年版。

（宋）李昉等撰：《太平御览》，中华书局 1960 年版。

（宋）王钦若等撰：《册府元龟》，中华书局 1960 年版。

（宋）李昉等撰：《文苑英华》，中华书局 1966 年版。

（宋）王应麟撰：《玉海》，《景印文渊阁四库全书》"子部二五四·类书类"，第九四八册，台湾商务印书馆 1986 年版。

（宋）郭茂倩撰：《乐府诗集》，中华书局 1979 年版。

（宋）韩琦撰：《安阳集》，《景印文渊阁四库全书》"集部二八·别集类"，第一〇八九册，台湾商务印书馆 1986 年版。

（元）脱脱等撰：《宋史》，中华书局 1977 年版。

（元）脱脱等撰：《辽史》，中华书局 1974 年版。

（元）脱脱等撰：《金史》，中华书局 1975 年版。

（元）王恽撰：《秋涧集》，《景印文渊阁四库全书》"集部一三九·别集类"，第一〇八九册，台湾商务印书馆 1986 年版。

（明）崔铣纂修：《嘉靖彰德府志》，《天一阁藏明代方志选刊》第六十四册，上海古籍书店 1964 年版。

（明）杨士奇撰：《文渊阁书目》，《景印文渊阁四库全书》"史部四三三·目录类"，第六七五册，台湾商务印书馆 1986 年版。

（明）崔铣撰：《洹词》，《景印文渊阁四库全书》"集部二〇六·别集类"，第一二六七册，台湾商务印书馆 1986 年版。

（明）谢肇淛撰：《五杂俎》，上海书店出版社 2009 年版。

（明）冯梦龙、（清）王廷绍·华广生编述：《明清民歌时调集》，上海古籍出版社 1987 年版。

（明）汤显祖撰：《牡丹亭》，商务印书馆 1933 年版。

（清）张廷玉等撰：《明史》，中华书局 1974 年版。

（清）顾炎武撰：《历代宅京记》，中华书局 1984 年版。

（清）王鸣盛著：《十七史商榷》，中国书店 1987 年版。

（清）钱大昕著，方诗铭、周殿杰校点：《廿二史考异》，上海古籍出版社 2004 年版。

（清）王昶撰：《金石萃编》，中国书店 1985 年版。

（清）陆增祥撰：《八琼室金石补正》，文物出版社 1985 年版。

（清）徐松辑，高敏点校：《河南志》，中华书局 1994 年版。

（清）徐松撰、（清）张穆校补：《唐两京城坊考》，中华书局 1985 年版。

（清）永瑢等撰：《四库全书总目》，中华书局 1965 年版。

（清）和珅等撰：《钦定大清一统志》，《景印文渊阁四库全书》"史部二三六·地理类"，第四七八册，台湾商务印书馆 1986 年版。

（清）陈毅撰：《魏书官氏志疏证》，《二十五史补编》第四册，中华书局 1998 年版。

（清）刘献廷撰：《广阳杂记》，中华书局 1957 年版。

赵尔巽等撰：《清史稿》，中华书局 1977 年版。

杨守敬：《水经注图》，联经出版事业公司 1975 年版。

《神僧传》，《大正新修大藏经·史传部二》，第 50 册，新文丰出版公司 1983 年版。

袁珂校注：《山海经校注》，上海古籍出版社 1980 年版。

余大钧译注：《蒙古秘史》，河北人民出版社 2001 年版。

（二）考古报告（含文物图集）

陕西省文管会：《西安任家口 M229 号北魏墓清理简报》，《文物参考资料》1955 年第 12 期。

《洛阳西车站发现北魏墓一座》，《文物参考资料》1957 年第 2 期。

王子云编：《中国古代石刻画选集》，中国古典艺术出版社 1957 年版。

湖南省博物馆：《长沙楚墓》，《考古学报》1959 年第 1 期。

河南省文化局文物工作队：《河南禹县白沙汉墓发掘报告》，《考古学报》，1959 年第 1 期。

孟昭林：《记后魏邢伟墓出土物及邢峦墓的发现》，《考古》1959 年第 4 期

内蒙古文物工作队：《内蒙古扎赉诺尔古墓群发掘简报》，《考古》1961 年第 12 期。

俞伟超:《邺城调查记》,《考古》1963 年第 1 期

河南省文化局文物工作队:《巩县石窟寺》,文物出版社 1963 年版。

河北省文化局文物工作队:《河北定县出土北魏石函》,《考古》1966 年第 5 期。

山西大同市博物馆、山西省文物工作委员会:《山西大同石家寨北魏司马金龙墓》,《文物》1972 年第 3 期。

陕西省博物馆、陕西省文管会写作小组:《米脂东汉画像石墓发掘简报》,《文物》1972 年第 3 期。

河北省博物馆、文物管理处:《河北曲阳发现北魏墓》,《考古》1972 年第 5 期。

洛阳博物馆:《洛阳北魏元邵墓》,《考古》1973 年第 4 期。

河北省博物馆、文物管理处:《河北平山北齐崔昂墓调查报告》,《文物》1973 年第 11 期。

洛阳博物馆:《河南洛阳北魏元乂墓调查》,《文物》1974 年第 12 期。

郭素新:《内蒙古呼和浩特北魏墓》,《文物》1977 年第 5 期。

石家庄文化局文物发掘组:《河北赞皇东魏李希宗墓》,《考古》1977 年第 6 期。

山西省文物工作委员会、山西云冈石窟文物保管所:《云冈石窟》,文物出版社 1977 年版。

大同市博物馆、山西省文物工作委员会:《大同方山北魏永固陵》,《文物》1978 年第 7 期。

河北省文管处:《河北景县北魏高氏墓发掘简报》,《文物》1979 年第 3 期。

洛阳博物馆:《洛阳北魏画像石棺》,《考古》1980 年第 3 期。

河北省博物馆、文物管理处:《河北省出土文物选集》,文物出版社 1980 年版。

盖山林:《内蒙阴山山脉狼山地区岩画》,《文物》1980 年第 6 期。

尚振明:《孟县出土北魏司马悦墓志》,《文物》1981 年第 12 期。

俞伟超:《邺城考古调查和钻探简报》,《中原文物》1983 年第 4 期。

马玉基:《大同市小站花圪塔台北魏墓清理简报》,《文物》1983 年第 8 期。

山西省考古研究所、太原市文物管理委员会:《太原市北齐娄叡墓发掘简报》,《文物》1983 年第 10 期。

山东省文物考古研究所：《临淄北朝崔氏墓》，《考古学报》1984 年第 2 期。

内蒙古自治区博物馆、和林格尔县文化馆：《和林格尔县另皮窑村北魏墓出土的金器》，《内蒙古文物考古》总第 3 期（1984 年）。

磁县文化馆：《河北磁县东陈村北齐尧峻墓》，《文物》1984 年第 4 期。

磁县文化馆：《河北磁县东魏茹茹公主墓发掘简报》，《文物》1984 年第 4 期。

固原县文物工作站：《宁夏固原北魏墓清理简报》，《文物》1984 年第 6 期。

伊克坚、陆思贤：《土默特左旗出土北魏时期文物》，《内蒙古文物考古》总第 3 期（1984 年）。

吴增德：《汉代画像石》，文物出版社 1984 年版。

崔汉林、夏振英：《陕西华阴北魏杨舒墓发掘简报》，《文博》1985 年第 2 期。

宁夏回族自治区博物馆、宁夏固原博物馆：《宁夏固原北周李贤夫妇墓发掘简报》，《文物》1985 年第 11 期。

甘肃省文物队、甘肃省博物馆、嘉峪关市文物管理所：《嘉峪关壁画墓发掘报告》，文物出版社 1985 年版。

朱锡禄：《武氏祠汉画像石》，山东美术出版社 1986 年版。

敦煌文物研究所：《中国石窟·敦煌莫高窟（一）》，文物出版社 1987 年版。

灵丘县文管所：《山西灵丘县发现北魏"南巡御射碑"》，《考古》1987 年第 3 期。

王成：《扎赉诺尔圈河古墓清理简报》，《北方文物》1987 年第 3 期。

固原博物馆：《固原北魏墓漆棺画》，宁夏人民出版社 1988 年版。

蔚县博物馆：《河北蔚县北魏太平真君五年朱业微石造像》，《考古》1989 年第 9 期。

中国美术全集编辑委员会编，温玉成主编：《中国美术全集·雕塑编十一：龙门石窟雕刻》，上海人民美术出版社 1989 年版。

中国社会科学院考古研究所、河北省文物研究所邺城考古工作队：《河北临漳县邺北城遗址勘探发掘简报》，《考古》1990 年第 7 期。

中国社会科学院考古研究所、河北省文物研究所：《河北磁县湾漳北朝墓》，《考古》1990 年第 7 期。

赵越：《内蒙古额右旗拉布达林发现鲜卑墓》，《考古》1990 年第 10 期。

王建中、闪修山：《南阳两汉画像石》，文物出版社 1990 年版。

河北省文物研究所等：《隆化皇姑屯安州及其附近遗迹调查简报》，《文物春秋》1991 年第 2 期。

龙门文物保管所、北京大学考古系：《中国石窟·龙门石窟（一）》，文物出版社·株式会社平凡社 1991 年版。

山西省考古研究所、大同市博物馆：《大同南郊北魏墓群发掘简报》，《文物》1992 年第 8 期。

薛文灿、刘松枢：《河南新郑汉代画像砖》，上海书画出版社 1993 年版。

龙门文物保管所、北京大学考古系：《中国石窟·龙门石窟（一）》，文物出版社 1994 年版。

天水市博物馆：《甘肃甘谷县发现三方汉代画像砖》，《考古》1994 年第 2 期。

陈凤山、白劲松：《内蒙古扎赉诺尔鲜卑墓》，《内蒙古文物考古》1994 年第 2 期。

呼伦贝尔盟文物管理站：《鄂伦春自治旗嘎仙洞遗址 1980 年清理简报》，《内蒙古文物考古文集》第一辑，中国大百科全书出版社 1994 年版。

内蒙古文物考古研究所：《扎赉诺尔古墓群 1986 年清理发掘报告》，《内蒙古文物考古文集》第一辑，中国大百科全书出版社 1994 年版。

靳生禾、谢鸿喜：《北魏皇帝〈南巡之颂〉碑考察报告》，《山西大学学报》1994 年第 2 期。

靳生禾、谢鸿喜：《北魏〈皇帝南巡之颂〉碑考察清理报告》，《文物季刊》1995 年第 3 期。

洛阳市文物工作队：《洛阳孟津北陈村北魏壁画墓》，《文物》1995 年第 8 期。

吴秉辉：《陕北汉代画像石》，陕西人民出版社 1995 年版。

中国社会科学院考古研究所、河北省文物研究所邺城考古工作队：《河北临漳县邺南城朱明门遗址的发掘》，《考古》1996 年第 1 期。

罗丰：《固原南郊隋唐墓地》，文物出版社 1996 年版。

中国社会科学院考古研究所、河北省文物研究所邺城考古工作队：《河北临漳县邺南城遗址勘探与发掘》，《考古》1997 年第 3 期。

山西省考古研究所、灵丘县文物局：《山西灵丘北魏文成帝〈南巡碑〉》，《文物》1997 年第 12 期。

孙钢：《河北唐县"赛思颠窟"》，《文物春秋》1998 年第 1 期。

天水麦积山石窟艺术研究所：《中国石窟·天水麦积山》，文物出版社 1998 年版。

高文：《四川汉代石棺画像集》，人民美术出版社 1998 年版。

青州市博物馆：《青州龙兴寺佛教造像艺术》，山东美术出版社 1999 年版。

山西省考古研究所等：《太原隋代虞弘墓清理简报》，《文物》2001 年第 1 期。

王银田、刘俊喜：《大同智家堡北魏墓石椁壁画》，《文物》2001 年第 7 期。

山西省考古研究所、大同市考古研究所：《大同市北魏宋绍祖墓发掘简报》，《文物》2001 年第 7 期。

刘建华：《义县万佛堂石窟》，科学出版社 2001 年版。

李贵龙、王建勋主编：《绥德汉代画像石》，陕西人民美术出版社 2001 年版。

徐婵菲：《洛阳北魏元怿墓壁画》，《文物》2002 年第 2 期。

太原市文物考古研究所：《太原北齐库狄业墓》，《文物》2003 年第 3 期。

中国社会科学院考古研究所、河北省文物研究所：《磁县湾漳北朝壁画墓》，科学出版社 2003 年版。

陕西省考古研究所：《西安北周安伽墓》，文物出版社 2003 年。

大同市考古研究所：《山西大同下深井北魏墓发掘简报》，《文物》2004 年第 6 期。

刘俊喜、高峰：《大同智家堡北魏墓棺板画》，《文物》2004 年第 12 期。

山西省大同市考古研究所：《大同湖东北魏一号墓》，《文物》2004 年第 12 期。

太原市文物考古研究所：《北齐徐显秀墓》，文物出版社 2005 年版。

大同市考古研究所：《山西大同沙岭北魏壁画墓发掘简报》，《文物》2006 年第 10 期。

大同市考古研究所：《山西大同迎宾大道北魏墓群》，《文物》2006 年第 10 期。

大同市考古研究所：《山西大同七里村北魏墓群发掘简报》，《文物》2006 年第 10 期。

大同市考古研究所：《山西大同下深井北魏墓发掘简报》，《文物》2006 年第 10 期。

刘景龙：《古阳洞：龙门石窟第 1443 窟》，科学出版社 2006 年版。

山西省考古研究所、太原市文物考古研究所：《北齐东安王娄睿墓》，文物出版社 2006 年版。

洛阳博物馆：《洛阳北魏杨机墓出土文物》，《考古》2007 年第 11 期。

（三）研究论著

阿英：《从晋砖文字说到〈兰亭序〉书法》，《文物》1965 年第 10 期。

蔡鸿生：《唐代九姓胡与突厥文化》，中华书局 1998 年版。

曹尔琴：《洛阳从汉魏至隋唐的变迁》，《中国古都研究》第 3 辑，浙江人民出版社 1987 年版。

曹仕邦：《太子晃与文成帝——英年早逝的天才父子政治家大力推广佛教于北魏的功勋及其政治目的》，《中华佛学学报》第 9 期（1996 年）。

岑仲勉：《突厥集史》，中华书局 1958 年版。

陈久恒：《唐东都洛阳坊里宅第补》，《中国考古学研究——夏鼐先生考古五十年纪念论文集》（二），科学出版社 1986 年版。

陈连庆：《中国古代少数民族姓氏研究》，吉林文史出版社 1993 年版。

陈爽：《〈关东风俗传〉所见诸豪试释》，《世家大族与北朝政治》，中国社会科学出版社 1998 年版。

陈伟：《对战国中山国两件狩猎纹铜器的再认识》，《文物春秋》2001 年第 3 期。

程义：《试论邺北城的设计思想、布局与影响》，《西北大学学报》2001 年第 1 期。

陈寅恪：《唐代政治史述论稿》，上海古籍出版社 1982 年版。

陈寅恪：《姚薇元北朝胡姓考序》，《金明馆丛稿二编》，上海古籍出版社 1980

年版。

陈寅恪：《唐代政治史述论稿》，上海古籍出版社 1982 年版。

陈垣：《跋西凉户籍残卷》，《敦煌吐鲁番文书研究》，甘肃人民出版社 1984 年版。

陈悦新：《佛装概念与汉地佛装类型演变》，《文物》2007 年第 4 期。

陈悦新：《云冈石窟佛衣类型》，《故宫博物院院刊》2008 年第 3 期。

丛文俊：《弋射考》，吉林大学考古系《青果集——吉林大学考古专业成立二十周年考古论文集》，知识出版社 1993 年版。

董雪寅：《匈奴和鲜卑族金银器的动物纹比较》，《内蒙古文物考古》2002 年第 2 期。

杜葆仁、夏振英：《华阴潼关出土的北魏杨氏墓志考证》，《考古与文物》1984 年第 5 期。

段连勤：《丁零、高车与铁勒》，上海人民出版社 1988 年版。

段文杰：《早期的莫高窟艺术》，敦煌文物研究所《中国石窟·敦煌莫高窟（一）》，文物出版社 1987 年版。

费泳：《佛衣样式中的"褒衣博带式"及其在南北方的演绎》，《故宫博物院院刊》2009 年第 2 期。

冯家昇：《蠕蠕国号考》，《禹贡》第 7 卷第 8、9 合期（1937 年）。

干志耿、孙秀仁：《关于鲜卑早期历史及其考古遗存的几个问题》，《民族研究》1982 年第 1 期。

高敏：《北魏屯田之制考略》，《魏晋南北朝社会经济史探讨》，人民出版社 1987 年版。

高敏：《论北魏的社会性质》，《魏晋南北朝史发微》，中华书局 2005 年版。

高启安：《旨酒羔羊——敦煌的饮食文化》，甘肃教育出版社 2007 年版。

郭济桥：《邺南城昭阳殿考略》，河北省文物研究所《河北省考古文集》二，燕山出版社 2001 年版。

郭建邦：《北魏宁懋石室和墓志》，《中原文物》1980 年第 2 期。

郭平梁：《〈虞弘墓志〉新考》，《民族研究》2006 年第 4 期。

郭锡良：《汉字古音手册》，北京大学出版社 1986 年版。

郭义孚：《邺南城朱明门复原研究》，《考古》1996 年第 1 期。

韩国磐：《魏晋南北朝史纲》，人民出版社 1983 年版。

韩国磐：《南北朝经济史略》，厦门大学出版社 1988 年版。

韩康信：《虞弘墓人骨鉴定》，载山西省考古研究所、太原市文物考古研究所等编著《太原隋虞弘墓》，文物出版社 2005 年版。

韩康信、张庆捷：《虞弘墓石椁雕刻人物的种族特征》，《太原隋虞弘墓》，文物出版社 2005 年版。

韩康信等：《大同雁北师院北魏墓群人骨鉴定》，大同市考古研究所刘俊喜主编《大同雁北师院北魏墓群》附录二，文物出版社 2008 年版。

韩明祥：《释北齐宜阳国太妃傅华墓志铭》，《文物》1985 年第 10 期。

贺世哲：《敦煌图像研究·十六国北朝卷》，甘肃教育出版社 2006 年版。

何德章：《伪托望族与冒袭先祖——以北族出身者墓志为中心》，《魏晋南北朝隋唐史资料》第 17 辑，武汉大学出版社 2000 年版。

何兹全：《府兵制前的北朝兵制》，《读史集》，上海人民出版社 1982 年版。

《中国通史》（白寿彝总主编）第五卷《中古时代·三国两晋南北朝时期》上册（通论），上海人民出版社 1989 年版。

黄惠贤：《辑校〈邺中记〉序》，《邺城暨北朝史研究》，河北人民出版社 1991 年版。

黄烈：《中国古代民族史研究》，人民出版社 1987 年版。

黄明兰：《北魏石刻艺术中的线刻画》，《美术》1983 年第 9 期。

黄明兰：《洛阳北魏景陵位置的确定和静陵位置的推测》，《文物》1978 年第 7 期。

黄文昆：《麦积山的历史与石窟》，薛永年、罗世平主编《中国美术史论文集——金维诺教授八十华诞暨从教六十周年纪念文集》，紫禁城出版社 2006 年版。

黄永年：《论北齐的文化》，《文史探微》，中华书局 2000 年版。

姜伯勤：《萨宝府制度源流论略——汉文粟特人墓志考释之一》，《华学》第 3

辑，紫禁城出版社 1998 年版。

姜伯勤：《中国祆教艺术史研究》，生活·读书·新知三联书店 2004 年版。

蒋福亚：《前秦史》，北京师范学院出版社 1993 年版。

金维诺：《龙门石窟造像的艺术成就——〈龙门石窟图录〉序》，《中国美术史论集》，黑龙江美术出版社 2004 年版。

金维诺：《青州佛教造像的艺术成就——〈青州北朝佛教造像〉前言》，《中国美术史论集》，黑龙江美术出版社 2004 年版。

康乐：《从西郊到南郊——国家祭典与北魏政治》，（台北）稻乡出版社 1995 年版。

康乐：《代人集团的形成与发展——拓跋魏的国家基础》，《"中央研究院"历史语言研究所集刊》第 61 本 3 分（1991 年）。

朗保利、渠传福：《试论北齐徐显秀墓的祆教文化因素》，《世界宗教研究》2004 年第 3 期。

劳榦：《论魏孝文之迁都与华化》，载《中央研究院历史语言研究所集刊》第 8 本 4 分（1939 年）。

劳榦：《北魏洛阳城图的复原》，《中央研究院历史语言研究所集刊》第 20 本上册（1948 年）。

黎虎：《北魏前期的狩猎经济》，《魏晋南北朝史论》，学苑出版社 1999 年版。

李重申、李金梅：《忘忧清乐——敦煌的体育》，甘肃教育出版社 2007 年版。

李梅田：《北朝墓室画像的区域性研究》，《故宫博物院院刊》2005 年第 3 期。

李培栋：《高欢族属家世辨疑》，《魏晋南北朝史缘》，学林出版社 1996 年版。

李凭：《北魏平城时代》，社会科学文献出版社 2000 年版。

李文才：《魏晋南北朝时期的华林园——以洛阳、建康两地为中心论述》，《魏晋南北朝隋唐政治文化论稿》，世界知识出版社 2006 年版。

李文才：《太极殿与魏晋南北朝政治》，张金龙主编《黎虎教授古稀纪念中国古代史论丛》，世界知识出版社 2006 年版。

李文生：《祖国中原的艺术瑰宝——龙门石窟雕刻》，中国美术全集编辑委员会编、温玉成主编《中国美术全集·雕塑编十一：龙门石窟》，上海人民美术出版社1988年版。

李西民：《麦积山石窟史略及其雕塑源流》，中国美术全集编辑委员会编、孙纪元主编《中国美术全集·雕塑编八：麦积山石窟雕塑》，人民美术出版社1988年版。

李志敏：《嘎仙洞的发现与拓跋魏发祥地问题》，《中国史研究》2002年第1期。

李雪芹：《试论云冈石窟供养人的服饰特点》，《文物世界》2004年第5期。

林幹：《匈奴墓葬简介》，林幹编《匈奴史论文选集（1919—1979)》，中华书局1983年版。

林梅村：《稽胡史迹考——太原新出隋代虞弘墓志的几个问题》，《中国史研究》2002年第1期。

林树中：《江苏丹阳南齐陵墓砖印壁画探讨》，《文物》1977年第1期。

林悟殊：《论高昌俗事天神》，《波斯拜火教与古代中国》，（台）新文丰出版公司1995年版。

林悟殊：《中古琐罗亚斯德教葬俗及其在中亚的遗痕》，（台）新文丰出版公司1995年版。

刘波：《敦煌与阿姆河流域美术图案纹样比较研究》，《敦煌研究》2003年第3期。

刘敦愿：《美术考古与古代文明》，（台北）允晨文化实业公司1994年版。

刘敦桢：《中国古代建筑史》，中国建筑工业出版社1980年版。

刘敦桢：《六朝时期之东西堂》，《刘敦桢文集》第三卷，中国建筑工业出版社1987年版。

刘建华：《北魏泰常五年弥勒铜佛像及相关问题的探讨》，《宿白先生八秩华诞纪念文集》，文物出版社2002年版。

刘俊喜、高峰：《大同智家堡北魏墓棺板画》，《文物》2004年第12期。

刘瑞娥、朱家龙：《鸡鸣驿北魏墓清理随想》，《呼和浩特文物》总第4期（1999年）。

刘淑芬：《中古都城坊制试探》，《"中央研究院"历史语言研究所集刊》第 61 本 2 分（1990 年）。

刘心长、马忠理主编：《邺城暨北朝史研究》，河北人民出版社 1991 年版。

刘溢海：《平城考古——北魏平城与大同地名》，《中国地名》2003 年第 4 期。

刘志雄、杨静荣：《龙与中国文化》，人民出版社 1992 年版。

逯耀东：《从平城到洛阳——拓跋魏文化转变的历程》，中华书局 2006 年版。

卢秀文：《敦煌莫高窟早期三窟供养人服饰研究》，《敦煌学辑刊》2008 年第 4 期。

鲁才全：《长乐冯氏与元魏宗室婚姻关系考——以墓志为中心》，《北朝研究》1995 年第 4 期。

罗二虎：《试论古代墓葬中龙的形象的演变》，《四川大学学报》1986 年第 1 期。

罗丰：《胡汉之间——"丝绸之路"与西北历史考古》，文物出版社 2004 年版。

罗丰：《一件关于柔然民族的重要史料——隋〈虞弘墓志〉考》，《胡汉之间——"丝绸之路"与西北历史考古》，文物出版社 2004 年版。

罗丰：《萨宝：一个唐朝惟一外来官职的再考察》，《胡汉之间——"丝绸之路"与西北历史考古》，文物出版社 2004 年版。

罗新：《新见北齐〈丰洛墓志〉考释》，殷宪主编《北朝史研究——中国魏晋南北朝史国际学术研讨会论文集》，商务印书馆 2004 年版。

《北魏直懃考》，《历史研究》2004 年第 5 期。

罗新：《北齐韩长鸾之家世》，《北京大学学报》2006 年第 1 期。

罗新：《虞弘墓志所见的柔然官制》，《中古北族名号研究》，北京大学出版社 2009 年版。

吕春盛：《北齐政治史研究——北齐衰亡原因之考察》，台湾大学出版委员会 1987 年版。

吕思勉：《两晋南北朝史》，上海古籍出版社 1983 年版。

马长寿：《突厥人与突厥汗国》，上海人民出版社 1957 年版。

马长寿：《乌桓与鲜卑》，广西师范大学出版社 2006 年版。

马长寿：《氐与羌》，广西师范大学出版社 2006 年版。

毛汉光：《北魏东魏北齐之核心集团与核心区》，《中国中古政治史论》，上海世纪出版集团·上海书店出版社 2002 年版。

孟凡人：《北魏洛阳外郭城形制初探》，《中国历史博物馆馆刊》1982 年第 4 期。

米文平：《鲜卑石室的发现与初步研究》，《文物》1981 年第 2 期。

米文平：《嘎仙洞北魏石刻祝文考释》，《魏晋南北朝史研究》，四川省社会科学院出版社 1986 年版。

缪钺：《东魏北齐政治上汉人与鲜卑之冲突》，《读史存稿》，生活·读书·新知三联书店 1963 年版。

内蒙古自治区蒙古语言历史研究所历史研究室等：《中国古代北方各族简史》，内蒙古人民出版社 1979 年版。

倪润安：《北魏洛阳时代墓葬文化分析》，《故宫博物院院刊》2010 年第 4 期。

聂鸿音：《鲜卑语言解读述论》，《民族研究》2001 年第 1 期。

齐东方：《虞弘墓人兽搏斗图像及其文化属性》，《文物》2006 年第 8 期。

齐思和：《匈奴西迁及其在欧洲的活动》，《历史研究》1977 年第 3 期。

钱穆：《国史大纲》，商务印书馆 1996 年版。

乔梁、杨晶：《早期拓跋鲜卑遗存试析》，《内蒙古文物考古》2003 年第 2 期。

秦公：《释北魏高道悦墓志》，《文物》1979 年第 9 期。

仇鹿鸣：《"攀附先世"与"伪冒士籍"——以渤海高氏为中心的研究》，《历史研究》2008 年第 2 期。

荣新江：《中古中国与外来文明》，生活·读书·新知三联书店 2001 年版。

荣新江：《祆教初传中国年代考》，生活·读书·新知三联书店 2001 年版。

荣新江：《略谈徐显秀墓壁画的菩萨联珠纹》，《文物》2003 年第 10 期。

芮传明：《"萨宝"的再认识》，《史林》2000 年第 3 期。

山东石刻艺术博物馆、中国书协山东分会编：《云峰诸山北朝刻石讨论会论文选集》，齐鲁书社 1985 年版。

商春芳：《洛阳北魏墓女俑服饰浅论》，《华夏考古》2000 年第 3 期。

沈从文编著，王㐨增订：《中国古代服饰研究》（增订本），上海书店出版社1997年版。

施安昌：《北魏茹小策合邑一百人造像碑考》，《故宫博物院院刊》2002年第4期。

施安昌：《六世纪前后中国祆教文物叙录》，荣新江、李孝聪主编《中外关系史：新史料与新问题》，科学出版社2004年版。

史树青：《我国古代的金错工艺》，《文物》1973年第6期。

史为乐：《洛阳》，陈桥驿主编《中国七大古都》，中国青年出版社1991年版。

宋兆麟：《战国弋射图及弋射溯源》，《文物》1981年第6期。

宿白：《东北、内蒙古地区的鲜卑遗迹——鲜卑遗迹辑录之一》，《文物》1977年第5期。

宿白：《隋唐长安城和洛阳城》，《考古》1978年第6期。

宿白：《北魏洛阳城和北邙陵墓——鲜卑遗迹辑录之三》，《文物》1978年第7期。

宿白：《〈大金西京武州山重修大石窟寺碑〉的发现与研究——与日本长广敏雄教授讨论有关云冈石窟的某些问题》，《中国石窟寺研究》，文物出版社1996年版。

宿白：《平城实力的集聚和"云冈模式"的形成与发展》，《中国石窟寺研究》，文物出版社1996年版。

宿白：《云冈石窟分期试论》，《中国石窟寺研究》，文物出版社1996年版。

宿白：《洛阳地区北朝石窟的初步考察》，《中国石窟寺研究》，文物出版社1996年版。

宿白：《凉州双窟遗迹与"凉州模式"》，《中国石窟寺研究》，文物出版社1996年版。

苏俊、王大方、刘幻真：《内蒙古和林格尔北魏壁画墓发掘的意义》，《中国文物报》1993年11月28日。

孙机：《固原北魏漆棺画》，《中国圣火——中国古文物与东西文化交流中的若干问题》，辽宁教育出版社1996年版。

孙进己、孙海：《鲜卑考古学文化》，《内蒙古文物考古》2003 年第 2 期。

孙同勋：《拓跋氏的汉化及其他——北魏史论文集》，（台北）稻乡出版社 2005 年版。

孙危、魏坚：《内蒙古地区鲜卑墓葬的初步研究》，魏坚主编《内蒙古地区鲜卑墓葬的发现与研究》，科学出版社 2004 年版。

谭其骧主编：《中国历史地图集》第四册《东晋十六国·南北朝时期》、第五册《隋·唐·五代时期》，地图出版社 1982 年版

唐长孺：《拓跋国家的建立及其封建化》，《魏晋南北朝史论丛》，生活·读书·新知三联书店 1955 年版。

唐长孺：《拓跋族的汉化过程》，《魏晋南北朝史论丛续编》，生活·读书·新知三联书店 1959 年版。

唐长孺：《北魏的青齐土民》，《魏晋南北朝史论拾遗》，中华书局 1983 年版。

唐长孺：《〈魏书·杨播传〉自云弘农华阴人辨》，《魏晋南北朝隋唐史资料》第五辑，武汉大学出版社 1983 年版。

唐长孺：《北魏末期的山胡、敕勒起义》，《山居存稿》，中华书局 1989 年版。

唐长孺：《北魏南境诸州的城民》，中华书局 1989 年版。

唐长孺：《吐鲁番文书中所见高昌郡县行政制度》，中华书局 1989 年版。

唐长孺：《魏晋南北朝隋唐史》，《大师讲史》中，中共中央党校出版社 2007 年版。

唐长孺：《魏晋南北朝隋唐史三论》，武汉大学出版社 1993 年版。

陶克涛：《论嘎仙洞刻石》，《民族研究》1991 年第 6 期。

田广金：《桃红巴拉的匈奴墓》，《考古学报》1976 年第 1 期。

田广金、郭素新：《中国北方畜牧——游牧民族的形成和发展》，《北方考古论文集》，科学出版社 2004 年版。

翦伯赞主编：《中国史纲要》第二册（田余庆执笔），人民出版社 1982 年版。

田余庆：《贺兰部落离散问题——北魏"离散部落"个案考察之一》，《拓跋史探》，生活·读书·新知三联书店 2003 年版。

田余庆：《独孤部落离散问题——北魏"离散部落"个案考察之二》，《拓跋史探》，生活·读书·新知三联书店 2003 年版。

田余庆：《北魏后宫子贵母死之制的形成和演变》，《拓跋史探》，生活·读书·新知三联书店 2003 年版。

万绳楠整理：《陈寅恪魏晋南北朝史讲演录》，黄山书社 1987 年版。

王大方《内蒙古发现北魏大型砖石壁画墓》，《中国文物报》1993 年 11 月 28 日。

王大方、刘幻真：《内蒙古和林格尔北魏壁画墓发掘的意义》，《中国文物报》1993 年 11 月 28 日。

王静、沈睿文：《一个古史传说的嫁接——东魏邺城形制研究》，《北京大学学报》2006 年第 3 期。

王俊杰：《魏晋南北朝的鲜卑是不是一个民族》，《西北师大学报》1985 年第 3 期。

王明珂：《鄂尔多斯及其邻近地区专业化游牧业的起源》，《"中央研究院"历史语言研究所集刊》第 65 本 2 分（1994 年）。

王小甫：《拜火教与突厥兴衰——以古代突厥斗战神研究为中心》，《历史研究》2007 年第 1 期。

王银田、曹臣民：《北魏石雕三品》，《文物》2004 年第 6 期。

王银田：《北朝时期丝绸之路输入的西方器物》，张庆捷等主编《4～6 世纪的北中国与欧亚大陆》，科学出版社 2006 年版。

王曾瑜：《金朝军制》，河北大学出版社 1996 年版。

王仲荦：《魏晋南北朝史》，上海人民出版社 1980 年版。

王仲荦：《北周地理志》，中华书局 1980 年版。

王仲殊：《中国古代都城概说》，《考古》1982 年第 5 期。

王子今、方光华主编：《中国历史·秦汉魏晋南北朝卷》（总主编张岂之），高等教育出版社 2001 年版。

温玉成：《近瞻宝相　俨若金身　远鉴神光　湛如留影——龙门石窟雕刻艺术浅论》，《中国美术全集·雕塑编十一：龙门石窟雕刻》，上海人民美术出版社 1988

年版。

温玉成：《龙门北朝小龛的类型、分期与洞窟排年》，龙门文物保管所、北京大学考古系《中国石窟·龙门石窟（一）》，文物出版社·株式会社平凡社1991年版。

温玉成：《上下求索　成绩不凡》，刘建华《义县万佛堂石窟》序，科学出版社2001年版。

魏坚主编：《内蒙古地区鲜卑墓葬的发现与研究》，科学出版社2004年版。

乌恩：《欧亚大陆草原早期游牧文化的几点思考》，《考古学报》2002年第4期。

巫鸿：《武梁祠：中国古代画像艺术的思想性》，柳扬、岑河译，生活·读书·新知三联书店2006年版。

吴廷燮：《元魏方镇年表》，《二十五史补编》第四册，中华书局1998年版。

夏鼐：《新疆新发现的古代丝织品——绮、锦和刺绣》，《考古学报》1963年第1期。

夏鼐：《河北定县塔基舍利函中波斯萨珊朝银币》，《考古》1966年第5期。

夏鼐：《综述中国出土的波斯萨珊朝银币》，《考古学报》，1974年第1期。

夏鼐：《北魏封和突墓出土萨珊银盘考》，《文物》1983年第8期。

夏名采：《益都北齐石室墓线刻画》，《文物》1985年第10期。

萧璠：《东魏、北齐内部的胡、汉问题及其背景》，《食货》复刊第6卷8期（1976年）。

萧启庆：《元代的宿卫制度》，《元代史新探》，新文丰出版公司1983年版。

谢承志等：《虞弘墓出土人类遗骸的线粒体DNA序列多态性分析》，载《太原隋虞弘墓》，文物出版社2005年版。

信立祥：《汉代画像石综合研究》，文物出版社2000年版。

薛永年：《三国两晋南北朝的绘画艺术》，中国美术全集编辑委员会编、张安治主编《中国美术全集·绘画编一：原始社会至南北朝时期》，人民美术出版社1986年版。

徐光冀：《邺城考古的新收获》，《文物春秋》1995年第3期。

徐光冀：《河北磁县湾漳北朝大型壁画墓之发掘与研究》，《文物》1996年第

9 期。

徐光冀:《东魏北齐邺南城平面布局的复原研究》,《宿白先生八秩华诞纪念文集》,文物出版社 2002 年版。

徐中舒:《古代狩猎图像考》《弋射与弩之溯源及关于此类名物之考释》,载《徐中舒历史论文选辑》,中华书局 1998 年版。

许福谦:《东魏北齐胡汉之争新说》,《文史哲》1993 年第 3 期。

严耕望:《北魏尚书制度考》,《中央研究院历史语言研究所集刊》第 18 本(1948 年)。

严耕望:《中国地方行政制度史》上编卷中·下册,"中央研究院"历史语言研究所专刊之四十五(1963 年)。

严耕望:《中国地方行政制度史——魏晋南北朝地方行政制度》,上海古籍出版社 2007 年版。

严耀中:《北魏前期政治制度》,吉林教育出版社 1990 年版。

阎文儒、常青:《龙门石窟研究》,书目文献出版社 1995 年版。

杨恩玉:《北魏离散部落与社会转型——就离散的时间、内涵及目的与唐长孺、周一良、田余庆诸名家商榷》,《文史哲》2006 年第 6 期。

杨泓:《南北朝墓的壁画和拼镶砖画》,中国社会科学院考古研究所《中国考古学论丛——中国社会科学院考古研究所 40 年纪念》,科学出版社 1993 年版。

杨泓:《北朝文化源流探讨之一:司马金龙墓出土遗物的再研究》,《汉唐美术考古和佛教艺术》,科学出版社 2000 年版。

杨军:《拓跋鲜卑早期历史辨误》,《史学集刊》2006 年第 4 期。

杨巨平:《虞弘墓祆教文化内涵试探》,《世界宗教研究》2006 年第 3 期。

杨宽:《中国古代都城制度史研究》,上海人民出版社 1993 年版。

杨新:《对〈列女仁智图〉的新认识》,《故宫博物院院刊》2003 年第 2 期。

杨耀坤:《论北魏道武帝拓跋珪》,《魏晋南北朝史论稿》,成都出版社 1993 年版。

姚薇元:《北朝胡姓考》,科学出版社 1958 年版。

姚薇元：《宋书索虏传南齐书魏虏传北人姓名考订》，《清华学报》第 8 卷 2 期（1933 年）

姚薇元：《北朝帝室氏族考》，《说文月刊》1944 年第 6 期。

亦邻真：《中国北方民族与蒙古族族源》，《内蒙古大学学报》1979 年第 3.4 期，收入《亦邻真蒙古学文集》，内蒙古人民出版社 2001 年版。

余太山：《嚈哒史研究》，齐鲁书社 1986 年版。

余太山：《鱼国渊源臆说》，《史林》2002 年第 3 期。

余太山：《两汉魏晋南北朝正史西域传要注》，中华书局 2005 年版。

俞伟超：《汉画像石概论》，《古史的考古学探索》，文物出版社 2002 年版。

张宝玺：《麦积山石窟壁画叙要》，天水麦积山石窟艺术研究所《中国石窟·天水麦积山》，文物出版社 1998 年版。

张博泉：《嘎仙洞刻石与对拓跋鲜卑史源的研究》，《黑龙江民族丛刊》1993 年第 1 期。

张德芳：《悬泉汉简中若干西域资料考论》，荣新江、李孝聪主编《中外关系史：新史料与新问题》，科学出版社 2004 年版。

张剑：《关于北魏洛阳城里坊的几个问题》，《洛阳考古四十年》，科学出版社 1996 年版。

张金龙：《北魏政治史研究》，甘肃教育出版社 1996 年版。

张金龙：《北魏政治与制度论稿》，甘肃教育出版社 2003 年版。

张金龙：《魏晋南北朝禁卫武官制度研究》，中华书局 2004 年版。

张金龙：《北魏政治史》一、二、三、五、六，读者出版集团·甘肃教育出版社 2008 年版。

张金龙：《陇西李氏初论——北朝时期的陇西李氏》，《兰州大学学报》1994 年第 4 期。

张金龙：《领军将军与北魏政治》，《中国史研究》1995 年第 1 期

张金龙：《文献所见北魏洛阳的乡里》，《河洛史志》1997 年第 2 期。

张金龙：《北魏孝文帝政治思想散论》，《北朝研究》1997 年第 2 期。

张金龙：《北朝中央护军制度考索》，《史学月刊》1999 年第 4 期。

张金龙：《文成帝〈南巡碑〉所见北魏前期禁卫武官制度》，《民族研究》2003 年第 4 期。

张金龙：《北魏前期禁卫武官制度考论——以史籍记载为中心》，《历史研究》2003 年第 3 期。

张景明：《中国北方草原古代金银器》，文物出版社 2005 年版。

张景明、王德荣：《从群虎图岩画谈中国北方草原地区的虎纹装饰》，《内蒙古文物考古》2001 年第 2 期。

张乃翥：《从龙门造像遗迹看北魏世俗生活面貌》，《中州学刊》1993 年第 1 期。

张庆捷：《北魏文成帝〈南巡碑〉碑文考证》，《考古》1998 年第 4 期。

张庆捷：《山西汉代、北魏、北齐墓葬壁画探研》，邓聪、陈星灿主编《桃李成蹊集：庆祝安志敏先生八十寿辰》，香港中文大学中国考古艺术研究中心，2004 年。

张庆捷：《虞弘墓志考释》，载《太原隋虞弘墓》，文物出版社 2005 年版。

张庆捷：《北魏破多罗氏壁画墓所见文字考述》，《文物》2006 年第 10 期。

张庆捷、郭春梅：《北魏文成帝〈南巡碑〉所见拓跋职官初探》，《中国史研究》1999 年第 2 期。

张庆捷、郭春梅：《北魏文成帝〈南巡碑〉所录部分汉族职官研究》，《北朝史研究》，商务印书馆 2004 年版。

张锡彤、王钟翰等著：《〈中国历史地图集〉释文汇编·东北卷》，中央民族学院出版社 1988 年版。

张欣：《规制与变异——陕北汉代画像石综述》，朱青生主编《中国汉画研究》第 2 卷，广西师范大学出版社 2006 年版。

赵瑞民、刘俊喜《大同沙岭北魏壁画墓出土漆皮文字考》，《文物》2006 年第 10 期。

郑君雷：《早期东部鲜卑与早期拓跋鲜卑族源关系概论》，吉林大学考古系《青果集——吉大考古系建系十周年纪念文集》，知识出版社 1998 年版。

郑滦明：《定州三盘山错金银铜车伞铤纹饰内容分析》，《文物春秋》2000 年第

3 期。

郑滦明：《湾漳北齐皇陵壁画墓神禽瑞兽分析》，《中原文物》2002 年第 2 期。

郑岩：《魏晋南北朝壁画墓研究》，文物出版社 2002 年版。

《中国北方民族关系史》编写组：《中国北方民族关系史》，中国社会科学出版社 1987 年版。

周伟洲：《敕勒与柔然》，上海人民出版社 1983 年版。

周伟洲：《关于云冈石窟"茹茹造像题记"——兼谈柔然的名号问题》，《西北大学学报》1983 年第 1 期。

周伟洲：《隋虞弘墓志释证》，荣新江、李孝聪主编《中外关系史：新史料与新问题》，科学出版社 2004 年版。

周一良：《魏晋南北朝史论集》，中华书局 1963 年版。

周一良：《魏晋南北朝史札记》，中华书局 1985 年版。

周一良：《魏晋南北朝史论集》，北京大学出版社 1997 年版。

邹逸麟：《试论邺都兴起的历史地理背景及其在古都史上的地位》，《椿庐史地论稿》，天津古籍出版社 2005 年版。

朱存世、李芳：《宁夏贺兰山和北山虎岩画图腾崇拜初探——兼论虎岩画的族属》，《北方文物》2003 年第 2 期。

朱大渭：《代北豪强酋帅崛起述论》，《六朝史论》，中华书局 1997 年版。

朱海仁：《略论曹魏邺城、北魏洛阳城、东魏北齐邺南城平面布局的几个特点》，《广州文物考古集》，文物出版社 1998 年版。

朱泓：《从扎赉诺尔汉代居民的体质差异探讨鲜卑族的人种构成》，《北方文物》，1989 年第 2 期。

《人种学上的匈奴、鲜卑与契丹》，《北方文物》1994 第 2 期。

朱雷：《敦煌吐鲁番文书研究》，甘肃人民出版社 1984 年版。

（四）译著及外文论著

［日］白鸟庫吉著，方状猷译：《托跋氏考》，《东胡民族考》，商务印书馆 1934 年版。

［法］沙畹著，冯承钧译：《西突厥史料》，商务印书馆 1935 年版。

［法］沙畹著，冯承钧译：《宋云行纪笺注》，《西域南海史地译丛》第二卷（六编），商务印书馆 1995 年版。

［美］路易斯·亨利·摩尔根著，杨东莼、马雍、马巨译：《古代社会》，商务印书馆 1981 年版。

［苏］威廉·巴托尔德著，罗致平译：《中亚突厥史十二讲》，中国社会科学出版社 1984 年版。

［日］堀敏一著，韩国磐等译：《均田制的研究》，福建人民出版社 1984 年版。

［日］松田寿男著，陈俊谋译：《古代天山历史地理学研究》，中央民族学院出版社 1987 年版。

［日］古贺昭岑：《论北魏的部族解散》，原载《東方学》第 59 辑（1980 年），刘世哲译文载《民族译丛》1991 年第 5 期。

［日］滨口重国：《所谓隋的废止乡官》，刘俊文主编《日本学者研究中国史论著选译》第四卷，中华书局 1992 年版。

［日］宫川尚志：《六朝时代的村》，刘俊文主编《日本学者研究中国史论著选译》第四卷，中华书局 1992 年版。

［日］江上波夫：《匈奴的祭祀》，刘俊文主编《日本学者研究中国史论著选译》第九卷，中华书局 1993 年版。

［日］森鹿三：《北魏洛阳城的规模》，刘俊文主编《日本学者研究中国史论著选译》第九卷，中华书局 1993 年版。

［日］内田吟风：《柔然族研究》，刘俊文主编《日本学者研究中国史论著选译》第九卷，中华书局 1993 年版。

［日］前田正名著，李凭、孙耀、孙蕾译：《平城历史地理学研究》，书目文献出版社 1994 年版。

［日］秋山进午著，魏坚译：《内蒙古高原的匈奴墓》，《内蒙古文物考古文集》第二辑，中国大百科全书出版社 1997 年版。

雅诺什·哈尔马塔主编，B.N. 普里、G.F. 埃特马迪副主编，徐文堪、芮传明翻译，余太山审订：《中亚文明史》第二卷《定居文明与游牧文明的发展：公元前 700 年至公元 250 年》，中国对外翻译出版公司·联合国教科文组织 2002 年版。

[日] 护雅夫著，余大钧译：《〈魏书·高车传〉笺注》，《北方民族史与蒙古史译文集》，云南人民出版社 2003 年版。

[日] 内田吟风著，余大钧译：《柔然阿哇尔同族论考》，《北方民族史与蒙古史译文集》，云南人民出版社 2003 年版。

[日] 谷川道雄著，李济沧译：《隋唐帝国形成史论》，上海古籍出版社 2004 年版。

[日] 中村圭尔：《日本魏晋南北朝城市研究史》，中村圭尔、辛德勇编《中日古代城市研究》，中国社会科学出版社 2004 年版。

[日] 石松日奈子著，姜捷译：《云冈中期石窟新论——沙门统昙曜的地位丧失和胡服供养人像的出现》，《考古与文物》2004 年第 5 期。

[日] 松下宪一：《北魏内朝制度考略》（北朝史国际学术研讨会暨中国魏晋南北朝史学会第七届年会论文，山西大同，2001 年）

[日] 松下宪一：《北魏代人集团考略》，中国魏晋南北朝史学会等编《魏晋南北朝史论文集》，四川出版集团·巴蜀书社 2006 年版。

[美] 丹尼斯·塞诺著，北京大学历史系民族史教研室译：《略论中央欧亚狩猎之经济意义》，《丹尼斯·塞诺内亚研究文选》，中华书局 2006 年版。

[日] 宫崎市定著，韩昇、刘建英译：《九品官人法研究——科举前史》，中华书局 2008 年版。

[日] 渡边信一郎著，徐冲译：《中国古代的王权与天下秩序——从日中比较史的视角出发》，中华书局 2008 年版。

[日] 长广敏雄：《云冈石窟第 9·10 双窟的特征》，《中国石窟·云冈石窟（二）》，文物出版社 1998 年版。

[日] 塚本善隆：《北魏太武帝の廢佛毀釋》，《支那佛教史研究　北魏篇》，弘文堂書房 1942 年版。

[日] 河地重造：《北魏王朝の成立とその性格について——徙民政策の展開か

ら均田制へ──》，《東洋史研究》第 12 卷 5 号（1953 年）。

［日］水野清一、長广敏雄：《云岡石窟》，京都大学人文科学研究所报告，1954 年。

［日］田村實造：《代国時代のタクバツ政権》，《東方学》第 10 辑（1955 年）。

［日］田村實造：《中國史上の民族移動期──五胡・北魏時代の政治と社會──》，（東京）創文社 1985 年版。

［日］宮崎市定：《九品官人法の研究──科舉前史》，（京都）東洋史研究會 1956 年版。

［日］宮崎市定：《漢代の里制と唐代の坊制》，《東洋史研究》第 21 卷 3 号（1962 年）。

［日］濱口重國：《秦漢隋唐史の研究》，東京大学出版会 1966 年版。

［日］護雅夫：《古代トルコ民族史研究》I，（東京）山川出版社 1967 年版。

［日］内田吟風：《北朝政局に於ける鮮卑・匈奴等諸北系貴族の地位》，《北アジア史研究・匈奴篇》，（京都）同朋舍 1975 年版。

［日］内田吟風：《魏略の北丁零について》，《北アジア史研究・鮮卑柔然突厥篇》，（京都）同朋舍 1975 年版。

［日］内田吟風：《柔然の滅亡年について》，《北アジア史研究・鮮卑柔然突厥篇》，（京都）同朋舍 1975 年版。

［日］内田吟風：《柔然時代蒙古史年表》，《北アジア史研究・鮮卑柔然突厥篇》，（京都）同朋舍 1975 年版。

［日］宮川尚志：《六朝史研究　政治・社会篇》，（京都）平楽寺書店 1977 年版。

［日］村田治郎：《鄴都考略》，《中国の帝都》，（京都）綜藝舍 1981 年版。

［日］长田夏树：《北齐鄴都を支えた人々──胡漢複合文化説導論》，《神户外大論叢》第 31 卷 3 号（1980 年）。

［日］秋山日出雄：《日本古代都城制の源流》，《歷史研究》第 19 号（1981 年）。

［日］秋山日出雄：《日本古代都城の原型──鄴京復原再考》，《神女大史学》

第 2 号（1982 年）。

［澳］Holmgren，Jennifer：Wei-shu Records the Bestowal of Imperial Princesses during the northern Wei Dynasty. *Papers on Far Eastern History* 1983-2.

［澳］Holmgren，Jennifer：Northern Wei as a conquest dynasty：current perceptions；past scholarship. *Papers on Far Eastern History* 40（1989）.

［日］岡崎文夫：《魏晋南北朝通史　内編》，（東京）平凡社 1989 年版。

［日］岸俊男：《日本古代宮都の研究》，（東京）岩波書店 1988 年版。

［日］塩沢裕仁：《北魏馮太后第一次臨朝の性格について》，《法政史学》第 48 号（1996 年）。

［日］荒川正晴：《北朝隋・唐代における"薩寶"の性格をめぐって》，《東洋史苑》第 50、51 号（1998 年）。

［日］川本芳昭：《魏晋南北朝時代の民族問題》，（東京）汲古書院 1998 年版。

［日］川本芳昭：《中国の歴史》05《中華の崩壊と拡大——魏晋南北朝》，（東京）講談社 2005 年版。

《北魏文成帝南巡碑について》，《九州大学東洋史論集》第 28 号（2000 年）。

［日］勝畑冬実：《拓跋珪の"部族解散"と初期北魏政権の性格》，《早稲田大学大学院文学研究科紀要別册》第 20 集《哲学・史学編》（1994 年）。

朱岩石：《鄴城の皇家園林の機能と意义》，《國學院大學大學院紀要》第 29 辑（1997 年）。

朱岩石：《東魏北斉鄴城の内城の成立について》，《史観》第 145 册（2001 年）。

王海燕、朱岩石：《中国古代都城史における魏晋南北朝時代の意义》，《國學院大學考古學資料舘紀要・開舘七十周年記念》第 15 辑（1998 年）。

［日］魏書研究会（代表西嶋定生）：《魏書语彙索引》，（東京）汲古書院 1999 年版。

［日］松下憲一：《北魏石刻史料に見える内朝官——〈北魏文成帝南巡碑〉の分析を中心に》，《北大史学》第 40 号（2000 年）。

［日］松下憲一：《北魏道武帝の"部族解散"》，《史朋》第 34 号（2002 年）。

［韩］金圣熙：《北魏文明太后之时代：以政治势力间的对立状况为中心》，《魏晋隋唐史研究》第 7 辑（2001 年）。

［日］吉田爱：《北魏雁臣考》，《史滴》第 27 号（2005 年）。

苏哲：《魏晋南北朝壁画墓の世界——絵に描かれた群雄割拠と民族移動の時代——》，（東京）白帝社 2007 年版。

［日］佐川英治：《遊牧と農耕の間——北魏平城の鹿苑の機能とその変遷》，《岡山大学文学部紀要》第 47 号（2007 年）。

〔附〕引用墓志表目

序号	墓志	《集释》	其他
1	《元鸷墓志》	图版四二	
2	《元珍墓志》	图版四四	
3	《元孟辉墓志》	图版四五	
4	《元昭墓志》	图版四九	
5	《元伜墓志》	图版五四	
6	《元晖墓志》	图版五五	
7	《冯邕妻元氏墓志》	图版五七	
8	《元悛墓志》	图版五八	
9	《元愭墓志》	图版五九	
10	《元引墓志》	图版六〇	
11	《元夫人赵光墓志》	图版六四之二	
12	《元鉴墓志》	图版七〇	
13	《元鉴妃吐谷浑氏墓志》	图版七一	
14	《元倪墓志》	图版七三	
15	《元玕墓志》	图版七五之二	
16	《元绪墓志》	图版八一	
17	《元悦墓志》	图版八二	
18	《元悦妃冯季华墓志》	图版八三	

续表

序号	墓志	《集释》	其他
19	《元仙墓志》	图版八四	
20	《元腾暨妻程法珠墓志》	图版八五	
21	《王夫人元华光墓志》	图版八六	
22	《元则墓志》	图版八七	
23	《元均之墓志》	图版八八	
24	《元宥墓志》	图版八九	
25	《元弼墓志》	图版九〇	
26	《元恩墓志》	图版九一之二	
27	《元朗墓志》	图版九二	
28	《元夫人陆孟晖墓志》	图版九三	
29	《元寿墓志》	图版九五	
30	《元飏墓志》	图版九九	
31	《元飏墓志》	图版一〇〇	
32	《元璨墓志》	图版一〇一	
33	《元遥墓志》	图版一〇六	
34	《元灵曜墓志》	图版一〇九	
35	《元斌墓志》	图版一一〇	
36	《元液墓志》	图版一一一	
37	《元范妻郑令妃墓志》	图版一二二之二	
38	《元澄妃冯令华墓志》	图版一二六	
39	《元嵩墓志》	图版一二九	
40	《元诱妻冯氏墓志》	图版一三七	
41	《元略墓志》	图版一三九	
42	《元纂墓志》	图版一四〇	
43	《元徽墓志》	图版一四五	
44	《元显魏墓志》	图版一四六	
45	《元显儁墓志》	图版一四八之二	
46	《元融妃卢贵兰墓志》	图版一五〇	

续表

序号	墓志	《集释》	其他
47	《元湛墓志》	图版一五二	
48	《元湛妻薛慧命墓志》	图版一五三之二	
49	《元举墓志》	图版一五四	
50	《元彦墓志》	图版一五六	
51	《冯邕妻元氏墓志》	图版一五七之二	
52	《元瑝墓志》	图版一五八之二	
53	《元瑝妻穆玉容墓志》	图版一五九之二	
54	《元简墓志》	图版一六二	
55	《元演墓志》	图版一六四	
56	《元祐墓志》	图版一六五	
57	《元祐妃常季繁墓志》	图版一六六	
58	《元延明墓志》	图版一六九	
59	《元延明妃冯氏墓志》	图版一七〇	
60	《元谧墓志》	图版一七一	
61	《元谧妃冯会墓志》	图版一七二	
62	《元毓墓志》	图版一七三之二	
63	《元昉墓志》	图版一七四	
64	《元羽墓志》	图版一七八	
65	《元显魏墓志》	图版一七九	
66	《元详墓志》	图版一八一	
67	《元飀墓志》	图版一八五	
68	《元子直墓志》	图版一八七	
69	《元怀墓志》	图版一九三	
70	《穆亮妻尉太妃墓志》	图版二〇二	
71	《李蕤墓志》	图版二〇五	
72	《奚智墓志》	图版二〇七	
73	《封昕墓志》	图版二一一	
74	《鄯乾墓志》	图版二一二之二	

续表

序号	墓志	《集释》	其他
75	《长孙瑱墓志》	图版二一三	
76	《山晖墓志》	图版二一五	
77	《王桢墓志》	图版二一六	
78	《杨胤墓志》	图版二二一	
79	《李璪兰墓志》	图版二二四	
80	《王诵妻元贵妃墓志》	图版二二六	
81	《李璧墓志》	图版二三二之二	
82	《穆纂墓志》	图版二三三之二	
83	《郑道忠墓志》	图版二三四	
84	《王基墓志》	图版二三五	
85	《奚真墓志》	图版二三七	
86	《比丘尼统慈庆墓志》	图版二三九	
87	《郭显墓志》	图版二四一	
88	《李超墓志》	图版二四三	
89	《李谋墓志》	图版二四六	
90	《侯刚墓志》	图版二四九之二	
91	《杨乾墓志》	图版二五〇之二	
92	《于景墓志》	图版二五二之二	
93	《于纂墓志》	图版二五五之二	
94	《董伟墓志》	图版二五七	
95	《于纂墓志》	图版二五九	
96	《刘玉墓志》	图版二六一	
97	《石育暨妻戴氏墓志》	图版二六二之二	
98	《和邃墓志》	图版二六三	
99	《唐耀墓志》	图版二六七	
100	《丘哲墓志》	图版二六八	
101	《丘哲妻鲜于仲儿墓志》	图版二六九	
102	《苟景墓志》	图版二七一	

序号	墓志	《集释》	其他
103	《山徽墓志》	图版二七二	
104	《尒朱绍墓志》	图版二七三	
105	《尒朱袭墓志》	图版二七四	
106	《穆绍墓志》	图版二八〇	
107	《韩震墓志》	图版二八一	
108	《李彰墓志》	图版二八二	
109	《于祚妻和丑仁墓志》	图版二八三	
110	《张宁墓志》	图版二八五之二	
111	《王悦墓志》	图版二八七	
112	《刘懿墓志》	图版二九四	
113	《叔孙固墓志》	图版三〇三	
114	《赫连子悦妻间炫墓志》	图版三四五	
115	《李琮墓志》	图版三四七	
116	《宗欣墓志》	图版三七六	
117	《张景略墓志》	图版三八二	
118	《元茂墓志》	图版五七六	
119	《元子邃墓志》	图版五七七	
120	《长孙士亮妻宋灵妃墓志》	图版五八九之二	
121	《石定墓志》		《汇编》第 17 页
122	《王兴之墓志》		《汇编》第 19 页
123	《王闽之墓志》		《汇编》第 20 页
125	《王基墓志》		《汇编》第 138 页
126	《李颐墓志》		《汇编》第 180 页
127	《甯懋墓志》		《汇编》第 213 页
128	《魏故赵氏姜夫人墓志》		《汇编》第 317 页
129	《邵真墓志》		《西安任家口 M229 号北魏墓清理简报》

续表

序号	墓志	《集释》	其他
130	《寇猛墓志》		《洛阳西车站发现北魏墓一座》
131	《邢伟墓志》		《记后魏邢伟墓出土物及邢峦墓的发现》
132	《贾尼志记》		《从晋砖文字说到〈兰亭序〉书法》
133	《司马金龙墓志》		《山西大同石家寨北魏司马金龙墓》
134	《司马金龙妻墓志》		同上
135	《韩贿夫人高氏墓志》		《河北曲阳发现北魏墓》
136	元邵墓志		《洛阳北魏元邵墓》,
137	《崔昂墓志》		《河北平山北齐崔昂墓调查报告》
138	《崔昂前妻修娥墓志》		《河北平山北齐崔昂墓调查报告》
139	《崔太姬墓志》		《河北赞皇东魏李希宗墓》
140	《高雅墓志》		《河北景县北魏高氏墓发掘简报》
141	《司马悦墓志》		《孟县出土北魏司马悦墓志》
142	《娄叡墓志》		《太原市北齐娄叡墓发掘简报》
143	《崔鸿墓志》		《临淄北朝崔氏墓》
144	《尧峻妻吐谷浑氏墓志》		《河北磁县东陈村北齐尧峻墓》
145	《茹茹公主墓志》		《河北磁县东魏茹茹公主墓发掘简报》
146	《杨播墓志》		《华阴潼关出土的北魏杨氏墓志考证》

序号	墓志	《集释》	其他
147	《杨颖墓志》		同上
148	《杨舒墓志》		《陕西华阴北魏杨舒墓发掘简报》
149	《宜阳国太妃傅华墓志》		《释北齐宜阳国太妃傅华墓志铭》
150	《李贤墓志》		《宁夏固原北周李贤夫妇墓发掘简报》
151	《王温墓志》		《洛阳孟津北陈村北魏壁画墓》
152	《虞弘墓志》		《太原隋代虞弘墓清理简报》
153	《库狄业墓志》		《太原北齐库狄业墓》
154	《徐显秀墓志》		《北齐徐显秀墓》
155	《娄叡墓志》		《北齐东安王娄睿墓》
156	《杨机墓志》		《洛阳北魏杨机墓出土文物》

　　《集释》＝《汉魏南北朝墓志集释》；《汇编》＝《汉魏南北朝墓志汇编》。

后　记

　　本书的结集完全出于偶然。直到数月之前，著者并没有出版这样一本论集的打算。在接到首都师范大学"燕京学者文库"征集通知后，犹豫再三，还是决定从以往发表和出版的文字中选取部分主题相近者汇为一集，以见过去学术研究之一斑。之所以用《考古论史》作为书名，既是临时起意，也与本书所收诸文主题有关。著者从事学术研究 35 年来，主要研究的是魏晋南北朝时期的历史，由于传世史籍文献资料并不丰富，包括墓志碑刻和文书图像在内的考古资料便成为认识这一时期历史的不可或缺的重要素材。以考古学或出土文献作为专业研究领域的研究者，自然会把这些资料作为主要研究对象，而对于以史籍文献作为主要研究对象的历史研究者而言，不论是地上的碑刻及图像遗迹，还是地下的墓志及图像遗存，也不论其发现或刊载的年代，都具有补充史籍文献之缺，以便从更多面相认识历史的重要价值。除了长沙走马楼吴简之外，就现有情况而论，魏晋南北朝时期的出土文献及文物图像资料还是以北朝为多，故而著者的相关研究也主要集中于北朝。与绝大多数历史研究者不同，著者对考古资料的利用不仅仅在文献资料，还尽可能利用图像等其他资料以阐释历史问题。本书取名《考古论史》，即是因为所收论文都符合利用考古资料以阐释历史问题这一主题。再者，考古与论史实为一体两面，或者说是古代历史研究的两种不同表达，考古是为了探究历史的真实，而论史也是为了考索历史的真实。探求历史真相，正是著者进行学术研究的旨归。

本书所收 10 篇论文，5 篇曾发表于《历史研究》《民族研究》《文史》《文史哲》等刊，5 篇选自拙著《北魏政治史》。附录札记 8 题，最后一题选自拙著《北魏政治与制度论稿》，另 7 题选自《北魏政治史》。拙著《北魏政治史》撰写时，曾欲穷尽考古资料在内的所有史料，以整体史观阐述北魏历史发展的全过程，相关内容几乎未曾作为论文发表，出版至今已逾 10 年，能否再版还无法断定，故而选取其中利用考古资料较多的部分章节收入本书。《北魏政治史》在申报某奖项时，曾被评审者扣上了"未利用考古资料"的帽子。对于学术论著的评价，著者赞同严耕望先生的观点——"充实而有光辉"，至于利用什么资料，则应看研究对象的需要，不可一概而论。如所周知，不少学术大师的论著，全都以传世文献作为基本史料，并且都是颇为常见的史料，丝毫不影响其巨大的学术价值。掌控学术资源的有力者们，除了具有超越同侪的能量，还得有实事求是的作风，公平公正的心术，这是推动学术进步必不可少的，也是一个正常社会所不可或缺的。至于像著者这样的个体，得什么奖之类的，原本就是身外之物，并不是进行学术研究的题中之意，想来也与学术成就之大小并无任何干系。

本书所收论文发表或出版的时间是 1999 年至 2016 年，撰写的时间则是 1995 年至 2010 年之间。虽然只是著者公开刊发的学术文字中的极少一部分，亦非利用考古资料研究历史问题的所有文字，但大体能够反映著者迄今学术研究的一个侧面。所收诸文全都通读数遍，做了小幅修改并订正了若干疏误，又根据当下通行的规范补充了文献页码，数目字则按出版规定做了统一调整。感谢朱富春学棣核对引文和标注页码，也感谢"燕京学者文库"提供的出版机会。

2019 年 7 月 9 日 张金龙 谨识

责任编辑:郭星儿

封面设计:源 源

图书在版编目(CIP)数据

考古论史:张金龙学术论文集/张金龙 著. —北京:人民出版社,2019.10
(2022.1 重印)

ISBN 978-7-01-021138-1

Ⅰ.①考… Ⅱ.①张… Ⅲ.①考古学-文集②史学-文集 Ⅳ.①K85-53
②K0-53

中国版本图书馆 CIP 数据核字(2019)第 172738 号

考古论史

KAOGU LUNSHI

——张金龙学术论文集

张金龙 著

人民出版社 出版发行

(100706 北京市东城区隆福寺街 99 号)

北京兴星伟业印刷有限公司印刷 新华书店经销

2019 年 10 月第 1 版 2022 年 1 月第 2 次印刷

开本:710 毫米×1000 毫米 1/16 印张:31.25 字数:434 千字

ISBN 978-7-01-021138-1 定价:85.00 元

邮购地址 100706 北京市东城区隆福寺街 99 号

人民东方图书销售中心 电话 (010)65250042 65289539